信息管理与信息系统
经　典　译　丛

系统分析与设计

（第11版）

斯科特·蒂利　哈里·罗森布拉特 / 著
Scott Tilley　Harry Rosenblatt
张　瑾　王黎烨 / 译

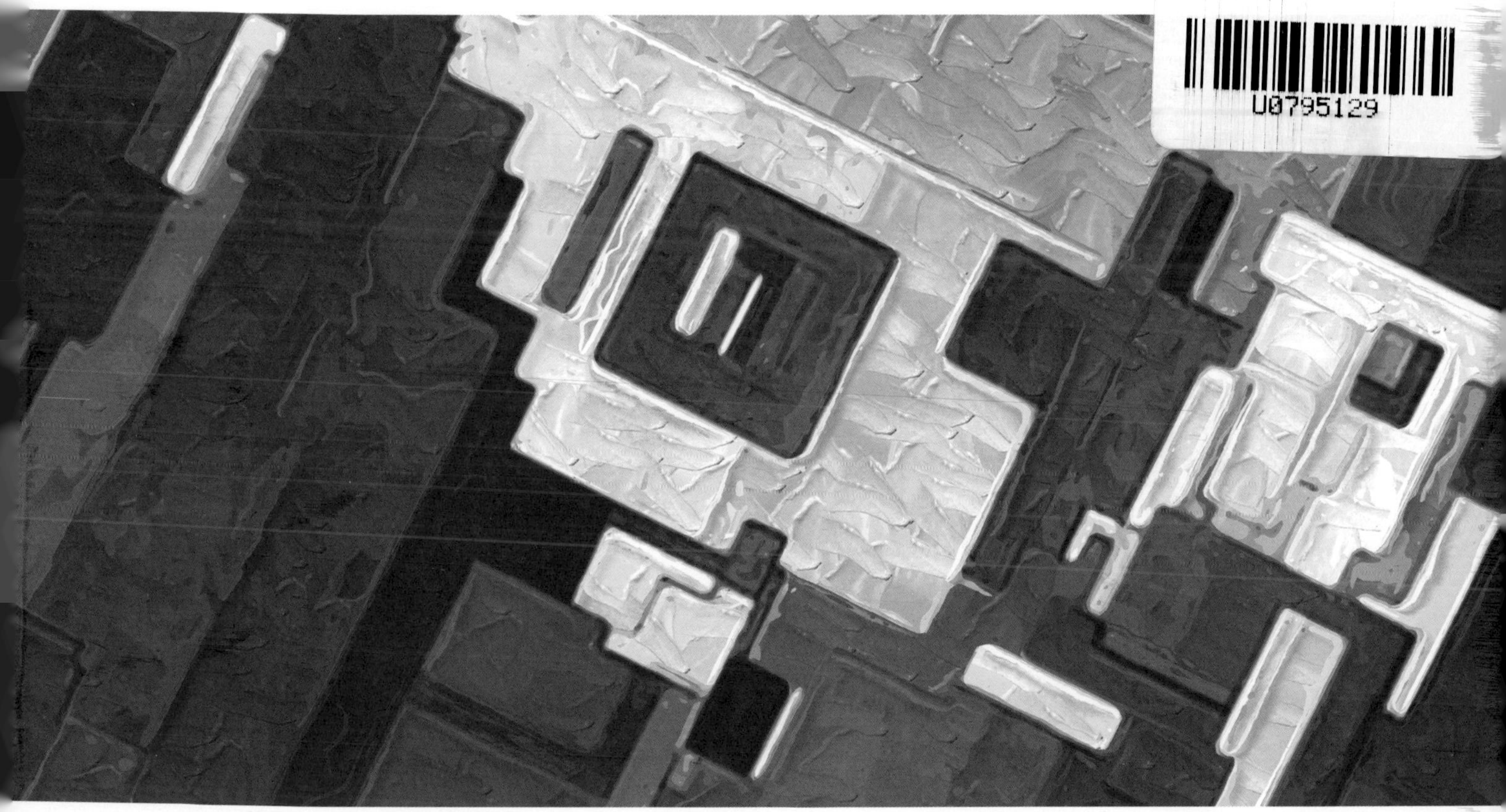

Systems Analysis and Design

(Eleventh Edition)

中国人民大学出版社
· 北京 ·

译者序

受中国人民大学出版社李丽娜编辑之邀翻译斯科特·蒂利（Scott Tilley）教授和哈里·罗森布拉特（Harry Rosenblatt）教授共同编著的《系统分析与设计（第11版）》，译者内心十分惶恐。这是一本在系统分析与设计领域的经典书籍，得到了世界范围内众多读者的肯定和喜爱。为了很好地呈现原书的内容，译者深感肩上责任重大。与此同时，能够完成原书的翻译工作，也是一件令人十分兴奋的事情。系统分析与设计是信息技术领域的永恒话题，同时也是近年来企业管理中的重要内容，因此原书的翻译出版将会为信息技术与企业管理方面的教学和实践提供重要支撑。

随着人工智能、大数据、区块链、物联网、云计算等一系列新兴技术的深入应用，企业的管理实践与信息技术的融合进一步加深。尤其是在企业数字化转型过程中，信息技术的助推器作用会更加凸显。信息技术的助推作用要通过信息系统来实现，而如何科学合理地设计好一个信息系统并使其能够与企业管理过程有机融合，成为一项关键工作。基于此，人们应当以一个“管理与技术相结合”的更加全面的视角来看待系统分析与设计工作。系统分析与设计是一个位于技术与管理之间的有效接口，同时也是技术与管理之间的润滑剂。它能够帮助人们完成管理驱动的技术创新，也能够帮助实现技术驱动的管理创新，因此系统分析与设计的重要性不言而喻。

原书是基于斯科特·蒂利教授和哈里·罗森布拉特教授多年教学和实践经验总结而成，系统性地梳理和总结了系统分析与设计的五个重要阶段和关键知识点。原书通过生动的例子将读者情景化地带入企业信息系统分析与设计过程中的不同场景，并通过准确的语言为读者讲述了如何为企业设计一个可用而且好用的信息系统。通过多年的教学使用和反复修订，原书已成为系统分析与设计领域的重要书籍，译者的翻译工作则是希望将原书中的重要资源尽量原汁原味地呈现给我国读者，进而对我国系统分析与设计方面的教学实践有所帮助。

译者在翻译过程中受到了多方面的帮助。首先要感谢中国人民大学商学院的王志远和马冲同学提供的部分章节初译内容，感谢中国人民大学出版社的李丽娜和张佳佳等编辑为本书做的校对和修改等工作，你们的辛苦努力使本书得以顺利出版。译者也要感谢中国人民大学出版社对本书的支持，感谢中国人民大学商学院的各位领导和同事对本书译者的帮助。本书翻译过程承蒙国家自然科学基金（71772177、71402186）的资助，在此一并致谢。

译者能力有限，书中仍难免会有疏漏和其他不尽如人意之处。在此恳请各位读者不吝赐教，译者将不胜感激。同时也希望各位读者能够在本书中获得系统分析与设计方面的宝贵知识，这将是对本书翻译工作的最大肯定。

张瑾

王黎烨

2020年6月于中国人民大学

序

哈里·罗森布拉特（Harry Rosenblatt）是一名教师、一位导师和一个教材作者。他致力于编写本书的前几版，是因为希望帮助学生理解书中的内容，并为其将来能够成为系统分析与设计人员提供基础。他从学生处寻求如何使教材更好的意见，甚至为此组建了一个学生团队。哈里的工作使成千上万的学生了解了系统分析与设计。

在撰写《系统分析与设计》的前几版时，哈里还在几所大学任教。哈里教授的教学经验使他开发了广泛的补充资料，以协助在课程中使用该教材的授课者们。每个版本的内容都是他从教学经验中得出的，是他对系统分析与设计教学观点的反复修订。

永别了，哈里。你的遗产将通过继续出版此教材而得以延续。系统分析与设计是信息技术领域永恒的话题，你的工作将继续影响成千上万的学生。

罗纳德·R. 萨维利亚（Ronald R. Savilla），MBA
卡罗来纳州医疗保健系统
曾经的学生和教材助理

前　言

Shelly Cashman 丛书是计算机教育领域最优质的教科书，之前版本的《系统分析与设计》受到教师和学生的好评，对此我们备感荣幸。《系统分析与设计（第 11 版）》将继续为读者带来创新、优质和可靠的内容。

Shelly Cashman 丛书的开发团队仔细审查了我们的教学方法，并分析其在当今教学中的效果。当代学生阅读量较少，但需要学习更多技能。在培养并使用技能时，学生必须了解如何将技能应用于不同情况，他们需要不断参与和挑战来巩固正在学习的内容。在本书中，我们将继续专注于学生及其最佳学习方式。

面对充满挑战的全球市场，企业需要强大的信息技术（IT）资源才能生存并有效竞争。今天的学生将成为明天的系统分析师、经理和 IT 专业人员，本教材将帮助他们为这些角色做准备。

概　述

《系统分析与设计（第 11 版）》为信息系统开发提供了实用、精简和前沿的方法。本书重点关注系统分析师在动态商业环境中的作用。在整本书中，我们使用现实世界的真实示例，强调动态商业环境中的批判性思维和 IT 技能。

许多两年制和四年制高等学校在信息系统、计算机科学以及电子商务课程中使用本教材。本书包括对敏捷方法、云计算和移动应用等高新技术的扩展，这些新内容更新了系统分析与设计的传统方法。

使用本书，学生将学习如何将业务需求转化为支持企业短期和长期目标的信息系统。案例研究和任务将培养学生分析推理、批判性思考以及解决问题的能力。许多项目、任务和章节练习都可在线访问，并有详细的教学支持材料。

教材目标

《系统分析与设计（第 11 版）》为 3 学分的系统分析与设计入门课程而设计。本书旨在：

- 使用吸引学生学习的表格、大量屏幕截图和插图以及易于阅读的风格解释系统分析与设计。
- 设置关于项目管理工具和技术的新章节，介绍系统开发过程早期的项目管理概念。
- 在每章中设置小型伦理问题，要求学生思考 IT 环境中的真实伦理问题。
- 提供多种方法，包括对结构化系统开发方法、面向对象系统开发方法和敏捷系统开发方法的比较。

- 解释 IT 如何在当今竞争激烈的环境中支持业务需求，并描述主要的 IT 发展趋势。

此版本的新特色

《系统分析与设计（第 11 版）》提供了以下令人兴奋的新特征和扩展特征：

- 简化了整本书中的材料演示，帮助学生快速轻松地关注主要内容。视觉分散程度较少，主题更为清晰流畅。大量附加材料已转移到在线环境中。
- 扩大了对敏捷方法、云计算和移动应用等新兴技术的覆盖，主题更符合当今商业环境和学生兴趣，并将新发展放置在历史背景下。
- 更新了基于网络和/或开源系统的 CASE 工具示例，这些工具通常免费，是现代系统分析解决方案的代表。
- 修改了反映系统分析工具和资源变化的工具包。
- 在每章末尾添加了关键词列表，帮助学生记忆上下文中的概念。

教材结构

《系统分析与设计（第 11 版）》共有十六个学习单元，包括十二个章节以及四个用于讲解跨职能技能的系统分析师工具包。十二个章节分为五个阶段：系统规划、系统分析、系统设计、系统实施、系统支持和安全。

第一阶段：系统规划

第 1 章　系统分析与设计简介。第 1 章通过描述信息技术在当今动态商业环境中的作用，介绍系统分析与设计。

第 2 章　项目提案分析。第 2 章解释系统项目的启动方式，以及如何评估项目提案以确定其可行性。

第 3 章　管理系统项目。第 3 章介绍如何使用项目管理工具和技术，以及如何规划、安排、监控并报告 IT 项目。

第二阶段：系统分析

第 4 章　需求建模。第 4 章描述需求建模过程，搜集关于系统项目的实情，准备文档并创建用于设计和开发系统的模型。

第 5 章　数据和过程建模。第 5 章讨论分析人员用于显示系统如何将数据转换为有用信息的数据和过程建模技术。

第 6 章　对象建模。第 6 章讨论分析人员用于创建逻辑模型的对象建模技术。

第 7 章　开发策略。第 7 章考虑新系统的不同开发策略，以及向系统设计阶段过渡的计划。

第三阶段：系统设计

第 8 章　用户界面设计。第 8 章介绍如何设计有效的用户界面，以及如何处理数据安全和控制问题。

第 9 章　数据设计。第 9 章着重描述系统分析师构建信息系统物理模型所需的数据设计技能。

第 10 章 系统架构。第 10 章描述系统架构，将信息系统的逻辑设计转化为物理蓝图。

第四阶段：系统实施

第 11 章 管理系统实施。第 11 章介绍应用开发、记录、测试、培训、数据转换和系统切换。

第五阶段：系统支持和安全

第 12 章 管理系统支持和安全。第 12 章描述了在系统整个使用寿命内持续的系统支持和安全任务，包括维护、安全性、备份和灾难恢复、性能测量和系统报废。

系统分析师工具包

A 部分 沟通工具。工具包的 A 部分讨论能够帮助分析师清晰写作、有效沟通并进行有力演示的沟通工具。

B 部分 CASE 工具。B 部分描述可用于设计、构建并记录信息系统的 CASE 工具。

C 部分 财务分析工具。C 部分介绍可用于衡量项目可行性、制定准确的成本估算值并做出正确决策的财务分析工具。

D 部分 互联网资源工具。D 部分描述可用于搜索信息、获取参考资料并监控 IT 趋势和发展的互联网资源工具。

对于学生

Shelly Cashman 丛书希望全部学生都能获得有价值的学习经验，为学生提供成功所需的知识和技能。考虑这一目标，本书中大大简化了材料介绍。现在书中分散注意力的内容较少，主题流畅，这能够帮助学生轻松快速地关注主要内容。

章节学习工具及其如何帮助您

呆伯特漫画：有一种说法是，一张图片胜过千言万语。为了说明这一概念，教材中每个开发阶段都以引人注目的呆伯特（Dilbert）漫画开始。即使您不熟悉斯科特·亚当斯（Scott Adams）的角色，您也将很快在工作场所中看到他的行为。

案例：每章包括关注重点问题的四个简要案例。

伦理问题：每章结尾提出了一个现实的伦理问题，这些示例要求您审视您的举措，以及如何应对常见的工作环境。

本章练习：回答出十个问题将表明您已了解章节的要点，五个讨论话题和五个项目提供了深入挖掘和学习的机会。

在线学习：在 CengageBrain. com 上可购买或租用圣智（Cengage Learning）教科书、电子书、电子章节和学习工具，并享有较大折扣。此外，CengageBrain. com 可直接访问思维导图（MindTap），它将为您提供获取更高成绩所需的工具。

对于教师

Shelly Cashman 丛书致力于为您提供使课堂成功的所有工具。所有补充材料的信息可通过圣智公司的代表或致电以下电话号码得到：学院、大学、继续教育部门、职业技术学校、职业学院、企业、工业、政府、贸易、零售商、批发商、图书馆和经销商，请致电 800-354-9706；基础教育学校、中等职业学校、成人教育学校和学区，请致电 800-354-9706。在加拿大，请致电 800-268-2222。

教学配套网站

本教材的教学配套网站包括教学和测试工具，所有这些都可从 sso. cengage. com 下载。教师资源如下。

• 教师手册：以 Microsoft Word 形式提供，包括总结各章内容、图片和章节基本要素、教师提示、课堂活动、实验室活动以及快速测验的讲义。

• 课程大纲：帮助轻松制定涵盖政策、作业、考试和其他课程信息的课程大纲样本。还包括一个 Microsoft Project 文件，用于创建五个阶段的甘特图。教师可使用该项目文件创建一个视觉教学大纲，包括额外的任务、测验和项目。该文件还可用于跟踪课程进度，欢迎教师将此文件发放给学生，并向他们展示如何管理团队项目的任务、资源和期限。

• PowerPoint 演示文稿：多媒体讲座演示系统根据章节目标为每一章提供幻灯片。

• 图片文件：电子格式的教材中有每个图片的源文件。

• 习题答案：包括章节最后练习部分的答案。

• 试题库和学习测试系统：试题库包含每章的章节练习，并在适当的时候提供基于学习目标和批判性思维的问题、页码引用和图形引用。圣智学习测试系统是一个灵活的在线系统，可让您

√使用多样化圣智解决方案来创建、编辑并管理试题库；

√立即创建多个测试版本；

√在学习管理系统（LMS）、教室或任何地方提供测试。

• 学生附加活动：包括学生可用于完成案例研究的表格。还为每一章额外提供两个案例研究，可作为家庭作业、额外评分或评估工具。章节巩固练习包括判断题、多选题和简答题，帮助学生在学习材料时获得信心。

• 其他教师文件：包括案例研究任务的几个示例解决方案。要安装此程序，请遵循使您能够使用该软件并获得支持的简单注册过程，教学配套网站上已提供详细的说明。还包括为 SCR 网站上的学生发布的电子邮件和语音邮件的 Word 版本，以及新世纪（New Century）案例研究的访谈摘要。

思维导图

思维导图（MindTap）是个性化教学经验，包含能够引导学生分析、应用并提高思维能力的相关任务。它让您轻松测试学习技能和成果。

● 个性化教学：通过学习路径（Learning Path）以学生的关键目标构建学习路线。控制学生看到的内容及其看到内容的时间。按原样使用，或使其与您的教学大纲匹配——您可以隐藏、重新排列、添加或创建自己的内容。

● 指导学生：结合相关阅读、多媒体和活动的独特学习路径，使学生的学习内容从基础知识和理解逐步提升到分析和应用。

● 促进更好的成果：向教师赋权，并通过提供课程进度、课程时间、参与度和完成率的分析和报告激励学生。

本书中的思维导图包括学习工具、批判性思维、交互式测试，所有这些均被集成到电子阅读器，电子阅读器中包含了所有打印文本的完整内容。

作者注

系统分析与设计是创建高质量企业信息系统的严格过程。信息系统是为业务功能提供支持的人员、数据和技术的合并，随着技术的发展，系统分析也不断发展。

系统分析师是有价值的团队成员，负责规划、开发并维护信息系统。系统分析师必须是具有强大分析和批判性思维能力的优秀沟通者，他们也必须精通商业并有过人的技术能力，且能够与管理者和程序员密切合作。

在《系统分析与设计（第 11 版）》中，我一直努力涵盖现代系统分析与设计的基本方面，包括技术和非技术问题。本书的最重大变化是简化了主题，帮助学生快速轻松地关注主要内容，主题的分散性更小，流畅性更高。但本书仍涵盖了大量内容，因此，对于教师和学生，需要明智地选择在一个学期内要讨论的话题。

从个人的角度，我必须对哈里·罗森布拉特在几年前将我邀入这个项目表示真诚的感谢，我们在咖啡馆进行的谈话促成了共同撰写本书的计划，但那时我并不知道哈里会在撰写本书的工作开始前就不幸地离开我们。当我撰写这本书的时候，我无法征询哈里的经验和智慧，但他的希望和构想一直指导着我。此版本教材中的任何错误或遗漏纯属我的责任。

出版者注

随着《系统分析与设计（第 11 版）》的出版，我们很高兴地欢迎斯科特·蒂利加入 Shelly Cashman 丛书作者团队。斯科特是佛罗里达理工学院（FIT）的教授，曾担任计算机系教学主任。他在维多利亚大学（University of Victoria）取得博士学位，也是美国计算机学会（ACM）杰出授课人。他为《今日佛罗里达报》（*Florida Today*）撰写每周的《当今技术》（Technology Today）专栏。除了本教材，他还编写了《云环境下的软件测试：迁移与执行》（*Software Testing in the Cloud*：*Migration & Execution*，Springer，2012）、《软件测试中的难题：将使用测试解决问题视为一种服务》（*Hard Problems in Software Testing*：*Solutions Using Testing as a Service*，Morgan & Claypool，2014）及《使用 Hadoop 单元测试 iOS 应用程序：快速分布式 GUI 软件测试》（*Testing iOS Apps with Hadoop Unit*：*Rapid Distributed GUI Testing*，Morgan & Claypool，2014）。斯科特最近在佛罗里达理工学院商学院教授系统分析与设计课程并使用《系统分析与设计（第 10 版）》作为其教材，他将课堂上学生的反馈纳入了本书中。

致　谢

如果没有很多人的帮助和支持，我无法完成像《系统分析与设计（第 11 版）》这样的书。首先，我要感谢哈里·罗森布拉特为本书建立的坚实基础。

我要向本教材的策划编辑德布·考夫曼（Deb Kaufmann）致以由衷的感谢，他的见解和建议十分有价值。还要感谢提供反馈意见的审稿人：福赛斯社区技术学院（Forsyth Technical Community College）的梅利莎·布赖恩特（Melisa Bryant）；常春藤社区技术学院（Ivy Technical Community College）的保罗·达道斯（Paul Dadosky）；达科他州立大学（Dakota State University）的芭芭拉·迈尔斯（Barbara Myers）；吉尔福特社区技术学院（Guilford Technical Community College）的特雷莎·肖特（Teresa Shorter）。

非常感谢整个制作团队的支持。感谢圣智（Cengage Learning）公司的凯特·梅森（Kate Mason）、阿莉莎·普拉特（Alyssa Pratt）和斯森西·拉莫迪（Stacey Lamodi），以及 Lumina Datamatics 公司的阿鲁·约瑟夫·拉杰（Arul Joseph Raj）。

最后，真诚感谢提供反馈意见的教师和学生，我已经尽力解决你们的问题并采纳你们的建议。我会继续仔细听取你们的意见，欢迎随时通过电子邮件 scott@srtilley. com 与我联系。

目录

第一阶段　系统规划

第二阶段 系统分析

第三阶段 系统设计

第四阶段 系统实施

第五阶段 系统支持和安全

系统分析师工具包

第一阶段

系统规划

交付成果：初步调查报告。

工具支持：沟通和财务分析工具。

正如呆伯特漫画表明的，了解一个项目是否符合企业的总体战略是一个好主意。信息系统的作用是支持业务目标的实现，因此不应批准与企业战略不一致的系统项目。

系统规划是系统开发生命周期五个阶段中的第一阶段。第 1 章描述信息技术在当今动态商业环境中的作用，并介绍系统分析与设计。第 2 章介绍如何启动系统项目，以及如何评价一个系统项目计划，进而评判其是否可行。第 3 章介绍如何使用项目管理工具和技术，如何规划、安排、监控并报告 IT 项目。

第1章 系统分析与设计简介

第1章是系统规划阶段三个章节中的第一章。本章描述了信息技术在当今动态商业环境中的作用，并介绍了信息系统的发展情况、系统分析与设计的概念以及不同的系统开发方法。同时，本章还描述了信息技术部门及其人员的作用。

本章包括四个案例讨论问题，用以帮助读者情境化地理解文中描述的概念；伦理问题部分引入对美国计算机协会伦理准则和开发系统分析师伦理准则的检验。

学习目标

学完这一章，你应该能够：

- 描述信息技术的影响；
- 定义系统分析与设计以及系统分析师的作用；
- 定义信息系统并描述其组件；
- 解释如何使用业务简介和模型；
- 解释互联网业务战略和关系，包括 B2C（企业和消费者之间的商业交易）和 B2B（企业之间的商业交易）；
- 识别不同类型的信息系统并解释它们的使用者；
- 区分结构化分析、面向对象分析和敏捷方法；
- 解释瀑布模型及其如何演变；
- 讨论信息技术部门和在其中工作的系统分析师的作用。

1.1 引言

图表1-1中的标题为信息技术如何影响社会提供了一个生动的例子。企业将信息作为一种提高生产力、提供高质量产品和服务、维持客户忠诚度以及做出正确决策的方式。在竞争激烈的全球经济中，信息技术意味着成功与失败的巨大差别。

图表 1－1　这些标题说明信息技术对我们的生活产生了巨大影响

1.2　什么是信息技术?

信息技术（information technology，IT）是指人们为管理、交流并共享信息而使用的硬件、软件及服务的组合。虽然是虚构的，但图表 1－1 中的标题仍说明信息技术对我们的生活产生了巨大影响。

远超往常，当前企业的成功更取决于信息技术，信息技术正在推动新的数字经济，硬件、软件和连接的进步为企业和个人都带来了巨大的收益。虽然经济趋势影响企业的 IT 支出水平，但大多数企业无论是否景气，都会给 IT 预算一个高度优先级。原因很简单：在增长期间，企业不能落后于 IT 曲线；相反，当经济减缓时，企业经常利用信息技术来降低运营成本并提高效率。

以下章节提供了信息技术历史的基本介绍、系统分析与设计概述以及对系统分析师角色的描述。

1.2.1　信息技术的变迁

信息技术的历史是对人类进步和成就的迷人探究，如同我们正在被最新和最伟大的技术所吸引，我们的父母和祖父母同样曾因电视、太空飞行或者个人计算机的出现而震惊。对于在这个令人兴奋的世界中生活和工作的 IT 专业人士来说，最重要的是意识到每个技术进步都只是长期过程中的一部分，虽然其常常带来巨大的变化，但从未真正结束。IBM 的故事就是一个很好的例子。

顾名思义，IBM 在现代计算机时代开启之前是办公设备和打字机的主要供应商。1896 年，赫尔曼·霍勒里斯（Herman Hollerith）成立了 IBM 的前身，并发明了一种可通过冲孔位置识别字符的卡片，带有成百上千张这种卡片的卡片组可以储存数据，使数据能够被机器轻松分类、查询和打印。这一系统现在听起来很古老，但穿孔卡技术是一个改变商业世界的巨大进步，一直使用到20世纪60年代甚至更近期。

如今，IBM是一家拥有数十万名员工的全球性跨国企业，在持续适应不断变化的商业环境方面已取得巨大成功。例如，虽然IBM曾被称为硬件公司，但如今软件和服务收入成为其营收的重要部分。同时，IBM也投资于人力资源，试图雇用最好的人才，其拥有的专利数和诺贝尔奖得主数比历史上任何一家IT公司都要多。

图表1-2显示了1953年员工使用穿孔卡片打卡时的场景，而如今，大部分具有前瞻性IT思维的企业根本不要求其员工打卡。在家办公、像住酒店一样根据需求随机使用办公室以及全球贸易都大大改变了对工作的定义。毫无疑问，未来的学生将会像我们嘲笑穿孔卡片一样看待当前技术。

图表1-2　1953年，一名雇员使用穿孔卡片打卡

资料来源：ClassicStock.com/Superstock。

1.2.2　系统分析与设计

系统分析与设计（systems analysis and design）是一个开发高质量信息系统的分步过程。**信息系统**（information system）整合技术、人员和数据，为订单处理、库存控制、人力资源、会计等业务功能提供支持。一些系统处理日常任务，而其他系统可帮助管理者做出更好的决策、发现市场趋势或解释可能隐藏在存储数据中的模式。

信息系统开发通常由一系列人才完成，包括管理者、用户、网络管理员、网页设计师、程序员和系统分析师等。这些有能力的IT专业人员，即使在经济形势放缓时也总是被需要。例如，图表1-3中显示了monster.com求职网页中墨尔本、佛罗里达地区与信息技术和信息系统相关的职位数量。

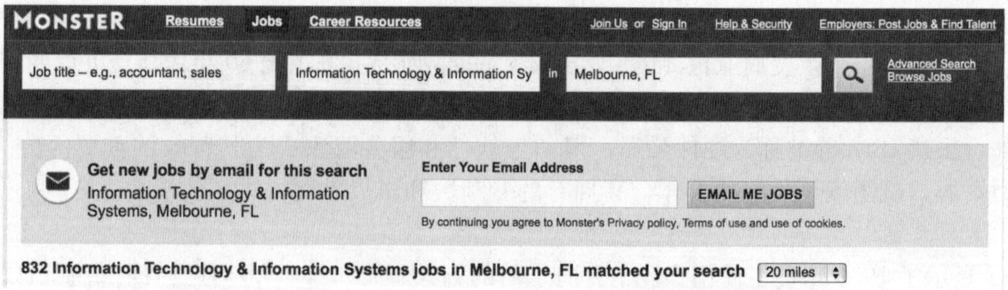

图表 1-3 monster.com 是 IT 专业人员可使用的在线求职网站

资料来源：monster.com。

1.2.3 系统分析师的职责是什么？

系统分析师（systems analyst）是 IT 部门的重要成员，帮助规划、开发和维护信息系统。分析师[1]必须是具有强大分析和批判性思维能力的优秀沟通者，因为系统分析师将业务需求转化为 IT 项目，所以他们必须具有商业头脑和技术能力，并能够与偶尔持有不同观点的管理者和程序员进行沟通。

大多数企业将系统分析师分配到 IT 部门，但分析师也可向市场营销、销售或会计等特定领域用户报告。作为职能团队成员，分析师能够更好地了解团队需求，以及 IT 如何支持部门使命。而较小的企业通常使用顾问，根据需要执行系统分析工作。

通常来说，系统分析师可能会被要求记录业务流程、测试硬件和软件包、设计输入屏幕、培训用户并设计电子商务网站。系统分析师也可能偶尔管理 IT 项目，包括人员、资源、进度和成本。为了使管理者和用户了解情况，分析师要组织会议，利用演示文稿进行展示，撰写备忘录、报告和文档等。

本章的最后列出了对系统分析师的技能和教育要求，系统分析师认证、职业机会，以及未来 IT 趋势对系统分析师的可能影响。

案例 1.1 金融顾问 Cloud Nine

Cloud Nine 为其客户提供有关股票买卖建议的每月通信。对于网络公司的股票是否能在未来成为好的投资项目，Cloud Nine 的主席道格·莱顿（Doug Layton）征询你的意见，他特别强调了谷歌（Google）、易趣（eBay）、亚马逊（Amazon.com）和雅虎（Yahoo!）这些公司，但你也可以推荐其他公司。道格希望你在网上收集资料，对这些网络公司及其未来前景做进一步了解，你可以使用搜索引擎或访问《福布斯》(*Forbes*)、《财富杂志》(*Fortune Magazine*)、《商业周刊》(*Business Week*) 或《华尔街日报》(*The Wall Street Journal*) 等出版物的网站。

1.3 信息系统组件

系统（system）是一组能够产生特定结果的相关组件。例如，专业系统能够监控网络流量、制造微芯片或控制能够拍摄图表 1-4 中惊人照片的哈勃望远镜等复杂实体。**关键任务系统**（mission-critical system）对

① 除非特别说明，本书中的分析师一般指系统分析师。——译者注

企业运营至关重要。例如，订单处理系统是关键任务系统，因为企业无法在没有它的情况下完成交易。

图表 1-4　考虑使哈勃望远镜能够捕获这组影像的技术

资料来源：由哈勃传承团队（AURA/STScl/NASA）提供。

每个系统均需要数据输入。例如，当按下按键或选择菜单命令时，计算机接收数据。在信息系统中，**数据**（data）由作为系统原材料的基本事实构成，**信息**（information）是被转换为对用户有价值的输出的数据。

如图表 1-5 所示，信息系统由五个关键组件构成，分别是硬件、软件、数据、过程以及 IT 系统相关人员。

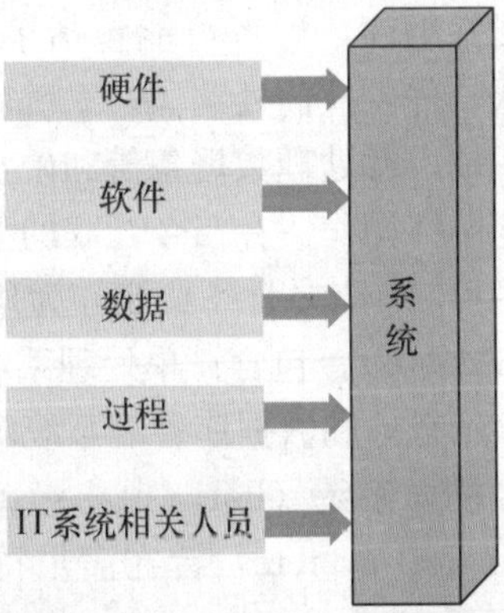

图表 1-5　信息系统需要这些组件

1.3.1　硬件

硬件（hardware）包含信息系统物理层中的一切。例如，硬件可以包括服务器、工作站、网络通信设备、光纤电缆、移动设备、扫描仪、数字捕获设备和其他基于技术的基础设施。大量共同工作的集中服务器称为**服务器群**（server farm）。随着新技术的出现，制造商在市场创新及获取收益方面进行竞争。

如今，硬件购买者面临着各种各样的技术选择和决策。1965 年，英特尔（Intel）的联合创始人戈登·摩尔（Gordon Moore）预测，集成电路芯片上的晶体管数量每 24 个月将增加一倍，这一被称为**摩尔定律**

(Moore's Law) 的理论在过去 50 年一直保持有效。具有数千甚至数百万销售交易量的大型企业需要企业范围的信息系统和强大的服务器，这些服务器如今通常处在云中，如图表 1-6 所示。

图表 1-6 服务器群提供现代 IT 系统需要的巨大能力和速度

资料来源：dotshock/Shutterstock. com。

1.3.2 软件

软件 (software) 是指控制硬件并产生所需信息或结果的程序。软件包括系统软件以及应用软件。

系统软件 (system software) 管理硬件组件，后者可能包括单个计算机或具有数千个客户端的全球网络。软件可由硬件制造商提供或由企业从软件供应商处购买。系统软件包括操作系统、保护计算机免遭入侵的安全软件、打印机等硬件的通信设备驱动以及处理数据备份和硬盘管理等特定任务的实用程序。系统软件还控制数据流、提供数据安全保障并管理网络操作。在当今互联的商业世界中，网络软件是至关重要的。

应用软件 (application software) 包括支持日常业务功能并为用户提供所需信息的程序，企业范围应用示例又称为**企业级应用** (enterprise applications)，包含订单处理系统、工资系统以及企业通信网络。在较小规模上，个人用户可以使用电子表格、演示软件和数据库管理系统等工具提高生产力。

应用软件包括横向系统和纵向系统。**横向系统** (horizontal system) 是可适用于许多不同类型企业的系统，如库存或工资单应用。**纵向系统** (vertical system) 旨在满足特定企业或行业的独特需求，如在线零售商、医疗机构或者汽车经销商。

大多数企业使用新旧软件的组合，在规划信息系统时，企业必须考虑新系统如何与被称为**遗留系统** (legacy systems) 的旧系统交互。例如，新的人力资源系统可能需要与遗留的工资单应用交换数据。

1.3.3 数据

信息系统将数据作为原材料转换为有用信息。信息系统可在表的不同位置存储数据，通过表之间的链接，系统可以显示用户需要的特定信息，既不多余，也不缺失。图表 1-7 显示了将数据存储在四个独立表中的工资单系统。注意，这些链接的表一同工作，从而为屏幕提供 19 个不同的数据项。用户可显示任意或全部数据项，并过滤数据以满足设定的限制。在该示例中，用户查询上一个支付期内居住在某个城市且工作超过 40 小时的雇员的列表，简·多伊（Jane Doe）的名字是显示结果中的第一个。

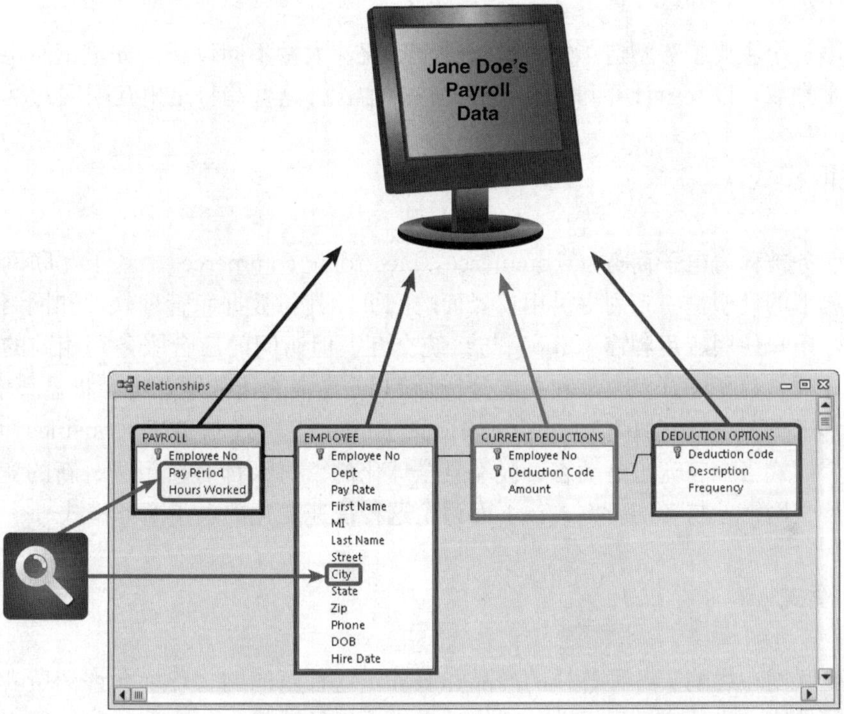

图表 1-7　在典型的工资系统中，数据存储在单独的表中，这些表链接起来构成整体数据库

1.3.4　过程

过程（processes）描述用户、管理者及 IT 人员为实现特定结果而执行的任务和业务功能。过程是信息系统的构建模块，因为它们代表实际的日常业务操作。要建立一个成功的信息系统，分析师必须了解业务过程并将其仔细记录下来。

1.3.5　IT 系统相关人员

与信息系统有利益关系的人称为**利益相关者**（stakeholders）。利益相关者包括负责系统的管理团队，与系统交互的企业内外部**用户**（users，有时称为终端用户），以及负责开发并支持系统的系统分析师、程序员和网络管理员等 IT 员工。

每个利益相关者团体在信息系统中均有重要利益，但大多数经验丰富的 IT 专业人员认为系统的成败通常取决于它是否满足其用户的需求。因此，在整个开发过程中，了解用户的需求和期望是十分重要的。

1.4　当今商业环境

要设计成功的系统，系统分析师必须了解企业的业务运营。每种情况均是不同的。例如，零售商店、医疗机构和连锁酒店均具有独特的信息系统要求。随着商业环境的变化，系统分析师预计在需要创新 IT 解决方案的新型企业中工作。

当今商业正在由三个主要趋势塑造：快速增长的全球化、大量不同设备（如笔记本电脑和智能手机）间无缝信息访问的技术集成，以及云计算和软件服务的快速增长。这些趋势是由互联网的巨大力量驱动的。

1.4.1 互联网模式

基于互联网的商务被称为**电子商务**（ecommerce，electronic commerce）。基于互联网的系统包括不同硬件及软件设计，但典型的模型是一系列提供用户界面的网页，其与数据库管理软件和网络数据服务器进行链接。在移动设备上，用户使用**应用程序**（app）与系统交互，但访问的后台服务是相同的。随着互联网商务持续增长，网页设计师、数据库开发人员和系统分析师等 IT 专业人士的职业机会将显著增加。

电子商务主要包括两个方面：**B2C**（business-to-consumer）模式和 **B2B**（business-to-business）模式。在电子商务的这两个模式当中，竞争是动态、极端且全球化的。每天都有新想法、新的竞争者，以及吸引客户、供应商和大量社交网络参与者的新方式。下面讨论这种快速变化的电子商务模式。

1.4.2 B2C 模式

消费者可通过互联网在线购买各种各样的产品和服务，这种新的购物环境允许消费者在便捷的单一会话中研究并比较价格和功能、确认商品可得性、安排运送方式以及选择支付方法。包括航空公司在内的许多企业都鼓励在线交易，因为网络处理成本比传统方法更低。例如，通过向最后一分钟旅客在线提供航班信息的方式，一些航空公司还对未被预订的座位提供特别折扣。

B2C 商务正在改变传统的商业模式并创造新的商业模式。例如，常见的商业模式是零售商店向客户销售产品，而为了在互联网上进行相同的交易，企业必须开发一个在线商店并解决一系列完全不同的营销、广告以及盈利问题。

一些企业发现了使用现有商业模式的新方法。例如，易趣将传统的拍卖概念转变为流行且成功的销售商品和服务的方法，其他零售商试图通过提供礼品顾问、购买指南、方法诊断及其他类似功能来增强在线购物体验。在电子商务战争中，真正的赢家是在线消费者，他们有更多的信息、更好的选择并享受在家购物的便捷。

1.4.3 B2B 模式

虽然零售客户对 B2C 更为熟悉，但 B2B 的交易量要大许多倍。行业观察者预测，随着越来越多的企业试图提高效率并降低成本，B2B 销售量将大幅增长。

最初，企业间的电子商务使用被称为**电子数据交换**（electronic data interchange，EDI）的数据共享合约，EDI 通过私人通信线路实现计算机到计算机的数据传输。企业使用 EDI 来计划生产、调整库存水平或使用来自另一企业的信息系统数据存储原材料。随着 B2B 数量的飙升，企业对企业的交易转移到互联网，并带来了标准协议、普遍可用性和低通信成本的好处。网络的主要优点是提供不同硬件和软件环境间随时随地的无缝通信。

由于 B2B 使企业能够与全球市场交易，其对于较小的供应商及需要产品价格和可得性实时信息的客户尤其重要。在类似于开放市场的方法中，一些 B2B 网站邀请买家、经销商、分销商和制造商提供产品、上传规格并处理业务。

大多数大型企业和政府机构使用供应链管理（SCM）软件。**供应链**（supply chain）是指向客户提供材料、服务和功能的全部企业。例如，在宣伟（Sherwin-Williams）购买一加仑油漆的客户处于供应链的末端，这条供应链还包括原材料来源、包装供应商、制造商、运输、仓库和零售商店。由于 SCM 具有动态且复杂的特点，专业软件能够帮助企业管理库存水平、成本、备用供应商等。

1.5 业务运营建模

系统分析师通过建模来表示企业运营和信息需求。业务运营建模包括业务简介和一系列记录业务流程的模型。

1.5.1 业务简介

业务简介（business profile）是对企业使命、职能、组织、产品、服务、客户、供应商、竞争对手、制约因素和未来发展方向的概述。虽然这些信息很容易得到，但系统分析师通常仍需要做额外的研究和实情调查，业务简介是建模过程的起点。

1.5.2 业务流程

业务流程（business process）是可被描述和记录的一组特定事务、事件和结果。**业务流程模型**（business process model，BPM）以图形方式显示一个或多个业务流程，如处理航班预订、填写产品订单或更新客户账户。图表 1－8 中的销售订单示例显示了包括一个事件、三个过程和一个结果的简单模型。

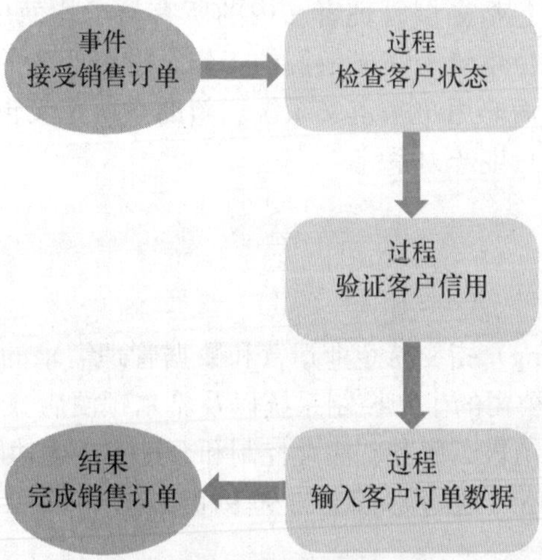

图表 1－8　简单的业务流程模型可能包含一个事件、三个过程和一个结果

一个粗略的草图可能足以记录一个简单的业务流程，但对于复杂模型，分析师可选择使用基于计算机的**业务流程建模符号**（business process modeling notation，BPMN）工具。BPMN 包括标准形状和符号，用于表示时间、过程和工作流等。Microsoft Visio 等多用途应用程序、Visible Analyst 等 CASE 开发工具以及

draw. io 等在线图表工具均能用于构建 BPMN 模型。图表 1－9 中的 draw. io 模型使用 BPMN 符号表示与图表 1－8 相同的销售订单过程。

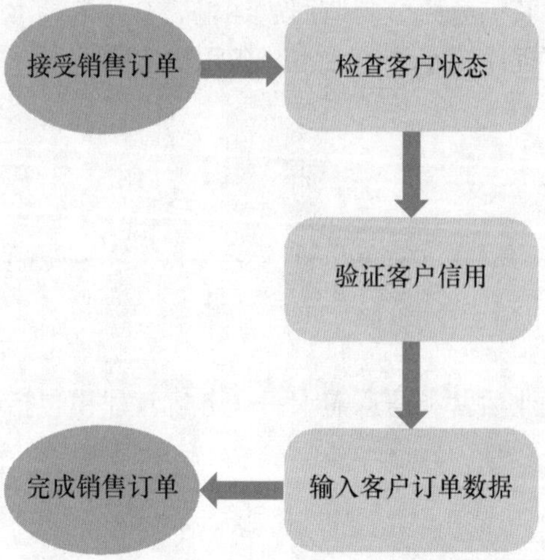

图表 1－9　此示例使用业务流程建模符号（BPMN）表示与图表 1－8 相同的时间、过程和工作流

资料来源：Drawio. com。

1.6　商业信息系统

过去，IT 管理者根据其主要用户来定义信息系统。例如，行政人员使用办公系统，运营人员使用运营系统，中层管理者使用决策支持系统，高层管理者使用执行信息系统。

如今，传统的标签不再适用。包括高层管理者在内的所有员工均使用办公生产系统来完成工作。同样地，运营用户通常需要使用决策支持系统来完成他们的工作。随着业务的变化，信息的使用也在发生变化，现在更有意义的是通过功能和特征而非用户来定义系统。新的系统定义包括企业计算系统、事务处理系统、业务支持系统、知识管理系统和用户生产力系统。

1.6.1　企业计算

企业计算（enterprise computing）指支持企业运营和数据管理需求的信息系统，如沃尔玛（Wal-Mart）的库存控制系统、波音（Boeing）公司的生产控制系统以及希尔顿酒店（Hilton Hotels）的预订系统。企业计算的主要目标是整合企业生产、销售、服务、库存控制和会计等主要功能，以提高效率、降低成本并帮助管理者做出关键决策，企业计算还可通过加固企业范围的数据访问和存储框架，提高数据安全性和可靠性。

在许多大型企业中，**企业资源规划**（enterprise resource planning，ERP）系统的应用为全企业的用户和管理者提供有成本效益的支持。例如，租车公司能够通过 ERP 系统预测用户在数百个地点的租车需求。由于其增长和潜力，许多硬件和软件供应商瞄准企业计算市场，并提供广泛的产品和服务。例如，图表 1－10 显示 Microsoft Dynamics 可作为提高生产力的 ERP 解决方案。

图表 1-10　Microsoft Dynamics 是可提高生产力的 ERP 解决方案的示例

资料来源：Microsoft Corporation。

通过企业范围的计算环境，许多企业已能够实现显著的成本降低，但也有一些企业在 ERP 实施过程中存在问题，因为这些企业对成功实施 ERP 系统所需的时间、金钱和保证持有消极态度。ERP 系统的一个潜在缺点是，其实施的整体结构与企业的运营方式可能不匹配。第 7 章将从开发策略的角度对 ERP 系统做出更详细的描述。

1.6.2　事务处理

事务处理（TP）系统（transaction processing systems）处理日常业务运营产生的数据。TP 系统示例有客户订单处理、应收账款以及保修索赔处理。

TP 系统在特定事件发生时执行一系列任务，在图表 1-11 的示例中，TP 系统验证客户数据、检查信用状态、检查库存状态、过账到应收账款、调整库存水平并更新销售文档。TP 系统通常涉及大量数据，其也是关键任务系统，因为企业在没有它们的情况下无法工作。

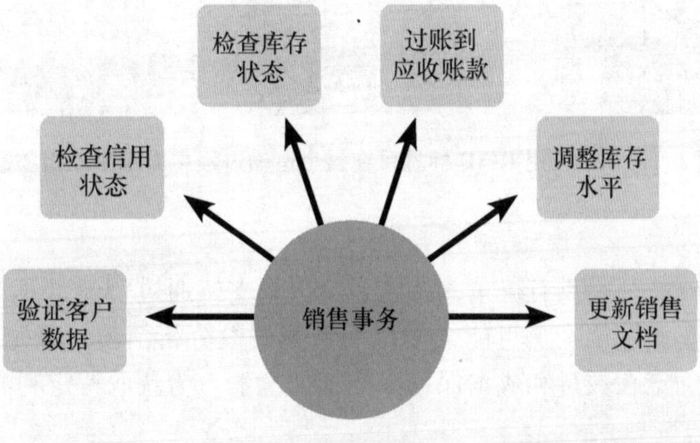

图表 1-11　单个销售事务由六个单独的任务组成，TP 系统将其作为一组来处理

TP 系统是高效的，因为它们将一系列与事务相关的命令按组处理，而不是单独处理。为了保护数据完整性，如果事务的任一元素失败，TP 系统则确保不会处理剩余的事务。

1.6.3 业务支持

业务支持系统（business support systems）向企业各个层面的用户提供与工作相关的信息支持。这些系统能够分析事务数据，生成管理和控制业务流程所需的信息，并提供能够得出最优决策的信息。

最初的商业计算机取代了手工完成工资单处理等任务。企业很快认识到，计算机也可以生成有价值的信息。这种新系统被称为**管理信息系统**（management information systems，MIS），因为管理者是主要用户。如今，所有层级的员工都需要信息来完成其工作，他们通过信息系统获取所需的支持。

业务支持系统可与TP系统协同工作。例如，当企业向客户销售商品时，TP系统记录销售信息、更新客户余额并减少库存数量，相关的业务支持系统则会将进度缓慢或很快的项目、应付款逾期的客户以及需要调整的库存水平突出显示。

为提升竞争效率，企业必须收集生产、销售和运输数据，并随时更新企业范围的业务支持系统。数据收集的最新技术被称为**无线射频识别**（radio frequency identification，RFID）技术，这一技术使用高频无线电波追踪物理对象，如图表1-12所示。沃尔玛等主要零售商要求其供应商在所有物品上添加RFID标签，从而促进了RFID的显著增长。

图表1-12 使用RFID标签可在整个运输过程中跟踪并监控物品

资料来源：© nullplus/photos.com。

业务支持系统的一个重要特征是具有决策支持能力。决策支持通过创建计算机模型并应用一系列变量帮助用户做出决策。例如，卡车车队调度员可能会模拟一系列假设分析情境，确定恶劣天气带来的额外影响；零售商可以使用假设分析，确定在数量和成本保持不变的情况下，为获取特定利润而必须收取的价格。

1.6.4 知识管理

知识管理系统使用被称为**知识库**（knowledge base）的大型数据库，允许用户以正常英文短语输入关键词或问题来查找信息。知识管理系统中会使用**推理规则**（inference rules），这些逻辑规则能够有效识别数据模式和关系。

如图表 1 - 13 所示，WolframAlpha 网站将自身描述为计算知识引擎，它拥有一个复杂的自然语言前端，能够理解用户在不同领域的查询。同时，它依赖于跨越多个网站的大型知识库和自身专有算法，对用户在不同主题上提出的问题给予详细解答。搜索结果通过多媒体混合显示，有时也会包括数学方程。

图表 1 - 13　WolframAlpha 将自身描述为计算知识引擎

资料来源：WolframAlpha。

1.6.5　用户生产力

企业为各级员工提供提高生产力的技术。**用户生产力系统**（user productivity systems）的示例有电子邮件、语音邮件、视频和网络会议、文字处理程序、自动日历、数据库管理、电子表格、桌面出版、演示图表、企业内联网和集成移动计算系统。用户生产力系统还包括群组软件，**群组软件**（groupware）程序让用户能够共享程序、进行项目协作和团队合作。

当企业首次安装文字处理系统时，管理者期望随着办公效率的提高而减少员工数量，但这种现象并没有产生，主要是因为工作的性质发生了变化。通过使用计算机处理重复工作，办公人员能够处理需要更多判断、决策和信息的任务。

随着企业将更多的责任分配给组织层级较低的员工，计算机办公的工作范围迅速扩大。同时，相对便宜的硬件、强大的网络、企业精简以及向员工赋权的转变也促成了这一趋势。如今，行政助理和企业总裁同样需要联网、使用计算机工作站并共享企业数据以执行他们的工作。

1.6.6　系统集成

大多数大型企业需要组合事务处理、业务支持、知识管理和用户生产力特性的系统。例如，假设一个国际客户提出索赔，客户服务代表将该索赔输入 TP 系统，TP 系统更新其他两个系统：跟踪产品问题和保修的知识管理系统，以及具有决策支持能力的质量控制系统。质量控制工程师使用假设分析来确定企业是否应该进行产品设计变更以减少保修索赔。在该示例中，TP 系统与知识管理系统和具有支持功能的业务支持系统集成。

1.7 用户需要哪些信息?

近年来，企业组织结构发生了很大变化。为了提高生产力，许多企业减少了管理层的数量，并将责任委托给运营人员。虽然现代组织结构往往更扁平，但组织层级结构仍在大多数企业中存在。

图表 1-14 显示了确定业务职能和组织层级的典型组织模型。在职能区内，运营人员向主管和团队管理者报告，上一层级包括中层管理者和知识工作者，他们向高层管理者报告。在企业组织结构中，高层管理者需要向企业股东选举出的董事会报告。

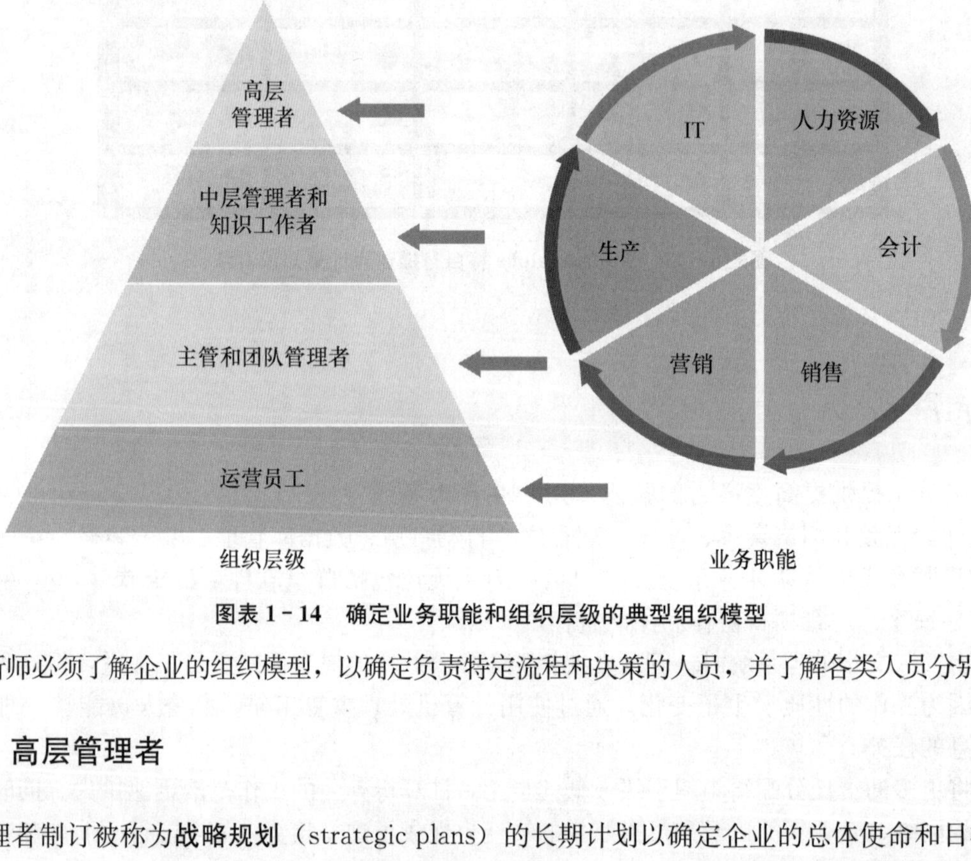

图表 1-14 确定业务职能和组织层级的典型组织模型

系统分析师必须了解企业的组织模型，以确定负责特定流程和决策的人员，并了解各类人员分别需要的信息。

1.7.1 高层管理者

高层管理者制订被称为**战略规划**（strategic plans）的长期计划以确定企业的总体使命和目标。为了绘制未来路线，高层管理者会提出“企业应该在信息技术上投资多少”、“未来五年互联网销售额将增长多少”或“企业应该建新工厂还是将生产职能外包”这样的问题。

战略规划会影响企业未来的生存和增长，其中也包括长期的 IT 计划。高层管理者专注于企业整体并使用 IT 设定企业路线和方向。为了制订战略规划，高层管理者还需要经济预测、技术趋势、竞争威胁和政府问题等来自企业外部的信息。

1.7.2 中层管理者和知识工作者

在高层管理者之下，大多数企业都还有一层中层管理者和知识工作者。中层管理者为主管和团队管理者提供方向、必要的资源和绩效反馈，因为中层管理者专注于更短的时间框架，其需要比高层管理者更详细但比监督日常运营的主管少一些的信息。

除了中层管理者，每个企业均有被称为知识工作者的人群。知识工作者包括系统分析师、程序员、会计师、研究人员、培训师、人力资源专家和其他专业人员，他们还使用业务支持系统、知识管理系统和用户生产力系统。知识工作者为组织的基本职能提供支持，成功的企业需要知识工作者履行其使命。

1.7.3 主管和团队管理者

通常被称为项目管理者的主管监督运营员工并执行日常职能。他们协调运营任务和人员，做出必要的决策并确保提供正确的工具、材料和培训。与其他管理者相同，项目管理者需要决策支持信息、知识管理系统和用户生产力系统来履行他们的职责。

1.7.4 运营员工

运营员工是指依靠事务处理系统输入并接收执行工作所需数据的用户。在许多企业中，运营员工还需要信息来处理之前分配给项目管理者的任务和决策，这种被称为**赋权**（empowerment）的趋势赋予了员工更多的责任。许多企业发现，赋权能够提高员工积极性并提升客户满意度。

1.8 系统开发工具

除了了解业务运营，系统分析师还必须知道如何使用建模、原型设计和计算机辅助系统工程工具等不同技术来规划、设计并实施信息系统。系统分析师在团队环境中使用这些工具，用户、管理者和IT员工等成员在环境中的投入也为系统设计做出了贡献。

1.8.1 建模

建模（modeling）生成概念或过程的图形化表示的过程，开发人员能够对其进行分析、测试和修改。系统分析师可通过使用一系列业务、数据、对象、网络和过程模型来描述并简化信息系统。

业务模型（business model）描述系统必须提供的信息，分析师还创建表示数据、对象、网络和其他系统组件的模型。虽然模型看起来可能有重叠，但它们实际上共同作用，从不同角度描述相同的环境。

系统开发人员经常使用Microsoft Visio等多用途图表工具表示相关业务模型。Visio是系统分析师可用于创建业务流程图、流程图、组织图、网络图、平面图、项目时间表和工作流图等图表的流行工具。图

表1-15 显示如何将不同符号从左侧窗格拖放到右侧的图形中，并将它们连接以显示业务流程。draw.io 等类似的在线工具也可用于绘制业务相关模型。

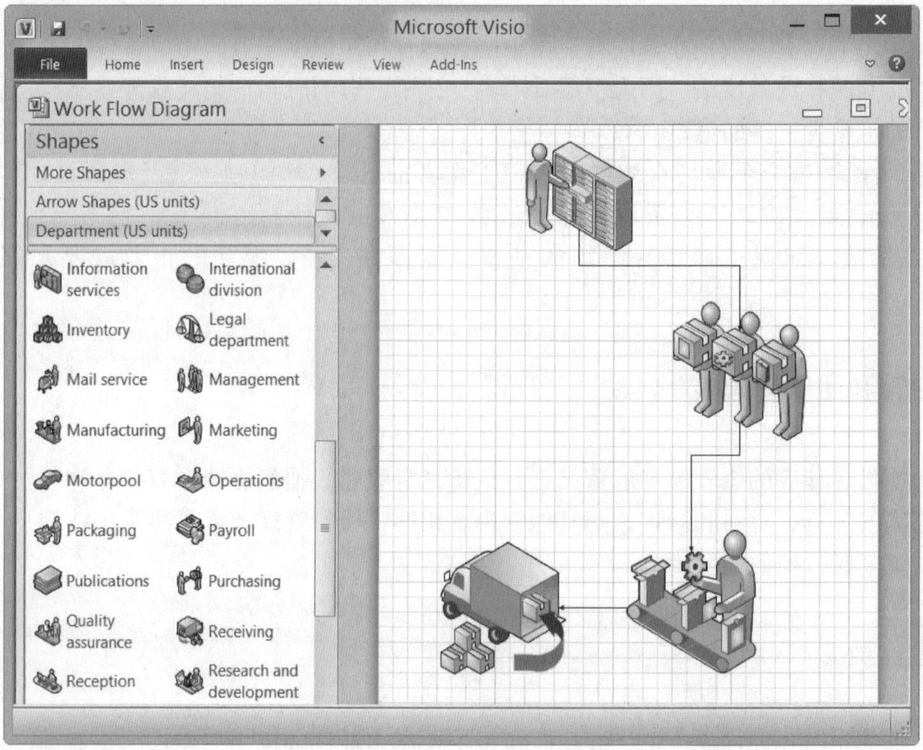

图表1-15　Microsoft Visio 允许用户拖放不同符号并将其连接来对业务流程建模

资料来源：Microsoft Visio 2010。

1.8.2　原型设计

原型测试系统能够在最终决策前检查输入、输出和用户界面。**原型**（prototype）是信息系统的早期工作版本，正如飞机制造商在风洞中测试新设计，系统分析师也需要构建并研究信息系统原型。原型可作为用于评估最终系统的基准，或者原型本身可开发成系统的最终版本，无论使用哪种方式，原型均能显著加快开发过程。

原型设计可能存在的缺点是，在完全理解业务或IT问题前就做出重要决定可能太早。然而，以详细的实情调查和建模技术为基础的原型可被称为非常有价值的工具。

1.8.3　计算机辅助系统工程工具

计算机辅助系统工程（computer-aided systems engineering，CASE）也称为**计算机辅助软件工程**（computer-aided software engineering），是一种使用 **CASE 工具**（CASE tool）的强大软件，用以帮助系统分析师开发并维护信息系统。CASE 工具为系统开发提供整体框架，并支持结构化分析和面向对象分析等不同设计方法。

CASE 工具使构建信息系统更容易，因此它们提高IT生产力并提高成品的质量。开发出模型之后，许多 CASE 工具能够生成程序代码，从而加快实施过程。图表1-16 显示了 CASE 工具供应商 Visible Systems 公司的网站。

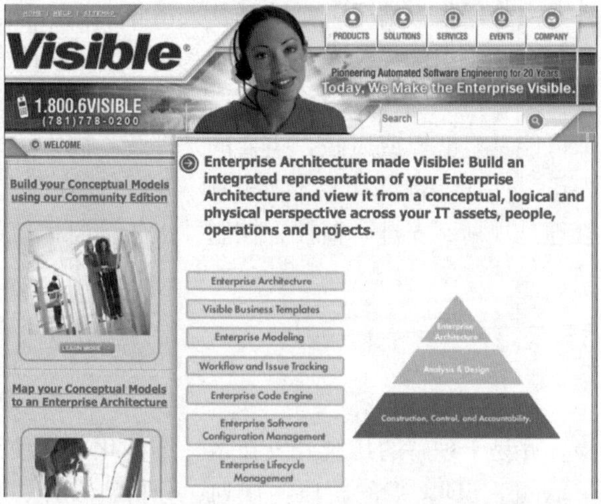

图表 1-16 Visible Systems 公司提供多种软件工程工具，包括流行的 CASE 工具 Visible Analyst

资料来源：Visible Systems Corporation。

1.9 系统开发方法

开发信息系统有许多选择，最流行的备选方案是**结构化分析**（structured analysis）（这是一种仍被广泛使用的传统方法）和**面向对象（O-O）分析**（object-oriented analysis）（这是一种许多分析师喜欢的新方法），此外还有**敏捷方法**（agile methods），其也称为**自适应方法**（adaptive methods），包含软件开发的最新趋势。图表 1-17 提供了三种方法的概述，这些方法将在以下各节进行讨论。

	结构化分析	面向对象分析	敏捷方法
描述	基于数据及作用于数据的过程表示系统，系统开发被分为不同阶段，并通过可交付成果和里程碑来衡量进度。瀑布模型通常包括五个阶段：需求、设计、构建、测试以及维护和演进，阶段之间可进行迭代	以结合数据和过程的对象形式查看系统，对象表示实际的人、事物、事务和事件。与结构分析相比，面向对象的阶段往往更具互动性。可使用瀑布模型或强调更多迭代的模型	强调基于团队的努力。将开发划分为增加功能的周期或迭代。每个周期都在持续过程中进行设计、规划和测试，并尝试以短时间间隔逐步减少主要风险
建模方法	数据流图（DFD）和过程描述，第 5 章中将会进行描述。也可使用业务流程建模	描述系统角色、方法和消息的面向对象的不同图表，第 6 章中进行具体描述。也可使用业务流程建模	增强沟通的工具，如协作软件、头脑风暴和白板。业务流程建模也适用于敏捷方法
优点	随着时间推移非常受欢迎的传统方法；严重依赖于书面文件；频繁的阶段迭代可提供与其他方法相当的灵活性；非常适合使用传统项目管理工具和技术	易于与面向对象编程语言集成；代码模块化且可重复使用，能够减少成本和开发时间；易于维护和扩展，因为可以使用继承的属性创建新对象	灵活且有效地处理变化；强调团队互动，反映一系列团队价值观；频繁的可交付成果能够不断验证项目并降低风险
缺点	更改可能是昂贵的，尤其在后期；需求在早期定义且在开发期间可能会改变，但用户在看到功能示例之前可能无法描述需求	开发团队成员对较新的方法可能不太熟悉；较大系统中对象和类的交互可能十分复杂	团队成员需要高水平的技术和沟通能力；缺乏结构和文件可能引入风险因素；总体项目可能会随着用户需求的变化而发生变化

图表 1-17 结构化分析、面向对象分析和敏捷方法的比较

虽然大多数项目使用同一种方法，但很多情况下系统开发人员将不同方法混合及匹配，以获得更好的视角。除这三种主要的开发方法外，一些组织选择开发自己的内部方法或使用软件供应商、CASE 工具商或咨询顾问提供的技术。替代方案有很多，IT 专家也认为没有一种方法在所有情况下都是最好的，在一个项目中运行良好的方法在另一种情况下可能具有缺点或风险，重要的是理解不同方法以及每种方法的优缺点。

无论制定何种开发策略，人员、任务、进度和成本都必须得到有效管理。复杂的项目可能涉及数十人、数百项任务和数千美元。项目管理是规划、安排、监控、控制并报告信息系统开发的过程，第 3 章将详细描述项目管理工具和技术。

1.9.1 结构化分析

结构化分析是经过长时间检验并易于理解的传统开发技术。结构化分析使用一系列被称为**系统开发生命周期**（systems development life cycle，SDLC）的阶段，规划、分析、设计、实施并支持信息系统。虽然结构化分析多年之前已经出现，但它仍然是一种流行的系统开发方法。结构化分析以类似于建筑蓝图的整体计划为基础，因此被称为预测性方法。

结构化分析使用一系列过程模型图形化地描述系统。由于专注于将数据转换为有用信息的过程，结构化分析被称为基于过程的技术。除了对过程建模，结构化分析还解决数据组织和结构、关系数据库设计以及用户界面问题。

过程模型显示流入和流出系统进程的数据。在每个过程内，输入数据被转换为输出的**业务规则**（business rules）进行处理。图表 1－18 显示了使用 Visible Analyst CASE 工具创建的过程模型。这个表示学校注册系统的模型被称为**数据流图**（data flow diagram，DFD），因为它使用不同符号和形状来表示数据流、处理和存储。

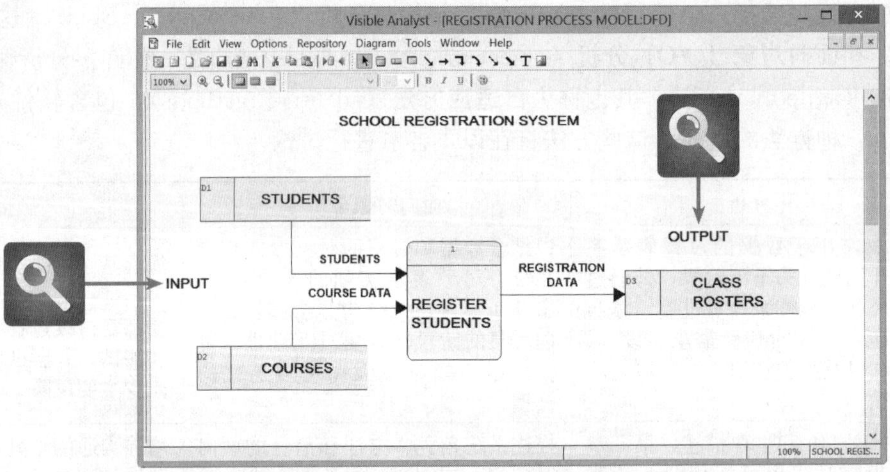

图表 1－18 此 Visible Analyst 屏幕显示了学校注册系统的过程模型。“REGISTER STUDENTS”过程接受来自两个源的输入数据，并将其转换为输出数据

资料来源：Visible Systems Corporation。

结构化分析使用 SDLC 来规划并管理系统开发过程。SDLC 描述所有系统开发人员执行的活动和功能，而不管他们使用哪种方法。在**瀑布模型**（waterfall model）中，每个阶段的结果称为**可交付成果**（deliverable），流入下一阶段。

一些分析师发现 SDLC 在内置结构上的缺点，因为瀑布模型不强调各阶段之间的交互。如果过于严格地遵从 SDLC 的各个阶段，这种批评可能是对的。然而，如图表 1－19 中的箭头所示，对各阶段做出调整使之相互作用，不同阶段间的交互就变得很常见。使用这种方式时，传统模型与敏捷方法之间的差别就不是很大。

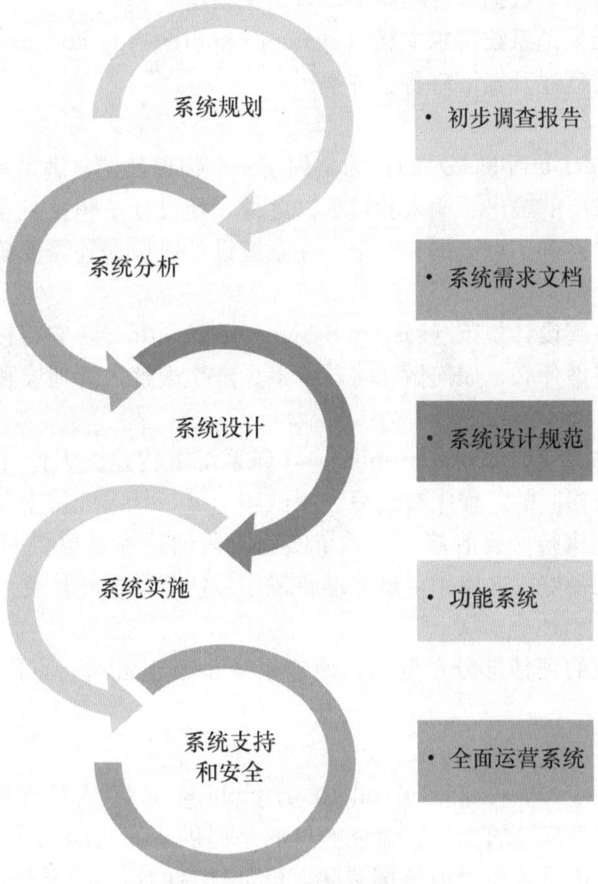

图表 1-19　瀑布模型中显示的开发阶段和交付成果，循环符号表示阶段之间的相互作用

SDLC 模型通常包括如下五个阶段：系统规划、系统分析、系统设计、系统实施、系统支持和安全。

系统规划

系统规划阶段（systems planning phase）通常从被称为**系统请求**（systems request）的对 IT 部门的正式请求开始，其描述信息系统或业务流程中的问题或期望做出的改变。在许多企业中，IT 系统规划是整体规划的一个组成部分，当管理者和用户制订业务计划时，他们通常会生成系统请求的 IT 需求。系统请求可能来自高层管理者、规划团队、部门主管或 IT 部门本身，主要请求可能涉及新的信息系统或现有系统的升级，相比之下，次要请求可能要求新的功能或者对使用界面的更改。

本阶段的目的是进行**初步调查**（preliminary investigation），以评估与 IT 相关的商业机会或问题。初步调查是一个关键步骤，因为其结果会影响整个发展过程。初步调查的一个关键部分是**可行性分析**（feasibility study），其审查预期成本和效益，并基于运营、技术、经济和时间因素建议行动方针。

假设系统分析师接到系统更改或改进的请求，第一步是确定进行初步调查是否有意义，在得出结论之前，可能需要更多业务运营方面的信息。在调查之后，信息系统可能运营正常，但用户需要更多的培训。在某些情况下，可能会推荐业务流程审查而不是 IT 解决方案；而在其他情况下，可能需要进行全面系统审查。如果开发过程继续，那么下一步是系统分析阶段。

系统分析

系统分析阶段（systems analysis phase）的目的是构建新系统的逻辑模型。第一步是**需求建模**（requirements modeling)，分析师调查业务流程并记录新系统为满足用户而必须做的事情。需求建模是在系统规划阶段开始的调查的延续，为了解系统，可使用访谈、调查、文档审查、观察、抽样等技术进行实情调查。实情调查的结果将用于构建业务模型、数据和过程模型以及对象模型。

系统分析阶段的可交付结果是**系统需求文档**（system requirements document)。系统需求文档描述管理和用户需求、成本和收益，并概述开发策略备选方案。

系统设计

系统设计阶段（systems design phase）的目的是创建一个物理模型，满足系统所有记录的要求。在此阶段需要设计用户界面并确定必要的输出、输入和过程。此外，还设计了包括基于计算机和手动功能的内部和外部控制，以保证系统可靠、准确、可维护和安全。在系统设计阶段，还需要确定被程序员用来把设计转换为程序模块和代码的应用程序框架。

本阶段的可交付内容是**系统设计规范**（system design specification)，它将被提交给管理层和用户进行审查和批准。为避免对新系统将做什么、如何做和将花费多少产生误解，管理层和用户的参与是至关重要的。

系统实施

在**系统实施阶段**（systems implementation phase)，新系统被构建。无论开发人员使用结构化分析还是面向对象分析，这一过程都是相同的，程序被编写、测试和记录，且系统被安装完毕。如果系统是打包购买的，系统分析师将配置软件并执行必要的修改。系统实施阶段的目标是提供一个完全运行和记录的信息系统。在该阶段结束时，系统准备好投入使用，最终准备工作包括将数据转换为新系统文件、培训用户以及执行向新系统的过渡。

系统实施阶段还包括系统的评估部分，例如，确定系统是否正常运行，以及成本和收益是否在预期范围内。

系统支持和安全

在**系统支持和安全阶段**（systems support and security phase)，IT 人员维护、增强并保护系统。维护的目的是纠正错误并适应新税率等环境的变化。增强的目的是提供新的功能和优点，此阶段的目标是将 IT 投资的回报最大化。安全控制保护系统免受内外部威胁。设计优良的系统必须安全、可靠、可维护且可扩展，**可扩展**（scalable）的设计能够扩展以满足新的业务需求和容量。由于业务流程快速变化，大多数信息系统运行几年后需要进行显著更新或更换，例如，网络系统可能需要更多的服务器来应对增加的工作负荷。

1.9.2 面向对象分析

结构化分析将过程和数据视为单独的组件，而面向对象分析将数据和作用于数据的过程组合为**对象**(objects)。系统分析师使用面向对象对真实世界的业务流程和操作建模，其结果是一组表示实际的人、事物、事务和事件的软件对象。利用面向对象的编程语言，程序员编写创建对象的代码。

对象是**类**（class）的成员，类是相似对象的集合。对象具有被称为**属性**（properties）的特性，是从类中继承得来的或者自身拥有的。如图表 1－20 所示，名为“PERSON”的类包含“INSTRUCTOR”和“STUDENT”，由于“PERSON”类有一个名为“Address”的属性，所以“STUDENT”继承了“Address”属性，同时，“STUDENT”还有一个不被“PERSON”类的其他成员共享的属性“Major”。①

在面向对象设计中，被称为方法的内置过程能够改变对象的属性。例如，在在线目录商店中，“ORDER”对象可能具有名为“STATUS”的属性，当“CUSTOMER”对象点击以生成、确认或取消订单时，该属性将更改。

① 原书如此，疑有误，应为“‘STUDENT’还有两个不被‘PERSON’类的其他成员共享的属性‘GPA’和‘Advisor’”。——译者注

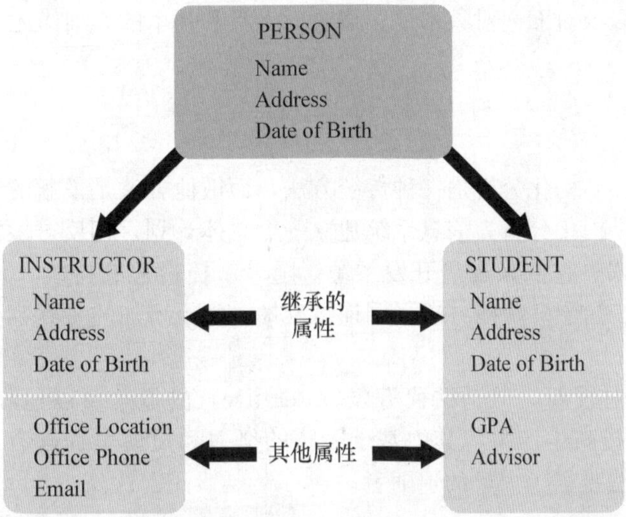

图表 1-20 "PERSON"类包括"INSTRUCTOR"和"STUDENT"对象，它们有自己的属性和继承的属性

对象可通过消息将信息发送给另一个对象，消息可能会向另一对象请求特定行为或信息。例如，"ORDER"对象可能向"CUSTOMER"对象发送请求购物地址的消息；当"CUSTOMER"对象收到消息时，其将提供信息；"ORDER"对象具有发送消息的能力，且"CUSTOMER"对象知道在接到消息时要执行何种操作。面向对象分析使用对象模型表示数据和行为，并显示一个对象如何影响其他对象。通过描述支持业务操作所需的对象和方法，系统开发人员可设计能重复使用的组件，加快系统实施并降低开发成本。

虽然阶段数量及其名称不尽相同，但面向对象方法通常遵循类似于 SDLC 的一系列分析和设计阶段。在面向对象模型中，阶段间更具交互性。图表 1-21 显示了一个面向对象开发模型，规划、分析和设计任务进行交互以产生可测试和实施的原型，其结果是一个能够准确描绘真实世界业务的交互式模型。

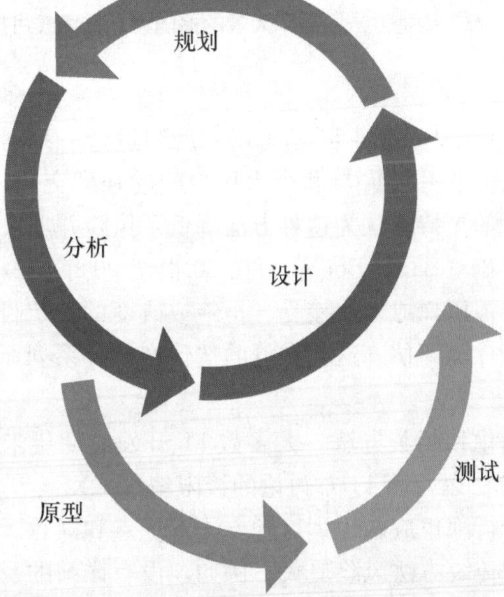

图表 1-21 在典型的面向对象开发模型中，规划、分析和设计任务不断交互，以生成可测试的原型

面向对象方法十分流行，因为它提供了对 C++、Java、Swift 等面向对象编程语言的简单转换。第 6 章涵盖了面向对象分析和设计以及对面向对象术语、概念、工具和技术的详细描述。

1.9.3 敏捷方法

开发技术随时间而变化，结构化分析是一种传统方法，而敏捷方法是最新的开发方法。正如建筑师可使用蓝图来构建一个建筑物，结构化分析为信息系统建立一个总体计划。相反，敏捷方法尝试通过构建一系列原型，并不断根据用户需求调整它们来逐步开发系统。随着敏捷过程的持续，开发人员对早期版本进行修改、扩展并将其合并到最终产品中。敏捷方法强调连续反馈，每个增加的步骤都受到先前步骤中习得内容的影响。

虽然对软件开发而言相对较新，但是**迭代开发**（iterative）的概念可以追溯到日本的汽车公司，它们通过使用灵活的制造系统来提高生产力，其中基于团队的努力和短期里程碑有助于保持质量并降低成本。如图表1－22所示，敏捷方法吸引了大量的追随者。

图表1－22 敏捷方法吸引了大量的追随者，并组成用户社区

资料来源：Agile Alliance。

敏捷方法通常使用**螺旋模型**（spiral model），基于用户反馈进行一系列迭代或修订，随着开发过程的持续，最终产品逐渐演变。敏捷方法需要开发人员和个人用户间的强烈交互，而不是始于总体目标。正相反，敏捷过程确定最终结果。螺旋模型的支持者认为这种方法降低了风险并加快了软件开发。

著名的软件工程教授巴里·勃姆（Barry Boehm）在20世纪90年代最初提出使用螺旋模型，他指出模型的每次迭代或每个阶段必须具有被用户或客户接受、拒绝或改变的特定目标。通常来说，螺旋模型中的每次迭代都包括规划、风险分析、设计和评估。这些重复的迭代产生一系列原型，其演变为完成的系统。这些阶段与可迭代的SDLC任务类似。

当前，存在许多其他自适应变化和相关方法，大多数IT开发者期望未来这种趋势能够延续。这方面的两个例子是第4章讨论的Scrum方法以及第11章讨论的极限编程（XP）。

虽然敏捷方法变得流行，但分析师也应认识到这种方法有优点和缺点。根据其特性，敏捷方法允许开发人员更加灵活、响应性更强，但比传统方法风险更大。例如，没有详细的系统要求，用户请求的某些特征可能无法与企业更大的计划相一致。

敏捷方法的其他潜在缺点包括薄弱的记录、模糊的责任范围以及过少强调更大的业务蓝图。此外，除非正确实施，长期的迭代实际上可能会增加项目成本和开发时间。最低要求是系统分析师在选择特定项目的开发方法之前了解每种方法的利弊。

1.9.4 其他开发方法

IT 专业人员都了解，成功的关键是系统开发之前、期间和之后的用户输入。随着时间推移，许多企业发现由 IT 人员、用户和管理者组成的系统开发团队能够更快地完成工作并产生更好的结果。**联合应用开发**（joint application development，JAD）和**快速应用开发**（rapid application development，RAD）两种方法因此变得流行。

JAD 和 RAD 都使用由用户、管理者和 IT 员工组成的团队，不同的是，JAD 专注于基于团队的实情调查，其只是开发过程的一个阶段，而 RAD 更像是整个过程的压缩版本。JAD、RAD 和敏捷方法在第 4 章中将有更详细的描述。

企业经常选择遵循自己的方法。通过使用 CASE 工具，IT 团队可应用各种技术，而不是束缚于单一、刚性的方法。不管开发模式如何，都需要使用不同的项目管理工具和技术来管理人员、任务、进度和成本。

1.10 信息技术部门

IT 部门开发并维护信息系统。IT 部门的结构因企业而异，其名称和在组织内的地位也不同。在小企业中，一个人可能处理全部计算机支持活动和服务，而大型企业可能需要许多具有专门技能的人来提供信息系统支持。图表 1-23 显示了一个典型的具有联网个人计算机（PC）、企业级数据库、集中处理和网络运营的企业 IT 组织。

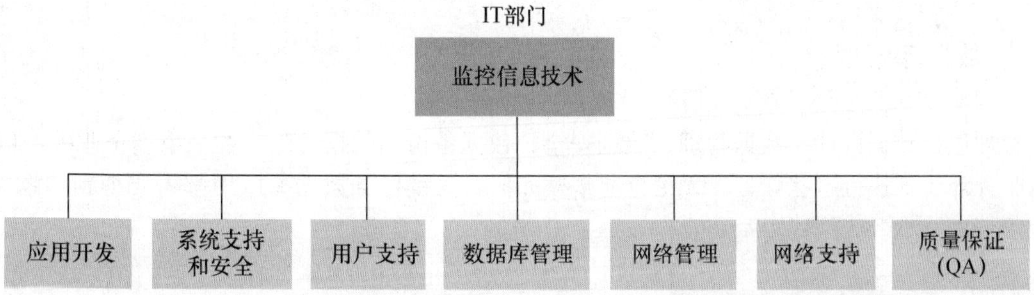

图表 1-23 根据其规模，IT 部门可能有这些功能独立的组织单位，也可能将这些功能组合成少量团队

IT 团队提供**技术支持**（technical support），包括七个主要功能：应用开发、系统支持和安全、用户支持、数据库管理、网络管理、网络支持和质量保证。

1.10.1 应用开发

IT 应用开发小组通常提供整体指导，但用户、管理者和 IT 人员组成的团队自己进行系统开发。流行的信息系统开发模式是组建使用 RAD 和 JAD 的项目导向团队，在这些团队中，由 IT 专业人员提供整体协调、指导和技术支持。

案例 1.2　Global 酒店和 Momma's 汽车旅馆

假设你在跨国连锁酒店——Global 酒店中的 IT 部门工作，Global 酒店运营几个包括内部开发的客户预订系统在内的专业业务支持系统，以满足大型公司与全球运营的要求。客户可通过访问 Global 酒店网站进行一站式在线预订，该网站链接到所有主要旅游网站。

Global 酒店刚刚收购了位于加拿大西部的拥有 20 个汽车旅馆的区域连锁酒店 Momma's。Momma's 使用适用于中小型企业的纵向预订包以及通用的会计和财务包。Momma's 应使用 Global 酒店的信息系统还是继续使用自身系统？你的答案应考虑业务简介、业务流程、系统交互、EDI、电子商务和两个信息系统的特点等方面。哪些额外的信息有助于你提出建议？

1.10.2　系统支持和安全

系统支持和安全为企业计算系统、网络、事务处理系统和企业 IT 基础设施等系统硬件和软件提供重要的保护和维护服务。系统支持和安全小组实施并监控物理和电子安全硬件、软件和过程，团队还安装并支持操作系统、通信软件和集中式数据库管理系统。此外，系统支持和安全技术人员还向 IT 部门的其他团队提供技术援助。如果某站点有大量远程客户端，系统支持小组通常包括安装和配置工作站的部署团队。

1.10.3　用户支持

用户支持为用户提供技术信息、培训和生产力支持。用户支持功能通常被称为**帮助台**（help desk）。帮助台的工作人员对使用电子邮件、文字处理、电子表格和图形包等应用软件的用户和管理者进行培训。用户支持专家将回答问题、解决故障并充当用户问题和解决方案的交换所。

1.10.4　数据库管理

数据库管理包括数据设计、数据管理、数据安全、数据备份和数据访问。在中小型企业中，IT 支持人员除履行其他职责外还要执行这些任务。无论企业规模如何，关键任务数据库应用都需要得到持续关注和技术支持。

1.10.5　网络管理

业务运营依赖于支持整个企业信息系统的网络，网络管理包括硬件和软件维护、支持和安全。除控制用户访问外，网络管理员还可以安装、配置、管理、监控并维护网络应用。第 10 章将对网络管理进行更详细的讨论。

1.10.6　网络支持

网络支持是一种虚拟技术支持功能，网络支持专家设计并构建网页、监控流量、管理硬件和软件并将网络应用接入企业的信息系统。可靠、高质量的网络支持对于从事电子商务的企业尤其重要。

1.10.7 质量保证

许多大型 IT 部门还使用质量保证（QA）团队审查并测试所有应用和系统更改，以验证规范和软件质量标准。QA 团队通常是一个直接向 IT 管理者报告的独立单元。

案例 1.3 Lisa 应该怎样做？

Lisa Jameson 有两个工作机会，一个来自 Pembroke Boats，其是位于俄亥俄州小镇并有 200 名员工的船舶制造商。Pembroke 没有 IT 部门，它们希望 Lisa 能够成立一个。Lisa 的工作职位为信息协调员，但她将是唯一的 IT 人员。

另一个邀约的年薪大约 7 500 美元，来自 Albemarle Express，它是一家位于底特律的全国性卡车公司。在 Albemarle Express，Lisa 将成为一名程序分析师，公司承诺，如果在岗位上表现很好，她最终将晋升到系统分析师的职位并进行新的系统开发。Lisa 听说了另一家公司可能会收购 Albemarle Express 的传言，这个传言之前已经出现过，但什么都还没有发生。Lisa 应该怎么办？为什么？

1.11 系统分析师

系统分析师调查、分析、设计、删除、安装、评估并维护企业的信息系统。为了执行这些任务，系统分析师不断地与企业内外部的用户和管理者交互。以下各节描述系统分析师的角色、知识、技能、教育、认证和职业机会。

1.11.1 角色

系统分析师帮助开发支持业务需求的 IT 系统。为了成功，分析师必须常常担任翻译。例如，在向程序员描述业务流程时，他们必须使用程序员理解的语言。通常来说，分析师会构建一系列模型、图表、决策表并使用其他描述性工具和技术。同样，在与管理者沟通时，分析师必须常常将复杂的技术问题转化为非技术人员可以理解的词语和图像。为了做到这一点，分析师使用各种演示技能、模型和沟通方法。

分析师通常是企业防御 IT 灾难的最佳防线。所谓 IT 灾难，指的是技术可靠但因无法满足用户和管理者需求而失败的系统。这种情况发生，沟通不良是主要原因。对于分析师来说，最宝贵的技能是倾听的能力，有效率的分析师会使开发过程的每一步都包含用户并仔细听他们所说的话。随着过程的持续，分析师将寻求用户反馈和评论，这一输入能够为可能会脱离轨道的项目提供有价值的预警。

与项目管理、建模和用户界面设计有关的章节对以用户为中心的分析师尤其有价值。

1.11.2 知识、技能、教育

成功的系统分析师需要技术知识、口头和书面沟通技巧、对业务运营的理解以及批判性思维能力，教育要求因企业和职位而异。在快速变化的 IT 市场中，系统分析师必须管理自己的职业生涯并制订专业发展计划。

技术知识

最先进的知识在快速变化的业务和技术环境中是非常重要的，互联网提供了许多更新技术知识和技能的机会，许多 IT 专业人员上网了解技术发展、交流经验并得到问题的答案。如图表 1-24 所示，IEEE 计算机学会（IEEE Computer Society）是领先的计算机组织之一，为系统分析师提供了丰富的信息、新闻、培训、交流等。分析师还通过参加现场和在线课程来保持自己的技能。与同事的沟通是跟上最新发展的另一种方式，专业协会的成员资格也很重要。

沟通技巧

系统分析师需要有强有力的口头和书面沟通能力，以及与从业务人员到高层管理者的各级人员进行互动的能力。通常来说，分析师必须与软件和硬件供应商、客户和政府官员等企业外的人员合作。分析师经常协调 IT 项目团队，在团队中他们使用沟通技巧来指导并激励团队成员。

业务技能

系统分析师与经理、主管和运营员工密切合作。为了有效地工作，他们必须了解业务运营和流程、清楚地沟通并将业务需求转换为可由程序员和系统开发人员理解的需求。成功的分析师应面向商业、充满好奇心、熟悉金融工具并能够纵观全局。第 2 章描述了一些基本概念，包括战略规划、SWOT 分析[①]和可行性测试。

批判性思维能力

大多数教育者认为**批判性思维能力**（critical thinking skills）包括比较、分类、评估、确定模式、分析因果关系以及应用逻辑的能力。批判性思维者常常使用假设分析方法，他们有能力评价自己的思维和推理。

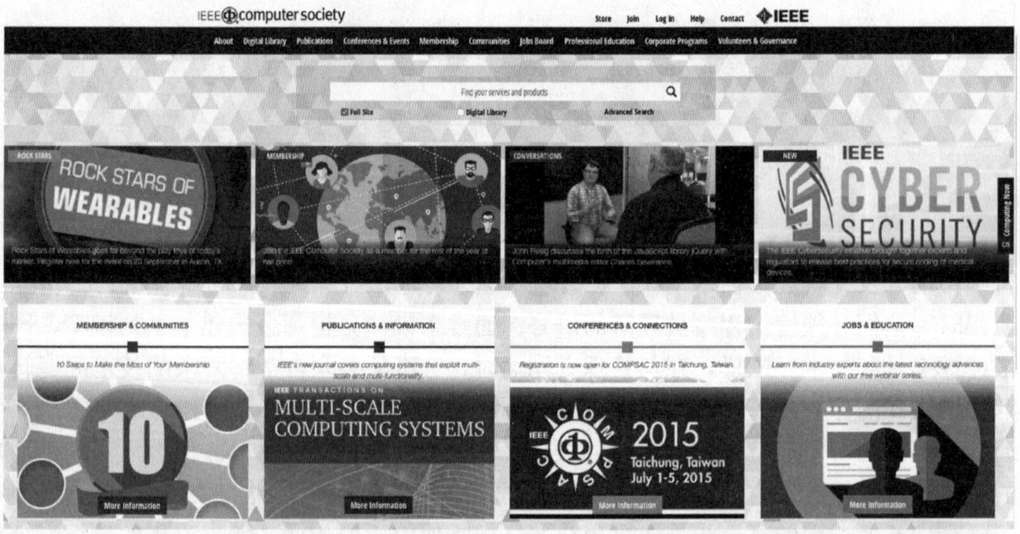

图表 1-24 IEEE 计算机学会是领先的计算机组织之一，为系统分析人员提供了丰富的信息、新闻、培训、交流等

资料来源：IEEE Computer Society。

批判性思维能力在 IT 行业很有价值，雇主寻求能够展示这些技能并将其带到工作场所的求职者。图表 1-25 显示了批判性思维社区（The Critical Thinking Community）网站，这是一个为批判性思维者提供鼓励和资源的非营利组织。

① 对企业优势（S）、劣势（W）、机会（O）、威胁（T）四个方面的分析。——译者注

图表 1-25　The Critical Thinking Community 是一个非营利组织，为批判性思维者提供鼓励和资源

资料来源：The Critical Thinking Community。

教育

企业通常要求系统分析师在信息系统、计算机科学或商业方面拥有大学学位，并且拥有一些 IT 经验。对于高层职位，许多企业要求更高的学位。有时，如果候选人有重要的经验、技能或专业证书，也可以放松在教育方面的要求。

1.11.3　认证

许多硬件和软件为 IT 专业人员提供认证，**认证**（certification）证明个人在标准化考试中展现出一定水平的知识和技能。认证是一个 IT 专业人员学习新技能并获得认可的方式。虽然认证无法保证竞争力或能力，但许多企业仍认为认证是聘用或晋升的重要证书。第 12 章将对认证有更详细的讨论。

除了传统的硬件和软件认证，一些企业正在探索评估批判性思维能力的方法，如图表 1-26 所示。这些技能包括认知、组织、分析、解决问题和决策，无论是否涉及正式认证，这些技能对 IT 专业人员及其雇主都非常有价值。

1.11.4　职业机会

对系统分析师的需求预计将保持强劲。企业将需要系统分析师应用新的信息技术，电子商务的爆发也将推动 IT 就业的增长。系统分析师是一个能够通向高层管理岗位的有挑战性且有价值的职位。通过对技术和商业问题的了解，系统分析师有无限的前景，许多企业的总裁和高层管理者都是从 IT 部门的系统分析师开始做起的。

小企业的系统分析师职责与大企业不同，在小企业还是大企业工作是个人选择问题。

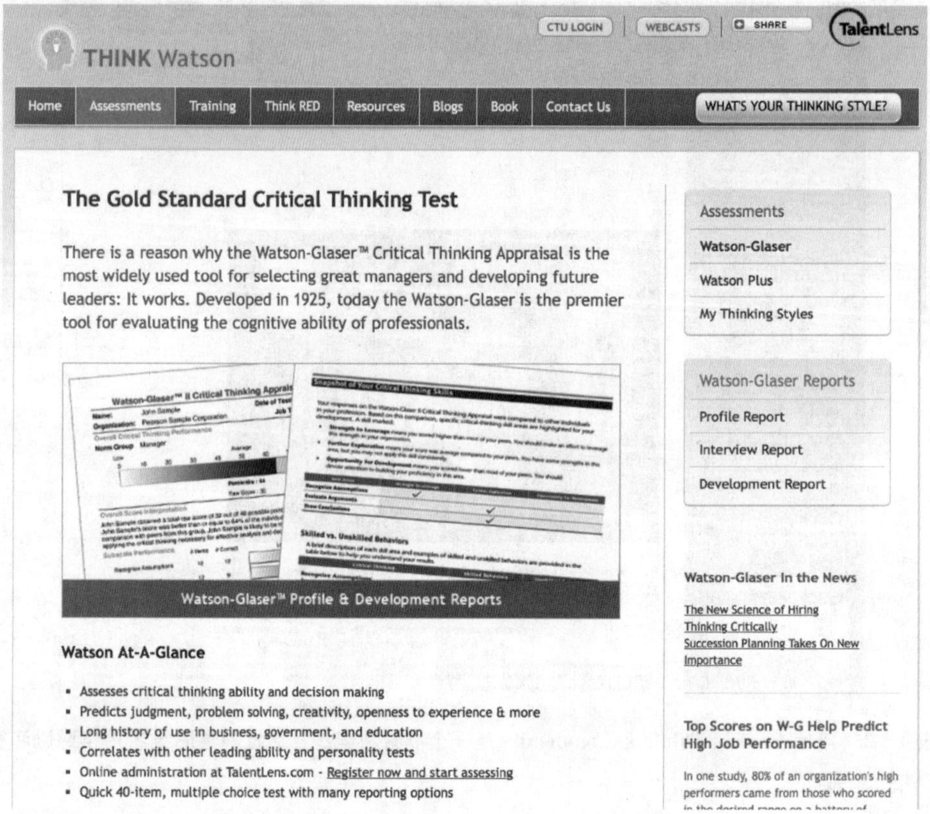

图表 1-26　雇主喜欢雇用有逻辑并能有效思考的人

资料来源：Think Watson/Pearson Education，Inc。

职位

首先，不要只依赖职位。一些职位名为系统分析师，但只包括编程或技术支持。在其他情况下，系统分析师的职责也可在计算机专家、程序员、程序员/分析师、系统设计师、软件工程师或其他的职位名称中找到。

企业组织

了解企业的一切以及 IT 部门在组织结构图中的位置。IT 职能在哪里执行？由谁执行？企业可能有一个中央 IT 小组，但将系统开发职责分散。这种情况有时发生在大型企业集团中，母公司对实际上在子公司层面开发并管理的信息进行合并。

企业规模

小企业可能提供更多的多样性。然而，拥有最先进系统的大企业提供专业化的机会。虽然在较小的企业可能有更多的责任，但在大企业的提升机会和财务奖励可能更大。作为独立顾问工作也是一种选择，许多咨询公司已经成功向没有处理系统开发专业能力的小型商业企业提供服务。

薪酬、位置和未来发展

最后，考虑薪酬、位置以及企业未来发展和成功的前景。对企业及其员工进行就业访谈的初步印象很重要。在决定最适合的位置之前，仔细审查企业的短期目标和长期目标最为重要。

企业文化

除具有目标、方法和信息系统需求外，每个企业都有潜在的**企业文化**（corporate culture）。企业文化是定义企业并影响其经营方式的一系列信念、规则、传统、价值观和态度。为了获取成功，系统分析师必须了解企业文化及其如何影响信息管理方式。企业有时在其使命陈述中包括对企业文化的声明，这在第 2 章中将有解释。

系统分析师必须了解并接受企业文化。如果企业鼓励个人成长并赋权，工作将更愉快。例如，图表 1-27 中描述了谷歌的企业文化，谷歌这样的企业很可能吸引、保留并激励最好的和最聪明的人。

图表 1-27　谷歌这样的企业文化可能会吸引、保留并激励最好的和最聪明的人

资料来源：Google。

案例 1.4　Just-in-Time Airfreight 股份有限公司

假设你是 Just-in-Time Airfreight 公司的 IT 主管，你已经获得授权聘用另一个系统分析师。这将是一个入门级职位，该岗位将协助高级系统分析师，参与包括预订系统和人力资源系统在内的各种项目。使用本章中的信息，起草将出现在《华尔街日报》、当地报纸和互联网中的广告。你可以通过访问 monster.com 或其他类似网站获得一些灵感。请务必在广告中列出所需的技能、经验和教育要求。

1.12　信息技术发展趋势

很少有像信息技术一样快速发展的领域，每年都会看到更快的处理器等前沿技术的演进发展。偶尔也会发生真正的变革性变化，如企业向云计算的持续转变，或者最新的量子计算所带来的革命。

系统分析师应意识到信息技术的当前发展趋势，以使更好地服务组织并扩充其技能。一些颠覆性信息技术的关键趋势包括敏捷方法、云计算、移动设备、服务导向和社交媒体网络。

敏捷方法已经在本章中讨论过，在后面将进行更详细的介绍。采用敏捷方法是所有系统分析师都应遵循的一个显著趋势，它开始于对重大过程模型的响应，最初用于较小的团队，但对敏捷方法感兴趣的主体已经扩大到几乎所有应用领域和商业组织。

云计算在许多方面都像是回归过去从远程客户端访问共享计算和数据存储资源的模式，而不像大型机时代。然而，云计算的不同之处在于其提供可根据需求增长的虚拟化资源。它的不同也在于，从繁荣的供应商市场按需购买能够减少内部计算基础架构所需的资金成本。同时，云计算提出需要解决的额外安全需求，这也是它的不同点。

移动设备和与其共同使用的应用程序生态系统是信息技术的革命性发展，计算能力向网络边缘的转移给终端用户带来了前所未有的力量。智能手机是地球上最常见的通信设备，系统分析师需要了解应用程序的作用，以及在企业中**自带设备**（bring your own device，BYOD）的效果。

按传统来说，IT 公司被定位为产品导向型或服务导向型。**产品导向型**（product-oriented）企业制造计算机、路由器或微芯片，而**服务导向型**（service-oriented）企业包括顾问、供应商、软件开发商和服务提供商。如今，这些区别已经消失，成功的 IT 公司提供产品、服务和支持的组合，咨询、软件和技术支持等增值服务通常比硬件销售更有利可图。

社交媒体借了前面提到的云计算、移动设备和服务导向等趋势的东风，但社交媒体可以说是对社会产生最深刻影响的技术，我们已经见证了在全球拥有超过 10 亿用户的脸书（Facebook）的流行。企业利用社交媒体的力量以及位置感知应用程序，创造出正在改变信息技术面貌的新的解决方案。

伦理问题

你正在从事本地企业 IT 部门暑期实习生的工作，昨天午餐时，有几个人在讨论伦理问题。你了解到他们中的一些人隶属于 IT 组织，组织中设有伦理规范来指导成员并设置专业标准。例如，你的主管 Ann 隶属于 ACM，其有来自 100 多个国家和地区的 100 000 多位成员以及协会网站 acm. org。Ann 说 ACM 的伦理规范对她很重要并会影响她的观点。但高级程序员 Jack 相信在伦理问题出现时，他自己的个人标准将足以指导他。

由于对作为 IT 专业人士的职业感到兴奋，你决定访问 ACM 的网站查看其伦理准则并建立自己的想法。在这样做之后，你会更倾向于同意 Ann 和 Jack 中的哪一位？

1. 13 本章小结

信息技术是指人们为管理、交流并共享信息而使用的硬件、软件及服务的组合。技术正在快速变化，IT 专业人员必须为未来做好准备。IT 支持业务运营、提高生产力并帮助管理者做出决策。系统分析与设计是开发将数据转换为有用信息的信息系统的过程，系统分析师是 IT 团队成员，他们帮助规划、开发和维护信息系统。

信息系统的基本组件是硬件、软件、数据、过程以及系统相关人员。硬件包含信息系统物理层中的一切；软件由管理硬件组件的系统软件和支持日常业务运营的应用软件组成；数据是信息系统转换为有用信息的原材料；过程描述用户、管理者及 IT 人员为实现特定结果而执行的任务和业务功能；系统相关人员包括企业内外部的用户。

最成功的企业提供产品、技术和金融服务、咨询、客户支持的组合。一个快速增长的类别是互联网企业，其仅依靠互联网的运营。电子商务包括 B2C 销售和使用互联网数字市场或私人电子数据交换系统的 B2B 交易。

系统分析师从概述企业功能的业务简介开始，之后创建一系列表示业务流程的业务模型，这些业务流程描述特定事务、事件、任务和结果。分析师使用业务流程建模工具来记录复杂操作。

基于其功能和特征，企业信息系统分为企业计算系统、事务处理系统、业务支持系统、知识管理系统和用户生产力系统。在大多数企业中，不同类型的信息系统间存在明显的重叠和集成。

典型的组织结构包括高层管理者、中层管理者和知识工作者、主管和团队管理者以及运营员工。高层管理者制订战略规划，确定总体使命和目标；中层管理者为主管和团队管理者提供方向、必要的资源和绩效反馈；知识工作者包括担任支持人员的各种专业人员；主管和团队管理者监督运营员工。每个组织层面都有不同的职责和信息需求。

系统分析师使用建模、原型设计和计算机辅助系统工程（CASE）工具。建模生成概念或过程的图形表示，而原型设计包括创建信息或组件的早期工作模型，系统分析师使用 CASE 工具执行不同的系统开发任务。

三种流行的系统开发方法分别是结构化分析、面向对象（O-O）分析和敏捷方法。结构化分析是仍被广泛使用的传统方法；面向对象分析是许多分析师更喜欢的方法；敏捷方法也称为自适应方法，包含软件开发的最新趋势。

结构化分析使用一系列被称为系统开发生命周期（SDLC）的阶段，其通常显示为瀑布模型。结构化分析以类似于建筑物蓝图的整体计划为基础，因此被称为预测性方法。此方法使用一系列过程模型图形化地描述系统，同时解决数据组织和结构、关系数据库设计以及用户界面问题。

面向对象分析将数据和作用于数据的过程组合为对象，用于表示人、事物、事务和事件。对象具有被称为属性的特性、被称为方法的内置过程，且能使用消息将信息发送给其他对象。通过使用面向对象的编程语言，程序员随后编写创建对象的代码。面向对象方法通常遵循类似于 SDLC 的一系列分析和设计阶段，但阶段之间更具互动性。

敏捷方法是最新的开发方法，尝试通过构建一系列原型，并根据用户需求不断调整它们来逐步开发系统。敏捷方法通常使用螺旋模型，基于用户反馈进行一系列迭代或修订。重复迭代产生一系列原型，最终演变为完成的系统。

不论开发战略如何，都必须使用项目管理工具和技术对人员、任务、进度和成本进行有效管理，这些工具和技术将在第 3 章进行更详细的介绍。

一些企业选择开发自己的内部方法，或采用由软件供应商、CASE 工具供应商或顾问提供的技术。企业还使用基于团队的策略，即联合应用开发（JAD）和快速应用开发（RAD）。JAD 专注于基于团队的实情调查，而 RAD 更像是整个过程的压缩版本。第 4 章对 JAD 和 RAD 有更详细的描述。

IT 部门开发、维护并运营企业的信息系统。IT 工作人员提供技术支持，包括应用开发、系统支持和安全、用户支持、数据库管理、网络管理、网络支持和质量保证。这些功能有明显的重叠，并且在不同企业中通常有不同的名称。

除了技术知识，系统分析师还必须了解业务、批判性思考并且有效沟通。系统分析师可获得认证等有价值的凭证。系统分析师的职责取决于企业的组织、规模和文化，系统分析师在做出职业决策时需要考虑薪酬、位置和未来发展。

信息技术的五个主要趋势是敏捷方法、云计算、移动设备、服务导向和社交媒体网络。

关键词（Key Terms）

自适应方法　一种系统开发方法，通常使用螺旋开发模型，其以一系列迭代为基础，使全部利益相关者更容易适应变化。

敏捷方法　通过构建一系列原型，并根据用户需求不断调整它们来逐步开发系统的系统开发方法。与自适应方法相关。

应用程序　在智能手机或平板电脑等移动设备上运行的软件应用。

应用软件　员工在办公场景中使用的软件程序，如电子邮件、文字处理程序、电子表格和图形包。

B2B　企业间的商业交易（如产品或服务），通常通过互联网或电子途径完成。

B2C　企业和消费者之间的商业交易（如产品或服务），由消费者通过网络完成。

自带设备（BYOD）　由员工而不是 IT 部门负责电脑、平板电脑、智能手机等工作设备的设备管理模型，包括设备选择与设置、程序安装与更新以及网络连接（包括安全）。

业务建模　对销售、会计和采购等业务流程的图形表示。

业务流程　对具体事件、任务和所需结果的描述。

业务流程模型（BPM）　一个或多个业务流程的图形表示。

业务流程建模符号（BPMN）　计算机建模工具中用于表示时间、过程和工作流的一系列标准形状和符号。

业务简介　对企业的整体功能、流程、组织、产品、服务、客户、供应商、竞争对手、制约因素和未来发展方向等的定义。

业务规则　系统处理数据并产生有用信息的方式。业务规则也称为业务逻辑，反映企业的运营需求。例如，在发票中添加适当的销售税、计算客户余额和财务费用以及判断客户是否享有数量折扣等。

业务支持系统　向企业各个层面的用户提供与工作相关的信息支持。

CASE 工具　计算机辅助系统工程（CASE）中使用的强大软件，可帮助系统分析人员开发并维护信息系统。

认证　个人通过在标准化测试中展现出一定水平的知识和技能而获得的证书。

类　面向对象建模中使用的术语，表示相似对象的集合。

计算机辅助软件工程（CASE）　使用 CASE 工具的强大程序，为系统开发提供整体框架的技术，该工具支持多种设计方法，包括结构化分析和面向对象分析。也称为计算机辅助系统工程。

计算机辅助系统工程（CASE）　参见计算机辅助软件工程。

企业文化　定义企业并影响其经营方式的一系列信念、规则、传统、价值观和态度。

批判性思维能力　比较、分类、评估、确定模式、分析因果关系以及应用逻辑的能力。这些技能在 IT 行业受到重视。

数据　信息系统使用的原材料或基本事实。

数据流图（DFD）　系统的图形表示，显示其储存、处理并将数据转换为有用信息。

可交付成果　经过润色后适合其预期用途的最终产品，最终产品或可交付成果往往与 SDLC 的各阶段成果一致。

电子商务　在互联网上完成的交易（如买卖商品和信息），包括 B2C 和 B2C。

电子数据交换（EDI）　在企业间进行计算机数据传输的过程。

赋权　在组织各个层面增加责任和问责的商业行为。

企业级应用　企业范围内的应用，如订单处理系统、工资系统和企业通信网络等。

企业计算　支持企业范围内数据管理需求的信息系统，例如航空公司预订系统或信用卡计费系统。

企业资源规划（ERP）　建立企业 IT 资源战略的过程。ERP 定义了一种特定的架构，包括数据、过程、网络和用户界面设计的标准。

可行性分析　明确商业机会问题的性质和范围的初步调查。也称为初步调查。

群组软件　在网络上运行的程序，使用户能够共享数据、进行项目协作和团队合作。也称为工作组软件。

硬件　信息系统的物理层，包括计算机、网络、通信设备和其他基于技术的基础设施。

帮助台　由 IT 专业人员组成的集中资源，为用户提供完成工作所需的支持。帮助台有三个主要目标：向人们展示如何更有效地使用系统资源；解答技术或操作问题；通过教授他们如何满足自己的信息需求让用户更有效率。也称为服务台或信息中心。

横向系统　基本系统，如企业常用的库存或工资单软件包。

推理规则　指导知识管理系统识别数据模式和关系的指南。

信息　已变成有用输出形式的数据。

信息系统　支持业务需求的信息技术、人员和数据的组合。五个关键组件是硬件、软件、数据、过程以及 IT 相关人员。

信息技术（IT）　硬件、软件和通信系统的组合，能够支持业务运营、提高生产力并帮助管理者做出决策。

迭代开发　一种自适应方法，通常使用基于一系列迭代的螺旋开发模型。

联合应用开发（JAD）　一种流行的系统开发技术，利用用户、管理者和 IT 专业人员团队共同收集信息、讨论业务需求并定义新的系统需求。

知识库　一种流行的系统开发技术，利用用户、管理者和 IT 专业人员构成的团队共同收集信息、讨论业务需求并定义新的系统需求。

遗留系统　比现有系统技术上差一些的旧系统。

管理信息系统（MIS）　用于业务规划、控制、决策和解决问题的计算机信息系统。

关键任务系统　对企业运营至关重要的信息系统。

建模　生成概念或过程的图形化表示的过程，系统开发人员能够对其进行分析、测试和修改。

摩尔定律　计算能力由于电子部件小型化而每 18～24 个月增加一倍的预言。

对象　在面向对象分析或编程中，对象代表实际的人、地点、事件或事务。

面向对象（O-O）分析　通过识别被称为对象的事物来理解信息系统的行为。对象代表一个真实的人、地点、事件或事务。面向对象分析是一种流行的方法，其在对象活动并与系统交互时从对象本身的角度看待系统。

初步调查　明确商业机会或问题的性质和范围的初步分析。也称为可行性分析。

过程　用户、管理者和 IT 人员执行的过程或任务。也表示用于将数据转换为有意义信息的系统逻辑规则。在数据流图中，过程接收输入数据并生成具有不同内容、形式或两者都不同的输出。

产品导向型　制造计算机、路由器或微芯片的企业类型。

属性　在面向对象的分析中，对象从类中继承的或本身拥有的特征。

原型　提议的系统的早期、快速构建的工作版本。

无线射频识别（RFID）　使用高频无线电波追踪物理对象的技术。

快速应用开发（RAD）　一种基于团队的做法，可加快信息系统开发并形成功能信息系统。RAD 在概念上与联合应用开发（JAD）类似，但其包含系统开发生命周期（SDLC）的所有阶段。

需求建模　在 SDLC 的系统规划阶段①使用，包括使用访谈、调查、观察和抽样等多种实情调查方法描述当前系统并确定新系统需求。

可扩展　系统扩展以满足新业务需求和容量的能力。

服务器群　大量集中联网的计算机一起工作。

服务导向型　主要提供信息或服务，或出售由他人生产的商品的企业类型。

软件　计算机为特定功能或任务而运行的程序。

① 原书疑有误。应为系统分析阶段。——译者注

螺旋模型　基于用户反馈进行一系列迭代或修订的开发模型。

利益相关者　受企业业绩影响的任何人，如客户、员工、供应商、股东和社区成员。

战略规划　定义企业使命和目标的长远计划。通常由高层管理者制订，并具有来自各级的输入。

结构化分析　传统的系统开发方法，使用不同阶段来计划、分析、设计、实施并支持信息系统。过程和数据被视为单独组件。

供应链　向客户提供材料、服务和功能的全部企业。

系统　一组能够产生特定结果的相关组件。

系统设计规范　说明新系统完整设计的文件，带有详细成本、人员配置和计划以及下一 SDLC 阶段的实施日程。也称为技术设计规范或详细设计规范。

系统需求文档　包含新系统需求、描述可行的替代方案并对管理层提出具体建议的文档，是系统分析阶段的最终产物。

系统软件　控制计算机的程序，包括操作系统、与硬件通信的设备驱动以及低级实用程序。

系统分析与设计　开发有效利用硬件、软件、数据、过程和人员的信息系统以支持企业业务目标的过程。

系统分析阶段　SDLC 的第二个阶段。这一阶段的目的是构建新系统的逻辑模型。

系统分析师　规划、分析并实施信息系统的人员。其可在企业 IT 部门工作，或作为独立顾问由企业聘用。

系统设计阶段　SDLC 的第三个阶段。系统设计的目的是为新系统创建满足全部需求的蓝图，不论系统是内部开发还是以打包形式购买。

系统开发生命周期（SDLC）　系统开发人员通常执行的活动和功能，不管这些活动和功能如何适应特定方法。SDLC 模型包含五个阶段：（1）系统规划；（2）系统分析；（3）系统设计；（4）系统实施；（5）系统支持和安全。

系统实施阶段　SDLC 的第四个阶段。在这一阶段构建新系统，编写、测试、记录程序，并安装系统。

系统规划阶段　SDLC 的第一个阶段。在这一阶段，系统项目正式开始，评估项目申请书的可行性，在 CASE 工具的帮助下制订项目管理计划。

系统请求　向 IT 部门提出的一个正式请求，描述信息系统或业务流程中的问题或期望做出的改变。它可能会建议改进现有系统、纠正问题或开发一个全新系统。

系统支持和安全阶段　在 SDLC 的系统支持和安全阶段中，IT 员工维护、增强并保护系统。

技术支持　技术支持对支持不同 IT 系统和用户是必要的。它包含六个主要功能：应用开发、系统支持、用户支持、数据库管理、网络管理和网络支持。① 这些功能在很大程度上重叠，且在不同企业中经常有不同的名称。

事务处理（TP）系统　用于处理客户结算等日常重复业务交易的操作系统。

用户生产力系统　为各级员工提供不同工具以提升工作效率的应用程序，如电子邮件、文字处理、图形工具和企业内部网等。

用户　与系统交互的内外部利益相关者。

纵向系统　旨在满足网络零售商或自动供应商店等特定业务或行业独特需求的系统。

瀑布模型　传统的软件开发模型，描述 SDLC 中每个阶段流向下一个阶段的结果的图表。

---

① 原书疑有误，应包含七个主要功能，应用开发、系统支持和安全、用户支持、数据库管理、网络管理、网络支持和质量保证。——译者注

本章练习

问题

1. 什么是信息技术？为什么它很重要？建议可添加到图表 1－1 中的三个虚拟标题。

2. 为什么系统分析师必须像一个翻译一样行事？可能涉及哪些群体？

3. 为你所在城市的大型企业撰写业务简介，可发挥想象力补充你不知道的具体信息。

4. 沃尔玛和劳氏（Lowe's）使用何种策略以获得更多在线客户？

5. 确定信息系统的主要组成部分。什么是关键任务系统？

6. 比较企业计算系统和事务处理系统，并为每种类型的系统提供三个示例。

7. 大多数企业共有的四个组织层级是什么？哪一层级通常需要支持长期战略规划和整个企业的数据？哪一层级的工作者可能严重依赖于事务处理系统？

8. 描述三种系统开发工具和三种开发方法。

9. SDLC 瀑布模型中的阶段有哪些？巴里·勃姆是谁？他对螺旋模型有什么看法？

10. 回顾 IBM 的历史，描述企业对市场行情做出反应时经历的三个不同阶段。

讨论话题

1. 一些专家认为，电子商务的增长将导致州和地方政府损失税收，除非对互联网交易收取销售税。支持或反对这一观点的论点分别是什么？

2. 如果高层管理者有 IT 经验会更有效率吗？为什么？

3. IT 主管应该向企业总裁还是其他人报告？有区别吗？

4. 在线交易最终会取代人与人的联系吗？为什么？

5. BYOD 运动对 IT 专业人员具有严重影响，如管理用户设备上的应用程序和安全隐患等。你认为 BYOD 对企业总体来说是正面还是负面的影响？解释你的回答。

项目

1. 联系四个在你的学校使用信息系统的人，列出他们的职位、使用的系统以及执行的业务职能。

2. 研究报纸、商业杂志文章，或者在网上找到股票公开交易的 IT 企业。选择一家企业并假设购买了该企业 5 000 美元的股票。你为什么选择该企业？当前每份股票的价格是多少？每周向你的同学报告一下。

3. 至少访问三个网站，了解有关敏捷系统开发和螺旋模型的更多信息，为你访问的网站准备一个列表，并总结一下结果。

4. 探索批判性思维社区网站 criticalthinking. org，确定目前正在讨论的三个重要主题，并描述你的发现。

5. 阅读行业领先的三家 IT 公司的企业文化，例如图表 1－27 所示的谷歌。比较它们对价值观的陈述，并描述你认为每个企业正在寻找的员工类型。

第2章 项目提案分析

本章将阐释如何分析项目提案，以及了解业务运营和需求为何十分重要、IT 项目如何开始、系统分析师如何进行初步调查和可行性研究。

本章包括四个案例讨论问题，用以帮助读者情境化地理解文中描述的概念。在伦理问题部分，本章要求系统分析师考虑 IT 经理在其老板的朋友提出系统增强请求时给予优先处理而带来的影响。

学习目标

学完这一章，你应该能够：

- 解释项目提案的概念，以及项目提案如何影响 IT 项目；
- 描述战略规划过程，以及为什么它对 IT 团队很重要；
- 解释使命宣言的目的；
- 进行 SWOT 分析，并描述涉及的四个因素；
- 解释 SDLC 如何充当系统开发框架；
- 列出触发系统项目的原因以及影响这些项目的因素；
- 描述系统请求和系统审查委员会的作用；
- 定义运营可行性、技术可行性、经济可行性和进度可行性；
- 解释影响项目优先级的因素；
- 描述初步调查的步骤和最终结果。

2.1 引言

在系统规划阶段，IT 团队审核一个提案，确定它能否成为一个足够好的项目提案。在这里，**项目提案**（business case）一词指提出提案的原因或理由。为分析特定项目提案，分析师必须考虑企业的总体使命、目标和 IT 需求。

本章首先讨论战略规划的框架工作，因为 IT 团队必须理解并支持企业的长期战略目标。

系统开发通常从系统请求开始，随后是包括可行性研究的初步调查。本章将说明如何发起系统请求、如何评估请求以及如何进行初步调查。在此时开始并进入后续开发阶段的实情调查技术也将在本章中进行描述，初步调查以向管理层报告作为结束。

2.2 IT 系统开发框架

未来将看到新产业、新产品和新服务，所有这些都是由于技术的巨大发展。同时，电子商务将大幅增加，云计算爆炸式增长，全新的商业环境将全球化、动态化且极具挑战性。对于一些企业来说，这些变化将非常危险，而另一些企业则看到巨大的商业机会，并制订战略规划来利用它们。

战略规划（strategic planning）是确定组织长期目标、战略和资源的过程。战略规划超越日常活动，集中于未来三年、五年或更多年的水平上。企业需要信息技术支持其战略目标，由于企业的 IT 团队被期望能够提供 IT 资源，因此 IT 经理必须了解并参与战略规划。IT 经理必须为新仓库等长远需求做准备，即使他们正在处理工资系统中的逻辑错误等即时问题。在大多数企业中，IT 团队审查每个与 IT 相关的提案、项目和系统请求，确定其是否为强有力的项目提案或拥有业务合理性。

以下内容将概述战略规划、SWOT 分析，以及 IT 部门不断变化的角色等。

2.2.1 战略规划

为什么系统分析师对战略规划感兴趣？答案可从两个石匠的老故事中找到。当两个石匠努力工作时，一个路人问他们在做什么。第一个工人说："我在切割石头。"而另一个工人回答："我在修建一座大教堂。"

信息技术也是一样，一个分析师可能会说"我正使用 CASE 工具"，而另一个可能会说"我正帮助企业在新的重大商业尝试中获得成功"。其中的差别是显而易见的，即使在执行日常技术任务的过程中，系统分析师也应关注 IT 更大的战略作用。

战略规划开始于反映企业愿景、目标和价值观的**使命宣言**（mission statement）。使命宣言通常侧重于长期的挑战和目标、企业利益相关者的重要性以及作为企业公民的承诺。例如，谷歌在其网站上发布的使命宣言简明扼要地陈述为"整合全球信息，使人人皆可访问并从中受益"。

以使命宣言为背景，企业制定短期目标和宗旨。例如，为扩大市场份额，企业则可能建立 年、三年和五年目标。为实现这些目标，企业可能制定短期目标清单。如果想将明年的网络订单增加 30%，企业则可能会制定季度目标和月度目标。高优先级的目标称为**关键成功因素**（critical success factor），关键成功因素是企业履行使命必须实现的重要目标。

目标可能还包括战术计划，例如创建一个新网站或培训一个特殊的客户支持小组来回复电子邮件查询。最终，目标转化为由 IT 和其他企业资源支持的日常业务运营，其结果是产生一系列影响企业利益相关者的商业结果。

2.2.2 什么是 SWOT 分析？

S、W、O、T 分别代表优势、劣势、机会和威胁。**SWOT 分析**（SWOT analysis）可专注于特定产品或项目、运营部门、企业整体或使命宣言本身。总体目的是避免寻求不现实、无利可图或者无法实现的目标。

企业的 SWOT 分析通常从这些问题开始：

- 我们的优势是什么？如何使用它们实现商业目标？

- 我们的劣势是什么？如何减少或消除它们？
- 我们的机会是什么？如何计划使用它们？
- 我们的威胁是什么？如何评估、管理并应对可能的风险？

SWOT 分析检查企业的技术、人力和财务资源。在图表 2-1 中，项目列表显示了正在考虑扩展其网络在线运营的组织的典型优势、劣势、机会和威胁。

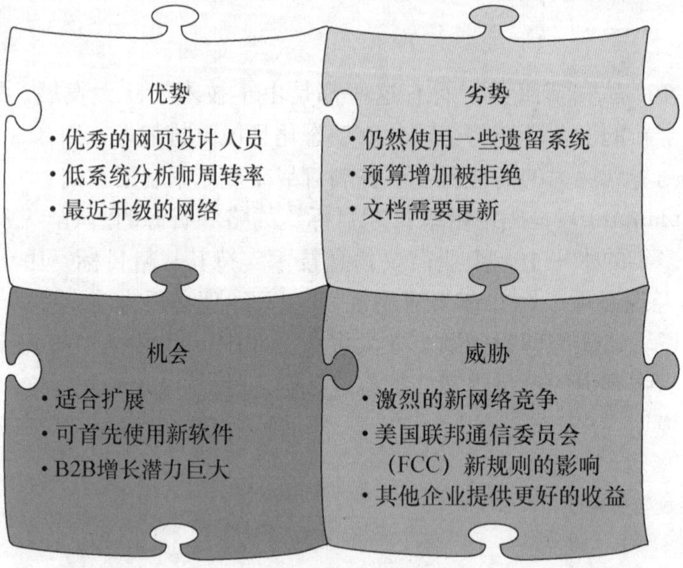

图表 2-1　SWOT 分析可能产生类似于此处显示的结果

随着 SWOT 流程的继续，管理层评估特定资源、业务运营和有价值的资产。例如，假设企业拥有重要的专利，该专利的 SWOT 评估可能类似于图表 2-2。

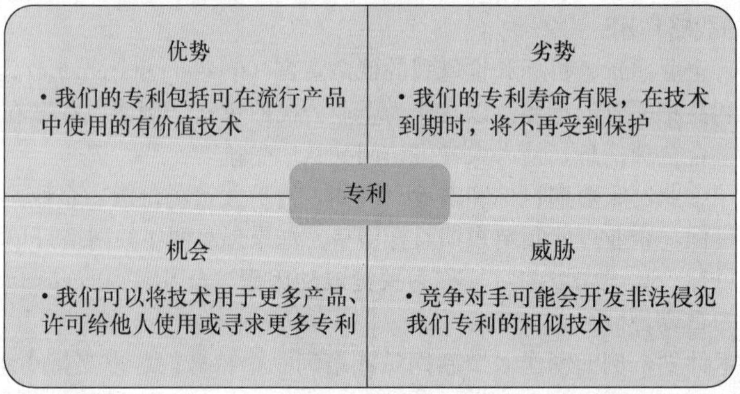

图表 2-2　该 SWOT 分析示例侧重于特定资产：企业专利

标准的战略规划方法是不存在的。一些管理者认为企业的使命宣言应向利益相关者传达鼓舞人心的消息，而另一些人认为除非从现实的 SWOT 评估开始，否则企业可能会提出不可实现的使命宣言。大多数企业将战略规划流程视为一种动态互动，企业的使命宣言反映长期视野，但也提出了与现实条件一致的可实现目标。

2.2.3　IT 项目的战略规划

经验丰富的分析师了解规划对于 IT 项目的成功至关重要，且必须尽早开始。仔细的规划能够保证：

- 该项目支持总体业务战略和运营需求；
- 项目范围得到明确界定和明确说明；
- 项目目标是现实、可实现的，并与具体的陈述、假设、约束、因素和其他投入相联系。

案例 2.1 Lo Carb 膳食公司

Lo Carb 是一家成功的新公司，已经出版了一些食谱并销售自己的碳水化合物膳食。Lo Carb 的总裁 Joe Turner 向你询问意见，他想知道提出使命宣言是否真的有必要。查看本章材料，结合你的意见写一个简短的备忘录，要包括你在网上找到的好（或不是很好）的使命宣言的例子。

第一步是选择一个规划工具。一些开发人员坚持传统的基于文本的方法，使用 Microsoft Word 表格以使结构清晰，而其他人喜欢 Microsoft Excel 等电子表格，因为它易于显示优先级和计划假设的相对重要性。另一种方法是使用计算机辅助系统工程（CASE）工具来定义并记录整个环境。为了理解这样做的理由，可考虑如下场景和例证。

作为一家大型连锁酒店 IT 部门的系统分析师，你的任务是审查 Visible Analyst CASE 工具，看看它是否有助于规划新的营销系统。打开程序后，你被导航到帮助部分以获得概述，如图表 2－3a 所示。

接下来，创建一个示例项目并输入对新网络目标日期的假设，如图表 2－3b 所示。能够看到许多可能的规划语句类型，包括目标、宗旨和关键成功因素等。规划语句还可以记录优势、劣势、机会和威胁，如图表 2－3c 所示。

输入规划语句后，打开战略规划窗口，会看到如图表 2－3d 所示的新语句出现。能够发现 Visible Analyst 已经将规划语句直接嵌入项目中，因此可在开发过程中的任意时点访问它。

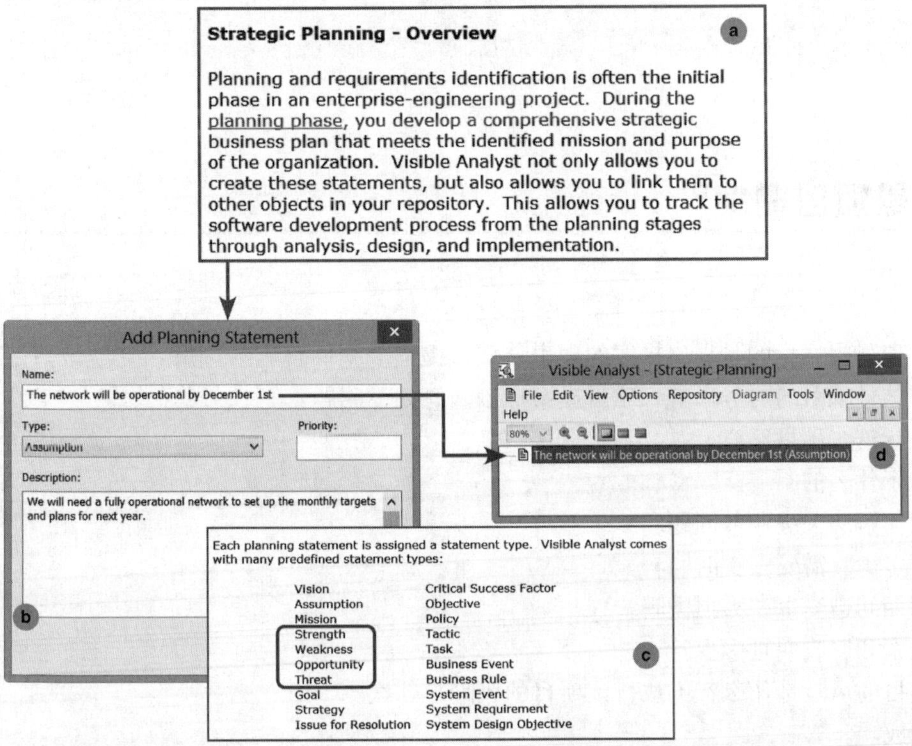

图表 2－3 Visible Analyst CASE 工具支持战略规划，允许用户输入多种规划语句。注意列表中突出显示的四个 SWOT 类别

资料来源：Visible Systems Corporation。

此示例显示 CASE 工具如何将不同语句、实体、数据元素和图形模型集成到整体结构中，其结果是更高的一致性、更好的质量和系统分析师更小的工作量。

2.2.4 IT 部门的角色转换

管理和 IT 联系紧密，且这两个领域均发生了显著变化。过去，IT 部门通常处理系统开发的所有方面，且只在部门需要用户输入时才咨询用户。而如今，系统开发更多以团队为导向，敏捷方法和快速应用开发（RAD）等新的系统开发方法通常需要用户、管理者和 IT 人员构成的团队，他们从项目初始就共同工作。

虽然以团队为导向的开发是常态，但仍然有一些企业的 IT 部门扮演守门员的角色，负责筛选和评估系统请求。初始评估应由 IT 部门还是跨职能团队执行？这取决于企业规模、系统请求的性质以及项目规模。例如，在只有一个人具备 IT 技能的小型企业中，该人将作为协调员，与用户和管理者密切协商以评估系统请求，较大的企业更可能使用评估小组或系统审查委员会。

案例 2.2　Attaway 航空公司（第一部分）

你是小型地方航空公司 Attaway 的 IT 主管，担任公司系统审查委员会的主席，目前正在处理两个关键项目之间的强烈分歧。营销经理 Dan Esposito 表示，有一个新的信息化预订系统至关重要，它能够提供更好的客户服务并降低运营成本。财务副总裁 Molly Kinnon 同样坚持认为，现在立刻需要一个新的会计系统，因为调整现有系统以满足新的联邦报告要求是非常昂贵的。Molly 的级别比 Dan 高，她是你的老板。下一次会议定在明天上午 9 点，在这次会议上将做出最终决定。你将如何为会议做准备？应该讨论哪些问题？

2.3 什么是项目提案？

如前所述，项目提案指的是提出提案的理由。项目提案应全面且容易理解，它应该清楚地描述项目、提供实施的理由并估计项目的财务影响。项目提案应该回答如下问题：

- 为什么执行这个项目？
- 项目是关于什么的？
- 该方案如何解决关键业务问题？
- 它将花费多少？需要多长时间？
- 会在过渡期间遭受生产力损失吗？
- 投资回报率和回收期是多少？
- 执行该项目的风险是什么？不执行该项目的风险是什么？
- 如何衡量成功？
- 有哪些替代方案？

成功和失败的项目提案示例都可在网上找到。搜索“项目提案示例”，检查可用示例的结构和内容。比较并对比不同领域的项目提案（如政府合同和私营企业的提案）尤其有意义。

2.4 信息系统项目

本节讨论信息系统项目的设立原因以及影响系统项目的内外部因素，本节还包括项目管理概览，这将在第3章中详细讨论。

2.4.1 系统项目的设立原因

大多数项目的起点称为系统请求，这是一种正式的IT支持请求。系统请求可以建议改进现有系统、纠正问题、替换旧系统或开发用于支持企业当前和未来业务需要的全新信息系统。

如图表2-4所示，系统请求的六个主要原因是更强的控制、更低的成本、更多的信息、更好的性能、提升的服务，以及对新产品和服务的更多支持。

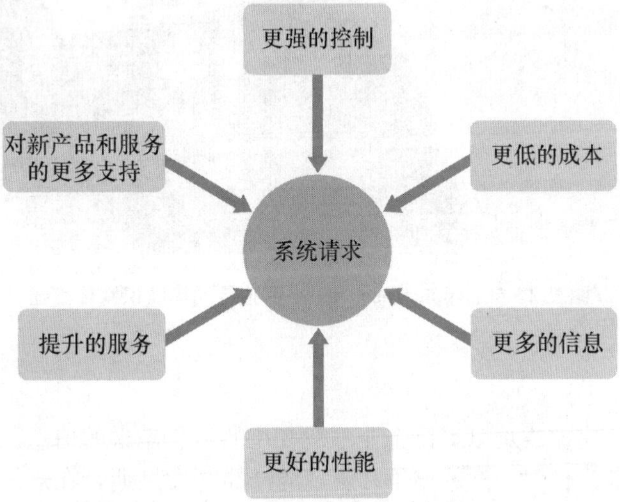

图表2-4 系统请求的六个主要原因

更强的控制

系统必须有有效的控制，以确保数据安全和准确。常见的安全控制包括密码、不同级别用户的访问权限、数据**加密**（encryption）或使系统远离未被授权用户的编码。基于硬件的安全控制包括通过视网膜扫描或映射指纹模式来识别人员的**生物识别设备**（biometric devices），该技术使用红外扫描仪，通过对手和手指特征的数千种测量来创建图像。图表2-5显示了iPhone手机上安装的Apple Touch ID安全机制。

除安全之外，数据还必须准确，控制应尽可能减少数据输入错误。例如，用户如果输入无效的客户编号，订单处理系统应立即拒绝这一输入并提示用户输入有效的编号。然而，数据输入控制必须有效但不过度，如果系统使用“Are you sure? Y/N”消息要求用户确认每个选项，内部用户和客户可能都会抱怨系统不够友好。

更低的成本

由于技术问题、设计不足或业务变化，运营或维护当前系统可能是昂贵的，可能的解决方法是使系统适应新技术或升级系统。另外，成本效益分析表明，新系统更具成本效益并能为长期目标提供更好的支持。

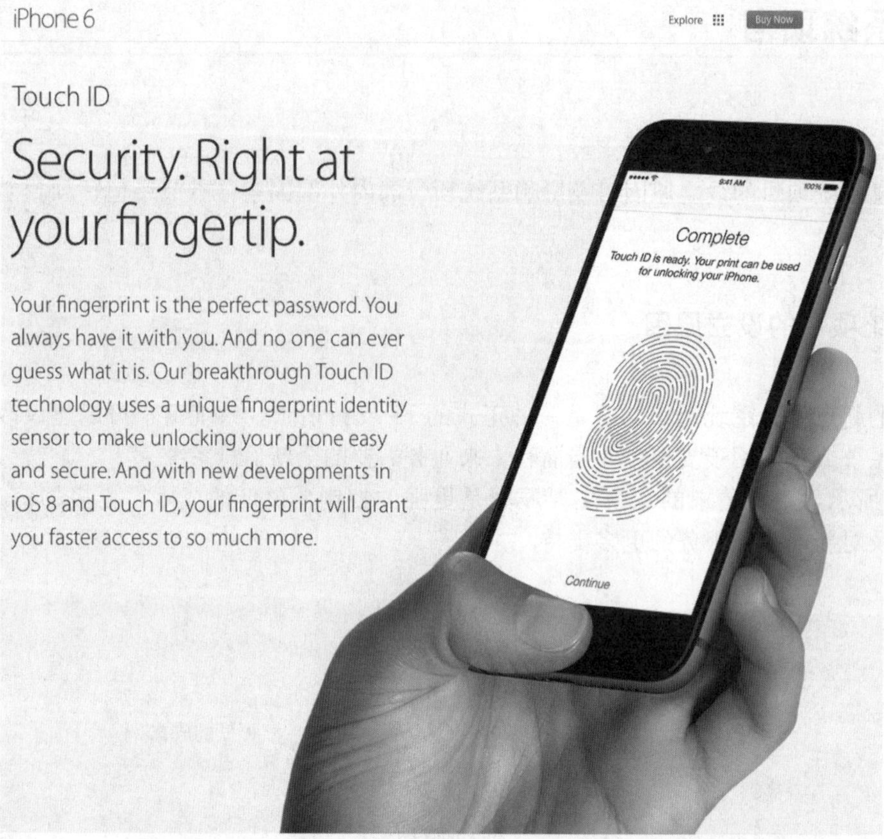

图表 2－5　Apple Touch ID 使用独特的指纹识别传感器

资料来源：www. apple. com。

更多的信息

系统可能会产生不足、不完整或难以支持企业不断变化的信息需求的信息。例如，跟踪客户订单的系统可能无法分析并预测销售趋势。面对激烈的竞争和更短的产品开发周期，在规划、设计并销售新产品和服务方面做出重大决策时，管理者需要最好的信息。

更好的性能

当前系统可能无法满足性能要求。例如，系统可能在某些时候对数据查询响应缓慢，或者无法支持企业增长。同时，针对特定硬件配置设计的系统在使用新硬件时会变得过时，这也会导致性能受限。

提升的服务

系统请求通常旨在提升对客户和企业内部用户的服务。例如，允许共同基金投资者在网站上检查账户余额、储存租赁汽车客户偏好的数据或创建大学在线注册系统都是提供有价值服务并提高客户满意度的例子。

对新产品和服务的更多支持

新产品和服务通常需要新类型或新级别的 IT 支持。例如，软件供应商可能为订阅者提供自动升级服务，快递公司可能为使用无线射频识别（RFID）标签的货物添加特殊服务，在这些情况下，最有可能需要额外的 IT 支持。另外，产品淘汰也是影响 IT 规划的一个重要因素，随着新产品进入市场，供应商经常宣布不再为旧版本提供支持，缺乏供应商支持将成为决定是否升级的重要考虑因素。

案例 2.3　Trent 学院

Trent 学院是一所位于小马里兰镇的私立学校，其已经构建了计算机注册系统，并正在考虑构建一个新的系统。学院院长 Althea Riddick 请你列出 2.4.1 节中描述的系统项目的设立原因，并使用 1～10 的数字代表从低到高的等级，为每个原因分配相对权重。她说应使用你的最佳判断，并将支持你结论的论点写成一个简短的备忘录给她。她还希望你创建一个 Microsoft Excel 电子表格，为每个原因自动计算加权值。

2.4.2　影响系统项目的因素

内部因素和外部因素影响企业做出的每一个商业决策，IT 项目也不例外。图表 2－6 显示了影响企业 IT 决策的内外部因素。

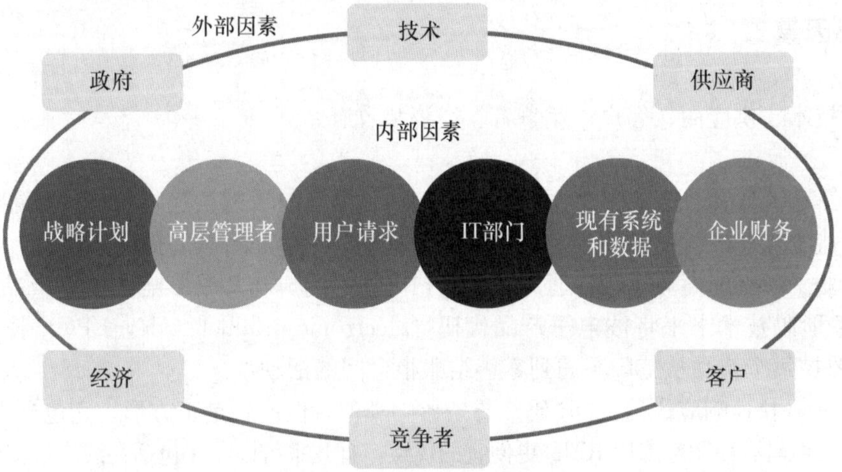

图表 2－6　影响 IT 项目的内外部因素

2.4.3　内部因素

内部因素包括战略计划、高层管理者、用户请求、IT 部门、现有系统和数据以及企业财务。

战略计划

战略计划设定了企业的总体方向，对 IT 项目有重要影响。需要 IT 支持的企业目标和宗旨会生成系统请求并影响 IT 优先级。强调技术的战略计划往往会为整个组织中的 IT 项目创建有利的环境。

高层管理者

由于需要大量资源，大型项目通常由高层管理者启动。这些决策通常源于业务战略目标，这些目标需要新的 IT 系统、帮助做决策的更多信息或更好地支持关键任务的信息系统。

用户请求

由于用户更多依赖于信息系统来执行工作，他们可能会要求更多的 IT 服务和支持。例如，销售代表可能要求改进企业网站、更强大的销售分析报告、链接所有销售点的网络或允许客户立即获得订单状态的在线系统。或者，用户可能对当前系统不满意，因为它难以学习或缺乏灵活性，他们甚至可能希望信息系统支持首次开发时并不存在的业务需求。

IT 部门

系统项目请求也可来自 IT 部门本身。IT 部门员工常常基于他们对业务运营和技术趋势的了解提出建议。严格来说，IT 建议可能是更换网络组件等技术方面的，或是面向业务的建议，如建议开发一个新的报告或数据收集系统。

现有系统和数据

现有系统中的错误或问题可能会触发系统项目请求。在用旧系统时，分析师有时花费太多时间处理日常问题，而不查看根本原因，这样可能将信息系统变为一些修正和更改的拼凑系统，而无法支持企业整体业务。这一问题通常发生在技术较落后的遗留系统中。在向新系统迁移时，IT 计划者必须规划对现有数据的转换，这在第 11 章中有详细的描述。

企业财务

企业的财务状况可能会影响系统项目。如果企业正在经历一个困难时期，项目可能会推迟，直到有更多的资金可用于支持这一项目。相反，如果企业正在享受财务成功，开始一个新项目则可能更容易。

2.4.4 外部因素

外部因素包括技术、供应商、客户、竞争者、经济和政府。

技术

变化的技术是影响商业和社会的一个主要因素。例如，通信技术的快速增长、计算能力的提高和电子元件的不断小型化创造了全新的行业和技术，包括智能手机和应用生态系统的扩散。

技术也大大改变了现有的商业运营。通用条形码扫码技术的成功几乎影响了所有产品。一些行业专家预测，超过 40 年的条形码技术未来将被**电子产品代码**（electronic product code，EPC）替代，这些技术使用 RFID 标签识别并监控每个产品从工厂车间到零售结账柜台间的活动。

如图表 2-7 所示，快速响应代码（QR 码）与条形码类似，但形状是正方形。它包含比传统条形码多但比 RFID 标签少的信息，但具有使用起来比 RFID 更便宜的优点，且几乎可以印在包括在线广告在内的任何东西上。

图表 2-7 QR 码

资料来源：www.qrstuff.com。

供应商

随着电子数据交换（EDI）的增长，与供应商的关系变得至关重要。例如，汽车企业可能要求供应商以某种方式对部件进行编码，以匹配企业的库存控制系统。EDI 还支持基于计算机到计算机数据交换的**即时**（just-in-time，JIT）库存系统以尽量减少不必要的库存。JIT 系统的目的是在正确的时间、正确的地点提供正确的产品。

客户

客户对任何企业都至关重要。与客户互动的信息系统通常获得最高优先级。许多企业实施**客户关系管理**

(customer relationship management，CRM）系统，整合所有与客户相关的事件和交易，包括营销、销售和客户服务活动。面向供应商的 CRM 系统通常与供应链管理（SCM）系统连接，这在第 1 章中进行了讨论。CRM 组件能够提供对销售查询、在线订单处理和库存跟踪的自动响应。因为高效的仓库与成功的网站一样重要，如图表 2-8 所示，供应商使用可读取 RFID 标签或统一产品代码（UPC）的智能叉车，并将数据传输到 CRM 系统。一些供应商还使用机器人进行订单分拣，如图表 2-9 所示，亚马逊在仓库中使用 Kiva 机器人。

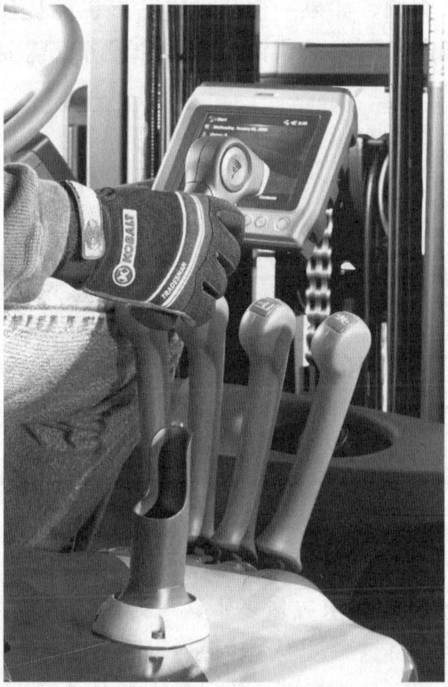

图表 2-8　在高效的仓库中，智能叉车可读取 RFID 标签或 UPC，并将数据传输到 CRM 系统中

资料来源：Courtesy of Intermec Technologies。

图表 2-9　亚马逊仓库中使用 Kiva 机器人

资料来源：Justin Sullivan/Getty Images。

另一个 RFID 应用程序是**电子交货证明**（electronic proof of delivery，EPOD）。供应商使用 EPOD 在每个箱子、包装或运输单元上使用 RFID 标签创建数字运输清单，客户收到清单并扫描进货，如果检测到差异，则会自动进行报告和调整。由于手动调查十分昂贵，所以不使用 EPOD 可能无法跟踪微小的运输误差。这是与技术相关的成本控制的一个例子。

竞争者

竞争推动了许多信息系统决策。例如，如果一个移动电话提供商提供一种新型的数字服务，其他企业必须与其步调一致才能保持竞争力。新产品研发、营销、销售和服务都需要 IT 支持。

经济

经济活动对企业信息管理具有重大影响。在经济扩张时期，企业需要准备好可扩展的系统，以处理增加的容量和增长。预测商业周期不是一门精确的技术，仔细的研究和规划十分重要。

政府

联邦、州和地方政府的法规直接影响企业信息系统的设计。例如，美国国税局（Internal Revenue Service，IRS）的最新报告需求必须设计为工资单形式。

2.5 系统请求评估

在大多数组织中，IT 部门收到的系统请求数量多于其可处理的数量。许多组织将评估系统请求的责任分配给关键管理者和用户团队，许多企业将这一团队称为**系统审查委员会**（systems review committee），或**计算机资源委员会**（computer resources committee）。无论名称是什么，目标都是使用一些分析师的综合判断和经验来评估系统项目。

2.5.1 系统请求形式

许多组织使用特定表单进行系统请求申报，其与图表 2-10 中的在线示例类似。正确设计的表单能够简

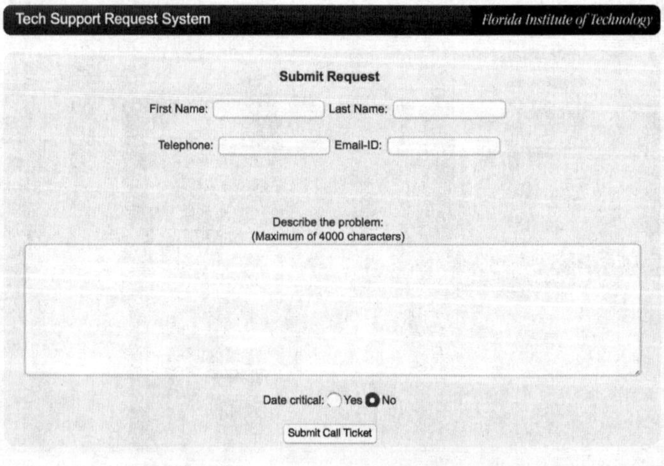

图表 2-10 在线系统请求表单示例

资料来源：Florida Institute of Technology。

化请求过程并确保一致性。表单必须易于理解且包含明确的说明，应为全部必需信息提供足够的空间，并指出需要哪些支持文件。由于能够自动处理，大多数企业使用用户以电子方式提交的在线系统请求表单。

当收到系统请求表单时，系统分析师或IT经理对其进行审查以确定初步调查需要哪些IT资源，指定的人员或委员会随后决定是否进行初步调查。有些情况要求立刻做出回应。例如，如果故障涉及关键任务系统，那么IT维护团队必须立即恢复正常运营，在系统正常运营后，团队进行审查并准备系统请求以记录执行的工作。

2.5.2 系统审查委员会

大多数大企业使用系统审查委员会（简称委员会）来评估系统请求，采用系统审查委员会的方法提供各种各样的经验和知识，而不是依靠个人。委员会拥有更广泛的观点，能够比个人更有效地确定优先事项，个人偏见不太可能影响决策。委员会通常由IT主管和几名其他部门的经理或代表组成。IT主管通常作为技术顾问，确保委员会了解重要的议题、问题和机会。

采用系统审查委员会的方法虽然有许多优点，但也存在一些缺点。例如，请求的行动必须等到委员会开会决议后才能开始。采用系统审查委员会的方法的另一个潜在缺点是成员可能会支持自己部门请求的项目，内部的政治分歧可能会拖延重要的决策。

许多小企业依靠个人而不是委员会来评估系统请求，如果只有一个人拥有必要的IT技能和经验，那么该人员必须与整个企业的用户和管理者密切协商，确保仔细考虑业务和运营需求。

无论由个人还是委员会负责，目标都是评估请求并确定其优先级。假设必须审查以下四个请求：

（1）营销团队希望分析当前用户的消费习惯并预测未来趋势。

（2）技术支持团队希望建立一个蜂窝连接，使服务代表能够实时下载技术数据。

（3）会计部门希望重新设计客户报表并允许互联网访问。

（4）生产人员想要一个能够与主要供应商交换数据的库存控制系统。

企业应该执行哪些项目？应该使用什么标准？如何确定优先级？为了回答这些问题，个人或委员会必须评估每个请求的可行性。

2.6 可行性概述

如第1章所述，系统请求必须通过一些被称为可行性分析的测试，以确定其是否值得进一步执行。如图表2-11所示，可行性分析使用四个主要标准来衡量：运营可行性、经济可行性、技术可行性和进度可行性。

有时可行性分析十分简单，能够在几个小时内完成，但如果请求涉及新系统或重大变化，则需要进行广泛的实情调查和研究。

在可行性分析上付出多少努力取决于请求的性质。例如，如果部门想要按不同顺序对现有报告进行排序，分析师则应快速决定该请求是否可行。而对于营销部门提出的用于预测销售趋势的新的市场调查系统，分析师则需要付出更多的努力进行分析。在这两种情况下，系统分析师都提出了这些重要的问题：

- 提案在运营上是否可行？它是一个能够解决问题或抓住机会以实现企业目标的可行方法吗？
- 提案在技术上是否可行？项目必需的技术资源和人员可得吗？
- 提案在经济上是否可行？预计节省多少资金和成本？是否涉及客户满意度或企业形象等其他无形因素？问题是值得解决的吗？最终会成为好的商业投资项目吗？

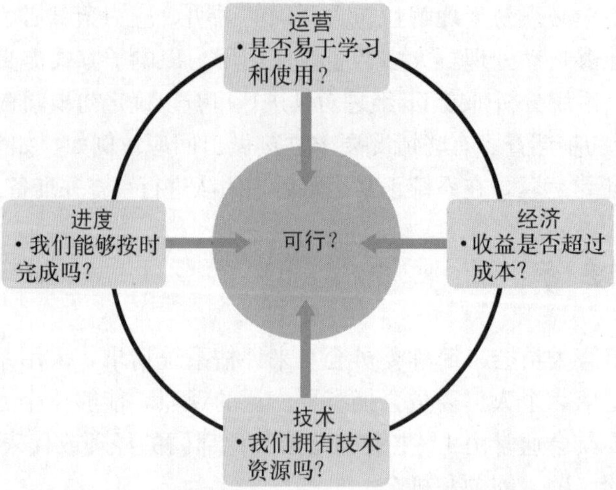

图表 2-11 可行性分析审查运营、技术、经济和进度的可行性

- 能否在可接受的时间框架内完成该提案?

为了获得关于系统请求的更多信息，初步的实情调查会通过研究组织结构图、进行访谈、审查文档、观察运营情况以及用户调查来实现。如果系统请求被批准，在系统分析阶段将继续进行更密集的实情调查。

2.6.1 运营可行性

运营可行性(operational feasibility) 意味着提议的系统在开发后能被有效地使用。如果用户在新系统的使用上有困难，则无法产生预期的好处。企业文化也可能影响运营可行性，例如，在高度结构化的工作场所中运营良好的系统，在轻松的企业文化中可能非常不受欢迎。运营可行性难以精准测量，但必须仔细分析。以下问题有助于预测系统的运营可行性:

- 管理层是否支持项目? 用户是否支持项目? 当前系统是否受欢迎并被有效地使用? 用户是否认为有更改的需要?
- 新系统是否会减少员工人数? 如果是，受影响的员工将会发生什么事?
- 新系统是否需要对用户进行培训? 如果是，企业是否准备为培训当前员工提供必要的资源?
- 用户是否从一开始就参与规划新系统?
- 新系统是否会对用户提出新要求，或需要对运营进行更改? 例如，信息的可访问性或产生的频率是否会降低? 性能是否会下降? 如果是，组织的总体收益是否会超过个体损失?
- 客户是否会暂时或永久受到不利影响?
- 是否会对企业形象或商誉造成风险?
- 开发计划是否与企业其他的优先事项相冲突?
- 是否需要考虑法律或伦理问题?

2.6.2 经济可行性

经济可行性(economic feasibility) 意味着提议的系统的预期收益超过预期成本，预期成本通常考虑**总体拥有成本**(total cost of ownership, TCO)，其中包括持续的支持和维护成本以及采购成本。为了确定 TCO，分析师必须估算以下每个领域的成本:

- 人员，包括 IT 员工和用户。
- 硬件和设备。
- 软件，包括内部开发的软件以及从供应商处购买的软件。
- 正式和非正式培训，包括同伴支持。
- 许可证和费用。
- 咨询费用。
- 设施成本。
- 不开发系统或推迟项目的预期成本。

上面列出的**有形成本**（tangible costs）通常能够以金钱计量，但也必须将**无形成本**（intangible costs）考虑在内。例如，较低的员工士气可能不会立刻产生对金钱的影响，但肯定会影响企业的业绩。

除成本之外，还必须评估企业的有形收益和无形收益。系统审查委员会使用这些估算的成本和收益来决定是否在初步调查阶段之后继续实施该项目。

有形收益（tangible benefits）是能够以金钱计量的收益，有形收益源于费用减少、收入增加或两者皆有。以下是产生有形收益的例子：

- 减少加班的新调度系统。
- 改善服务并减少对文书人员需求的在线包裹跟踪系统。
- 减少过多库存并消除生产延迟的复杂库存控制系统。

无形收益（intangible benefits）是指那些难以用金钱衡量但对企业很重要的优势。以下是产生无形收益的例子：

- 提高员工工作满意度的用户友好系统。
- 为营销决策提供更好的信息的销售跟踪系统。
- 提高企业形象的新网站。

还需要考虑开发的时间表，因为一些收益在系统运营初期就会显现，另一些收益可能不会立刻产生，要等到晚一些才会产生。

2.6.3 技术可行性

技术可行性（technical feasibility）是指开发、购买、安装并运营系统所需的技术资源。在评估技术可行性时，分析师应考虑以下几点：

- 企业是否拥有必要的硬件、软件和网络资源？如果没有，是否能够毫无困难地获取这些资源？
- 企业是否有必需的技术能力？如果没有，是否能够获得？
- 提议的平台是否有满足未来需求的足够容量？如果没有，是否能够扩展？
- 是否需要一个原型？
- 硬件和软件环境是否可靠？系统能否与其他的企业信息系统在现在和未来进行集成？系统能否与客户和供应商运营的外部系统正确连接？
- 硬件和软件的组合能否提供足够的性能？是否有明确的期望和性能规范？
- 系统能否处理未来交易量和企业增长？

2.6.4 进度可行性

进度可行性（schedule feasibility）意味着项目能够在可接受的时间范围内实施。在评估进度可行性时，系统分析师必须考虑时间和成本之间的相互作用。例如，加快项目进度会使项目变得可行，但也更加昂贵。

与进度可行性相关的问题包括：

- 企业或 IT 团队能否控制影响进度可行性的因素？
- 管理层是否为该项目建立了一个确定的时间表？
- 系统开发过程中必须满足哪些条件？
- 加快进度是否会带来风险？如果会，风险是否可以接受？
- 项目管理技术能否用于协调并控制项目？
- 是否会任命一名项目经理？

第 3 章描述了各种项目管理工具和技术。

2.7 可行性评估

可行性评估的第一步是识别并清除不可行的系统请求。例如，如果请求需要的硬件或软件被企业拒绝，请求将是不可行的。

即使请求是可行的，也可能没有必要。例如，对多版本报告的请求可能需要相当多的设计和规划工作，更好的替代方法是将服务器数据下载到个人计算机软件包，并向用户展示如何生成自己的报告。在这种情况下，培训用户比为他们生成报告更好。

还要记住的是，在新的硬件、软件或专业知识变得可用时，当前不可行的系统请求可重新提交，开发成本可能会降低或收益的价值可能会增加到足以使系统需求变得可行。相反，当前可行的项目也可能在之后被拒绝。

随着项目的开展，条件经常改变。购置成本可能增加，且项目可能变得比预期更昂贵。此外，管理者和用户有时会失去对项目的信心。由于所有这些原因，可行性分析是一个持续的任务，必须在整个系统开发过程中执行。

2.8 设定优先级

拒绝不可行的系统请求后，系统审查委员会必须确定剩余项目的优先级。优先级最高的是能够在最短时间内以最低的成本提供最大收益的项目，但许多因素会影响项目评价。

2.8.1 影响优先级的因素

评估项目优先级时，系统分析师应考虑以下因素：

- 提议的系统是否会降低成本？在哪里？什么时候？怎样降低？降低多少？
- 系统是否会增加企业收入？在哪里？什么时候？怎样增加？增加多少？

- 系统项目是否会产生更多的信息或更好的结果？怎样产生？结果是否可测量？
- 系统是否更好地服务于客户？
- 系统是否更好地服务于组织？
- 系统能否在合理的时间范围内实施？结果会持续多久？
- 能否获得必要的财务、人力和技术资源？

很少有项目会在所有领域获得高分。一些提案可能无法降低成本，但会提供重要的新功能；一些系统可能大大降低运营成本，但需要购买或租赁额外的硬件；还有一些系统可能是非常理想的，但在产生显著收益之前需要几年的开发。

只要有可能，分析师应使用可通过金钱衡量的有形成本和有形收益评估。然而，提案可能涉及无形收益，如提高组织形象、提高员工士气或改善客户服务，这些因素将更难衡量，但也应该考虑。

2.8.2 可自由支配项目和不可自由支配项目

管理层可以选择是否实施的项目称为**可自由支配项目**（discretionary projects），没有选择的项目称为**不可自由支配项目**（nondiscretionary projects）。为用户创建新报告是可自由支配项目的一个例子，添加联邦新法律要求的报告是不可自由支配项目的一个例子。

如果特定的项目不是可自由支配的，那么系统分析师应询问系统审查委员会是否真的有必要对其进行评估。有些人认为等待委员会批准将会延迟那些关键的不可自由支配项目，有些人则认为，向系统审查委员会提交全部请求能够使委员会了解竞争IT资源的所有项目。因此，委员会可审查优先事项并安排切合实际的时间进度。

许多不可自由支配项目是可预测的，如薪酬、税率的年度更新或对保险处理系统报告需求的季度更改。通过提前规划可预测的项目，IT部门能够更好地管理其资源并充分告知系统审查委员会，而不需在每个案例中都获得事先批准。

案例 2.4 Attaway 航空公司（第二部分）

回到Attaway航空公司的案例，早上的会议结束时，Dan Esposito和Molly Kinnon之间没有达成协议。事实上，出现了一个新的问题，Molly现在说新的会计系统有最高的优先级，因为联邦政府很快将要求提交对企业支付的某些健康保险费的报告。由于当前系统无法生成这一报告，她坚持整个会计系统是一个不可自由支配项目。正如你可能预料的，Dan十分不安。项目的一部分可能是不可自由支配的吗？需要讨论哪些问题？委员会明天再次开会，成员们将向你寻求指导。

2.9 初步调查概述

系统分析师进行初步调查来分析系统请求并对具体行动给出建议。在获得授权后，分析师与管理者、用户和其他利益相关者进行交互，如图表2-12中的模型所示。分析师收集问题和机会、项目范围和约束、项目收益以及预计的开发时间和成本等信息。初步调查的最终产品是提交给管理层的报告。

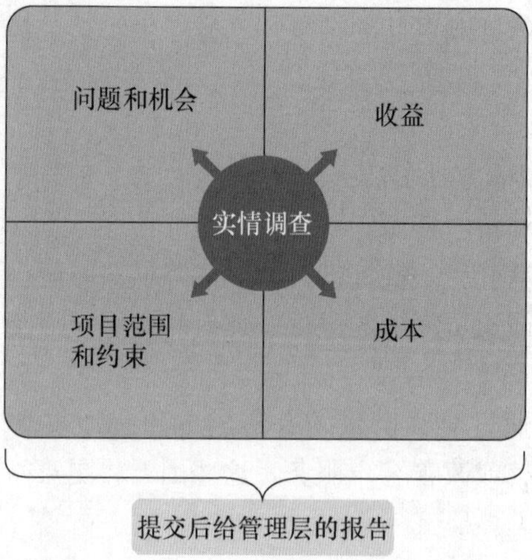

图表 2-12　初步调查模型。注意实情调查在四个领域中的重要性

2.9.1　与管理者、用户和其他利益相关者进行交互

在开始初步调查之前，让人们了解调查并解释系统分析师的作用是很重要的。应安排要求重要的管理者、用户和IT人员等其他利益相关者参与的会议，以描述项目、解释决策和职责、回答问题并请他们进行评论。与用户的交互沟通由此时开始，并在整个开发过程中持续。

系统项目经常在企业运营中产生重大变化，对这些变化员工可能会好奇、关心甚至反对，在初步调查期间遇到一些用户阻力很正常。员工的态度和反应是重要的，必须对其加以考虑。

在与用户交互时，应仔细使用“问题”这个词，因为它有负面含义。当用户被问到“问题”时，一些用户会强调当前的系统限制，而不是期望的新特征或增强的性能。与其着眼于困难，不如向用户询问他们希望拥有的额外能力。这种方法强调改善用户工作方式，提供对运营的更好理解，并与用户建立更好、更积极的关系。

2.9.2　规划初步调查

在初步调查期间，系统分析师通常遵循一系列步骤，如图表2-13所示。确切的程序取决于请求的性质、项目规模和紧急程度。

步骤1　了解问题和机会

如果系统请求涉及新的信息系统或现有系统的实质性变化，系统分析师则可能需要开发一个描述当前业务过程和职能的业务简介，就像第1章中阐释的那样。即使系统请求涉及相对较小的改变或增强，也必须了解这些修改将如何影响业务运营和其他信息系统。通常，一个系统的变化会对另一个系统产生意想不到的波纹效应，在分析系统请求时，必须确定涉及哪些部门、用户和业务流程。

在许多情况下，系统请求无法揭示根本问题，而仅仅说明症状。例如，对中心化处理延迟的排查请求可能揭示不恰当的调度操作，而不是硬件问题。类似地，对分析客户投诉的请求可能揭示销售代表缺乏培训，而不是产品的问题。

一种调查原因和影响的流行技术称为**鱼骨图**（fishbone diagram），如图表2-14所示。鱼骨图是将问题的可能原因表示为图形轮廓的分析工具。在使用鱼骨图时，分析师首先说明问题，并绘制主骨骼，主骨骼带有表示问题可能原因的子骨骼。在图表2-14所示的示例中，问题是“士气低落”（low morale），分析

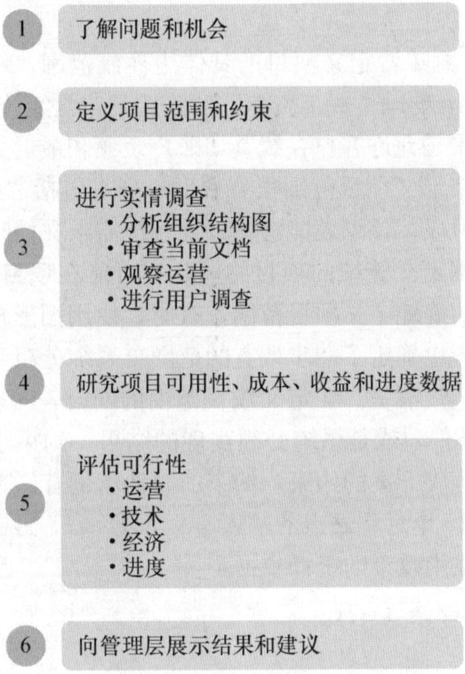

图表 2-13　初步调查中典型的六个主要步骤

师已经确定了四个要调查的领域："环境"（environment）、"人员"（people）、"管理"（management）和"机器"（machines）。在每个领域，分析师辨别可能的原因并将其绘制为水平分支。例如，"温度过高或过低"（temp too hot or cold）是"环境"骨骼中的可能原因。对于每个原因，分析师必须提出更深入的问题：什么可能导致这种状况发生？例如，温度为什么过高？如果答案是"故障的恒温器"（faulty thermostat），分析师则将其作为"温度过高或过低"原因的子骨骼。以这种方式，分析师向图中添加额外的子骨骼，直到揭示问题的根本原因，而不仅仅是症状。

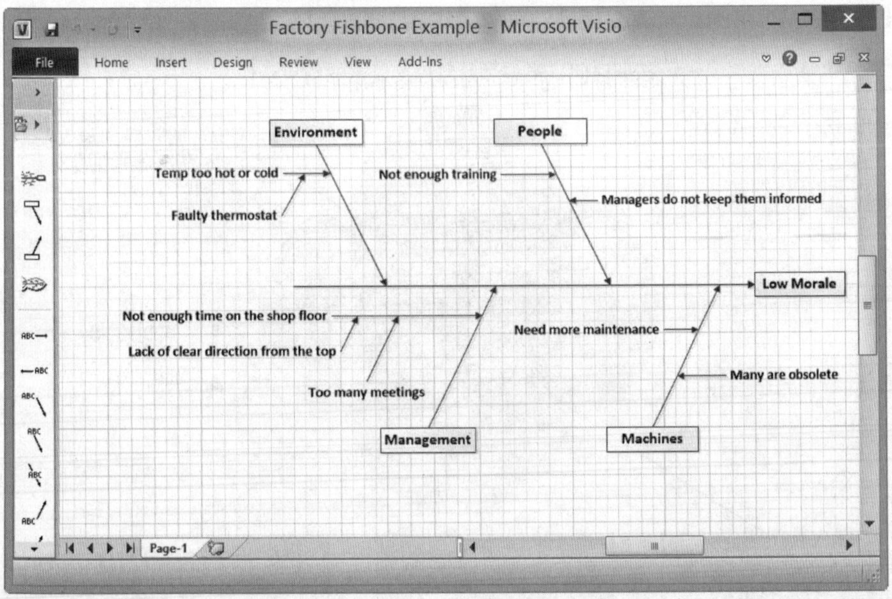

图表 2-14　鱼骨图显示问题的原因。通常来说，必须深入挖掘以找出实际原因，而不仅仅是症状

步骤 2　定义项目范围和约束

确定**项目范围**（project scope）意味着定义项目的具体边界或范围。例如，与“约克镇工厂二班生产工人的加班工资计算错误”相比，“没有准确生成工资单”的陈述是非常笼统的。同样，“项目范围是修改应收账款系统”这一陈述不如“项目范围是允许客户在线查询账户余额和最近交易”这一陈述具体。

一些分析师发现通过创建列表来定义项目范围很有帮助，列表包括“必须做”“应该做”“可以做”“不做”这些部分。在之后的系统分析阶段，该列表能够在开发系统需求文档时被审查。

在没有具体授权的情况下，范围定义笼统的项目的风险有可能在**项目渐变**（project creep）的过程中逐渐扩大。为避免此风险，应尽可能明确地定义项目范围。有时，使用图形模型来显示系统、人员和受影响的业务流程会非常有用。该项目的范围也确定了初步调查的范围。系统分析师应将重点放在眼前项目范围内的问题上，进而避免不必要的时间和金钱浪费。在定义项目范围的同时，必须确定对系统的约束。**约束**（constraint）是系统必须满足的要求或条件，或是系统必须实现的结果。约束也定义项目范围，例如，系统必须在现有硬件上运营，这是影响潜在解决方案的约束。约束的其他示例有：

- 订单输入系统必须接受来自 15 个远程站点的输入。
- 人力资源信息系统必须生成雇用政策的统计数据。
- 新网站必须在 3 月 1 日之前投入运营。

检查约束时应确定其如下特征。

现在与未来：约束必须在系统开发或修改后立刻满足，还是在将来某个时间点才必须满足？

内部与外部：约束是由内部要求产生的，还是由政府法规等外部力量强加的？

强制与期望：约束是强制的吗？约束是绝对必须满足的，还是只是期望的？

图表 2－15 显示了约束的五个示例，注意每个约束有三个特性，由其在图表中的位置和约束的符号表示，具体如下：

- 示例 A 中的约束是现在的、外部的和强制的；
- 示例 B 中的约束是未来的、外部的和强制的；
- 示例 C 中的约束是现在的、内部的和期望的；
- 示例 D 中的约束是现在的、内部的和强制的；

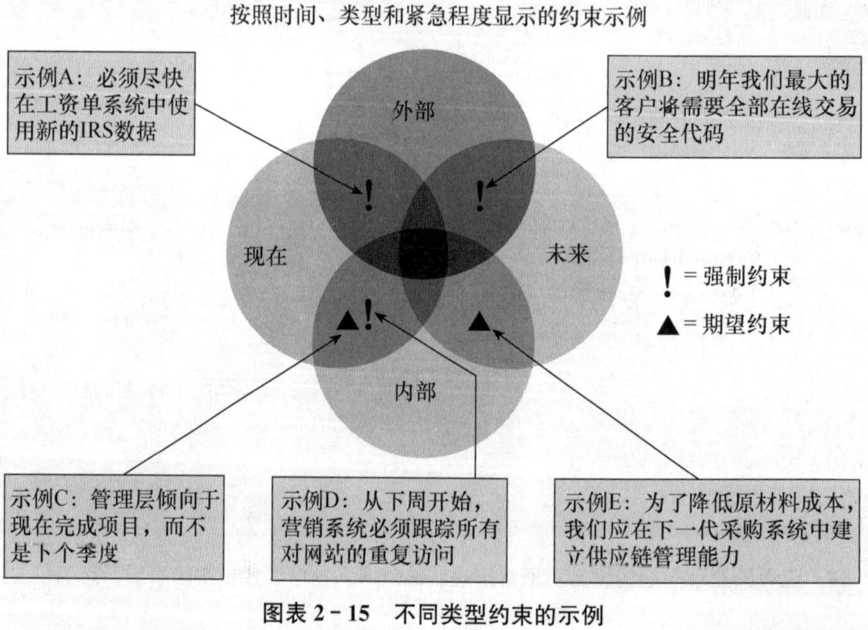

图表 2－15　不同类型约束的示例

- 示例 E 中的约束是未来的、内部的和期望的。

不管是何种类型，所有的约束都应尽早确定，从而避免未来出现问题。当管理者假设系统具有某个特征或支持某个项目，但后来发现并不包括该特征时，对项目范围和约束的清晰定义能够避免产生误解。

步骤 3：进行实情调查

实情调查的目的是收集关于项目可用性、成本、效益和时间进度的数据。实情调查涉及各种技术，这将在下面进行描述。根据调查系统请求所需信息的不同，实情调查可能耗费几个小时、几天或几个星期。例如，改变报告格式或数据输入显示可能只需要向用户拨一个电话或发一封电子邮件，而开发新的库存系统将涉及一系列访谈。在实情调查期间，分析师可能会分析组织结构图、进行访谈、审查文档、观察运营、进行用户调查、分析数据。

分析组织结构图： 分析师可能无法时刻了解相关部门的组织结构，应获取组织结构图来理解职能并确定访谈人员。

如果组织结构图不可用或缺乏数据，则应从部门人员处获得必要的信息，组织结构图如图表 2－16 所示。

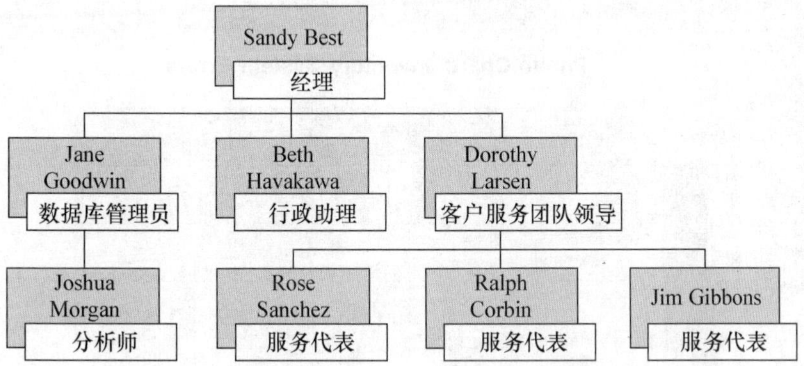

图表 2－16　Microsoft Visio 等专业工具可用于绘制组织结构图，也可使用此处显示的 Microsoft PowerPoint 等通用演示工具

即使组织结构图可用，也应验证它们的准确性。记住，组织结构图显示正式的报告关系，而不是同样重要的团队非正式关系。

进行访谈： 初步调查期间获取信息的主要方式是访谈。访谈过程涉及以下一系列步骤。

(1) 确定访谈人员；

(2) 建立访谈目标；

(3) 提出访谈问题；

(4) 准备访谈；

(5) 进行访谈；

(6) 记录访谈；

(7) 评价访谈。

这七个步骤将在第 4 章中进行详细讨论，第 4 章描述系统开发生命周期（SDLC）的系统分析阶段中发生的实情调查技术。

记住，访谈和初步调查的目的是揭露事实，而不是告诉别人项目是正当的。分析师在访谈中的主要作用是提出有效的问题并仔细倾听。如果几个人将被问到同一话题，应为所有访谈准备一套标准问题，其中也应包括开放式问题，如“你认为关于系统我还应知道哪些内容”或“是否还有我们没有讨论的其他相关信息”。

在初步调查期间进行访谈时，应对管理者和监督者进行访谈，他们对系统有广泛的了解，并能为涉及的业务流程提供概述。根据情况，与运营人员进行交谈以了解系统日常运营方式也可能有帮助。

审查文档：虽然访谈是极其重要的信息获取方法，但调查当前系统文档也很有用。文档可能不是最新的，因此需要向用户确认信息是否准确和完整。

观察运营：另一种实情调查方法是观察运营中的当前系统。观察工作人员如何执行典型任务，追踪输入源文档或输出报告使用的实际路径。除了观察运营，还应考虑对系统输入或输出进行抽样。使用第4章中描述的抽样技术，能够获得有关问题性质和频率的有价值信息。

进行用户调查：访谈可能耗费大量时间，较大群体的信息有时可通过用户调查获得。在这种情况下，可设计一个由用户完成并反馈的表单。调查不像一系列访谈那样灵活，但它更便宜，一般需要更少的时间且可以涉及更广泛的人群。

分析数据：系统分析师使用多种技术来确定问题来源。例如，**帕累托图**（Pareto chart）是将需注意问题可视化的流行工具，其根据19世纪的经济学家命名。帕累托图被绘制成如图表2-17所示的垂直条形图，每个条表示问题的不同原因并按优先级降序排列，因此团队可专注于最重要的原因。在此处显示的例子中，系统分析师可使用帕累托图了解库存系统问题的更多原因，从而可进行必要的改进。

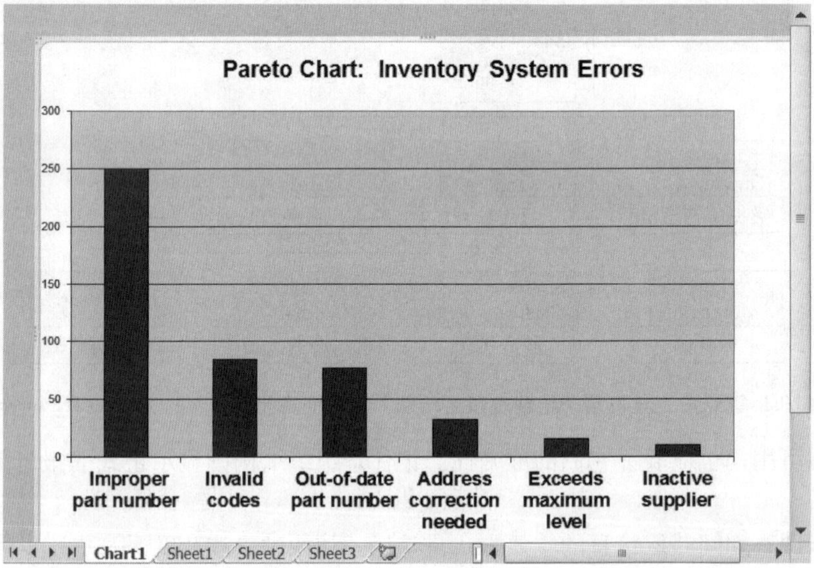

图表2-17　帕累托图按优先级顺序显示问题的原因，因此分析师可首先处理最重要的情况。在这一例子中，零件编号问题是明显的起点

XY图（XY chart），有时称为**散点图**（scatter diagram），是另一个问题解决工具。分析师通常寻找两个变量之间的相关性。例如，假设收到关于网络响应时间的投诉并需要确定原因，分析师将尝试找出用户数量等变量，以查看是否存在相关性或模式。图表2-18显示了带有数据样本的两个XY图，第一个XY图说明延迟和用户数量之间没有相关性，因此分析师将继续寻找问题的原因。然而，如果数据与第二个XY图的样本类似，则表明用户数量和较长响应时间之间存在强相关性，该信息在解决问题过程中将非常有价值。

步骤4：研究项目可用性、成本、收益和进度数据

在实情调查期间，应收集关于项目预期成本、预期收益和可能影响实施的进度问题的数据。在评估可行性之前，必须仔细分析这些数据。如果要进行访谈或调查，应将数据制成表格使其更容易理解。如果观察当前运营，应审查结果并强调对可行性分析有用的关键事实。如果收集到成本和收益数据，则可通过电子表格和其他决策支持工具来准备财务分析和影响报告。

同时，还应为下一个SDLC阶段——系统分析阶段的需求建模任务做出时间和成本估计。具体来说，应

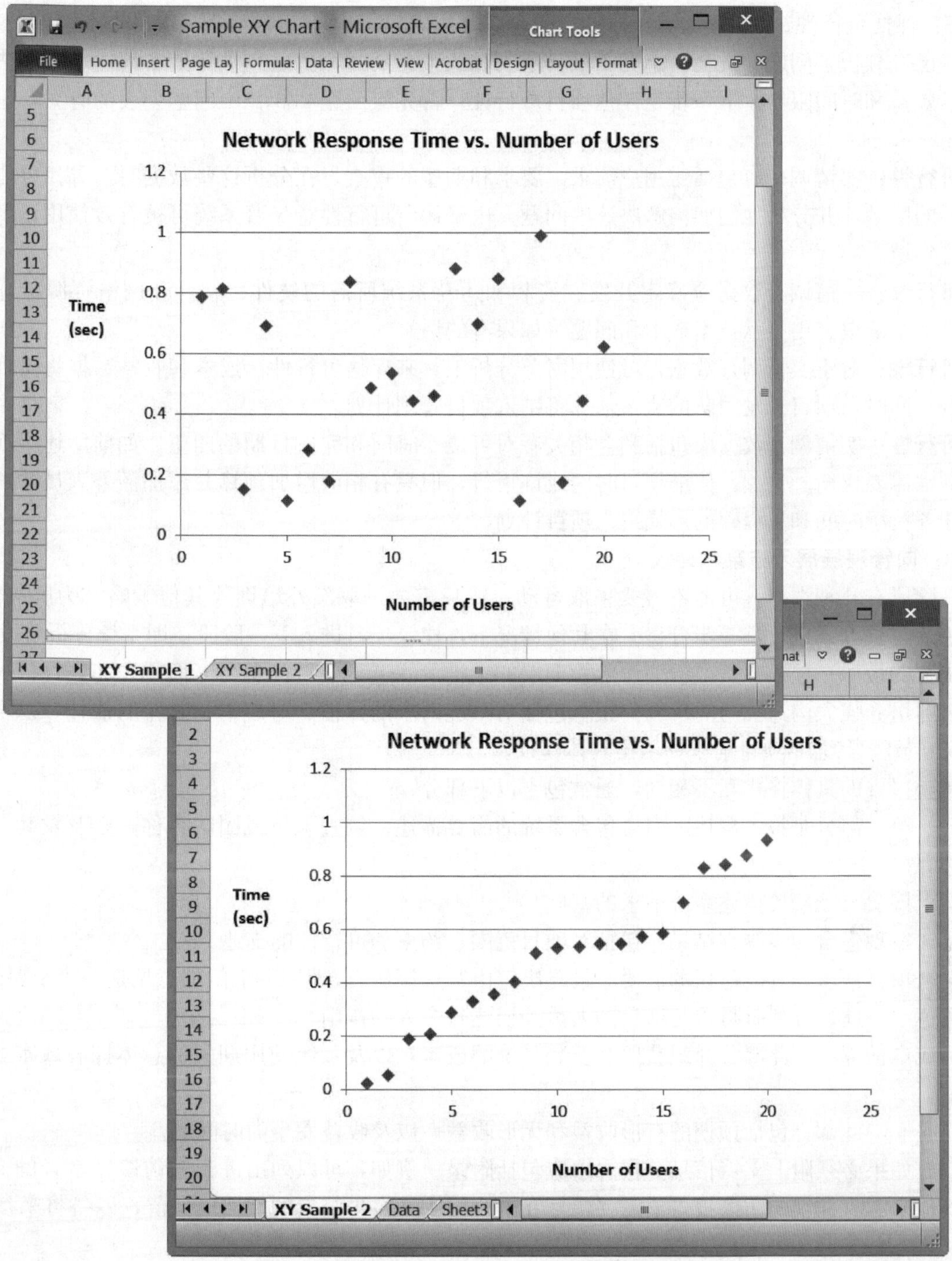

图表 2-18　XY 图显示了变量间的相关性，这在解决问题中非常重要。相反，缺乏相关性表明变量是独立的，应当在别处寻找原因

考虑以下因素：

- 必须获得哪些信息？如何收集和分析？
- 将对哪些人进行访谈？要访谈多少人？需要多长时间与他们见面并总结他们的反馈？
- 要进行调查吗？谁将参与？需要多长时间才能完成？需要多长时间将结果表格化？
- 分析信息并编写一份带有结果和建议的报告需要多大成本？

步骤 5：评估可行性

此时，已经分析了问题和机会，定义了项目范围和约束。同时，也已经进行了实情调查来评估项目可用性、成本、效益和时间限制。下一步是评估项目可行性，首先应回顾 2.6 节中问题列表的答案，还应考虑以下准则。

运营可行性：实情调查应包括对用户需求、要求和期望的审查。在分析这些数据时，寻找可能给系统用户带来问题的区域，并分析他们如何解决这些问题。由于运营可行性意味着系统可被有效使用，因此这是一个重点关注领域。

技术可行性：实情调查数据应确定开发、安装和运营系统所需的硬件、软件和网络资源。有了这些数据，可制定一个清单突出显示技术成本和问题（如果有的话）。

经济可行性：对于实情调查数据，可使用财务分析工具来评估可行性。成本和收益数据将是管理层考虑的重要因素。同时，项目开发团队的成本估算将纳入项目管理计划。

进度可行性：实情调查数据应包括利益相关者对可接受时间和完成日期的期望。如前所述，项目进度和成本之间经常需要权衡。例如，压缩项目时间或许可行，但只有相应增加预算并添加额外人员才可以。进度数据将以任务持续时间和里程碑的形式纳入项目计划。

步骤 6：向管理层展示结果和建议

在这一阶段有几种选择。可能不需要采取行动，或只需要采取额外培训等其他策略。为解决微小问题，可选择简单的解决方案进行进一步分析。在其他情况下，建议项目进入下一阶段，即系统分析阶段。

初步调查的最后一项任务是准备一份给管理层的报告，并进行展示。书写书面报告和进行口头展示是需要系统分析师培养强大沟通技巧的示例。报告包括对系统请求的评估、对成本和收益的估计，以及**行动方案**(case for action)，其总结项目请求并给出具体建议。

初步调查报告的具体格式互不相同，通常包含以下部分：

引言——第一部分是报告概述。引言包含系统的简要描述、调查人员或团队名称，以及发起调查的人员或团队名称。

系统请求摘要——摘要描述系统请求的基础。

发现——发现包含初步调查结果，包括对项目范围、约束和可行性的描述。

建议——项目请求和具体建议的摘要。最终决定由管理层做出，但 IT 部门的意见是一个重要因素。

项目角色——此部分列出将参与项目的人员并描述每个人的作用。

时间和成本估算——此部分介绍获取和安装系统的成本，以及系统使用期间的总体拥有成本。也应该注明无形成本。

预期收益——此部分包括预期的有形收益和无形收益，以及收益发生的时间表。

附录——如果必须附上支持信息，报告中应包括附录。例如，可以列出进行的访谈、审查的文件以及获取信息的其他来源。详细的访谈报告不需要包括在内，但支持报告结论的文档应保留，以备将来参考。

伦理问题

作为 Premier 金融服务公司的新系统分析师，你正在接受相应的教育，你向负责系统审查委员会的 IT 部门经理 Mary 报告。几个月前，委员会拒绝了财务总监 Jack 对建立昂贵的新应付账款系统的请求，因为收益看起来没有超过成本。

昨天，Mary 的老板打电话给她，要求她重新考虑 Jack 的请求并说服委员会的其他成员。Mary 想要讨论这一请求的衡量指标，但老板突然把电话挂掉了。Mary 碰巧知道 Jack 和老板是老朋友。

Mary 向你倾诉，她认为与老板的会面非常不舒服，并且老板的要求会破坏系统审查过程的完整性。同时，Mary 认为，仅仅因为友谊而给予优先对待是不道德的。她想提交辞掉系统审查委员会主席的申请，虽然这可能会影响她在公司的职业生涯。

这是一个伦理问题，还是仅仅是一个办公室政治问题？你会对 Mary 说什么？

2.10 本章小结

系统规划是系统开发生命周期的第一阶段。有效的信息系统帮助组织支持业务流程、履行使命并为利益相关者服务。在战略规划期间，企业检查其愿景、目标和价值观，并制定使命宣言，使命宣言能够产生影响企业利益相关者的宗旨和目标、日常运营以及商业结果。SWOT 分析检查优势、劣势、机会和威胁，SWOT 分析对企业和个人项目都适用。

在系统规划阶段，分析师审查项目提案，这是提议系统的基础或原因。项目提案应该清楚地描述项目、提供实施的理由并估计项目的财务影响。

启动系统项目是为了提高性能、提供更多信息、降低成本、加强控制或提供更好的服务等。不同的内外部因素均会影响系统项目，如用户请求、高层管理者、现有系统和数据、IT 部门、软件和硬件供应商、技术、客户、竞争者、经济和政府等。

在初步调查期间，分析师评估系统请求并从运营、技术、经济和进度角度确定项目是否可行。分析师根据有形和无形的预期成本及收益来评估系统请求。

进行初步调查的步骤依次为：了解问题和机会；定义项目范围和约束；进行实情调查；研究项目可用性、成本、收益和进度数据；评估可行性；向管理层展示结果和建议。在初步调查期间，分析师经常使用鱼骨图、帕累托图、XY 图等调查工具。初步调查的最后一项任务是准备一份给管理层的报告，报告必须包括对 SDLC 下一阶段的时间、人员要求、成本、收益和预期结果的估计。

关键词（Key Terms）

生物识别设备　通过视网膜扫描或面部映射唯一识别人员身份的机制。

项目提案　提出提案的理由。

行动方案　向管理层提交的初步调查报告的一部分，总结项目请求并给出具体建议。

计算机资源委员会　负责评估系统请求的关键管理者和用户团队。也称为系统审查委员会。

约束　系统必须满足的要求或条件，或是系统必须实现的结果。

关键成功因素　企业履行使命必须实现的重要目标。

客户关系管理（CRM）　许多企业实施系统以整合所有与客户相关的事件和交易，包括营销、销售和客户服务活动。

可自由支配项目　管理层可以选择是否实施的项目。例如，为用户创建新报告是可自由支配项目的示例。

经济可行性　如果提议的系统的预期收益超过获取、安装并运营它的预期成本，则系统是可实现的。

电子产品代码（EPC）　使用RFID标签识别并监控每个产品从工厂车间到零售结账柜台间的活动的技术。

电子交货证明（EPOD）　供应商在每个箱子、包装或运输单元上使用RFID标签创建数字运输清单，在接收货物时进行验证。

加密　将数据编码（转换为不可读字符）使得只有授权的用户才可以（通过解码软件）访问该数据的过程。

鱼骨图　将问题的可能原因表示为图形轮廓的分析工具，也称为石川图。

无形收益　难以用金钱计量的收益，但无形收益在计算经济可行性方面可能非常重要，例如，提升企业形象的新网站是无形收益的一个例子。

无形成本　难以用金钱计量的项目，如员工不满。

即时（JIT）　在需要时交换或提供信息。例如，即时库存系统通过计算机数据交换将不必要的库存最小化。

使命宣言　为利益相关者描述企业，并简要说明企业总体目标、产品、服务和价值观的文档或声明。

不可自由支配项目　对于实施与否管理层没有选择的项目。例如，添加联邦新法律要求的报告。

运营可行性　开发后将被有效利用的系统。

帕累托图　以19世纪一位经济学家命名的垂直条形图。每个条表示问题的不同原因并按优先级降序排列，因此团队可专注于最重要的原因。

项目渐变　在没有具体授权的情况下，范围定义宽泛的项目逐渐扩大的过程。

项目范围　对项目的边界和范围的具体定义。

散点图　系统分析师用于图形化表示两个变量间相关性的工具。也称为XY图。

进度可行性　项目能够在可接受的时间范围内实施。

战略规划　确定组织长期目标、战略和资源的过程。

SWOT分析　对企业优势（S）、劣势（W）、机会（O）、威胁（T）四个方面的分析检查。

系统审查委员会　负责评估系统请求的关键管理者和用户团队。也称为计算机资源委员会。

有形收益　能够以金钱计量的收益，可能源于费用减少、收入增加或两者皆有。

有形成本　有特定金钱价值的费用。如员工工资和硬件购买。

技术可行性　组织开发、购买、安装并运营系统所需的技术资源。

总体拥有成本（TCO）　用于评估成本的数字，包括持续的支持和维护成本以及采购成本。

XY图　系统分析师用于图形化表示两个变量间相关性的工具。也称为散点图。

本章练习

问题

1. 战略规划如何影响日常业务运营？对系统分析师来说，为什么理解企业的战略规划很重要？
2. 什么是SWOT分析？为你的学校或雇主准备一个SWOT分析。
3. 评估用户对附加特征和功能的请求的有效方式是什么？
4. 可行性的四种类型是什么？哪种类型关注总体拥有成本？用户主要影响哪种类型？
5. 描述初步调查中常见的六个步骤。为什么分析师要小心使用“问题”这个词？

6. 什么是项目范围？什么是约束？提供一个强制的、外部的、未来的约束示例，再提供一个可自由支配的、内部的、现在的约束的例子。

7. 定义并简要介绍五种常见的实情调查方法。

8. 哪种实情调查方法适合复杂的技术问题？哪种实情调查方法适合新的前沿功能？

9. 系统分析师可使用何种类型的工具来确定两个变量间的关系？何种工具可用于确定问题的原因并确定其优先级？

10. 什么是鱼骨图？为什么要使用它？想想你在学校或工作中遇到的问题，并绘制一个至少有两个级别的鱼骨图示例。

讨论话题

1. 假设营销副总裁要求你写一个程序，为一次性广告创建宣传标签。作为IT经理，你知道通过将数据导出到文字处理程序并使用邮件合并功能能够更有效地准备标签。你将如何处理这种情况？

2. 会计副总裁对身为IT主管的你说："这个请求过程需要太长时间，我的人知道他们在做什么，他们的系统请求是必要并且重要的。"她建议IT部门绕过初始步骤，立刻开始处理她的请求。你将对她说什么？

3. 你的一个同事说："使命宣言是好的，但它们不会真正改变工作中的事情。"你将如何回答？

4. 如果你不同意企业的使命宣言，你会继续为其工作吗？为什么？

5. 如果组织目前缺乏使项目在技术上可行的必要技能，你将如何纠正这种情况？

项目

1. 利用互联网找到两个企业使命宣言的例子。

2. 许多文章已经写了如何开发、理解并评价项目提案。访问IT杂志的网站，找到一篇讨论项目提案的文章，描述文章以及你从中学到的内容。

3. 假设你在一个大城市拥有一家旅行社，你有很多企业客户，但增长有所放缓。一些老员工越来越沮丧，但你觉得可能有一种让技术提供帮助的方法。发挥你的想象力，做一个SWOT分析，为你的业务面临的优势、劣势、机会和威胁分别至少提出一个建议。

4. 为项目3中的旅行社撰写使命宣言和三个目标。

5. 确定一个情景，其中影响系统项目的外部因素（如图表2-6所示）是自然灾害。

第3章
管理系统项目

第 3 章是 SDLC 系统规划阶段的最后一章。本章描述项目管理，并阐释如何规划、安排进度、监控并报告 IT 项目。

本章包括四个案例讨论问题，用以帮助读者情境化地理解文中描述的概念。伦理问题考虑增强对项目发展错误的意识带来的影响，即使项目经理并不愿意这样做。

学习目标

学完这一章，你应该能够：

- 解释项目规划、进度安排、监控和报告；
- 绘制项目三角形，显示项目成本、范围和时间之间的关系；
- 创建工作分解结构，确定任务模式并计算关键路径；
- 解释估计任务完成时间和成本的技术；
- 描述甘特图和项目评审技术及关键路径法（PERT/CPM）图等不同计划工具；
- 分析任务依赖关系、持续时间、开始时间和完成时间；
- 描述项目管理软件及其如何提供帮助；
- 控制并管理项目变更；
- 讨论管理项目风险的重要性；
- 了解项目有时失败的原因。

3.1 引言

许多专业人士每天管理商业和个人项目，但并不对其进行思考。要管理大型 IT 项目，需要特定工具和技术，还需要一个项目经理负责监督所有相关任务。无论使用何种工具，思路都是将项目分解成单个任务，确定任务执行的顺序以及每个任务需要的时间。有了这些信息，可使用甘特图或 PERT/CPM 图安排并管理工作。Microsoft Project 是一个流行的项目管理工具，能够帮助创建并监控计划、报告进度并进行风险管理，从而使项目过程对每个人来说更简单。

3.2 项目管理概述

开发信息系统与实施建筑项目的管理过程大致相同，唯一的区别是项目的性质。IT专业人员进行的**项目管理**（project management）包括规划、安排、监控和控制，以及对信息系统开发进行报告。

3.2.1 什么塑造了一个项目?

成功的项目必须按时完成，在预算范围内提供满足需求并让用户满意的优质产品。项目管理技术可在整个SDLC中使用，系统开发人员可能早在初步调查阶段就已启动正式项目，或在分析、设计和实施活动发生时启动。

系统开发项目往往是动态并具有挑战性的。第2章中讨论的约束和项目成本、范围以及时间等交互元素之间总存在着平衡。

3.2.2 什么是项目三角形?

图表3-1显示了一个非常简单的项目三角形示例，必须决定每个项目最重要的部分，因为工作不可能既好又快还便宜。

图表3-1 你无法得到想要的一切，必须做出选择

谈到项目管理，事情不可能这么简单，决策也不能孤注一掷，但三角形一条边的任何变化都将影响另外两条边。图表3-2显示了**项目三角形**（project triangle）的常见形式，其三条边分别是成本、范围和时间。挑战是在这些因素之间找到最佳平衡，大多数成功的项目经理依据个人经验、沟通能力和智慧进行决策。例如，如果一个时间关键的项目进度缓慢，项目经理可能需要减少一些功能、寻求批准增加预算、增加新的人员或采取三个行动的组合。

微软（Microsoft）在其网站上为有项目风险的项目经理提供了一条有趣的建议：找到三角形“卡住的边”。微软表明，在大多数项目中，三角形至少有一条边是固定的，不太可能改变，它可能是固定的预算、不灵活的范围或由企业无法控制的因素驱动的时间进度。无论哪一条边是固定的，其都对项目成功至关重要。同时，还必须确定问题所在的边：成本、范围或时间。微软建议，如果问题出现在固定的边，则需要在另外两条边上下功夫。例如，如果项目不能超过预算并已经开始运行，则调整时间进度或范围，或同时调整

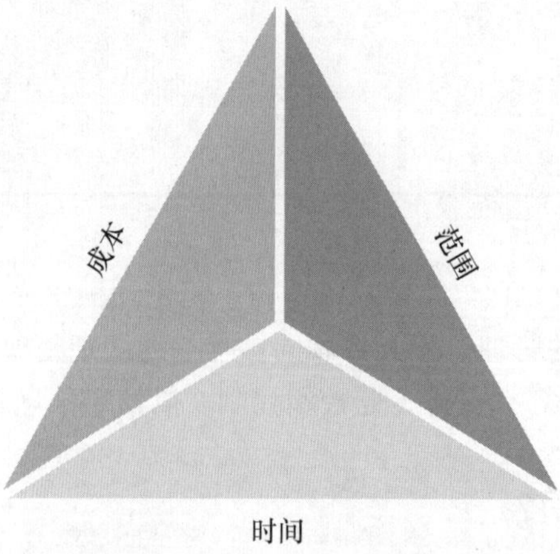

图表3-2 典型的项目三角形包括成本、范围和时间

两者。然而，如果问题与固定的边无关，则调整必须在剩余的边中进行。因此，在面临不灵活的预算（固定边）和进度缓慢（问题边）时，项目范围（剩余边）可能需要调整。向管理层解释这种情况是所有任务中最困难的。

3.2.3 项目管理者的职责是什么？

无论项目是建新的办公楼还是新的信息系统，良好的领导都至关重要。在系统项目中，如果项目规模较大，**项目经理**（project manager）或**项目负责人**（project leader）通常是高级系统分析师或IT部门经理，分析师或程序员可能管理较小的项目。除了项目经理，大多数大型项目还有项目协调员，**项目协调员**（project coordinator）处理团队的管理责任，与可能有冲突需求，或有需要花费额外时间或费用的更改需求的用户协商。

项目经理通常执行四个活动：项目规划、项目进度安排、项目监控和项目报告。

- **项目规划**（project planning）包括确定所有项目任务并估计每个项目的完成时间和成本。
- **项目进度安排**（project scheduling）包括创建具体的时间表，显示任务、任务依赖性以及可能使项目延迟的关键任务。项目进度安排还包括选择并配置项目团队，以及向团队成员分配具体任务。项目进度安排使用甘特图和PERT/CPM图进行，这些将在之后的章节中进行阐释。
- **项目监控**（project monitoring）需要指导、监督并协调项目团队的工作量。项目经理必须监控进度、评估结果并在必要时采取纠正措施以控制项目并紧随目标。
- **项目报告**（project reporting）包括定期向管理层、用户和项目团队本身提交进度报告。有效的报告需要强大的沟通能力以及对他人想要且需要了解的项目内容的感知。

以下章节描述项目规划和项目进度安排步骤：如何创建工作分解结构、确定任务模式并计算项目的关键路径。

3.3 创建工作分解结构

工作分解结构（work breakdown structure，WBS）包括将项目分解为一系列较小的任务，在创建工作分解结构之前，应了解两种主要图表类型：甘特图和PERT/CPM图。

3.3.1 甘特图

机械工程师和管理顾问亨利·L. 甘特（Henry L. Gantt）几乎在100年前就开发了甘特图，他的目标是设计一个能够显示项目计划和实际进展的图表。**甘特图**（Gantt Chart）是表示一系列任务的水平条形图。例如，图表3-3中表示的甘特图在纵轴上显示五个任务，在横轴上显示时间，条的位置显示每个任务开始和结束的时间，条的长度表示其持续时间。在横轴上，时间可显示为从固定时间起点开始经过的时间，或实际日期。甘特图还可通过将多个活动组合为包含子任务的**任务组**（task group）而简化复杂项目，这允许将复杂项目视为一组集成模块。

甘特图还可通过向水平条添加对比颜色来显示任务状态。例如在图表3-3中，黑色垂直箭头标记当前日期。通过固定的参照点，很容易看出任务1落后于进度，任务2仅执行约80%且落后于进度，任务3应该已经开始但实际没有做任何工作，任务4实际上提前执行，任务5将在几个星期内开始。

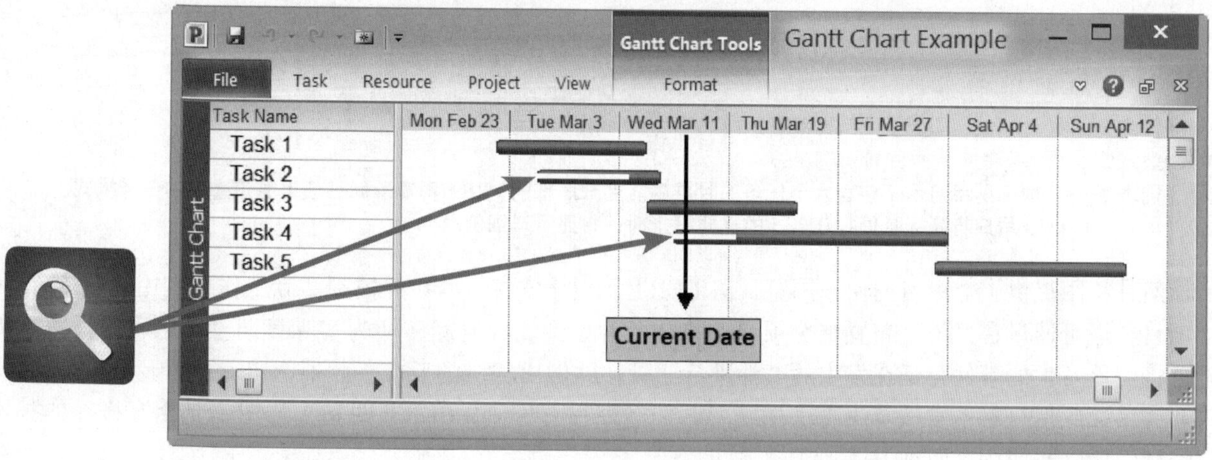

图表3-3 注意在此甘特图中表示任务完成百分比的白色条

甘特图能够展示项目状态的概况，但无法提供管理复杂项目必需的详细信息。一些项目经理可能认为PERT/CPM图是管理大型项目的更好工具，这将在下一节中进行讨论。

3.3.2 PERT/CPM图

项目评审技术（Program Evaluation Review Technique，PERT）由美国海军开发，用于管理建造核潜艇等非常复杂的项目。大约在同一时间，**关键路径方法**（Critical Path Method，CPM）由私人企业开发，用于满足类似项目的管理需求。随着时间的推移，两种方法之间的区别逐渐消失，如今这一技术被称为PERT、CPM或**项目评审技术及关键路径法**（PERT/CPM），本书将使用"PERT图"一词。

PERT是一种**自下而上的技术**（bottom-up technique），因为它将一个大型复杂项目分解为一系列单独任务，就像金字塔是使用单独的石块从底部构建的。要创建PERT图，首先要确定所有项目任务并估计每个任务执行的时间，之后确定任务执行的逻辑顺序。例如，一些任务在其他任务完成之前无法启动，而在有些情况下，可同时执行多个任务。

一旦任务、任务持续时间和执行顺序已知，就可计算完成项目所需的时间，同时也可确定对项目按时完成至关重要的具体任务。PERT图也被微软称为**网络图**（network diagram），其示例如图表3-4中的底部屏幕所示。

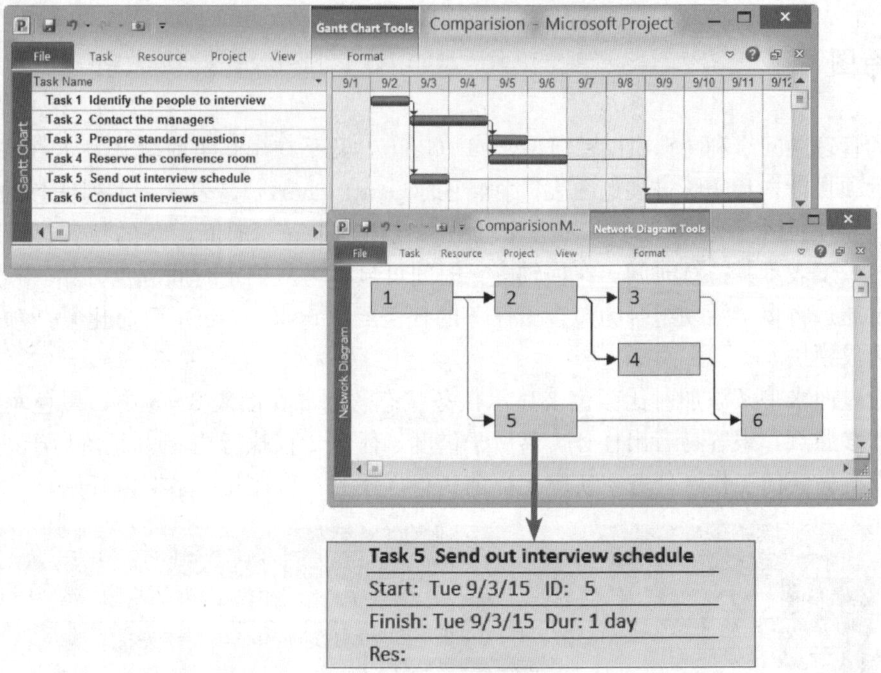

图表 3-4 顶部屏幕显示了包含六个任务的甘特图。底部屏幕的 PERT 图显示同一项目易于遵循的任务模式。当用户将鼠标悬停在任务 5 的摘要框上时，将显示详细信息

虽然甘特图提供了对项目的快速浏览，但 PERT 图对于安排、监控并控制实际工作更有用。使用 PERT 图，项目经理可通过在日历上布置整个项目，将任务开始和完成时间转换为实际日期。在之后的任意一天，经理可将应该发生的事件与正在发生的事件进行比较，并做出相应的反应。此外，PERT 图显示复杂的任务模式和关系，此信息对于尝试解决高优先级问题的经理很有价值。PERT 图和甘特图不是相互排斥的技术，项目经理经常同时使用这两种方法。

图表 3-4 显示了两种图表类型，顶部屏幕中的是包含六个任务的甘特图，底部屏幕中的 PERT 图显示了同样的项目，但使用单独的框而不是水平条来表示每个任务。虽然它们都显示任务模式和流程，但 PERT 图能够提供更多信息，如任务持续时间、开始时间、完成时间以及分配给任务的资源名称。图表 3-4 中的 PERT 图太小，无法查看实际的细节，细节在图底部展开的文本框中显示。如何创建 PERT 图将在后面进行阐释。

3.3.3 在工作分解结构中确定任务

工作分解结构（WBS）必须清楚标记每个任务，并包括预计的持续时间。**任务**（task）或**活动**（activity）可以是任何具有开始和结束，且需要使用人员、时间、金钱等企业资源的工作。例如，进行一系列访谈、设计报告、选择软件、等待设备交付或培训用户。任务是项目经理计划、安排和监控的基本工作单元，因此它们应相对较小且可管理。

除任务之外，每个项目还有**事件**（events）或**里程碑**（milestones）。事件或里程碑是可用于监控进度的可识别参考点。例如，事件可能是开始用户培训、转换系统数据或完成访谈。类似于“完成 50%的程序测试”的里程碑不是有用的信息，除非能够确定该事件在何时发生。

图表 3-5 显示了创建、分发并记录问卷过程中可能包括的任务和事件，每个任务的开始和结束都由可识别的事件标记。实际上，不可能将项目当成一个大任务管理，相反，通过创建一个 WBS，项目被分解为较

小的任务。创建 WBS 的第一步是列出所有任务。

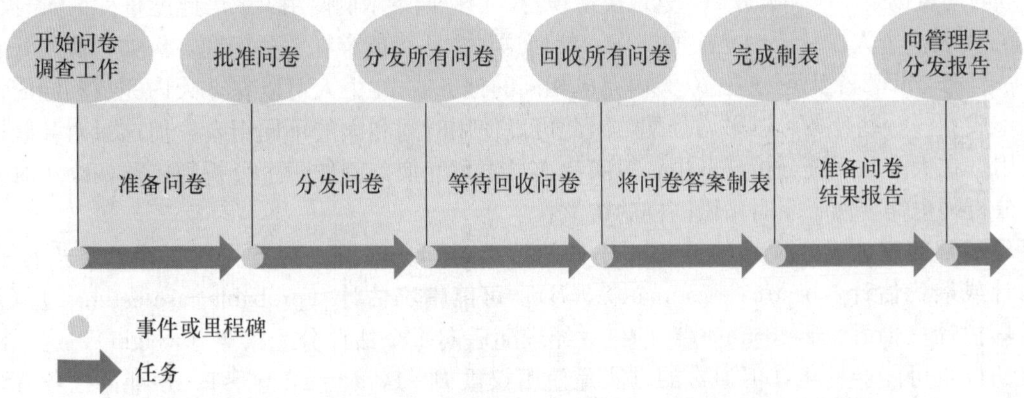

图表 3-5　需要一系列任务和事件来跟踪使用问卷的进度。该图表显示了任务与标记每个任务开始和结束的事件或里程碑之间的关系

列出任务

虽然这一步骤听起来很简单，但它可能会有挑战性，因为任务可能嵌入在文档中，如图表 3-6 的版本一所示。可将单个任务突出显示，如版本二所示。之后可添加项目符号使任务更加清晰，如版本三所示。下一步是对任务进行编号，并创建一个与图表 3-7 类似的图表，其中包含任务编号、描述、持续时间和**前导任务**（predecessor tasks）。

版本一
首先，预约会议室。然后订购营销材料并向经理介绍，简要介绍之后，发送客户邮件并刻录样品 DVD。邮件发送完成并准备好 DVD 后，加载新软件。营销材料到达且软件准备就绪后，进行演练。

版本二
首先，**预约会议室**。然后**订购营销材料**并**向经理介绍**，简要介绍之后，**发送客户邮件**并**刻录样品 DVD**。邮件发送完成并准备好 DVD 后，**加载新软件**。营销材料到达且软件准备就绪后，**进行演练**。

版本三
- 首先，**预约会议室**。
- 然后**订购营销材料**并**向经理介绍**。
- 介绍之后，**发送客户邮件**并**刻录样品 DVD**。
- 邮件发送并准备好 DVD 后，**加载新软件**。
- 营销材料到达且软件准备就绪后，**进行演练**。

图表 3-6　这三个版本显示了如何将任务语句转换为工作分解结构的特定任务列表

Task No.	Description	Duration (Days)	Predecessor Tasks
1	Reserve the meeting room		
2	Order the marketing materials		
3	Brief the managers		
4	Send out customer emails		
5	Burn sample DVDs		
6	Load the new software		
7	Do a dress rehearsal		

图表 3-7　在此图表中已添加列，表示任务编号、描述、持续时间以及必须在另一任务开始前完成的前导任务

估计任务持续时间

任务持续时间可以是小时、天或周，这取决于项目。由于以下示例使用天，因此度量称为人-天，**一人-天**（person-day）代表一个人在一天内完成的工作。然而这种方法可能存在一些问题，例如，假设1个人需要20天来完成某一任务，但2个人可以在10天内完成相同的任务或10个人可以在2天内完成相同的任务这样的情况可能并不成立。一些任务可以平均分配，因此可以使用时间和人的不同组合，但这只对某些情况而不是全部情况适用。在大多数系统分析任务中，时间和人员不可互换，例如一个分析师需要两个小时来访谈一个用户，两个分析师也需要两个小时来做同样的访谈。

项目经理经常使用加权公式来估计每项任务的持续时间。项目经理首先对每个任务进行三种时间估计：乐观估计或**最优估计**（best-case estimate）（B）、**可能情况估计**（probable-case estimate）（P）以及悲观估计或**最坏估计**（worst-case estimate）（W）。经理随后向每个估计分配**权重**（weight），这一权重对于估计非常重要。权重可能会变化，但通常的方法是使用权重 $B=1$，$P=4$，$W=1$。预期的任务持续时间计算如下：

$$\frac{B+4P+W}{6}$$

例如，项目经理估计文件转换任务可以在20天内完成，也可能多达34天，但很可能需要24天，使用公式，预计的任务持续时间为25天，计算如下：

$$\frac{20+4\times24+34}{6}=25$$

案例 3.1 Parallel 服务公司

Parallel 服务公司的管理团队正在讨论如何在工作分解结构中定义任务。项目经理 Ann 想要将任务分解成最小的单元，例如，她反对“开发培训计划”这样宽泛的任务语句，相反，她建议分成三个子任务：1）确定培训室可用性；2）确定与会者可得性；3）选择具体的日期和培训时间。

另一个项目团队成员 Karen 不同意，她认为更宽泛的任务说明更好，因为这样允许更多的灵活性并产生相同的结果。Karen 说，如果将任务分解为太琐碎的工作，就有可能过度管理工作，并花费太多的时间在监控而不是实际执行任务上。作为团队成员，你倾向于同意 Ann 和 Karen 中的哪一个？每种方法的利弊是什么？

3.3.4 影响持续时间的因素

在进行持续时间估计时，项目经理考虑四个因素：

（1）项目规模；

（2）人力资源；

（3）类似项目经验；

（4）约束。

项目规模

如第1章所述，不同因素会影响信息系统的复杂性和成本。除了考虑这些因素，项目经理还必须估计完成每个项目阶段所需的时间。为了进行准确的估计，项目经理必须确定全部的项目任务，从最初的实情调查开始，直到系统实施结束。无论使用何种系统开发方法，项目经理都必须确定执行每项任务需要多少时间。在估计时，项目经理必须为会议、项目审查、培训以及可能影响开发团队生产力的任何其他因素（如计划休假或计划外的医疗休假）留出时间。

人力资源

企业必须大量投资于前沿技术以保持在互联网世界的竞争力。许多领域对有经验的 IT 专业人员有很大需求，企业必须努力吸引并留住它们需要的人才。项目经理必须聚集并指导具有项目处理能力和经验的开发团队，如有必要，还应聘用或培训其他的系统分析师或程序员，且必须在特定时间段内完成。在项目开始执行后，项目经理必须处理技术部门的周转、职位空缺和薪酬升级问题，所有这些都可能影响项目能否按时且在预算内完成。项目经理还必须接受正式假日、家庭紧急情况和可能影响日程安排的其他事件。

类似项目经验

项目经理可基于之前开发的相似信息系统使用的资源，估计开发时间和成本。这一经验方法对于大小、基本内容和运营环境相似的两个小型或中型项目最适用，在具有更多变量的大系统中，估计是不太可靠的。

约束

第 2 章阐释了在初步调查期间要确定约束。约束是系统必须满足的条件、限制或要求。例如，约束可能包括一个或多个资源的最大值，如时间、金钱或人员。项目经理必须定义在所需约束内能实现的系统需求。在没有约束的情况下，项目经理只需要计算所需资源，但如果存在约束，那么项目经理必须调整其他资源或更改项目范围，这种方法与第 12 章中描述的假设分析类似。

案例 3.2 Sunrise 软件公司

你在 Sunrise 软件公司担任项目经理，现在公司内正在进行激烈的讨论，主要问题是人-天概念是否有限制。换句话说，如果一个任务需要 100 人-天，那么 2 个人 50 天、5 个人 20 天、10 个人 10 天或其他加起来是 100 的组合也能够完成工作吗？

程序员 Paula 和 Ethan 似乎认为任何组合都能够完成工作。系统分析师 Hector 认为任何组合都能够完成工作的想法是可笑的，为了支持他的观点，他提出了一个极端的例子：100 人能够在 1 天内完成一项预计 100 人-天的任务吗？

Hector 是正确的吗？如果是，在“人 vs 天”等式中有什么限制？更进一步，分配到单个任务的人数是否有最佳数量？如果有，如何确定这一数字？如果需要在下一个项目团队会议中提供一些指导，你会说什么？

3.3.5 显示工作分解结构

输入任务持续时间后，工作分解结构将如图表 3-8 所示。类似于甘特图，任务组可简化列表，用于管理具有许多任务的复杂项目。图表 3-8 中的 WBS 仍不完整：没有显示开始时间、完成时间、任务名称、持续时间和前导任务等对项目经理很关键的字段。使用 Microsoft Project，WBS（包括缺失字段）可能类似于图表 3-9。

Task No.	Description	Duration (Days)	Predecessor Tasks
1	Reserve the meeting room	1	
2	Order the marketing materials	9	
3	Brief the managers	2	
4	Send out customer emails	3	
5	Burn sample DVDs	3	
6	Load the new software	2	
7	Do a dress rehearsal	1	

图表 3-8　已经添加任务持续时间，除前导任务信息外，WBS 都已经完成。前导任务将确定任务模式和执行顺序

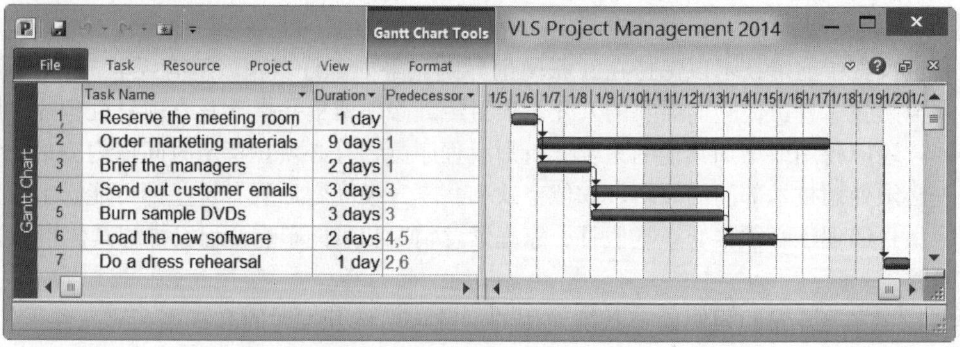

图表 3-9　此 Microsoft Project 界面显示相同的 WBS，包括任务编号、任务名称、持续时间和前导任务

3.4　确定任务模式

工作分解结构中的任务必须按照被称为**任务模式**（task pattern）的逻辑顺序排列。本节将介绍如何理解并创建这些模式的图形模型。

3.4.1　任务模式

在所有项目中，无论项目大小，任务都彼此依赖并必须按顺序执行，这与软件程序中的命令不同。任务模式可以包括依赖任务、多个后续任务和多个前导任务。在大型项目中，这些模式可能非常复杂，分析师必须仔细研究逻辑流程。

3.4.2　使用任务块创建模型

在 PERT/CPM 图中，项目任务用矩形框表示并按照必须执行的顺序排列。被称为**任务框**（task box）的矩形框有五个部分，如图表 3-10 所示。任务框的每个部分包含与任务相关的重要信息，包括任务名称、任务 ID、任务持续时间、开始日/时间和完成日/时间。

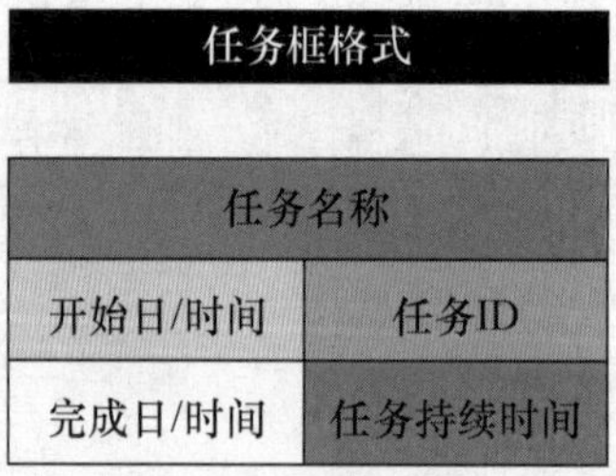

图表 3-10　任务框的每个部分都包含与任务相关的重要信息，包括任务名称、任务 ID、任务持续时间、开始日/时间和完成日/时间

任务名称

任务名称（task name）应简短且为描述性的，但在项目中它不必是唯一的。例如，名为“访谈”的任务

可能在项目的几个阶段中均出现。

任务ID

任务ID（task ID）是唯一标记任务的数字或代码。

任务持续时间

持续时间（duration）是完成任务所需的时间，不一定与实际经历的时间相同。例如，一个需要8小时完成的任务可由专用的人在1天内完成，而如果分配到此任务的人只在该项目上花费50%的工作时间，则该任务需要2天才能完成。所有任务必须使用相同的时间单位，可以是小时、天、周或月，具体取决于项目。实际项目在特定日期开始，但也可以从某个时间点（如第1天）开始测量。

开始日/时间

开始日/时间（start day/date）是任务计划开始的时间。例如，假设一个简单的项目有两个任务：任务1和任务2，并假设任务2直到任务1完成才能开始（比如程序在计算机开启之前不能运行）。如果任务1在第1天开始并持续3天，则它将在第3天完成。由于任务2直到任务1完成才能开始，因此任务2的开始时间是第4天，也就是任务1完成之后的那一天。

完成日/时间

完成日/时间（finish day/date）是任务计划完成的时间。要计算完成时间，可将持续时间与开始时间相加。这样做时，应注意不要将时间加多。如果任务在第10天开始，并具有5天的持续时间，则将在第14天而不是第15天完成。

3.4.3 任务模式

项目是基于任务模式的。在大型项目中，整体模式十分复杂，但可分为三个基本模式：依赖任务、多个后续任务和多个前导任务。

依赖任务

与图表3-11所示的接力比赛类似，当任务必须一个接一个地完成时，它们称为**依赖任务**（dependent tasks），因为一个任务依赖于另一个。例如，图表3-12显示任务2依赖于任务1，因为任务2直到任务1完成才能开始。在这一示例中，任务1的完成时间（第5天）控制任务2的开始时间（第6天）。

图表3-11 在接力比赛中，每个赛跑者依赖于前一个赛跑者，直到前一赛跑者完成才能出发

资料来源：William Perugini/Shutterstock.com。

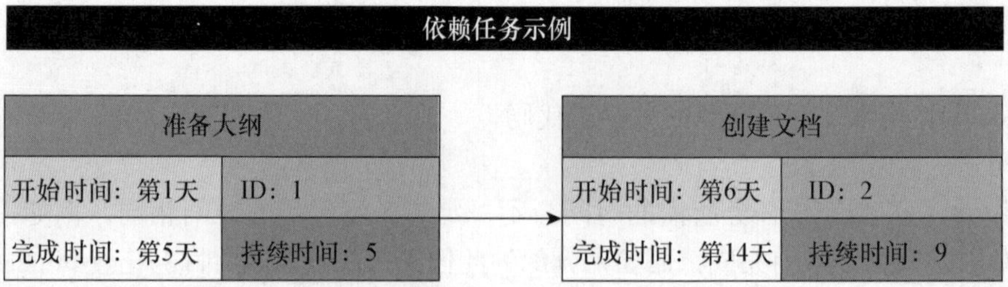

图表 3-12　此依赖任务示例显示任务 1 的完成时间（第 5 天）控制任务 2 的开始时间（第 6 天）

多个后续任务

当几个任务能够同时启动时，每个任务都被称为**并发任务**（concurrent task）。通常来说，两个或多个并发任务依赖于被称为前导任务的先前任务，在这种情况下，每个并发任务被称为**后续任务**（successor task）。在图表 3-13 所示的例子中，后续任务 2 和后续任务 3 都能在任务 1 完成时立即开始。注意到任务 1 的完成时间确定任务 2 和任务 3 的开始时间，换句话说，任务 1 的最早完成时间是第 30 天，因此第 31 天是任务 2 和任务 3 开始的最早时间。

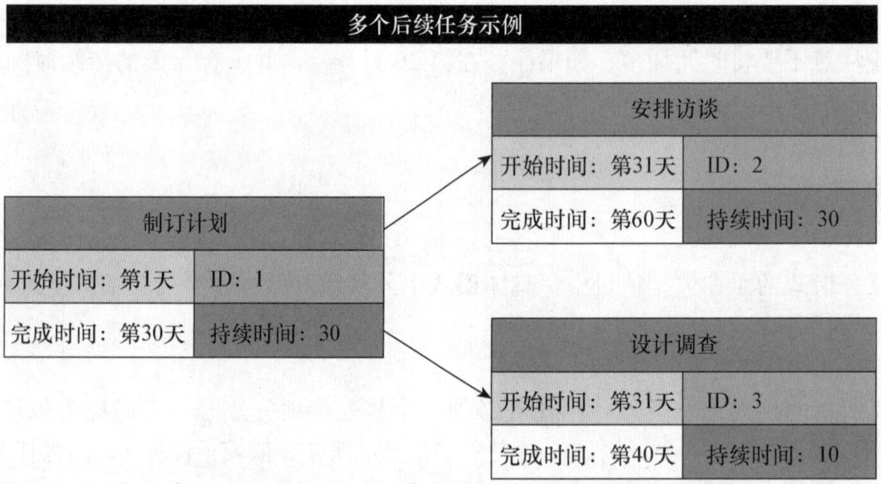

图表 3-13　此多个后续任务示例表明，任务 1 的完成时间确定任务 2 和任务 3 的开始时间

多个前导任务

假设任务在开始之前需要完成两个或更多个前导任务。图表 3-14 显示了一个例子，因为在任务 1 和任务 2 完成之前，任务 3 无法开始。由于两个任务可能不是同时完成，所以最长的前导任务成为控制任务。注意到任务 3 在第 16 天开始，而不是第 6 天。这是为什么呢？因为任务 3 取决于两个前导任务——任务 1 和任务 2，只有稍晚的那个任务也完成，任务 3 才能够开始。因此，后续任务的开始时间必须是前导任务的最长完成时间。在此处的示例中，任务 1 在第 15 天结束，任务 2 在第 5 天结束，因此任务 1 控制任务 3 的开始时间。

3.4.4　确定任务模式

通过仔细查看任务说明中的词语来确定任务模式，类似于“然后”“当”“和”这样的词语是表示事件序列的活动词。下面是三个简单例子。

- “执行任务 1，然后执行任务 2”描述了必须一个接一个完成的依赖任务。
- “当任务 2 完成时，启动两个任务：任务 3 和任务 4”描述了一旦任务 2 完成就可以开始的多个后续任务。

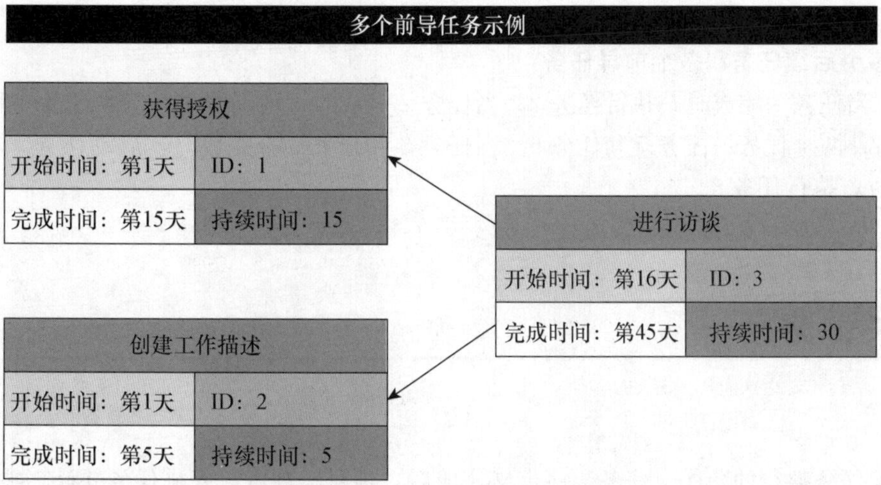

图表 3-14　此多个前导任务的示例表明，后续任务的开始时间必须是其全部前导任务的最长完成时间。在显示的示例中，任务 1 在第 15 天完成，而任务 2 在第 5 天完成，因此任务 1 控制任务 3 的开始时间。

- "当任务 5 和任务 6 完成时，启动任务 7"表示任务 7 有多个前导任务，因为它直到两个或多个先前任务完成后才能开始。

3.4.5　使用复杂任务模式

当几个任务模式组合时，必须非常仔细地研究事实以理解逻辑和顺序。如果基础任务模式不正确，项目安排将不准确。例如，考虑以下三个事实语句及其代表的任务模式。任务模式的示例如图表 3-15、图表 3-16 和图表 3-17 所示。

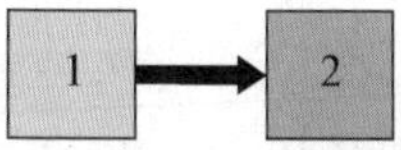

图表 3-15　依赖任务

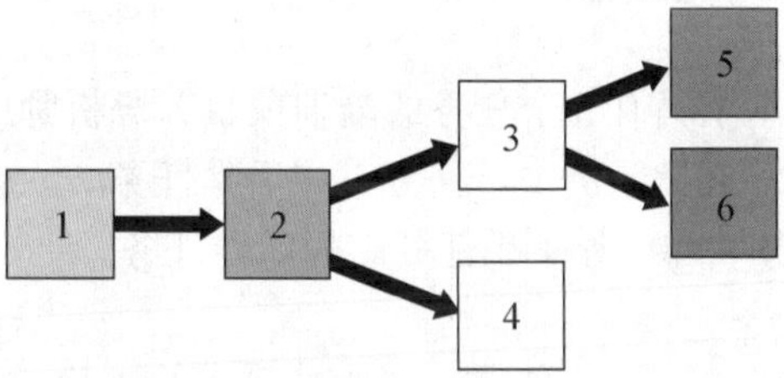

图表 3-16　依赖任务和多个后续任务

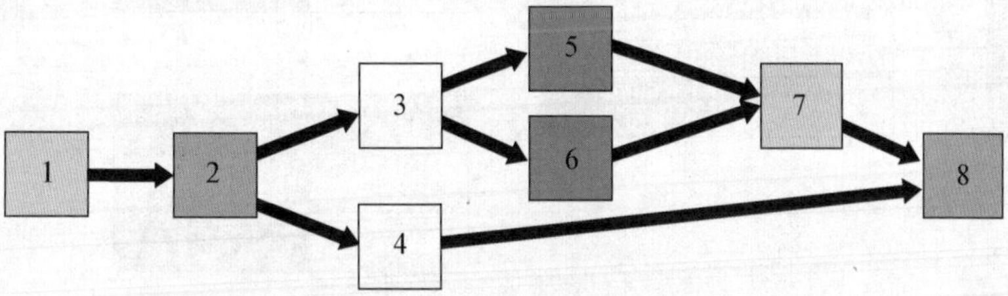

图表 3-17　依赖任务、多个后续任务和多个前导任务

依赖任务

执行任务 1。当任务 1 完成时，执行任务 2。

依赖任务和多个后续任务

执行任务 1。当任务 1 完成时，执行任务 2。当任务 2 完成时，启动两个任务：任务 3 和任务 4。当任务

3 完成时，启动另外两个任务：任务 5 和任务 6。

依赖任务、多个后续任务和多个前导任务

执行任务 1。当任务 1 完成时，执行任务 2。当任务 2 完成时，启动两个任务：任务 3 和任务 4。当任务 3 完成时，启动另外两个任务：任务 5 和任务 6。当任务 5 和任务 6 都完成时，启动任务 7。然后，当任务 4 和任务 7 都完成时，执行任务 8。

3.5 计算关键路径

任务模式确定任务执行的顺序。任务顺序定义完成后，项目经理可以安排任务并计算关键路径。

3.5.1 关键路径

关键路径（critical path）是如果延迟将影响整个项目完成时间的一系列任务。如果关键路径上的任何任务落后于计划，整个项目将被延迟。例如，假设 Joan 和 Jim 被邀请到某人的家里吃晚饭，Joan 按时到达，但 Jim 迟到了 30 分钟，Jim 的到来是关键路径的一部分，因为主人不想在没有他的情况下开始，所以晚餐比计划晚 30 分钟。

项目经理必须时刻知道关键路径，从而能够快速响应以保持项目顺利进行。Microsoft Project 和其他项目管理软件能够将构成关键路径的一系列任务突出显示。

3.5.2 计算关键路径

图表 3 - 18 显示了具有五个任务的培训项目，分析师已经排列任务并输入任务名称、ID 和持续时间。首先应审查任务模式，在此示例中，任务 1 之后是任务 2，这是一个依赖任务；任务 2 具有两个后续任务：任务 3 和任务 4；任务 3 和任务 4 是任务 5 的前导任务。

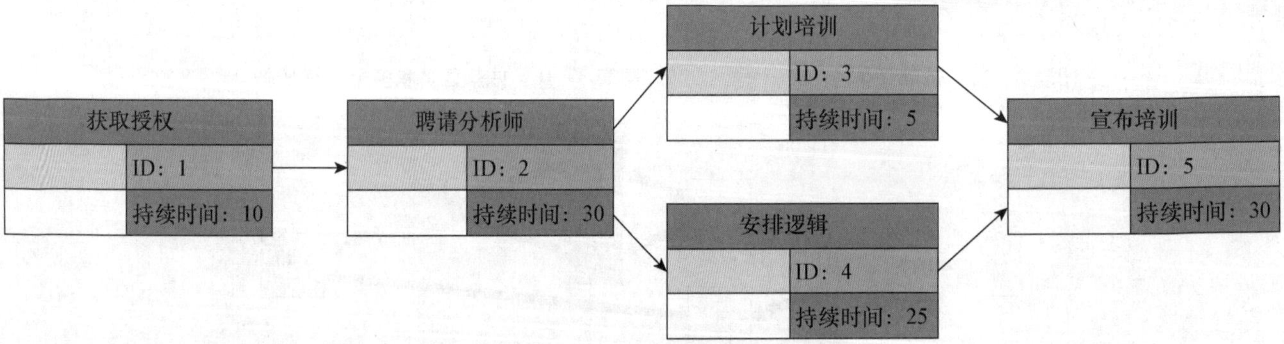

图表 3 - 18 有五个任务的 PERT/CPM 图示例。任务 2 是具有多个后续任务的依赖任务，任务 5 具有多个前导任务。在该图中，分析师已经排列任务并输入任务名称、ID 和持续时间

下一步是确定开始和完成时间，这将确定关键路径，以下阐释概述了一个逐步的过程，结果如图表 3 - 19 所示。

- 任务 1 从第 1 天开始，有 10 天的持续时间，因此完成时间为第 10 天。

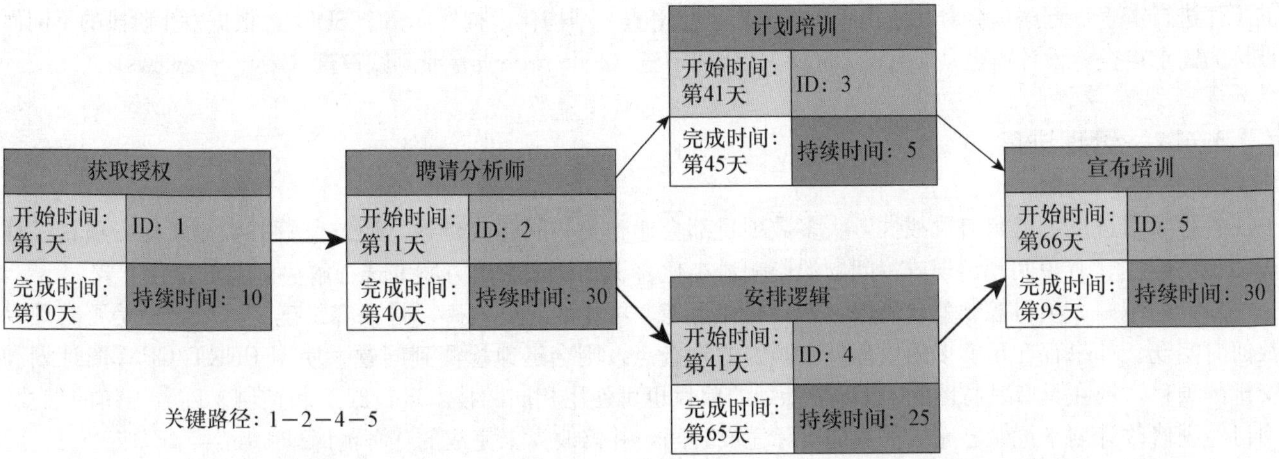

图表 3-19　分析师已使用本节中解释的规则输入开始时间和完成时间，整个项目的持续时间为 95 天

- 依赖于任务 1 的任务 2 可在第 11 天开始，这是任务 1 完成之后的第 1 天。任务 2 持续时间为 30 天，将在第 40 天完成。
- 任务 3 和任务 4 是可在任务 2 完成之后开始的多个后续任务，任务 2 在第 40 天完成，因此任务 3 和任务 4 都可在第 41 天开始。任务 3 有 5 天的持续时间，将在第 45 天完成。任务 4 有 25 天的持续时间，直到第 65 天才完成。
- 任务 5 依赖于多个前导任务——任务 3 和任务 4。由于任务 5 依赖于这两个任务，因此它直到两个任务中较晚的那个完成才能够启动。在此示例中，任务 3 较早完成，但任务 4 直到第 65 天才能完成，因此任务 5 直到第 66 天才能开始。

回顾一下，关键路径是如果延迟将影响整个项目最终完成时间的一系列任务。在此示例中，任务 1 和任务 2 是关键路径上最前面的任务，再看任务 5，它直到任务 3 和任务 4 都完成才能开始，在这种情况下，任务 4 是控制因素，因为任务 4 在第 65 天完成，比在第 45 天完成的任务 3 晚 20 天。因此，任务 5 开始时间由任务 4 的完成时间确定。

相比之下，任务 3 具有松弛时间，并且可以延长 20 天而不影响任务 5。**松弛时间**（slack time）是任务可以延迟且不会推迟整个项目完成时间的时间。任务 1，2，4 和 5 代表关键路径，用图表 3-19 中的粗箭头突出显示。

3.6　项目监管和控制

不管项目是否使用项目管理软件或其他方式进行计划和安排，项目经理必须记录团队成员的任务和进度、比较实际进展与项目计划、验证项目里程碑的完成情况、制定标准并确保遵守。

3.6.1　监管和控制技术

为确保满足质量标准，许多项目经理进行结构化走查。**结构化走查**（structured walk-through）是项目团队成员对其他成员的工作进行审查。一般来说，作为同行评审的一种形式，系统分析师会对其他系统分析师的工作进行审查，程序员会对其他程序员的工作进行审查。结构化走查贯穿整个 SDLC，根据发生阶段的不同而被称为需求审查、**设计审查**（design reviews）、**代码审查**（code reviews）或**测试审查**（testing reviews）。

3.6.2 管理进度

管理项目进度可能具有挑战性，大多数项目都会遇到一些问题或延迟。通过监管并控制工作，项目经理试图预测问题、避免问题出现或将问题的影响最小化、识别潜在解决方案并选择解决问题的最佳方式。

原计划越好，项目控制就越简单。如果存在清楚、可验证的里程碑，将很容易确定这些目标是否实现以及何时实现。如果存在足够多的里程碑和频繁的检查点，则会迅速检测到问题。使用 PERT/CPM 图计划和安排的项目，或在具有甘特图的 WBS 中计划的项目也可使用相同的技术进行跟踪和控制。随着工作的继续，项目经理修改计划来记录已完成任务的实际完成时间，并修改尚未完成的任务的时间。

项目经理将大部分的时间花费在跟踪关键路径的任务上，因为这些任务的延迟最有可能推迟或危及项目，但其他任务也不能忽略。例如，如果在非关键路径上的任务花费的时间过长，并耗尽了原有的松弛时间，则这一任务实际上成为关键路径的一部分，任何进一步的延迟都将使整个项目推迟。

3.7 报告

项目组成员定期向项目经理报告进度，项目经理进而向管理层和用户报告。项目经理收集、验证、组织并评估他们从项目组收到的信息。之后经理决定需要传递哪些信息，并准备一份易于理解的摘要，如果需要，再添加一些评论和解释，并将其提交给管理层和用户。

3.7.1 项目状态会议

如图表 3-20 所示，项目经理安排定期会议来更新团队并讨论项目状态、事项、问题和机会。虽然会议

图表 3-20 项目经理安排定期会议来更新项目团队并讨论项目状态、事项、问题和机会

资料来源：Hero Images/Getty Images.

可能很费时，但大多数项目经理认为它们值得付出努力。会议为团队成员提供分享信息、讨论常见问题以及解释新技术的机会，会议还使项目经理有机会寻求信息输入并进行头脑风暴。

3.7.2 项目状态报告

项目经理必须定期向其直接领导、高级管理层和用户报告。虽然进度报告可能直接提交给直接领导，但通常也会撰写给管理层和用户的报告。进度报告通常还包含甘特图，图形化地显示项目状态。

决定如何处理潜在问题可能很困难。管理层应该在何时被告知成本可能会超支、进度延迟或出现技术问题？一种极端是项目经理过于谨慎，他们提醒管理者每个潜在的阻碍和轻微的延迟。但这样做的危险是，项目经理在一段时间后会失去信誉，管理层可能忽略严重的潜在情况。另一种极端是项目经理试图独自处理所有情况，且在问题严重之前不提醒管理者，等到管理层了解到问题时，只有很少的反应时间来得到解决方案。

项目经理的最佳行动方案介于两个极端之间，但可能更接近第一个，如果后果是不清楚的，分析师应谨慎行事，向管理层警告有出现问题的可能性。

在报告情况时，应解释正采取哪些措施来处理并监控问题。如果情况超出分析师的控制，应向管理层建议可用于处理这一情况的行动。大多数管理者都认识到在大多数项目中均存在一定问题，因此最好及早提醒管理者。

3.8 项目管理示例

这些例子可用于练习本章所述的技能。示例还说明了使用项目管理软件来帮助管理并显示任务的方法。

3.8.1 PERT/CPM 图示例

图表 3-21 显示了具有 11 个任务的工作分解结构，该示例比先前的例子更复杂，但仍使用相同的准则。注意，每个任务具有任务编号、描述、持续时间、任务开始前必须完成的前导任务（如果有的话）。同时注意，依赖任务可能有一个或几个前导任务。我们可通过两步骤从此任务列表构建 PERT/CPM 图。

任务编号	描述	持续时间（天）	前导任务
1	制订计划	1	—
2	分配任务	4	1
3	获取硬件	17	1
4	编程	70	2
5	安装硬件	10	3
6	程序测试	30	4
7	编写用户手册	25	5
8	转换文件	20	5
9	系统测试	25	6
10	用户培训	20	7，8
11	用户测试	25	9，10

图表 3-21 本工作分解结构示例列出了 11 个任务及其描述、持续时间和前导任务

步骤1：显示任务和任务模式

如图表3-22所示，在第一步中识别任务、确定任务依赖并输入任务名称、ID和持续时间。此示例中包括依赖任务、多个后续任务和多个前导任务。

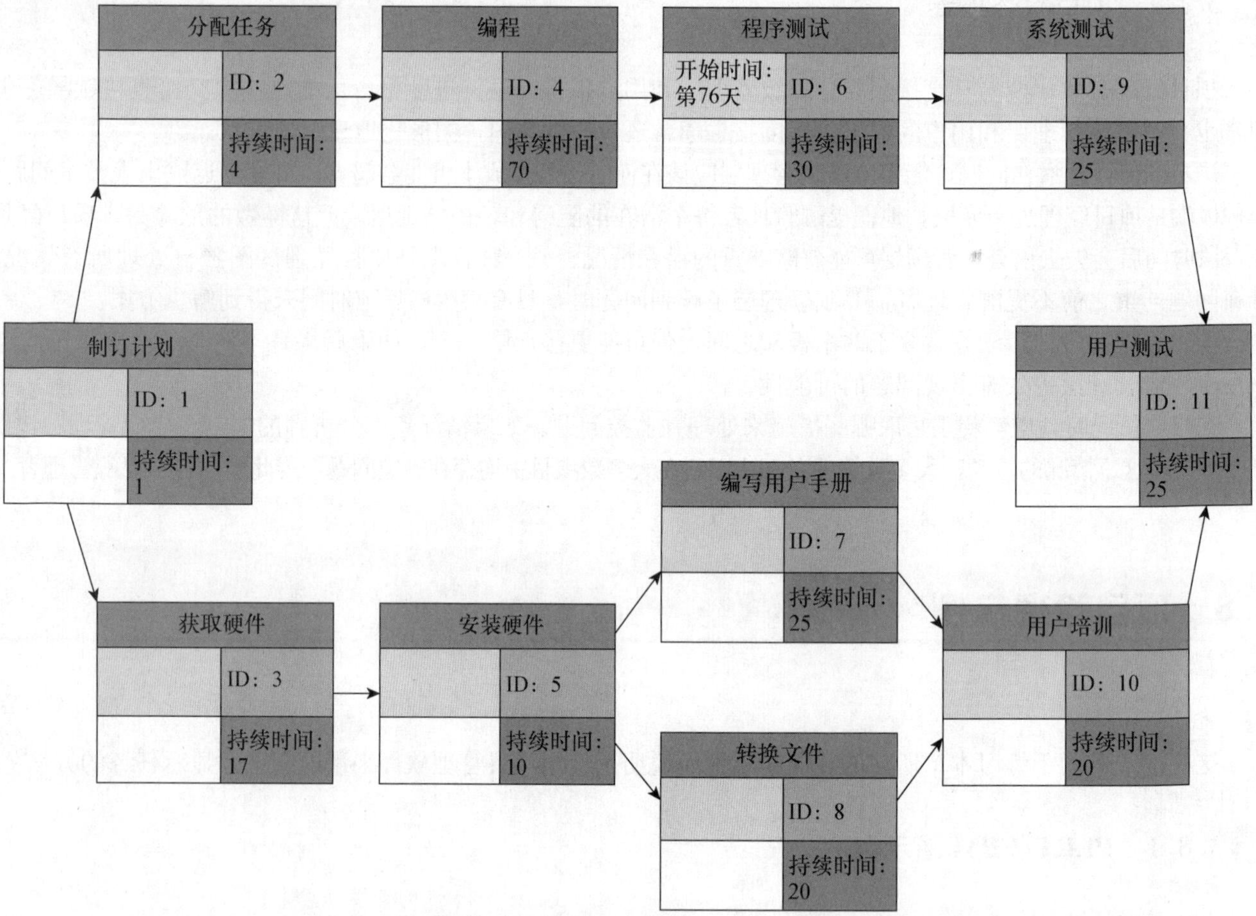

图表3-22　要将任务列表转换为PERT/CPM图，首先应输入每个任务的名称、ID、持续时间和前导任务。此示例包括依赖任务、有多个后续任务的任务以及有多个前导任务的任务

步骤2：输入开始和完成时间

在第二步中，如图表3-23所示，按照本章前面所述输入开始时间和完成时间。例如，任务1具有1天的持续时间，因此输入任务1的开始时间和完成时间为第1天。然后将第2天作为后续任务——任务2和任务3的开始时间。从左到右继续下去，将每个任务的持续时间与其开始时间相加，以确定其完成时间。

在此过程中应记住三个重要规则：

(1) 如果后续任务有多个前导任务，则使用前导任务的最后完成时间来确定后续任务的开始时间。

(2) 如果前导任务有多个后续任务，则使用前导任务的完成时间来确定所有后续任务的开始时间。

(3) 从左到右继续，将每个任务的持续时间与其开始时间相加，以确定并输入其完成时间。例如，如果任务在第10天开始且持续5天，则将在第14天而不是第15天完成。

在输入所有的开始时间和结束时间后，确定项目将在第155天完成。还需要注意的是，任务1，2，4，6，9和11是关键路径，由粗箭头显示。

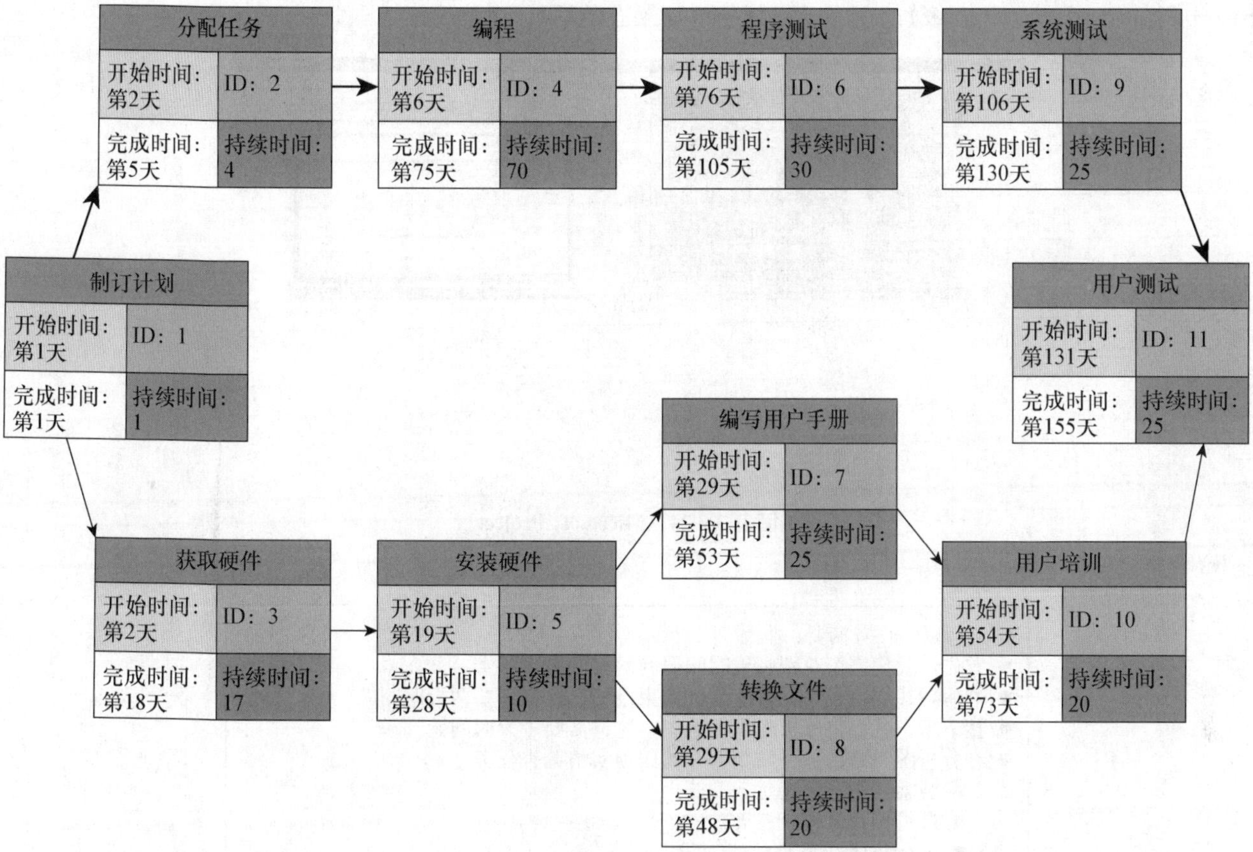

图表 3-23 按照本章前面所述完成 PERT/CPM 图。例如，任务 1 具有 1 天的持续时间，因此输入任务 1 的开始时间和完成时间为第 1 天，然后将第 2 天作为后续任务——任务 2 和任务 3 的开始时间

3.9 项目管理软件

项目经理使用软件应用来帮助规划、安排、监控和报告项目。大多数程序提供 PERT/CPM 图、甘特图、资源调度、项目日历和成本跟踪等功能。如图表 3-24 所示，Microsoft Project 是一个功能全面的程序，占有市场的主导份额，其可作为 Windows 软件产品和 Microsoft Office 365 在线服务获取。

不管使用何种项目管理工具，都要遵循一个循序渐进的过程来开发 WBS、识别任务模式并分析关键路径。使用软件与不使用软件的主要区别是软件自动完成大部分工作，使得管理更有效率。

以下部分阐释如何使用 Microsoft Project 处理图表 3-25 所示的用于初步调查的任务摘要。该示例说明项目管理是动态且具有挑战性的，集成化项目管理软件的一个显著优势是允许经理快速调整进度、估计和进行资源分配，从而响应现实世界中的事件。

工作分解结构

使用 Microsoft Project 创建工作分解结构与手动创建工作分解结构过程大致相同。仍必须识别任务、持续时间和任务模式，需要详细阐述这些信息或使用如图表 3-25 所示的任务摘要。目标是记录所有任务、依赖关系、日期和总项目持续时间。第一步是创建一个显示必要信息的甘特图，在将每个任务的信息输入 Microsoft Project 时，应注意持续时间和前导任务（如果有的话）。

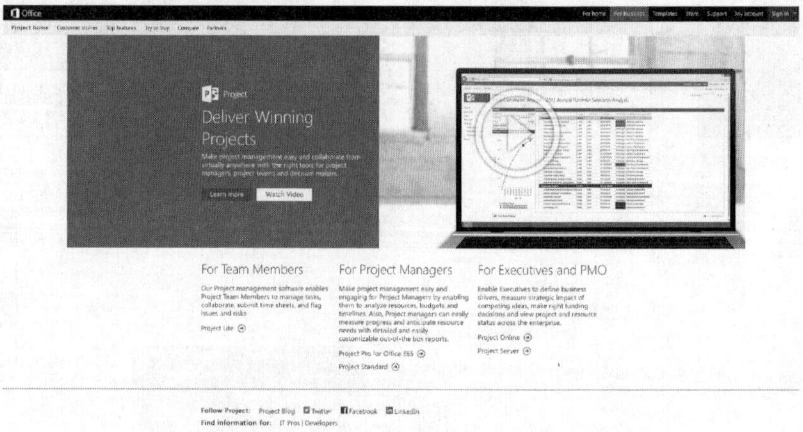

图表 3-24　Microsoft Project

资料来源：Microsoft Corporation。

请进行以下任务摘要：

- 首先，我们需要花费一天时间研究潜在问题或机会。
- 然后，我们将定义项目范围和约束条件，这将需要两天时间。
- 接下来，我们将分析组织结构图，这将需要一天时间。
- 在分析图表之后，可以立即开始四项实情调查任务。
  - 观察运行（两天）。
  - 进行用户调查（三天）。
  - 进行访谈（两天）。
  - 审查文档（一天）。
- 四项实情调查任务全部完成后，我们将花费一天时间评估可行性。
- 最后我们将花费一天时间向管理层介绍结果和建议。

图表 3-25　初步调查的任务摘要示例

甘特图

输入任务后，程序自动计算、检测任务模式并创建甘特图。图表由水平条构成，并由表示任务相关性的箭头连接。如果选择典型的工作周，则不会在星期六和星期日安排任务，但是对于关键任务项目，也可创建 24/7 日历。无论如何指定，程序都将进行相应的处理。Microsoft Project 为显示设置、格式和计算方法提供了许多选项。

网络图

完成甘特图后，能够以 Microsoft Project 网络图形式查看数据，其与 PERT 图类似。在选择网络图选项时，将显示项目任务、依赖关系以及每个任务的开始时间和完成时间。网络图与甘特图显示包括任务依赖关系在内的相同信息，但前者使用任务框囊括更多细节。可使用 Microsoft Project 将任务分配给一个或多个人、分配完成各目标的预算、生成进度报告并根据需要重新调整计划和截止日期。

日历视图

日历视图是管理日常活动的好方法。与 PERT 图类似，这一视图将任务布置在实际日历上。由于关键路径以红色突出显示，项目经理很容易确定各个时刻的优先级。

假设项目经理希望以甘特图、PERT 图和日历视图的形式查看图表 3-25 中的初步调查。全部三个视图如图表 3-26 所示，每个视图显示了任务、时间、依赖关系和关键路径。在 9 月 25 日计划的四项任务中，只有用户调查是关键路径，因此应成为项目经理的主要关注点。

除了 Microsoft Project，还有一些其他可用的项目管理工具。GanttProject 是一个基于 Java 的免费**开源**（open source）项目管理工具，可在 Windows、Mac OS X 和 Linux 等多个平台上使用。它能够生成甘特图和 PERT/CPM 图、自动计算关键路径或添加 Microsoft Project 读/写文件。图表 3－27 为在 GanttProject 中显示的甘特图，其与图表 3－26 中的 Microsoft Project 显示相同信息。

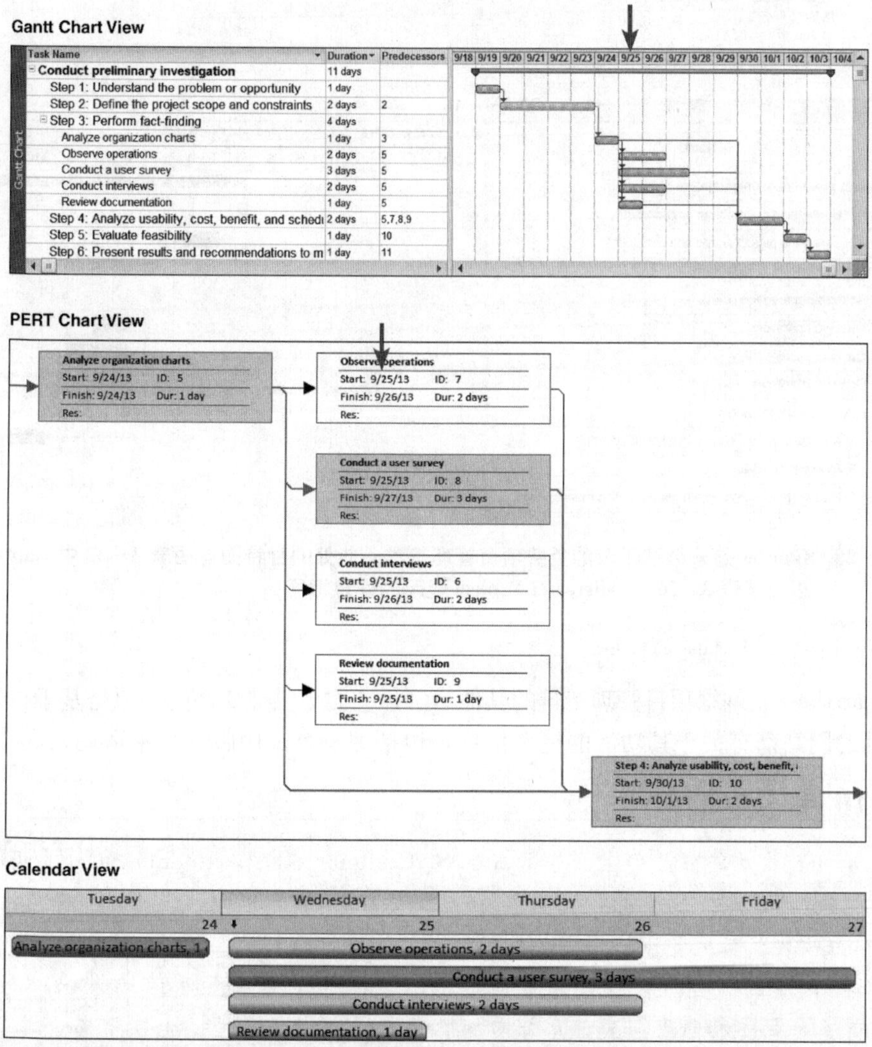

图表 3－26　每个视图显示项目并突出显示关键路径的方法。项目经理在 9 月 25 日的主要关注点应为进行用户调查

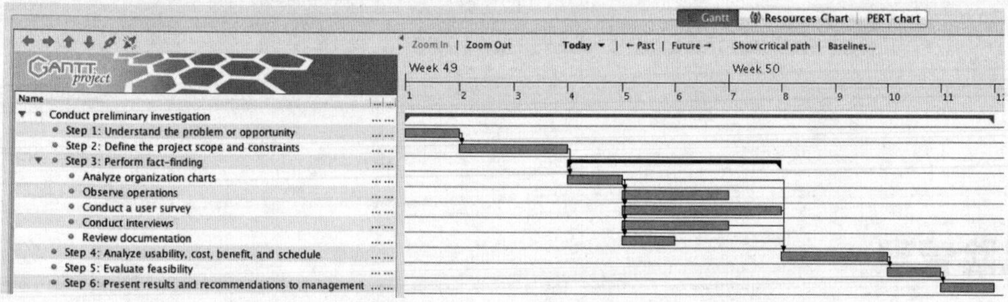

图表 3－27　GanttProject 是一个基于 Java 的免费开源程序。此处的甘特图与 Microsoft Project 在图表 3－26 中显示的信息相同

资料来源：Courtesy of GanttProject Team。

Gantter 是一个基于云的免费项目管理工具，其可在浏览器窗口打开，因此不必安装软件即可使用。图表3 - 28 为 Gantter 显示的甘特图，其与图表 3 - 27 中 GanttProject 和图表 3 - 26 中 Microsoft Project 显示的信息相同。

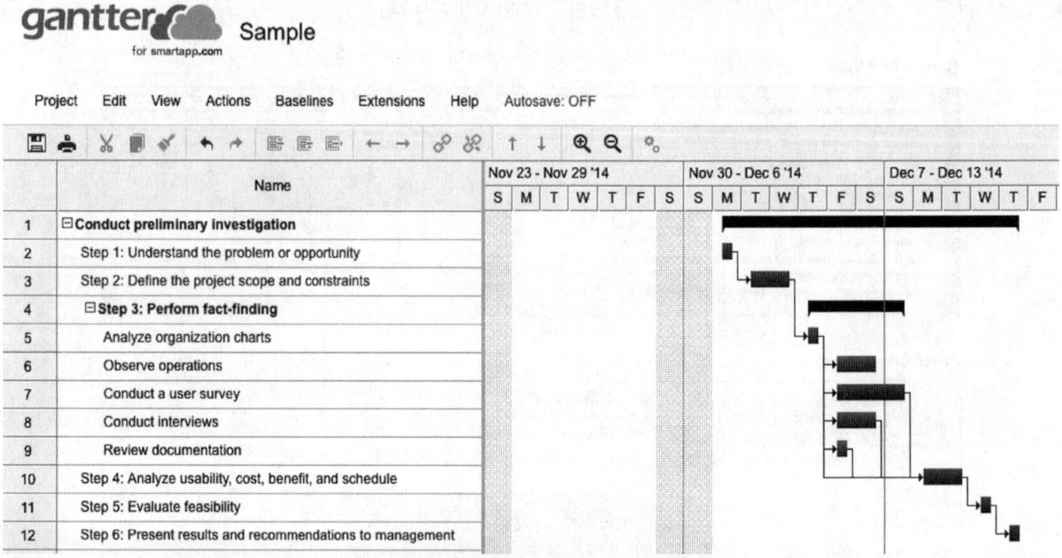

图表 3 - 28　Gantter 是一个基于云的免费项目管理工具。此处的甘特图与图表 3 - 27 中 GanttProject 以及图表 3 - 26 中 Microsoft Project 显示的信息相同

资料来源：Courtesy of InQuest Technologies，Inc。

Apptivo 和 smartsheet 是网络项目管理工具的其他示例，它们提供类似功能，但是基于付费订阅模式使用。所有这些工具的网站都有关于其功能的更多信息，包括演示、试用版（如果适用）和培训材料。

案例 3.3　2010 年人口普查

在 2010 年人口普查开始之前，美国商务部（U.S. Commerce Department）取消了订购 500 000 台便携式计算机用于统计数据的计划。据商务秘书卡洛斯·古铁雷斯（Carlos Gutierrez）解释，成本已经大大增加，他将问题归咎为“缺乏与主要供应商之一的有效沟通”。

显然，有很多要问责的地方。秘书古铁雷斯指出，人口普查局（Census Bureau）向其供应商哈里斯（Harris）公司提交了大量技术更改，从而大大增加了设备成本和复杂性。古铁雷斯说：“人口普查局不习惯与外部供应商签订如此大规模的合同。”他还指出，供应商提交了一份 3 600 万美元的初步估计，用于运行协助普查员的帮助台，但这一数据已经跃升至 2.17 亿美元。

从这个项目的失败中能够学到什么？它可以被预防吗？假设要求你领导一个类似的项目，你会做哪些事情来防止类似结果出现？

3.10　风险管理

每个 IT 项目都包含系统分析师和项目经理必须解决的问题。**风险**（risk）是可能对项目产生负面影响的事件，**风险管理**（risk management）是识别、分析、预测并监控风险使其对项目影响最小化的过程。

3.10.1 风险管理步骤

风险管理的第一步是制订具体计划。虽然不同的项目管理专家使用的步骤和阶段数量不同，但基本包括以下任务。

- 制订风险管理计划。**风险管理计划**（risk management plan）包括对项目范围、利益相关者、预算、进度及其他任何可能影响项目的内外部因素的审查。该计划应界定项目角色和职责、风险管理方法和程序、风险类别以及应急计划。
- 识别风险。**风险识别**（risk identification）列举每一项风险并评估其影响项目的可能性。详细情况取决于具体项目，但大多包括一种识别方法、对风险的简要描述、可能导致风险发生的原因、负责响应的人员以及风险的潜在影响。
- 分析风险。这通常是一个两步骤过程：定性风险分析和定量风险分析。**定性风险分析**（qualitative risk analysis）通过估计每一项风险发生的概率及其影响程度来评估风险。项目经理可使用公式衡量风险及其影响值，或者在二维坐标图中显示结果。例如，可使用 Microsoft Excel 中的 XY 图来显示风险矩阵，如图表 3-29 所示。注意图中风险和影响评分的五种不同组合。这一工具可帮助项目经理关注风险出现概率和潜在影响很高的最关键领域。

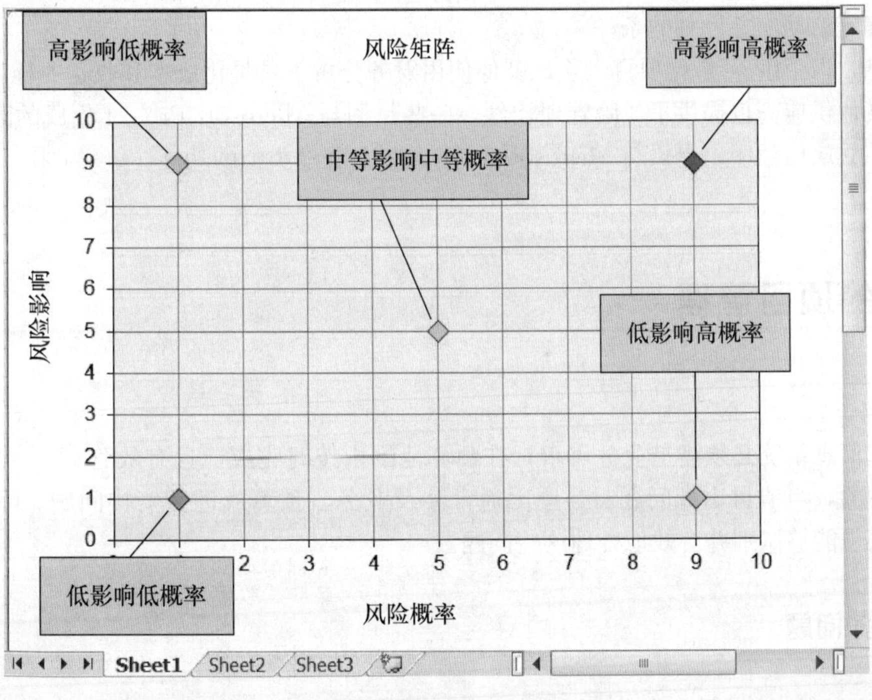

图表 3-29 可以使用 Microsoft Excel 中的 XY 图表示风险矩阵，其显示风险概率和潜在影响

定量风险分析（quantitative risk analysis）的目的是从金钱、时间、项目范围或质量等方面理解实际影响。定量风险分析包括被称为假设分析的建模过程，其允许项目经理改变模型中的一个或多个元素，以测量对其他因素的影响。对于这一问题，我们将在第 12 章进行更详细的讨论。

- 创建风险响应计划。**风险响应计划**（risk response plan）是预测风险并描述应对风险的行动计划的主动行为。有效的风险响应计划可通过及时触发和恰当的行动来降低总体影响。

- 监控风险。此项活动在整个风险管理过程中进行。重要的是进行连续跟踪，这一过程能够识别新风险、注意现有风险的变化并更新其他领域的风险管理计划。

3.10.2 风险管理软件

大多数项目管理软件都包括强大的功能，允许项目经理将日期作为约束、对照任务依赖关系、标注可能影响任务的外部因素、跟踪进度并显示落后于计划的任务。

例如，Microsoft Project 的企业版具有内置的风险管理功能，可用于大型企业项目。微软声称软件能够将风险与特定任务和项目相关联、指定概率与影响、分配所有权并跟踪进度以有效管理项目。微软风险管理模型包括以下因素：

- 概率，表示风险发生的可能性，用百分比表示；
- 影响，表示风险发生时产生不利影响的程度，以从 1 到 10 的数值表示；
- 成本，表明风险的潜在财务影响；
- 类别，指定风险类型；
- 描述，规定风险性质；
- 减缓计划，确定控制或限制风险的计划；
- 应急计划，规定发生风险时采取的行动；
- 触发器，确定启动应急计划的条件。

利用这些信息，IT 团队可量化项目风险，就像使用财务分析工具量化成本和收益一样。

除微软外，其他供应商也提供了风险管理软件，一些是用与 Microsoft Project 集成的附加包来扩展其功能，还有一些是独立应用程序，提供与 Microsoft Project 核心程序类似的功能。

3.11 成功的项目管理

要实现成功，信息系统必须满足业务需求，在预算范围内按时完成，且有效管理——这一点最为重要。如下面的章节阐释的，当项目出现问题时，原因通常涉及业务、预算或进度安排问题。除了规划和管理项目，项目经理还必须能够识别并有效地处理这些问题。

3.11.1 业务问题

每个系统的主要目标是提供业务问题或机会的应对方案，如果系统无法做到，它就是一个失败的系统——不管用户的反应如何、预算是否可接受或能否及时交付。当信息系统不能满足业务要求时，原因可能包括未定义或未明确的要求、不适当的范围、不准确的目标、有缺陷的测试程序以及缺乏变更控制的程序。系统也可能因为企业文化、资金或目标的变化而失败。缺乏业务需求的系统也会为用户带来问题，并降低员工的士气和生产力。

如第 2 章解释的，没有明确定义范围的项目是有风险的，因为它们倾向于在没有明确授权的情况下逐渐扩张，这一过程称为项目渐变。然而，即使项目被清楚地描述，也必须不断进行管理。

3.11.2 预算问题

成本超支通常源于以下一个或多个原因：

- 做了过于乐观或基于不完整信息的不现实估计；
- 未能制定考虑项目生命周期内全部成本的准确预测；
- 进展监控不力，对问题预警迹象反应缓慢；
- 进度因未预见的因素被延迟；
- 人力资源问题，包括人员流动、培训不足和不合理激励。

3.11.3 进度安排问题

时间表和项目里程碑方面的问题可能表明未能识别任务依赖关系、工作未能完成进度、较差的监控和控制方法、团队成员间的人格冲突或项目人员的流动。IT 项目的失败也可能由较差的项目管理技术引起。

如果项目经理未能正确计划、配备员工、组织、监督、沟通、激励、评估、指导和控制，那么项目肯定会失败。即使是控制之外的因素导致失败，项目经理也有责任在早期识别预警迹象并有效处理。

案例 3.4 推进项目

在企业工作三年后，你最近被要求管理几个 IT 项目。你对所需要的技术能力有信心，但对公司的士气有些担心，公司已经做了一些精简，很多员工都担心未来。

作为呆伯特漫画的长期粉丝，你知道维持士气是一个真正的挑战。你当前的项目涉及一个有十几个人的团队，其中几个人让你想起呆伯特和他的同事。你可以用哪些技术来激励团队及其成员？哪些是你可能不想做的事情？

3.12 关键要点

项目管理是一项具有挑战性的任务，项目经理必须保持警惕、技术能力强并且资源丰富，他们也必须具有强大的人际沟通能力。项目经理在成功处理一个有助于企业实现商业目标的项目时会感到自豪。

遗憾的是，项目会由于各种原因脱轨。当问题出现时，项目经理处理这种情况的能力就成为关键因素。在项目经理最初意识到项目有问题时，有哪些可用选项？替代方案可包括修改项目需求、增加项目资源、延迟项目截止日期以及改进管理控制和程序。有时，当项目遇到延迟或成本超支时，如果对一些不太关键的需求进行修整，系统仍可以按时交付。也可将系统交付以满足最必要的需求，将额外功能作为增强或维护项目的一部分在之后添加。

如果项目由于缺乏资源或企业支持而陷入困境，管理层则可能愿意给予更多的承诺和更高的优先级。例如，管理层可能同意向落后于进度的项目添加更多人员，但是，只有当添加的人员能够有效融入开发团队时，增加工作人员才会缩短项目的完成时间。当团队成员缺乏在某些必要技术方面的经验时，可以从 IT 顾问或兼职员工处获得临时帮助，但增加工作人员意味着培训新人员。在某些情况下，有一个被称为 **Brooks** 定律（**Brooks' Law**）的法则，即增加项目人员实际上会延长完成项目所需的时间。**IBM** 工程师小弗雷德里克·布鲁克斯（Frederick Brooks，Jr.）观察到，为延迟的软件项目增加人力只会使它更加延迟，他发现项目的新员工首先必须接受现有员工的教育和指导，而现有员工自身的生产力也相应减少。

伦理问题

“最好去检举，”你的朋友以及在 Final Four 的项目队友说，“项目失去了控制，而你是知道的。”“也许是这样，”你回答道，“但这不是我的事情，我不是项目经理。”你不想说的是，项目经理 Stephanie 感觉她的职业生涯已岌岌可危，她不愿意在这个时候给管理层带来坏消息。她认为项目能够赶上进度，并认为重大项目的负面报告可能会导致企业不良的宣传，让潜在客户感受到危机。

为公平起见，下一次管理进度报告定在三周后，团队可能会赶上，但你对此表示怀疑，你想知道其中是否有伦理问题：即使尚未到报告期，是否也应尽快向管理层报告重大问题？你对这一问题很关心，并决定与 Stephanie 讨论，你会对她说什么？

3.13 本章小结

项目管理是规划、安排进度、监控、控制并报告信息系统开发的过程。规划包括确定所有项目任务并估计每个项目的完成时间和成本。项目进度安排包括创建具体的时间表，以图表形式显示任务、任务依赖性以及可能使项目延迟的关键任务。项目监控需要指导、监督并协调项目团队的工作量。项目经理必须监控进度、评估结果并在必要时采取纠正措施以控制项目并紧随目标。项目报告包括定期向管理层、用户和项目团队本身提交进度报告。有效的报告需要强大的沟通能力以及对他人想要且需要了解的项目内容的感知。成功的项目必须按时完成、在预算范围内并提供满足用户要求的优质产品。

项目三角形显示三条边：成本、范围和时间。项目经理必须找到这些元素之间的最佳平衡，因为三角形任何一条边的变化都将影响另外两条边。项目管理技术可以在整个 SDLC 中使用。

计划、进度安排、监控和报告都在更大的项目开发框架内进行，包括三个步骤：创建工作分解结构，确定任务模式，计算关键路径。工作分解结构必须明确识别每个任务并预计持续时间。任务或活动是任何具有开始和结束且需要使用人、时间、金钱等企业资源的工作。任务的时间和成本估计通常以人-天计算，一人-天表示一个人在一天内完成的工作量。对于较大的系统来说，估计项目持续时间更加困难，项目经理必须考虑项目规模和范围、项目资源、类似项目或系统的先前经验以及可用的约束。除了任务，每个项目都有事件或里程碑，其是用于监控进度的可识别参考点。

任务模式在项目中建立工作顺序。任务模式包括依赖任务、多个后续任务和多个前导任务。在大型项目中，这些模式可能非常复杂。

关键路径是如果延迟将影响整个项目完成时间的一系列任务。如果关键路径上的任何任务落后于计划，整个项目将被延迟。关键路径上的任务不能有松弛时间。为了识别关键路径，要计算每个任务的开始时间和完成时间，从而确定项目的关键路径。

在项目进度安排中，项目经理基于可用资源以及任务是否依赖于其他前导任务，为每个任务开发确定具体时间。经理可使用甘特图和 PERT 图等图形工具来协助进度安排过程。

甘特图是表示项目进度安排的水平条形图，时间在水平轴上表示，任务垂直排列。它显示单个任务和包括几个任务的任务组。在甘特图中，条的长度表示任务持续时间。甘特图能够显示进度，但无法显示任务依赖性细节或资源分配，除非图是通过支持依赖链接以及其他信息输入的项目管理程序创建的。

PERT/CPM 图将项目显示为网络图，其中任务由箭头链接。使用规定的计算方法，项目经理使用 PERT 图确定项目的总体持续时间，并为每个任务提供具体信息，包括任务 ID、持续时间、开始时间和完成时间以及必须执行的顺序。有了这些信息，项目经理能够确定关键路径，即为满足整个项目要求的期限、没有松弛时间且必须按计划执行的任务序列。

大多数项目经理使用 Microsoft Project 等软件应用来计划、安排并监控项目。项目经理负责风险管理，即识别、分析、预测并监控风险，尽量减少风险对项目影响的过程。

最终，项目管理涉及与其他管理相同的技能。项目经理必须观察敏锐、善于分析、条理清晰，且是一个好的沟通者。如果项目经理感觉项目偏离轨道，那么他们必须立刻采取措施识别并解决问题。如果项目经理未能正确计划、配备员工、组织、监督、沟通、激励、评估、指导和控制，那么项目肯定会失败。即使是控制之外的因素导致失败，项目经理也有责任在早期识别预警迹象并有效处理。

关键词（Key Terms）

活动　任何具有开始和结束且需要使用人力、时间、金钱等企业资源的工作。例如进行一系列访谈、设计报告、选择软件、等待设备交付或培训用户等。参见任务。

最优估计　最乐观的结果。

自下而上的技术　将大型复杂项目分解为一系列被称为项目任务的单独任务的方法。

Brooks 定律　IBM 工程师小弗雷德里克·布鲁克斯发现，为延迟的软件项目增加人力只会使之更晚。

代码审查　参见结构化走查。

并发任务　能够和另一任务同时并行启动的任务。

关键路径　没有松弛时间的一系列事件和活动，如果关键路径上的任何任务落后于计划，整个项目将被延迟。顾名思义，关键路径包括对项目进度至关重要的所有活动。

关键路径方法（CPM）　将项目显示为网络图。活动显示为向量，事件图形化显示为节点。虽然 CPM 与项目评审技术（PERT）分开开发，但两种方法基本相同。

依赖任务　必须以串行顺序完成的任务称为依赖任务。

设计审查　参见结构化走查。

持续时间　完成任务所需的时间。

事件　标志重大事件的参考点，用于监控进度并管理项目。参见里程碑。

完成日/时间　任务计划完成的日子或日期。

甘特图　说明时间进度的水平条形图，是多年前由亨利·L. 甘特开发的一种生产控制技术，如今仍然被使用。

里程碑　标志重大事件的参考点，用于监控进度并管理项目。参见事件。

网络图　PERT 图也称为网络图。

开源　由大量用户以及开发者提供支持的软件。源代码可免费获得。

人-天　一个人工作一天可完成的任务量。

项目评审技术及关键路径法（PERT/CPM）　项目评审技术（PERT）由美国海军开发，用于管理建造核潜艇等非常复杂的项目。在同一时期，关键路径方法（CPM）由一家私人企业开发以满足类似的项目管理需求。这两种方法的重要差别随时间推移而逐渐消失，今天，这项技术被称作 PERT、CPM 或 PERT/CPM。

前导任务　两个或多个并发任务依赖的先前任务。

可能情况估计　最可能发生的结果称为可能情况估计。

项目评审技术（PERT）　参见项目评审技术及关键路径法（PERT/CPM）。

项目协调员　负责开发团队中行政管理事务，并与可能有冲突需求或需要花费额外时间或费用更改需求的用户进行协商。

项目负责人　在技术上负责整个项目的人。

项目管理　规划、安排、监控、控制并报告信息系统开发的过程。

项目经理　在行政管理上负责整个项目的人。

项目监控　指导、监督并协调项目团队的工作量。

项目规划　确认项目任务并估计完成时间和成本。

项目报告　定期向管理层、用户和项目团队本身提供进度报告。

项目进度安排　制定具体任务的时间表以便完成项目，还包括选择并配置项目团队，以及向团队成员分配具体任务。

项目三角形　项目的三个主要组成部分：成本、范围和时间。项目经理试图找出这些因素的最优平衡。

定性风险分析　通过估计风险发生的概率及其影响程度来评估风险。

定量风险分析　以对金钱、时间、项目范围或质量的实际影响来衡量风险。

风险　可能对项目产生负面影响的事件。

风险识别　列举每一项风险并评估其影响项目的可能性。

风险管理　识别、评估、跟踪并控制风险，以降低其影响的过程。

风险管理计划　包括对项目范围、利益相关者、预算、进度及其他任何可能影响项目的内外部因素的审查。该计划应界定项目角色和职责、风险管理方法和程序、风险类别以及应急计划。

风险响应计划　预测风险并描述处理风险的行动计划的主动行为。有效的风险响应计划可通过及时触发和恰当的行动来降低总体影响。

松弛时间　任务可以延迟且不会推迟整个项目完成日期的时间。是最迟完成时间和最早完成时间之间的差值。

开始日/时间　任务计划开始的日子或日期。

结构化走查　项目团队成员对其他成员的工作进行审查。通常来说，作为同行评审的一种形式，系统分析师会对其他系统分析师的工作进行审查，程序员会对其他程序员的工作进行审查。结构化走查应在整个 SDLC 中进行，根据审查发生的阶段不同，被称为需求审查、设计审查、代码审查和测试审查。

后续任务　前导任务后的每一个并发任务。

任务　任何有开始和结束，且需要使用人员、时间、金钱等企业资源的工作。例如，进行一系列访谈、设计报告、选择软件、等待设备交付或培训用户。参见活动。

任务框　PERT/CPM 图的组成部分，包含有关任务的重要进度和持续时间信息。项目中的每个任务都由 PERT/CPM 图中自身的任务框表示。

任务组　代表若干活动的任务。

任务 ID　唯一标记任务的数字或代码。

任务名称　应简短且为描述性的，在项目中不必唯一。例如，名为“访谈”的任务可能在项目的几个阶段中均出现。

任务模式　工作分解结构中的任务逻辑顺序。可能包括依赖任务、多个后续任务和多个前导任务。

测试审查　参见结构化走查。

权重　管理者纳入估计值的重要乘数，以便对其进行分析。

工作分解结构（WBS）　一个项目分解成一系列较小的任务。参见甘特图、项目评审技术及关键路径法（PERT/CPM）。

最坏估计　最消极的结果。

本章练习

问题

1. 为一分钟阐释项目管理基本概念写一段草稿。
2. 什么是任务？什么是事件？什么是里程碑？
3. 创建工作分解结构需要哪些具体信息？
4. 三个主要任务模式是什么？为每个模式提供一个例子。
5. 解释甘特图和 PERT/CPM 图之间的区别。
6. 项目经理可使用什么公式来估计任务持续时间？提供一个示例。
7. 计算开始时间和完成时间的常见问题是什么？提供一个示例。
8. 关键路径为什么十分重要？任务为什么取决于关键路径？
9. 为什么提交有效的项目报告以及沟通是很重要的？
10. 什么是风险管理？为什么它很重要？提供一个例子。

讨论话题

1. 在《穷理查年鉴》（*Poor Richard's Almanac*）中，本杰明·富兰克林（Benjamin Franklin）写下了人们耳熟能详的名言：“因为少了一颗马蹄钉，而丢了一个马蹄铁。因为丢了一个马蹄铁，而少了一匹战马。因为少了一匹战马，而缺了一个骑兵。因为缺了一个骑兵，而输了一场战役。因为输了一场战役，而灭亡了整个国家。全是因为当初少了一颗马蹄钉！”事后回顾此结果，项目管理的概念能够避免国家的损失吗？应该怎么做？

2. Microsoft Project 功能强大但相当昂贵，作为经理，你如何证明购买这个软件是合理的？

3. 假设你要管理一个小项目，但是你无权访问项目管理软件，可以改用电子表格或数据库程序吗？如何做？

4. 一些经理认为他们可以“凭直觉和经验”，并不需要项目管理工具。你认为这种观点对吗？为什么？

5. 考虑任务依赖于正在启动但不一定必须完成的另一任务的情形。例如，项目依赖于正在启动的任务，且在团队开始项目前须完成 25%，你认为这种情况经常发生在系统分析项目中吗？为什么？

项目

1. 列出你在购买汽车时执行的全部任务，包括与购买相关的任何研究、决策或财务问题。创建一个显示所有任务、估计持续时间和前导任务的工作分解结构。

2. 在互联网上进行搜索，了解有关项目风险管理的更多信息并写一个结果的摘要。务必搜索经典书籍《与熊共舞：软件项目风险管理》（*Waltzing with Bears: Managing Risk on Software Projects*），该书作者是汤姆·狄马克（Tom Demarco ）和蒂莫西·李斯特（Timothy Lister）。

3. 登录项目管理工具（除了 Mircosoft Project）网站，如 Apptivo（www. apptivo. com)、GanttProject（www. ganttproject. biz）、Gantter （www. gantter. com） 和 smartsheet（www. smartsheet. com/product-tour/gantt-charts）。探索每个程序的功能，并描述你喜欢的和不喜欢的。

4. 描述三次关于项目管理帮助你避免问题或利用某些机会的个人经历。请具体一些。

5. 当今许多项目的团队成员分散在不同时区或不同物理位置。此外，许多项目采用敏捷方法，大大缩短了周期时间。写一个简短的报告，总结与传统项目相比，管理者管理此类项目面临的一些关键差异。

第二阶段

系统分析

交付成果：系统要求文档。

工具支持：沟通工具、CASE 工具和财务分析工具。

正如呆伯特漫画表明的，成功的项目经理必须在开始设计过程之前确定需求，而不是反过来。装作“一直在做事情”来呈现有生产力的样子可能非常吸引人，但一个不满足业务需求的系统项目没有任何意义。

系统分析是系统开发生命周期五个阶段中的第二阶段。在上一阶段——系统规划中，进行了初步调查来确定项目可行性，此阶段输出的初步调查报告被用作系统分析阶段的输入。系统分析阶段将创建一个系统需求文档，以获取全部利益相关者的需求。

第 4 章描述需求建模过程：收集关于系统项目的实情、准备文档并创建用于设计并开发系统的模型。第 5 章讨论分析师用于显示系统如何将数据转换为有用信息的数据和过程建模技术。第 6 章讨论分析师用于创建逻辑模型的对象建模技术。第 7 章考虑新系统的不同开发策略，以及向系统设计阶段过渡的计划。

第 4 章
需求建模

第 4 章是系统分析阶段四个章节中的第一章。本章描述需求建模过程：收集关于系统项目的实情、准备文档和创建用于设计和开发系统的模型。

本章包括四个案例讨论问题，用以帮助读者情境化地理解文中描述的概念。伦理问题考虑上级要求找出在调查中被给予最低评分的部门，而这本应保持匿名。

学习目标

学完这一章，你应该能够：

- 描述系统分析阶段的活动；
- 解释联合应用开发（JAD）、快速应用开发（RAD）和敏捷方法；
- 使用功能分解图（FDD）对业务功能和过程进行建模；
- 描述统一建模语言（UML）并创建 UML 图的示例；
- 列出并描述系统需求，包括输出、输入、过程、性能和安全；
- 解释扩展性的概念；
- 使用实情调查技术，包括访谈、文档审查、观察、问卷调查、抽样和研究；
- 定义总体拥有成本（TCO）；
- 进行成功的访谈；
- 开发系统开发期间使用的有效记录方法。

4.1 引言

在对系统分析阶段进行概述后，本章描述系统分析师用于可视化并记录新系统的需求建模技术和基于团队的方法，之后本章将讨论系统需求和实情调查技术，包括访谈、文档审查、观察、问卷调查、抽样和研究。

图表 4-1 中的呆伯特漫画形象地说明了获得正确系统需求的挑战性。客户经常很难清楚地描述他们想要系统做什么，而当他们列出需求时，结果往往是一个没有优先级的冲突能力集合。理想的目标是要求系统

“极其可用”且“完全安全”，但没有系统能够完全符合这两个需求：完全安全的系统必须被锁在库中、与外部断开且用户不可访问，但这样的系统几乎不可用。

图表 4-1　了解系统需求中的挑战

4.2　系统分析阶段概述

系统分析阶段的总体目标是了解提议的项目，确保其支持业务需求，并为系统开发奠定坚实的基础。在这一阶段，分析师使用模型和其他文档记录工具，将提议的系统可视化并进行描述。

4.2.1　系统分析方法

系统分析阶段包括图表 4－2 所示的四个主要活动：需求建模、数据和过程建模、对象建模以及开发策略。

虽然瀑布模型显示为连续的 SDLC 阶段，但在开发过程中，阶段（或阶段中的某些任务）间的交互并不罕见，就像在适应性模型中一样。例如，在建模过程中，当获得新实情或系统需求改变时这种情况会发生。图表 4－2 显示了三个建模任务——需求建模、数据和过程建模以及对象建模之间的常见交互。

需求建模

本章描述需求建模，包括进行实情调查以描述当前系统并确定新系统需求，如输出、输入、过程、性能和安全。

- **输出**（output）指的是系统生成的电子或打印信息。
- **输入**（input）指的是以手动或自动方式进入系统的必要数据。
- **过程**（process）指的是用于将数据转换为有意义信息的逻辑规则。
- **性能**（performance）指的是系统特性，如速度、容量、能力、可用性和可靠性。
- **安全**（security）指的是保护系统及其数据免受内外部威胁的硬件、软件和程序控制。

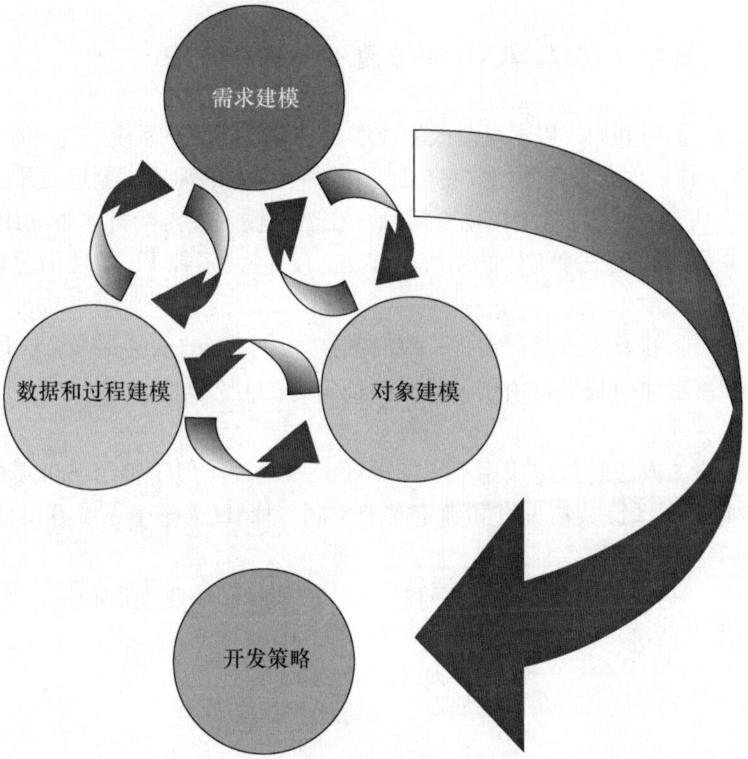

图表 4-2　系统分析阶段包括需求建模、数据和过程建模、对象建模以及开发策略。虽然瀑布模型一般按顺序描述开发过程，但系统分析任务是交互的

数据和过程建模

第 5 章继续介绍建模过程，展示如何使用传统的结构化分析技术图形化地表示系统数据和过程。如第 1 章所述，结构化分析确定流入过程的数据、改变数据的业务规则以及产生的输出数据流。

对象建模

第 6 章讨论对象建模，这是另一种流行的建模技术。虽然结构化分析将过程和数据视为单独的组件，但面向对象分析将数据和作用于数据的过程组合为对象。这些对象表示实际的影响系统的人、事物、事务或事件。在系统开发过程中，分析师通常使用这两种方法来获取尽可能多的信息。

开发策略

第 7 章考虑不同的开发选项以及向 SDLC 系统设计阶段过渡的准备。第 7 章中的话题包括软件趋势、获取和开发系统的备选方案、外包以及正式记录的新系统需求。

系统分析阶段的可交付成果是系统需求文档，其是新系统的总体设计。此外，系统分析阶段中的每个活动都有一个最终产品以及一个或多个里程碑。如第 3 章所述，项目经理使用不同工具和技术来协调人员、任务、进度和预算。

4.2.2　系统分析技巧

系统分析师需要强大的分析和人际关系能力来建立新系统的准确模型。分析能力使分析师识别问题、评估关键要素并开发有用的解决方案。人际关系能力对系统分析师十分有价值，他们需要与各组织层面的人员合作、平衡用户的冲突需求并进行有效沟通。

由于信息系统影响整个企业的人，系统分析阶段开始时应考虑面向团队的策略。

4.2.3 基于团队的技术：JAD、RAD和敏捷（Agile）方法

IT部门的目标是在最短的时间内，以尽可能低的成本提供最好的信息系统。为产生最佳结果，系统开发者在开发过程中将用户视为合作伙伴，更多的用户参与通常会产生更好的沟通、更短的开发时间和更满意的用户。

传统的系统开发模式是IT部门使用结构化分析且只在需要输入或支持时才咨询用户。虽然IT员工仍然具有中心作用且结构化分析仍然是一种流行的系统开发方法，但大多数IT经理仍邀请系统用户积极参与各种开发任务。

如第1章所述，基于团队的方法已经存在了一段时间。一个流行的示例是联合应用开发（JAD），这是一种面向用户的实情调查和需求建模技术，由于其没有指向特定的开发方法，系统开发人员在需要团队输入和交互时使用JAD。

另一种流行的面向用户的方法是快速应用开发（RAD）。RAD类似于整个SDLC的精简版，用户参与开发中的每一步。与JAD通常只关注实情调查和确定需求不同，RAD为整个系统开发任务提供快速跟踪方法，包括规划、设计、构建和交割。

最后，如第1章所述，敏捷方法代表了最近的趋势，强调系统开发人员和用户之间的强烈交互。JAD、RAD和敏捷方法将在以下各节进行讨论。

4.3 联合应用开发

联合应用开发（JAD）是一种流行的实情调查技术，将用户作为积极的参与者带入开发过程。

4.3.1 用户参与

用户在信息系统中具有至关重要的作用，他们应完全参与开发过程。多年以前，IT部门通常对系统开发负全责，用户只扮演相对被动的角色。在开发过程中，IT人员从用户处收集信息、定义系统需求并构建新系统。在开发的各个阶段，IT人员可能要求用户审查设计、提供评论并提交更改。

如今，用户通常在系统开发中具有更加积极的作用。IT人员现在认识到，成功的系统必须面向用户，用户需要在系统开发的每个阶段都正式或非正式地参与其中。

一种流行的用户参与策略是JAD团队方法，其包括由用户、管理者和IT专业人员组成的任务团队，他们共同工作来收集信息、讨论业务需求并定义新的系统需求。

4.3.2 JAD参与者和作用

JAD团队通常在特别会议室或场外地点进行为期几天或几星期的会议，无论使用哪种方式，JAD的参与者都应避免由日常工作带来的分心。会议目标是分析现有系统、获取用户输入和期望并记录新系统的用户需求。

JAD团队通常有一个项目负责人，其需要有强大的人际关系能力和组织能力，团队还有一个记录结果和决策的成员。图表4-3描述了JAD的常见参与者及其作用，IT员工经常担任JAD项目负责人，但并不总是

这样。系统分析师在JAD团队中参与讨论、提出问题、做笔记并为团队提供支持。如果CASE工具可用，分析师则可以开发模型并将JAD阶段的文档记录直接输入CASE工具。

JAD参与者	作用
项目负责人	制定议程，担任推进者并领导JAD会议
高层管理者	为项目提供企业级授权和支持
经理	为项目提供部门级别的支持，并提供对项目必须如何支持业务功能和需求的理解
用户	对当前运营提供操作层面的输入，提供期望的改变、输入和输出需求、用户界面问题以及项目将如何支持日常工作
系统分析师和其他IT工作人员	为JAD团队成员提供有关安全、备份、硬件、软件和网络功能等问题的技术帮助和资源
记录者	记录JAD会议的结果，与系统分析师共同构建系统模型并开发CASE工具记录

图表4-3　JAD的常见参与者及其作用

JAD的典型会议议程如图表4-4所示，JAD过程包括全部团队成员的相互作用，由于广泛的输入以及参与者之间不断的相互作用，许多企业认为JAD团队能够形成对新系统的最佳定义。

项目负责人	● 介绍所有JAD团队成员 ● 讨论JAD会议的基本规则、宗旨和目标 ● 解释文档记录方法和CASE工具（如果有的话）
高层管理者（有时称为项目业主或赞助商）	● 解释项目原因，并表达最高管理层的授权和支持
项目负责人	● 概述当前系统和提议的项目的范围和约束 ● 介绍具体主题和需要调查的问题
开讨论会，由项目负责人主持	● 审查主要业务流程、任务、用户角色、输入和输出 ● 确定具体的无分歧领域和分歧领域 ● 将团队分成更小的团队来研究具体问题，并分配团队领导
在IT员工支持下，JAD团队成员举行小组会议	● 讨论并记录所有系统要求 ● 开发模型和原型
团队负责人	● 对结果及分配的任务和主题进行报告 ● 提出应由整个JAD团队处理的问题
召开开放式讨论会，由项目负责人主持	● 审查小组会议报告 ● 就主要问题达成共识 ● 记录所有主题
项目负责人	● 介绍JAD会议的总体概况 ● 准备发给JAD团队成员的报告

图表4-4　JAD的典型会议议程

4.3.3　JAD的优缺点

与传统方法相比，JAD更加昂贵。同时，如果团队相对于项目规模来说人过庞大，则可能比较麻烦。但许多企业发现，JAD 允许关键用户有效参与需求建模过程。当用户参与系统开发过程时，他们更可能对结果有归属感并支持新系统。正确使用 JAD 能够更准确地说明系统需求、更好地理解共同目标并更好地保证新系统的成功。

4.4 快速应用开发

快速应用开发（RAD）是一种基于团队的技术，可加速信息系统开发并产生一个运行良好的信息系统。RAD 使用与 JAD 类似的团队方法，但更进一步，JAD 的最终产品是需求模型，RAD 的最终产品是新的信息系统。RAD 是一种完整的方法，具有与传统 SDLC 阶段平行的四阶段生命周期。企业使用 RAD 来降低成本、缩短开发时间并增加成功的可能性。

RAD 在很大程度上依赖于原型和用户参与，RAD 过程允许用户尽早检查工作模型、确定其是否满足他们的需求并建议必要的更改。原型基于用户输入进行修改，并继续进行交互过程，直到系统完全开发且用户满意。项目团队使用 CASE 工具构建原型并创建连续的文档流。

4.4.1 RAD 阶段和活动

RAD 模型包括四个阶段：需求规划、用户设计、构建和交割。如图表 4－5 所示。

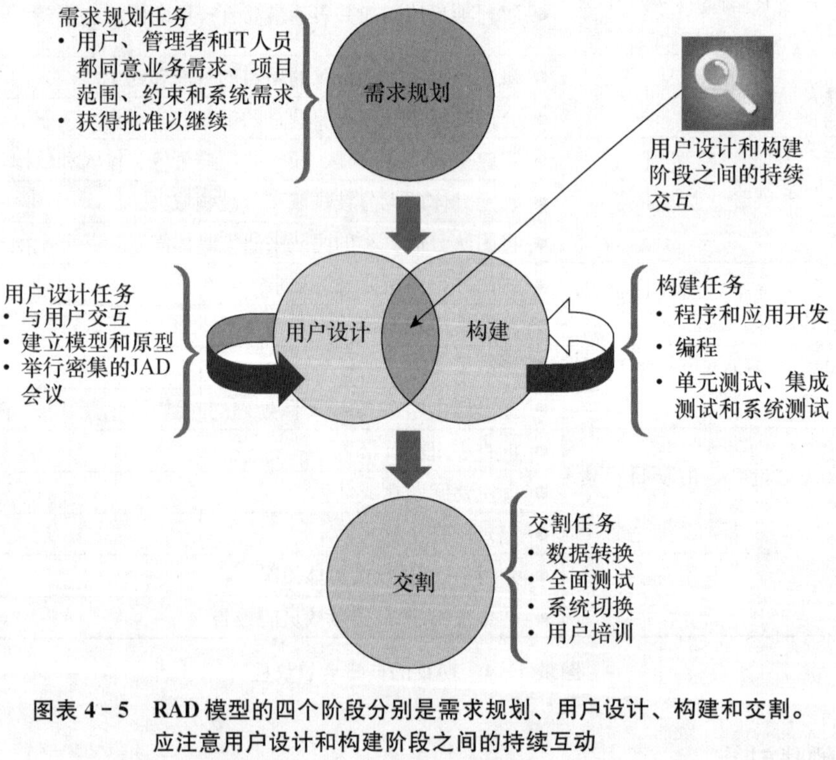

图表 4－5　RAD 模型的四个阶段分别是需求规划、用户设计、构建和交割。应注意用户设计和构建阶段之间的持续互动

需求规划

需求规划阶段（requirements planning phase）结合 SDLC 系统规划和系统分析阶段的要素。用户、管理者和IT员工讨论并商定业务需求、项目范围、约束和系统需求。当团队在关键问题上达成一致并获得管理层继续执行的授权时，需求规划阶段结束。

用户设计

在**用户设计阶段**（user design phase），系统分析师与用户交互，开发出包括全部系统过程、输出和输入的模型和原型。RAD团队或子团队通常使用JAD技术和CASE工具将用户需求转化为工作模型。用户设计是一个连续且交互的过程，允许用户理解、修改并最终同意满足其需求的系统工作模型。

构建

构建阶段（construction phase）专注于与SDLC类似的程序和应用开发任务。然而在RAD中，用户继续参与并仍可在开发实际界面或报告时建议更改或改进。

交割

交割阶段（cutover phase）与SDLC实施阶段中的最终任务类似，包括数据转换、测试、向新系统转换以及用户培训。与传统方法相比，整个过程被压缩，从而新系统被更快地构建、交付和投入使用。

4.4.2 RAD目标

所有RAD方法的主要目标都是通过让用户参与系统开发的每个阶段缩减开发时间和费用。由于它是一个连续的过程，RAD允许开发团队随着设计的演进快速地做出必要修改。在企业预算紧缩的时期，限制在长期或延期的开发进度中出现的更改成本尤为重要。

除了用户参与，成功的RAD团队还必须有IT资源、技能和管理支持。由于RAD是一个动态的、用户驱动的过程，当企业需要信息系统支持新的业务功能时，RAD特别有价值。通过在初始阶段获取用户输入，RAD还可以帮助开发团队设计需要高度交互或用户界面复杂的系统。

4.4.3 RAD的优缺点

与传统的结构分析方法相比，RAD有其优点和缺点。主要优点是可以更快速地开发系统并显著节省成本。缺点是强调系统本身的机制，而不强调企业的战略业务需求。风险是系统可能在短期内运行良好，但企业和系统的长期目标可能无法实现。另一个潜在的缺点是缩短的时间周期可能只留有较少的时间来提升质量、一致性和设计标准，然而，如果组织能够接受可能出现的风险，则RAD是有吸引力的替代方案。

4.5 敏捷方法

第1章解释敏捷方法试图通过构建一系列原型，并不断根据用户需求调整它们来逐步开发系统。随着敏捷过程的持续，开发人员对早期版本进行修改、扩展并将其合并到最终产品中。敏捷方法强调连续反馈，且每个增加的步骤受先前步骤中习得内容的影响。

敏捷方法变得越来越受欢迎，已经出现敏捷相关软件和服务的大型社区。许多敏捷开发人员更偏向于不使用CASE工具，而是如图表4-6所示依赖于白板和便利贴，他们认为这种方法增强了敏捷策略：简单、快速、灵活且面向用户。

Scrum是另一种敏捷方法，这一名称来自橄榄球术语，指的是团队成员相互对抗来实现他们的目标，如

图表 4-7 所示。Scrum 的系统开发版本也同样包括强烈交互，虽然更多的是心理而不是物理上的。在 Scrum 会议中，敏捷团队成员扮演猪或鸡等特定角色。这些角色是关于猪和鸡的老笑话，它们讨论开一家供应火腿和鸡蛋的餐厅，但是猪的数量不断减少，因为它们需要付出生命，而对于鸡来说，它们只需要做出一点贡献。

图表 4-6　增强敏捷策略：简单、快速、灵活且面向用户

资料来源：Sam Edwards、Getty Images。

图表 4-7　在橄榄球场上，团队成员准备相互对抗来实现他们的目标

资料来源：fotograf. lv/Shutterstock. com。

在敏捷世界中，猪包括产品所有者、推进者和开发团队；而鸡包括用户、其他利益相关者和管理者。Scrum 会议具有强调时间块、交互和团队活动的具体指南，这些活动产生了可交付的软件。敏捷团队使用一系列 Scrum 来暂停行动，在每一个 Scrum 会议中都会设置一个游戏计划，该计划在下一个 Scrum 会议开始后失效，或者可以在当前 Scrum 中由玩家重置。

4.5.1 敏捷方法的优缺点

敏捷方法又称自适应方法，是处理变化的灵活、有效方法。它们很受欢迎，因为它们强调团队互动，反映一套基于群体的价值观。同时，频繁交付的产品不断验证项目并降低风险。

然而，仍存在一些潜在的问题。例如，团队成员需要高水平的技术和人际关系能力。同时，缺乏结构和文档也可能引入风险因素，如角色和责任模糊以及企业知识受损。最后，整个项目可能会出现重大范围变化，因为用户需求在项目期间逐步演进。

案例 4.1 North Hills 学院

North Hills 学院已经决定实施一个新的注册系统，其允许学生本人在线注册。作为 IT 管理者，你决定召开一个 JAD 会议来帮助定义信息系统的需求。North Hills 学院具有十分典型的组织结构，行政人员包括注册服务商、学生支持和服务团队、商业办公室、IT 团队以及一些学术部门。利用这些信息，你开始计划 JAD 会议。你会邀请哪些人参加会议？为什么？会议的议程是什么？会议的每个阶段会发生什么？

4.6 建模工具和技术

模型帮助用户、管理者和 IT 专业人员理解系统设计。模型包括在各个开发阶段代表系统的图形方法和非技术语言。在需求建模期间，分析师可使用不同工具来描述业务流程、需求以及用户与系统的交互。

系统分析师交替使用建模和实情调查，他们首先将实情调查结果构建成模型，随后研究模型以确定是否需要额外的实情调查。为了帮助他们理解系统需求，分析师使用功能分解图、业务流程模型、数据流图和统一建模语言。

4.6.1 功能分解图

功能分解图（functional decomposition diagram，FDD）是业务功能或过程自上而下的表示。使用 FDD，分析师可显示业务功能并将其分解为较低级别的功能和流程。创建 FDD 类似于绘制组织图，从顶部开始向下工作，图表 4-8 显示了使用 Visible Analyst CASE 工具绘制的图书馆系统的 FDD。FDD 可在系统开发的多个阶段使用，在需求建模期间，分析师使用 FDD 对业务功能进行建模，并显示它们如何组织较低级别的过程，这些过程在应用开发期间转化为程序模块。

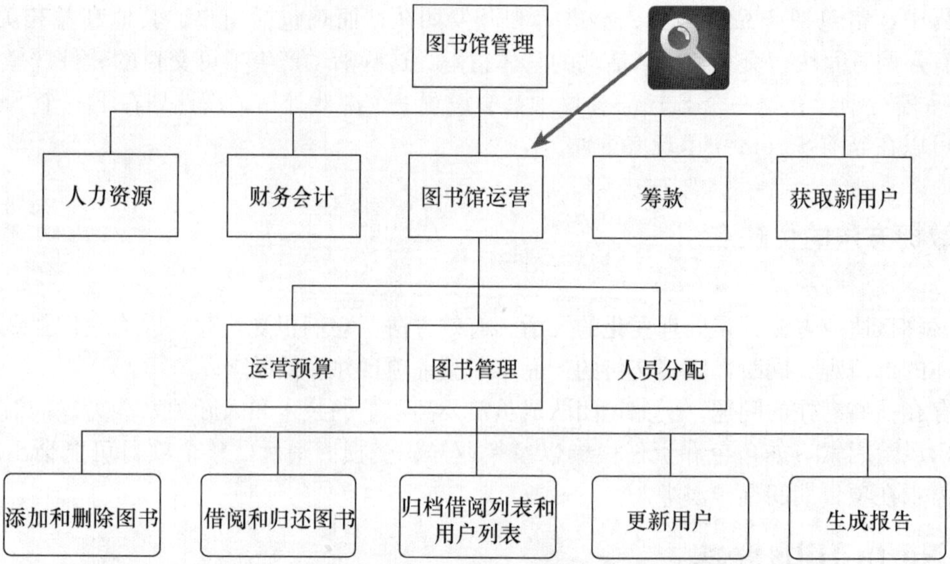

图表 4-8　该 Visible Analyst FDD 显示了具有五个顶级功能的图书馆系统。其中，图书馆运营功能包括两个额外层次的过程以及相应的子过程

资料来源：Visible Analyst Corporation。

4.6.2　业务流程建模

如第1章所述，业务流程模型表示一个或多个业务流程，如处理航班预订、填写产品订单或更新客户账户。在需求建模期间，分析师通常创建使用业务流程建模符号（BPMN）的标准语言模型。

在使用 Visible Analyst 等 CASE 工具创建业务流程模型时，图表自动成为整体模型的一部分。在图表4-9所示的使用 BPMN 技术的例子中，整体图被称为**池**（pool），指定的客户区域被称为**泳道**（swim lanes）。将 BPMN 集成到 CASE 开发过程能够带来更快的结果、更少的错误和更低的成本。

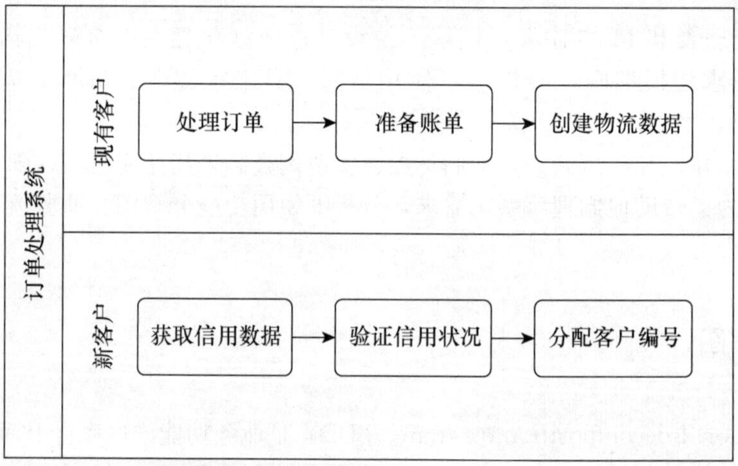

图表 4-9　使用 Visible Analyst CASE 工具，分析师可创建业务流程图。整体图称为池，两个独立的客户区域称为泳道

资料来源：Visible Systems Corporation。

4.6.3 数据流图

从功能分解图开始，分析师可创建数据流图（DFD）来显示系统如何储存、处理并转换数据。图表 4－10 中的 DFD 描述了如何添加和删除图书，其是图表 4－8 显示的图书馆管理图中的一个功能。DFD 中的两个框表示过程，每个过程具有不同的输入和输出，额外的信息级别和详细信息在其他相关的 DFD 中进行描述，第 5 章将对数据和过程建模进行详细描述。

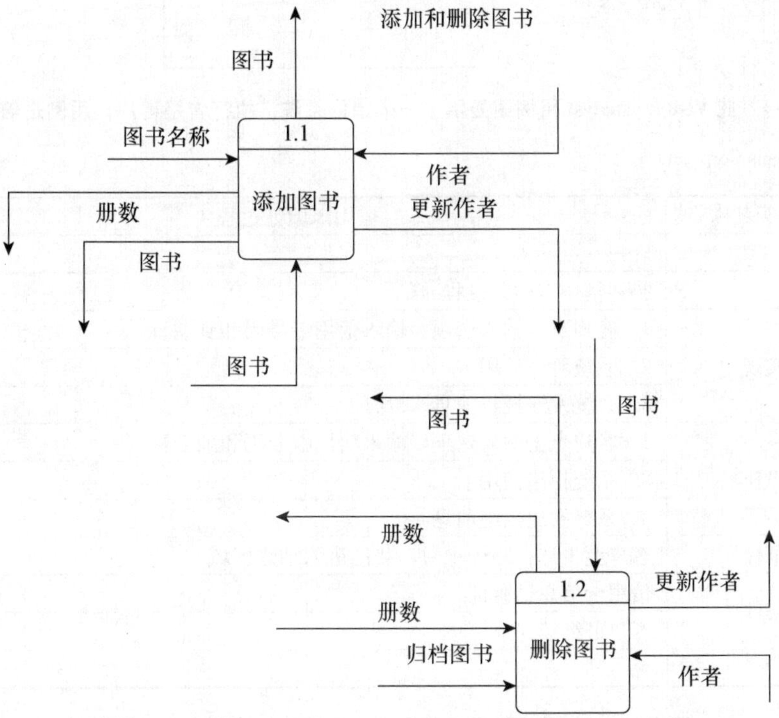

图表 4－10　此 Visible Analyst DFD 显示了如何在图书馆系统中添加和删除图书

资料来源：Visible Systems Corporation。

4.6.4 统一建模语言

统一建模语言（Unified Modeling Language，UML）是一种广泛使用的可视化并记录软件系统设计的方法。UML 使用面向对象的设计概念，但其独立于任何特定的编程语言，通常用于描述业务流程和需求。

UML 提供了用例图和序列图等不同图形工具。在需求建模期间，系统分析师可利用 UML 从用户角度表示信息系统。第 6 章中将对用例图、序列图和其他 UML 概念，以及其他面向对象分析概念进行更详细的讨论。

用例图

在需求建模期间，系统分析师和用户共同工作，来记录需求并对系统功能建模。**用例图**（use case diagram）直观地表示用户和信息系统之间的交互。在用例图中，用户成为一个**执行者**（actor），具有描述他们如何与系统交互的特定作用。系统分析师可绘制用例图或使用 CASE 工具将用例集成到整个系统设计中。

图表 4－11 显示了销售系统的简单用例图，执行者是客户，用例包括系统执行的信用卡验证。由于用例从用户视角描述系统，因此可使用常见商业用语来描述交易。图表 4－12 显示了记录信用卡验证用例的表，

图表 4 - 13 显示了具有若干用例和执行者的学生记录系统。

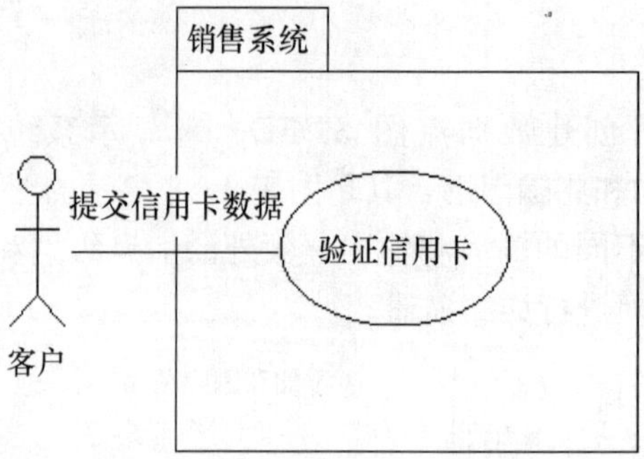

图表 4 - 11　此 Visible Analyst 用例图显示了一个销售系统，执行者是客户，用例是信用卡验证

资料来源：Visible Systems Corporation。

用例名称	信用卡验证过程
角色	客户
描述	描述信用卡验证过程
成功实现	1. 客户点击输入选项，输入信用卡号码和到期日
	2. 系统验证信用卡
	3. 系统发送授权消息
可选操作	1. 客户点击输入选项，输入信用卡号码和到期日
	2. 系统拒绝信用卡
	3. 系统发送拒绝消息
前置条件	客户至少选择一个项目，并已进入结账区域
后置条件	信用卡信息已验证
	客户可继续完成订单
假设	无

图表 4 - 12　此表记录了图表 4 - 11 所示的信用卡验证用例

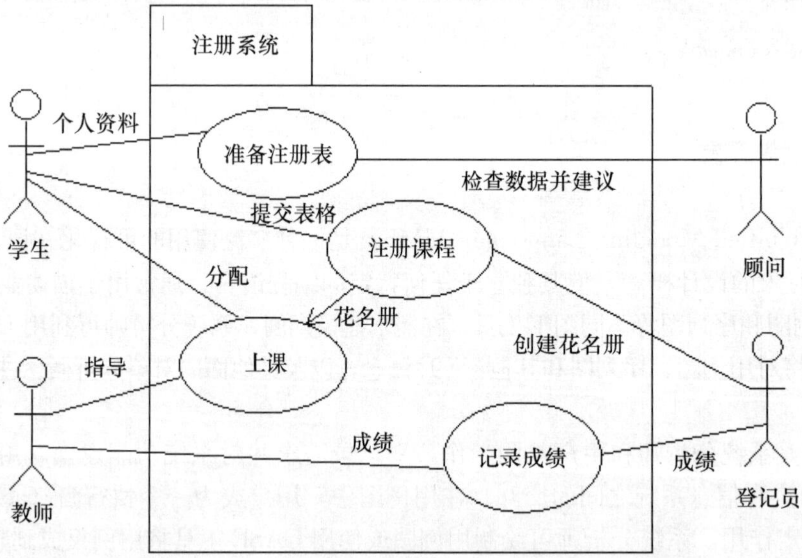

图表 4 - 13　此 Visible Analyst 用例图显示了学生记录系统

资料来源：Visible Systems Corporation。

序列图

序列图（sequence diagram）显示了对象之间的交互时间。系统分析师可使用序列图显示所有可能的结果或关注单个场景。图表 4-14 显示了信用卡验证成功的简单序列图，交互沿着垂直时间从顶部到底部进行，水平箭头代表从一个对象传递给另一个对象的消息。

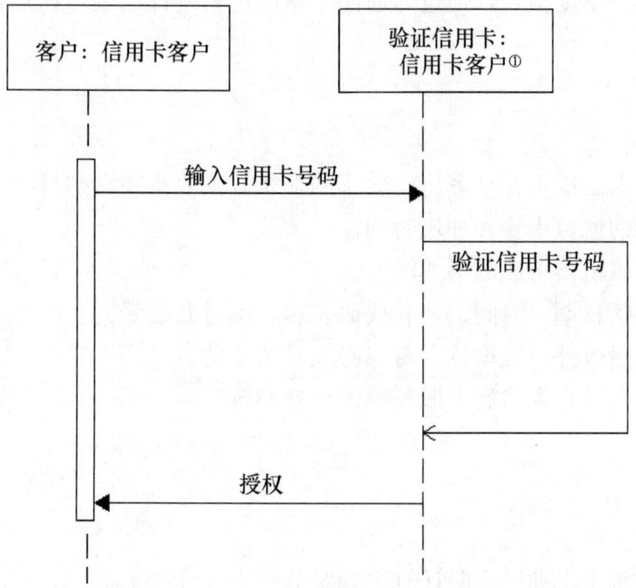

图表 4-14　此 Visible Analyst 序列图显示了信用卡验证过程

资料来源：Visible Systems Corporation。

4.7　系统需求清单

在需求建模期间，系统开发人员必须确认并描述所有系统需求。**系统需求**（system requirement）是信息系统为满足业务需求并被用户接受而必须具备的特性或特征。系统需求将作为基准，衡量所完成系统的总体可接受性。

系统需求分为五大类：输出、输入、过程、性能和安全。以下列出了每个类别的系统需求的典型示例。

4.7.1　输出示例

- 网站必须每四个小时报告一次在线量统计信息，并在高峰期每小时报告一次。
- 库存系统必须每日生成报告，按照以部件号排列的顺序显示零件编号、描述、库存数量、分配数量、可用数量和单位成本。

① 原书疑有误，应为信用卡发卡行。——译者注。

- 联系人管理系统必须为所有销售代表生成每日提醒列表。
- 采购系统必须向供应商提供最新的规格。
- 销售跟踪系统必须生成每日快速销售物品报告，按照样式、颜色、尺寸和重新订购状态分组，列出所有超出预测销售量的产品。
- 客户分析系统必须生成季度报告，通过与前四个季度进行统计比较，识别订购模式和趋势的变化。

4.7.2 输入示例

- 生产员工必须在记录人工成本并计算生产效率的在线数据收集终端刷身份卡。
- 部门主管必须在单独的窗口中输入加班时间。
- 学生成绩必须由教师以机器可读的形式输入。
- 每个输入表单必须包括日期、时间、产品代码、客户编号和数量。
- 除背景颜色可由用户更改外，数据输入窗口必须是统一的。
- 医疗小组的数据录入人员必须将病人服务输入计费系统。

4.7.3 过程示例

- 学生记录系统必须在每个学期结束时计算平均学分绩点（GPA）。
- 作为年终处理的最后一步，工资系统必须更新员工的工资、奖金和福利，并生成 IRS 要求的税务数据。
- 仓库分配系统必须分析每日订单，为运输卡车创建最高效且减少不必要路程的路线模式。
- 人力资源系统必须与现有薪酬系统正确交互。
- 设备租赁系统不能对已经逾期的客户执行新的租赁交易。
- 处方系统必须自动生成保险索赔表。

4.7.4 性能示例

- 系统必须同时支持 25 个用户在线。
- 响应时间不得超过 4 秒。
- 系统必须每周 7 天、每年 365 天运行。
- 应收账款系统必须在下个月的第三个工作日前准备好客户报表。
- 学生记录系统必须在注册结束后的五个小时内生成课程表。
- 在线库存控制系统必须在商品数量低于预设最小值之后的一小时内标记所有低库存物品。

4.7.5 安全示例

- 系统必须在操作系统级别和应用级别保证登录安全性。
- 员工记录只能由人力资源部门的成员添加、更改或记录。
- 系统必须为用户和系统管理员提供单独的安全级别。

- 所有事务必须具有审计字段。
- 销售部门经理必须审批超过客户信用额度的订单。
- 系统必须创建包含错误类型、描述和时间的错误日志文件。

4.8 未来增长、成本和收益

除了系统需求，系统分析师还必须考虑决定系统将如何处理未来的增长和需求的扩展性，以及包括未来运营和支持全部成本在内的总体拥有成本。

4.8.1 扩展性

扩展性（scalability）是指系统未来处理增长的业务量和事务的能力。由于扩展的系统将有更长的使用寿命，它提供了更好的初始投资回报。

为了评估扩展性，需要预计未来输入、输出和过程数量的全部信息。例如，对于网络订单处理系统，需要知道最大并发用户数、在线活动高峰时间段、每个事务所需数据项的数量和类型，以及访问并更新客户文件的方法。

仅仅为了打印客户报表，分析师就需要知道活动账户数量，以及对一年、两年或五年的预测，因为这一信息影响未来的硬件决策。除了实际数量预测，还可提供邮费或在线费用等相关费用的可靠成本估计。

同样地，为了确保网络酒店预订系统有足够的扩展性，分析师需要预计未来几年的运营活动水平。例如，可以预测客户在线查询房间可用性的频率，并估计每个查询所需的时间和平均响应时间。利用该信息，可以估计服务器事务量和网络需求。

事务量对运营成本有重大影响，当其超过系统限制时，维护成本将急剧增加。如果企业扩张或进入新的业务线，事务量可能会发生巨大变化。例如，基于互联网的新营销活动可能需要额外的服务器和 24 小时的技术支持。

数据存储也是一个重要的扩展性问题。分析师必须确定当前需要多少数据存储空间，并根据系统活动和增长预测未来的需求，这些需求会影响维护系统性能所需的硬件、软件和网络带宽。还必须考虑数据留存需求，以确定是否可以按特定时间计划将数据删除或归档。

4.8.2 总体拥有成本

除直接成本外，系统开发人员还必须确定并记录构成总体拥有成本（TCO）的间接成本。如果开发团队正在评估几种备选方案，TCO 则尤其重要，在考虑不总是显而易见的间接成本后，最初看起来较便宜的系统实际上可能是最昂贵的选择。成本估计倾向于低估用户支持以及停机时生产力损失等间接成本。即使无法得到准确的数字，系统分析师也应尝试确定间接成本并将其纳入 TCO 估计。

由于成本控制十分重要，厂商经常声称它们的产品或服务会显著降低 TCO。例如，将传统系统迁移到云端的常见原因之一是降低 TCO。如图表 4－15 所示，云计算提供了降低运营成本的机会，因为资本投资等外包支出转变为即付即用的定价模式。

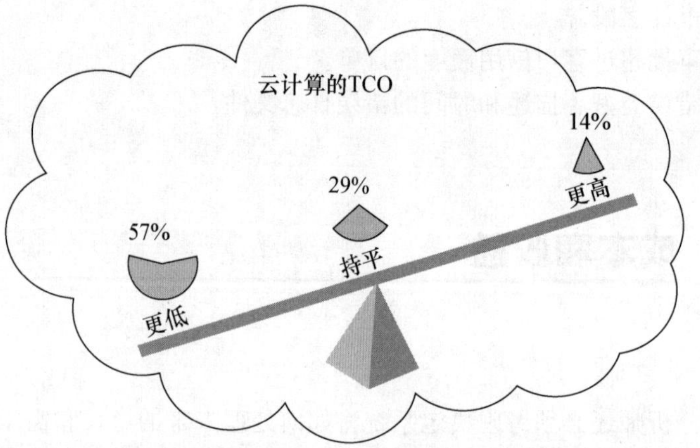

图表 4-15 迁移到云端时的总体拥有成本可以显著低于当前计算平台的总体拥有成本

4.9 实情调查

在确定系统需求、扩展性和 TCO 之后，下一步是进行**实情调查**（fact-finding）：收集信息。无论是独立工作还是作为 JAD 团队成员工作，分析师都将在需求建模期间使用各种实情调查技术，包括访谈、文档审查、观察、问卷调查、抽样和研究。

4.9.1 实情调查概述

虽然软件可以帮助收集和分析实情，但实际上没有程序能够自动执行实情调查。首先，必须确认所需信息，一般来说，这一活动从询问一系列问题开始，例如：

- 当前系统支持哪些业务功能？
- 新系统必须支持哪些战略目标和业务需求？
- 提议的系统的收益和总体拥有成本是什么？
- 系统处理哪些事务？
- 用户和管理员需要从系统中获得哪些信息？
- 新系统必须与旧系统交互吗？
- 可通过业务流程重组消除哪些程序？
- 存在哪些安全问题？
- 哪些风险是可接受的？
- 哪些预算和时间安排约束将影响系统开发？

为了获取这些问题的答案，分析师可制订实情调查计划，包括另外的一系列问题（谁、什么、哪里、何时和如何），或使用更结构化的方法，如 4.9.3 节中描述的 Zachman 框架。无论使用哪种方式，分析师都将制定战略、施行实情调查技术、记录结果并准备一份提交给管理层的系统需求文档。

4.9.2 谁、什么、哪里、何时、如何和为什么

实情调查包括五个熟悉问题的答案：谁、什么、哪里、何时和如何。对于每个问题，还必须提出另一个

非常重要的问题：为什么。这些问题的例子有：

（1）谁？谁在系统内执行每个过程？为什么？执行活动的人是正确的吗？其他人会更有效地执行任务吗？

（2）什么？现在正在做什么？正在遵循什么程序？为什么这个过程是必要的？通常来说，程序被遵循多年，但没有人知道为什么。应询问为什么要遵循这一程序。

（3）哪里？目前在哪里执行操作？为什么？操作可以在哪里执行？在其他地方会更有效地执行吗？

（4）何时？程序何时执行？为什么在这个时候执行？这是最好的时间吗？

（5）如何？如何执行程序？为什么以这种方式执行？用其他方式会更好、更有效或降低成本吗？

询问正在做什么以及可以或应该做什么之间是有区别的。系统分析师首先必须了解当前情况，随后可解决应该做什么的问题。图表 4－16 列出了基本问题，注意前两列与当前系统有关，但第三列关注于建议的系统。

当前系统		建议的系统
谁来做？	为什么这个人来做？	谁应该做？
做什么？	为什么要做？	应该做什么？
在哪里做？	为什么在那里做？	应该在哪里做？
什么时候做？	为什么那时做？	应该在什么时候做？
如何做？	为什么这么做？	应该如何做？

图表 4－16　在需求建模期间的问题示例，关注点从当前系统转移到建议的系统

4.9.3 Zachman 框架

在 20 世纪 80 年代，约翰·扎克曼（John Zachman）观察建筑业等行业如何处理复杂项目，他建议相同的想法可应用于信息系统开发。他提出的**企业架构的 Zachman 框架**（Zachman Framework for Enterprise Architecture）是一个在系统开发环境中询问传统实情调查问题的模型，如图表 4－17 所示。

图表 4－17　Visible Analyst 使用企业架构的 Zachman 框架。Zachman 框架在系统开发环境中提出传统实情调查问题

资料来源：Visible Systems Corporation。

Zachman 框架是一种为企业架构建模的流行方法，它帮助管理者和用户了解模型，并确保整体业务目标转化为成功的 IT 项目。该框架随着时间演变，尤其改进图形元素并澄清建模语言，但基本概念保持不变。

4.10 访谈

访谈是系统分析阶段的一个重要实情调查工具。**访谈**（interview）是有计划的会面，在此期间，分析师从另一个人处获取信息。读者必须了解成功规划、实施、记录和评估访谈所需的技能。

如本章前面所述，在确定需要的信息后，访谈过程开始，每个访谈包括七个步骤：

(1) 确定访谈人员；

(2) 确立访谈目标；

(3) 开发访谈问题；

(4) 准备访谈；

(5) 实施访谈；

(6) 记录访谈；

(7) 评估访谈。

步骤 1：确定访谈人员

为了得到准确的刻画，分析师必须选择合适的人员进行访谈，并向他们询问正确的问题。初步调查主要包括中层管理者或部门主管。现在，在系统分析阶段，应组织各级人员进行访谈。在某些情况下，对不是组织成员的利益相关者进行访谈可能是一种明智的行为，因为他们的意见是有价值的。

虽然可从早期审查的正式组织结构图中选择访谈候选人，但还必须考虑组织中存在的任何非正式结构。**非正式结构**（informal structures）通常基于人际关系，可从之前的工作任务、物理邻近、非正式程序或个人关系发展，如图表 4-18 所示的非正式聚集。在非正式结构中，一些人的影响和知识比组织结构图上显示的

图表 4-18　在设计访谈时，分析师应在正式组织结构图之外查找可能提供有价值信息的人

资料来源：iStockphoto. com/mammamart。

更多。分析师对企业正式和非正式结构的了解有助于在系统分析阶段确定访谈人员。

可以在同一时间对不同人员实施访谈吗？小组访谈能够节省时间，并提供机会观察参与者之间的互动。但是小组访谈也可能出现问题，一个人可能主导对话，即使当问题是针对具体的其他人提出时。组织级别也可能带来问题，高层管理者出席访谈可能会阻止下级员工坦诚地表达自我。

步骤2：确立访谈目标

确定访谈人员后，必须确立访谈目标。首先，应确定要讨论的一般领域，然后列出要收集的实情。在访谈期间征求想法、建议和意见也是一个好主意。

访谈目标取决于受访者的角色，高层管理者能够提供整体蓝图以帮助理解整个系统，与运营和业务相关的具体细节最好从每天实际使用系统的人处获取。

在系统分析的早期阶段，访谈通常是笼统的，但随着实情调查过程的持续，访谈更多侧重于具体话题，访谈目标在调查的不同阶段也会不同。访谈应尽可能简短（虽然长度根据需要确定），因为对于员工，尤其是管理者来说时间非常宝贵。通过设定具体目标，能够创建一个框架，帮助分析师决定要问什么问题以及如何表达。

步骤3：开发访谈问题

创建标准的访谈问题列表有助于保持正常谈话过程，避免涉及与主题无关的话题。同时，如果对几个做相同工作的人进行访谈，创建标准问题列表则能够比较他们的答案。即使有具体问题列表，访谈者也可能会偏离它，因为一个问题的答案会引出另一个值得深究的话题，此时该问题或话题应加入修订的问题列表中，用于之后进行的访谈。如果这一话题被证明是非常重要的，则可能需要回访先前的受访者，对其进行询问。

访谈应包括几种不同类型的问题：开放式问题、封闭式问题和限定范围问题。在提出问题时，应避免建议或赞成特定回答的**引导性问题**（leading questions）。例如，不要问“你在提议的系统中看到了哪些优势”，而要问“你在提议的系统中看到优势了吗”。

开放式问题：开放式问题（open-ended questions）鼓励自发和非结构化的回答，这样的问题有助于理解更大型的过程，或提取受访者意见、态度或建议。以下是一些开放式问题的例子：

- 用户对新系统有哪些看法？
- 这个任务如何执行？
- 你为什么要这样执行任务？
- 这些支票如何协调？
- 你希望新的结算系统中添加哪些功能？

另外，通过询问“关于这个话题，有什么其他事情可以告诉我吗”，开放式问题还可用于进一步讨论。

封闭式问题：封闭式问题（closed-ended questions）限制或约束答案范围，供访谈需要具体信息或事实验证时使用。封闭式问题的例子如下：

- 你在该部门中有几台个人电脑？
- 在报告发出之前，你是否检查报告？
- 员工接受多少小时的培训？
- 手册中描述计算过程了吗？
- 上个月有多少客户从网站订购产品？

限定范围问题：限定范围问题（range-of-response questions）是封闭式问题，要求个人通过给出具体回答的有限答案或数字量表来对事物进行评价。此方法更容易列出答案并解释结果。限定范围问题可能包括：

- 用从1到10的等级——1为最低，10为最高——衡量，你的培训多有效？
- 你如何评价问题的严重性：低、中还是高？
- 系统从不、有时、经常、通常还是总是自动关闭？

步骤 4：准备访谈

在确立目标并开发问题后，接下来是准备访谈。仔细的准备是必要的，因为访谈是一个重要的会面，而不是随意聊天。在安排访谈时，应建议具体的日期和时间，并让受访者知道访谈预计持续多久，在访谈前一天发送电子邮件或拨打电话提醒也是一个好主意。

记住，访谈是对另一个人例行工作的中断，所以访谈应该限制在一个小时内。如果由于工作原因推迟了会面，应尽快安排另一个。应告知部门经理与其部门成员的访谈，向每个部门经理发送信息，列出计划的安排是一种通知他们的好方式，图表 4-19 是此类信息的示例。

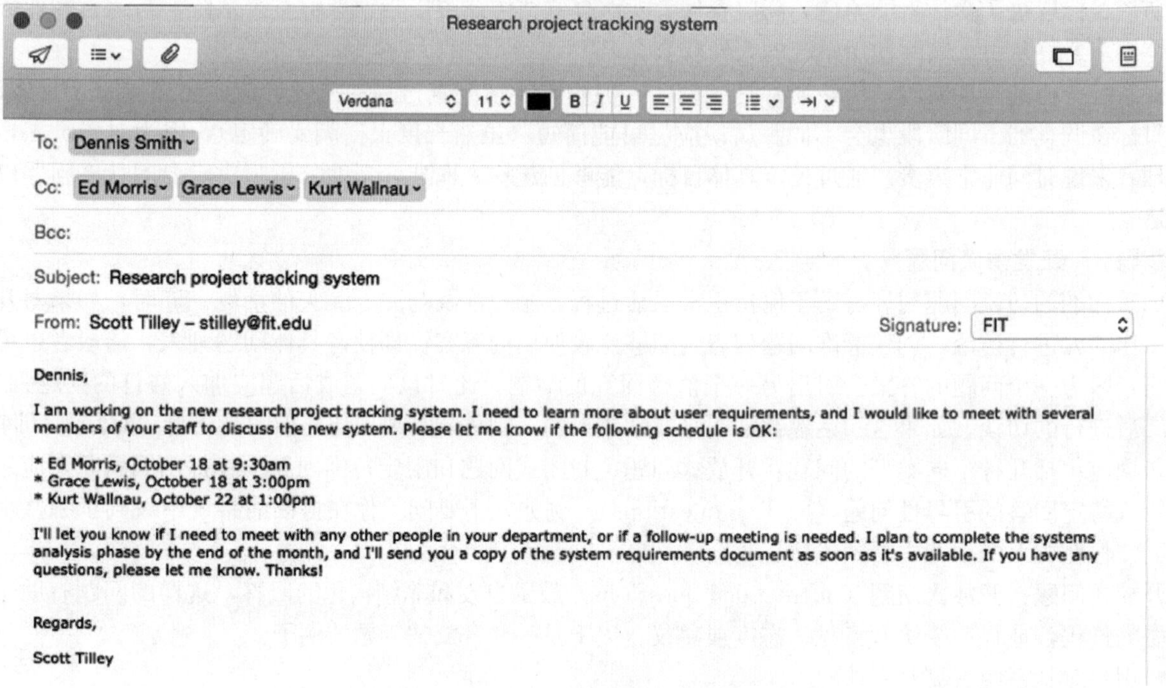
Research project tracking system

To: Dennis Smith

Cc: Ed Morris Grace Lewis Kurt Wallnau

Bcc:

Subject: Research project tracking system

From: Scott Tilley – stilley@fit.edu Signature: FIT

Dennis,

I am working on the new research project tracking system. I need to learn more about user requirements, and I would like to meet with several members of your staff to discuss the new system. Please let me know if the following schedule is OK:

* Ed Morris, October 18 at 9:30am
* Grace Lewis, October 18 at 3:00pm
* Kurt Wallnau, October 22 at 1:00pm

I'll let you know if I need to meet with any other people in your department, or if a follow-up meeting is needed. I plan to complete the systems analysis phase by the end of the month, and I'll send you a copy of the system requirements document as soon as it's available. If you have any questions, please let me know. Thanks!

Regards,

Scott Tilley

图表 4-19　向部门经理发送的访谈信息示例

资料来源：2015 Apple。

应在会面前几天向受访者发送话题清单，尤其在需要详细信息时，使得该人员能够准备访谈并尽可能减少后续会面的需要。图表 4-20 显示了信息示例，其列出了具体问题，并确认了访谈日期、时间、地点、目的和预计持续时间。

如果有关于文档的问题，应请受访者在会议上提供示例，事先的备忘录应包括要讨论文档的列表（如果已经知道需要哪些）。另外，还可以做出对文档的一般性请求，就像图表 4-20 显示的电子邮件中分析师所做的那样。

对于访谈的最佳位置有两种想法：一些分析师认为访谈应在受访者的办公室进行，而另一些分析师认为会议室等中立的位置更好。

在受访者办公室进行访谈的支持者认为这是最好的位置，因为它使受访者在访谈期间感到舒适。支持受访者办公室的第二个论点是，办公室是他们在讨论期间最容易获得辅助材料的地方。但是，如果事先提供完整的话题清单，受访者也能将必要的物品带到会议室或其他位置。

中立位置的支持者强调将打断维持在最低限度的重要性，这样两个人都可以充分集中注意力。此外，没有中断的访谈将花费更少的时间。如果会议确实在受访者的办公室进行，那么应巧妙地建议推迟所有通话，直到访谈结束。

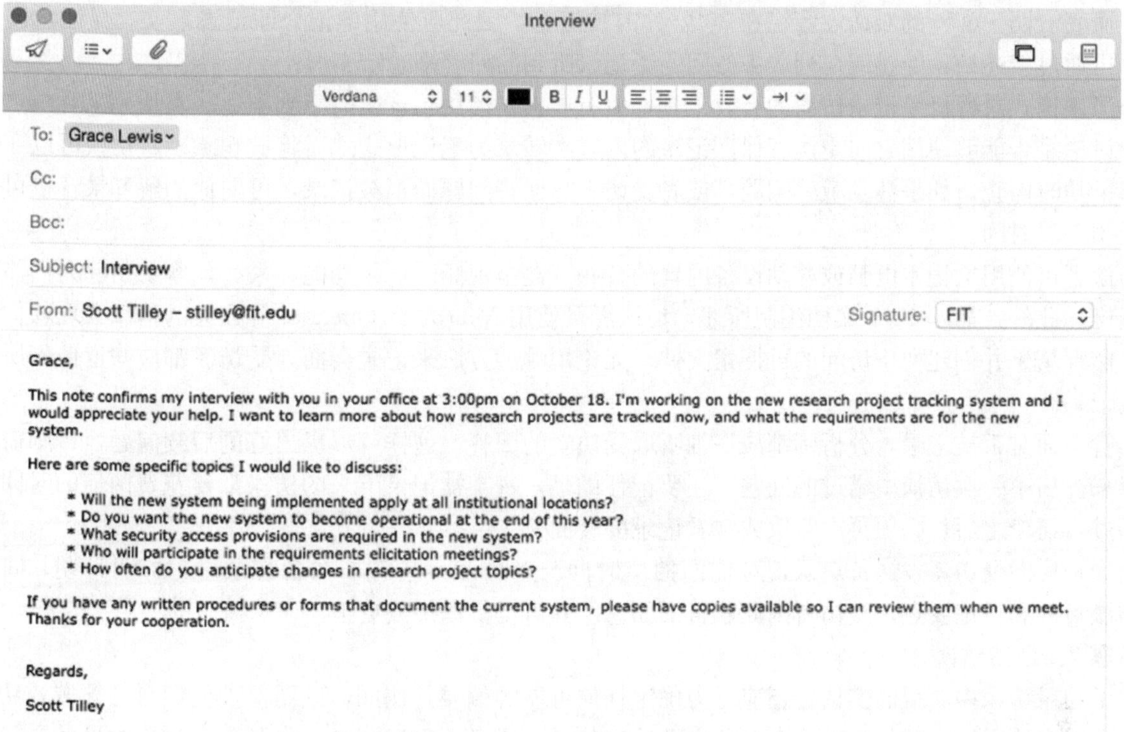
Interview

To: Grace Lewis

Cc:

Bcc:

Subject: Interview

From: Scott Tilley – stilley@fit.edu   Signature: FIT

Grace,

This note confirms my interview with you in your office at 3:00pm on October 18. I'm working on the new research project tracking system and I would appreciate your help. I want to learn more about how research projects are tracked now, and what the requirements are for the new system.

Here are some specific topics I would like to discuss:

* Will the new system being implemented apply at all institutional locations?
* Do you want the new system to become operational at the end of this year?
* What security access provisions are required in the new system?
* Who will participate in the requirements elicitation meetings?
* How often do you anticipate changes in research project topics?

If you have any written procedures or forms that document the current system, please have copies available so I can review them when we meet.
Thanks for your cooperation.

Regards,

Scott Tilley

图表 4-20　确认访谈的信息示例

资料来源：2015 Apple。

步骤 5：实施访谈

在确定访谈人员、确立目标并开发问题之后，应制订会面的具体计划。在实施访谈时，从介绍、描述项目并解释访谈目标开始。

在访谈过程中，按照准备的顺序问问题，并给予受访者充足的时间以提供全面的答案。一些答案将引出其他的问题，应该按照逻辑顺序进行询问。与受访者建立良好的关系是重要的，尤其在初次会面时。如果一个人感到舒适和安心，那么他可能会提供更完整和坦率的答案。分析师在访谈期间的主要责任是仔细听取答案，分析者有时只听到他们期望听到的东西。注意听某人所说的话并注意出现的任何非语言交流，这一过程被称为**参与式倾听**（cngaged listening）。

在提出问题后，允许对方有足够的时间来思考问题并得到答案。研究表明，谈话期间最大的停顿通常是 3～5 秒，在这段时间之后，对方将开始说话。分析师需要有耐心并练习其技能，才能在许多访谈中成功。

在所有问题都被询问后，总结访谈中涵盖的要点并解释下一步行动。例如，提及将发送后续备忘录，或受访者应在会后发送某些需要的信息。在总结访谈后，向对方表示感谢，并鼓励他们提出问题或进行额外的评论。同样，当访谈结束时，向受访者询问他们对可讨论的其他话题是否有建议。

在访谈之后，总结对话并向对方寻求确认。通过说明访谈者对讨论的理解，受访者可以回答并在必要时提供更正，一种方法是重新表述受访者的答案。例如，分析师可以说“如果我正确地理解了你，你说的是……”，然后重申受访者提供的信息。

步骤 6：记录访谈

虽然在访谈中记笔记有优点和缺点，但应将缺点控制在最小限度。一种好方法是在访谈后写下几条笔记来记住关键点，但要避免写下所说的一切，写得太多会分散他人的注意力，从而很难建立良好的关系。

在访谈后，快速记录信息。在会面结束后留出时间记录实情并评估信息，所以尽量不要安排接连不断的访谈。研究表明，50%的对话内容将在 30 分钟内被遗忘，因此应使用笔记立即记录事实，保证它们不会被遗忘。可通过叙述访谈经过或在列表中的问题旁记录听到的回答来总结实情。

小型便携式录音机是记录访谈的有效工具，但有些人在使用录音机时感到不适。在使用录音机之前，与受访者讨论是否能够使用，向受访者保证记录的内容在转录为笔记形式之后将被删除，且访谈可以在受访者的要求下随时停止。如果涉及敏感问题，或者受访者想回答问题而不被记录，可向他们解释录音机可在访谈期间关闭一段时间。

访谈者可使用笔记本电脑或移动设备内置的音频（甚至视频）记录功能，来替代容易引起人们注意的传统录音机。此外，如 4.12 节文档编制所述，访谈者可使用 Microsoft Onenote 等强大的信息管理软件来记录会面、储存结果并创建便于访问的可搜索文件。无论用哪种方法来记录会面，受访者都应知道他们所说的话正在被记录。

不管会面是否被记录，分析师都应仔细听取受访者的回答，这样可以提出好的后续问题，否则需要第二次访谈来提出第一次访谈中错过的问题。还要记住的是，每个被记录下来的访谈都要花费两倍的时间，因为分析师进行访谈之后，必须再次听取或观看记录的会面。

会后，应向受访者发送备忘录，对他们抽出时间与合作表示感谢。在备忘录中，标明日期、时间、位置、访谈目的和讨论要点，受访者因此获得书面总结并可提供添加或更正。

步骤 7：评估访谈

除了记录访谈中获得的实情，还应尽力确定任何可能的偏差。例如，试图保护他们自己领域或功能的受访者，可能会给出不完整的答案或者避免主动给出信息。或者，对当前或未来制度有强烈意见的受访者可能会扭曲事实。一些受访者可能会试图帮助回答问题，即使他们没有提供准确信息的必要经验。

案例 4.2 Deep River 学院

Deep River 学院是加利福尼亚州南部的两年制学院，Deep River 筹款办公室每年两次向校友请求捐款。工作人员使用文字处理系统和个人信息数据库来创建个性化信件，但过去的捐献数据和其他的校友信息是手动储存的。院长 Alexandra Ali 最近提交了一个系统请求，要求学院的 IT 部门开发一个计算机化的校友信息系统，学院没有正式的系统审查委员会，每个部门都有单独的信息服务预算。

系统分析师 Eddie Bateman 进行了初步调查并认为该系统符合全部可行性测试。在阅读他的报告后，Alexandra 请他继续进行系统分析。Eddie 已经预约了对她的访谈，他要求你帮助他准备会面。具体而言，他希望你列出他在访谈中应该涵盖的所有话题。Eddie 还希望你准备一个他应该提出的具体问题的列表，记住要包括开放式问题、封闭式问题和限定范围问题。

4.10.1 不成功的访谈

无论如何准备，都会有一些访谈是不成功的，其中一个主要原因可能是访谈者和受访者相处不好，这一情况可能由许多因素造成。例如，误解或个性冲突可能对访谈产生负面影响，或者受访者可能害怕新系统将使他们失业或改变他们的工作。

在一些情况下，受访者对开放式问题可能只给出简短或不完整的回答，如果是这样，应转换为封闭式问题或限定范围问题，这样能够引出更有利的回答。

继续一个无效率的访谈是很困难的。受访者可能会在之后更加合作，或者分析师可能会在其他地方找到所需的信息。如果未能获取的具体信息将影响项目成功，则应通知主管，他们有助于决定采取何种行动。主管可能会联系受访者的主管，请另一个系统分析师访谈该人，或找到能获取所需信息的其他方式。

案例 4.3　FastPak 隔夜包装系统

FastPak 是美国第四大隔夜包装系统，总部位于加利福尼亚州的洛杉矶。Jesse Evans 是 IT 团队的系统分析师，正在研究更新 FastPak 包裹跟踪系统的方法。Jesse 为访谈 FastPak 的执行副总裁 Jason Tanya 做好了准备，但是在会面期间，Tanya 先生没有让他的助理停止接入电话。在几次打断之后，Jesse 委婉地建议她可以下次再来，或者 Tanya 先生可以要求他的助理停止接入电话。“没有办法，”他回答说，“我是一个非常忙碌的人，我们需要尽量适应这一点，即使访谈因此要花费一整天。”Jesse 对他的反应没有准备，她应该如何选择？分析师总是能控制这种情况吗？为什么？

4.11　其他实情调查技术

除访谈外，系统分析师还使用其他实情调查技术，包括文档审查、观察、问卷调查、抽样和研究等。这些技术在访谈开始前使用，从而较好地获取总体情况并帮助开发更好的访谈问题。

4.11.1　文档审查

文档审查（document review）能够帮助分析师了解当前的系统应如何工作。系统文档有时是过期的，表单可能会更改或不连续，记录的过程也常常被修改或消除。获取实际表单和正在使用的运营文档的副本、审查表单的空白副本以及实际填写的表单样本都是非常明智的。文档样本应在对执行该过程的人员的访谈中获得。如果系统使用软件包，应查看该软件的文档。

4.11.2　观察

观察（observation）当前的运营流程是另一种实情调查技术。观察系统运营提供了额外的视角以及对系统程序更好的理解。观察还允许分析师验证受访者在访谈中做出的说明，并确定流程是否真正按照其描述进行运营。通过观察，可能会发现系统文档和访谈说明都不准确。

随着开发过程的继续，观察也可能提供重要的优势。例如，基于对实际运营的观察而提出的建议通常会被更好地接受。观察还为测试或安装新的更改提供必需的知识，并帮助与和新系统一起工作的用户建立关系。

应提前准备观察计划，准备具体的观察任务和问题列表。在准备列表时应考虑以下问题。

- 提出足够的问题，确保全面了解当前的系统运营。主要目标是明确标准运营流程未涵盖的情况的处理方法。例如，如果员工丢失考勤卡，工资系统中会发生什么？如果员工迟到 10 分钟，但超时工作 20 分钟，处理程序是什么？通常来说，这些例外规则不是书面或正式化的，因此，尝试记录全部例外的处理过程。
- 观察事务中的所有步骤，并记录涉及的文档、输入、输出和过程。
- 检查每种表单、记录和报告，确定每项信息服务的目的。
- 考虑使用系统的每个用户和以下问题：此人从其他人处获得哪些信息？此人生成哪些信息？信息如何沟通？多久发生一次中断？停机时间是多少？用户需要多少支持？谁来支持？
- 与接收当前报告的人交谈，看看报告是否完整、及时、准确且有用。询问信息能否消除或改进，以及人们是否希望接收额外的信息。

如图表 4-21 所示，当人们在工作中被观察时，应考虑被称为**霍桑效应**（Hawthorne Effect）的因素。这个名字来自 20 世纪 20 年代在西方电气公司（Western Electric Company）的霍桑工厂进行的知名研究，这一研究的目的是确定工作环境中的各种变化将如何影响员工生产力。令人惊讶的结果是，无论条件变好还是变坏，生产力在观察期间都得到了提高。研究人员得出结论：当工人知道他们在被观察时，生产力似乎提高了。

图表 4-21　霍桑实验表明，被观察期间工人的生产力提高。当观察现有系统的运营时，应考虑霍桑效应

资料来源：Monkey Business Images/Shutterstock. com。

虽然最近的一些研究提出了不同看法，但应注意，观察确实对正常运营有影响。因此，务必事先通知该区域的主管。在某些情况下，向被观察者解释访问目的可能是有帮助的。

4.11.3　问卷调查

在可从大量人员处获得输入的项目中，问卷可以是一个有价值的工具。**问卷**（questionnaire）也称为**调查**（survey），是一份包含许多标准问题的文档，可发送给许多个体。

问卷可用于获取有关大范围主题的信息，包括工作量、报告数量、处理的事务数量、工作职责、困难以及对如何更好或更有效地开展工作的意见。图表 4-22 显示了包括若干不同问题和回答形式的问卷示例。

问卷通常从标题开始，标题包括题目、对目的的简要陈述、联系人的姓名和电话号码、完成问卷的截止日，以及如何和在何处提交表单。标题之后通常是总体介绍，为如何回答问题提供明确的指导。标题也用于介绍调查的每个主要部分，或者在问题或答案的类型发生变化时给出说明。长的问卷可能以感谢参与者并提醒他们如何提交表单结束。

匿名问题怎么办？人们应为问卷署名，还是匿名回答更好？答案取决于两个问题。首先，为了匹配或关联信息，分析师是否真的需要知道受访者是谁？例如，知道多大比例的用户需要某个软件功能是重要的，但特定的用户名可能与其无关。其次，问卷是否包括任何敏感或有争议的话题？许多人在回答“你的主管在多大程度上向你把系统解释清楚了?”这样的问题时不想被识别，在这种情况下，匿名回答可能会提供更准确的信息。

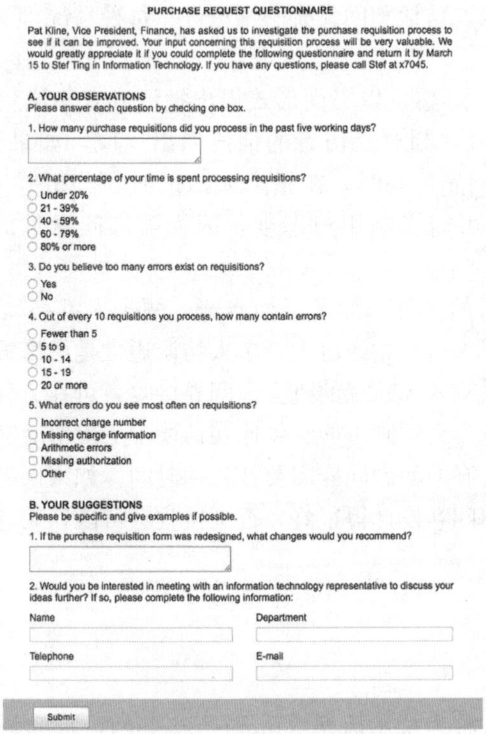

PURCHASE REQUEST QUESTIONNAIRE

Pat Kline, Vice President, Finance, has asked us to investigate the purchase requisition process to see if it can be improved. Your input concerning this requisition process will be very valuable. We would greatly appreciate it if you could complete the following questionnaire and return it by March 15 to Stef Ting in Information Technology. If you have any questions, please call Stef at x7045.

A. YOUR OBSERVATIONS
Please answer each question by checking one box.

1. How many purchase requisitions did you process in the past five working days?

2. What percentage of your time is spent processing requisitions?
- Under 20%
- 21 - 39%
- 40 - 59%
- 60 - 79%
- 80% or more

3. Do you believe too many errors exist on requisitions?
- Yes
- No

4. Out of every 10 requisitions you process, how many contain errors?
- Fewer than 5
- 5 to 9
- 10 - 14
- 15 - 19
- 20 or more

5. What errors do you see most often on requisitions?
- Incorrect charge number
- Missing charge information
- Arithmetic errors
- Missing authorization
- Other

B. YOUR SUGGESTIONS
Please be specific and give examples if possible.

1. If the purchase requisition form was redesigned, what changes would you recommend?

2. Would you be interested in meeting with an information technology representative to discuss your ideas further? If so, please complete the following information:

Name
Department
Telephone
E-mail

Submit

图表 4-22　问卷的在线版本示例。其是否遵循了建议指南?

资料来源：作者使用奥多比系统公司（Adobe Systems Incorporated）的 Adobe Online Forms 创建。

在设计问卷时，最重要的是确保问卷中的问题以可用于后续实情调查工作的形式收集正确的数据。以下是设计问卷时应牢记的其他准则：

- 保持问卷简短且用户友好。
- 提供明确的指导，回答所有预期的问题。
- 按照逻辑顺序排列问题，话题应从简单到复杂。
- 问题的措辞应避免造成误解，使用简单的术语和词汇。
- 尽量不要引导回答或使用给出预期答案线索的问题。
- 限制使用难以展开的开放式问题。
- 限制使用可能引起对工作保障或其他负面问题关注的问题。
- 在问卷末尾包含提供一般性评价的部分。
- 在可能的情况下，先在一个小测试组上测试问卷，之后最终确定问卷并分发给大组。

问卷可以是传统的纸质形式，也可创建**可填写表单**（fill-in form）并在互联网或企业内部网上收集数据。例如，Acrobat Pro 或 Forms Central 等奥多比工具可用于创建表单字段，包括用户可单击选择的文本框和下拉列表。在发布表单之前，应将其设置为用户可填写但不能改变其布局或设计的模式。图表 4-22 中的调查问卷示例使用奥多比 Forms Central 在线创建。Survey Monkey 和 Zoomerang 等在线调查网站也可用于创建并管理问卷。

4.11.4　访谈和问卷

一方面，在从大群体处获取输入时，问卷是一个非常有用的工具；另一方面，如果只需要少数人的详细信息，那么每个人都应该单独访谈。访谈和问卷哪一个更好？每种情况都有所不同，应考虑信息的类型、时间限制和费用因素。

访谈比问卷更亲切和个人化。不愿意以书面形式提出批评或有争议意见的人当面可能会畅所欲言。此外，在面对面访谈期间，访谈者可立刻对受访者的话语做出反应，如果受访者做出令人惊讶或混乱的陈述，则可用其他的问题来追问该问题。同时，在做个人访谈时，分析师能够观察线索以确定答案是否为有见识且无偏见的。参与访谈也可能影响用户态度，因为被询问意见的人往往更能以支持的观点来看待项目。

然而，访谈是一个昂贵且耗时的过程。除了会面本身，两个人都必须做准备，访谈者还必须做后续工作。当计划进行多次访谈时，总成本可能相当巨大，个人访谈通常是最昂贵的实情调查技术。

相比之下，问卷为许多人提供输入和建议的机会。问卷接收者可在方便时回答问题，而不必为访谈预留一段时间。如果问卷允许匿名回答，人们则可能提供比在访谈中更坦率的答案。

但是，和好的访谈一样，准备好的问卷同样需要技巧和时间。如果问题被误解，其含义无法像在面对面访谈中那样容易澄清。此外，除非问卷设计得很好，否则接收者可能认为它们是侵入性且耗时的。分析师应选择在给定情况下最有效的技术。

4.11.5 头脑风暴

另一种获取输入的流行方法被称为**头脑风暴**（brainstorming），指的是对具体问题、机会或事项进行小组讨论。这一技术鼓励新的想法、允许团队参与并使得参与者能够在其他人的输入和想法上进行构想。头脑风暴可以是结构化或非结构化的。在**结构化头脑风暴**（structured brainstorming）中，每个参与者在轮到其或其他人弃权时发言；而在**非结构化头脑风暴**（unstructured brainstorming）中，任何人都可以随时发言。到了某些时点，头脑风暴的结果被记录下来，并成为实情调查记录过程的一部分。

4.11.6 抽样

在研究信息系统时，应使用被称为**抽样**（sampling）的过程收集实际文档的样本。样本可能包括记录、报告、操作日志、数据输入文档、投诉摘要、工作请求和不同类型的表单。

假设有200名客户投诉错误，其中的20名客户将作为代表性样本被审查。**系统抽样**（systematic sample）每次将选择10名客户进行审查。但是，为了确保样本在地区上的平衡，可使用**分层抽样**（stratified sample），即从4个邮编中分别选择5名客户，分层抽样的另一个例子是从每个邮编中选择一定的百分比而不是固定的数量。最后，**随机抽样**（random sample）选择任意的20名客户。

抽样的主要目标是确保其能够准确代表总体。例如，如果正在分析库存交易，则应选择典型的实际库存运营且不包含异常的或不相关的事务样本。例如，如果企业在每月的最后一个工作日进行特殊处理，则那一天不是抽取典型日常运营的好时机。为了能够使用，样本必须足够大以提供对总体数据的无偏估计。

在使用访谈或问卷时，也应当考虑抽样。可以使用参与者样本，而不是访谈每个人或向整个群体发送问卷，必须使用合理的抽样技术来反映总体，并获得对总体的准确刻画。

4.11.7 研究

研究（research）是另一种重要的实情调查技术。研究可包括通过互联网、IT杂志和书籍获取背景信息、技术资料以及有关行业趋势和发展的新闻。此外，参加专业会议、研讨会，和其他IT专业人员讨论也可能对解决问题非常有帮助。

互联网是一个非常有价值的资源。通过互联网，分析师可从联邦和州政府，以及来自世界各地的出版商、大学和图书馆处获取信息。在线论坛和新闻组是与其他专业人士交流信息、寻求问题答案以及追踪共同感兴趣的讨论的良好资源。

主要的硬件和软件供应商都有企业网站，提供其产品和服务的相关信息。还有由出版商和独立企业维护的网站，它们提供数百个硬件和软件供应商的链接。IT专业网站的流行示例包括以下几家科技媒体：Ars Technica、CNET、Info World、Techchrunch 以及《华尔街日报》（*Wall Street Journal*）的技术网站（如图表4－23所示）。

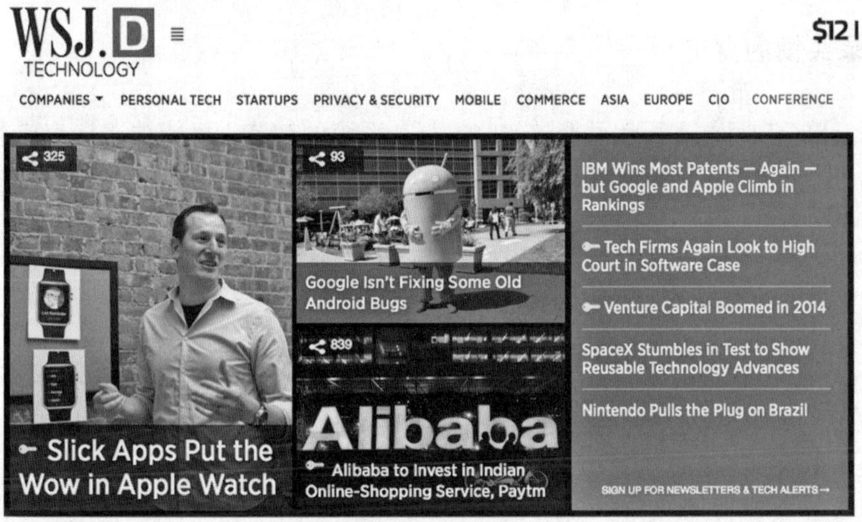

图表4－23　《华尔街日报》的技术网站为IT专业人士提供了宝贵信息

资料来源：Wall Street Journal。

研究还可包括对物理位置的访问，这被称为**现场考察**（site visit），其目的是观察在另一位置使用的系统。例如，假设研究的主题是企业的人力资源系统，看看另一企业的系统如何运营可能是有益的。在考虑购买软件包时，现场考察也很重要，如果软件供应商建议可访问的地点，应注意这些地点可能会构成有偏的样本。单个地点的现场考察很难提供真相，所以应尝试考察多个安装点。

在现场考察之前，应像访谈一样做准备。与合适的管理者取得联系并解释考察目的，决定要问什么问题，观察哪些过程。在考察期间，观察系统如何运行，记录问题或限制，还应了解供应商支持以及系统文档的质量等。

案例4.4　CyberStuff 公司

Ann Ellis 是 CyberStuff 的系统分析师，CyberStuff 是一家大型企业，通过电话、邮购和互联网销售计算机硬件和软件。CyberStuff 雇用50名全职员工和125名兼职员工，通过三班制每周处理几千次交易。最近，订单部门发现客户对不正确账单投诉数量增加。在初步调查中，Ann 发现一些 CyberStuff 代表没有遵循既定的订单输入程序。她认为如果有更多信息，她可能会发现模式并找到一个解决问题的方案。

Ann 不知道应该如何进行，她找到她的主管——你，询问两个单独的问题。第一，问卷是最好的方法吗？还是访谈更好？第二，不管使用访谈、问卷还是两种技术都使用，她应该使用从每个班次选择相等数量的人的随机方法来选择参与者，还是使用其他方法？作为 Ann 的主管，你会建议什么？为什么？

4.12 文档编制

对访谈、实情、建议和观察保持准确记录对于成功的系统开发至关重要，管理信息的能力是成功的系统分析师的标志，也是所有 IT 专业人员的重要技能。

4.12.1 记录实情的需求

在收集信息时，单个项目的重要性可能被忽略，复杂系统的细节也可能被遗忘，基本规则是将其写下来。分析师应遵循以下原则来记录他们的工作：

- 一旦获取信息就将其记录下来；
- 使用最简单的记录方法；
- 用其他人能够理解的方式来记录发现；
- 组织文档，使相关材料容易被找到。

通常来说，系统分析师使用特殊形式描述系统、记录访谈并总结文档。一种文档类型是一个叙事列表，简单陈述发生了什么、表面问题和改进建议。本章中描述的其他文档形式包括数据流图、流程图、示例表单和屏幕截图。

4.12.2 软件工具

许多软件程序可用于帮助记录信息，此处描述了一些示例。

CASE 工具

CASE 工具可在系统开发的每个阶段使用，本章包含几个 CASE 工具的例子。

办公软件

办公软件（productivity software）包括文字处理、电子表格、数据库管理、演示图形和协作软件程序。虽然 Microsoft Office 是最著名的一系列办公软件，但其他供应商也提供这些类别的产品。

使用 Microsoft Word 等文字处理软件，分析师可创建报告、摘要和表格。除了准备标准文档，该程序还可帮助形成具有模板、书签、注释、版本控制和索引的演示，程序中的“帮助”功能提供了关于这些和其他功能的更多信息。如本章前面所述，文字处理软件也可用于创建可填写表单来进行问卷调查。

Microsoft Excel 等电子表格软件能够帮助跟踪并管理数字数据或财务信息，还可生成显示数据和可能模式的图表。电子表格中的统计函数可用于制表并分析问卷数据。图形格式通常用于质量控制分析，因为它突出问题及其可能原因，在将结果展示给管理层时十分有效。用于显示问卷分布和抽样结果的常用工具是被称为**直方图**（histogram）的垂直条形图，大多数电子表格程序可以创建直方图和其他显示所收集数据的图表。图表 4-24 显示了由图表 4-22 中的问卷结果生成的直方图。

数据库管理软件允许分析师记录并组织如事件、观察和数据样本等实情调查结果。可使用 Microsoft Access 等数据库程序来管理复杂项目的详细信息、创建查询以检索特定信息并生成自定义报告。

Microsoft PowerPoint 等演示图形软件是用于组织并生成正式演示文稿的强大工具。演示图形程序能够创建可在初步调查及之后的需求建模期间使用的组织图，这些高质量图表也可包含在书面报告和管理层报告中。

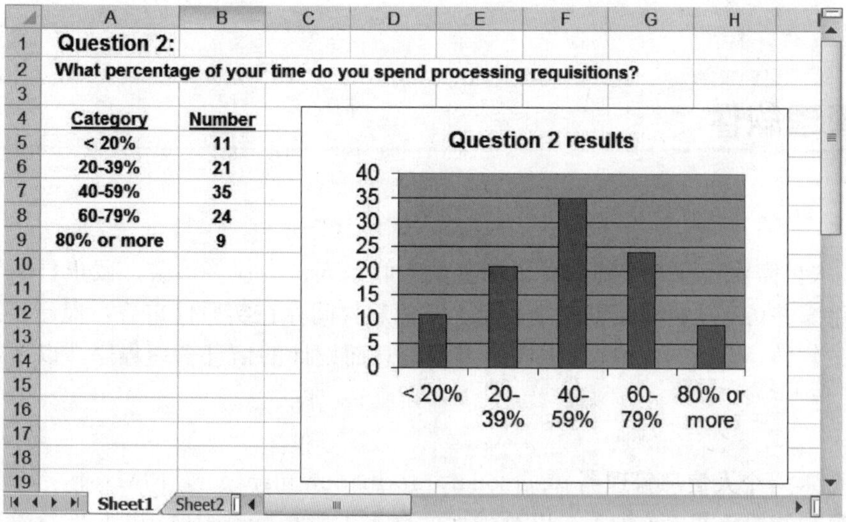

图表 4-24　此直方图显示图表 4-22 中问题 2 的结果

协作软件是提升生产力战斗中的最新武器。在团队中合作的人们使用 Google Docs 和 Microsoft Office 365 等网络软件访问数据并共享文件。谷歌（Google）和其他企业都认为云计算将创造人们能在其中实时交互的虚拟工作场所，它将具有传统面对面工作场所的全部好处，但没有任何限制。

图形建模软件

Microsoft Visio 是一个流行的图形建模工具，能够生成各种各样的图表。Visio 包括模板和图形库，分析师能够使用 Visio 创建多种类型的可视化模型，包括业务流程、流程图、网络图、组织结构图等。例如，在图表 4-25 中，分析师使用预定义的形状表示业务流程，这些形状在 Visio 中是可以随意拖放的。

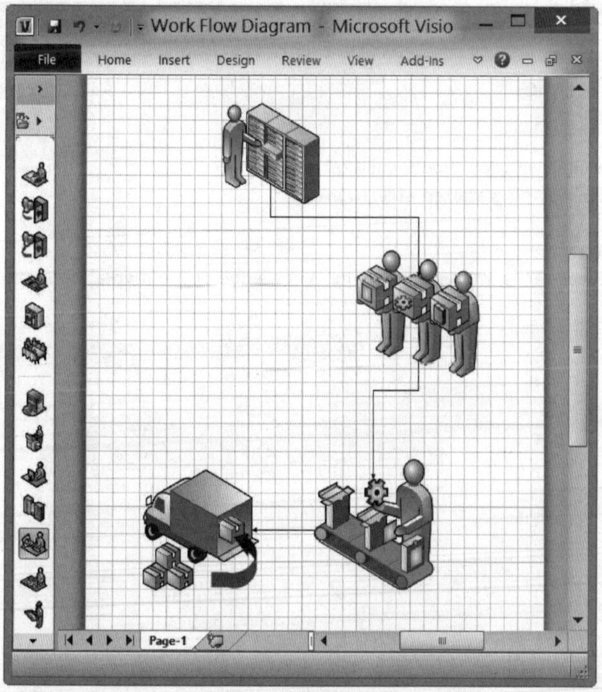

图表 4-25　此 Microsoft Visio 绘图使用预定义的形状表示业务流程

资料来源：Microsoft，LLC。

4.13 信息管理软件

忙碌的 IT 专业人员需要管理电子邮件、短信、个人联系人、会议、约会、截止日期等，他们还需要强大的工具来获取、组织并访问项目文档和详细信息。虽然软件间存在实质性重叠，但已经发展为两大类：更适合处理个人数据的软件，以及为 IT 项目生成的大量信息而设计的信息管理程序。以下部分描述了两种软件类型的流行示例。

个人数据管理

Microsoft Outlook 等**个人信息管理器**（personal information manager，PIM）包括个人日历、带有优先级和检查已完成项目功能的待办事项列表，以及强大的联系人管理特性。Outlook 能够管理电子邮件和约会并支持协作和团队项目。Novell 的 Group Wise 是另一个流行的 PIM。在网上快速搜索还能得到许多其他选择，包括付费软件、共享软件和一些免费程序。

项目数据管理

虽然 Microsoft Outlook 等 PIM 能够处理日常活动、任务和安排，但它不是获取并组织大量信息的最佳方式。分析师使用 Microsoft OneNote 等信息管理软件。Microsoft OneNote 是一个强大灵活的工具，能够处理文本、手写笔记等许多不同类型的输入。OneNote 包含在几个版本的 Office 套装中。

最新版本的 Microsoft Word 还提供了笔记记录功能，如图表 4 - 26 所示，当在“笔记本布局”中查看文档时，标签可用于将内容划分为不同主题。还可使用内置录音工具记录音频评论并作为注释保存在文档中。

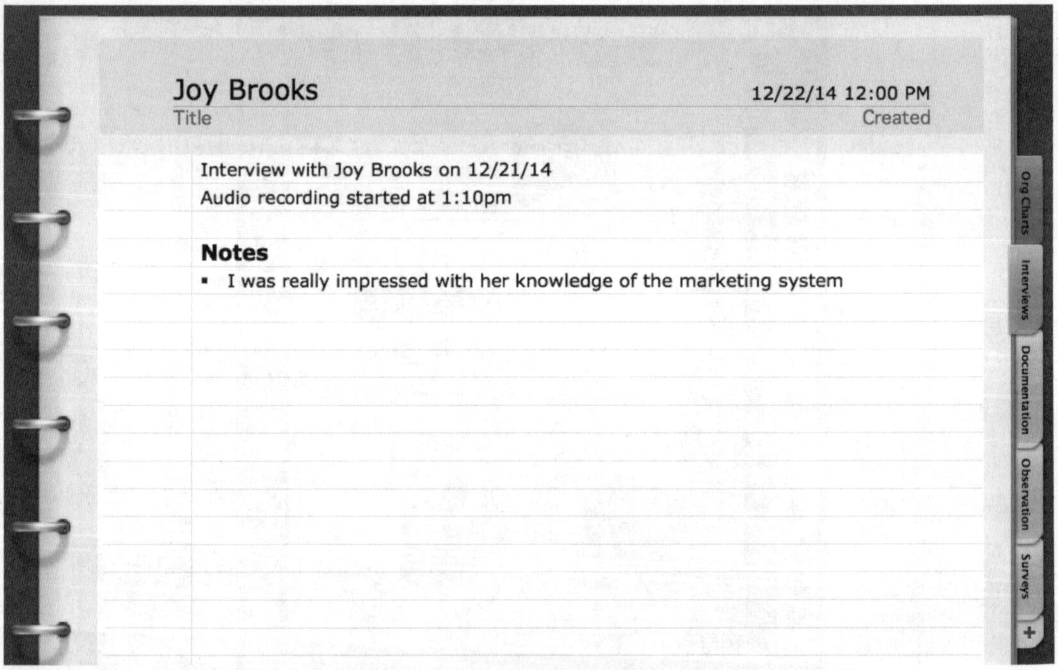

图表 4 - 26　分析师使用 Microsoft Word 储存实情调查结果。在对 Joy Brooks 的访谈中，分析师记录了讨论的一部分，并将其储存为文档注释

资料来源：Microsoft Corporation。

图表 4-27 显示了被称为 Evernote 的个人信息管理器，它可在智能手机和网络等大多数计算平台上免费使用，还有可用于每月订阅模式的高级版本。Evernote 在处理各种多媒体内容、添加自由形式的笔记以及提供组织项目模板等方面十分出色，它还可在全部设备上同步文件。

图表 4-27 Evernote 为包括智能手机和网络在内的大多数计算平台提供免费版本的流行信息管理软件

资料来源：www.evernote.com。

4.14 逻辑建模预习

需求建模结束时，系统开发人员应清楚了解业务流程和系统需求。下一步是构建系统的逻辑模型。

第 5 章中描述的数据和过程建模使用结构化分析方法。结构化分析是一种流行的传统技术，它根据数据和作用于数据的过程来描述系统。

结构化分析建模的替代方法是对象建模，这将在第 6 章中进行描述。对象建模是一种将数据和过程组合成对象的方法，这些对象表示实际的人、事物、事务和事件。系统分析师使用对象模型可视化并记录实际业务流程和操作。

IT 专业人员对系统开发方法有不同的看法，并不存在大家普遍接受的方法。通过结构化分析和面向对象方法，能够获得宝贵的知识、技能和视角，这些信息之后可用于决定哪种方法或方法的组合在分析师面临的不同情况下是最佳的。

伦理问题

你的主管负责你作为系统分析师工作的企业办公室，几个星期前，他听到员工不满的传言，要求你创建对全部 IT 员工的调查。在收到并整理好结果后，他很失望地得知，许多员工对伦理和管理政策评价很低。

今天早上他打电话叫你去他的办公室，并问你能否确定提交最低评分的部门。个人调查表单上没有任何名字，但只要进行一些分析，你就能够确定这些部门，因为有几个问题是与部门有关的。

现在你不知道如何处理，虽然没有任何个人会被识别，但是对于那些给出低评分的部门的员工来说，符合伦理标准吗？你的主管想要这个信息的动机是什么？

4.15 本章小结

系统分析阶段包括三个活动：需求建模、数据和过程建模，以及开发策略。① 主要目标是了解提议的项目、确保其支持业务需求并为系统设计阶段奠定坚实的基础。

在需求建模期间，应确定新信息系统的业务相关需求，包括输出、输入、过程、性能和安全。一般认为扩展性能够确保系统支持未来的增长和扩展，同时也要估计总体拥有成本（TCO），确定包括间接成本在内的所有成本。

流行的基于团队的方法包括 JAD、RAD 和敏捷方法。联合应用开发（JAD）是一种流行的基于团队的方法，用于实情调查和需求建模。JAD 使用用户、管理者和 IT 专业人员的交互团队，他们参与需求建模并为项目和他们的共同目标做出更大的承诺。

快速应用开发（RAD）是一种基于团队的技术，可加速信息系统开发并产生一个运行良好的信息系统。RAD 是一种完整的方法，具有与传统 SDLC 阶段平行的四阶段生命周期。

敏捷方法通过构建一系列原型，并不断根据用户需求调整它们来开发系统。通常不使用工具，而是用白板和便利贴等更简单的辅助工具代替它们。

系统分析师使用各种工具和技术对系统需求进行建模。统一建模语言（UML）是一种广泛使用的从业务用户角度可视化并记录软件设计的方法。UML 工具包括用例图和序列图，代表执行者、他们的作用和事务的发生顺序。

功能分解图（FDD）是业务功能和流程模型，CASE 工具能够直接从 FDD 生成一组数据流图。

实情调查包括访谈、文档审查、观察、问卷调查、抽样和研究。成功的访谈需要良好的计划和强大的人际沟通能力，系统分析师必须确定访谈人员、确立访谈目标、准备访谈、实施访谈、记录访谈、评估访谈。在实情调查中使用一个或多个软件工具对分析师也会有所帮助。

系统分析师应在收集信息时仔细记录实情信息，不同软件工具能够帮助分析师形象化地描述信息系统。本章以逻辑建模预习结束。数据和过程建模是一种结构化分析方法，它根据数据和作用于数据的过程来描述系统。对象建模是另一种流行的建模技术。虽然结构化分析将过程和数据视为单独的组件，但面向对象分析将数据和作用于数据的过程组合为对象，这些对象表示实际的人、事物、事务和事件。

关键词（Key Terms）

执行者　具有特定作用的外部实体。在用例模型中，执行者用于对系统交互建模。

① 原书疑有误，应包括四个活动，缺少对象建模。——译者注

头脑风暴　通过对具体问题、机会或事项进行小组讨论获取信息的实情调查技术。

封闭式问题　限制或约束答案范围的问题，当访谈需要具体信息或事实验证时使用。

构建阶段　这一阶段专注于与 SDLC 类似的程序和应用开发任务。

交割阶段　这一阶段与 SDLC 实施阶段中的最终任务类似，包括数据转换、测试、向新系统转换以及用户培训。

文档审查　基准文件审查。一种有用的实情调查技术，帮助分析师了解当前系统应该如何工作。

参与式倾听　真正注意听某人所说的话，避免只听到期望的内容的能力。也包括注意非语言交流。

实情调查　需求建模过程的一个步骤，使用访谈、文档审查、观察、问卷调查、抽样和研究等技术收集关于系统项目的实情。

可填写表单　用于在互联网或企业内部网上收集数据的模板。

功能分解图（FDD）　业务功能或过程自上而下的表示，也称为结构图。

霍桑效应　员工在知道他们被观察时更有生产力的一种现象。

直方图　显示问卷分布和抽样结果的常用工具，通常采取垂直条形图的形式。

非正式结构　基于人际关系的组织，可从之前的工作任务、物理邻近、非正式程序或个人关系发展。

输入　以手动或自动方式进入系统的必要数据。

访谈　可从其他人处获取信息的有计划的会面。

引导性问题　建议或赞成特定回答的问题。

观察　分析师查看系统实际运行的一种实情调查方法，观察允许验证在访谈中获取的陈述。

开放式问题　允许出现多种答案的问题，鼓励自发和非结构化的回答，有助于理解更大型的过程。

输出　信息系统生成的电子或打印信息。

性能　系统特性，如速度、容量、能力、可用性和可靠性。

个人信息管理器（PIM）　帮助管理任务和进度的工具。许多手持设备也包含此功能。

池　业务流程建模符号（BPMN）中的整体图。

过程　用户、管理人员和 IT 人员执行的过程或任务。也表示将数据转换为有意义信息的系统逻辑规则。在数据流图中，过程接收输入数据并生成具有不同内容、形式或两者都不同的输出。

办公软件　文字处理、电子表格、数据库管理、演示图形程序等应用。

问卷　一份包含许多标准问题的文档，可发送给许多个体。也称为调查。

随机抽样　以随机、无计划的方式进行的抽样。例如，随机抽样可能选择任意 20 名客户。

限定范围问题　要求个人通过给出具体回答的有限答案或数字量表来对事物进行评价的封闭式问题。

需求规划阶段　结合 SDLC 系统规划和系统分析阶段要素的阶段。

研究　一种重要的实情调查技术，包括通过互联网、IT 杂志和书籍，以获取背景信息、技术资料以及有关行业趋势和发展的新闻。

抽样　分析师收集实际文档样本的过程。样本可能包括记录、报告和其他各种形式。

扩展性　系统的一种特征，意味着系统易于扩展、更改或缩小以满足企业快速变化的需求。

Scrum　一种较流行的敏捷项目管理技术。从英式橄榄球项目中衍生出来。在 Scrum 中，团队成员各自扮演特定角色，且在激烈的交互中进行互动。

安全　用于保护系统及其数据免受内外部威胁的硬件、软件和程序控制。

序列图　显示系统运行期间对象间的交互时间的 UML 图。

现场考察　在物理位置观察在另一地点使用的系统。

分层抽样　跨功能区域的数据抽样。例如，在每个工作班次的事务中抽取一定的百分比，或者每隔 3 个邮编区域抽取 5 名顾客。

结构化头脑风暴　一种小组讨论，每个参与者在轮到自己时或其他人弃权时发言。

调查　一份包含许多标准问题的文档，可发送给许多个体。也称为问卷。

泳道　在业务流程图中，整体图被称为池，指定的客户区域被称为泳道。

系统需求　信息系统为满足业务需求并被用户接受而必须具备的特性或特征。

系统抽样　以预先确定的周期产生样本。例如，可将每 10 名客户作为一个系统样本进行审查。

统一建模语言（UML）　一种广泛使用的可视化并记录软件系统设计的方法。UML 使用面向对象的设计概念，但其独立于任何特定的编程语言，可以用于描述业务流程和需求。

非结构化头脑风暴　成员可以随时发言的小组讨论。

用例图　表示 UML 中用户和信息系统间交互的可视化表达。

用户设计阶段　在此阶段，系统分析师与用户交互，并开发出包括全部系统过程、输出和输入的模型和原型。

企业架构的 Zachman 框架　在系统开发环境中提出传统实情调查问题的模型。

本章练习

问题

1. 哪五个问题常用于实情调查？Zachman 框架还包括哪些其他的问题？这些附加的问题很重要吗？
2. 什么是系统需求？系统需求如何分类？
3. 什么是 JAD 和 RAD？它们与传统的实情调查方法有什么不同？基于团队的方法的主要优点是什么？
4. 什么是总体拥有成本（TCO）？哪些成本经常被低估？
5. 为封闭式问题、开放式问题和限定范围问题分别提供三个例子。
6. 三种抽样方式分别是什么？你将使用哪种方式来分析数据输入错误？
7. 什么是霍桑效应？你经历过它吗？什么时候？在哪里？
8. 什么是功能分解图？为什么使用它？阐释如何创建功能分解图。
9. 什么是敏捷方法？它比传统方法更好吗？为什么？
10. 你可能需要给哪三种不同的听众进行演示？演示文稿会有何不同？哪一个对你来说最有挑战性？

讨论话题

1. 作为访谈和问卷之间的有效折中，小组会议有时是一个合适的建议。在小组会议中，系统分析师与多个用户会面。讨论小组会议的优点和缺点。

2. JAD 需要系统分析师具有强大的人际交往和沟通能力，这些技能与分析师进行一对一访谈时需要的技能有什么不同吗？解释你的回答。

3. 敏捷方法通过快速开发周期，迭代地生成系统的运行版本。这些较短的周期会如何影响分析师处理系统需求的能力？

4. 搜索互联网、杂志或教材，找到视觉辅助的示例，包括条形图、饼图、折线图、表格、图形和项目符号列表。每个例子的效果如何？找到至少一个可以改进的例子，解释你的选择。

5. 学习系统分析师工具包的 A 部分，参与演讲或演示并分析其有效性。考虑演讲者的交付以及他们如何组织材料、使用视觉辅助并处理听众问题。演讲有效还是演示有效？应该如何改进？

项目

1. 设计一份问卷，了解学生在校园注册过程中的想法。应用在本章中学到的指南。

2. 使用Adobe Online Forms或Microsoft Word设计一个至少包含五个字段的简单可填写表单。

3. 创建与图表4-8类似但反映你的学校而不是图书馆示例的功能分解图。

4. 使用互联网找到一个包含当前IT行业新闻、信息和链接的网站，简单描述你对其喜欢和不喜欢的地方。

5. 在将软件系统迁移到云的背景下研究TCO，识别将云计算环境应用于传统信息系统的优点和缺点。

第 5 章 数据和过程建模

第 5 章是 SDLC 系统分析阶段四个章节中的第二章。本章讨论分析师用于显示系统如何将数据转换为有用信息的数据和过程建模技术。数据和过程建模的可交付成果或最终产品是支持业务运营并满足用户需求的逻辑模型。

本章包括四个案例讨论问题，用以帮助读者情境化地理解文中描述的概念。伦理问题提出了一个问题，即如何回应新组织中 IT 经理隐晦但坚持的请求，其要求获取当前企业的竞争者、分析师的前任雇主使用的与业务过程相关的专有信息。

学习目标

学完这一章，你应该能够：

- 描述数据和过程建模概念及工具，包括数据流图、数据字典和过程描述；
- 描述数据流图中使用的符号并解释它们的使用规则；
- 按照从一般到特殊的顺序绘制数据流图；
- 解释如何对数据流图分层并平衡一组数据流图；
- 描述如何使用数据字典及其包含的内容；
- 使用过程描述工具，包括结构化英语、决策表和决策树；
- 描述逻辑模型和物理模型之间的关系。

5.1 引言

在第 4 章描述的需求建模过程中，实情调查技术被用来调查当前需求并确定用户需求，第 5 章和第 6 章解释如何使用这些信息来开发提议的系统的逻辑模型并记录系统需求。**逻辑模型**（logical model）显示系统必须做什么，而不管其如何在物理上实现。之后在系统设计阶段将创建描述系统如何构建的**物理模型**（physical model）。数据和过程建模主要包括三种工具：数据流图、数据字典和过程描述。

5.2 数据和过程建模工具概述

系统分析师使用许多图形技术来描述信息系统，一种流行的方法是绘制一组数据流图。如第 4 章所提到的，数据流图（DFD）使用不同符号显示系统如何将输入数据转换为有用的信息。其他图形工具包括第 6 章中阐释的对象模型，以及第 9 章中描述的实体关系图。

5.3 数据流图

在 SDLC 的系统分析阶段，系统分析师使用一系列数据流图创建信息系统的可视化模型。在《数量信息的视觉显示》（*The Visual Display of Quantitative Information*）一书中，著名学者爱德华·塔夫特（Edward Tufte）提供了关于有效创建图表、简洁地传达复杂信息的指导。DFD 是对系统行为进行可视化解读的一个示例。

DFD 显示数据如何通过信息系统移动，但不显示程序逻辑或处理步骤。一组 DFD 提供显示系统做什么但不显示它如何完成的逻辑模型，这一点很重要，因为在此时关注实施问题将限制对最有效系统的探索。

5.3.1 DFD 符号

DFD 使用表示过程、数据流、数据存储和实体的四个基本符号。有几种不同版本的 DFD 符号，但它们都具有相同的目的，本书中的 DFD 示例使用 **Gane 和 Sarson**（Gane and Sarson）符号集。另一个流行的符号集是 **Yourdon** 符号集。图表 5－1 显示了这两个版本的示例。在本书中，使用符号名称的大写字母来引用符号。

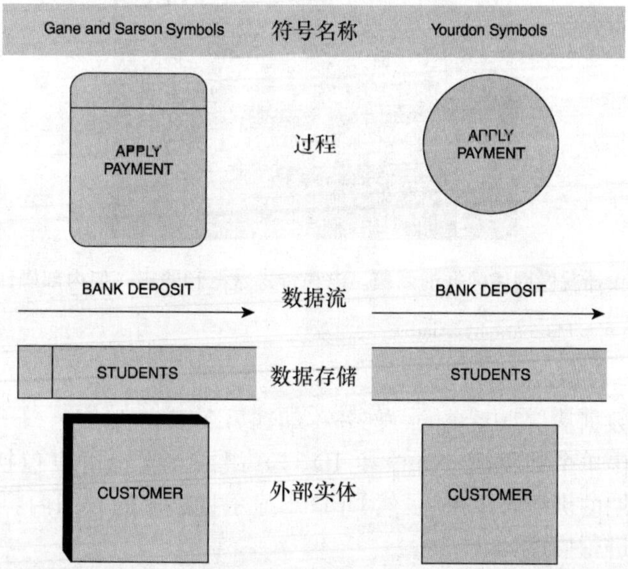

图表 5－1　数据流图符号、符号名称，以及 Gane 和 Sarson、Yourdon 符号集示例

过程符号

过程接收输入数据，并生成具有不同内容、形式或两者都不同的输出。例如，支付计算过程使用两个输入（支付率和工作小时数）来生成一个输出（总支出）。过程可以非常简单，也可以很复杂。在典型的企业中，过程可能包括计算销售趋势、提交在线保险索赔、从供应商的系统订购存货或验证网络客户的电子邮件地址。过程包含**业务逻辑**（business logic）[也称为**业务规则**（business rule）]，其用于转换数据并生成所需的结果。

过程符号是带有圆角的矩形，过程名称在矩形内部。过程名称确定具体功能，并由动词（在必要情况下由形容词）和紧随的单数名词构成。过程名称的示例有“APPLY RENT PAYMENT”、“CALCULATE COMMISSION”、“ASSIGN FINAL GRADE”、“VERIFY ORDER”和“FILL ORDER”。

DFD 中没有显示处理细节，例如可能存在名为“DEPOSIT PAYMENT”的过程，但过程符号不会显示“DEPOSIT PAYMENT”过程的业务逻辑。为了记录逻辑，将创建一个过程描述，这将在本章的后面进行阐释。

在 DFD 中，过程符号可以被称作**黑箱**（black box），因为过程的输入、输出和大致功能是已知的，但底层细节和逻辑被隐藏。通过将过程显示为黑箱，分析师能够创建显示系统功能但避免不必要的细节和混乱的 DFD。当分析师希望展示更多的细节时，他们可以放大过程符号并创建显示过程内部工作方式的更深入的 DFD，这可能会显示更多的过程、数据流和数据存储。通过这种方式，信息系统可被建模为一系列逐渐详细的图形。

图表 5-2 中显示的网络路由器是黑箱的一个示例，观察者能够看到携带数据进入和离开路由器的电缆，但路由器的内部操作并没有被显示，只有结果是显明的。

图表 5-2　路由器就像网络数据的黑箱。电缆传送数据和输出，但内部操作隐藏在机箱内

资料来源：Martin Bobrovsky/Insadco Photography/Alamy。

数据流符号

数据流（data flow）是数据从信息系统的一部分移动到另一部分的路径。DFD 中的数据流表示一个或多个数据项。例如，数据流可由单个数据项（如学生 ID 号）组成，它也可以包括一组数据（如带有学生 ID 号、班级名称和班级注册日期的班级名单）。虽然 DFD 不显示数据流的详细内容，但这些信息被包含在数据字典中，这将在本章的后面进行描述。

数据流符号是具有单箭头或双箭头的线，数据流名称显示在线的上方、下方或旁边。数据流名称由单数名词和形容词组成。数据流名称的示例有“DEPOSIT”、“INVOICE PAYMENT”、“STUDENT GRADE”、“ORDER”和“COMMISSION”。数据流名称也存在复数名称的例外，例如“GRADING PARAMETERS”。在这里，单数名称可能会误导分析师认为只有单个参数或单个数据项存在。

图表 5-3 显示了数据流和过程符号正确连接的示例。正如在“CREATE INVOICE”过程中那样，由于过程改变了数据的内容或形式，所以每个过程符号必须至少有一个数据流进入、一个数据流输出。过程符号可以有多个输出数据流，如“GRADE STUDENT WORK”过程显示，也可以有多个输入数据流，如“CALCULATE GROSS PAY”过程。过程也可以连接到包括另一个过程符号在内的任何其他符号，如图表 5-3 中“VERIFY ORDER”和“ASSEMBLE ORDER”之间的连接。因此，数据流至少在一端有一个过程符号。

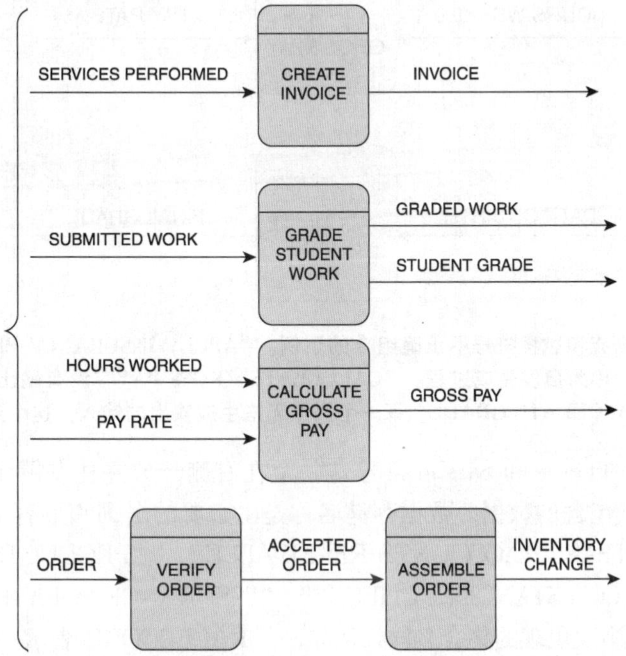

图表 5-3 数据流和过程符号正确组合的示例

图表 5-4 显示了必须避免的三种数据流和过程组合：

● **自发生成**（spontaneous generation）。例如，“APPLY INSURANCE PREMIUM”过程生成输出，但没有输入数据流，由于其没有输入，所以该过程被称为自发生成过程。

● **黑洞**（black hole）。“CALCULATE GROSS PAY”被称为黑洞过程，它是有输入但不生成输出的过程。

● **灰洞**（gray hole）。灰洞是至少具有一个输入和一个输出的过程，但输入明显不足以生成所示的输出。例如，出生日期（DATE OF BIRTH）的输入不足以在“CALCULATE GRADE”过程中产生最终成绩（FINAL GRADE）的输出。

在 DFD 中自发生成、黑洞和灰洞在逻辑上是不可能的，因为过程必须对由输入数据流表示的输入起作用，并产生由输出数据流表示的输出。

数据存储符号

在 DFD 中使用**数据存储**（data store）来表示系统储存的数据，因为一个或多个过程在之后将使用该数据。例如，教师需要在学期内存储学生测试和作业的成绩，以便他们能够在学期结束时得到最终成绩。同样，企业在年内存储雇员工资和抵扣数据，以便在年终时能够打印带有总收入和抵扣的 W-2 表格。DFD 不显示数据存储的详细内容，特定结构和数据元素将在数据字典中进行定义，本章将在后面对其进行讨论。

数据存储的物理特性是不重要的，因为逻辑模型是此刻唯一的关注点。同时，存储数据的时间长度并不重要，可能是几秒钟，也可能是几个月，重要的是需要在之后访问数据的过程。

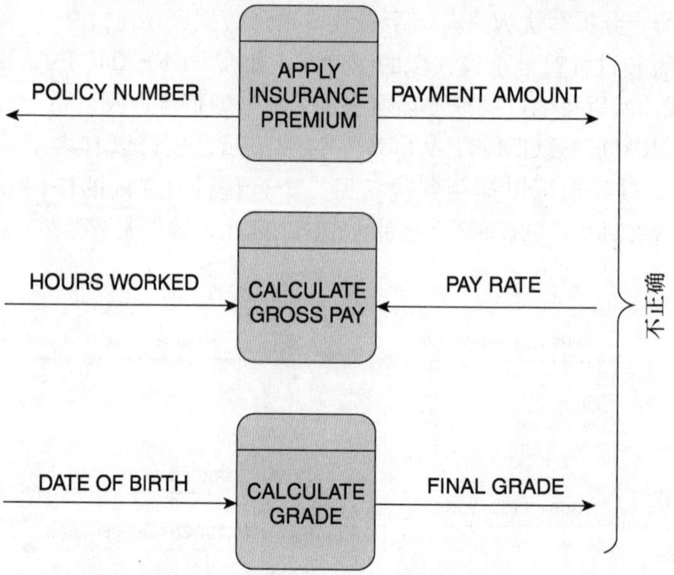

图表 5-4　数据流和过程符号不正确组合的示例。"APPLY INSURANCE PREMIUM"没有输入，称为自发生成过程。"CALCULATE GROSS PAY"没有输出，称为黑洞过程。"CALCULATE GRADE"有一个显然无法生成输出的输入，这个过程称为灰洞

在DFD中，数据存储的Gane和Sarson符号是一个在右侧开放并在左侧闭合的扁平矩形，数据存储名称出现在线之间，并标记其包含的数据。数据存储名称是由必要的名词和形容词构成的复数名称，数据存储名称的示例有"STUDENTS"、"ACCOUNTS RECEIVABLE"、"PRODUCTS"、"DAILY PAYMENTS"、"PURCHASE ORDERS"、"OUTSTANDING CHECKS"、"INSURANCE POLICIES"和"EMPLOYEES"。复数名称规则的例外是表示对象多次出现的集合名词，例如，"GRADEBOOK"表示一组学生及其分数。

数据存储必须连接到具有数据流的过程，图表5-5显示了数据存储的典型例子。由于数据存储表示将来

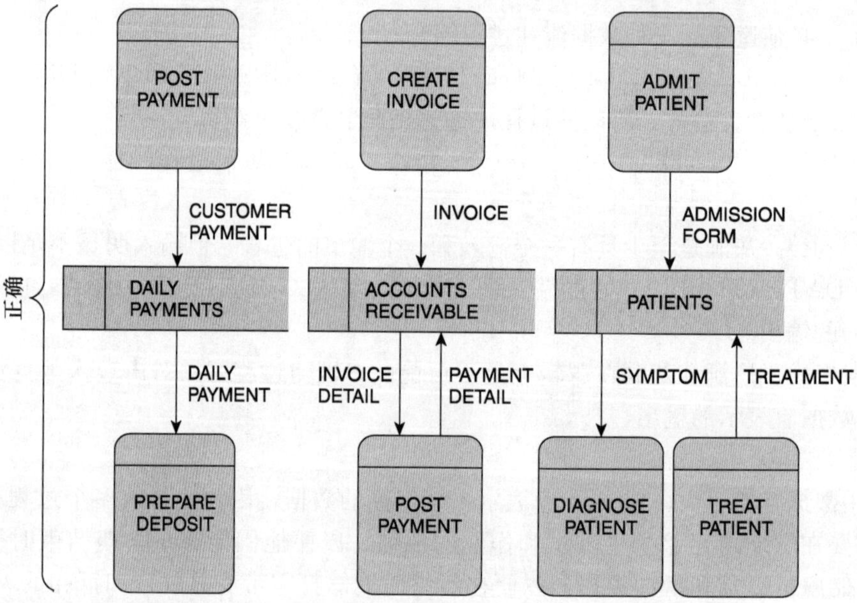

图表 5-5　数据流图中正确使用数据存储符号的示例

另一过程使用的存储数据，因此在每种情况下，数据存储至少有一个输入数据流和一个输出数据流，并通过数据流连接到过程符号。

数据存储必须至少有一个输入数据流和一个输出数据流，图表 5-6 显示了违反这一规则的示例。在第一个示例中，两个数据存储没有正确连接，因为它们之间没有过程，同时，“COURSES”没有输入数据流，“STUDENTS”没有输出数据流。在第二和第三个示例中，数据存储缺少输出或输入数据流。

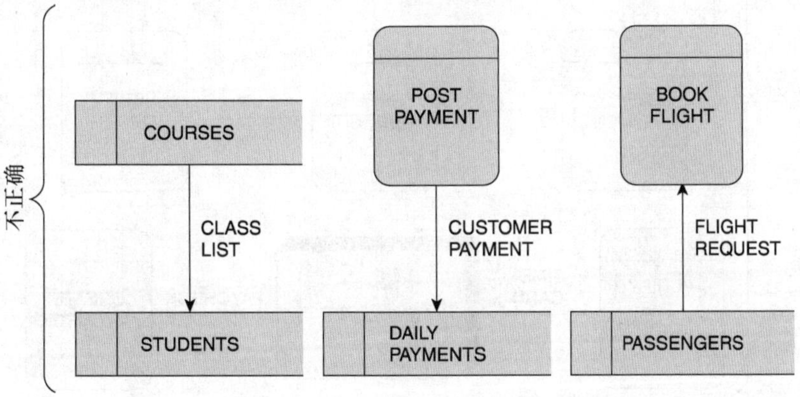

图表 5-6　数据流图中不正确使用数据存储符号的示例。两个数据存储无法由没有中间过程的数据流连接，每个数据存储应具有输入和输出数据流

对于数据存储必须至少有一个输入数据流和一个输出数据流的要求，存在一个例外，在一些情况下，数据存储没有输入数据流，因为其包含未被系统更新的固定数据源。例如，考虑一个名为“TAX TABLE”的数据存储，它包含企业从美国国税局下载的预扣税数据，当企业运行其工资单时，“CALCULATE WITHHOLDING”过程从此数据存储中访问数据。在 DFD 中，这将表示为从“TAX TABLE”数据存储进入“CALCULATE WITHHOLDING”过程的单向输出数据流。

实体符号

实体（entity）符号是带有阴影、看起来是三维的矩形，实体名称出现在符号内部。

DFD 仅显示向系统提供数据或从系统接收输出的外部实体，DFD 显示系统边界以及系统如何与外部世界交互。例如，客户实体向订单处理系统提交订单。实体的其他示例包括向医疗记录系统提供数据的患者、从城市财产税系统接收账单的房主或从企业采购系统接收数据的应付账款系统。

DFD 实体也称为**终结符**（terminators），因为它们是数据来源或最终目的地。系统分析员将向系统提供数据支持的实体叫作**源**（source），将从系统接收数据的实体称为**接收点**（sink）。实体名称是部门、外部组织、其他信息系统或个人的单数形式，外部实体可以是源或接收点，也可以两者都有，但每个实体必须通过数据流与过程连接。图表 5-7 和图表 5-8 分别展示了正确使用和不正确使用此规则的示例。

在理解 DFD 符号的正确使用方法后，下一步是构造使用这些符号的图，图表 5-9 展示了 DFD 符号使用规则的概述。

5.4　创建数据流图

在需求建模期间，访谈、问卷和其他技术被用于收集关于系统的实情，并解释不同人员、部门、数据和过程如何相互配合来支持业务运营。现在要基于实情调查结果创建信息系统的图形模型。

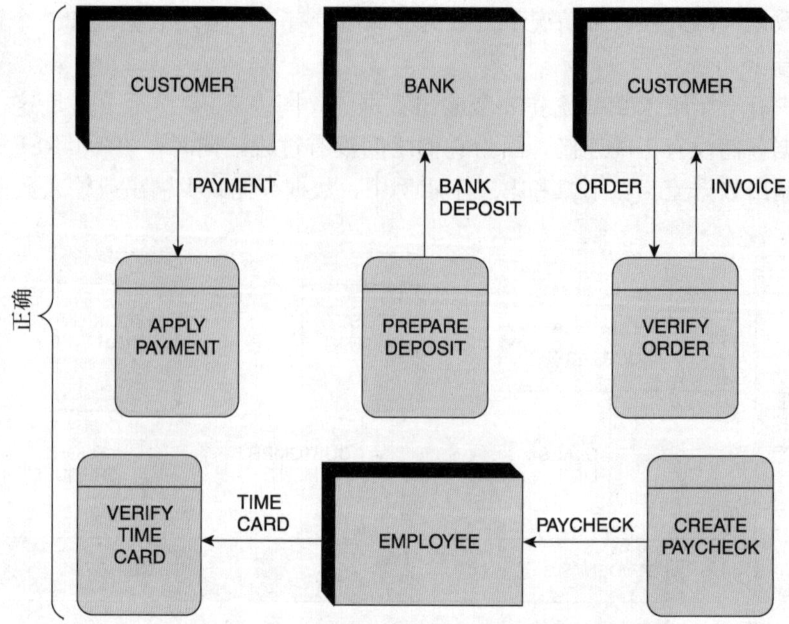

图表 5-7　数据流图中正确使用外部实体的示例

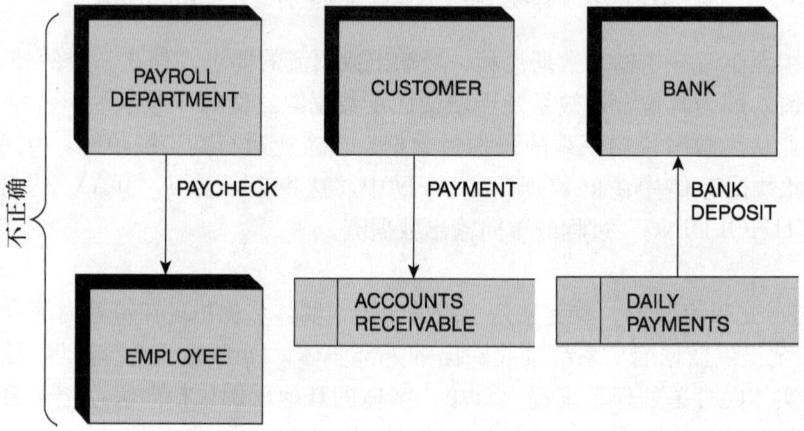

图表 5-8　数据流图中不正确使用外部实体的示例。外部实体必须通过数据流与过程连接，而不是直接连接到数据存储或另一个外部实体

为了学习如何构建 DFD，这里将使用两个信息系统的例子。第一个例子是教师根据学生在学期内的分数确定最终成绩的成绩系统。第二个例子是一个企业订单系统，使用该系统可以输入客户订单并让客户根据余额付款。首先查看一些用于绘制 DFD 的指南；然后了解如何使用这些指南，并通过三步法来创建一组 DFD。

5.5　数据流图绘制指南

在绘制上下文图和其他 DFD 时，应遵循以下指南：

- 将上下文图绘制在一页内。

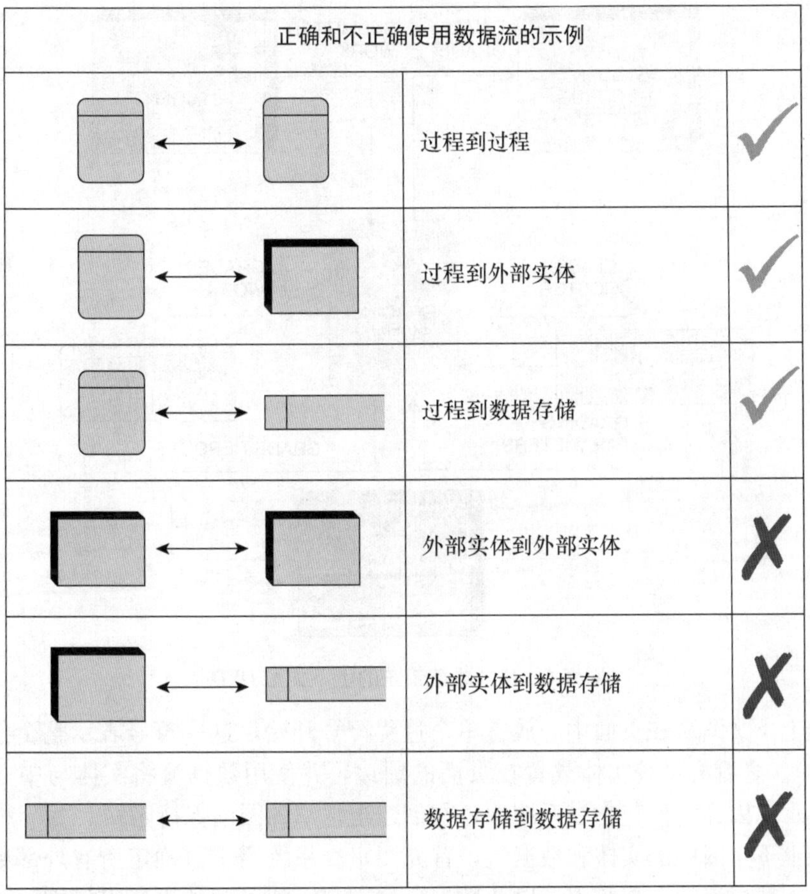

图表 5-9　正确和不正确使用数据流的示例

● 在上下文图中将信息系统的名称作为过程名称，例如，图表 5-10 中的过程名称为“GRADING SYSTEM”，注意过程名称和系统名称相同。对于较低层级 DFD 中的过程名称，采用动词加上描述性名词的命名方式，如“ESTABLISH GRADEBOOK”、“ASSIGN FINAL GRADE”或“PRODUCE GRADE REPORT”。

● 在每组符号中使用唯一的名称，例如，图表 5-10 中仅显示一个名为“STUDENT”的实体，且只有一个名为“FINAL GRADE”的数据流，每当“STUDENT”实体出现在成绩系统的其他 DFD 中时，它们都表示同一个实体。

● 不要出现交叉线。实现该目标的一种方式是限制 DFD 中的符号数量。在具有多个过程的较低层级图中，过程符号不应多于 9 个，多于 9 个则说明图形太复杂，应重新考虑分析。避免交叉线出现的另一种方法是复制实体或数据存储，在图中复制符号时，应确保将复制记录下来，避免可能发生的混淆，可在符号名称旁边或复制的符号内用星号等特殊符号标记，表示它们被复制在图中。

● 为每个过程提供唯一的名称和引用号。由于上下文图是最高层级的 DFD，其包含 0 过程，表示整个信息系统，但不显示内部工作过程。为了描述 0 过程的下一级细节，创建一个被称为 0 图的 DFD，其将显示必须命名和编号的其他过程。当创建较低层级的 DFD 时，为所有过程分配唯一的名称和引用号，直到逻辑模型完成。

● 获取尽可能多的输入和反馈。主要目标是确保模型准确、易于理解且满足用户需求。

步骤 1：绘制上下文图

构建一组 DFD 的第一步是绘制上下文图。**上下文图**（context diagram）是信息系统的顶级视图，显示系

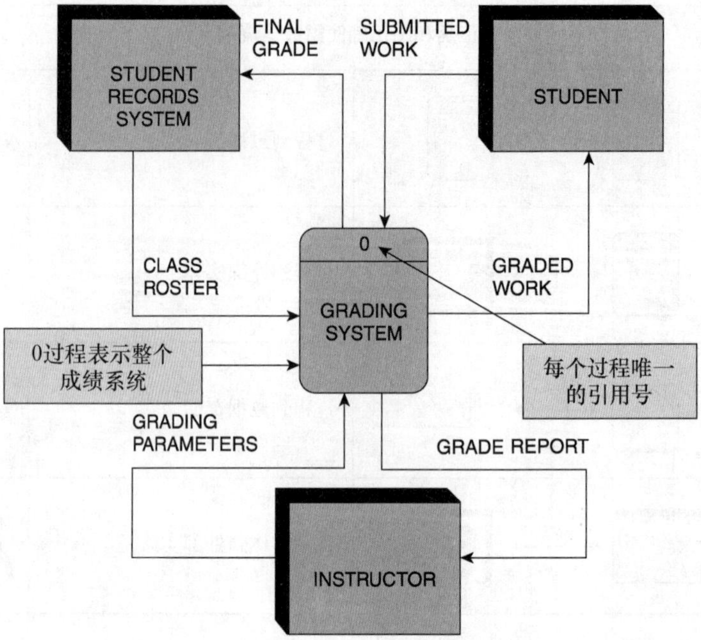

图表 5-10 成绩系统的上下文图 DFD

统边界和范围。绘制上下文图从在页面中心放置单个过程符号开始，这一符号表示整个信息系统，并被标记为 **0 过程**（process 0）。之后将系统实体放置在页面的周边，并使用数据流将实体与中心过程连接。数据存储不在上下文图中显示，因为它们包含在系统中，在创建更详细的图前保持隐藏。

为了确定放置在上下文图中的实体和数据流，首先要审查系统需求，确定所有外部数据源和目标。在这一过程中，确定实体、数据流的名称和内容以及数据流的方向。如果此处进行得仔细，且前一阶段的实情调查工作做得很好，绘制上下文图则相对容易。现在查看下列上下文图示例。

示例：成绩系统的上下文图。成绩系统的上下文图如图表 5-10 所示。“GRADING SYSTEM” 过程位于图的中心，三个实体（“STUDENT RECORDS SYSTEM”、“STUDENT” 和 “INSTRUCTOR”）放置在中心过程周围，中心过程和实体之间的接口包括六个不同的数据流。“STUDENT RECORDS SYSTEM” 实体通过 “CLASS ROSTER” 数据流提供数据，并通过 “FINAL GRADE” 数据流接收数据。“STUDENT” 实体通过 “SUBMITTED WORK” 数据流提供数据，并通过 “GRADED WORK” 数据流接收数据。最后，“INSTRUCTOR” 实体通过 “GRADING PARAMETERS” 数据流提供数据，并通过 “GRADE REPORT” 数据流接收数据。

示例：订单系统的上下文图。图表 5-11 显示了订单系统的上下文图。“ORDER SYSTEM” 过程位于图的中心，且有五个实体围绕这一过程。三个实体 “SALES REP”、“BANK” 和 “ACCOUNTING” 分别有 “COMMISSION”、“BANK DEPOSIT” 和 “CASH RECEIPTS ENTRY” 单个输入数据流。“WAREHOUSE” 实体有一个输入数据流—— “PICKING LIST”，其显示订购的商品及从仓库中选择的数量、位置和顺序的报告。“WAREHOUSE” 实体具有一个输出数据流—— “COMPLETED ORDER”。最后，“CUSTOMER” 实体有两个输出数据流—— “ORDER” 和 “PAYMENT”，以及两个输入数据流—— “ORDER REJECT NOTICE” 和 “INVOICE”。

订单系统的上下文图看起来比成绩系统更复杂，因为它多了两个实体和三个数据流。使一个系统比另一个系统更复杂的是组件的数量、层级的数量，以及过程、实体、数据存储和数据流之间的交互程度。

步骤 2：绘制 0 图 DFD

在上一步骤中，解释了上下文图如何提供信息系统的一般视图，并包含类似于黑箱的单个符号。为了显

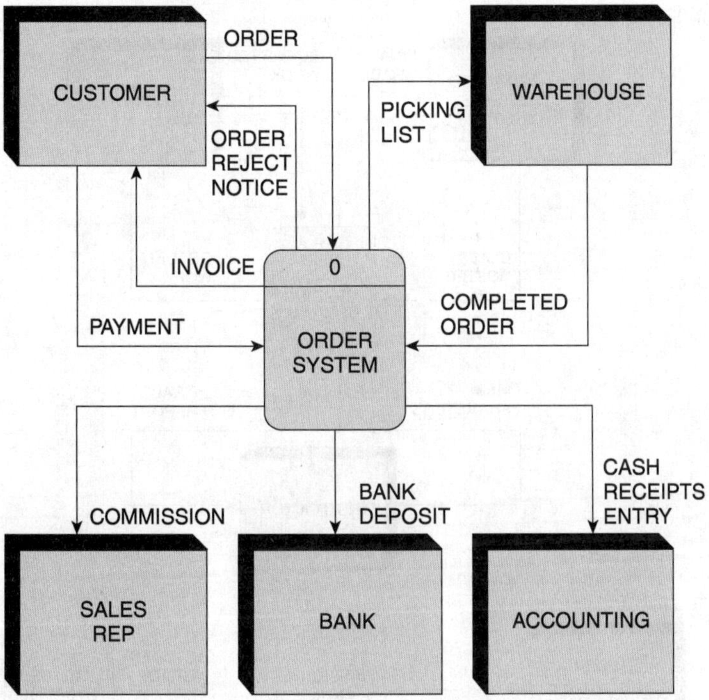

图表 5-11　订单系统的上下文图 DFD

示黑箱内部的细节，创建0图DFD。**0图**（diagram 0）提供了对构成整体系统的全部组件之间接口的概览，其放大系统并显示主要的内部过程、数据流和数据存储。0图还重复在上下文图中出现的实体和数据流，当上下文图被展开为0图DFD时，必须保留流入和流出0过程的所有连接。

示例：成绩系统的0图DFD。图表5-12显示了顶部的上下文图及下方的0图。0图是0过程的扩展，能够发现两个图中有三个相同的实体（“STUDENT RECORDS SYSTEM”、“STUDENT”和“INSTRUCTOR”）和六个相同的数据流（“FINAL GRADE”、“CLASS ROSTER”、“SUBMITTED WORK”、“GRADED WORK”、“GRADING PARAMETERS”和“GRADE REPORT”）。此外，0图将0过程扩展为显示四个内部过程、一个数据存储和五个额外的数据流。

注意0图中的每个过程都有一个引用号：“ESTABLISH GRADEBOOK”是1，“ASSIGN FINAL GRADE”是2，“GRADE STUDENT WORK”是3，“PRODUCE GRADE REPORT”是4，这些引用号很重要，因为它们确定一系列DFD。例如，如果“ESTABLISH GRADEBOOK”需要更多细节，那么将绘制1图，因为“ESTABLISH GRADEBOOK”是1过程。

过程号并不说明过程是以此顺序完成的。每个过程总被认为是可用的、活跃的，且在等待要处理的数据。如果过程必须按照特定的顺序执行，这一信息应在过程描述（在本章后面讨论）中记录，而不是在DFD中。

从“ASSIGN FINAL GRADE”过程中输出的“FINAL GRADE”数据流成为“STUDENT RECORDS SYSTEM”实体和“GRADEBOOK”数据存储的输入，是一个分散数据流。**分散数据流**（diverging data flow）是同一数据传输到两个或多个不同位置的数据流。在这种情况下，分散数据流是显示数据流动的最佳方式。

如果相同的数据在两个方向上流动，则可用双箭头来连接符号。然而，为了识别流入和流出某一符号的特定数据流，应使用带有单箭头的单独数据流符号。例如，图表5-12中，单独的数据流（“SUBMITTED WORK”和“GRADED WORK”）流入或流出“GRADE STUDENT WORK”过程。

由于0图是0过程的扩展版本，因此它比上下文图显示了更多的细节。0图也可称为0过程的分区或分解视图。当DFD被分解时，较高层级的图称为**父图**（parent diagram），而较低层级的图称为**子图**（child dia-

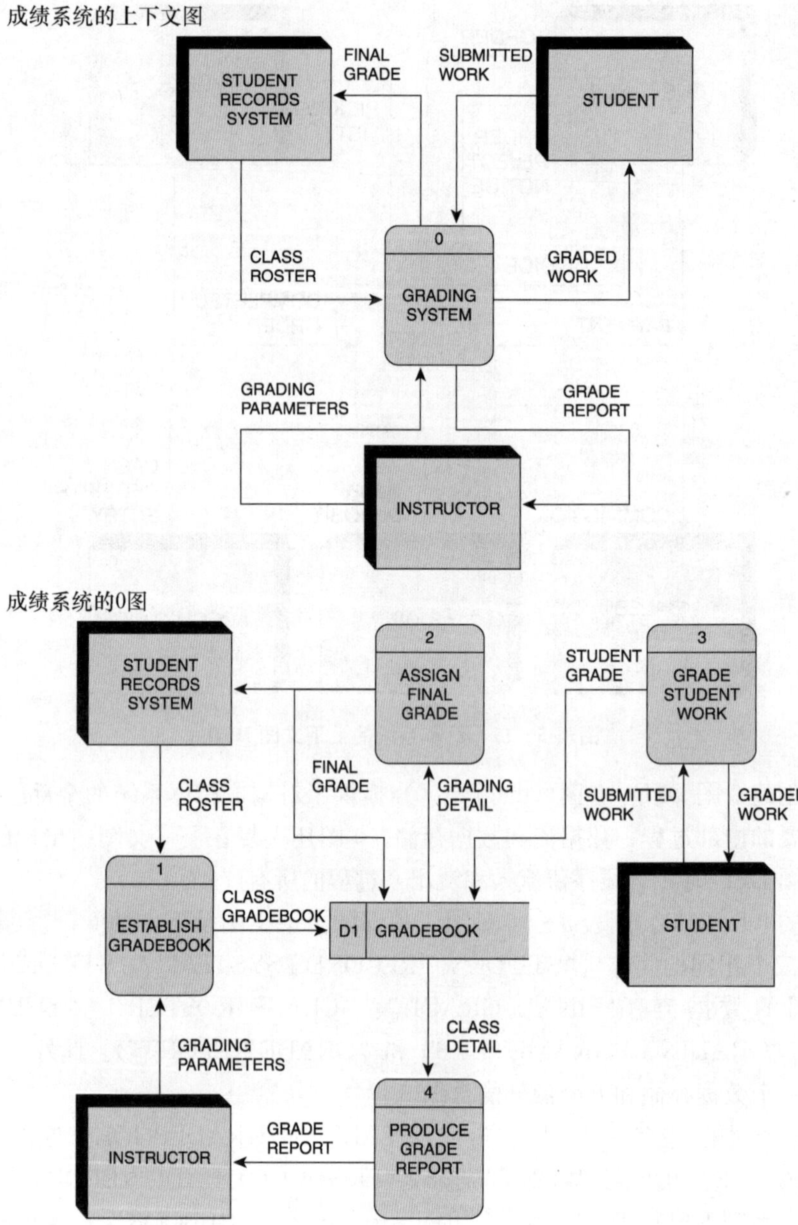

图表 5－12　成绩系统的上下文图和 0 图

gram)。成绩系统足够简单，不需要额外的 DFD 来对系统建模，此时，四个过程、一个数据存储和十个数据流可被记录在数据字典中。

当为系统创建一组 DFD 时，过程逻辑被分解为称作功能原语的更小单元，程序员将使用它们来开发代码。**功能原语**（functional primitive）是由无法进一步分解的单个功能构成的过程。例如，图表 5－12 下半部分的四个过程每一个都是功能原语。通过在数据字典中写入过程描述，可记录功能原语的逻辑，之后在逻辑设计被实现为物理系统时，程序员将每个功能原语转换为实现所需步骤的程序代码和模块。决定进一步扩展过程，还是将其确定为功能原语需要依靠经验、判断以及与将逻辑设计转换成代码的程序员的交互。

示例：订单系统的 0 图 DFD。图表 5－13 是订单系统的 0 图。订单系统上下文图中的 0 过程被扩展为三个过程（“FILL ORDER”、“CREATE INVOICE” 和 “APPLY PAYMENT”）、一个数据存储（“ACCOU-

NTS RECEIVABLE”)、两个额外的数据流(“INVOICE DETAIL”和“PAYMENT DETAIL”)和一个分散数据流(“INVOICE”)。

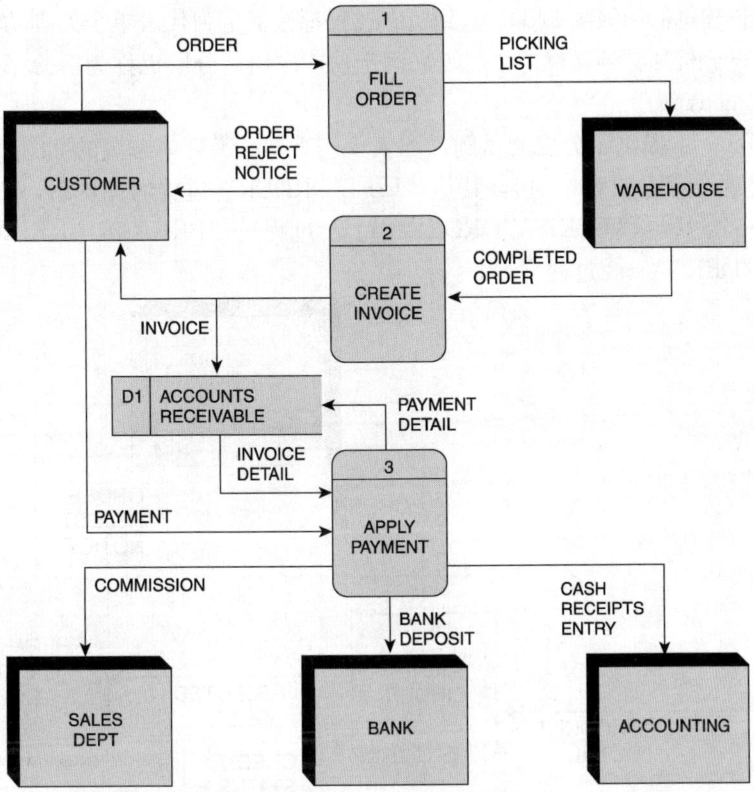

图表 5-13 订单系统的 0 图 DFD

下面的内容解释了图表 5-13 所示的 DFD:

(1)“CUSTOMER”提交订单,根据过程逻辑,“FILL ORDER”过程向客户发送“ORDER REJECT NOTICE”,或者向“WAREHOUSE”发送“PICKING LIST”。

(2)“WAREHOUSE”中的“COMPLETED ORDER”被输入“CREATE INVOICE”过程,该过程向“CUSTOMER”过程①和“ACCOUNTS RECEIVABLE”数据存储输出“INVOICE”。

(3)“CUSTOMER”产生由“APPLY PAYMENT”过程处理的“PAYMENT”,“APPLY PAYMENT”需要从“ACCOUNTS RECEIVABLE”数据存储处获取“INVOICE DETAIL”输入以及“PAYMENT”。“APPLY PAYMENT”将“PAYMENT DETAIL”输回“ACCOUNTS RECEIVABLE”数据存储,并将“COMMISSION”输出“SALES DEPT”,“BANK DEPOSIT”输出“BANK”,“CASH RECEIPTS ENTRY”输出“ACCOUNTING”。

0 图说明了订单系统的基本要求,应检查每个单独过程的详细描述以了解更多信息。

步骤 3:绘制较低层级图

此处的较低层级图以订单系统为基础。要创建较低层级的图,必须使用分层和平衡技术。**分层**(leveling)是绘制一系列越来越详细的图,直到所有功能原语都被确定的过程。**平衡**(balancing)通过确保输入和输出数据流正确对齐,保持一组 DFD 之间的一致性。分层和平衡将在以下部分更详细地描述。

① 疑原书有误,应为“实体”。——译者注

分层示例。分层使用一系列越来越详细的 DFD 来描述信息系统。例如，系统可能包括几十甚至几百个单独的过程。使用分层技术，分析师从总体视图即带有单个过程符号的上下文图出发，之后创建显示更多详细信息的 0 图。分析师继续创建更低层级的 DFD，直到所有过程都被确定为代表单个处理功能的功能原语。越复杂的系统具有越多的过程，分析师必须通过多个层级来确定功能原语。分层也称为**拆分**（exploding）、**分割**（partitioning）和**分解**（decomposing）。

图表 5 - 13 和图表 5 - 14 提供了分层的示例。图表 5 - 13 显示了订单系统的 0 图，其中“FILL ORDER”过程被标记为 1 过程。现在考虑图表 5 - 14，其是“FILL ORDER”过程的分解图，注意到“FILL ORDER”（1 过程）实际上包括三个过程：“VERIFY ORDER”（1.1 过程）、“PREPARE REJECT NOTICE”（1.2 过程）、“ASSEMBLE ORDER”（1.3 过程）。

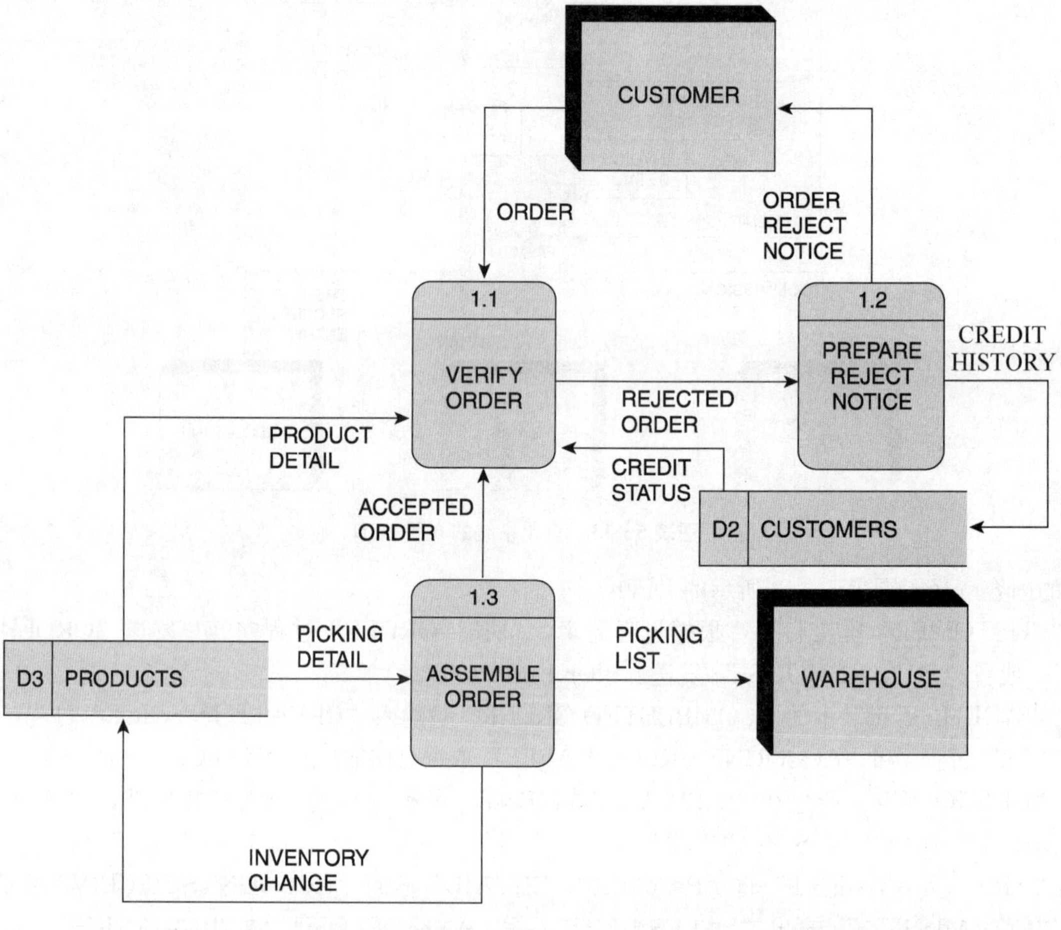

图表 5 - 14　1 图 DFD 显示订单系统中“FILL ORDER”过程的详细信息

如图表 5 - 14 所示，所有过程都使用由父图的引用号、小数点和图内序列号构成的十进制符号进行编号。在图表 5 - 14 中，1 图的父过程是 1 过程，因此 1 图中过程的引用号是 1.1，1.2 和 1.3，如果 1.3 过程——“ASSEMBLE ORDER”被进一步分解，其将出现在 1.3 图中，1.3 图中的过程将被编号为 1.3.1，1.3.2，1.3.3 等。这种编号技术使整合并识别全部 DFD 更容易。

比较图表 5 - 13 和图表 5 - 14，显而易见的是图表 5 - 14（扩展的“FILL ORDER”过程）显示了父 DFD——图表 5 - 13 中未出现的两个数据存储（“CUSTOMER”和“PRODUCTS”）。为什么？答案基于一个简单的规则：在绘制 DFD 时，仅当两个或多个过程使用数据存储时才显示该数据存储。“CUSTOMER”和“PRODUCTS”数据存储位于“FILL ORDER”过程的内部，因此分析师没有在父图即 0 图中显示它们。

然而，当“FILL ORDER”过程被分解为1图DFD时，显示出与两个数据存储交互的三个过程（1.1，1.2和1.3）。

现在比较图表5-14和图表5-15，图表5-15与图表5-14显示了相同的数据流，但没有显示“CUSTOMER”和“WAREHOUSE”实体，分析师经常使用这种技术来简化DFD。由于丢失的符号在父DFD中显示，因此父图可用于识别数据流的源或接收点。

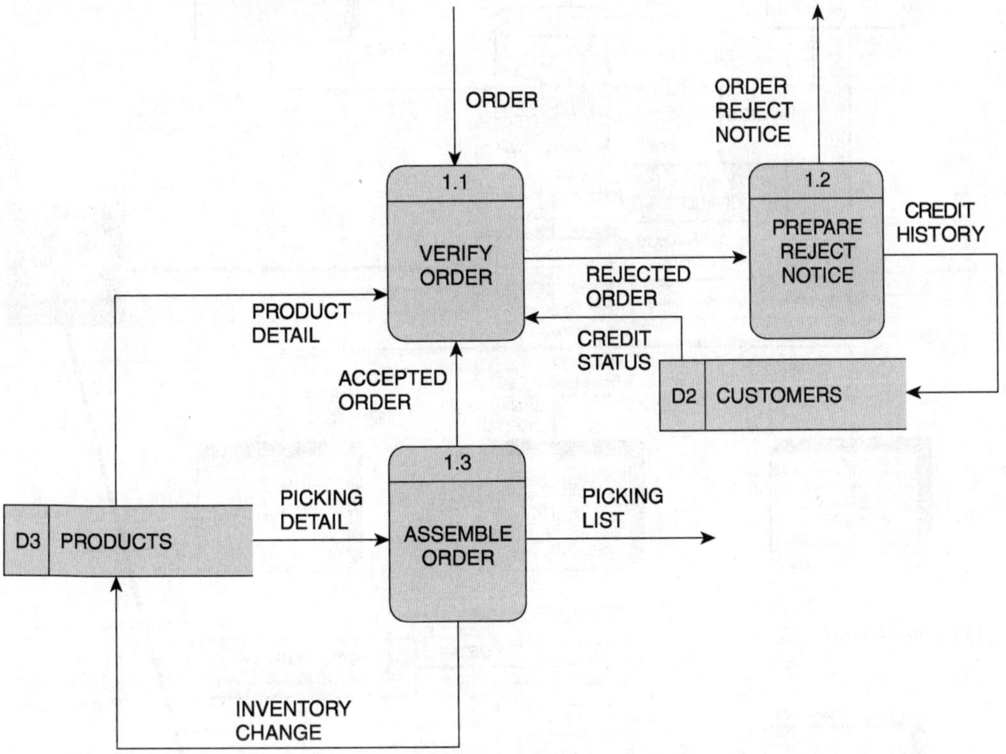

图表5-15　此图未显示在上下文图中与流入和流出“FILL ORDER”的数据流连接的符号

平衡示例。平衡确保父DFD中的输入和输出数据流也在子DFD中存在。例如，图表5-16显示了两个DFD：在顶部显示了订单系统的0图，而分解后的3图显示在底部。

两个DFD是平衡的，因为底部的子图与顶部的父过程具有相同的输入和输出数据流。为了验证平衡，看父过程3——“APPLY PAYMENT”有一个来自外部实体的输入数据流，以及三个流向外部实体的输出数据流。检查子DFD——3图，忽略内部数据流，计算来自外部实体并流向外部实体的数据流，从图中能够得出，三个[①]过程具有与父过程相同的一个输入和三个输出数据流。

平衡的另一个示例如图表5-17和图表5-18所示，这两个图中的DFD是使用Visible Analyst CASE工具创建的。

图表5-17显示了一个上下文图示例。0过程符号有两个输入流和两个输出流，注意0过程可被认为是一个没有显示内部细节的黑箱。在图表5-18中，0过程（父DFD）被分解为下一细节层级。现在能够看到三个过程、两个数据存储和四个内部数据流，注意0过程的细节在虚线内表示，仿佛过程的内部是可见的。

图表5-17和图表5-18中的DFD是平衡的，因为输入和输出0过程的四个数据流也存在于子DFD中。DFD也是分层的，因为每个内部过程都被编号，以显示其是父过程的子过程。

① 原书疑有误，应为四个。——译者注

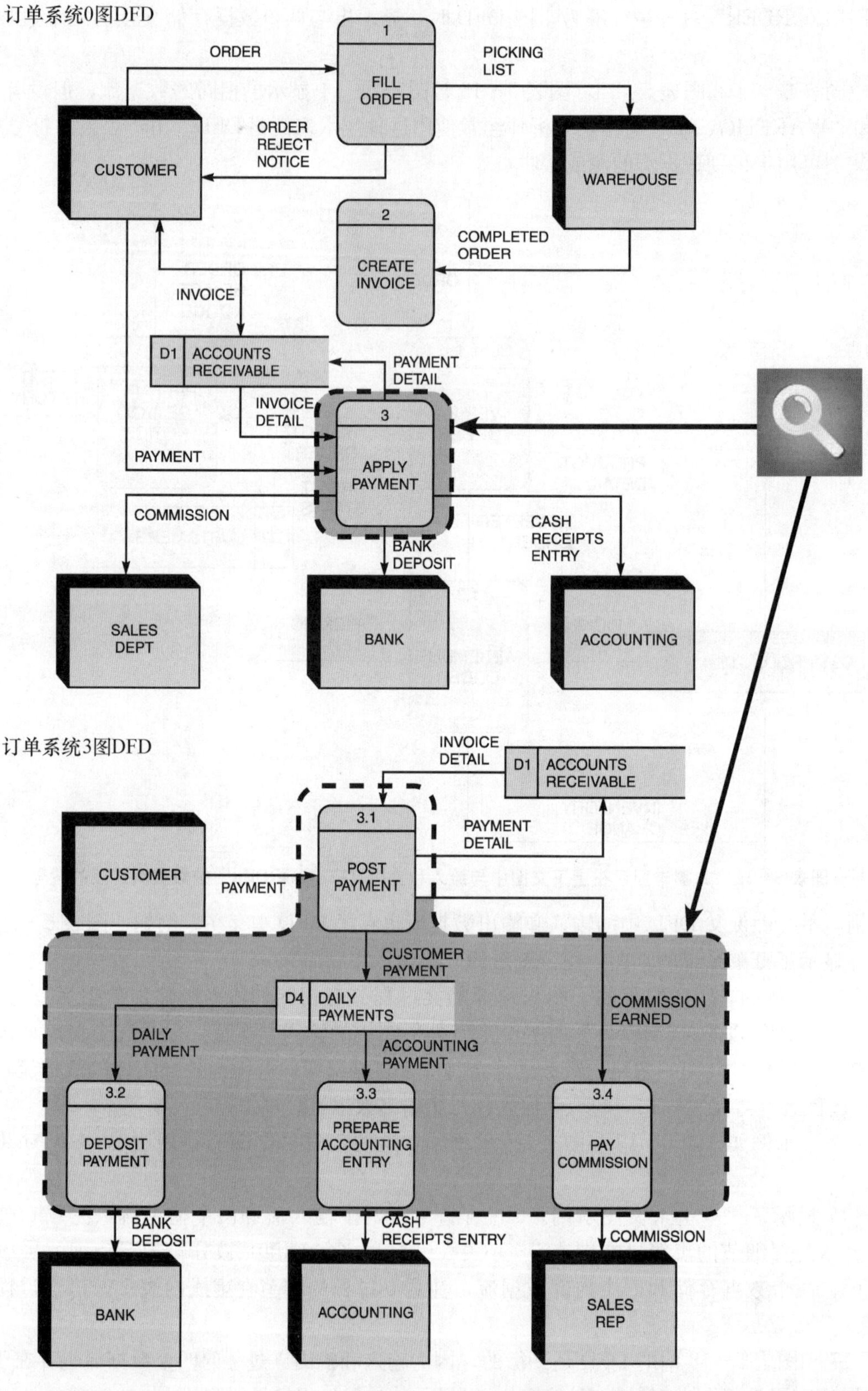

图表 5-16 顶部显示了订单系统的 0 图，底部显示分解后的 3 图 DFD（“APPLY PAYMENT”过程）。两个 DFD 是平衡的，因为底部的子图与顶部的父过程 3 具有相同的输入和输出数据流

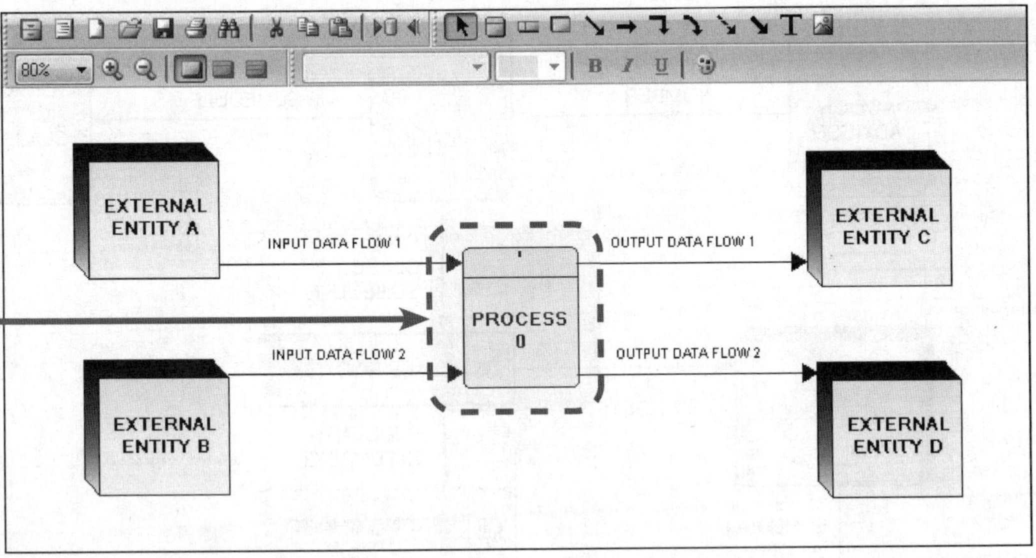

图表 5-17　父 DFD 图的示例，将 0 过程表示为黑箱

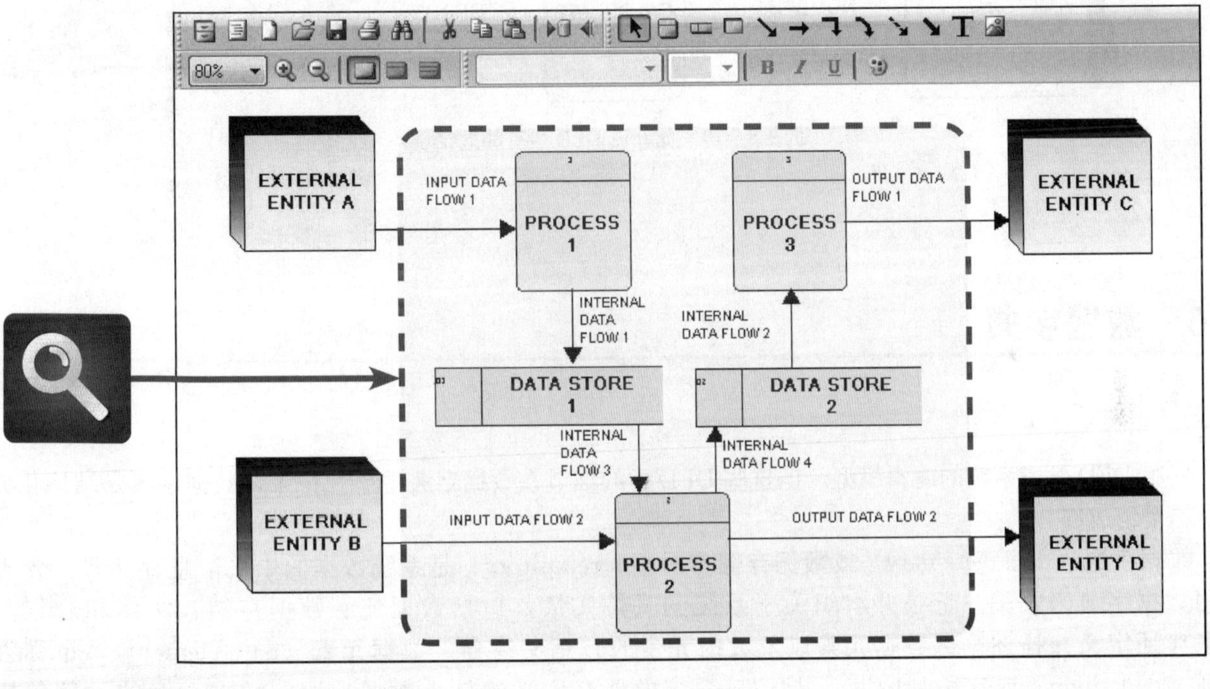

图表 5-18　在下一细节层级中，0 过程黑箱显示为三个过程、两个数据存储和四个内部数据流，所有这些都位于虚线内

案例 5.1　Big Ten 大学

你是 Big Ten 大学的 IT 主管，作为培训计划的一部分，你决定绘制一个包含一些明显错误的 DFD，看看你新聘用的分析师能否找到它们。你提出了如图表 5-19 所示的 0 图 DFD，基于本章中阐释的规则，分析师应该发现多少问题？

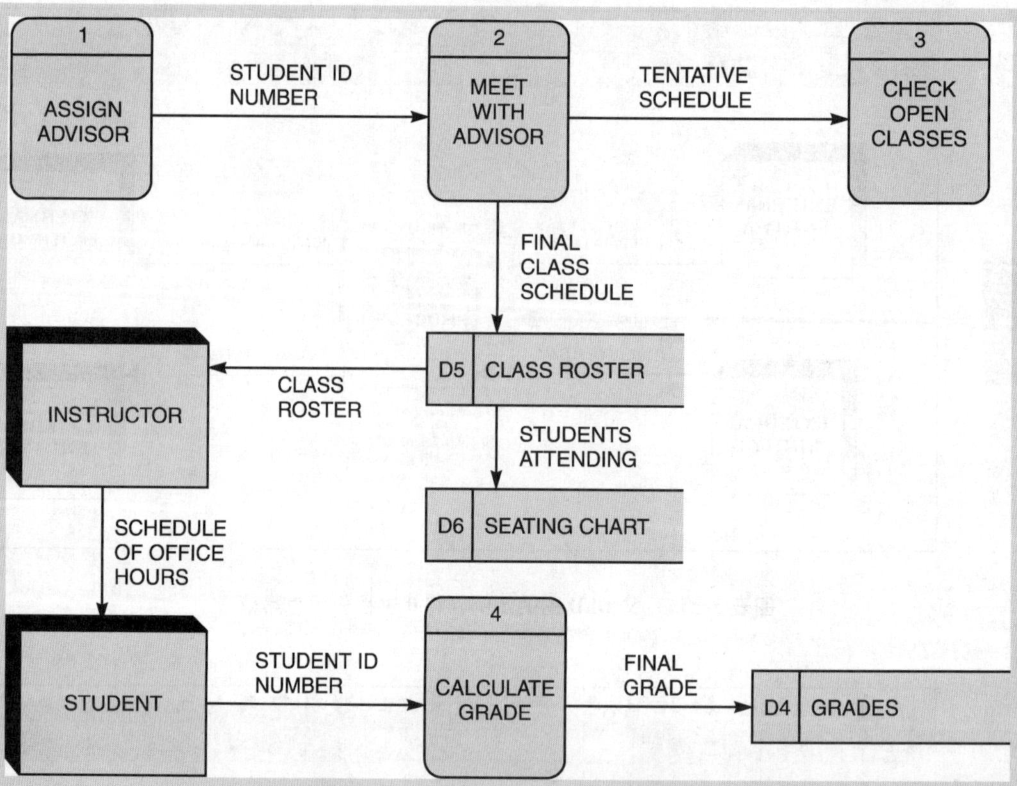

图表 5-19　此 0 图 DFD 中有哪些错误?

5.6 数据字典

一组 DFD 生成系统的逻辑模型，但这些 DFD 中的细节在数据字典中单独记录，数据字典是结构化分析的第二个组成部分。

数据字典（data dictionary）或**数据存储库**（data repository）是系统数据的中央信息存储库。分析师使用数据字典来收集、记录并组织关于系统的具体实情，包括数据流、数据存储、实体和过程。数据字典还定义并描述全部数据元素以及数据元素的有意义组合。**数据元素**（data element），也称为**数据项**（dada item）或**字段**（field），是信息系统内具有含义的最小数据片段。数据元素的示例包括学生成绩、工资、社会保障号码、账户余额和企业名称等。数据元素被组合为**记录**（records），也称作**数据结构**（data structures）。记录是包含在数据流中或保留在数据存储中的相关数据元素的有意义组合。例如，汽车零件商店库存记录可能包括零件编号、说明、供应商代码、最小和最大库存水平、成本和定价。

数据字典中的项目间存在明显的关系。例如，数据存储和数据流以数据结构为基础，而数据结构又由数据元素构成。数据流与数据存储、实体和过程连接。准确记录这些关系十分重要，它使得数据字典能够与 DFD 一致，CASE 工具可用于记录这些设计。

5.6.1 使用 CASE 工具进行记录

系统越复杂，获取完整且准确的文档越困难。幸运的是，现代 CASE 工具通过使记录和用户输入的信息自动从模型图流入中央存储库来简化这一任务。

CASE 存储库保证数据一致性，这在多个系统需要相同数据时尤为重要。例如，在大企业中，销售、会计和运输系统都可能使用名为“CUSTOMER NUMBER”的数据元素。一旦在存储库中定义了“CUSTOMER NUMBER”元素，其他的过程就能够访问它，数据流动并存储，结果是企业范围内的全部系统能够共享数据并保持一致。

5.6.2 记录数据元素

数据字典中的每个数据元素都必须被记录。一些分析人员喜欢用在线或手动方式来记笔记，而一些人更喜欢将信息直接输入 CASE 工具中。无论使用哪种工具，目标都是相同的：提供关于构成系统的数据和过程的清楚、全面的信息。

图表 5－20 显示了一个示例窗口，说明如何在 Visible Analyst 数据字典中记录表示“SOCIAL SECURITY NUMBER”的数据元素。不管使用何种术语或方法，通常在数据字典中记录并描述以下属性：

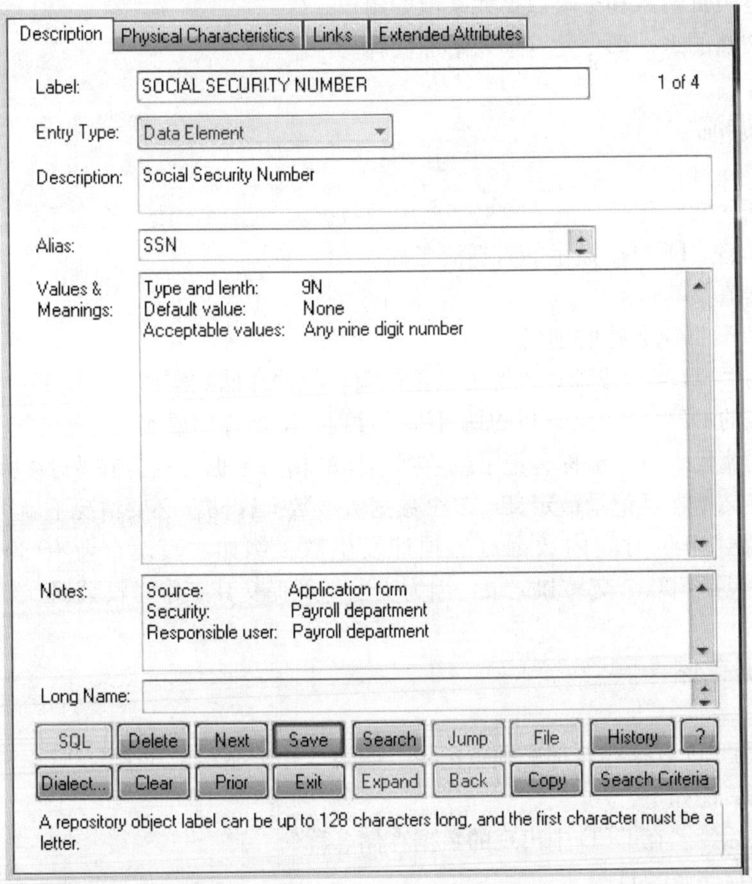

图表 5－20　描述名为“SOCIAL SECURITY NUMBER”的数据元素的 Visible Analyst 窗口

资料来源：Visible Systems Corporation。

- 数据元素名称或标签。数据元素的标准名称对用户很有意义。

- 别名。标准数据元素名称之外的任何名称（即替代名称）称为**别名**（alias）。例如，假设存在名为“CURRENT BALANCE”的数据元素，不同用户可通过“OUTSTANDING BALANCE”、“CUSTOMER BALANCE”、“RECEIVABLE BALANCE”和“AMOUNT OWED”等替代名称来指代它。

- 类型和长度。类型指的是数据元素是否包含数据、字母或字符值。长度是字母和字符数据元素的最大字符数，或数字数据元素最大的数字位数和小数位数。除了文本和数字数据，声音和图像也可通过数字形式存储。在一些系统中，这些二进制数据对象和传统的数据元素一样被管理和处理。例如，雇员记录可包括该人的数码照片。

- 默认值。默认值是如果没有为数据元素输入值，其显示的值。例如，所有新客户“CREDIT LIMIT”数据元素的默认值为＄500。

- 可接受值。即对数据元素**域**（domain）的规定，域是数据元素允许取值的集合。这些值可以在表中被具体列出或引用，或者可从特定的范围中选择。同时，域中也可以指定数据元素的某一个取值是可选的。一些数据元素还包含额外的**有效性规则**（validity rules）。例如，有效性规则可能要求雇员的工资金额必须在雇主预先设定的范围内。

- 源。对数据元素值的来源的说明。源可以是特定表单、部门或外部组织、另一个信息系统或计算结果。

- 安全。确定拥有访问或更新数据元素特权的个人或部门。例如，只有信用管理者有权更改信用限额，而销售代表只有以只读模式访问数据的权利。

- 负责用户。确定负责输入和更改数据元素值的用户。

- 描述和注释。文档的这一部分允许输入附加注释。

5.6.3 记录数据流

除了记录每个数据元素，还必须记录数据字典中的数据流。虽然术语可能会不同，但常见的属性如下：

- 数据流名称或标签。DFD中显示的数据流名称。
- 描述。描述数据流及其目的。
- 替代名称。DFD数据流名称的别名。
- 来源。数据流的DFD起始或源，来源可以是过程、数据存储或实体。
- 目的地。数据流的DFD结束点，目的地可以是过程、数据存储或实体。
- 记录。每个数据流代表一组被称为记录或数据结构的相关数据元素。在大多数数据字典中，记录与数据流和数据存储分开定义，一旦记录被定义，多个数据流或数据存储在必要情况下就可使用同一记录。
- 数量和频率。描述单位时间内数据流的预计发生数。例如，假设企业有300名员工，则“TIME CARD”数据流每周将包括300个交易和记录，因为员工每周提交其工作时长数据。

5.6.4 记录数据存储

数据字典中的每个DFD数据存储都必须被记录。图表5-21显示了对名为“IN STOCK”的数据存储的定义，数据存储的常见属性如下：

- 数据存储名称或标签。在DFD中出现的数据存储名称。
- 描述。描述数据存储及其目的。
- 替代名称。DFD数据存储名称的别名。
- 特性。DFD数据存储标准名称。

● 数量和频率。描述数据存储中预计的记录数量以及被更新的频率。

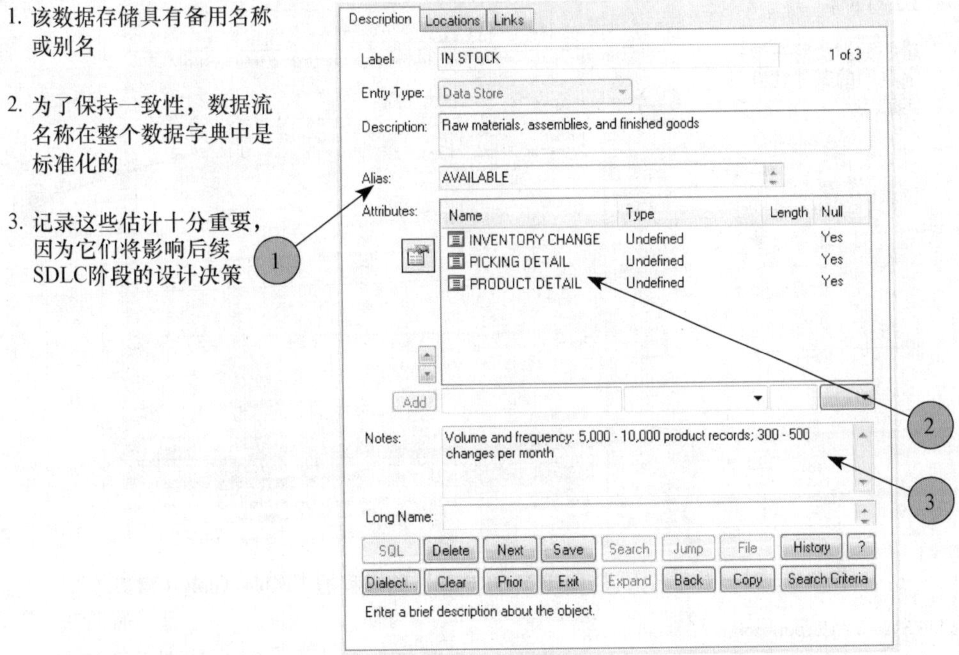

图表 5-21 记录名为"IN STOCK"的数据存储的 Visible Analyst 窗口

资料来源：Visible Systems Corporation。

5.6.5 记录过程

如图表 5-22 所示，每个过程都必须被记录。记录包括对过程属性的描述。而对于功能原语来说，过程描述还需要记录处理步骤和业务逻辑。

以下是常见的过程属性：

● 过程名称或标签。出现在 DFD 中的过程名称。

● 描述。过程目的的简要说明。

● 过程号。识别过程并表示系统中不同层级之间关系的引用号。

● 过程描述。此部分包括输入和输出数据流。对于功能原语来说，过程描述还记录了处理步骤和业务逻辑，下一部分将说明如何编写过程描述。

5.6.6 记录实体

通过记录全部实体，数据字典可描述与系统交互的全部外部实体。实体通常包括如下属性：

● 实体名称。在 DFD 中出现的实体名称。

● 描述。描述实体及其目的。

● 替代名称。实体名称的所有别名。

● 输入数据流。流向实体的输入数据流的标准 DFD 名称。

● 输出数据流。流出实体的输出数据流的标准 DFD 名称。

1. 使用过称号识别此过程，任何子过程都编号为1.1，1.2，1.3等

2. 这些数据流将在数据字典中的其他地方具体描述

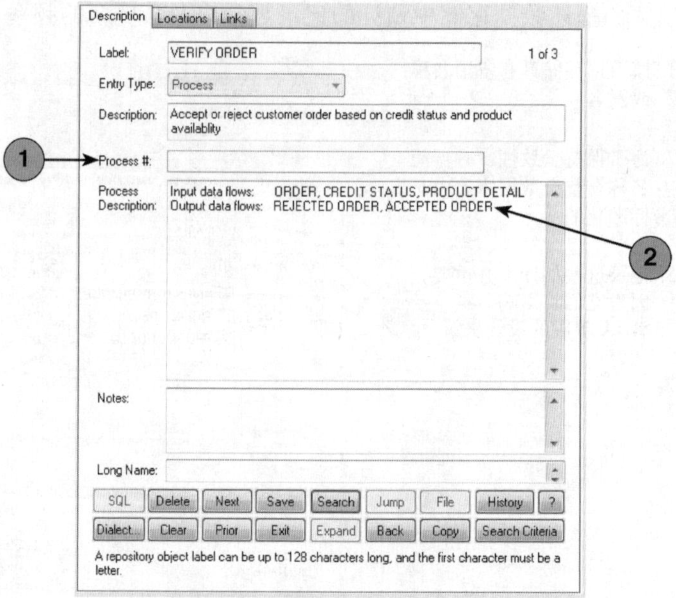

图表 5-22　描述名为“VERIFY ORDER”的过程的 Visible Analyst 窗口

资料来源：Visible Systems Corporation。

5.6.7　记录记录

记录是包含一系列共同存储并处理的相关数据元素的数据结构，数据流和数据存储由必须记载在数据字典中的记录组成。如图表 5-23 所示，每个记录的属性也必须被定义。

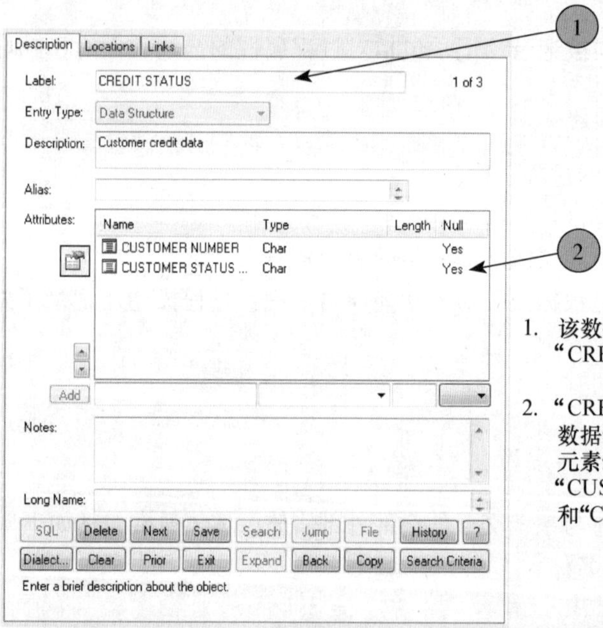

1. 该数据结构名为“CREDIT STATUS”

2. “CREDIT STATUS”数据结构由两个数据元素组成：“CUSTOMER NUMBER”和“CUSTOMER STATUS CODE”

图表 5-23　记载名为“CREDIT STATUS”的记录或数据结构的 Visible Analyst 窗口

资料来源：Visible Systems Corporation。

记录通常包含以下属性：

- 记录或数据结构名称。数据字典中相关数据流和数据存储条目中的记录名称。
- 定义或描述。记录的简单定义。
- 替代名称。记录名称的所有别名。
- 特性。包含在记录中的所有数据元素或字段的列表，数据元素名称必须和数据字典中输入的数据元素名称完全匹配。

5.6.8 数据字典报告

数据字典用作信息系统文档的中央存储库。数据字典在开发系统时被创建，并随着系统的实施、运营和维护而不断更新。除了描述每个数据元素、数据流、数据存储、记录、实体和过程外，数据字典还记录这些组件之间的关系。

可从数据字典中获取包含以下内容的有价值的报告：

- 按名称字母顺序排列的数据元素列表。
- 描述每个数据元素，指明负责数据输入、更新或删除的用户或部门的报告。
- 使用特定数据元素的全部数据流和数据存储的报告。
- 显示数据元素、记录、数据流、过程，或存储在数据字典中其他选项的详细报告。

5.7 过程描述工具

过程描述（process description）记录了功能原语的细节，并表示一组特定的处理步骤和业务逻辑。使用一系列过程描述工具，能够创建准确、完整和简明的模型。常见的过程描述工具包括结构化英语、决策表和决策树。在分析功能原语时，处理步骤在被称为模块化设计的过程中分解为更小的单元。

应该注意的是，本章介绍结构化分析，但过程描述工具也可在第6章描述的面向对象开发中使用。如第1章所述，O-O分析将数据和作用于数据的过程组合为对象，相似的对象可以组成类，O-O过程被称为方法。虽然O-O程序员使用不同的术语，但除了存储在对象内部而不是作为单独组件的过程或方法，他们将创建相同类型的模块化代码结构。

5.7.1 模块化设计

模块化设计（modular design）以三种作为过程构建块的**逻辑结构**（logical structures）［有时也称为**控制结构**（control structures）］的组合为基础。每个逻辑结构必须有单个输入和输出点。这三种结构分别称为序列、选择和迭代。矩形代表步骤或过程，菱形代表条件或决策，逻辑则沿着箭头方向进行。

（1）**序列**（sequence）。按照序列顺序一个接一个完成的步骤，如图表5-24所示。一个或多个步骤可能代表包含额外逻辑结构的子过程。

（2）**选择**（selection）。基于条件或测试结果，完成多个过程步骤中的一个。在图表5-25所示的示例中，系统对输入进行测试，如果时间大于40（“HOURS>40”），则对其执行“CALCULATE OVERTIME PAY”过程。

图表 5-24　序列结构

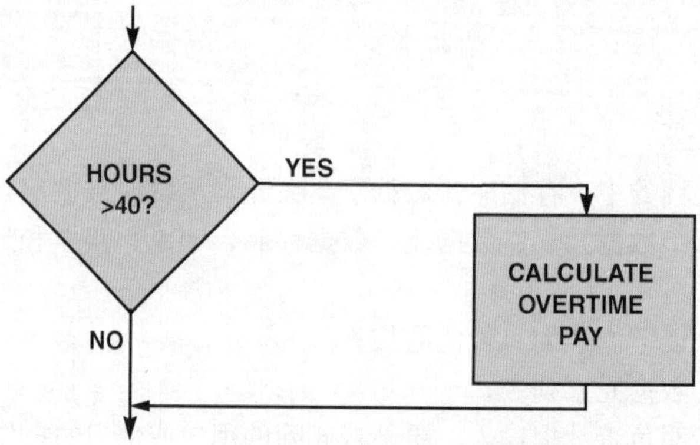

图表 5-25　选择结构

(3) **迭代**（iteration）。完成重复的过程和步骤，直到特定条件发生改变，如图表 5-26 所示。迭代的一个示例是持续打印工资单，直到工资单文件的结尾（“END OF FILE”）。迭代也称为**循环操作**（looping）。

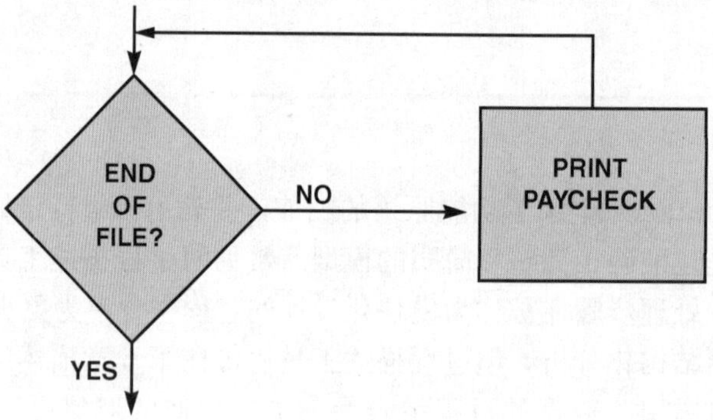

图表 5-26　迭代结构

我们可以用序列结构、选择结构和迭代结构的不同组合来描述处理逻辑。

5.7.2　结构化英语

结构化英语（structured English）是标准英语的子集，能够准确清晰地描述逻辑过程。使用结构化英语时，应注意以下准则：

- 只使用序列、选择和迭代三种构建块。
- 使用缩进以提高可读性。
- 使用有限的词汇，包括在数据字典中使用的标准术语以及描述处理规则的特定词汇。

图表 5-27 是结构化英语的示例，其表示之前出现过的“VERIFY ORDER”过程。结构化英语版本记录了将被编码到系统中的实际逻辑，结构化英语能够帮助向用户和系统开发人员提供准确并可理解的过程描述。

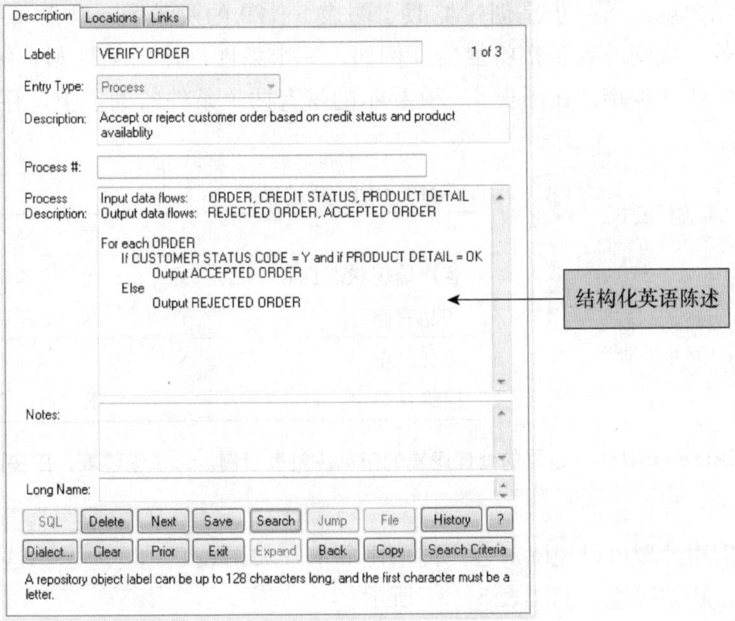

图表 5-27 "VERIFY ORDER"过程描述，其包括逻辑规则以及策略的结构化英语版本。注意逻辑语句的对齐和缩进

资料来源：Visible Systems Corporation。

计算机系的学生可能认为结构化英语看起来很熟悉，因为它类似于用于程序设计的**伪代码**（pseudocode)。虽然技术是相似的，但结构化英语的主要目的是描述底层业务逻辑，而程序员主要使用伪代码作为实际代码的简写符号。

遵循结构化英语规则可确保过程描述被必须确认过程正确的用户以及必须通过描述来设计信息系统的分析师和程序员理解。

5.7.3 决策表

决策表（decision table）是显示每一种条件和结果的组合的逻辑结构。分析师经常使用决策表来描述过程并确保考虑了全部可能情况。决策表可使用 Microsoft PowerPoint、Word 和 Excel 等工具创建。

带有一个条件的表

如果过程有单个条件，则只有两种可能性——是或不是。条件要么存在，要么不存在，因此只有两个规则。例如，为了触发超时计算，过程条件可以是：时间超过 40 小时吗？如果是，则进行计算，否则不计算。

带有两个条件的表

假设需要基于"VERIFY ORDER"业务过程创建一个决策表，如图表 5-28 所示。在记录过程时，重要的是保证每种可能都被列出。在此示例中，过程描述包含两个条件：产品库存状态和客户信用状态。如果两个条件都满足，则接受订单，否则拒绝订单。

"VERIFY ORDER"业务过程的两个条件
● 只有当产品有库存且客户的信用状态良好时才接受订单
● 所有其他订单将被拒绝

图表 5-28 "VERIFY ORDER"业务过程有两个条件，对于可接受的订单，产品必须有库存且客户必须有可接受的信用状态

在确定所有条件和结果后，下一步是创建类似于图表 5 - 29 的决策表。注意每个条件都有两个可能的值，因此每添加一个条件，规则的数量都将加倍。例如，一个条件创建两个规则，两个条件创建四个规则，三个条件创建八个规则，依此类推。在图表 5 - 29 显示的带有两个条件的例子中，存在四种可能性，但规则 1 是接受订单的唯一组合。

1. 将过程的名称放在左上角的标题中。
2. 在标题下输入条件，每个条件占一行，表示客户状态和产品可得性。
3. 为条件输入 Y/N 的所有潜在组合，每一列都代表一个被称作规则的编号可能性。
4. 在每个规则的行动输入区域放置 X，表示接受或拒绝订单。

① → VERIFY ORDER 过程

	1	2	3	4	
② → 客户信用状态良好	Y	Y	N	N	← ③
产品有库存	Y	N	Y	N	
接受订单	X				← ④
拒绝订单		X	X	X	

图表 5 - 29　显示“VERIYF ORDER”过程的处理逻辑的简单决策表示例。为了创建表，应按照显示的四个步骤进行

带有三个条件的表

假设企业现在决定信用经理可以免除对客户的信用要求，如图表 5 - 30 所示，这创建了第三个条件，因此将有八种可能的规则。新的决策表如图表 5 - 31 所示。

VERIFY ORDER 业务过程的三个条件
● 只有当产品有库存且客户的信用水平良好时才接受订单。
● 信用经理可以免除对客户的信用要求。
● 所有其他的订单都会被拒绝。

图表 5 - 30　“VERIFY ORDER”业务过程中添加了第三个条件。对于要接受的订单，产品必须有库存且客户必须有可接受的信用状态，但是信用经理现在有权免除信用状态要求

首先，必须填写 Y-N 模式，如图表 5 - 31 所示。确保所有可能出现的最佳方式是使用此类模式：第一个条件使用 Y-Y-Y-Y 模式，之后是 N-N-N-N 模式；第二个条件使用重复的 Y-Y-N-N 模式；第三个条件中的模式是一系列的 Y-N。

VERIFY ORDER 过程，该过程可以免除客户信用要求（初始版本）

	1	2	3	4	5	6	7	8
客户信用状态良好	Y	Y	Y	Y	N	N	N	N
产品有库存	Y	Y	N	N	Y	Y	N	N
信用经理免除对客户的信用要求	Y	N	Y	N	Y	N	Y	N
接受订单	X	X			X			
拒绝订单			X	X		X	X	X

图表 5 - 31　该决策表基于图表 5 - 30 中所示的“VERIFY ORDER”条件，在三个条件下，有八种可能的组合或规则

下一步非常重要，不论条件的数量是多少，每个编号的列（或规则）都表示一组不同的条件，仔细分析逻辑并显示每个规则的结果。在继续下去之前，研究图表 5 - 31 中的表，确保八个规则中的每个逻辑结果都被理解。

在所有结果都确定后，下一步是简化表格。在多条件表中，一些规则可能是重复、冗余或不现实的。为了简化表格，应按照以下步骤操作：

（1）研究条件和结果的每种组合。有三个条件时，可能只有一个或两个条件控制结果，而其他条件根本不重要。

（2）如果存在不影响结果的条件，应使用短横线（—）标记它们，如图表 5 - 32 中第一个表所示。

（3）现在将规则组合并重新编号，如图表 5 - 32 中第二个表所示。

遵循这些步骤之后，规则 1 和 2 可以组合，因为信用状态在两个规则中都是良好，因此免除信用要求并不重要。规则 3，4，7 和 8 也可以组合，因为产品不存在，所以其他条件不重要。最终仅有四个逻辑规则控制“VERIFY ORDER”过程，而不是八种可能性。

1. 因为产品无存货，所以其他条件不重要。
2. 因为满足其他条件，因此免除并不重要。

VERIFY ORDER 过程，该过程可以免除客户信用要求（包含已标记的可组合的规则）

	1	2	3	4	5	6	7	8
客户信用状态良好	Y	Y	—	—	N	N	—	—
产品有库存	Y	Y	N	N	Y	Y	N	N
信用经理免除对客户的信用要求	—	—	—	—	Y	N	—	—
接受订单	X	X			X			
拒绝订单			X	X		X	X	X

VERIFY ORDER 过程，该过程可以免除客户信用要求（规则合并和简化后）

	1 （组合之前的规则 1 和 2）	2 （之前的规则 5）	3 （之前的规则 6）	4 （组合之前的规则 3，4，7，8）
客户信用状态良好	Y	N	N	—
产品有库存	Y	Y	Y	N
信用经理免除对客户的信用要求	—	Y	N	—
接受订单	X	X		
拒绝订单			X	X

图表 5 - 32　在第一个决策表中，添加短横线以表示不相关的条件。在决策表的第二个版本中，通过组合规则来缩减规则数量，在最终版本中仅保留四条规则，这些规则记录了逻辑并将在系统开发时被转换为程序代码

多重结果

除了多个条件，决策表可能有两个以上的可能结果。例如，图表 5 - 33 所示的“SALES PROMOTION POLICY”业务过程包括三个条件：客户是优先客户吗？客户订购＄1 000 以上吗？客户使用我们企业的收费卡吗？基于这些条件，可能会发生四种可能的操作，如图表 5 - 34 中的决策表所示。

SALES PROMOTION POLICY-节日季

- 优先客户订单不少于＄1 000 可享 5%折扣，如果使用我们的收费卡，可再享 5%折扣。
- 优先客户订单没有超过＄1 000，将能获得＄25 的优惠券。
- 所有其他客户将能得到一张＄5 的优惠券。

图表 5 - 33　带有三个条件的促销政策。注意第一个陈述包括两个单独的条件：一个是 5%的折扣，另一个是额外折扣

如前面所述，大多数表可以被简化，这一表格也不例外。在研究条件和结果之后，能够明显发现：

- 在规则 1 中，满足所有三个条件，因此有两个 5%的折扣。
- 在规则 2 中，优先客户订单不少于＄1 000，但不使用我们的收费卡，因此只有一个 5%的折扣。

• 规则3和4可以组成一个规则，如果优先客户订购量没有超过＄1 000，那么他们是否使用我们的收费卡无关紧要——无论使用哪种方式，他们都只能获得＄25的优惠券，规则3和4是一条规则。

SALES PROMOTION POLICY（初始版本）

	1	2	3	4	5	6	7	8
优先客户	Y	Y	Y	Y	N	N	N	N
订单不少于＄1 000	Y	Y	N	N	Y	Y	N	N
使用我们的收费卡	Y	N	Y	N	Y	N	Y	N
5%折扣	X	X						
额外5%折扣	X							
＄25优惠券			X	X				
＄5优惠券					X	X	X	X

图表5-34　该决策表基于图表5-33中的促销政策。这是简化前的初始版本

• 规则5，6，7和8也可以组合成一条规则，因为如果该人不是优先客户，他只能收到＄5的优惠券，而其他条件根本不重要。如果条件不相关，则插入短横线，如图表5-35所示。

如果为不相关的规则添加短横线，则表格应类似于图表5-35。组合并简化结果后，只有四条规则：规则1、规则2、规则3（初始规则3和4的组合）和规则4（初始规则5，6，7和8的组合）。

决策表通常是描述一系列复杂条件的好方法，许多分析师使用决策表，因为它易于构造和理解，程序员认为根据决策表开发代码十分简单。

SALES PROMOTION POLICY（最终版本）

	1	2	3	4	5	6	7	8
优先客户	Y	Y	Y	Y	N	N	N	N
订单不少于＄1 000	Y	Y	N	N	—	—	—	—
使用我们的收费卡	Y	N	—	—	—	—	—	—
5%折扣	X	X						
额外5%折扣	X							
＄25优惠券			X	X				
＄5优惠券					X	X	X	X

图表5-35　决策表这一版本中，添加了短横线来表明不相关条件。此时，能够明显看出可将几个规则组合

案例5.2　Rock Solid Outfitters公司（第一部分）

Leah Jones是Rock Solid Outfitters的IT经理，该公司是户外攀登和野营装备的中型供应商。营销总监Steve Allen要求Leah开发一种特殊的网络促销。Steve向Leah说明，如果客户能够完成在线调查或注册Rock Solid在线通信，Rock Solid将为他们提供免费送货服务。此外，如果客户完成调查并注册在线通信，Rock Solid将为超过＄100的订单提供＄10的商品抵扣券。Leah要求你制定一个决策表，反映程序员将使用的促销规则。她希望你展示所有的可能性，然后简化结果来消除任何不切实际或冗余的组合。

5.7.4 决策树

决策树（decision tree）是决策表中条件、行动和规则的图形表示。决策树以类似于树的形式水平显示逻辑结构，树的根部在左侧，分支在右侧。与流程图类似，决策树是将系统展示给管理层的有效方式。决策树和决策表以不同的方式提供相同的结果，在许多情况下，图形是最有效的沟通方式。

图表5-36与图表5-33中显示的促销政策相同。决策树按照从左到右的方向读取，条件在各分支旁，行动在最右侧。由于该示例有两个条件、四个行动结果集合，因此该示例在树的右侧有四个终止分支。

使用决策表还是决策树通常是个人偏好的问题，决策表可能是处理复杂条件组合的更好方法，另一方面，决策树是描述相对简单过程的有效方式。

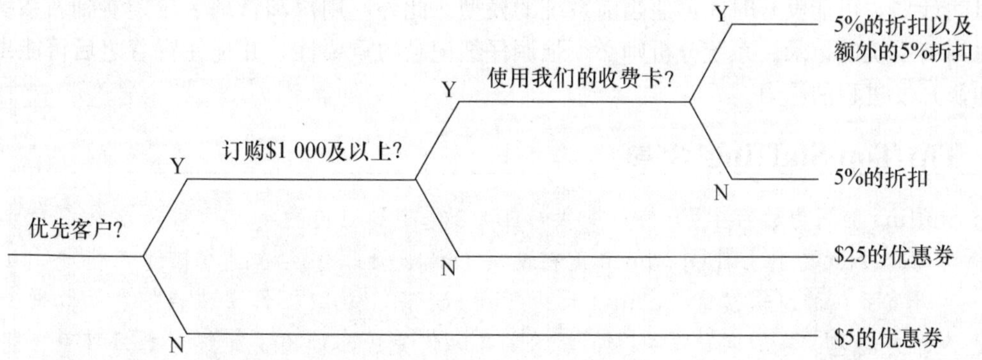

图表5-36　此决策树示例以销售促销策略为基础，与图表5-34和图表5-35中显示的决策表相同。和决策表一样，决策树显示条件和结果的所有组合。主要区别为，决策树是对查看者来说可能更容易解释的图形形式

案例5.3　Rock Solid Outfitters公司（第二部分）

Lean Jones是Rock Solid Outfitters的IT经理，她认为在分配给你的决策表任务中你做得很好。现在她希望你使用相同的数据开发一棵决策树，她还希望你讨论决策表和决策树的利弊。

5.8 逻辑模型与物理模型

虽然结构化分析用于为新信息系统开发逻辑模型，但这些工具也可用于开发信息系统的物理模型。物理模型显示系统需求如何实现。在系统设计阶段将创建新信息系统的物理模型，其遵循逻辑模型并包括操作任务和技术。

5.8.1 建模的顺序

为了理解逻辑模型和物理模型之间的关系，考虑系统分析阶段的开始。为了理解如何在现有系统中执行当前任务，需要在研究逻辑模型之前研究当前系统的物理运营。许多分析师创建当前系统的物理模型，然后在处理新系统的逻辑模型前开发当前系统的逻辑模型，采取此额外步骤可使他们更好地理解当前系统。

5.8.2 四模型方法

许多分析人员采用**四模型方法**（four-model approach），他们开发当前系统的物理模型、当前系统的逻辑模型、新系统的逻辑模型和新系统的物理模型。四模型方法的主要优点是，在进行任何修改或改进之前，对当前系统提供了清晰的画像。这是十分重要的，因为在系统开发早期出现错误将影响后续的 SDLC 阶段，并可能导致用户不满和费用增多。采取额外的步骤来避免这些潜在且昂贵的错误是很值得的。另一个优点是，新信息系统的需求通常与当前信息系统相似，尤其当新系统是基于新的技术而不是大量新需求的时候。在这些情况下，调整当前的系统的逻辑模型使其适用于新系统的逻辑模型是一个直接可用的方法。

四模型方法的唯一缺点是需要额外的时间和成本来开发当前系统的逻辑模型和物理模型。每个项目都有非常严格的时间计划，可能没有时间创建当前系统的模型。此外，用户和管理者希望看到新系统的进展，他们不太关心对当前系统的记录。系统分析师必须强调仔细记录的重要性，并顶住冒着之后可能出现严重问题的风险仍然加快开发进程的压力。

案例 5.4 Tip Top Staffing 公司

Tip Top Staffing 公司为数百个 IT 公司提供员工，这些 IT 公司的特定项目需要具备专业化技能的员工。系统分析师 Lisa Nuevo 和 Bill Goodman 正在使用 DFD、数据字典和过程描述来构建 Tip Top 的计费和记录系统。在开发系统的逻辑模型时，Lisa 认为 Tip Top 用于获取工作申请者信息的数据表单应进行一些改进。改进表单是物理实施的问题吗？Lisa 考虑事务如何完成，而不是始终考虑哪些事务将被完成，她的想法是否偏离了目标？

伦理问题

这是你在 Safety Zone 开始新工作的第一周，Safety Zone 是 IT 建模软件的领先制造商。你之前在较小企业工作的经验为你胜任这份工作提供了优势，对于加入同一领域更大的企业，你感到很兴奋。

到目前为止，一切都进展顺利，你也习惯了新的生活。但是，你担心一个问题，在与 IT 经理的初次会面中，她似乎对你前一份工作的细节很感兴趣，她问的一些问题使你有些不舒服。她实际上没有要求你披露任何特定信息，但她明确表示，Safety Zone 希望尽可能多地了解其竞争对手。

深入地思考过后，你尝试在可讨论的信息与软件细节或策略等被视为私有的话题之间划一条界线。这是你第一次遇到这样的情况，你将如何处理？

5.9 本章小结

在数据和过程建模期间，系统分析师开发图形模型，显示系统如何将数据转换为有用信息。数据和过程建模的最终产品是支持业务运营并满足用户需求的逻辑模型。数据和过程建模主要包括三种工具：数据流图、数据字典和过程描述。

数据流图（DFD）图形化地显示信息系统中数据的流动和转换。DFD 使用四种符号：过程符号转换数据；数据流符号显示数据流动；数据存储符号显示存储数据；外部实体符号显示与信息系统连接的人或物。使用不同的规则和技术来对一系列 DFD 命名、编号、排列、解释，使其一致并可理解。

一组 DFD 就像是一个金字塔，塔的顶部是上下文图。上下文图表示信息系统的范围及其外部连接，但不显示其内部工作。0 图显示了信息系统主程序的过程符号，其代表整个信息系统。较低层级的 DFD 通过分层和编号技术显示系统的额外细节，分层将持续到功能原语过程，这些功能原语无法被进一步分解且使用过程描述记录。所有的图都必须是平衡的，以确保它们的一致性和准确性。

数据字典是用于结构化分析的中央记录工具。所有数据元素、数据流、数据存储、过程、实体和记录都将在数据字典中被记录。将记录整合在同一位置会使分析人员更易于验证信息系统的准确性和一致性，并生成各种有用的报告。

每个功能原语过程都使用结构化英语、决策表和决策树来记录。结构化英语是标准英语的子集，其通过序列、选择和迭代三种基本构建块的组合来定义每个过程。使用决策表和决策树还可以记录逻辑。

结构化分析工具可用于在系统分析阶段开发逻辑模型，以及在系统设计阶段开发物理模型。许多分析师采用四模型方法，包括当前系统的物理模型、当前系统的逻辑模型、新系统的逻辑模型和新系统的物理模型。

关键词（Key Terms）

别名　在不同的数据字典中使用的术语，用于指代描述相同数据元素的替代名称或标准数据元素名称之外的名称。

平衡　用于在包括输入和输出数据流、数据定义和过程描述的整个系列图表中保持一致性的过程。

黑箱　比喻以不透明或不可观察的方式产生结果的过程或行为。在数据流图中，过程显示为黑箱，过程的输入、输出以及基本功能已知，但底层细节未显示。

黑洞　没有输出的过程。

业务逻辑　决定系统如何处理数据、产生有用信息的规则，能够反映企业的业务需求。例如在发票中增加一定数量的营业税、计算客户余额和财务费用、判断客户是否有资格享受优惠等。也称为业务规则。

业务规则　参见业务逻辑。

子图　分解的数据流图中较低层级的图形。

上下文图　显示信息系统边界和范围的顶层视图。

控制结构　用作过程的构建块，控制结构有一个出入点。控制结构可以是一个序列顺序，也可以是条件或测试结果，还可以是一个重复的过程步骤。也称为逻辑结构。

数据字典　系统数据的中央信息存储库。

数据元素　实体的单个特性或事实。数据元素、字段或属性是信息系统中具有含义的最小数据片段。例如，社会保障号码或企业名称是数据元素的示例。也称为数据项。

数据流　数据从信息系统的一部分移动到另一部分的路径。

数据项　参见数据元素。

数据存储库　数据流图中使用的符号，用于代表系统必须保存的数据，因为一个或多个过程需要在之后使用该储存数据。可与数据存储这一术语互换使用。

数据存储　参见数据存储库。

数据结构　包含在数据流中或保留在数据存储中的相关数据元素的有意义组合。组织并存储数据的框架。

决策表　显示逻辑结构的表，包含条件和操作结果的所有可能组合。

决策树　用图形表示决策表中的条件、操作和规则。

分解　表达过程或系统的另一种方式，将一般的顶层视图化解为更详细的内容。也可使用拆分或分割等术语。

0图　描述初始上下文图下面第一层细节的图。0（零）图将上下文图放大并显示主要过程、数据流和数据存储，并重复上下文图中显示的外部实体和数据流。

分散数据流　同一数据传输到两个或多个不同位置的数据流。

域　数据元素允许取的一组值。

实体　收集并维护数据的人、地点、事物或事件。例如，在线销售系统可能包括名为“CUSTOMER”、“ORDER”、“PRODUCT”和“SUPPLIER”的实体。

拆分　如果一个图向下延伸到更详细或更广泛的视图，则称该图是拆分的。

字段　实体的单个特性或事实，字段或属性是信息系统中具有含义的最小数据片段。例如，社会保障号码或企业名称是字段的示例。数据元素、数据项、字段这些术语可以互换使用。

四模型方法　当前系统的物理模型、当前系统的逻辑模型、新系统的逻辑模型和新系统的物理模型均被开发。

功能原语　由无法进一步分解的单个功能构成的过程，功能原语的逻辑被记录在数据字典的过程描述中。

Gane 和 Sarson　数据流图中使用的流行符号集，过程、数据流、数据存储及外部实体均有唯一的符号。

灰洞　输入明显不足以生成所示输出的过程。

迭代　在特定条件发生变化前不断重复的处理步骤。

分层　绘制一系列越来越详细的图，直到所有功能原语都被确定的过程。

逻辑模型　显示系统必须做什么，而不管物理上如何实现。

逻辑结构　参见控制结构。

循环操作　在特定条件发生变化前不断重复的处理步骤。例如，持续打印工资单直到工资单文件结尾的过程是一个循环操作。也称为重复。

模块化设计　可分解成逻辑块的设计，也称为分区或自上而下的设计。

父图　分解的数据流图中较高层级的图形。

分割　将总体对象分解成子系统和模块。

物理模型　描述系统如何构建的模型。

0过程　在数据流图中，0（零）过程代表整个信息系统，但不显示内部工作。

过程描述　功能原语细节的记录文档，表示一组特定的处理步骤和业务逻辑。

伪代码　一种表示程序逻辑的技术。

记录　描述客户、订单、产品等实例或实体组成成员的一系列相关字段。根据需要的信息，记录可能有一个或几十个字段。也称为元组。

选择　模块化设计中的控制结构，基于测试结果或条件完成多个过程步骤中的一个。

序列　按照序列顺序一个接一个完成的步骤。

接收点　从信息系统中接收数据的外部实体。

源　为信息系统提供数据支持的外部实体。

自发生成　无法解释的数据或信息的生成。对数据流图而言，过程无法自发生成数据流，它们必须具有输入以及输出数据。

结构化英语　标准英语的子集，能够清晰准确地描述逻辑过程。

终结符　表明数据来源或最终目的地的数据流图符号。也称为外部实体。

有效性规则　在数据被输入时确保其有效性的数据检验。例如，有效性规则可能要求雇员的工资金额必须在雇主预先设定的范围内。

Yourdon　在数据流图中使用的一类符号集。过程、数据流、数据存储和外部实体在 Yourdon 符号集中均有唯一的符号。

本章练习

问题

1. 描述数据和过程建模的概念和工具。
2. 解释 Gane 和 Sarson 符号与 Yourdon 符号之间的区别。提供表示过程、数据流、数据存储和实体的符号示例。
3. 上下文图和 0 图之间的区别是什么？在上下文图中不使用哪个符号？
4. 如何分解 DFD？
5. 描述数据字典并列出其包含的信息类型。
6. 如何对 DFD 分层？
7. 如何平衡 DFD？
8. 创建决策表的目的是什么？如何创建决策表？
9. 为什么管理者更喜欢决策树而不是决策表？
10. 什么是结构化英语？

讨论话题

1. 假设你被安排开发学校或学院注册系统的逻辑模型。使用自上而下的方法好，还是使用自下而上的策略更好？哪些因素会影响你的决定？
2. 一些系统分析师认为先构建一个决策表，再构造一棵决策树更好。一些人认为按相反的顺序更容易。你喜欢怎样做？为什么？
3. 使用 CASE 工具进行过程建模有哪些优点和缺点？
4. 一位系统分析师参加了为期一周的结构化分析研讨会，在汇报工作时，她告诉老板结构化分析不值得在工作中花时间学习和使用。她的观点是，结构化分析过于学术，有太多新术语，因此不是很有用处。你同意吗？为什么？
5. 本章描述了“黑箱”的概念，其在分解过程中展示出更多细节。这一概念可被应用于一般的商业管理中，还是仅限于信息系统设计？提供一些原因和示例。

项目

1. 绘制一个代表图书馆信息系统的上下文图和 0 图 DFD。
2. 在互联网上至少找到三家将 CASE 工具作为共享软件或免费、公用软件的企业，并描述它们。
3. 探索结构化英语的使用方法，描述系统分析领域之外的过程。
4. 创建一张带有三个条件的决策表。你可以自己构建一个场景或使用日常生活中的场景。无论如何，一定要显示所有可能的结果。

5. 图表 5－1 所示的数据流符号由著名的 IT 著作家、讲师和顾问埃德·尤登（Ed Yourdon）设计。许多 IT 专业人士认为他是软件领域最具影响力的人物之一。访问他的网站 www. yourdon. com，对 Yourdon 先生做进一步了解，并简要综述其工作。

第 6 章

对象建模

第 6 章是 SDLC 系统分析阶段四个章节中的第三章。本章主要介绍分析师用于构建逻辑模型的对象建模方法。除结构化分析外，面向对象分析是另一种能表达并设计信息系统的方法。

本章包括四个案例讨论问题，用以帮助读者情境化地理解文中描述的概念。伦理问题考虑员工想跳过课程直接考试并向上过课程的其他人索要培训材料的情景。

学习目标

学完这一章，你应该能够：

- 解释如何使用面向对象分析描述信息系统；
- 定义对象建模的术语和概念，包括对象、属性、方法、消息、类以及示例；
- 解释对象和继承之间的关系；
- 绘制对象关系图；
- 描述统一建模语言（UML）工具和方法，包括用例、用例图、类图、序列图、状态转移图以及活动图；
- 解释使用 CASE 工具开发对象模型的优点；
- 解释如何组织对象模型。

6.1 引言

第 5 章解释了如何使用结构化分析方法开发系统的数据和过程模型。第 6 章将解释面向对象分析，这是另一种观察系统需求并建模的方法。本章将介绍如何使用面向对象方法对信息系统进行记录、分析和建模。系统分析阶段的最后一章——第 7 章将描述如何评估备选方案、开发系统需求文档并为 SDLC 的系统设计阶段做准备。

6.2 面向对象分析概述

正如第1章描述的，最流行的系统开发选项是结构化分析、面向对象（O-O）分析，以及也被称为自适应方法的敏捷方法。图表1－17中的表格显示了这三个选项并描述了每一种方法的优缺点。正如该表格指出的，面向对象方法很流行，因为它很容易与Java、Smalltalk、VB. Net、Python以及Perl等面向对象编程语言整合。程序员也更喜欢使用面向对象的代码，因为它是模块化的、可重复使用且易于维护。

面向对象分析通过识别被称为对象的事物来描述信息系统。对象代表实际的人、地点、事件或事务。例如，当病人预约了去看医生，病人就是对象，医生也是对象，同时，预约本身也是对象。

面向对象分析是一种流行的方法，它在对象活动和交互时从对象本身来看待系统。面向对象分析的结果是**对象模型**（object model），其用对象和面向对象概念的术语描述了整个信息系统。

6.2.1 面向对象相关概念

第4章介绍了统一建模语言（UML）是一种广泛使用的可视化并记录信息系统设计的方法。在本章中，UML将被用于开发对象模型。第一步是理解基本的O-O术语，包括对象、属性、方法、消息、类和实例。本章将介绍系统分析师如何应用这些术语描述信息系统。

对象代表对信息系统重要的人、地点、事件或事务。第5章通过创建DFD来分别处理数据和过程。但是，对象包含数据及影响数据的过程。例如，客户对象有名字、地址、账户号码以及当前余额，客户对象也可以完成特定任务，如下一个订单、完成付账以及改变住址。

对象有特定的**属性**（attributes），其描述该对象的特征。例如，汽车可能有品牌、型号、颜色等属性。对象还有**方法**（methods），其是对象接到**消息**（message）或者命令后执行的任务或功能。例如，在收到刮水器控件的消息后，汽车可“OPERATE WIPERS”；当收到踩下制动踏板发出的消息时，它可以“APPLY BRAKES”。图表6－1是表示一个汽车对象的属性、消息和方法的示例。

类是一组相近的对象。例如，福特嘉年华（Ford Fiestas）属于“CAR”这一类。**实例**（instance）是类中特定的某个成员。例如，丰田凯美瑞（Toyota Camry）是“CAR”类中的一个实例。在汽车经销店中，可以看到“CAR”类中的很多实例，如“TRUCK”类、“MINIVAN”类、“SPORT UTILITY VEHICLE”类等。虽然“对象”经常指代某一特定实例，但系统分析师有时也用这一术语来指代对象的类。读者通常可根据上下文及该术语使用的方式理解其含义。

6.2.2 对象

考虑一个说明UML如何描述有父母和子女的家庭的简单例子。UML用矩形表示对象，对象名称位于顶部，下面是对象的属性和方法。

图表6－2表示一个有姓名、年龄、性别和头发颜色等属性的“PARENT”对象。如果有两个父母，则“PARENT”对象中有两个实例。“PARENT”对象可以实现方法，如读睡前故事、驾驶合拼汽车或者准备学校午餐。当“PARENT”对象收到消息时，其执行一项行动或者方法。

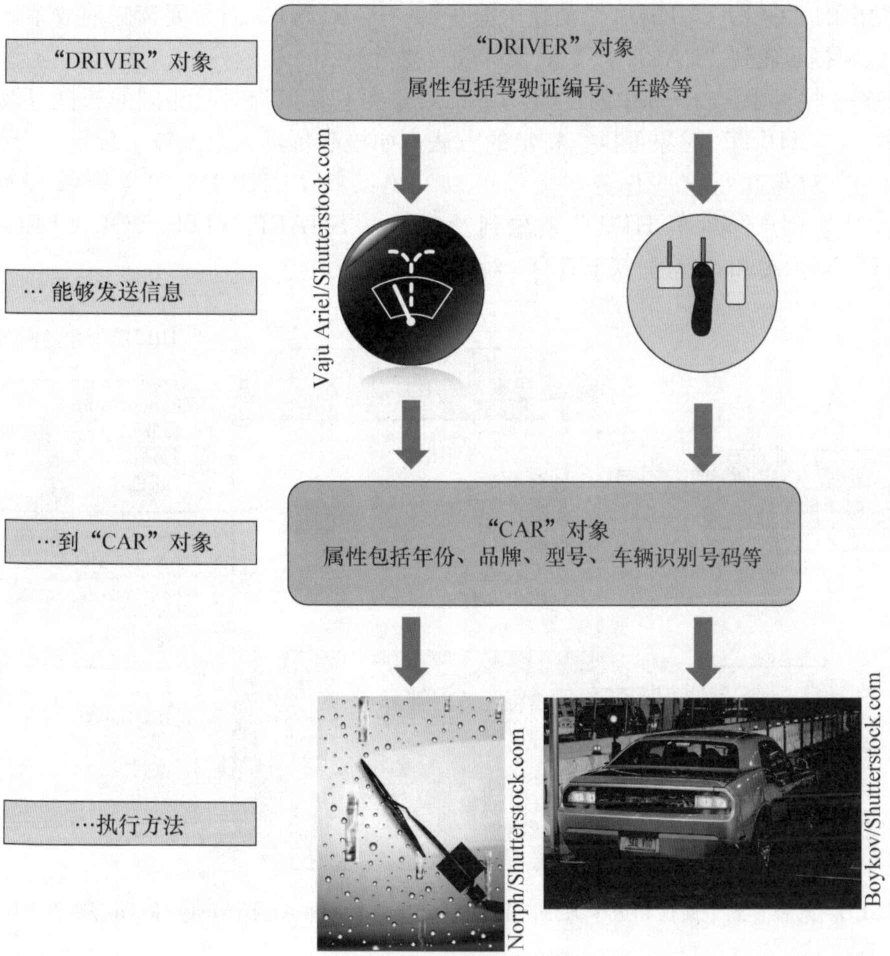

图表 6-1 对象带有属性，可以发送或者接收消息，并执行被称为方法的行动

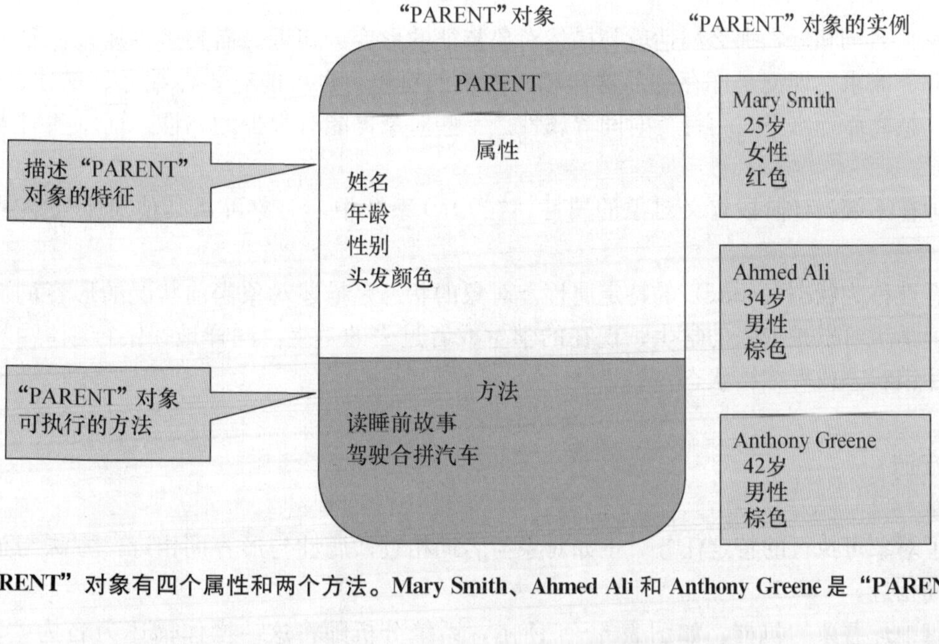

图表 6-2 "PARENT"对象有四个属性和两个方法。Mary Smith、Ahmed Ali 和 Anthony Greene 是"PARENT"对象的实例

例如，孩子发出的“GOOD NIGHT”消息可能告诉“PARENT”对象要读睡前故事，而来自其他父母的“DRIVE”消息则提示轮到“PARENT”对象驾驶合拼汽车。

继续看家庭这一例子，图表 6-3 中的“CHILD”对象拥有和父母对象相同的属性以及一个表示兄弟姐妹数量的额外属性。“CHILD”对象可执行特定的方法，如捡起玩具、吃晚餐、玩耍、合作以及准备睡觉。为了示意“CHILD”对象执行这些任务，父母可以发出某些“CHILD”对象能够理解的消息。例如，“DINNER'S READY”消息告诉“CHILD”对象到餐桌来，“SHARE WITH YOUR BROTHER/SISTER”消息告诉“CHILD”对象要和其他的“CHILD”对象合作。

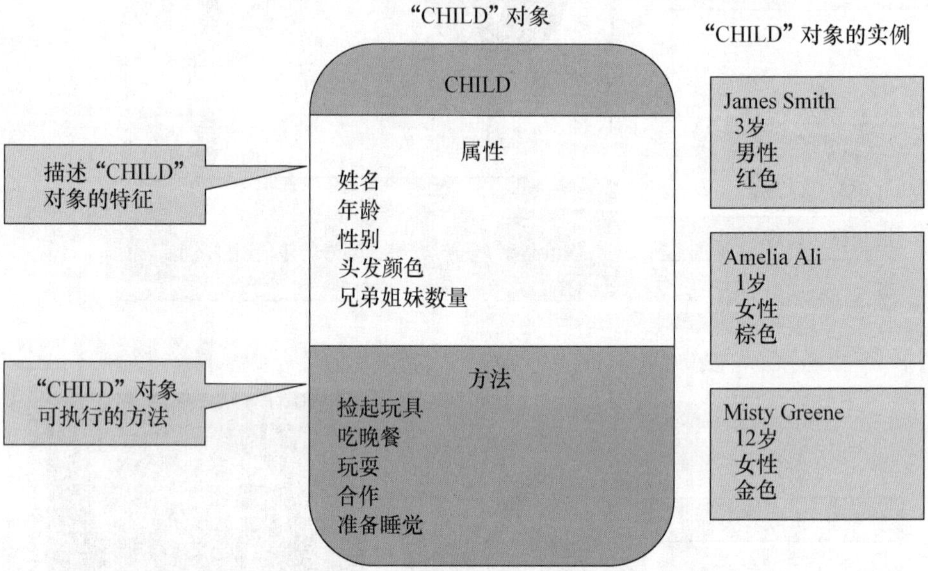

图表 6-3 “CHILD”对象有五个属性和五个方法。James Smith、Amelia Ali 和 Misty Greene 是“CHILD”对象的实例

6.2.3 属性

如果说对象与名词相近，那么属性就与描述对象特征的形容词相近。需要多少属性？答案取决于信息系统及其用户的业务需求。即使是库存物品这样相对简单的对象，也可能有零件编号、描述、供应商、数量、最低库存水平、最高库存水平、再订货时间等属性。一些对象可能有很少的属性，而一些对象则可能有很多的属性。

系统分析师在系统设计阶段定义对象的属性。在 O-O 系统中，对象可从其他对象处继承或者习得特定属性。

对象可以有被称为**状态**（state）的特定属性。对象的状态是描述对象当前状况的形容词。例如，根据状态的不同，一个学生可以是未来的学生、现在的学生或者过去的学生。同样地，银行账户可以是活跃状态、非活跃状态、注销状态或者冻结状态。

6.2.4 方法

方法定义了对象可执行的特定任务。正如对象与名词相近，属性与形容词相近，方法与描述对象做什么和如何做的动词相近。

考虑快餐店中炸薯条的机器。如图表 6-4 所示，系统分析师将这一操作描述为名为“MORE FRIES”

的方法。"MORE FRIES"方法包含加热油、将冷冻土豆条装满油炸篮、将油炸篮放至热油中、检查是否炸熟、炸熟后拿出油炸篮并排出油、将炸薯条倒入保温托盘以及放盐这些必需步骤。

方法：MORE FRIES	步骤： 1. 加热油 2. 将冷冻土豆条装满油炸篮 3. 将油炸篮放至热油中 4. 检查是否炸熟 5. 炸熟后拿出油炸篮并排出油 6. 将炸薯条倒入保温托盘 7. 放盐

图表 6-4 "MORE FRIES"方法需要机器执行七项特定的步骤

6.2.5 消息

消息是告诉对象执行特定方法的命令。例如，"PICK UP TOYS"消息指示"CHILD"类执行拾起玩具必需的步骤。"CHILD"类理解消息并执行这一方法。

发送给两个不同对象的相同消息可能产生不同的结果。同一消息对不同对象有不同含义的现象称为**多态性**（polymorphism）。例如，在图表 6-5 中，"GOOD NIGHT"消息提示"PARENT"对象读睡前故事，但同样的消息对于"CHILD"对象来说则是提醒他们准备睡觉。如果家庭中有"DOG"对象，则这一消息是让宠物狗睡觉。

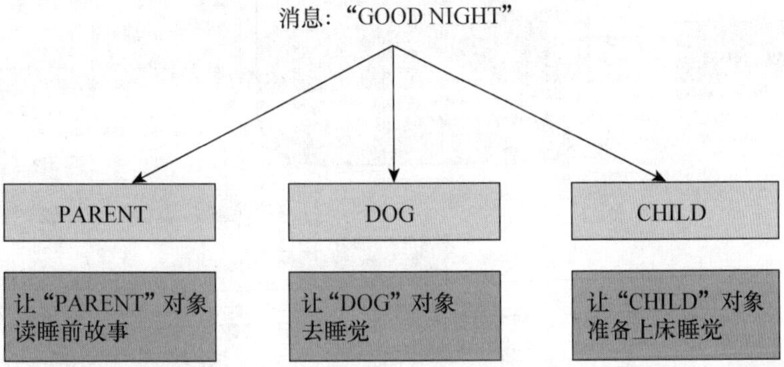

图表 6-5 在多态性的例子中，根据接收信息的对象不同，"GOOD NIGHT"消息产生不同结果

对象可被看作黑箱，因为传递给对象的消息在其内部触发变化，而不具体说明变化如何被执行。汽油泵就是一个黑箱的例子，一旦在泵中选择经济级别，只要正确进行，就不必考虑泵如何确定正确的价格和选择正确的燃料。

黑箱概念是**封装**（encapsulation）的一个例子，其意味着所有的数据和方法都是独立的。黑箱并不需要外界的干预。通过限制对内部处理的访问，对象防止其内部编码被另一个对象或者过程更改。封装允许对象在系统中的任何位置作为模块组件使用，因为对象发送并接收消息，但不改变其他对象内部的方法。

面向对象设计通常由 O-O 语言实现。O-O 设计的主要优点是系统分析师可通过使用模块化对象节约时间并避免错误，且程序员可使用已测试验证过的可重复使用程序模块将设计转换成代码。例如，在图表 6-6 中，"INSTRUCTOR"对象发送"ENTER GRADE"消息给"STUDENT RECORD"类中的一个实例，经过少量修正，"INSTRUCTOR"对象和"STUDENT RECORD"类可在属性和方法相近的其他学校信息系统中重复利用。

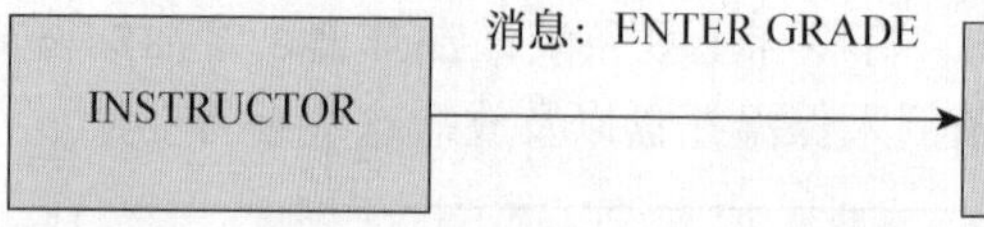

图表 6-6　在学校信息系统中，“INSTRUCTOR”对象向“STUDENT RECORD”类中的一个实例发送“ENTER GRADE”消息

6.2.6　类

对象属于一个被称为类的群组或类别。同一类中的所有对象有相同的属性和方法，因此类就像是类中全部对象的蓝图或模板。类中的对象可以再分为**子类**（subclasses），子类是类中更具体的类别。例如，如图表6-7所示，“TRUCK”对象和名为“CAR”“MINIVAN”“SCHOOL BUS”的其他类都代表“VEHICLE”类中的一个子类。注意到四个子类有“VEHICLE”类的共有属性，如品牌、型号、年份、重量和颜色。每一个子类也有独有属性，如“TRUCK”的负载限制或“SCHOOL BUS”的紧急出口位置。

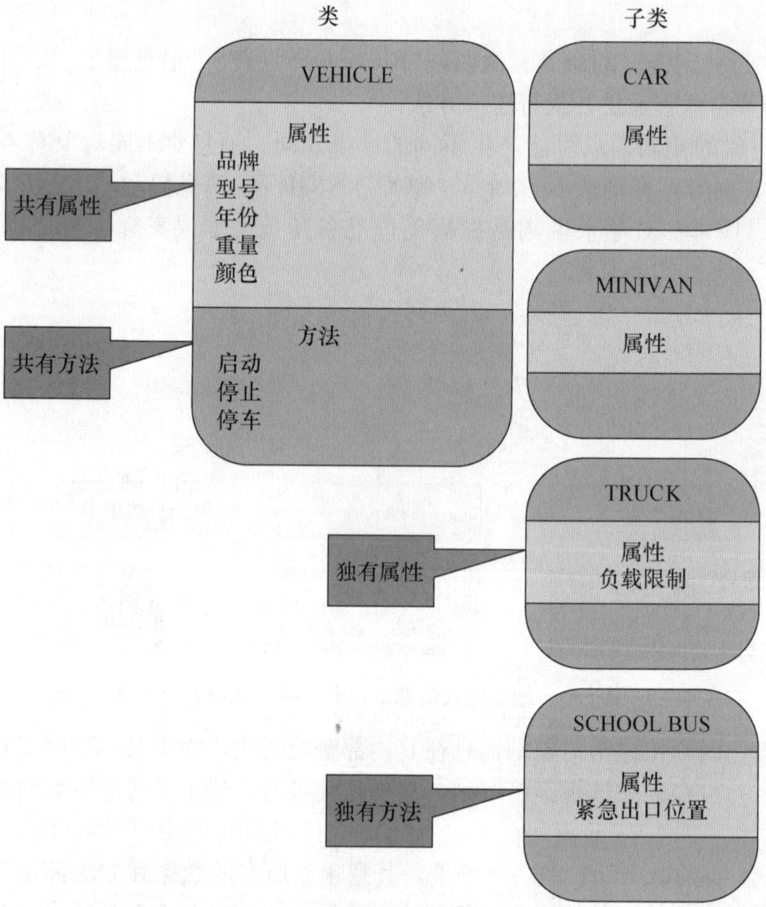

图表 6-7　“VEHICLE”类包含共有属性和共有方法。“CAR”、“TRUCK”、“MINIVAN”和“SCHOOL BUS”都是“VEHICLE”类中的实例

一个类可归属于更宽泛的被称作**超类**（superclass）的类型。例如，“NOVEL”类属于“BOOK”超类，因为在此示例中所有小说都是书籍。“NOVEL”类也有子类，如“HARDCOVER”、“PAPERBACK”和“DIGITAL”。

类似地，考虑图表6-8显示的可能有学生、教练、课程安排以及报名过程的健身中心。如图表6-9所示，“EMPLOYEE”类属于“PERSON”超类，因为每个员工都是一个人，而“INSTRUCTOR”类则是“EMPLOYEE”类的一个子类。

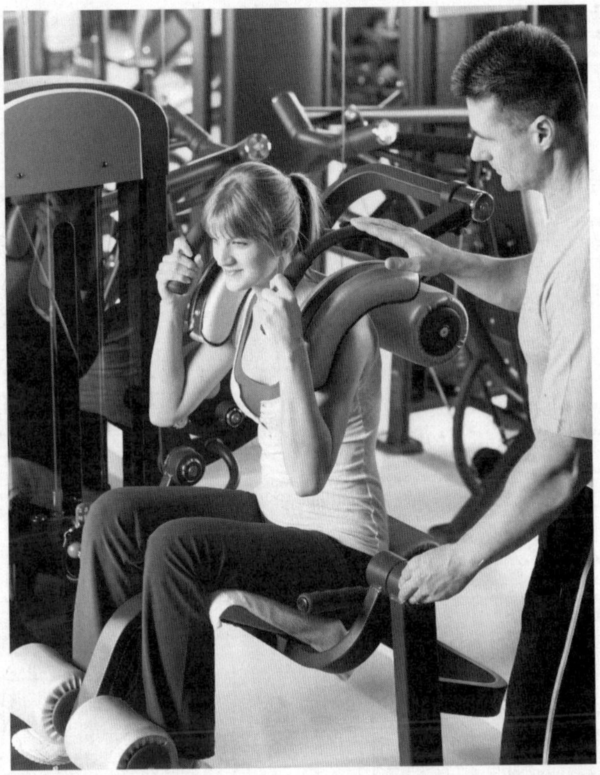

图表 6-8　可能有学生、教练、课程安排以及报名过程的健身中心

资料来源：CandyBox Images/Shutterstock. com。

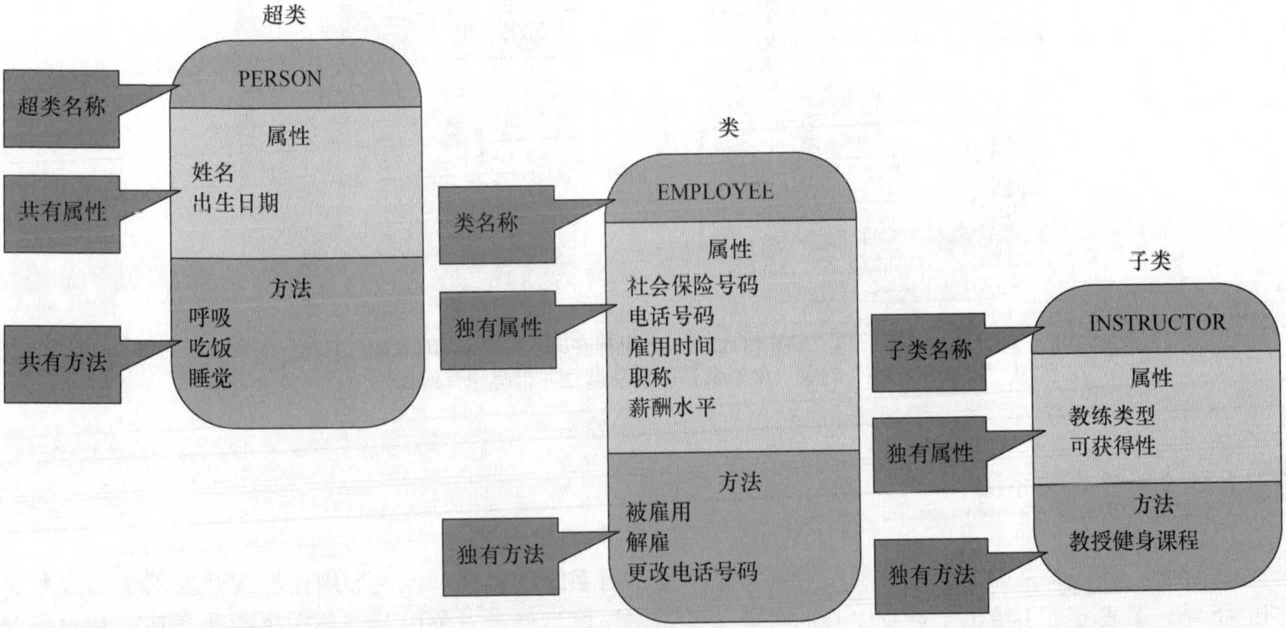

图表 6-9　在健身中心，“PERSON”超类包含共有属性和共有方法。“EMPLOYEE”是“PERSON”超类中的一个类。“INSTRUCTOR”是“EMPLOYEE”类中的一个子类

6.3 对象和类之间的关系

关系（relationships）使对象在执行系统需要的业务功能或事务时沟通并交互。关系描述对象需要彼此了解哪些内容，对象如何响应其他对象的变化，以及类、超类和子类中成员的影响。一些关系要比其他关系强（正如家庭关系要强于陌生人关系）。最强的关系称为继承，**继承**（inheritance）使**子对象**（child）从**父对象**（parent）处得到一个或多个属性。在图表 6 - 10 所示的例子中，“INSTRUCTOR”对象（子对象）继承了“EMPLOYEE”对象（父对象）中的许多属性，包括社会保险号码、电话号码及雇用时间等。“INSTRUCTOR”对象也可拥有教练类型等其他属性。由于全部员工拥有一些共有属性，因此假设这些属性可通过继承得来，而不需要在“INSTRUCTOR”对象中重复。

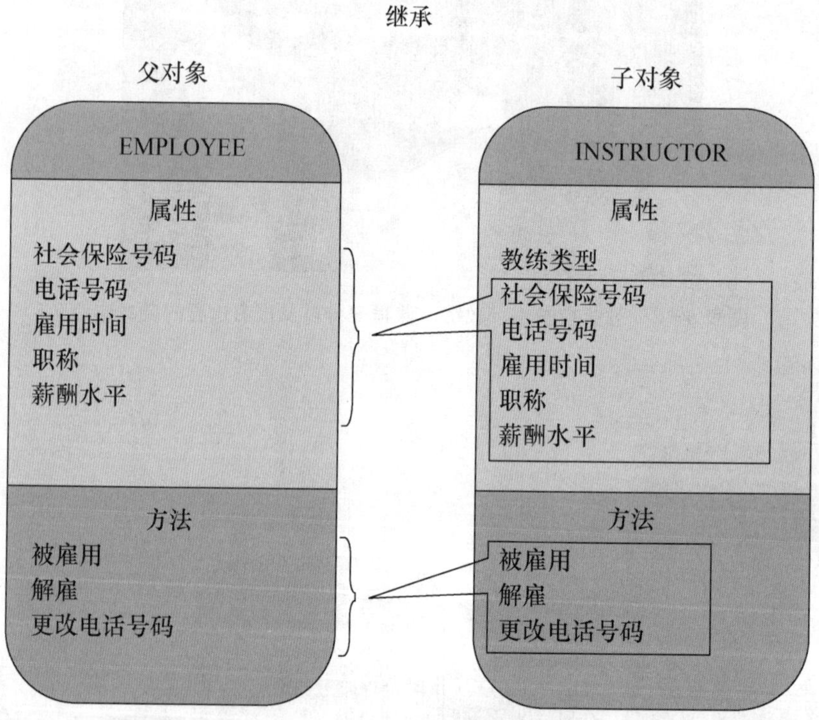

图表 6 - 10 “INSTRUCTOR”和“EMPLOYEE”之间存在继承关系。“INSTRUCTOR”对象（子对象）从“EMPLOYEE”对象（父对象）中继承属性并带有独有属性

6.3.1 对象关系图

在对象、类、关系确定后，可利用对象关系图提供对系统的概览。该模型用作继续开发其他图表和文档的指导。图表 6 - 11 给出了健身中心的对象关系图，该模型展示对象以及对象在执行业务功能和事务时如何交互。

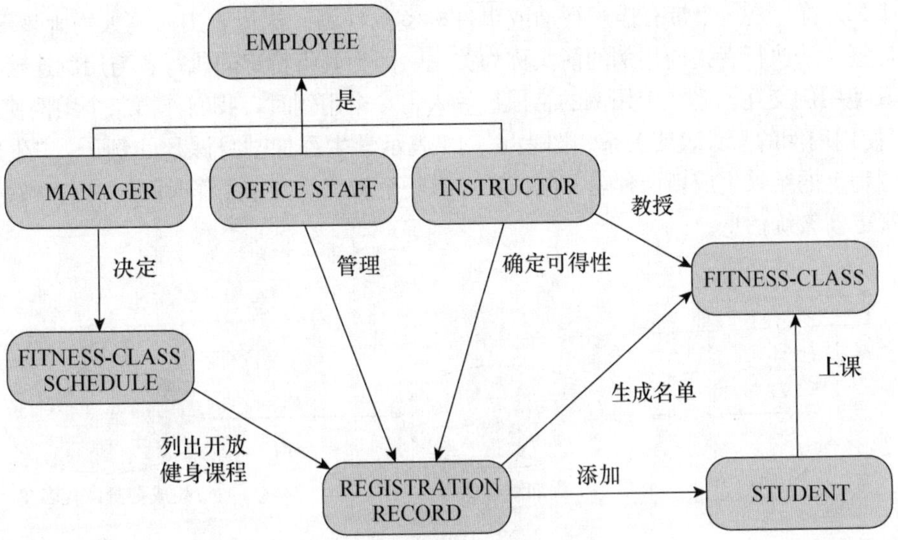

图表 6-11　健身中心的对象关系图

6.4　使用统一建模语言进行对象建模

正如结构化分析使用 DFD 创建数据和过程模型，系统分析师用 UML 描述 O-O 系统。

第 4 章解释了 UML 是一种在文档编制和系统建模中较为流行的方法。UML 使用一系列符号图形化地表示系统的不同组件和关系。尽管 UML 可用于业务流程建模和需求建模，但其主要用于支持 O-O 分析并开发对象模型。

6.4.1　用例建模

用例（use case）表示特定业务功能或过程中的步骤。被称为执行者的外部实体通过要求系统执行功能或过程来发起用例。例如，如图表 6-12 所示，在医疗软件系统中，执行者“PATIENT”可以发起“MAKE APPOINTMENT”用例。

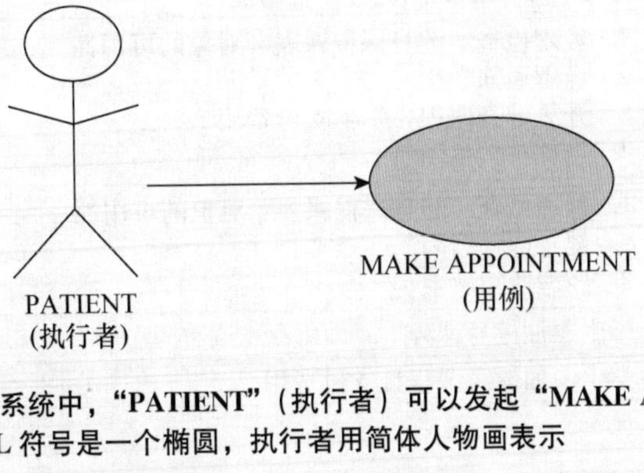

图表 6-12　在医疗软件系统中，“PATIENT”（执行者）可以发起“MAKE APPOINTMENT”（用例）。用例的 UML 符号是一个椭圆，执行者用简体人物画表示

注意用例的 UML 符号是一个带有描述行动或事件标签的椭圆。执行者用简笔人物画表示，并带有一个识别执行者角色的标签。从执行者指向用例的箭头称为关联，因为其将特定的执行者与用例连接在一起。

用例也可与其他用例交互。当一个用例的结果被编入另一个用例时，我们称第二个用例使用了第一个用例。UML 通过指向被使用用例的箭头表明关系。图表 6－13 表示学生添加健身课程的例子，“生成健身课程名单”使用“添加健身课程”的结果生成新课程表。同样，如果一个教练改变了工作时间，“更新教练信息”使用“改变可得性”用例来更新教练信息。

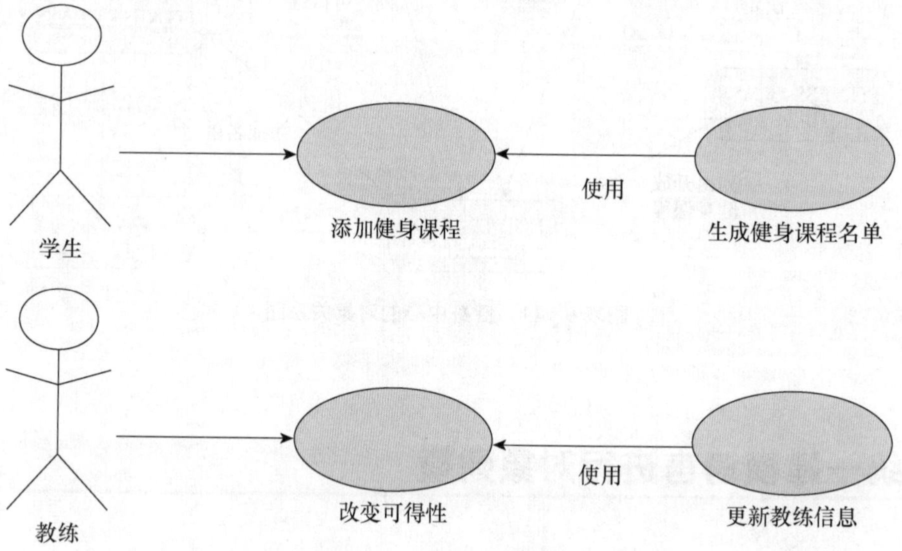

图表 6－13　当学生添加课程时，“生成健身课程名单”使用“添加健身课程”的结果生成新课程表。当教练改变其工作时间时，“更新教练信息”使用“改变可得性”用例更新教练信息

创建用例，要从回顾需求建模阶段收集的信息做起，目标是确定执行者及其发起的功能或事务。对于每个用例，以表格的形式开发一份**用例说明**（use case description）。用例说明记录用例名称、执行者、对用例的描述、成功实施所需的分步任务和行动列表、对替代行动方案的描述、前置条件、后置条件以及假设。图表 6－14 表示健身中心“添加新学生”用例。

添加新学生用例

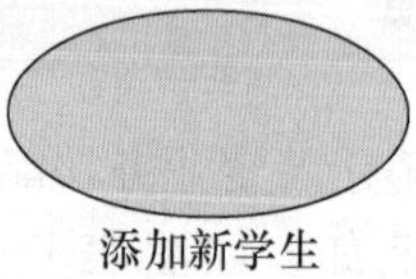

名称：	添加新学生
执行者：	学生/经理
描述：	描述将学生添加到健身课程的过程
成功完成：	1. 经理检查“健身课程课表”对象的可用性 2. 经理通知学生 3. 开放健身课程，学生支付费用 4. 经理将学生注册
其他可能：	1. 经理检查“健身课程课表”对象的可用性 2. 健身课程已满 3. 经理通知学生
前置条件：	学生参加健身课程
后置条件：	学生参加健身课程且支付费用
假设：	无

图表 6－14　“添加新学生”用例说明记录了将现有学生添加到健身中心已有课程中的过程

确定用例后，所有相关的事务都应归为一个单独的用例。例如，当酒店客人预订房间时，预订系统会锁定一个房间并更新入住率预测，然后向客户发送确认书。这些事件都是“预订房间”这一单独用例的一部分，这些具体的行动都是该用例中的分步任务。

案例 6.1 Hilltop Motors 公司

你被 Hilltop Motors 公司聘为咨询顾问，帮助公司规划一个新的信息系统。Hilltop 是一家历史悠久的经销商，其最初的所有者并不热衷于变化。但新的管理层接管了工作，他们希望开发一个一流的系统。现在，你在评估正处于重大扩张阶段的服务部门。你决定以用例图的方式为服务部门创建一个模型。服务运营中的主要执行者是客户、准备工作订单和发票的服务人员以及执行工作的机械师。你明天上午将与管理层会面，请创建一份递交给他们的图表草稿。

6.4.2 用例图

用例图是对系统或子系统中相关用例的可视化综述。如图表 6-15 所示，考虑常见的汽车服务部门。该服务部门包括客户、准备工作订单和发票的服务人员以及执行工作的机械师。图表 6-16 所示的是该汽车服务部门一个可行的用例图。

在创建用例图时，第一步是确定由矩形表示的系统边界，**系统边界**（system boundary）说明包含在系统中的内容（矩形内部）以及不包含在系统中的内容（矩形外部）。确认系统边界后，将在图中放置用例、添加执行者并表明关系。

图表 6-15 常见的汽车服务部门包括客户、准备工作订单和发票的服务人员以及执行工作的机械师

资料来源：iStockphoto. com/Sean Locke。

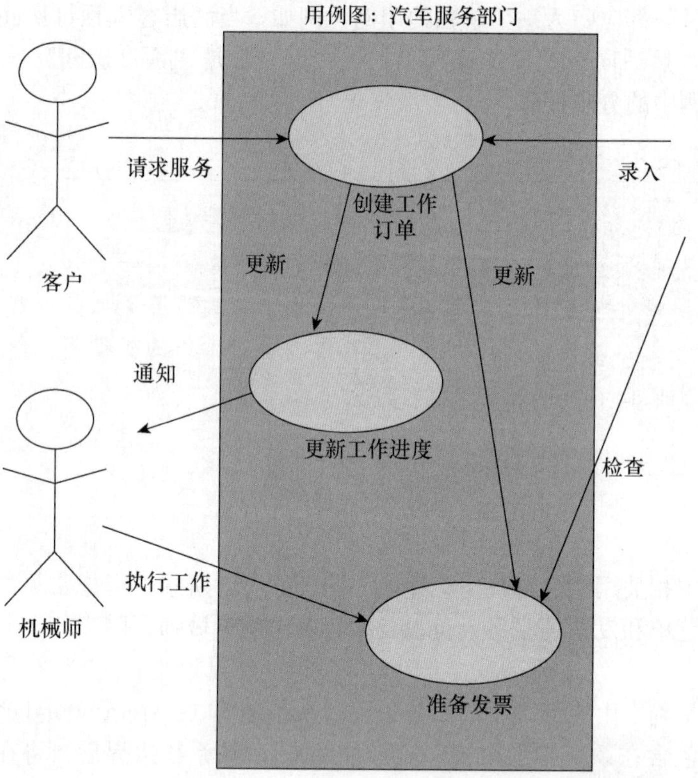

图表 6-16　处理汽车服务部门工作的用例图

6.4.3　类图

类图（class diagram）表示包含在用例图中的对象类和关系。与 DFD 相似，类图也是一个逻辑模型，可演变成物理模型并最终成为运行的信息系统。在结构化分析中，实体、数据存储和过程都转化为数据结构和程序代码。同样地，类图逐渐演变为代码模块、数据对象以及其他系统组件。

在类图中，每一类都以矩形的形式出现，类的名称位于上方，下方是类的属性和方法。箭头表明类之间的关系且带有标签，其可确定关联两个类的行动。为了创建类图，应查看用例并确认参与底层业务过程的类。

类图还包括被称为**基数**（cardinality）的概念，其描述了一个类中的实例如何与另一个类中的实例关联。例如，雇员可以没有休假、只有一天休假或有数天休假。类似地，雇员可能没有配偶或有一个配偶。图表 6-17

UML符号	关系性质	示例	描述
0..*	零个或多个	雇员 1 — 0..* 工资扣款	雇员可能没有工资扣减或有许多扣减
0..1	零个或一个	雇员 1 — 0..1 配偶	雇员可以没有配偶或有一个配偶
1	有且仅有一个	部门经理 1 — 1 销售部门	部门经理仅管理一个部门
1..*	一个或多个	订单 1 — 1..* 订购的物品	一个订单可以包括一个或多个订购的物品

图表 6-17　表示一个类中的实例与另一个类中的实例之间关系性质的 UML 符号的示例

所示的是不同UML符号和基数的示例。注意在图表6-17中，第一栏给出表示第二栏中关系的UML符号，第三栏提供关系的一个常见示例，最后一栏对示例进行描述。在图表中的第一行，UML符号0..*表示零个或多个关系。例如，雇员可能没有工资扣减或有许多工资扣减。

图表6-18表示销售订单用例的类图。销售部门有一个销售经理，他可以有零个或多个销售代表。每个销售代表有零个到多个客户，但每个客户只有一个销售代表。

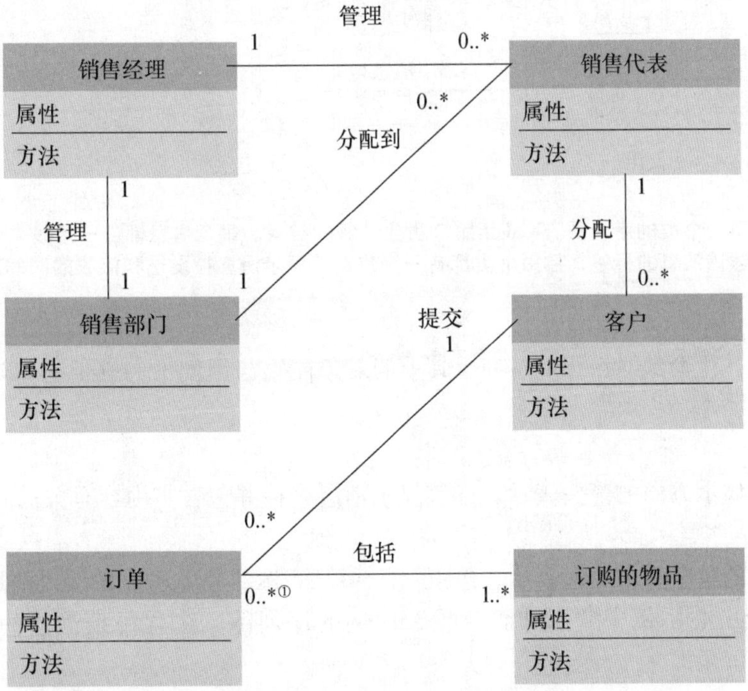

图表6-18 销售订单用例的类图（为叙述简洁忽略了属性和方法）

案例6.2 Train the Trainers股份有限公司

Train the Trainers通过开办研讨会和工作坊为企业提供管理层培训，管理层再反过来培训他们的员工。你在Train the Trainers中的工作是将培训材料整合在一起。目前，你正面临一项紧迫的工作。新的对象建模研讨会有一个关于基数的讨论，客户要求你为图表6-17中列出的四种基数类型每种至少想出三个例子。这四个类型是零个或多个、零个或一个、有且仅有一个以及一个或多个。尽管有压力，但你决定使用有现实意义且对学生来说十分熟悉的例子。你将提交哪些例子？

6.4.4 序列图

序列图是用例的动态模型，其表示特定时期内不同类之间的交互。序列图通过展示类、消息以及消息时序图形化地记录用例。序列图包括代表类、生命线、消息和焦点的符号。这些符号在图表6-19中给出。

类

类由内部填有名字的矩形表示。发送和接收消息的类在序列图的顶端显示。

① 原书疑有误，应为1。——译者注

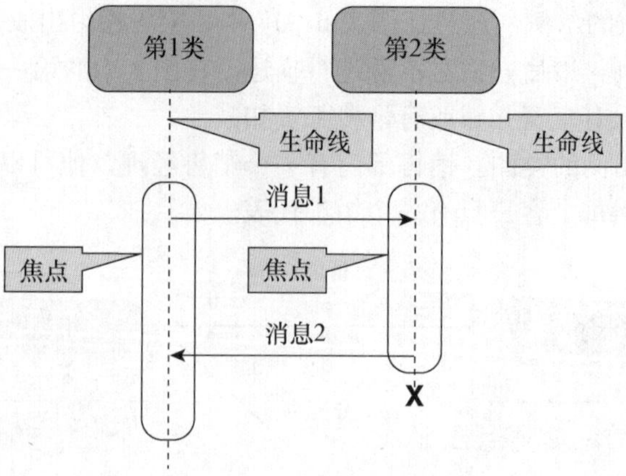

图表 6-19 带有两个类的序列图。X 表示第 2 类生命线的结束。每个消息都由一条线来表示，线上带有描述该消息的标签，且每个类都有一个焦点，显示消息被发送和接收的时间区间

生命线

生命线用虚线表示。**生命线**（lifeline）表示其上的对象能够与用例中的其他对象进行交互的时间。X 表示生命线的结束。

消息

消息由两个对象间显示方向的箭头表示。标签显示消息名称并包含与内容有关的其他信息。

焦点

焦点用覆盖生命线的狭窄垂直图形表示。**焦点**（focus）表示对象发送或者接收消息的时间。

图表 6-20 是健身中心示例中"添加新学生"用例的序列图。注意每条消息的垂直位置表示消息的时间。

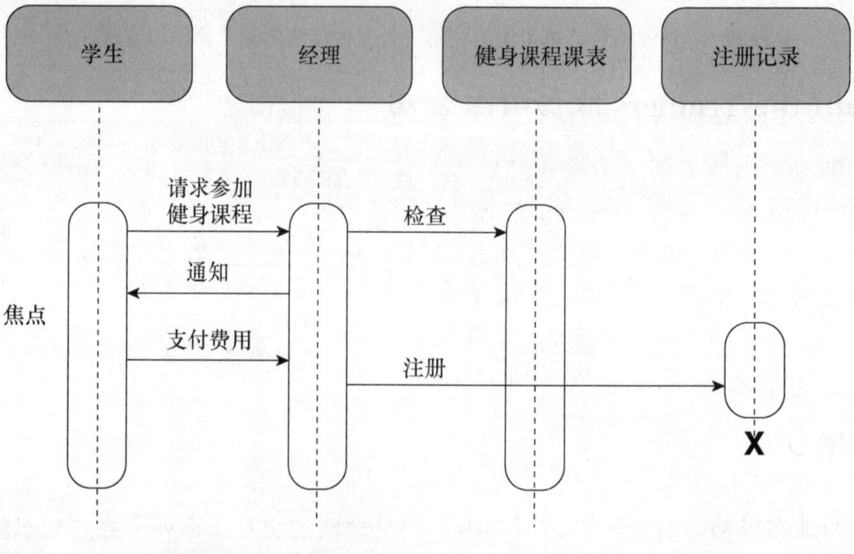

图表 6-20 "添加新学生"用例的序列图。图表 6-14 显示了"添加新学生"用例说明

6.4.5 状态转移图

本章在前面部分解释了状态，其指对象当前的状况。**状态转移图**（state transition diagram）展示对象如何根据影响该对象的事件从一种状态转换成另一种状态。如图表 6-21 所示，所有可能的状态都应该记录在状态转移图中。例如，一个银行账户可能以“新”账户开始，转变为“活跃”账户或“现存”账户，并最终转变成“注销”账户或“曾用”账户。如果该账户的资产是非法所得，那么银行账户的另一种可能状态是“冻结”。

在状态转移图中，状态以带有名称的矩形形式出现，左侧的小圆圈表示初始状态或对象与系统交互的起点。从左向右读，箭头表示方向，并描述导致一种状态转变到另一种状态的行动或事件。右侧带有中空边界的圆圈表示最终状态。

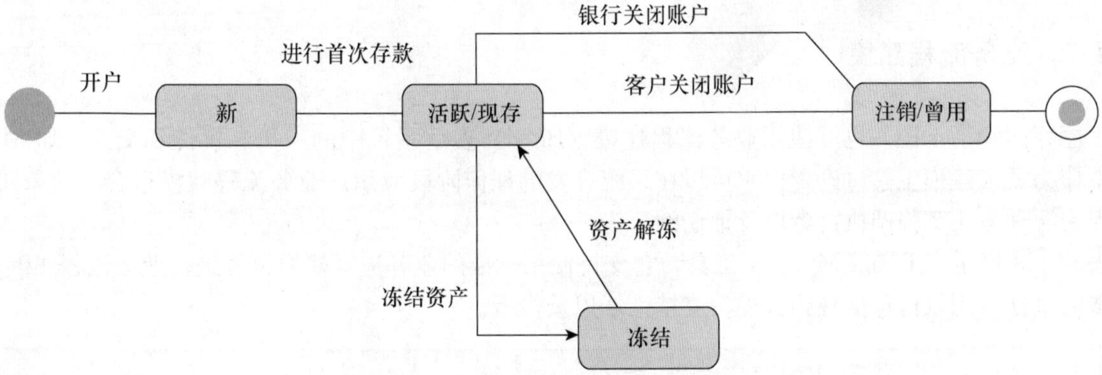

图表 6-21　银行账户的状态转移图示例①

6.4.6　活动图

活动图（activity diagram）与显示行动和事件的水平流程图相似。活动图表示行动发生的顺序并确认结果。图表 6-22 为自动取款机（ATM）的取款活动图。客户通过插入 ATM 卡并请求取款来发起活动。活动图也可以网格形式展示许多用例，其中，类用垂直栏表示，行动以水平箭头形式出现。

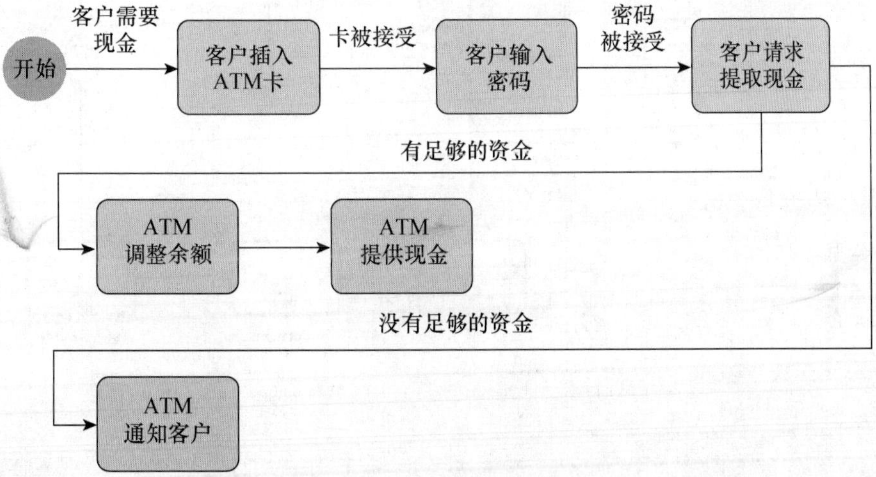

图表 6-22　ATM 取款活动图

序列图、状态转移图以及活动图都是能够帮助系统分析师了解对象行为及其与系统交互的动态建模工具。

① 原书疑有误，“—”应为“→”。——译者注

案例 6.3 TravelBiz 公司

Jack Forester 和 Lisa Turner 是 TravelBiz 公司 IT 部门的系统分析师，该公司是一家在全国范围内专门从事商务旅行的公司。TravelBiz 公司决定通过开发一项名为“快乐旅行”的新业务来扩大度假旅行的市场。IT 主管安排 Jack 和 Lisa 为新业务创建一个灵活有效的信息系统。Jack 想用传统的分析和建模方法来完成这个项目。相反，Lisa 想用面向对象方法。你建议采用哪种方法？为什么？

6.4.7 业务流程建模

除了序列图和活动图，也可使用业务流程建模（BPM）表示系统中的人员、事件和交互。BPM 最初在第 4 章中作为需求建模工具讨论，但它可以在系统开发的任何阶段应用。业务流程建模适合与对象建模一起使用，因为两种方法都强调执行者以及他们的行为。

图表 6-23 显示了 Bizagi Modeler 工具，它支持使用标准的业务流程建模符号进行业务流程建模和模拟。这个免费的微软应用软件包括视频教程、支持论坛以及模板。

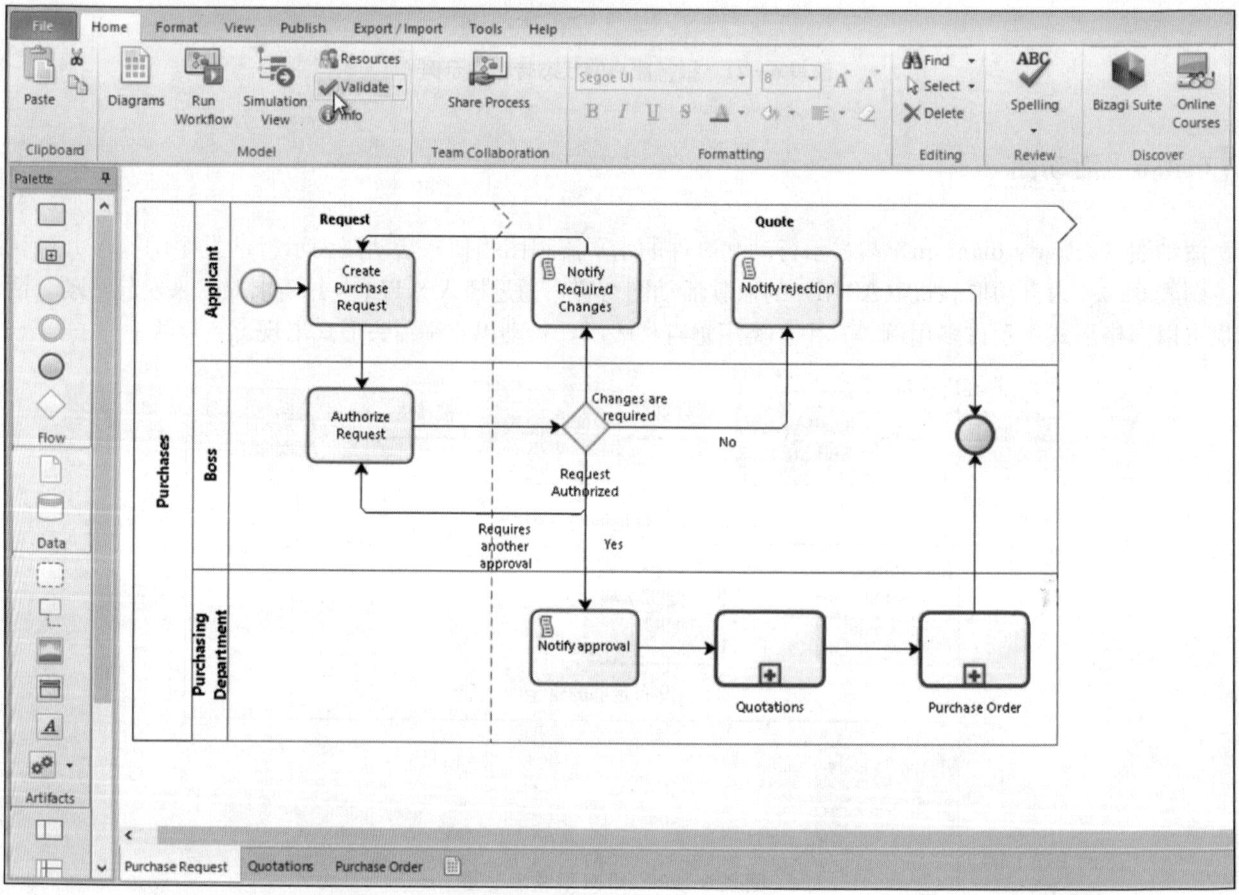

图表 6-23 Bizagi Modeler 工具支持使用标准的业务流程建模符号进行业务流程建模和模拟

资料来源：bizagi. com。

6.4.8 CASE 工具

对象建模需要许多类型的图表来表示提议的系统。手工创建图表会花费大量时间并且单调乏味，因此系统分析师依赖 CASE 工具来加速该过程并提供用于记录组件的总体框架。除此之外，CASE 工具还确保一致性并提供通用链接，只要对象在设计的一个部分中被描述并使用，它就可以在设计的其他部分中重复使用。

6.5 组织对象模型

之前的内容描述了如何使用 O-O 工具和方法为信息系统创建逻辑模型。下一步是组织图表和文档使对象模型易于阅读和理解。若使用 CASE 工具来开发设计，CASE 软件将会自动执行大部分任务。

有许多方法可推进组织对象建模的任务，其中经验是最好的老师。在确定系统对象、类和关系之后，应开发能提供系统概览的对象关系图。若未使用由 CASE 工具生成的模型，则每一个图和对象定义都应有可在检查对象模型时能够轻易访问的详细清晰的记录文档。例如，应组织用例和用例图以便它们能连接到合适的类图、状态转换图、序列图和活动图。图表和文档是系统设计的基础，因此精确性非常重要，现在修改图表要比之后更改软件容易得多。

案例 6.4 Cyber Associates 公司

在 IT 咨询公司 Cyber Associates，你的职责之一是为新的系统分析师分配各种任务和项目。一些高层人员认为没有经验的分析师应先从易于学习和应用的面向对象方法学起，也有人认为他们应先学习结构化分析，再学习面向对象方法。你的观点是什么？为什么？

伦理问题

你所在的公司派一些员工参加 UML 培训。一家外部供应商提供该培训服务，每个参加培训的人都会收到一份培训材料，包括学习指南以及模拟试题和答案。

在完成培训课程之后，你将有资格参加认证考试。如果通过考试，你将得到独立机构颁发的“UML 专家”证书。你可以利用这些证书获得更高的收入以及职位提升。

一个没有参加该培训的同事向你索要培训材料。他不想耽误时间去培训而想直接参加考试。你是否应该给他一份培训材料？如果是，这可能会如何减少你的成就？如果不，你会因为不帮助团队成员使其更熟悉 UML 而损害团队利益吗？

6.6 本章小结

本章介绍了对象建模，它是一种用对象描述系统的流行方法。对象代表实际的人、地点、事件或者事务。与结构化分析将数据和过程分开对待不同，对象包括数据及影响数据的过程。在实施阶段，系统分析师和程序员将对象转化成可被优化、测试和重复使用的程序代码模块。

面向对象术语包括类、属性、实例、消息和方法。类包括有相似属性或特征的对象。类中的个体称作对象实例。某一类中的对象可被划分为子类，其是类中更具体的类别。类也可属于一个被称为超类的更广义类别。

对象可发送要求其他对象执行特定方法或任务的消息或命令。同一消息对不同对象有不同含义的现象称为多态性。对象与黑箱类似，带有封装、独立的数据和方法。对象间最强的关系是继承。

在对象、类、关系确定之后，可通过对象关系图来展示对象以及对象在执行业务功能和事务时如何交互。

统一建模语言（UML）是一种广泛使用的可视化并记录信息系统设计的方法。UML 技术包括用例、用例图、类图、序列图、状态转移图以及活动图。

用例说明与系统交互的执行者触发的业务情景。每个用例都代表一个具体的事务或情境。用例图是对系统或子系统中相关用例的可视化综述。类图代表单个用例的详细视图，显示参与底层业务过程的类以及被称为基数的类中实例之间的关系。序列图是用例的动态模型，其表示特定时期内不同类之间的交互。序列图包括生命线、消息和焦点。状态转移图表示对象如何根据影响该对象的事件从一种状态转换成另一种状态。活动图与显示系统中发生的行动和事件的水平流程图相似。

CASE 工具提供了系统文档的框架概览。CASE 工具可加速开发过程、确保一致性并提供对象可重复使用的通用链接。

在对象建模过程的后期，可组织用例和用例图，并创建类图、序列图、状态转换图以及活动图。

除了对象模型外，还可用业务流程模型（BPM）来刻画系统中的人员、事件和交互。

关键词（Key Terms）

活动图　与能够描述行动或事件发生的水平流程图相似的图表。活动图能够显示行动发生顺序并确定结果。

属性　实体的单个特征或事实。属性或字段是信息系统中具有含义的最小数据片段。例如，社会保障号码或者企业名称是属性的一个例子。在面向对象的分析过程中，属性是类图的一部分，也称作数据元素。

基数　描述一个类中的实例如何与另一个类中的实例相关联的概念，在实体关系图中用表示一对一、一对多、多对多关系的符号来描述基数。

子对象　子对象在继承中从父对象获得一个或多个属性。

类图　单个用例的详细视图，显示参与用例的类并记录类之间的关系。

封装　所有的数据和方法都是独立的，如同放在黑箱中。

焦点　在序列图中，焦点指示对象何时发送或接收消息，其由覆盖生命线的狭窄垂直矩形表示。

继承　一种对象关系类型，继承使对象能够从另一个对象处得到一个或多个属性。例如，“INSTRUCTOR”对象可以从“EMPLOYEE”对象继承雇用时间等许多特征。

实例　类中特定的某个成员。

生命线　在序列图中，使用生命线表示其上的对象能够与用例中的其他对象进行交互的时间，X表示生命线的结束。

消息　告诉对象执行某种方法的面向对象指令。

方法　定义对象必须执行的特定任务，描述对象做什么和如何做。

对象模型　描述结合数据和过程的对象。对象模型是面向对象分析的结果。

父对象　在继承中，父对象的一个或多个属性被子对象继承。

多态性　表示同一信息对不同对象有不同含义的概念。例如，根据收到信息的是孩子还是宠物狗，“GOOD NIGHT”可能产生不同的结果。

关系　使对象在执行系统需要的业务功能或事务时能沟通并交互。关系描述对象需要彼此了解哪些内容，对象如何响应其他对象的变化以及类、超类和子类中成员的影响。

状态　描述对象当前状态的形容词。例如，一个学生可以是现在的学生、将来的学生或者过去的学生。

状态转移图　展示对象如何根据影响该对象的事件从一种状态转换成另一种状态。

子类　对类中对象的进一步划分。子类是类中更具体的类别。

超类　对象可能属于的一个更宽泛类别。例如，“NOVEL”类可能属于“BOOK”这一超类。

系统边界　展示系统包含和排除的内容。在用例图中可用带有阴影的矩形描述。

用例　表示UML中特定业务功能或过程的步骤。

用例说明　UML中的一种描述，记录用例名称、执行者、对用例的描述、成功实施所需的分步任务和行动列表，以及其他关键描述和假设。

本章练习

问题

1. 什么是面向对象分析？这种方法有哪些优点？
2. 定义对象，并举三个例子。
3. 定义属性，并举三个例子。
4. 定义方法，并举三个例子。
5. 定义封装，并解释它在面向对象分析中如何应用。
6. 定义多态性，并举三个例子。
7. 定义类、子类、超类，并分别举三个例子。
8. 定义执行者，并举三个例子。
9. 定义用例和用例图，并分别准备一个样本。
10. 定义术语“黑箱”，并解释其为什么在面向对象分析中是一个重要的概念。你能想到在日常生活中用到的其他黑箱的例子吗？

讨论话题

1. 本章提到了系统分析师和程序员将对象转化为程序代码模块。模块化设计是许多行业中流行的概念。

你能想到哪些模块化设计的例子？

2. 你是一个 IT 咨询师，被要求为一个小型房地产经纪公司设计新的系统。你没有任何面向对象方法的经验，但你决定尝试一下。你打算如何开始？这项任务与结构化分析有何不同？

3. UML 是一种庞大、复杂的建模语言。IT 专业人员如何判断一个 UML 图表是正确的而不仅仅是外观好看的？

4. 你正在为一个保龄球馆创建系统，以管理其联赛相关信息。在建模过程中，你创建了一个名为“联赛投球手”的对象状态转移图。该联赛投球手可能的状态有哪些？如果投球手退出联赛并重新加入下一赛季，会发生什么？

5. 你所在的 IT 咨询公司正在进行一场激烈的讨论。一些员工认为有经验的分析师学习对象建模方法很难，因为这些分析师已经习惯将数据和过程看作独立的实体。一些人则认为扎实的分析技能很容易转移，且没有在向新方法过渡的过程中发现问题。你怎么想？为什么？

项目

1. 写下 UML 的简史，并就该主题准备展示。
2. 与学校或者当地企业的 IT 员工取得联系，了解他们是否使用面向对象编程语言。如果是，判断使用何种语言以及版本，使用了多久，以及为什么选择这种语言。
3. 在网页上搜索短语“面向对象系统分析”，你能得到多少搜索结果？提供三个例子。
4. 至少准备三个提供 UML 支持的 CASE 工具的报告。
5. 调查 BPEL 等业务流程建模语言。

第 7 章
开发策略

第 7 章是 SDLC 系统分析阶段的最后一章。本章描述软件发展趋势、获取和开发策略、传统开发与网络开发、外包与内部开发、系统需求文档、原型设计[①]以及向下一 SDLC 阶段——系统设计过渡的准备。

本章包括四个案例讨论问题，用以帮助读者情境化地理解文中描述的概念。伦理问题涉及回复提案请求（RFP）的真实性，如果能使企业赢取合同，轻微的夸张是否可以接受？

学习目标

学完这一章，你应该能够：

- 描述软件即服务的概念；
- 定义 Web 2.0 和云计算；
- 解释软件获取的不同方案，包括传统和基于网络的软件开发策略；
- 描述软件外包选项，包括离岸外包以及服务供应商的作用；
- 解释内部软件开发的优点与缺点；
- 讨论成本效益分析以及财务分析工具；
- 描述提案请求和报价请求（RFQ）；
- 描述系统需求文档；
- 解释从系统分析向系统设计的过渡。

7.1 引言

系统分析阶段的主要目标是为新信息系统建立一个逻辑模型。第 4 章、第 5 章和第 6 章解释了需求建模、数据和过程建模以及对象建模。第 7 章描述系统分析阶段的其他活动，包括评估备选解决方案、准备系统需求文档以及向管理层展示系统需求文档。本章还将阐释如何向系统设计阶段过渡。

① 原书疑有误，不应有“原型设计”。——译者注

7.2 开发策略概述

几年前，企业通常选择自行开发软件、购买软件包（可能需要一些修正）或聘请咨询人员和外部资源来完成这项工作。而如今，企业拥有更多获取软件的途径，包括从应用软件服务商、网络托管软件选项以及提供各种企业级软件解决方案的企业获取。

选择最好的开发方式是一个重要的决策，需要企业考虑三个关键问题：互联网的影响、软件外包选项以及内部软件开发备选方案。这些问题将在以下各节进行讨论。

7.3 互联网的影响

互联网在业务方法和运营方面引发了巨大变化，软件获取也不例外。本节将解释软件即服务、动态变化的软件市场以及基于网络的开发与传统方法的比较。本节以对互联网相关趋势的描述结尾，包括 Web 2.0、云计算和移动设备。

7.3.1 软件即服务

在传统模式中，软件供应商开发并销售软件包。通常来说，客户购买许可，软件供应商授予客户在许可协议条款下使用软件的权利。尽管这种模式仍在软件获取方式中占大多数，但被称作**软件即服务**（software as a service，SaaS）的新模式正在显著改变这一局面。

SaaS 是一种通过网络将应用作为服务提供给客户的软件开发模式。SaaS 降低了客户维护、运行并支持软件的需求。

在高度竞争的市场中，主流供应商不断努力推出新的和更好的解决方案。例如，微软声称其 SaaS 平台提供了最好的解决方案和商业价值。图表 7-1 展示了 Salesforce.com 的观点，其认为 SaaS 为商业带来了巨大的潜在利益。

7.3.2 软件即服务传统系统开发和基于网络的系统开发

系统分析师必须考虑系统开发要在以网络为中心的框架中还是在传统的环境中进行。本节提供了一些对相同点和不同点的概述。

在基于网络的系统中，网络成为软件的组成部分而不仅仅是通信渠道。系统分析师需要新的软件开发工具和解决方案来处理新的系统。两个主流的网络开发环境是微软的 .NET 平台和 IBM 的 WebSphere 平台，其分别在图表 7-2 和图表 7-3 中显示。微软将 .NET 作为构建并运行微软应用和网络服务的平台。IBM 将 WebSphere 描述为**面向服务架构**（service-oriented architecture，SOA）环境的软件平台。

图表 7-1　Salesforce.com 强调了 SaaS 为商业带来的利益

资料来源：salesforce.com。

尽管主流趋势是构建基于网络的架构，但许多企业仍依赖传统的系统，或者因为其使用不易替换的遗留应用，或者因为其不需要网络组件来满足用户需求。要在传统开发和基于网络的开发中进行选择，须考虑两者间的一些关键差异。与传统环境相比，在基于网络的环境中构建软件能带来更多的益处，但有时也会有更高的风险。以下部分将列举一些传统开发和基于网络开发的特点。

传统开发

在传统的系统开发环境中，

- 现有硬件和软件平台以及遗留系统需求等兼容性问题将影响系统设计。
- 系统设计为在本地和广域企业网络中运行。
- 系统经常使用互联网链接和资源，但网络功能只作为增强元素而不是设计的核心元素。
- 开发通常使用三个主要途径之一：内部开发，购买软件包并进行适量修正，或利用外部咨询。
- 可扩展性受网络限制和约束影响。
- 许多应用需要大量桌面计算能力和资源。
- 安全问题通常没有基于网络的系统复杂，因为系统在私人电脑网络而不是互联网中运行。

基于网络开发

在基于网络的系统开发环境中，

- 系统在 .NET 和 WebSphere 等基于网络的框架中开发和交付。
- 基于网络的开发将网络看作平台而不仅仅是通信渠道。

图表 7-2　微软的 .NET 框架支持构建并运行应用和网络服务

资料来源：Microsoft Corporation。

- 基于网络的开发易于扩展并可在多种硬件环境中运行。
- 大型企业往往倾向于将基于网络的系统配置为企业范围的应用解决方案，如客户关系管理、订单处理、原材料管理。
- 基于网络的软件将软件应用视作较少依赖于桌面计算能力和资源的服务。
- 当企业将基于网络的软件作为获取的服务而不是购买的产品时，它们会限制企业自身的参与，并通过支付约定的费用让供应商安装、确认并维护系统。
- 基于网络的软件通常需要被称作**中间件**（middleware）的附加层级，与现有软件和遗留系统进行接口。
- 基于网络的解决方案带来了需要重视的更为复杂的安全问题。

7.3.3　演化趋势：Web 2.0、云计算和移动设备

在不断变化的信息技术世界，没有哪个领域比互联网技术更有动态性。三个演化趋势分别是 Web 2.0、云计算和移动设备。系统分析师应意识到这些趋势并在规划大规模系统时考虑它们。Web 2.0、云计算和移动设备将在第 10 章中进行详细讨论。

图表 7-3　IBM 的 WebSphere 是用于 SOA 环境的软件平台

资料来源：IBM Corporation。

许多 IT 专业人员使用 **Web 2.0** 这一术语描述第二代互联网，其能使人们更高效地合作、交互并分享信息。这一新的环境以持续有效的用户应用而不是静态的 HTML 网页为基础，且没有对用户数量及其如何访问、修正及交换数据的限制。Web 2.0 环境增强了交互体验，包括维基百科（Wikis）和博客，以及推特（Twitter）、领英（LinkedIn）和脸书（Facebook）等社交网络应用。

正如图表 7-4 展示的，美国国家标准与技术研究院（National Institute of Standards and Technology, NIST）将**云计算**（cloud computing）定义为："一种按使用量付费的模式。这种模式提供可用的、便捷的、按需的网络访问，进入可配置的计算资源共享池（资源包括网络、服务器、存储、应用软件、服务），这些资源能够被快速提供，只须投入很少的管理工作，或与服务供应商进行很少的交互"。云计算通常用一个代表网络或互联网的云状标志表示。云计算可被视作由超级计算机技术支持的在线 SaaS 和数据环境。

移动设备（mobile devices）已经变得非常普遍。智能手机和平板电脑被个人以及企业中的大多数组织使用。为移动设备开发应用需要新的平台，如图表 7-5 中 IBM 的 Bluemix。

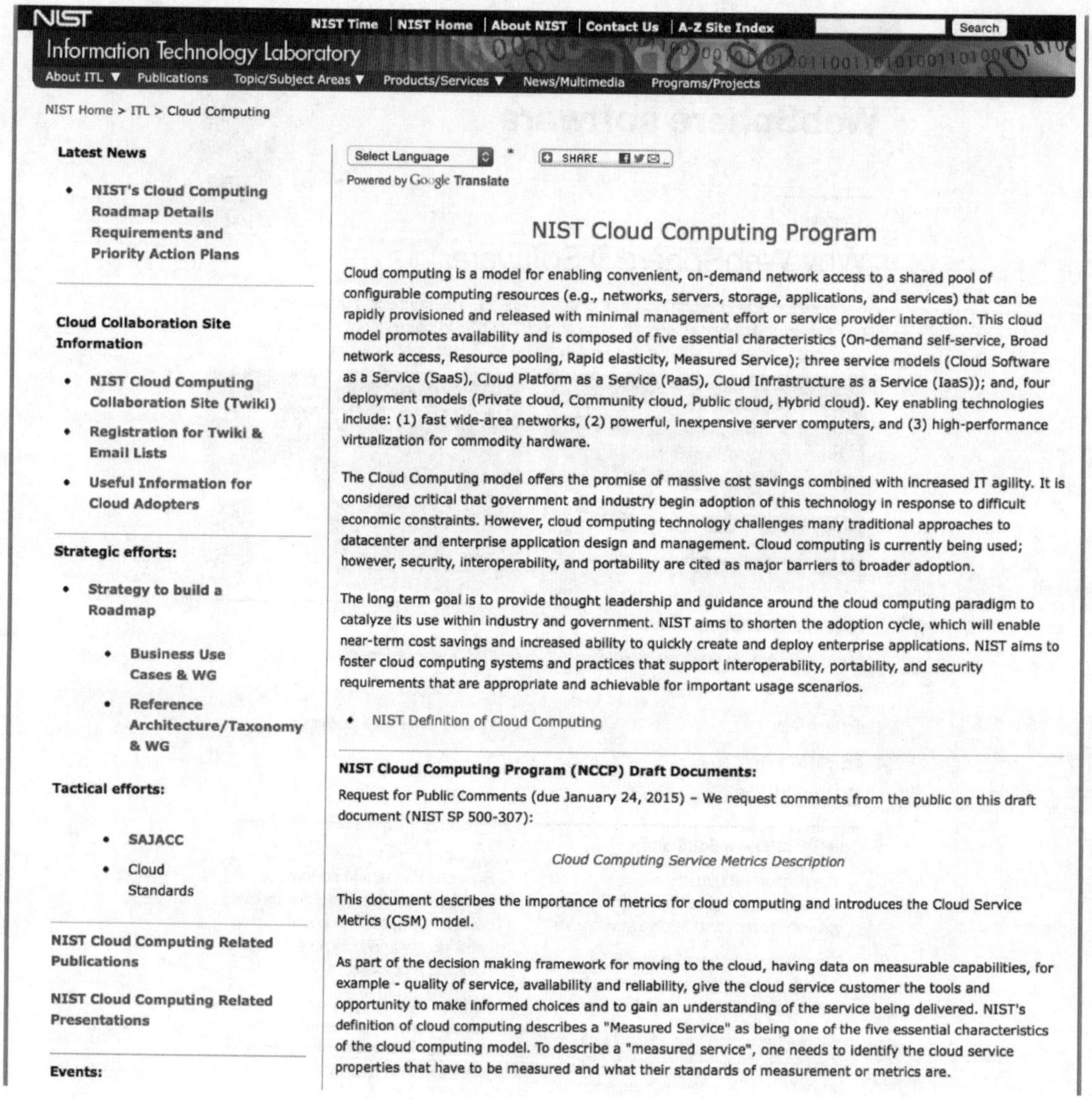

NIST

NIST Time | NIST Home | About NIST | Contact Us | A-Z Site Index Search

Information Technology Laboratory

About ITL ▼ Publications Topic/Subject Areas ▼ Products/Services ▼ News/Multimedia Programs/Projects

NIST Home > ITL > Cloud Computing

Latest News

- NIST's Cloud Computing Roadmap Details Requirements and Priority Action Plans

Cloud Collaboration Site Information

- NIST Cloud Computing Collaboration Site (Twiki)
- Registration for Twiki & Email Lists
- Useful Information for Cloud Adopters

Strategic efforts:

- Strategy to build a Roadmap
  - Business Use Cases & WG
  - Reference Architecture/Taxonomy & WG

Tactical efforts:

- SAJACC
- Cloud Standards

NIST Cloud Computing Related Publications

NIST Cloud Computing Related Presentations

Events:

Select Language * SHARE

Powered by Google Translate

NIST Cloud Computing Program

Cloud computing is a model for enabling convenient, on-demand network access to a shared pool of configurable computing resources (e.g., networks, servers, storage, applications, and services) that can be rapidly provisioned and released with minimal management effort or service provider interaction. This cloud model promotes availability and is composed of five essential characteristics (On-demand self-service, Broad network access, Resource pooling, Rapid elasticity, Measured Service); three service models (Cloud Software as a Service (SaaS), Cloud Platform as a Service (PaaS), Cloud Infrastructure as a Service (IaaS)); and, four deployment models (Private cloud, Community cloud, Public cloud, Hybrid cloud). Key enabling technologies include: (1) fast wide-area networks, (2) powerful, inexpensive server computers, and (3) high-performance virtualization for commodity hardware.

The Cloud Computing model offers the promise of massive cost savings combined with increased IT agility. It is considered critical that government and industry begin adoption of this technology in response to difficult economic constraints. However, cloud computing technology challenges many traditional approaches to datacenter and enterprise application design and management. Cloud computing is currently being used; however, security, interoperability, and portability are cited as major barriers to broader adoption.

The long term goal is to provide thought leadership and guidance around the cloud computing paradigm to catalyze its use within industry and government. NIST aims to shorten the adoption cycle, which will enable near-term cost savings and increased ability to quickly create and deploy enterprise applications. NIST aims to foster cloud computing systems and practices that support interoperability, portability, and security requirements that are appropriate and achievable for important usage scenarios.

- NIST Definition of Cloud Computing

NIST Cloud Computing Program (NCCP) Draft Documents:

Request for Public Comments (due January 24, 2015) – We request comments from the public on this draft document (NIST SP 500-307):

Cloud Computing Service Metrics Description

This document describes the importance of metrics for cloud computing and introduces the Cloud Service Metrics (CSM) model.

As part of the decision making framework for moving to the cloud, having data on measurable capabilities, for example - quality of service, availability and reliability, give the cloud service customer the tools and opportunity to make informed choices and to gain an understanding of the service being delivered. NIST's definition of cloud computing describes a "Measured Service" as being one of the five essential characteristics of the cloud computing model. To describe a "measured service", one needs to identify the cloud service properties that have to be measured and what their standards of measurement or metrics are.

图表 7-4 NIST 对云计算的定义

资料来源：nist. gov。

7.4 外包

外包（outsourcing）是将信息系统开发、运营、维护转交给提供相应服务的企业，并因此在较短时间或较长时间内支付相应费用。外包可以指外包相对较小的编程任务、从服务提供者处租借软件、外包基本业务流程［通常被称为**业务流程外包**（business process outsourcing，BPO）］或处理企业全部 IT 功能。很多企业和组织都提供了有关外包的信息。例如，外包中心网站 www. outsourcing-center. com 提供免费的搜索、案例学习、数据库目录、市场资信，并不断更新外包中的最佳实践和趋势。

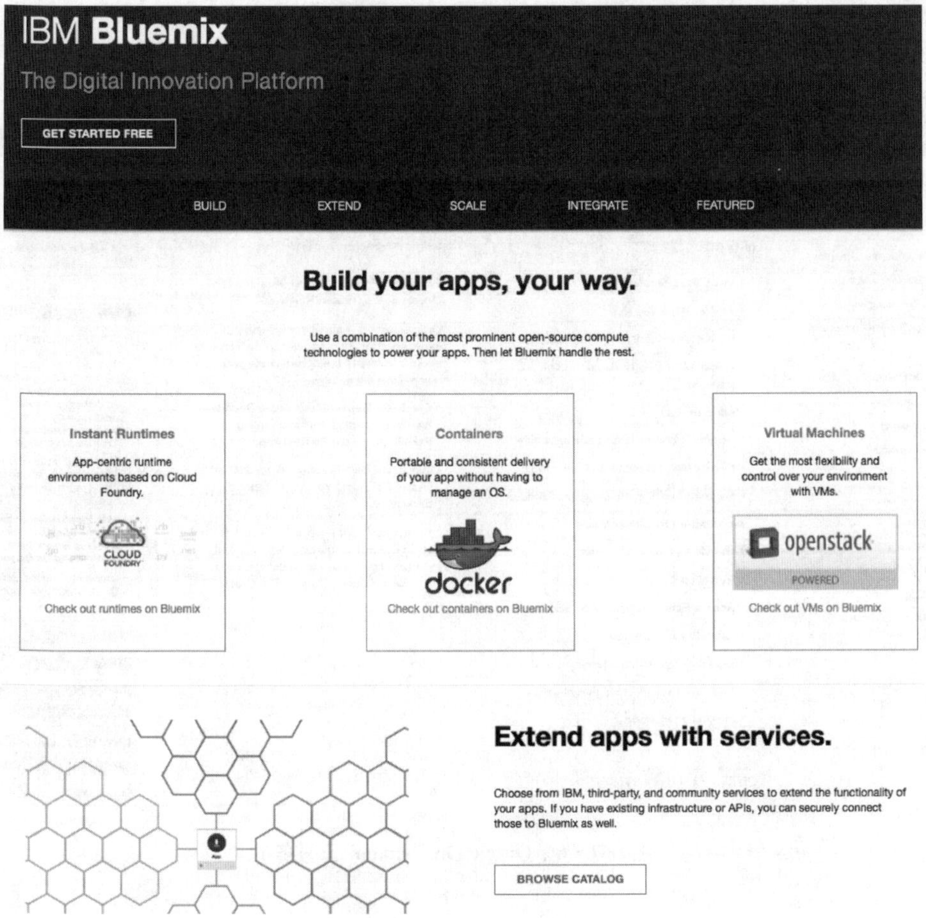

图表7-5 IBM的Bluemix是一个云平台，可帮助开发者快速构建、管理并运行网络和移动应用

资料来源：IBM Bluemix。

7.4.1 外包的增长

传统上，企业将外包IT任务视为控制成本和应对技术快速进步的一种方法。虽然这些原因仍然存在，但外包已经成为许多组织整体IT策略的一部分。外包的趋势也对软件供应商产生了影响，使其相应调整自己的市场。例如，如图表7-6所示，甲骨文公司（Oracle Corporation）提供一项名为甲骨文按需服务（Oracle On Demand）的服务，其提供托管应用或SaaS云应用。甲骨文还通过数据说明企业花费高达80%的IT预算维护现有软件和系统，这使得IT经理“花费时间去处理乏味的更新而不是能带来利润的信息技术项目”。

提供外包解决方案的企业称作**服务提供商**（service provider）。一些服务提供商专注于特定软件，而一些服务提供商则提供订单处理和客户结算等业务服务，还有一些服务提供商集成并管理具有会计、生产制造和库存控制等功能的企业软件解决方案。

两个较为流行的外包选项是应用服务提供商和提供互联网商业服务的企业。这些术语在接下来的小节中解释。

应用服务提供商

应用服务提供商（application service provider，ASP）是通过收取使用费或订阅费提供软件应用或软件使用许可的企业。ASP不仅提供软件使用许可，还向客户出租运营包。ASP通常提供数据管理软件包和会计

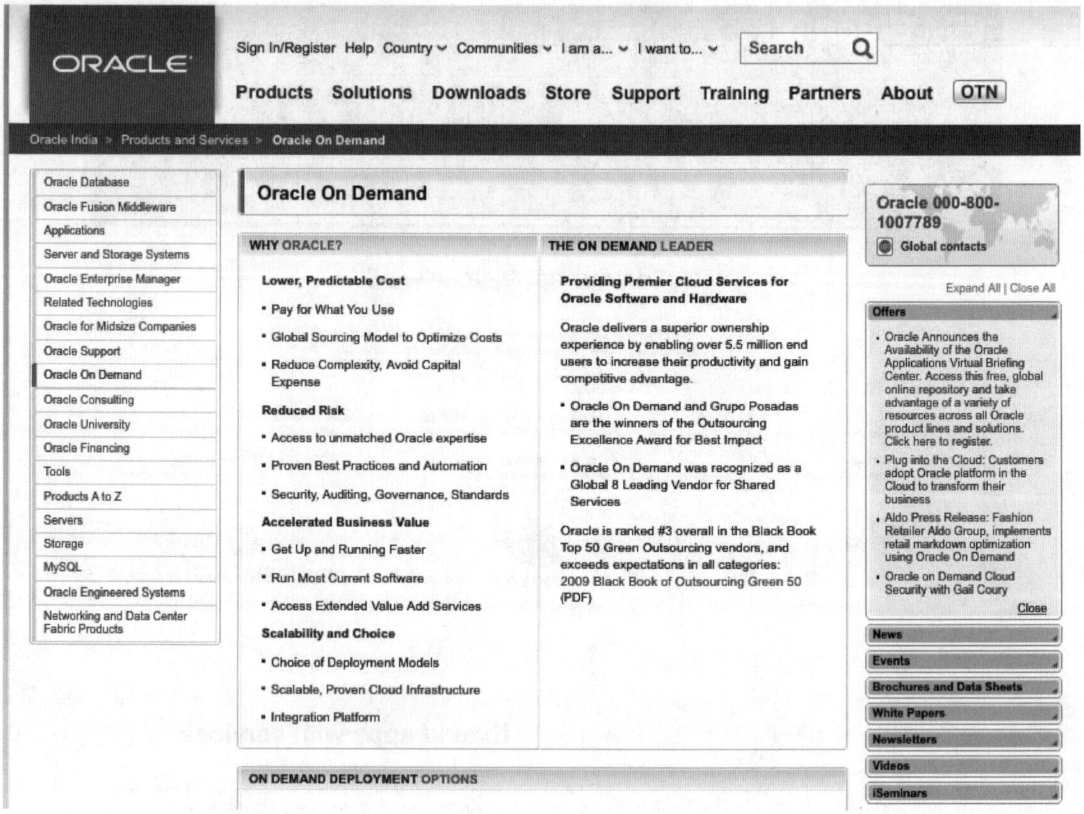

图表 7-6 Oracle On Demand 云服务

资料来源：Oracle Corporation。

软件包等商用软件。例如，如果企业使用 ASP 提供的数据管理软件包，则企业无须设计、开发、实施或维护该软件包。ASP 代表了一种将网络作为主要交付渠道的快速增长的趋势。

互联网商业服务

一些企业提供**互联网商业服务**（Internet business services，IBS），其为订单处理、计费和客户关系管理等事务提供强大的网络支持。互联网商业服务的另一种叫法是**管理托管**（managed hosting），因为系统运营由外部企业（托管方）管理。

IBS 解决方案对客户而言非常有吸引力，因为其提供在线数据中心支持、为关键任务功能提供大型机计算能力和通用互联网访问。如图表 7-7 所示，Rackspace 等企业都在管理云服务市场中激烈竞争。

7.4.2 外包费用

提供 SaaS 而非产品的企业开发出一种费用结构，基于特定时期内客户使用应用软件的方式收费，其中的一些模式包括固定费用、订阅、用量或事务。**固定费用模式**（fixed fee model）基于特定服务水平和用户支持收取固定费用。固定费用模式的一个例子是甲骨文公司的按需服务。**订阅模式**（subscription model）根据访问应用软件的用户和工作站数量收取变动费用。最后，**用量模式**（usage model）或**事务模式**（transaction model）根据应用软件处理的事务或操作数量收取变动费用。

企业在考虑外包时，应估计自身的使用特点来决定哪种费用结构最具吸引力，并尝试基于这一模式商定服务提供合同。

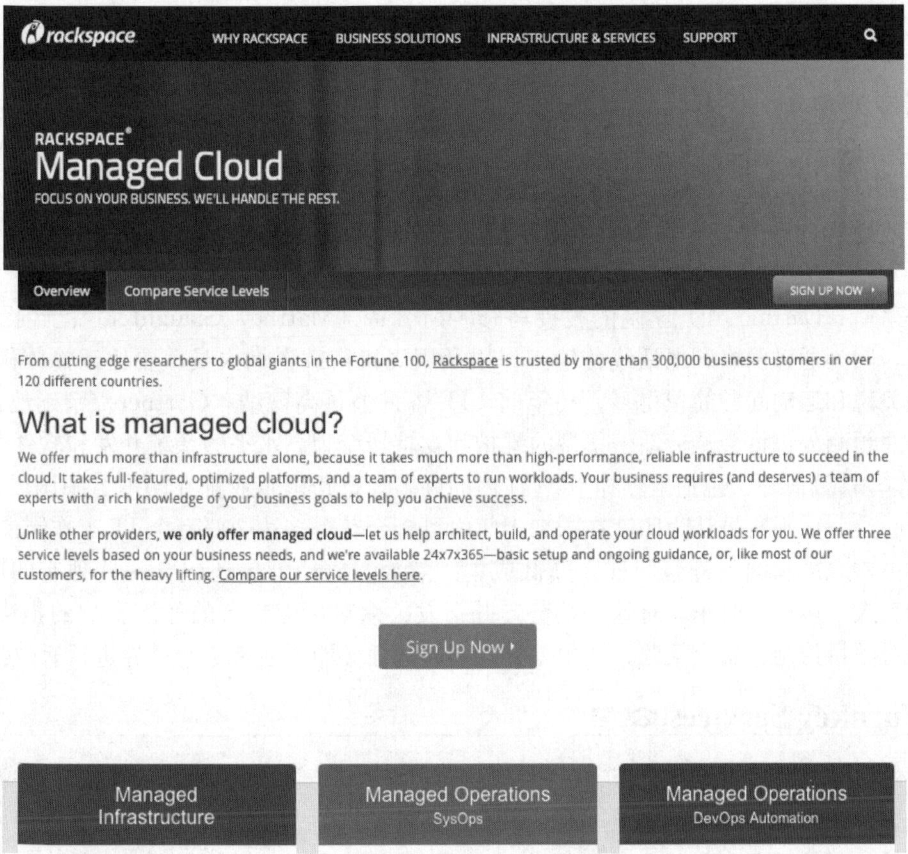

图表 7-7　Rackspace 管理云服务

资料来源：Rackspace US，Inc。

7.4.3　外包中需要关注的问题

当企业决定将 IT 功能外包时，其迈出了影响企业资源、运营和盈利能力的一步。只有在结果是有成本效益的、符合企业长期战略并具有可接受的风险水平的可靠业务解决方案时，关键任务的 IT 系统才能被外包。将 IT 工作转移到海外会带来更多的问题，包括控制、文化、沟通和安全等潜在问题。

除了对长远战略的影响，外包也会引起一些其他问题。例如，企业必须将敏感数据转交给外部服务提供商，且信任该提供商会维护其安全性、机密性和质量。同时，在外包前，企业必须仔细审查保险、潜在不利因素、许可和信息所有权、担保、灾难恢复等相关问题。

最重要的是，考虑外包的企业必须意识到这一解决方案的优劣在很大程度上取决于提供服务的外包企业。动态的经济变化可能引起业务失败或未来的不确定性。在这种情况下，在做出决定前审查外包企业的历史和财务状况十分重要。

兼并和收购也会影响外包客户。即使兼并或收购财务状况良好的大型企业，也会对客户产生一些影响。稳定性十分重要，外包客户也应该考虑到这些问题。

外包对国防承包商等体量波动很大的企业尤其有吸引力。在一些情况下，如果企业缺乏自行处理工作的时间和经验，其可能会选择将应用软件开发任务外包给 IT 咨询公司。外包减轻了企业在忙时增加 IT 员工而在闲时精简人员的责任。外包的一个主要缺点是引起员工对就业保障的担忧。有才能的 IT 员工通常更喜欢自行完成 IT 开发的企业岗位，如果觉得没有保障，他们可能决定直接为服务提供商工作。

7.4.4 离岸外包

离岸外包（offshore outsourcing）也称为**全球外包**（global outsourcing），是指将 IT 开发、支持和运营转移到其他国家或地区的行为。与近几十年来制造业岗位外流的趋势类似，许多企业正将 IT 工作转移到海外。

例如，达特茅斯（Dartmouth）学院的教授马修·斯劳特（Matthew Slaughter）已经提到 IT 工作将比制造业外流更快，因为通过网络和电话线传输工作以及用飞机搭载咨询人员，要比运输体积较大的原材料、建造工厂、处理关税和运输问题简单得多。几年前，IT 咨询公司高德纳（Gartner）精确地预测到了离岸外包的稳定增长，并预测外包将会从劳动密集型的维护和支持转变为高水平的系统开发和软件设计。

除了 IT 工作转移到海外，包括微软和 IBM 在内的许多大型跨国企业都在印度、中国以及其他国家和地区建立了技术中心。一些观察员认为印度在未来十年内可能会获得多达 200 万个 IT 工作岗位。

离岸外包的主要原因和国内外包一样：降低成本。然而，离岸外包还包含一些独有的风险和担忧。例如，一些企业的工人、客户、股东反对这一趋势，并引发公众对可能带来的经济影响的担忧。更重要的是，离岸外包还包括对项目控制、安全问题、文化差异以及关键任务能否横跨半个世界进行有效沟通的担忧。

案例 7.1 Turnkey Services 公司

Turnkey Services 公司是一家应用服务提供商，其在美国中西部地区为数百家企业提供工资单和税务筹划服务。公司正考虑在会计和财务服务方面进行重大扩张，并研究在国外雇用 IT 承包商以支持这一行动的可能性。Turnkey Services 公司的董事长 Peter Belmont 请你帮助他做出决定。特别地，他想让你引证离岸外包的优缺点。他希望你能就这个主题进行互联网研究，并在下周的 Turnkey 管理层会议上陈述观点。

7.5 内部软件开发选项

除了众多外包选项，企业也可选择开发自己的系统，或者购买、尽可能定制并实施一个软件包，这些开发选项在图表 7-8 中显示。尽管有许多因素影响这个决策，但最重要的考虑是总体拥有成本（TCO），这一概念在第 4 章中解释过。除了这些选项，企业也可开发围绕 Microsoft Office 等商业软件包设计的用户应用来提高用户生产力和效率。

7.5.1 制造还是购买决策

在开发还是购买软件之间做出的选择通常称为**制造还是购买**（make or buy）决策，或**建立还是购买**（build or buy）决策。企业的 IT 部门制作、建立并开发**内部软件**（in-house software），**软件包**（software package）则是从供应商或应用服务提供商处获得。

软件包可以是标准的商业程序，或是为购买者特别设计的定制软件包。开发用于出售的软件的企业也称作**软件供应商**（software vendors）。通过添加自定义功能并为特定行业进行配置来增强商业软件包功能的企业称为**增值零售商**（value-added reseller，VAR）。

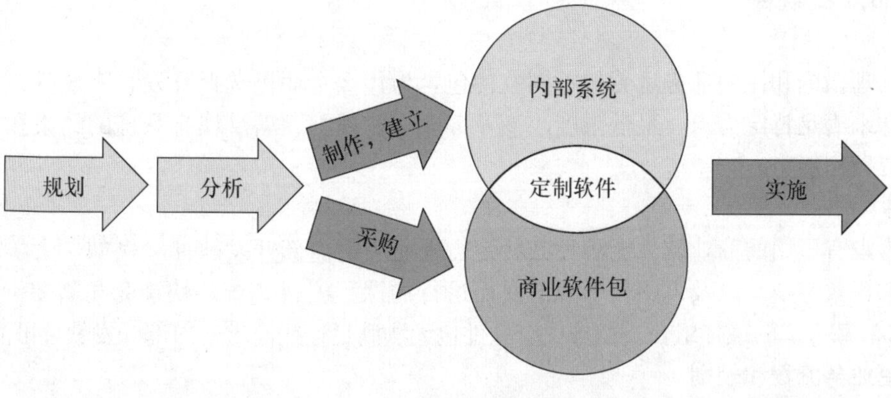

图表 7-8　除了外包，企业还可选择内部开发系统，或者购买并尽可能定制软件包

软件包可用于各种商业活动。可被许多不同类型的组织使用的软件包称为**横向应用**（horizontal application）。会计软件包是横向应用的一个很好示例，因为许多大型多元企业中的不同业务或独立部门都可以使用它。

相反，用于处理特定类型业务信息需求的软件包称为**纵向应用**（vertical application）。例如，有特定系统需求的组织包括大学、银行、医院、保险公司、建筑公司、房地产公司和航空公司。图表 7-9 显示了在不同设备上运行的餐厅销售终端（POS）系统。组织可能需要纵向应用来处理独有的业务需求，但也常常使用横向应用来满足工资单处理和应付账款处理等基本业务需求。

如图表 7-10 所示，在获取内部软件的选项中，开发系统、购买或定制软件包都有自身的优点、缺点以及成本考量，这些软件获取选项将在接下来的章节中详细描述。

图表 7-9　餐厅利用类似于销售终端（POS）系统的横向应用来支持其特定的业务需求

资料来源：http://www.rmpos.com/sliderimages/posthatfits.jpg。

内部开发的原因	购买软件包的原因
满足特定的业务需求	更低的成本
最低限度改变业务流程和规则	更短的系统实施时间
满足现有系统的约束	经过验证的可靠性和性能
满足现有技术的限制	更少的技术开发人员
开发内部资源和能力	供应商提供的后续升级
满足特有的安全要求	其他企业的输入

图表 7-10　企业在比较内部软件开发和购买软件包时会考虑到不同因素

7.5.2 内部开发软件

有了可用于处理横向和纵向业务运营的不同软件包，为什么企业仍选择开发自有软件？一般来说，企业选择内部开发软件来满足特定需求、最低限度改变业务流程和规则、满足现有系统的约束和满足现有技术的限制并开发内部资源和能力。

满足特定需求

企业通常因为没有可用的商业软件能满足其特定需求而决定内部开发软件。例如，大学需要一个根据课程要求、学生需求、教室空间以及可用教师的情况而运行的课程安排系统。快递公司需要一个系统来确认企业货运车队路线和装载方式的最佳组合。如果现有软件包无法满足这些需求，内部开发软件可能是唯一的选择。

最低限度改变业务流程和规则

如果可用的软件包要求改变现有业务操作和流程，企业也可能会选择内部开发软件。安装新的软件包总会在一定程度上改变企业开展业务的方式；然而，如果安装外购软件包具有破坏性，组织可能会决定开发自己的软件。

满足现有系统的约束

任何新安装的软件都应与现有系统配合使用。例如，如果新的预算系统必须与现有的会计系统匹配，而找到能正常与现有会计系统共同工作的软件包十分困难，在这种情况下，企业可以选择开发自有软件与现有系统接口。

满足现有技术的限制

内部开发软件的另一个原因是新系统必须与现有硬件和遗留系统匹配。这可能需要定制化设计、对环境进行升级或开发能在限制内运行的内部软件。系统分析师要在初步调查阶段解决技术可行性问题，而现在，在系统分析阶段，系统分析师必须要决定内部开发系统是否为最佳选择。

开发内部资源和能力

通过自行设计系统，企业能开发并培训理解组织业务功能和信息支持需求的 IT 员工。许多企业认为内部 IT 资源和能力能够提供竞争优势，因为内部团队在出现业务问题和机会时能够快速响应。例如，企业如果缺乏内部资源，则必须依赖外部企业提供关键业务支持。此外，外包选择可能很有吸引力，但一系列短期解决方案不一定代表长期的总体拥有成本降低。高层管理者通常对内部 IT 团队能够提供总体指导和长远稳定而感到满意。内部开发也使企业能够利用 IT 团队获得的技能。

7.5.3 购买软件包

如果企业决定不外包，则与开发内部软件相比，购买可用的商业软件包可能是一个有吸引力的备选方案。相较于内部开发，购买软件包的优势包括更低的成本、更短的系统实施时间、经过验证的可靠性和性能、更少的技术开发人员、供应商提供的后续升级以及能够从已实施该软件的其他企业获得输入。

更低的成本

由于许多企业都使用软件包，软件供应商将开发成本在众多客户中分摊。与内部开发的软件相比，软件包通常较为便宜，特别是在初始投资上。然而，尽管初始成本较低，但购买软件还可能包括由业务中断、业务流程变化和再次培训员工造成的费用。

更短的系统实施时间

购买软件包时，设计、编程、测试和记录都已经完成，因此，消耗在这些任务上的内部开发时间可被节省下来。当然，软件必须安装并集成到系统环境中，这可能需要大量时间。同样，虽然实施过程更快，但由于培训费用和软件修改，TCO可能会变得很高。

经过验证的可靠性和性能

如果软件包已经在市场上流通了一段时间，供应商可能已经检测并修正了存在的主要问题。如果产品较为流行，其很可能已经由独立用户评估过。

更少的技术开发人员

使用商业软件包的企业通常可以减少IT员工中程序员和系统分析师的数量。使用商业软件包也意味着IT员工能够专注于软件包无法满足其需求的系统。

供应商提供的后续升级

软件供应商通过添加改善和增强功能定期更新软件包，从而创建或发布新的版本。例如，新的软件包版本可能包括支持新型激光打印机或新型数据存储技术的驱动程序。在很多情况下，供应商在规划未来更新时会接受当前用户的输入和建议。

其他企业的输入

使用商业软件包意味着可以联系其他企业用户，获取它们的输入和印象。在做出最后决策前，试用软件包或进行实地考察来观察运行中的系统可能非常有用。企业可以利用用户组来共享使用软件包的经验。

7.5.4 定制软件包

如果标准版本的软件包无法满足企业需求，企业会考虑调整软件以满足其需求。定制软件包的三种方式为：

（1）购买供应商会根据项目需求定制基础软件包。许多供应商提供标准版本的基础软件包，其中包含单独配置的附加组件。供应商会在标准应用无法满足全部客户时提供可选项。人力资源信息系统是一个典型示例，因为每个企业处理员工薪资和福利的方式有所不同。

（2）直接与供应商协商，通过付费更改使软件包增强以满足项目需求。

（3）如果软件许可证的条款允许，可以购买软件包并根据项目特点进行修改。这种方法的劣势是系统分析师和程序员可能对软件不熟悉，需要时间来了解软件包并做出正确修改。

除此之外，如果产品必须定制，购买标准软件包的优势也将消失。如果由供应商进行定制，则需要花费更多的时间和费用才能获得修正后的产品。后续支持是另一个问题，虽然供应商定期更新其标准软件包，但它们可能不会更新定制产品。另外，如果修改由购买软件的企业完成，当新版本的软件包可用时，企业可能还须自行修改新版本，因为供应商无法支持客户安装的修改。

7.5.5 创建用户应用

业务需求有时可由用户应用，而不是由正式信息系统或者商业软件包来实现。第1章中讨论过，用户应用是用户生产力系统的实例。

用户应用（user application）使用Microsoft Word或Microsoft Excel等标准商业软件，这些软件以特定方式配置以提高用户生产力。例如，为了帮助销售代表快速响应客户报价请求，IT支持人员可以创建链接到计算优惠和折扣的电子表格的表单。除了配置软件，IT员工还可以创建包括屏幕、命令、控制以及使用户与系统高效交互的功能的**用户界面**（user interface）。用户界面设计将在第8章中进行讨论。

在一些情况下，用户应用可提供简单、低成本的解决方案。大多数IT部门都有一系列积压的项目，个人或小型团队的IT解决方案无法总是获得较高优先级。同时，应用软件比以往更强大、更灵活、更友好。微软和科亿尔（Corel）等企业提供软件套装和集成应用，其可与包括教程、向导和帮助功能的程序交换数据，从而为那些知道自己要做什么但不知如何实现的经验较少的用户提供指导。

许多企业通过提供更多的数据访问权限和更强大的数据管理工具向较低层级的员工授权。主要目标是允许较低层级的员工更多地访问执行工作所需的数据而无须 IT 部门干预。这可通过为会计、库存和销售系统等企业范围应用创建高效的用户界面来实现。另一种技术是定制化 Microsoft Word 或 Microsoft Excel 等标准办公软件来创建用户应用。在任一情况下，赋权使 IT 部门更有效率，因为 IT 部门可以耗费更少的时间来处理用户的日常关注和数据需求，将更多的时间放在支持战略业务目标的高影响力的系统开发项目上。

赋权能够降低成本并带来良好的收益，但采取这种方法的企业必须为赋权的用户需求提供技术支持。在大多数大中型企业中，IT 部门的**服务台**（service desk）或**信息中心**（information center，IC）负责提供用户支持。服务台为需要技术帮助的用户提供热线帮助、培训和指导等服务。

一旦学会使用应用，许多用户就可执行原本需要程序员执行的任务。一些用户应用有强大的**屏幕生成器**（screen generators）和**报告生成器**（report generators），其允许用户设计自己的数据输入表格和报告。例如，如图表 7－11 所示，Microsoft Access 包含表单向导工具和报告向导工具，它们是可创建屏幕表单和报告的菜单驱动工具。这些设计工具允许用户设计满足自身操作需求的输入和输出视图，而很少或根本不需要 IT 员工的帮助。

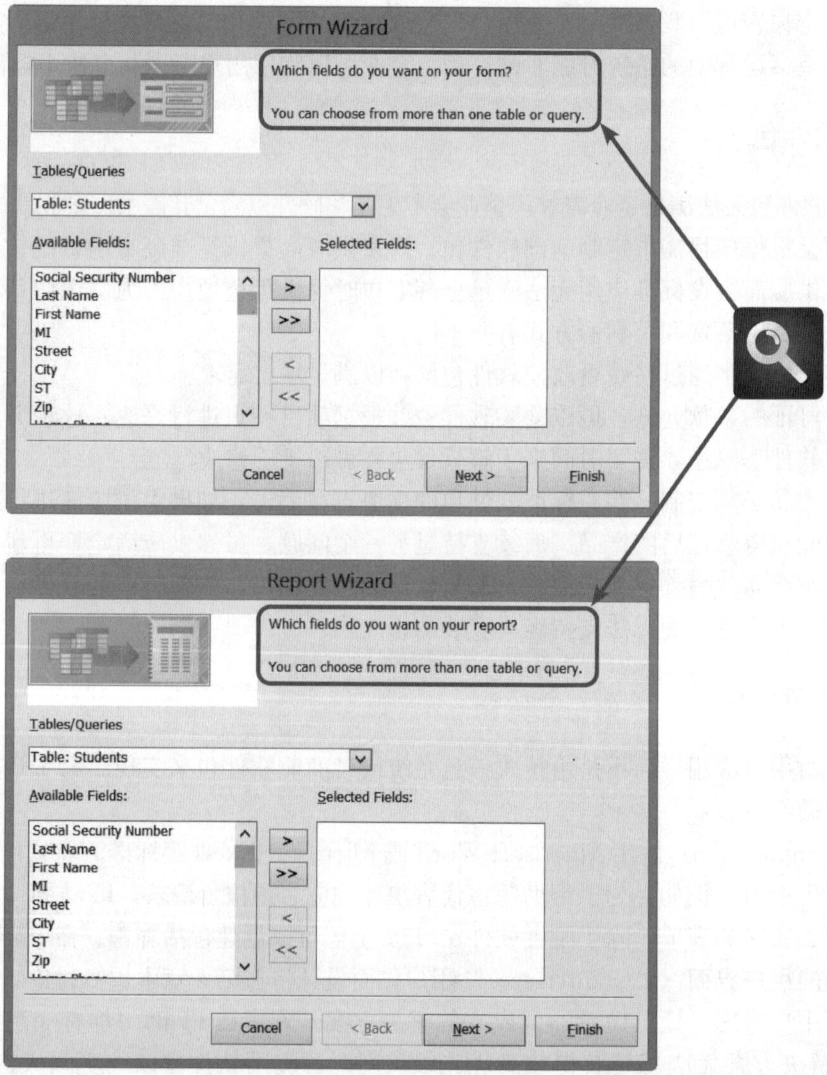

图表 7－11　Microsoft Access 包含表单向导工具和报告向导工具。向导工具可询问一系列问题，之后创建表单或报告

资料来源：Microsoft Corporation。

用户通常需要电子表格、数据库管理程序和其他软件包来满足其信息需求。如果用户应用能够访问企业数据，则必须提供适当的控制来确保数据安全性和完整性。例如，一些文件应完全在视图中隐藏；另外一些文件应具有只读属性，以使用户可以查看而不能更改数据。

7.6 系统分析师的作用

在系统开发过程的某一时刻，企业必须决定是外包、内部开发软件、购买软件包、开发用户应用还是选择这些解决方案的组合。这一决定取决于企业当前需求和预计的未来需求，它会影响之后的SDLC阶段以及系统分析师随后在项目中的参与度。例如，与外包和购买软件包相比，内部开发软件需要系统分析师更多的参与。管理层通常在IT人员给出书面建议和正式介绍后做出决定，这将在之后的章节进行说明。

即使是单一的系统也可能使用混合软件。例如，企业可能购买标准软件包来处理工资单，之后内部开发软件来处理工资单和企业制造成本分析系统间的接口。

备选方案的评估和选择不是一个简单的过程。目标是以最低的总体拥有成本获取产品，但实际的成本和性能很难预测。在选择硬件和软件时，系统分析师通常作为**评估和选择团队**（evaluation and selection team）。团队的方法确保没有忽视关键因素并做出正确选择。评估和选择团队也必须包括用户，其参与选择过程并对新系统有主人翁感。

评估和选择团队的主要目标是排除不符合要求的系统备选方案，对可行的备选方案进行排序，并将备选方案展示给管理层以做出最终决策。如下节所述，这一过程从仔细研究每个备选方案的成本和收益开始。

案例 7.2 Sterling Associates 公司

Joan Sterling 是 Sterling Associates 公司的首席执行官和主要股东，该公司专门为客户提供IT项目和信息系统开发方面的咨询。Joan 正在为潜在新客户制作一本手册。她希望你以简单的方式描述回收分析、投资回报率、净现值，并分析每种财务分析工具的优势、劣势。她建议从学习系统分析师工具包C部分的材料开始。

7.7 分析成本和收益

财务分析工具已经存在了很长时间。从算盘到计算尺，人们一直在寻找处理数字的更简单方法。本章介绍成本收益分析，并介绍能帮助分析师评估IT项目的流行工具。

第2章解释了经济可行性是在系统需求的初步调查阶段做出的四个可行性分析之一。现在，在SDLC的系统分析阶段末尾，必须使用财务分析工具和技术评估开发策略，并决定项目应如何向前发展。系统分析师工具包的C部分描述了三个流行的工具，分别是回收分析、投资回报率（ROI）和净现值（NPV）。第4章中介绍过，这些工具和其他工具可用于确定TCO。在这一阶段，分析师将确认具体的系统开发策略并选择一个行动方案。例如，与外包和使用ASP相比，企业内部开发系统的TCO会更高。

精确预测 TCO 至关重要，据 Gartner 统计，80%的总成本发生在购买硬件和软件之后。IT 部门可以开发内部的 TCO 估计方法，或使用供应商提供的 TCO 计算工具。例如，如图表 7-12 所示，惠普（HP）提供在线 TCO 计算器，其包括调查问卷和结果的图形化展示。在该示例中，惠普的交互式 TCO 计算器用于确定将传统服务器环境转化为云端基础设施即服务（IaaS）环境的投资回报率。

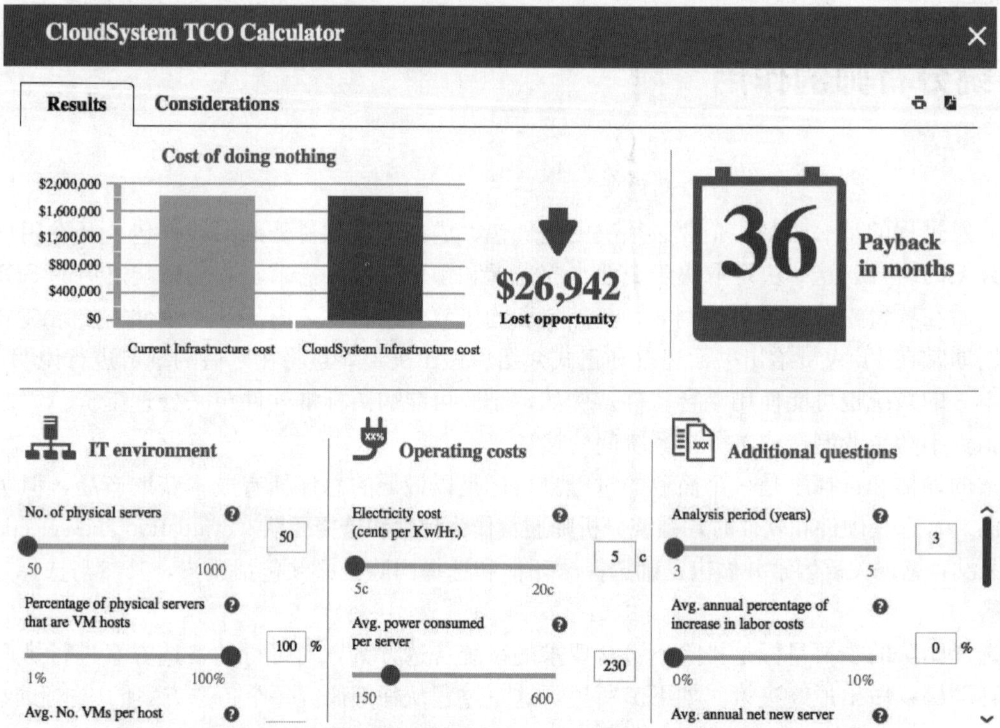

图表 7-12　在此示例中，惠普的交互式 TCO 计算器用于确定将传统服务器环境转化为云端基础设施即服务（IaaS）环境的投资回报率

资料来源：Hewlett-Packard Development Company，L. P.。

7.7.1　财务分析工具

系统分析师工具包的 C 部分解释了如何使用三种主要的成本分析工具：回收分析、投资回报率（ROI）和净现值（NPV）。**回收分析**（payback analysis）确定信息系统通过降低成本以及增加收益而收回自身成本所需的时间。**投资回报率**（return on investment，ROI）比较项目总净收益（回报）和项目总成本（投资）的百分比。项目的**净现值**（net present value，NPV）是将成本和收益根据其发生时间点调整后总收益减去总成本的值。

7.7.2　成本收益分析检查清单

第 2 章介绍了如何在初步调查阶段使用回收分析工具来帮助决定项目是否具有经济可行性。现在，所有的财务分析工具都将用于评估不同的开发策略。应用这些工具的最好方法是开发一个成本收益分析检查清单，具体步骤如下：

（1）列出每个正在考虑的开发策略。

（2）确认每个备选方案的全部成本和收益，确保指出成本和收益产生的时间。

（3）考虑未来增长和对扩展性的需求。

（4）包含硬件和软件的支持费用。

（5）分析不同的软件许可选项中对费用的描述，包括固定费用以及基于用户或交易数量的费用计算公式。

（6）将财务分析工具应用到每个备选方案中。

（7）研究结果并编写提交给管理层的报告。

7.8 软件获取流程

尽管每种情况都不同，但以下部分将介绍软件获取过程中涉及的常见问题和任务。

第一步：评估信息系统需求

根据对系统需求的分析，必须确定系统的关键特性，考虑网络和网络相关问题，估计容量和未来增长，指定硬件、软件或者人员限制，准备提案请求或报价请求。

确定系统的关键特性

无论考虑内部开发还是外包，分析师都必须制定用作系统整体规范的清晰、详细的功能列表。使用第4章讨论的实情调查中收集的数据，列出所有系统需求和关键特性，这一信息将会包含在SDLC系统分析阶段的最终成果——系统需求文档中。

考虑网络和网络相关问题

评估系统需求后，要考虑网络和网络相关问题。分析师必须决定系统在网络、互联网还是企业内部网上运行，并将这些需求构建到设计中。此外，还须确定系统是否与供应商或客户系统交换数据，并确保系统能够兼容。

估计容量和未来增长

分析师需要了解当前容量并预测未来的增长。图表7-13显示了订单处理系统的容量估计。除当前水平外，该图表还显示了两个预测：一个基于现有的订单处理程序，另一个假设新网站已开始运行。

未来12个月内在线订单处理系统预计活动量

	当前水平	未来增长（基于现有程序）	未来增长（假设新网站已开始运行）
客户	36 500	40 150	63 875
日订单	1 435	1 579	2 811
日订单行	7 715	7 893	12 556
销售代表	29	32	12
订单处理支持员工	2	4	3
产品	600	650	900

图表7-13 订单处理系统的容量估计，显示当前活动水平和两个预测值：一个基于现有订单处理程序，另一个假设新网站已开始运行

两个预测值的比较表明，该网站会产生更多的新客户、处理约增长80%的订单并大量减少对销售代表和支持人员的需求。如果正在考虑内部开发，应确保软件和硬件能够处理未来的容量和数据存储需求。相反，如果正在考虑外包，容量和使用数据对分析 ASP 费用结构并进行外包成本估计至关重要。

指定硬件、软件或者人员限制

分析师必须确定现有硬件、软件和人员问题是否会影响获取决策。例如，如果企业有大量的遗留系统，或已采用企业资源规划（ERP）策略，这些因素则会对决策产生影响。此外，不论外包是否为长期战略的一部分，都必须对企业的 IT 功能外包政策进行调查。关于人员问题，必须确定开发、获取、实施和维护系统的内部人员需求，并确定企业愿意提高人员水平还是选择外包。

准备提案请求或报价请求

为了获得做决定所需的信息，分析师应准备提案请求或报价请求。这两份文件是相似的，但在不同情况下使用，取决于是否选择了具体的软件产品。

提案请求（request for proposal，RFP）是描述企业、列出所需 IT 服务或产品并指定所需功能的文档。RFP 有助于确保组织的业务需求得到满足。RFP 还说明了所需服务和支持水平。根据 RFP，供应商可以决定它们是否有满足企业需求的产品。和其描述的系统一样，RFP 的大小和复杂程度也各不相同，大型系统的 RFP 可能有几十页，其中包含独有的需求和特性。可使用 RFP 指定某些必要特性，并指定一些期望特性。RFP 还要求有具体的定价和支付条款。

图表 7－14 显示了一个网站示例，在网站上可获取选择软件的现成 RFP 模板。该 RFP 是 Infotivity Technologies 提供的一系列 RPF 模板的一部分，这里有超过 100 个应用领域的 RFP 可用。

在评估 RFP 的回复时，使用评估模型是有帮助的。**评估模型**（evaluation model）是一种使用通用标准来衡量并比较供应商等级的方法。

图表 7－15 显示了一个网络项目的两个评估模型。顶部的评估模型简单地列出了关键元素和每个供应商的得分。底部的模型增加了一个权重因子。在此示例中，每个元素根据其相对重要性得到一个评分。尽管两个模型中供应商的初始评级相同，但在顶部的模型中供应商 A 获得了最高得分，而在加权模型中供应商 C 得分最高。

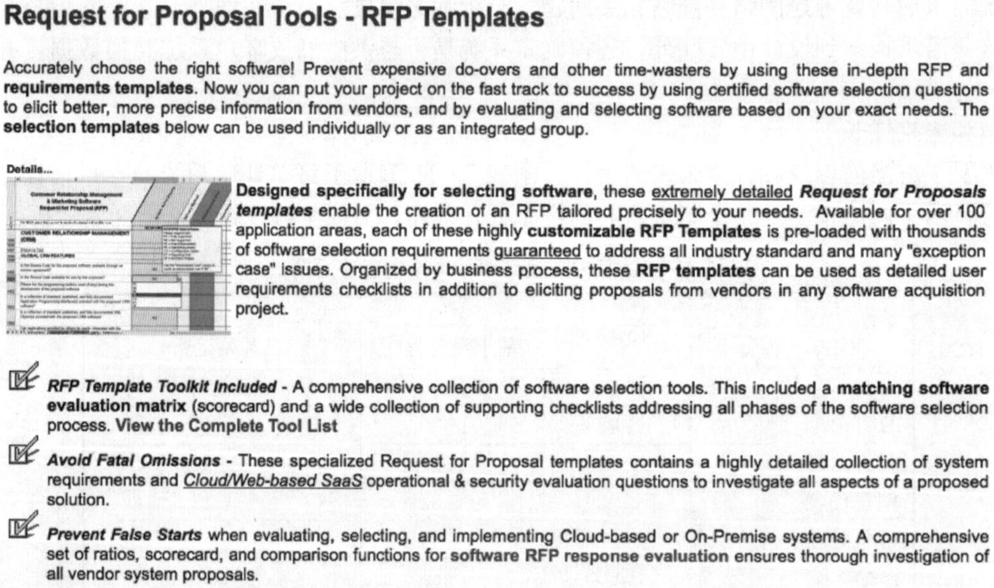

图表 7－14　Infotivity Technologies 提供了一系列现成的 RFP 模板

资料来源：Infotivity。

网络项目未加权评估模型

说明：按照从1（低）到10（高）的量表对每个供应商进行评估，然后将供应商得分加总计算总分。			
	供应商A	供应商B	供应商C
价格	6	5	9
完成时间	2	5	8
布局/设计	8	8	5
参考	10	6	3
总分	26	24	25

网络项目加权评估模型

说明：按照从1（低）到10（高）的量表对每个供应商进行评估，之后将供应商的分数与权重因子相乘。将供应商得分加总计算总分。				
	权重因子	供应商A	供应商B	供应商C
价格	25	6×25=150	5×25=125	9×25=225
完成时间	25	2×25=50	5×25=125	8×25=200
布局/设计	35	8×35=280	8×35=280	5×35=175
参考	15	10×15=150	6×15=90	3×15=45
总分	100	630	620	645

图表7-15　三家供应商的初始评级相同，但两个评估模型产生不同的结果。在顶部的未加权模型中，供应商A的总分最高。但如底部的模型所示，应用权重因子后，供应商C变成赢家

没有设定权重因子的标准方法。每个企业都有自己的方法，这可根据具体情况进行调整。分析师通常获取尽可能多的输入，将不同人提出的值进行传阅来进一步讨论，以期达成一致。

评估模型是可在整个SDLC中使用的有价值工具。可使用电子表格程序构建评估模型、用不同的权重因子进行试验并绘制结果。

报价请求（request for quotation，RFQ）比RFP更加详细明确。当使用RFQ时，所需的具体产品和服务已知，只需要报价或出价。RFQ可包括直接购买或一系列租赁选项，并包含维护和技术支持条款。一些供应商甚至在其网站上提供方便用户使用的RFP和RFQ表单。RFP和RFQ有相同的目标——获得清晰、可比较的供应商回复，从而做出全面的选择决策。

第二步：找到潜在供应商或外包商

下一步是确定潜在供应商或外包提供商。互联网是所有IT产品和服务的主要市场，可在网络上找到全部大型产品和采购备选方案的描述信息。

如果需要寻找具体行业的纵向应用，可使用行业贸易期刊或网站来查找对特定行业软件的评论。行业贸易组织常常推荐提供具体软件解决方案的企业。

另一种方法是与咨询公司合作。许多IT咨询顾问提供帮助企业选择软件包的专业服务。使用咨询顾问的主要优点是分析师可以挖掘对于单独一家企业而言很难获得的广泛经验。可通过联系专业组织或业内人士，或通过简单的上网搜索来寻找专家。使用咨询顾问会包含额外的费用，但是能够避免代价更高的错误。

无论兴趣主题是什么，都肯定有一个或多个在线**论坛**（forums），或**新闻组**（newsgroups），人们在这里"见面"，相互提供支持并交流想法。论坛可由私人或公共实体管理，或者属于谷歌网上论坛（Google

Groups）或雅虎网上论坛（Yahoo Groups）等较大社区，其允许用户加入现有群组或者创建自己的群组。网页搜索可定位到兴趣论坛或微软等具体企业的网站，还可为 IT 专家提供有价值的信息来源，包括博客、论坛、网络广播和其他资源，如图表 7 - 16 所示。

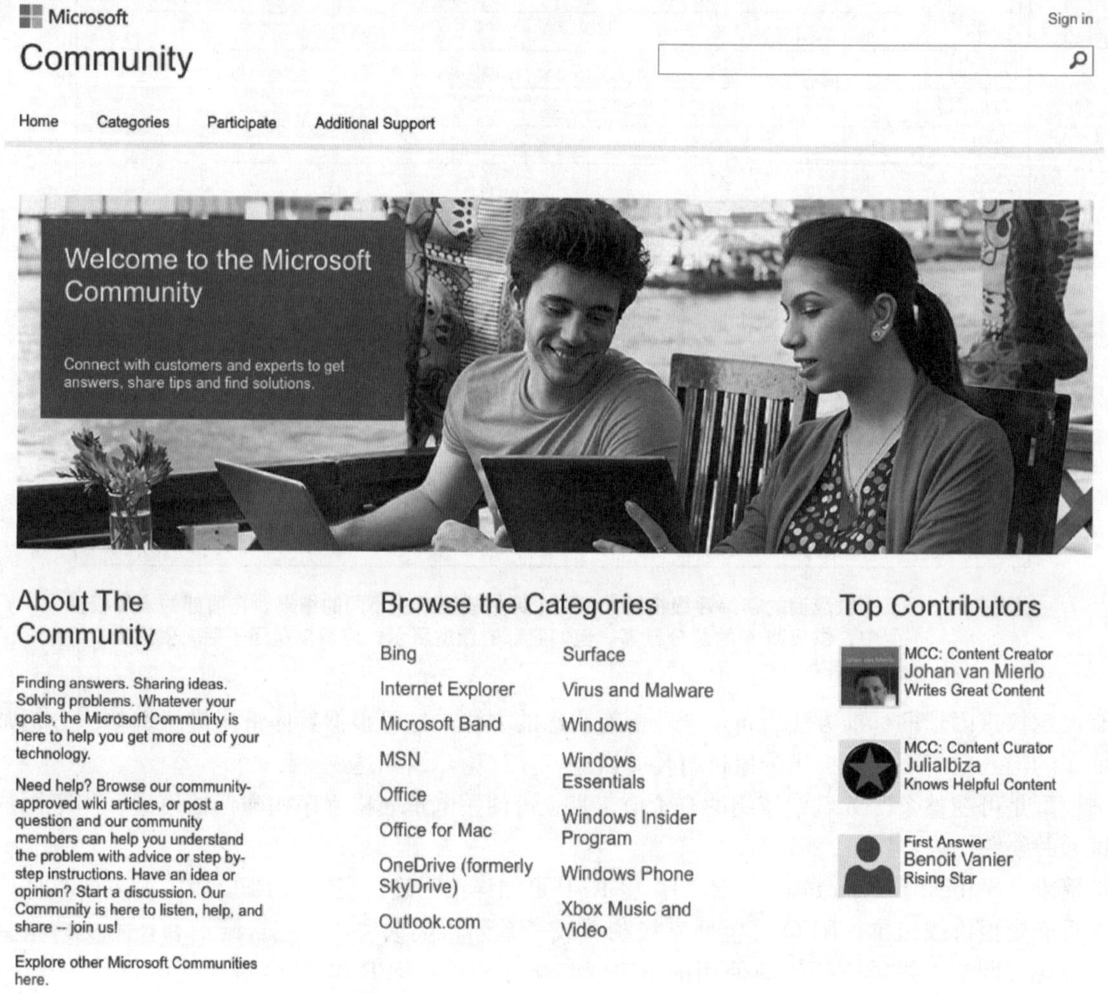

图表 7 - 16　Microsoft Communities 是 IT 专业人员的宝贵资源

资料来源：Microsoft Corporation。

第三步：评估备选方案

在确定备选方案后，分析师必须选出最符合企业需求的一项。应从尽可能多的来源获取关于选项的信息，包括供应商展示和宣传品、产品文档、行业刊物以及进行软件测试和软件评估的企业。要了解关于具体软件包的更多信息，可使用描述该应用的关键词在网上搜索，咨询顾问和软件出版商维护的网站通常包含产品参考和指向供应商的链接。作为评估过程的一部分，应尝试从现有用户处获取信息、测试应用并对软件包进行基准测试。

现有用户

可以联系现有用户获取反馈并了解其经验。对于大型软件包，ASP 和供应商通常提供用户参考。用户参考非常重要，因为必须要知道软件包是否适用于类似企业。应意识到一些供应商将参考列表限制在对软件包满意的客户中，因此这些企业大多会给出积极的反馈。

应用测试

如果软件包是选项之一，应查看组织中的用户能否体验该产品。对于横向应用或小系统来说，使用演示副本输入几个示例事务是可接受的测试。对于纵向应用或大型软件，IT人员和用户组成的团队可能需要几天或数周的时间来执行测试。

基准测试

为了确定软件包能否高效处理特定事务容量，可以进行基准测试。**基准**（benchmark）测试衡量软件包处理特定数量事务的时间。例如，基准测试可以衡量处理1 000次销售交易所需的时间。

如果使用基准测试，记住基准测试应在可控的环境下进行，这可能与项目企业的日常情况不同。虽然基准测试无法预测具体项目的结果，但基准测试是衡量两个或多个竞争产品在标准环境中相对性能的好方法。

许多IT出版物定期发布包含基准测试的独立软件包评价，且通常对各类软件进行年度调查。大多数出版物目前提供在线和移动设备版本，带有附加特性、搜索功能和IT链接。

也可从相互独立的企业处获取信息，如图表7－17所示，这些企业对不同软件包进行基准测试并销售比较分析结果。事务处理性能委员会（Transaction Processing Performance Council，TPC）是一个为其会员和公众发布标准和报告的非营利性组织的示例。

最后，每个软件包都应与RFP所列功能进行匹配并对所选功能进行排序。如果某些功能比其他功能更重要，应使用类似于图表7－15的评估模型给予它们更高的权重。

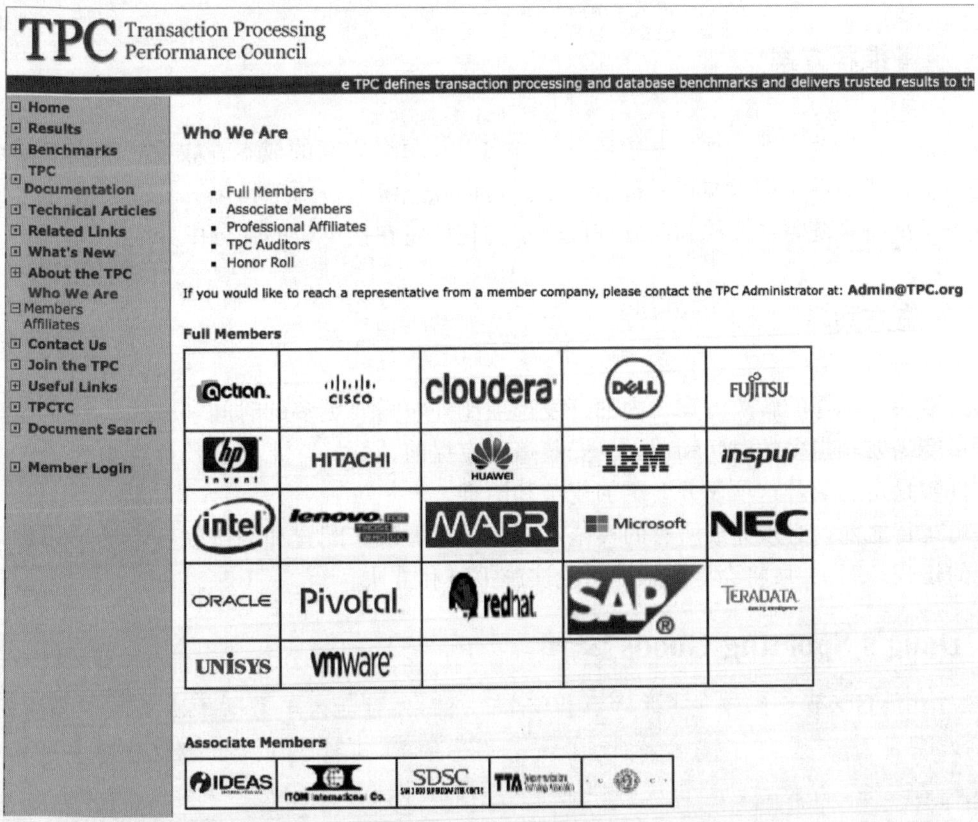

图表7－17　事务处理性能委员会（TPC）是一个非营利性组织，为其会员及公众发布标准和报告

资料来源：TPC. org。

第四步：成本收益分析

回顾本章和系统分析师工具包 C 部分的建议，并开发一个电子表格为每个考虑的选项确认并计算 TCO。确保包含所有的成本，使用计算好的容量预测。如果正在考虑外包选项，应仔细研究之前说明的替代选项费用结构。可能的话，准备图表来图形化显示结果，并构建假设分析以便能够衡量一个或多个变量变化的影响。

如果正在考虑软件包，应确保考虑到获取选项。购买软件时，就购买了使购买者有权在某些条款和条件下使用该软件的**软件许可**（software license）。例如，取决于协议的条款，许可允许软件在单台计算机、指定数量的计算机、一个网络或整个网站上使用。其他的许可限制可能会禁止将软件提供给他人或修改程序。对于桌面应用，软件许可条款和条件通常无法修改；对于大型系统，许可协议条款通常可以协商。

还要考虑用户支持问题，其在 TCO 中占据很重要的部分。如果选择外包方案，安排可能包括某些技术支持和维护。如果选择内部开发，则必须考虑提供这些服务的费用。如果购买软件包，应考虑附加的**维护协议**（maintenance agreement），这意味着供应商将会提供额外的支持和帮助。协议可能是软件供应商在一段时间内提供全部支持或列出特定服务的具体费用。一些软件包在一定时期内提供免费技术支持，此后，根据提供技术支持的次数或时长进行收费。一些软件供应商会在新版本可用时联系已注册用户并向其提供一个折扣价。

第五步：准备推荐方案

分析师应准备一份推荐方案，评估并描述备选方案以及每个方案的成本、收益、优点和缺点。在这个环节，需要提交一个正式的系统需求文档并进行演示。可回顾系统分析师工具包 A 部分中提供书面提案和口头报告的建议。关于准备系统需求文档和向管理层演示的建议将在接下来的部分中介绍。

第六步：实施方案

任务的实施取决于选择的解决方案，内部开发选项比外包需要更多的时间和精力。对于大型系统和网络安装，该过程可能需要相当多的时间和精力。安装策略应提前计划好，尤其在预计会中断正常业务运营的情况下。如果软件包是定制的，这项任务会更加复杂和困难。

在新软件可运行之前，必须完成所有的实施步骤，包括加载、配置和测试软件，培训用户，将数据文件转变成新系统的格式。第 11 章将会更详细地讨论实施策略和方法。

案例 7.3 Doug's Sporting Goods 公司

Doug's Sporting Goods 公司销售远足和露营装备。公司在过去两年内迅速发展。公司的创始人和董事长 Doug Sawyer 想开发一个客户订单输入系统，并雇用你的 IT 咨询公司向其建议软件备选方案。Doug 倾向于内部开发，因为他不想依靠外部供应商和提供商获得技术支持和升级。Doug 也提及他对网络销售不感兴趣，但在未来几年可能会变化。

Doug 想和你在明天见面并做出决定。你将在会面时对他说什么？

7.9 完成系统分析任务

为了完成系统分析阶段，分析师必须准备系统需求文档并向管理层演示。

7.9.1 系统需求文档

系统需求文档或**软件需求说明书**（software requirements specification）包含新系统需求，描述考虑的备选方案并向管理层提出具体建议。这份重要文档是在进入系统设计阶段前衡量最终系统的性能、精确性和完整性的起点。

系统需求文档就像一份合同，确认系统开发者必须向用户提供哪些内容。回想一下，在实情调查过程中确定了系统需求，并创建了系统需求清单。第4章列出了系统需求的不同示例。系统需求文档应以用户能够理解的语言编写，以便用户提供输入、建议改进并支持最终版本。

因为系统需求文档可能很长，所以需要设计好版式和布局以便于阅读和使用。系统需求文档应包含封面和详细的目录，也可添加索引和词汇表以方便使用。系统需求文档的内容取决于企业和系统的复杂程度。

7.9.2 向管理层演示

在系统分析阶段结束时向管理层演示是系统开发过程中最关键的里程碑之一。在这一时点，管理层将做出影响未来系统开发的关键决策。

在向管理层演示前，还需要提供另外两个演示：一个是向IT部门的主要人员演示使他们获得信息，另一个是向用户演示以回答他们的问题并收集反馈。系统需求文档是以上三个演示的基础，应将系统需求文档（或摘要）提前分发以便听众能够审阅。

在准备演示时，可查看系统分析师工具包的A部分，它可以帮助设计并形成一个成功的演示。如果计划使用幻灯片演示，可查看工具包对有效演示的指导。除工具包中的技术外，还应记住以下建议：

- 开始演示时简要概述系统项目的目的和主要目标、本次演示的目的以及需要做出哪些决策。
- 总结主要的备选方案，介绍每个备选方案的成本、优点和缺点。
- 说明评估和选择团队为何选择推荐的备选方案。
- 留出讨论以及提问和回答的时间。
- 从管理层处获取最终决定，或商定下一步的时间表。

管理者演示的目的是获得开发系统的批准，并取得包括必要的财务支持在内的管理层的全力支持。管理者很可能从以下五个备选方案中选出一个：开发内部系统、修改现有系统、购买或定制软件包、进行额外的系统分析或停止所有进一步工作。根据管理层的决定，系统分析师的下一步任务可能是以下之一：

（1）实施外包方案。如果选择外包，分析师将与服务提供商的代表合作，实现向新环境的平稳过渡。

（2）开发内部系统。开始系统设计任务，如第8、9和10章所述。

（3）购买或定制软件包。与软件供应商协商购买条款以取得管理层批准。之后，如果软件包可不经修改直接使用，则分析师可以开始规划系统实施阶段。如果必须对软件包进行修改，则下一步是启动系统设计阶段。如果由供应商进行修改，则分析师的下一步任务是计划测试并记录修改，作为系统实施阶段的一部分，这将在第11章中介绍。

(4) 进行额外的系统分析。管理层可能希望分析师进一步地调查某些备选方案、探索未审查的方案、开发原型、由于成本约束缩小项目范围或根据新的发展扩大项目范围。如有必要，分析师将会进行一些额外的工作并安排后续演示。

(5) 停止所有进一步工作。该决定可能基于分析师的建议、优先级或成本变化以及其他原因。不管原因是什么，如果这是管理层的决定，除了按逻辑顺序将所有研究归档以便未来项目重启时检索之外，关于该项目不再有额外任务。

在演示和管理层决策后，项目将开始向 SDLC 系统设计阶段过渡。如果正在开发内部系统或修改软件包，则将建立提议的系统的模型，分析师也将开始设计用户界面、输出、输入和数据结构。

7.10 向系统设计过渡

在传统 SDLC 环境中，系统设计通常在系统分析阶段完成后开始。以系统需求文档为蓝图，开发人员将逻辑设计转变为一个可测试、可由用户评价、可实施的工作模型。现在，这一过程变得更加动态。一般来说，系统开发更加迅速、灵活和以用户为中心。敏捷开发、极限编程等自适应方法的引入在很大程度上改变了格局。根据项目的不同，系统开发人员通常将传统方法和前沿方法相结合，因为在一种情况下可行的方法可能无法在另一种情况下运行。

本书在第4、5、6和7章中讨论系统分析，在第8、9和10章中讨论系统设计。但是，在典型的IT工作场所中，所有这些任务，甚至更多的任务，都被整合在一起处理。

本节讨论系统设计的准备工作以及逻辑设计和物理设计的关系。

7.10.1 准备系统设计

不管使用何种开发方法，系统设计都需要准确的文档。传统上，系统需求文档提供了输出、输入、数据、过程和其他任何必需内容的详细说明。虽然敏捷方法不需要特定形式的文档，但成功的开发团队必须在项目进展过程中理解并记录用户需求。

7.10.2 逻辑设计和物理设计

逻辑设计（logical design）定义必须发生的事情，而不是如何实现。逻辑设计没有实际的实施方法。相反，**物理设计**（physical design）就像一系列实际建筑蓝图。通常来说，物理设计描述输入、验证和储存数据的实际过程，数据文件和分类程序的物理布局，报告样式等。因为逻辑设计和物理设计紧密相关，所以没有仔细、准确的系统分析不可能实现良好的系统设计。例如，如果发现忽视了重要问题，用户有重要的新需求，或法律和政府的要求发生了变化，分析师可能会返回实情调查阶段。

案例 7.4 Downtown！公司

Downtown！是快速发展的网络零售商，其位于佛罗里达州的总部，有约 100 名管理和技术支持人员。该公司的 IT 经理 Mary Estrada 正在规划一个新的信息系统，使用户能够更好地访问销售和营销数据以及趋势。然而，她有一个问题，她知道用户经常请求报告，但只使用数据的一小部分。她在许多办公室看到收件箱里装满了满是灰尘的印刷报告。Mary 询问你的意见：如果新系统的用户能够通过强大、用户友好的报告生成程序来设计所需的大部分报告，而不需公司 IT 人员的帮助，结果会怎么样？你认为用户还会请求同样多相同类型的报告吗？让用户全面控制输出的优点和缺点分别是什么？

伦理问题

Sally 在中型 IT 咨询公司内担任初级分析师。她的经理 Bob 要求她为一个大型企业的 RFP 起草回复，该企业正在寻求与新会计系统相关的 IT 咨询服务。

在 Sally 处理这份 RFP 时，她发现了一个问题。据她所知，这家 IT 咨询公司在近三年内只处理过一个会计项目。在 Bob 看到 Sally 起草的回复后，他对她回答问题的方式感到非常不满。“你不必那么坦率，”他说，“虽然我们只有一个正式的项目，但我们的一些成员在来公司之前都做过会计系统方面的工作。”

“是的，”Sally 回答道，“但这不是问题要问的内容。”Bob 的最终意见是“如果我们想要得到这个项目，我们必须想出一个更好的答案”。仔细思考过后，Sally 只对这一个坦率的答案感到满意。这是一个伦理问题吗？Sally 有哪些选择？

7.11 本章小结

本章介绍了系统开发策略，以及系统需求文档的准备和演示。

将软件看作 SaaS 而非产品是一个重要的趋势，这带来了新的软件获取选项。系统分析师必须考虑.NET，WebSphere，Bluemix 等基于网络的开发环境，以及包括应用服务提供商和互联网商业服务在内的多样化外包选项。应用服务提供商（ASP）收取订阅费用以提供应用软件包。互联网商业服务（IBS）为客户提供强大的网络服务器、软件托管以及 IT 支持。

传统系统必须在不同硬件和软件环境中运行、与遗留系统兼容并在企业网络和桌面计算能力限制范围内运行。这样的系统将互联网链接和资源作为增强元素。相比之下，基于互联网的系统将互联网视为平台而不仅仅是通信渠道。许多大型企业使用基于网络的系统来处理企业范围的应用。与传统系统相比，基于网络的系统更加易于扩展、较少依赖于特定硬件和软件且更适合外包和支持软件运行。

称为 Web 2.0 的互联网极大地促进了信息共享、用户协作，以及推特、领英和脸书等社交网络应用的扩展。另一种新兴技术——云计算由互联网常用的云标志而命名，其由超级计算机技术驱动，描述在线软件和数据的整体环境，是 SaaS 的最终形式。

如果企业选择处理自身的软件开发需求，其可内部开发系统或从软件供应商和增值零售商（VAR）处购买（并在可能情况下定制）可用的商业软件包。

与内部开发系统相比，现有的商业软件包可能是一个有吸引力的备选方案，因为软件包成本相对更低、实施时间较短、有已验证的可靠性和性能且可以经常更新。当标准软件包无法满足特定的业务需求和限制时，内部开发或定制软件包可能是最佳选择。除了定制软件包外，企业还可基于为提高用户生产力特别配置的标准软件创建用户应用。

系统分析师在软件开发过程中的作用取决于具体的开发策略。与外包和购买商业软件包相比，内部开发需要系统分析师更多的参与。

选择开发策略最重要的考虑是总体拥有成本（TCO)。财务分析工具包括：回收分析确定信息系统通过降低成本以及增加收益多久才能收回自身成本；投资回报率（ROI）将项目总净收益与总成本进行比较；净现值（NPV）通过调整成本和收益来分析项目价值。

软件获取过程包含一系列步骤：评估系统需求，确定潜在供货商或外包商，评估备选方案，成本收益分析，准备推荐方案以及实施方案。在软件获取过程中，企业可以使用提案请求（RFP）或者报价请求（RFQ)。RFP邀请供应商回复包含系统需求和特性的列表；RFQ寻求特定产品或服务的报价。

系统需求文档是系统分析阶段的可交付产品或最终产品。该文档详细说明了全部系统需求和约束，并推荐最佳解决方案，为进一步的开发工作提供成本和时间估计。系统需求文档是向管理层演示的基础，在这个时间点，企业可能决定开发内部系统、修改现有系统、购买或定制软件包、进行额外的系统分析或停止所有进一步的工作。

关键词（Key Terms）

应用服务提供商（ASP） 通过收取使用费或订阅费提供软件应用或软件使用许可的企业。

基准 软件包处理一定数量事务所需时间的衡量指标。

建立还是购买 在开发内部软件与购买外部软件之间的选择，常被称为制造还是购买决策。

业务流程外包（BPO） 将基本业务流程外包，参见外包。

云计算 在线软件和数据环境，通过网络连接而不是本地计算机访问并使用应用和服务。也指互联网的云标志。

评估和选择团队 参与选择硬件和软件的一组人，包括系统分析师和用户。团队方法确保没有忽视关键因素并做出正确选择。

评估模型 使用通用标准衡量并比较供应商等级的方法。

固定费用模式 基于特定服务水平和用户支持收取固定费用的服务模式。

论坛 针对特定主题的在线讨论，人们在其上“见面”、提供支持并交流想法。

全球外包 将IT开发、支持和运营转移到其他国家或地区的行为。

横向应用 可被许多不同类型的组织使用的软件包。

内部软件 IT部门的信息中心或服务台，负责提供用户支持，并为需要技术帮助的用户提供热线帮助、培训和指导等服务。

信息中心（IC） 通过应用软件进行培训来支持用户的平台，平台有用户支持专家，他们可以回答用户问题、解决用户困难。也被称作服务台或帮助台。

互联网商业服务（IBS） 为订单处理、计费和客户关系管理等事务提供强大网络支持的服务。

逻辑设计 对信息系统的功能和特性及其组件间关系的定义。

维护协议 对用户在遇到系统问题或疑问时联系供应商以获得帮助的条件、费用和时间范围的说明。

制造还是购买　在开发内部软件和购买软件之间的选择，通常被称为建立还是购买决策。

管理托管　由外部企业（托管方）管理系统运行。互联网商业服务（IBS）的别称。

中间件　连接不同应用，使其能够沟通和交换数据的软件。例如，中间件可将部门数据库与网络服务器连接，其可由客户端计算机通过互联网或企业内部网访问。

移动设备　智能手机、平板电脑和其他非永久固定在桌面上的计算设备，通过无线连接接入网络。

净现值（NPV）　将成本和收益根据其发生的时间点调整后总收益减去总成本的值。

新闻组　针对特定主题的在线讨论，人们在其上“见面”、提供帮助并交流意见。电子形式的公告栏。也称为论坛。

离岸外包　将IT开发、支持和运营转移到其他国家或地区的行为。

外包　将信息系统开发、运营和维护转交给提供相应服务的企业，并因此在较短时间或较长时间内支付相应费用。

回收分析　确定信息系统通过降低成本以及增加收益而收回自身成本所需的时间。

物理设计　系统实际实施的计划。

报告生成器　快速设计格式化报告的工具。也称作报告书写器。

提案请求（RFP）　在选择具体产品或软件包前，提供给潜在供应商的功能和说明列表。

报价请求（RFQ）　用于获取特定产品或软件包的报价或出价。

投资回报率（ROI）　通过比较项目总净收益（回报）和项目总成本（投资）来衡量盈利能力的百分比。ROI=（总收益－总成本）/总成本。

屏幕生成器　有助于设计自定义接口、创建屏幕表单并控制数据输入格式和程序的交互式工具。也称为表单绘制器。

服务台　IT专业人员组成的集中资源，为用户提供工作所需支持。也称为帮助台。

面向服务架构（SOA）　一种系统构建方法，通过良好定义的接口服务提供可重复使用的业务功能。从技术上讲，不是软件架构而是架构风格。

服务提供商　提供外包解决方案的企业。两个较为流行的外包选项是应用服务提供商和提供互联网商业服务的企业。

软件即服务（SaaS）　一种软件交付模式，以网络可访问形式按需提供服务，而不是下载并安装在客户计算机上的传统软件应用。

软件许可　使用户有权在某些条款和条件下使用软件的法律协议。

软件包　从其他企业处购买或租赁的软件。商业化生产的软件产品或产品系列。

软件需求说明书　包含新系统需求、描述考虑的备选方案并向管理层提出具体建议的文档，是系统分析阶段的最终成果。有时也称为系统需求文档。

软件供应商　开发用于出售的软件的企业。

订阅模式　根据访问应用软件的用户和工作站数量收取变动费用的服务模式。

事务模式　根据应用软件处理的事务或操作数量为应用软件收取变动费用的服务模式。也被称作用量模式。

用量模式　参见事务模式。

用户应用　使用Microsoft Office等标准商业软件，以特定方式配置来提高用户生产力的程序。

用户界面　包含使用户与系统高效交互的显示、命令、控制以及其他功能。参考图形用户界面。

增值零售商（VAR）　通过添加自定义功能并为特定行业配置来增强商业软件包功能的企业。

纵向应用　开发用于处理特定类型业务信息需求的软件包。

Web 2.0　第二代互联网，基于持续有效的用户应用而非静态的HTML网页，使人们能够更加动态地合作、交互以及分享信息。互动体验是Web 2.0的特点。

本章练习

问题

1. 描述软件即服务而非产品的概念。这是一个重要的趋势吗？为什么？
2. 解释横向应用和纵向应用的不同之处。为每种类型分别举一个例子。
3. 企业选择开发内部信息系统的三个常见原因是什么？
4. 什么是用户应用？举三个可提高用户生产力的例子。
5. 软件获取过程的主要步骤是什么？
6. 什么是 RFP？它和 RFQ 有什么不同？
7. 基准测试的目的是什么？至少举出两个基准的例子。
8. 什么是评估模型？你将如何创建加权评估模型？
9. 在系统分析阶段的最后，管理层可能做出什么决定？在每种情况下，下一步是什么？
10. 解释逻辑设计和物理设计的关系。

讨论话题

1. 随着越来越多的企业将系统开发外包，对内部系统分析师的需求会减少吗？为什么？
2. 移动设备的广泛使用将如何影响 IT 专业人员？
3. 假如你试图向管理层解释加权评估模型的概念。她回答：“所以，你如何设定权重因子？这仅仅是一个主观的猜测吗？”你将怎样回答？
4. 选择一个具体的纵向应用进行调查。参观当地的电脑专卖店，使用互联网来决定哪些软件包是可用的。描述两个软件包的特点。
5. 选择一个具体的横向应用进行调查。参观当地的电脑专卖店，使用互联网来决定哪些软件包是可用的。描述两个软件包的特点。

项目

1. 各种企业和组织均提供 IT 标准。在互联网上找到一个例子并描述其服务。
2. 调查基于云软件开发环境的 ROI。
3. 参考系统分析师工具包的 C 部分，回顾净现值（NPV）的概念。计算以下案例的净现值（NPV）：一个信息系统将花费 95 000 美元来实施一年以上，且在该年不会产生任何收益。当系统上线后，企业将在运行的第一年节省 30 000 美元。在之后的四年时间里，每年都会节省 20 000 美元。假定折现率是 12%，系统的净现值是多少？
4. 参观你所在学校或当地企业的 IT 部门，观察其系统是内部开发的还是购买的。如果软件包是购买的，找出哪些是定制的（如果有的话）。写一篇简短的备忘录描述结果。
5. 系统分析师通常使用宏命令创建本章描述的用户应用。通过使用 Microsoft Word 中的帮助选项了解更多关于宏的知识，并指出三个宏可以执行的任务。

第三阶段

系统设计

交付成果：系统设计规范。

工具支持：沟通工具和 CASE 工具。

正如呆伯特漫画表明的，系统需求常常变化，这是敏捷开发如此流行的原因之一：它们比传统方法更易适应变化。好的系统分析师必须为变化做出预算，并安排好相应的项目时间。

系统设计是系统开发生命周期五个阶段中的第三阶段。在上一阶段——系统分析阶段中创建了新系统的逻辑模型。上个阶段的输出——系统需求文档被用作系统设计阶段的输入，在这一阶段创建物理设计来满足系统需求。

第 8 章解释如何设计有效的用户界面并处理数据安全和控制问题。第 9 章关注系统分析师构建信息系统物理模型的数据设计技巧。第 10 章描述将信息系统逻辑设计转化成物理蓝图的系统架构。

第 8 章 用户界面设计

第 8 章是 SDLC 系统设计阶段三个章节中的第一章。本章解释了如何设计有效的用户界面，以及如何处理数据安全和控制问题。本章强调了设计决策中用户反馈和参与的重要性。

本章包括四个案例讨论问题，用以帮助读者情境化地理解文中描述的概念。伦理问题考虑了在不注明来源的情况下，可在多大程度上使用他人的企业网站设计等创造性工作这一伦理（或法律）约束问题。

学习目标

学完这一章，你应该能够：

- 解释用户界面设计和人机交互，包括以用户为中心的基本设计原则；
- 说明经验丰富的界面设计师如何执行工作；
- 描述成功的界面设计准则；
- 讨论输入和输出技术问题；
- 设计有效的源文档和表单；
- 解释打印的输出指南；
- 描述输出、输入控制和安全；
- 解释模块化设计和原型技术。

8.1 引言

用户界面设计是 SDLC 系统设计阶段的第一项任务。设计交互界面非常重要，因为每个人都想要一个易于学习和使用的系统。

在讨论用户界面、人机交互和界面设计规则后，本章将会描述输出、数据安全和控制问题、原型设计以及系统设计阶段的下一步骤。

8.2 系统设计阶段概述

由于系统的组成部分是相互依赖的，设计阶段不是由一系列明确定义的步骤构成的。虽然工作可能从某一方面做起，但也可能同时使用不同元素。例如，更改报告格式的决定可能需要改变数据设计和输入界面。设计检查清单包括用户界面、输入和输出程序、数据设计以及系统架构等项。在这一阶段的末尾，分析师将准备一份系统设计规范并向管理层演示。

系统设计（systems design）的目标是构建一个有效、可靠、可维护的系统。

- 若系统能够支持业务需求并满足用户需要，则系统是有效的。
- 若系统能够处理输入错误、过程错误、硬件故障以及人为错误，则系统是可靠的。好的设计能够预计错误、尽早发现错误、使错误易于纠正并防止错误伤害到系统本身。可靠系统的其他特性还包括可随时使用，以及进行恰当的备份以防系统故障。
- 若系统灵活、可扩展并易于修正，则系统是可维护的。系统可能需要一些更改来纠正问题、适应用户需求或引入新技术。

虽然每个项目都是不同的，但以下基本原则通常都适用。

8.2.1 系统会成功吗？

系统可能包含先进技术和强大功能，但实际的测试是用户是否喜欢并觉得系统能够满足其需求。成功的系统设计像用户一样思考、预计未来需求、提供灵活性以及高效处理数据。

像用户一样思考

仔细检查用户提供输入以及接收输出的全部关键点。用户界面必须易于学习。输入过程必须易于遵循、直观且允许错误。预先设计的输出必须有吸引力并易于理解，且详略得当。

预计未来需求

考虑使用单字符字段进行电气、机械和液压等分类的零件数据库。这一设计运行良好，但如果企业决定将这些整体分类划分为更具体的分类，该怎么办？较好的设计可能会预计到扩展为两个或更多个字符。例如，在 1999 年，人们对千禧危机存在普遍担忧，因为许多较旧的程序只使用两个字符来储存年份，可能无法识别新世纪的开始。

提供灵活性

假设用户想在应收账款系统的界面显示账户余额超过 5 000 美元的全部客户账户，这一特性该如何设计？这个程序可编写为将用户余额与固定数值 5 000 进行比较，这对程序员和用户来说都是一种相对简单的解决办法，因为不需额外的键盘敲击来生成显示。然而，这一方法不灵活，一种更好的方法是让用户输入金额，或从自动显示的**默认值**（default value）开始。用户可以按下回车键来接受该值或键入其他的数值。通常，最好的设计策略是提供几种可选项，使用户可以决定最适合他们的方式。

高效处理数据

除了影响用户，数据管理还影响企业效率、生产力和安全性。为了减少输入错误，系统应尽快输入并验证数据，且每个数据项都应有特定的数据类型，例如字母、数字或字母数字并用，以及一系列可接受的数值。

在尽可能接近其来源处收集数据是非常重要的。例如，在货运码头仓库利用条形码扫描而不是手动的形式，或让销售人员用平板电脑记录订单而不是填写源文档。最简单、最准确且最节约成本的数据输入策略是自动数据采集，如图表8-1显示的无线射频识别（RFID）扫描。

图表8-1　如图所示，RFID扫描等自动数据输入方法可减少输入错误并提高员工生产力

资料来源：Courtesy of Intermec Technologies。

在高效的设计中，数据只输入一次。例如，如果人力资源管理系统也需要工资管理系统的输入数据，则分析师可以设计一个自动传输数据的接口，或创建两个系统都可访问的中央数据存储区域。第9章描述了标准化，其是可以帮助避免数据设计错误的一系列规则。安全的系统也应该包含**审计追踪**（audit trail）来记录每个数据的输入和变化。例如，系统应记录客户信用限额何时建立、由谁建立以及其他构建交易历史所需的信息。

8.3　本章概述

传统上，关于用户界面设计的章节应从讨论输出开始，因为输出是用户接触到和看到的部分，也是用户完成工作需要的部分。现在，情况发生了变化，有以下重要的原因：

- 用户可以设计自己的输出。系统设计师更清楚地了解用户需求和愿望。系统能够保持数据完整性，并允许用户以可帮助他们完成工作的方式对数据进行查看、分类、筛选、检查。有一段时间，只能由管理信息系统（MIS）部门做出这些决定，用户在这一问题上几乎没有话语权。现在，成功的应用设计得完全不同，系统开发者确认用户需求，然后创建满足用户和企业需求的设计。
- 中心化的IT部门不再生成大量打印的报告，这些因为外观而被称为“绿吧”（greenbar）的报告经常被放置在档案柜顶端并聚满灰尘。虽然可能还会有一些例子，但主要趋势还是客户设计的输出。客户可能是单个用户或部门等群体用户。正如第 4 章指出的那样，IT 团队必须在创建解决方案前理解用户需求。

- 用户界面已经演变为一个带有强大输出能力的双向通道，大多数用户的信息需求可通过界面生成的数据满足，界面生成数据可以被用户打印、查看和保存。在 20 世纪 80 年代之前，用户界面是一个基于字符的空白界面，可能无法提供菜单选择。如果用户错误地输入了命令，系统则会返回一个错误消息，这令用户失望并扼杀生产力。许多以硬件为中心的供应商并不理解用户界面及其含义的重要性。

苹果是用户界面开发的先驱，在 20 世纪 80 年代早期，它利用鼠标和界面图标开发了**图形用户界面**（graphical user interface，GUI）。在那个时候，很少有企业能够接受这个概念。当软件巨头微软最终通过 Windows 操作系统进入 GUI 浪潮的时候，企业的大门打开了，从经理到普通员工每个人都说："我们以前没有这个是怎么工作的?"

用户界面还在不断发展。广泛使用的移动设备、iPad 和其他平板电脑，以及无处不在的 iPhone 和其他智能手机，在很大程度上影响了用户界面设计。的确，这些设备的关键用户体验已经反映到 Mac 的 OS X 和微软的 Windows 10 等主流操作系统的用户界面中。

预测未来很难，但 Apple Watch、Android Wear 以及其他可穿戴设备未来注定会改变用户界面设计规则。先进的科技将支持这一演变，但真正的驱动力是让用户满意、提高生产力并节省成本的用户赋权。

8.4 什么是用户界面?

用户界面（UI）描述用户如何与电脑系统交互，其包含所有的硬件、软件、界面、菜单、功能、输出以及影响用户和电脑双向交流的功能。用户界面是**易用性**（usability）的关键，其包括用户满意、业务功能支持以及系统有效性。

许多行业领导者认为最好的用户界面是用户根本没有注意到的界面，他们言之有理，因为这就是用户期望它们做的。例如，如图表 8-2 所示，苹果认为设计一个非凡的用户界面对成功的应用软件来说十分必要。长久以来，苹果通过其产品的直观性从众多竞争对手中脱颖而出。苹果的市场控制力表明，用户愿意为用户友好的产品支付溢价。

图表 8-2 苹果长期以来一直是为产品创建优雅用户界面的领导者

资料来源：© 2015 Apple Inc。

在开发较旧的系统时，分析师通常会先设计所有打印或界面输出，之后研究生成这些结果需要哪些必要的输入。一般来说，用户界面主要由允许用户向系统发送命令的过程控制界面组成。这一方法对于只需要将输入数据转化为结构化输出的传统系统很有效。

正如信息管理从中心化数据处理演化为动态化、企业范围的系统，主要关注点也发生了转移——从信息系统转换到用户本身。IT 小组变成信息技术的提供者，而不是信息的提供者。现在，主要的关注点在于企业内外的客户如何与信息系统交互以及系统如何支持企业的业务运营。

在**以用户为中心**（user-centered）的系统中，输入、输出和界面本身的区别非常模糊。许多用户执行日常工作职能时使用输入、界面输出和数据查询的混合体。由于所有这些任务都需要与电脑系统交互，因此用户界面是系统设计阶段十分重要的元素。

用户界面设计需要理解人机交互，以及以用户为中心的设计原则，这将会在下一节中讨论。

8.4.1 人机交互

用户界面以基本的人机交互原则为基础。**人机交互**（human-computer interaction，HCI）描述计算机与使用计算机工作的人之间的关系，如图表 8-3 中的工人一样。HCI 概念适用于从智能手机到全球网络的方方面面。在广义层面，用户界面包括向系统提供输入和以屏幕显示或打印报告的形式获取输出所需的通信和指令。

图表 8-3 如图所示，无论工作在传统的办公环境中完成还是在建筑工地上完成，HCI 对员工生产力都十分重要

资料来源：Goodluz/Shutterstock. com。

早期的用户界面包括用户使用键盘输入复杂命令，输入的命令在黑色界面内以绿色文本形式显示。之后出现了图形用户界面（GUI），这是一个巨大改进，因为其使用图标、图形化对象以及点击设备。现在，设计者努力将用户行为、需求和愿望转化为用户可能不会真正注意到的界面。IBM 将最好的用户界面描述为“几乎是透明的，你可以通过界面看到你的成果”。换句话说，**透明界面**（transparent interface）不会分散用户注意力，也不会引起用户对界面自身的注意。

系统分析师为内部开发的软件、不同商业软件包和用户生产力应用设计用户界面。主要目标是创建易于学习和使用的用户友好界面。

微软和 IBM 等行业领导者都在用户界面的研究中投入了大量资源。图表 8-4 描述了 IBM 研究院在人机交互中的工作。它们的目标是，“设计让人们更易于和乐于使用的系统”。

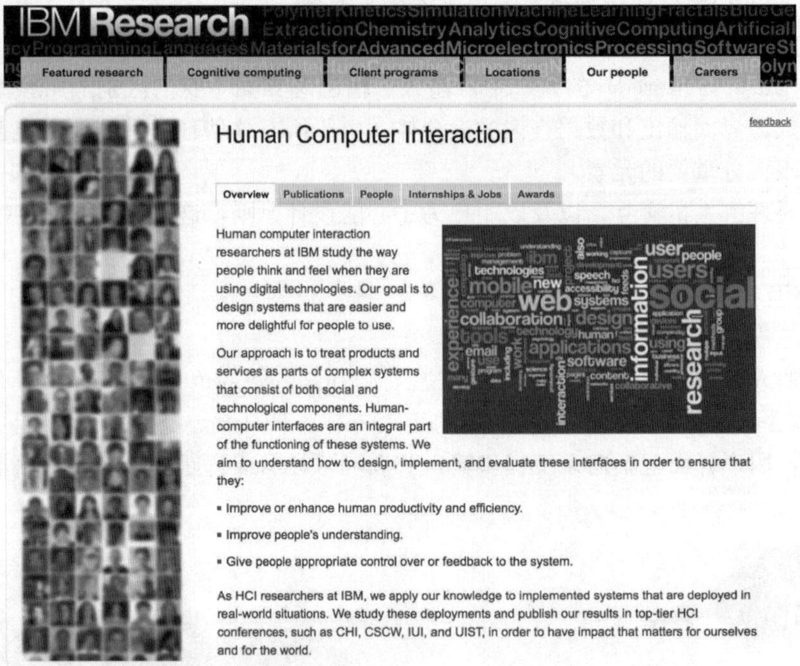

图表 8-4　IBM 研究院是探索人机交互（HCI）的领导者

资料来源：IBM Research Division。

由于 HCI 对用户生产力有重大影响，其引起了大量关注，尤其在数百万美元级别的问题上。例如，在发表于 2012 年 2 月《健康数据管理》（*Health Data Management*）的文章《不友好的用户》（User Unfriendly）中，伊丽莎白·加德纳（Elizabeth Gardner）描述了软件易用性如何影响医疗人员，且不是每个人都为此感到高兴，尤其是经常与设计不佳的**电子健康记录**（electronic health records，EHR）系统做斗争的内科医生。在这篇文章中，加德纳女士指出，内科医生通常是多任务的，回答一个病人问题的同时还要为另一个病人开具处方，而 EHR 软件并不是围绕这种工作流程设计的。

案例 8.1　Casual Observer 软件公司

Casual Observer 软件公司的主要产品是一个监控并分析用户按键和鼠标点击行为从而更好地了解用户计算机系统使用方式的程序。问题是一些用户认为这是对其隐私的侵犯，且他们不喜欢被监控。一些人甚至担心数据被用于绩效评估等其他用途。你是一位咨询师，被正在决定是否使用该软件的企业客户聘请。

在向客户提出建议之前，回到第 4 章并考虑员工在知道其被观察的情况下可能有不同表现的霍桑效应。最后，考虑这个情景中可能包含的伦理问题。你会如何建议你的客户？为什么？

8.5　成功界面设计师的七个习惯

虽然 IT 专业人员对界面设计有不同的看法，但大多数人都同意良好的设计以七项基本原则为基础。成功的界面设计师将使用这些基本原则作为习惯。这些习惯将在以下部分描述。

8.5.1 理解业务

界面设计师必须理解基础业务功能以及系统如何支持个人、部门以及企业目标。总目标是设计一个能够帮助用户执行工作的界面。好的开始可能是分析功能分解图（FDD）。正如第4章中描述的，FDD是业务功能的图形化显示，其从主要功能开始，然后分解为几个较低层级。FDD可提供必须包含在界面设计中的用户任务检查清单。

8.5.2 最大化图形效果

研究表明，人们借助视觉能学得更好。苹果IOS系统和微软Windows系统的广泛流行在很大程度上是因为其GUI易于学习和使用。设计良好的界面能够帮助用户快速学习新系统并更具生产力。同时，在图形化环境中，用户可在单个屏幕上显示和使用多个窗口，并在程序之间传输数据。如果界面支持数据输入，其设计必须遵循本章后面讨论的数据输入界面设计指南。

8.5.3 像用户一样思考

系统分析师应理解用户经验、知识和技能水平。如果用户能力是参差不齐的，界面应足够灵活，既能适应初学者，也能适应经验丰富的用户。

要开发以用户为中心的界面，设计师必须学会像用户一样思考，并尝试从用户的视角看待整个系统。界面应该使用用户熟悉的术语和表达方式。用户可能有很多使用提供反馈的机器和设备的实际经验，如使用汽车、ATM和微波炉等。基于这些经验，用户期待从计算机系统中得到有用、可理解的反馈。

8.5.4 使用模型和原型

在用户看来，界面是系统设计中最关键的部分，因为这是他们与系统交互的渠道，每天的交互甚至长达数小时。构建用户认可的模型或原型是必要的。界面设计师应尽可能多、尽可能早地获得反馈。初始的界面设计可以用**故事板**（storyboard）的形式展示给用户，其是展示整体界面布局和设计的草图。故事板可用软件或者徒手绘画创建。用户必须测试界面设计的各个方面并为设计师提供反馈。界面设计师可通过访谈、问卷调查或观察来获取用户输入。使用记录并衡量用户与系统间交互的软件，界面设计师也可获取被称为**易用性度量**（usability metrics）的数据。

8.5.5 专注于易用性

用户界面应包括用户和信息系统之间的所有任务、命令以及沟通。启动界面应显示主要选项（图表8-5是一个示例），每个界面选项都会链接到另一个带有更多选项的界面，其目的是提供数量合理且用户容易理解的选项。同一个界面上出现太多的选项会让用户迷惑，但太少的选项会增加子菜单的层级数量以及导航的复杂程度。通常来说，有效的策略是将最常见的选项作为默认值，但也允许用户选择其他选项。

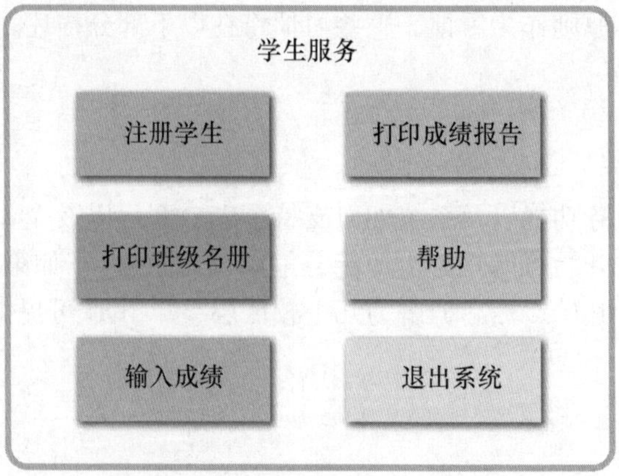

图表 8-5 启动界面显示了学生注册系统的主要选项。用户可以点击选项查看下一层级的操作和菜单选项

8.5.6 关注反馈

即使在系统运营之后，监测系统使用并征求用户建议仍十分重要。分析师可通过观察并调查用户来确定系统功能是否按照预期使用。有时候，全面的系统运营可以突显出原型测试阶段没有显现的问题。根据用户反馈，帮助界面应进行调整或设计更改，使系统充分发挥其潜力。

8.5.7 记录每一件事

应记录全部界面设计以备程序员后续使用。如果使用 CASE 工具或界面生成器，界面设计应被编号并按照与菜单树相似的层次结构保存。用户认可的草图和故事板也可用于记录用户界面。

通过使用以用户为中心的基本设计原则，系统分析师能够规划、设计并交付一个成功的用户界面。

8.6 用户界面设计指南

以下是用户界面设计的一系列指南，这些指南是从多年的行业最佳实践中总结出来的。其间存在一些重叠，因为许多主要指南有很多共同点。

虽然不存在界面设计的标准方法，但这些指南适合作为传统系统开发的起点。除了这些一般指南，网络应用程序或手机应用软件的用户界面开发还有其独特的考虑。或许最重要的指南是，并非必须遵循全部建议，最好的界面是最适合用户的界面。

8.6.1 创建易于学习和使用的界面

（1）专注于系统设计目标，而不是引起对界面的关注。

（2）创建易于理解和记忆的设计。在界面的全部模块中保持通用设计，包括颜色的使用、界面布局、字体以及整体外观和感觉。

（3）提供一致且可预测的命令、行动、系统和响应。

（4）允许用户轻松改正错误。

（5）明确标注所有控件、按钮和图标。

（6）选择用户可理解的熟悉图片，并提供有逻辑、简明和清晰的界面说明。例如，图表8-6顶部的界面显示了四个控制按钮，但没有一个有明确的含义；在底部的界面中，前五条消息几乎没有提供信息，最后一条是唯一易于理解的消息。

（7）在菜单列表中显示全部命令，但将用户不可用的命令调暗。

（8）让导航或返回菜单结构中的任一个层级变得简单。

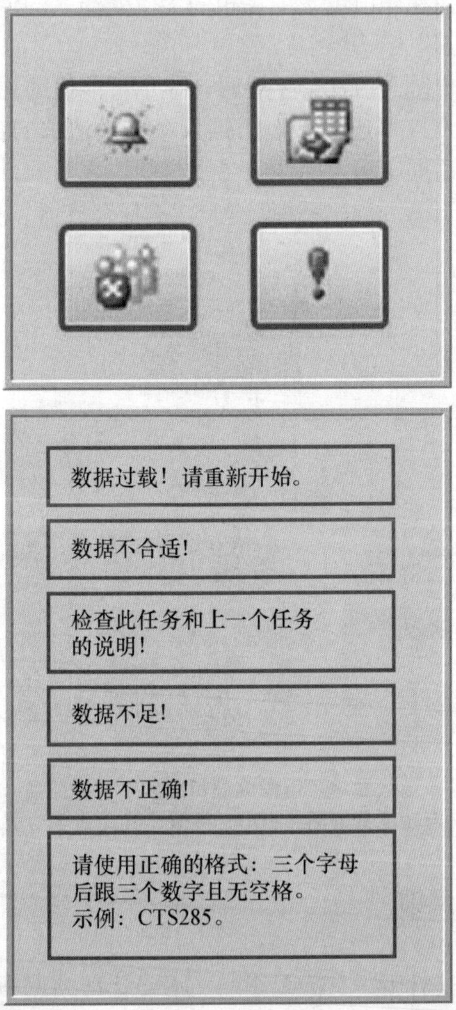

图表8-6　在顶部的示例中，图标没有明确的含义。在底部的帮助文本示例中，只有一条消息是可以理解的，其他几条会让大多数用户感到挫败和恼火

8.6.2　提升用户生产力

界面是用户和系统交互的地方，因此其会对生产力产生影响。如果界面对用户授权并使其能够处理更加复杂的任务，则用户会变得更具有生产力。相反，如果界面很难处理，则生产力会下降。

（1）以与实际业务操作相似的形式组织任务、命令和功能。将功能和子菜单选项组织成有逻辑且能反映用户执行任务方式的多级菜单结构或树。图表 8－7 显示了订单跟踪系统的菜单层次结构示例。

(2) 创建按字母排序的菜单列表，或将频繁使用的选项放置在菜单列表的顶部。不存在普遍接受的菜单布置方法。最好的策略是设计一个原型并获得用户反馈。一些应用甚至允许菜单首先显示最近使用的命令，有些用户喜欢这一功能，但有些用户觉得它很让人分心。最好的方法是提供一个选择，让用户自己决定。

(3) 为有经验的用户提供快捷方式，从而能够避免多个菜单层级。可使用允许用户按 Alt＋字母的热键来创建快捷方式。

(4) 如果字段中大多数值都相同，应使用默认值。例如，如果企业 90%的客户都生活在阿尔伯克基，则使用“阿尔伯克基”作为“城市”字段的默认值。

(5) 使用重复值功能，使用用户在先前记录中在相同字段处插入的值，但也要允许用户根据喜好打开或关闭此功能。

(6) 提供快速查找功能，当用户键入前几个字母时，显示可能值的列表。

(7) 如果可用，应考虑允许用户以普通文本短语键入命令或请求的**自然语言**（natural language）功能。例如，许多应用允许用户通过在对话框中输入问题来寻求帮助，之后软件使用自然语言技术检索一系列与请求匹配的主题。自然语言技术可用于语音辨识系统、文本-语音合成器、自动语音应答系统、网络搜索引擎、文本编辑器以及语言指导材料。

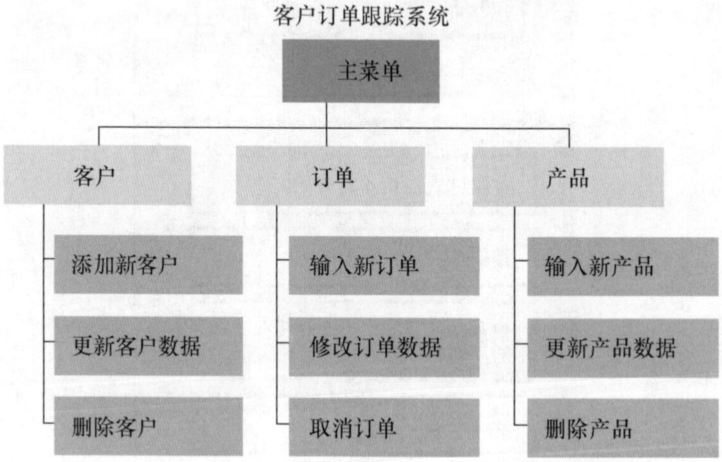

图表 8－7　此菜单层级显示了组织成逻辑组和序列的任务、命令和功能。该结构与功能分解图（FDD）类似，其是业务功能和过程模型

8.6.3　为用户提供帮助和反馈

这是最重要的指南之一，因为其对用户有巨大影响。不要让帮助选项降低用户速度。相反，使帮助选项易于寻找，但在用户不需要时不要出现。

(1) 确保根据需要提供帮助。帮助界面应提供菜单选项、程序、快捷方式和错误等信息。

(2) 提供用户选择的帮助和上下文相关的帮助。用户选择的帮助在用户请求时显示信息。通过菜单和子菜单做出适当的选择，用户最终获得显示所需信息的界面。图表 8－8 显示了学生注册系统的主要帮助界面。**上下文相关**（context-sensitive）的帮助为正在进行的任务提供帮助。

(3) 向用户提供能回到最初请求帮助位置的直接路径。为每个帮助界面添加标题来确定主题，并使帮助文本简明扼要。在段落间插入空白行使帮助更易阅读，并在合适的位置提供示例。

(4) 如果有负责协助用户的部门或服务台，应将电话分机或邮箱地址等联系信息包含在内。

(5) 在删除数据前要求用户确认（如“是否确定?”），并为无意中删除的数据提供恢复方法。构建防止关键数据被更改或删除的保护措施。

(6) 提供“撤销”键或菜单选项，允许用户撤销最近的命令或操作。

(7) 当用户输入的命令有错时，将错误的部分突出显示并允许用户在不须重新输入整个命令的情况下做出修正。

(8) 使用超文本链接帮助用户浏览帮助主题。

(9) 在界面合理的位置上展示消息并保持一致。

(10) 在需要较长处理时间时提醒用户。在界面上为用户提供进度报告，尤其在延迟时间很长时。

(11) 允许信息在界面上停留足够长的时间使得用户能够阅读。在一些情况下，界面应一直显示消息直到用户采取某些行动。

(12) 让用户知道任务或操作是否成功。例如，使用“更新已完成”、“所有事务已处理完毕”或“未找到ID号”等信息。

(13) 如果在控制按钮上使用图标或图片，应提供文本说明。这可通过“鼠标悬停”实现，即在鼠标移动到图标或图片上时显示提供解释的弹出框。

(14) 使用具体、易于理解和专业的信息，避免隐秘或模糊的信息，如“提示错误——您输入了不可接受的值”或“错误DE-4-16”。较好的例子是：

- 请输入1（最低）～5（最高）之间的数字。
- 客户号码必须是数字。
- 请再次输入数字值。
- 请致电会计部门寻求帮助，分机号239。

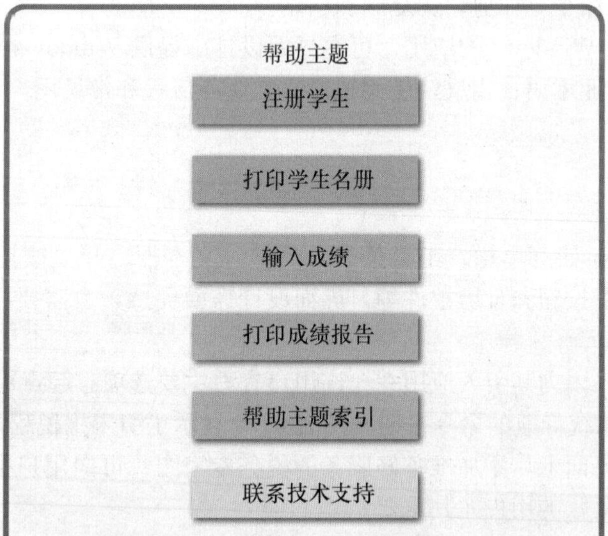

图表8-8　学生注册系统的主要帮助界面

8.6.4　创建有吸引力的布局和设计

这是一个主观的问题，因为理性的人对有无吸引力的判断会产生分歧。分析师应考虑颜色、布局和易用性。可创建界面实物模型和菜单树并尝试让用户输入。如有疑问，宁可少做尝试。例如，闪烁的消息最初看起来可能是个好主意，但它们可能不是界面设计的最佳选择。也要尽量避免过多的字体、样式和尺寸，这可能会分散注意力。每个样式都应传达一些内容——如不同级别的细节、另一个主题、强制或可选的操作等。

(1) 使用合适的颜色来突出显示界面中的不同区域；避免使用过于艳丽和明亮的颜色。

(2) 谨慎使用特效。例如，动画和声音在某些情况下可能是有效的，但太多的特殊效果会使用户分心并烦躁，特别是当他们必须重复查看的时候。

(3) 使用允许用户导航到相关主题的超链接。

(4) 将相关对象和信息分组，以便于用户查看界面的方式将界面可视化，并模拟用户将执行的任务。

(5) 界面密度十分重要。保持界面整洁，使其有足够的空白来创造有吸引力、适合阅读的设计。

(6) 以一致的方式并在界面上相同的位置显示标题、消息和说明。

(7) 使用一致的术语。例如，不要使用“删除”“取消”“消除”这些术语表示同一操作。同样，相同的声音也应表示同一事件。

(8) 确保命令始终有相同的效果。例如，如果“后退”控制按钮使用户返回先前界面，则“后退”命令应在整个应用中都执行该功能。

(9) 确保相似的鼠标操作在整个应用中产生相同结果。指向、单击和双击的结果都应是一致并可预测的。

(10) 当用户输入完全填充字段的数据时，不要自动移动到下一字段。相反，要求用户在每个填写字段的末尾按回车键或者 Tab 键确认输入。

(11) 记住，用户习惯于“红色＝停止”“黄色＝注意”“绿色＝执行”的模式。应坚持该模式并在适合的时候使用它们来加强界面上的说明。

(12) 使用易于记忆的字母为每个菜单命令提供一个按键选项，如 File、Exit 和 Help。

(13) 尽可能使用熟悉的命令，如剪切、复制和粘贴。

(14) 如果用户熟悉基于 Windows 的应用，可在界面设计中提供 Windows 外观和感觉。

(15) 避免使用复杂的专业术语；相反，使用来自日常业务流程和常见用户词汇库的术语。

8.6.5 增强交互性

设计师可加入很多功能，如菜单栏、工具条、对话框、文本框、开关按钮、列表框、滚动条、下拉列表、选项按钮、复选框、命令按钮和日历控件等。界面设计需要美感，也需要技术能力。在设计过程中，应尽早获得用户反馈。

(1) 启动界面尤其重要，因为其引入应用并允许用户查看主要选项。起点可以是一个**总览界面**（switchboard），带有允许用户进行系统导航的命令按钮。图表 8-9 显示了引入报税程序 TurboTax 的总览界面。主要选项清晰地展示在整洁的界面上。添加准备好服务的税务专家图片可向用户提供平静和有自信的感觉，这对在纳税过程中感到困惑和紧张的用户尤其重要。

(2) 使用**命令按钮**（command button）启动打印表格或请求帮助等操作。例如，当用户点击图表 8-10 中的“查找学生”（Find Student）命令按钮，会出现带有说明的对话框。

(3) 如果使用软件包，检查其是否允许创建自定义**菜单栏**（menu bars）和工具条。如果是，考虑这些选项。

(4) 添加一个快捷方式功能，让用户通过点击想要的选项或按 Alt＋字母来选择菜单命令。一些表单还使用**工具栏**（toolbar），其包含执行常用命令的快捷方式的图标或按钮。

(5) 如果需要不同的输入数据，应提供解释所需内容的**对话框**（dialog box）。

(6) **开关按钮**（toggle button）能简单显示开启或关闭状态，点击开关按钮即可切换到另一状态。

图表 8－9　引入 TurboTax 的总览界面的示例。主要选项清晰地显示在整洁的界面上，这对在纳税过程中感到困惑和紧张的用户尤其重要

资料来源：© Intuit Canada ULC，2014。

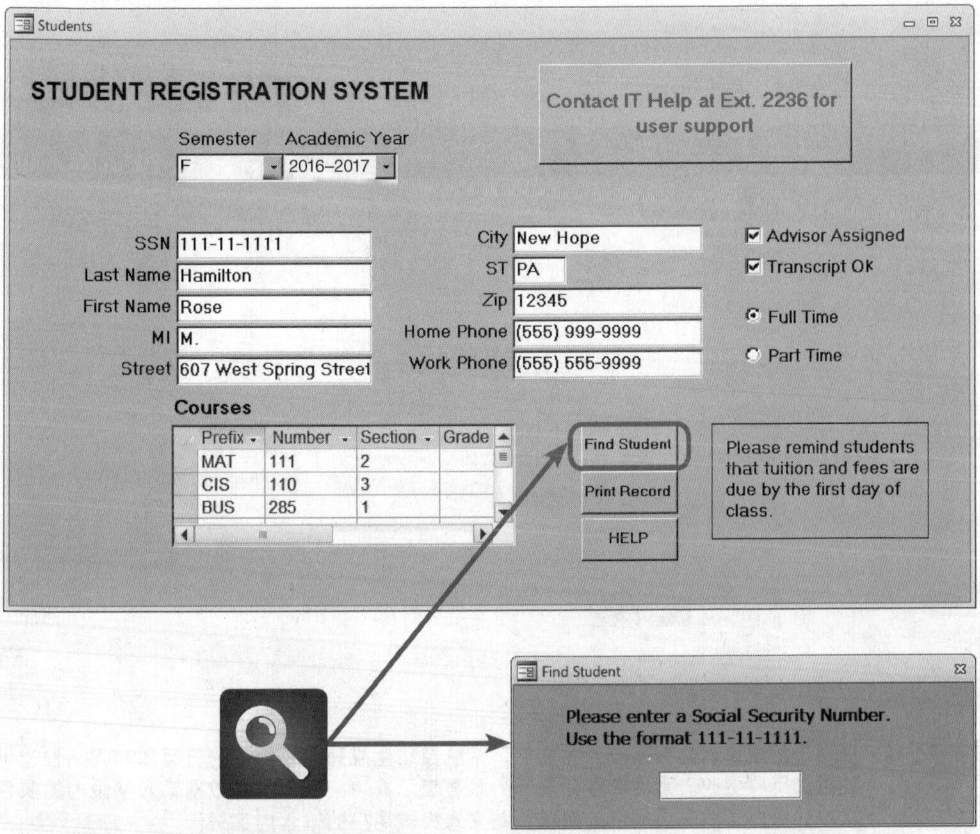

图表 8－10　学生注册系统的数据输入界面。该界面使用文本描述的设计功能。当用户点击“查找学生”（Find Student）命令按钮时，将出现带有提示的对话框

（7）使用显示可选项的**列表框**（list boxes）。如果列表长度超过框的大小，则**滚动条**（scroll bar）允许用户在可选项间移动。另外，应确保可以提供另一种方法输入与列表选项不一致的数据。

(8) 使用**选项按钮**(option button)[有时称为**单选按钮**(radio button)]来控制用户选择。例如，如果用户只能选择一个选项，则显示合适的消息(如“选择一个项目”);但如果没有限制，则显示不同的信息(如“选择所有适用选项”)。使用黑点来显示已选定的选项。

(9) 如果使用**复选框**(check boxes)从组中选择一个或多个选项，可使用复选标记或 X 来显示选项。

(10) 在必须输入日期时，使用允许用户选择系统日期作为字段值的**日历控件**(calendar control)。

8.6.6 关注用户输入界面

数据输入尤其重要，因为其在许多用户的工作描述中都被提及。

(1) 尽可能使用被称为**表单填写**(form filling)的数据输入方法，这种方法会在界面上提供一个副本或类似于源文档的空白表单。

(2) 限制访问用户输入数据的界面位置。例如，当图表 8-11 中的界面出现时，在 Eventbrite 输入事件管理数据，系统应将插入点放置在第一个数据输入位置，操作员输入事件标题后，插入点应自动移动到下一字段(位置)的输入位置。用户只能将插入点放置在表单中需要输入数据的位置。

(3) 提供一种随时离开数据输入界面而不输入当前记录的方法，如设置“取消”按钮。由于图表 8-11 显示的应用是基于网络的，因此可通过浏览器的“后退”按钮来完成此功能(图中未显示)。

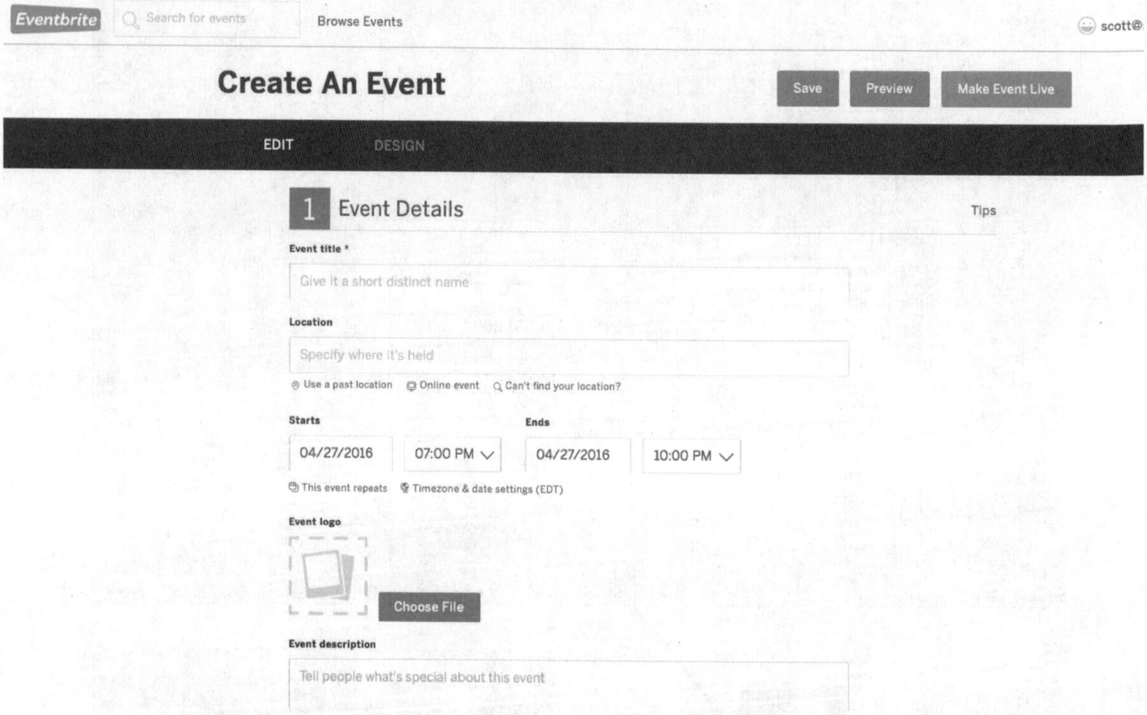

图表 8-11 在用于创建事件的数据输入界面中，系统自动生成开始和结束的日期和时间，但也可随时由用户更改。事件标题旁显示的星号表示其为必填字段。数据输入字段内的灰色文本让用户了解需要提供的信息，此文本将被用户的输入内容替代

资料来源：© 2015 Eventbrite。

(4) 为每个字段提供描述性标题，并向用户显示输入数据的位置以及所需的或最大的字段长度。通常来说，白框显示每个字段的位置和长度。用于表明字段位置的其他方法有屏幕高亮显示、加下划线、做特殊标记或这些方法的组合。

(5) 为用户提供按标准顺序或选择的顺序在表单中各字段间移动的方式。在GUI中，用户可以不局限于标准字段顺序，可用鼠标或箭头键自由选择字段位置。

(6) 允许用户添加、更改、删除或查看记录。需要“是否应用此变化？(Y/N)”或“是否删除该条记录？(Y/N)”等信息让用户对操作进行确认。将字母N突出显示为默认回应，从而避免用户按回车键而发生错误。

(7) 设计界面表单布局以匹配源文档的布局。如果源文档字段从表单顶部开始，并按列向下排列，那么输入界面也应使用相同的设计。

(8) 如果用户必须以特定格式输入数值，则应显示样本格式。例如，在界面上提供说明让用户了解日期的格式是MMDDYY，如果用户必须输入斜线等分隔符，也应提供一个示例。

(9) 除上述规则中的示例格式外，最好还使用**输入掩码**（input mask），其是限制数据输入并防止错误的模式。Microsoft Access为日期、电话号码、邮编和社会保障号码等字段提供标准输入掩码。除此之外，如图表8-12所示，还可创建自定义输入掩码。注意掩码可能有特定的格式。例如，如果用户以小写字母输入文本，输入掩码会自动将首字母大写。

(10) 每个字段都需要结束按键，按回车键或Tab键表示字段输入的结束。避免在字段已满时自动移动到下一项的设计，因为这种方法使得只有当输入的数据小于最大字段长度时才需要结束按键。另外，同时使用两种不同的数据输入方法会让人困惑。

(11) 不要求用户输入数字字段前端的零。例如，如果三位数的项目编码是045，操作者应在按回车键前输入45而不是045。这一规则的例外是输入日期，数字前方需要零来确定个位数的月份或日期，如06-04-2016。

(12) 不要求用户输入小数数字末端的零。例如，当用户输入数值98时，如果字段格式设定为精确到小数点后两位，则系统应自动地将数值转换为98.00。小数点只须显示非零的小数位，如98.76。

(13) 显示默认值，使操作者可按回车键接受建议的值。如果默认值不合适，操作者可以更改它。

(14) 当字段值在连续记录或整个数据输入过程中是常数时，应使用默认值。例如，如果按日期顺序输入记录，则应使用第一项事务中的日期作为默认值直到输入新日期为止，此时新日期将成为默认值。

(15) 显示字段可接受值的列表。如果用户输入了不可接受的数值，应提供有意义的错误消息。在规则5“增强交互性”中所描述的一种更好的方法是，提供一个包含可接受值的下拉列表框，允许用户通过点击选择一个值。

(16) 通过在录入数据前显示“是否添加此条记录？(Y/N)”等消息为用户提供确认输入数据有效性的机会。正向的回答(Y)添加该记录、清除已输入字段并将插入点放置在第一个字段中，以便用户输入另一条记录。负向的回答(N)不添加当前记录，用户可更正错误。

8.6.7 使用校验规则

减少输入错误能够改善数据质量。减少输入错误的一种方法是消除不必要的数据输入。例如，如果不必输入客户姓名或根据用户输入的客户ID自动输入姓名，用户就不会拼错客户姓名。类似地，如果从主文件检索物品价格而不是手动输入，则不会使用过期的物品价格。如图表8-13所示，防止错误数据的最好方法是在将数据输入系统前使用数据校验规则识别并纠正错误。**数据校验规则**（data validation rule）通过测试数据并拒绝不符合特定条件的数据输入而改善输入质量。设计可至少包括八种类型的数据校验规则。

(1) 当数据必须以预先设定的顺序出现时，可使用**序列检验**（sequence check）。例如，如果用户必须按数字顺序输入工作订单，则无序的订单表示错误。如果用户必须按时间顺序输入事务，则带有无序日期的事务表示错误。

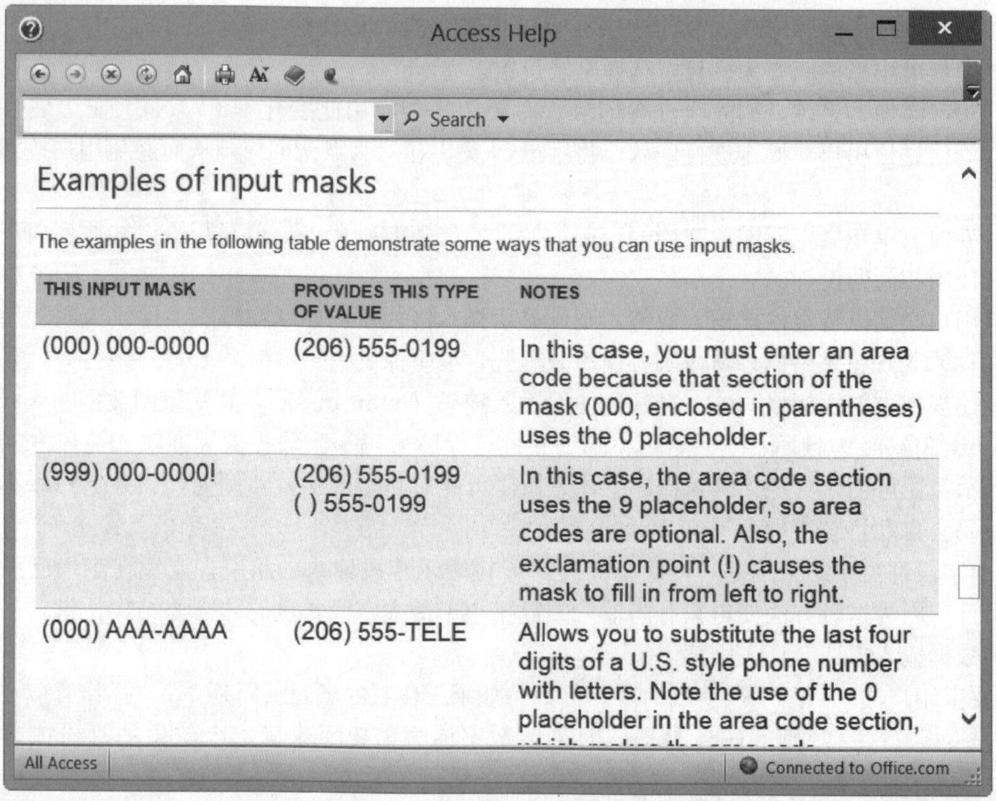

Examples of input masks

The examples in the following table demonstrate some ways that you can use input masks.

THIS INPUT MASK	PROVIDES THIS TYPE OF VALUE	NOTES
(000) 000-0000	(206) 555-0199	In this case, you must enter an area code because that section of the mask (000, enclosed in parentheses) uses the 0 placeholder.
(999) 000-0000!	(206) 555-0199 ( ) 555-0199	In this case, the area code section uses the 9 placeholder, so area codes are optional. Also, the exclamation point (!) causes the mask to fill in from left to right.
(000) AAA-AAAA	(206) 555-TELE	Allows you to substitute the last four digits of a U.S. style phone number with letters. Note the use of the 0 placeholder in the area code section,

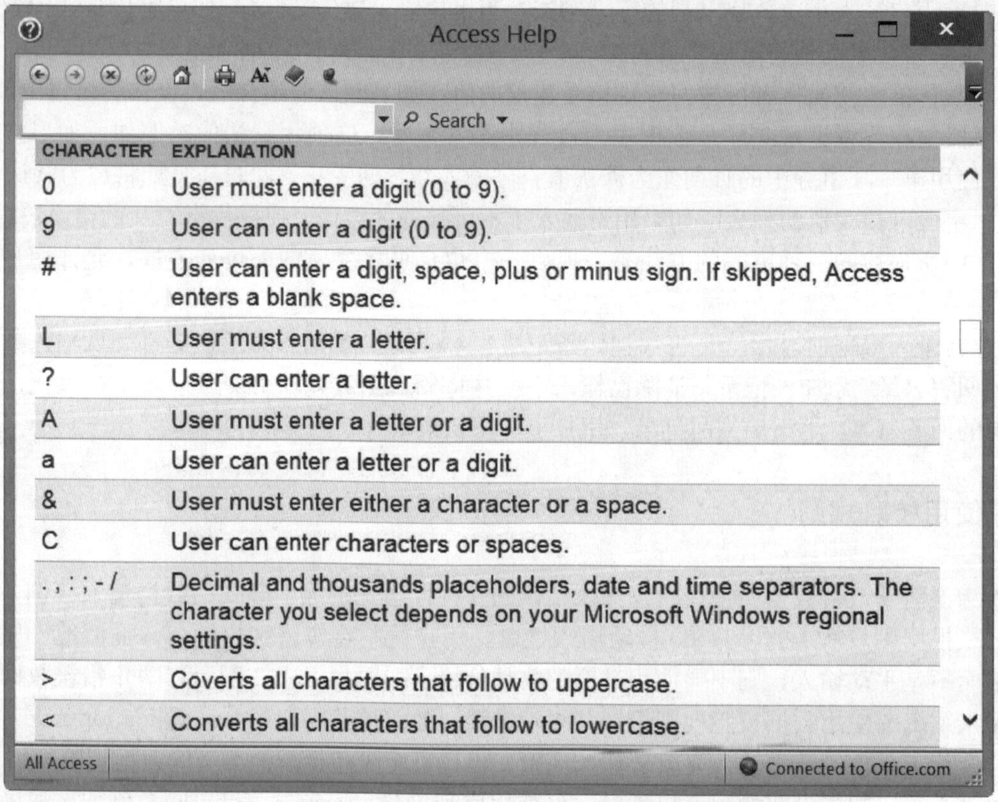

CHARACTER	EXPLANATION
0	User must enter a digit (0 to 9).
9	User can enter a digit (0 to 9).
#	User can enter a digit, space, plus or minus sign. If skipped, Access enters a blank space.
L	User must enter a letter.
?	User can enter a letter.
A	User must enter a letter or a digit.
a	User can enter a letter or a digit.
&	User must enter either a character or a space.
C	User can enter characters or spaces.
. , : ; - /	Decimal and thousands placeholders, date and time separators. The character you select depends on your Microsoft Windows regional settings.
>	Coverts all characters that follow to uppercase.
<	Converts all characters that follow to lowercase.

图表 8－12　Microsoft Access 为日期、电话号码、邮编等提供不同的输入掩码。除此之外，使用图表中显示的字符很容易创建自定义掩码

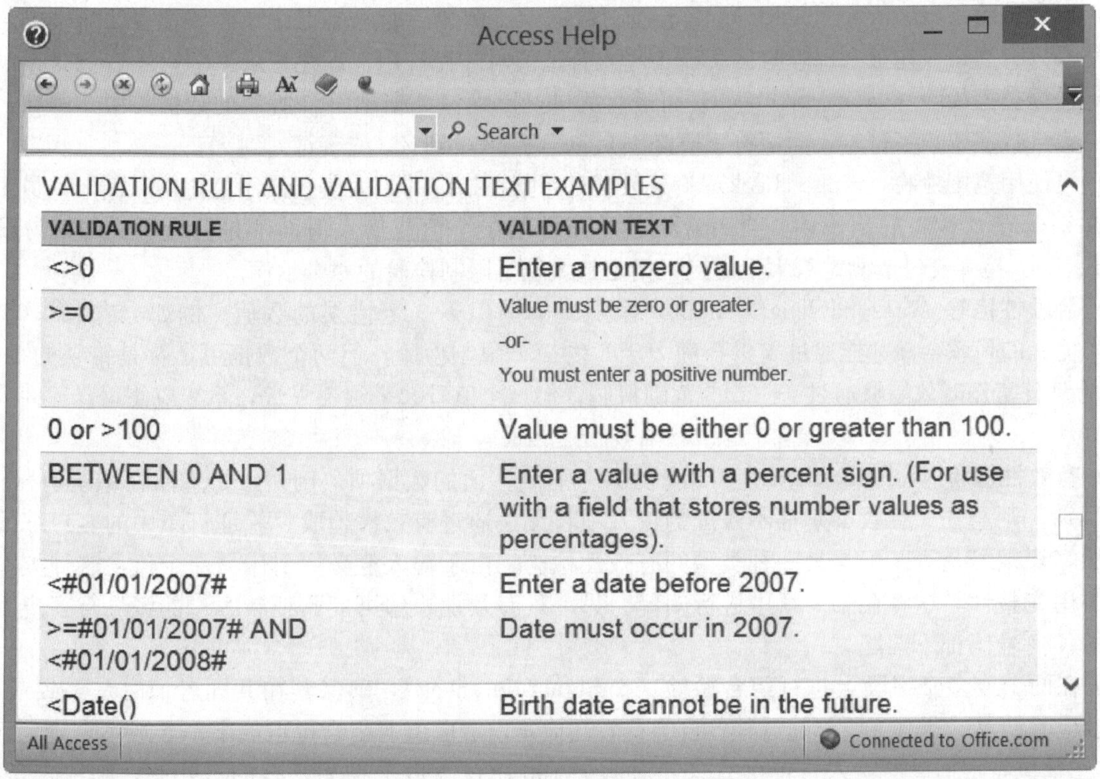

VALIDATION RULE AND VALIDATION TEXT EXAMPLES

VALIDATION RULE	VALIDATION TEXT
<>0	Enter a nonzero value.
>=0	Value must be zero or greater. -or- You must enter a positive number.
0 or >100	Value must be either 0 or greater than 100.
BETWEEN 0 AND 1	Enter a value with a percent sign. (For use with a field that stores number values as percentages).
<#01/01/2007#	Enter a date before 2007.
>=#01/01/2007# AND <#01/01/2008#	Date must occur in 2007.
<Date()	Birth date cannot be in the future.

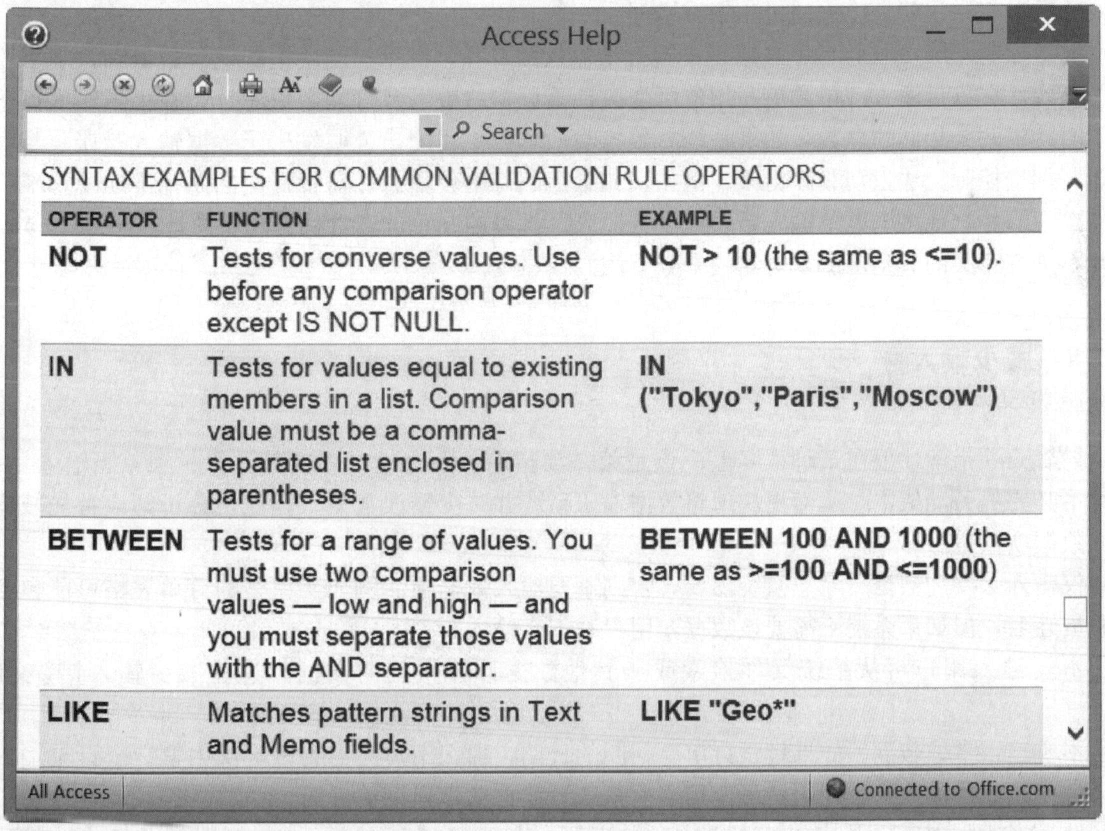

SYNTAX EXAMPLES FOR COMMON VALIDATION RULE OPERATORS

OPERATOR	FUNCTION	EXAMPLE
NOT	Tests for converse values. Use before any comparison operator except IS NOT NULL.	**NOT > 10** (the same as **<=10**).
IN	Tests for values equal to existing members in a list. Comparison value must be a comma-separated list enclosed in parentheses.	**IN ("Tokyo","Paris","Moscow")**
BETWEEN	Tests for a range of values. You must use two comparison values — low and high — and you must separate those values with the AND separator.	**BETWEEN 100 AND 1000** (the same as **>=100 AND <=1000**)
LIKE	Matches pattern strings in Text and Memo fields.	**LIKE "Geo*"**

图表 8 - 13　Microsoft Access 提供校验规则，要求输入满足特定要求或条件以提高数据质量

（2）**存在检验**（existence check）可用于强制数据项。例如，如果员工记录需要社会保障号码，则存在检验会使得只有当用户在社会保障号码字段中输入合适值时才允许用户保存记录。

（3）**数据类型检验**（data type check）可进行测试，以确保数据项符合所需的数据类型。例如，数字字段必须只包含数字或数字符号，而字符字段必须只包含字符A到Z（或字符a到z）。

（4）可使用**范围检验**（range check）验证数据是否落在指定的最大值和最小值之间。例如，员工每日工作时数必须落在0～24的范围内。当有效性检验只涉及最小值或最大值而不是两者时，称其为**限制检验**（limit check）。检查支付金额是否大于零但不指定最大值是限制检验的一个示例。

（5）**合理性检验**（reasonableness check）识别有问题但不一定错误的数值。例如，输入0.05美元和5 000 000美元的付款金额都能通过支付金额大于0的简单限制检验，但两个数据可能都是错误的。类似地，24小时的每日工作时数能够通过0～24的范围检验，但这个值看起来很不寻常，系统应使用合理性检验来验证该数值。

（6）**有效性检验**（validity check）可用于必须具有某些值的数据项。例如，如果库存系统有20个有效的物品类别，则与任一有效类别都不匹配的输入项将无法通过有效性检验。验证订单中的客户编号与客户档案中的客户编号是否匹配是另一种类型的有效性检验。由于输入值必须引用另一个值，这种类型的检验也称为引用完整性，这将在第9章中进行阐释。另一种有效性检验可能验证新客户的编号与客户主文件中已储存的任何号码都不匹配。

（7）在两个或多个字段上进行**组合检验**（combination check），确保其在共同考虑时是一致或合理的。即使组合检验涉及的所有字段都通过其各自的有效性检验，字段值的组合也可能不一致或不合理。例如，如果包含30单位特定商品的输入订单享有只针对购买100单位及以上物品才有的折扣率，则组合是无效的，不是输入的数量有错误就是输入的折扣率有错误。

（8）**批量控制**（batch controls）用于检验批量输入的总和。批量控制会检查记录数量和数字字段总数等数据项。例如，在批量输入订单之前，用户可能会计算订单总数以及订购数量总计，在批量输入订单后，订单系统依旧计算两个相同的总数，如果系统总数与输入总数不匹配，说明发生了数据输入错误。与其他校验检验不同，批量控制无法识别具体错误。例如，如果全部订单数量总计与批量控制总计不匹配，唯一可知的是在该批次中的一个或多个订单输入错误或没有输入。批量控制总计通常称为**哈希总计**（hash totals），因为其本身并不是有意义的数字，但是对比较十分有用。

8.6.8 减少输入量

这是最后一项指南，但在某种程度上应该是第一项指南，因为它会影响其他每一项。当输入量减少时，能够避免不必要的劳动成本，从而更快地将数据输入系统并减少错误数量。因此，分析师应首先减少每项事务所需的数据项数量。

（1）仅输入必要的数据。除非系统需要，否则不要输入数据项。例如，完整的订单表格可能包含处理该订单的职员姓名，但如果系统不需要该数据，用户就不必输入。

（2）不要输入用户可从系统文件检索或从其他数据计算得到的数据，这将减少输入错误和数据不一致。

（3）不要输入常数数据。如果批量订单有相同的日期，那么用户只需为该批次中第一个订单输入一次日期。如果订单是在线输入的，则用户可使用当前系统日期自动检索订单日期。

（4）使用代码。代码比其代表的数据短，输入代码可缩短输入时间。代码将在第9章中进行讨论。

案例8.2 Boolean Toys 软件开发公司

系统分析师应在何时决定设计问题？应在何时允许用户选择最适合他们的设计？人体工程学领域考虑改善工作环境，并研究用户如何与环境交互。

假设你是一名在Boolean Toys研究订单处理系统的系统分析师，该公司是一个快速增长的开发学龄前儿童使用软件的开发商。你知道许多数据输入用户抱怨输入界面。一些用户想要重新排列字段的顺序，一些人想改变界面上的背景颜色，还有一些人想使用能避免一系列介绍界面的快捷方式。

如果Boolean Toys的用户能利用菜单驱动的方式自定义数据输入界面而不需IT人员协助，会怎么样？这种做法的优点和缺点是什么？

8.7 源文档和表单设计

无论数据如何进入信息系统，输出的质量也只能与输入的质量一样好。IT专业人员应该对“**垃圾进，垃圾出**”（garbage in，garbage out，GIGO）这一术语非常熟悉，他们知道避免问题的最佳时机就是输入数据的时候。主要目标是确保输入数据的质量、准确性和及时性。遗憾的是，无纸化办公的梦想从来都没有实现，即使有了RFID技术和自动数据抓取，我们依旧在源文档和表格而非人机交互界面中输入数据，系统分析师必须应对人与纸交互的挑战。

源文档（source document）收集输入数据、触发或授权输入操作并提供原始事务的记录。在输入设计阶段，分析师开发在数据输入中易于完成和使用的源文档。源文档通常基于纸张，但也可在线提供。无论使用哪种方法，设计考虑都是相同的。

考虑完成一份设计糟糕的表单，它可能存在不足的空间、令人困惑的指示或糟糕的组织，这些都是错误**表单布局**（form layout）的特征。

良好的表单布局使表格易于完成，并为用户输入数据提供充足的横向和纵向空间。表单应使用空白行或空白框以及描述性标题以明确指明数据输入位置。在可能的时候也可考虑使用复选框使用户轻松选择选项。然而，复选框也应当确保提供一个额外的输入选项，该选项用于接收那些不能匹配的用户输入。

表单中信息的位置也非常重要。源文档通常包括图表8-14所示的大部分区域。标题区域通常包含企业名称或标志，以及表单的标题和编号。控制区域包含用于储存已完成表单的编码、标识信息、编号以及日期。说明区域包含完成表单的指导说明。被称为主体区域的表单主要部分通常占据至少一半的表单空间，并包含题注和输入可变数据的空间。如果表单中有总计数据，其会出现在**总计区域**（totals zone）。最后，**授权区域**（authorization zone）包含任何所需的签名。

为配合用户自然阅读文档的方式，信息应在表格中按照自左向右和自上而下的顺序呈现，这样的布局使表单对完成表单的个人，以及使用完整表单将数据输入系统的用户来说更加易于使用。

除标题信息通常是预先打印的，同样的用户友好设计原则也适用于发票和月度报表等打印的表单。列标题应简短并有描述性，避免非标准缩写，同时列与列之间应有合理间距以提高可读性。

印刷字段的顺序和布局应合乎逻辑，且明确确认总量。在设计预印表格时，应与表单供应商联系，获取关于纸张尺寸、类型风格和尺寸、纸张和墨水颜色、字段布局和其他重要表单细节的建议，目标是设计一个有吸引力、可读且高效的表单。

布局和设计对网络表单而言也十分重要。很多资源有助于设计高效、用户友好的表单，包括美国联邦政府无障碍指南，其可在 http://www.section508.gov 找到。

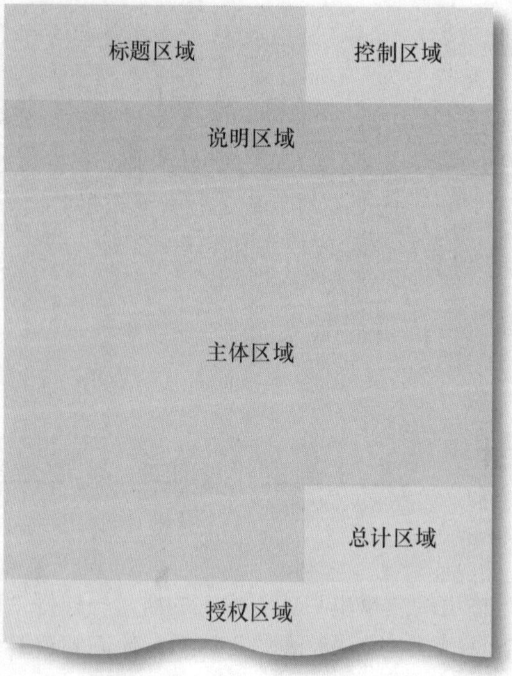

图表 8-14　源文档区域

8.8　打印输出

在设计打印输出前，需要考虑几个问题：

- 为什么此信息以打印输出形式交付，而非用户可根据需要查看、打印或保存的界面信息？
- 谁想要这些信息？为什么需要？如何使用？
- 将包括哪些具体信息？
- 打印输出是否为特定设备而设计？
- 信息在何时以及如何交付？多久更新一次？
- 存在安全问题和保密问题吗？如何处理这些问题？

直到这些问题都得到回答后，设计过程才能开始。系统分析阶段可能收集了一些信息，为了获得更多了解，分析师应与用户会面，并确切找出他们需要何种输出。可在整个设计过程中使用原型和实物模型获取反馈。

8.8.1　报告设计概述

尽管许多组织努力减少纸张和印刷报告的使用，但很少有企业能够完全消除打印输出。打印的报告十分便携，因此它们更加方便，且在一些情况下是必需的。许多用户认为查看界面输出，然后打印所需信息供讨论或商务会议使用很方便。打印输出也在**周转文件**（turnaround documents）中使用，该周转文件是之后将输入相同或另一信息系统的输出文件。例如，在一些领域，电话或公用设施账单可能是企业记账系统中的周转文件，当一定比例的账单付款返回后，账单被扫描到企业的应收账款系统内以准确记录付款。

设计者使用不同的样式、字体和图片生成有吸引力且用户友好的报告。不管是打印还是在界面查看，报告都必须易于阅读且布局合理。一些管理者通过其收到的报告质量来判断整个项目。

Microsoft Access 等数据库程序包含各种报告设计工具，包括报告向导，其具有菜单驱动特性，设计人员可使用这些工具快速、方便地创建报告。许多在线的网络数据库系统也提供类似的报告设计指南。

尽管绝大部分报告以图形方式设计，但一些系统仍生成一个或多个使用带有固定间距字符集建立的**文字报告**（character-based reports）。在高速打印机上打印文字报告是生成大量文字报告的高效、便捷方法，如打印工资单、库存报告或学校注册名单等，在需要多个副本的情况下尤其如此。

8.8.2 报告类型

为了保证实用，报告必须包含用户需要的信息。从用户的角度来看，缺乏信息的报告是没有价值的，但太多的信息会使报告混乱且难以理解。在设计报告时，最重要的目标是将报告与用户的具体信息需求匹配。根据其职业功能，用户可能需要下面描述的一个或多个报告。

详细报告

详细报告（detail report）为处理的每条记录生成一行或多行输出。由于每条记录都包含一行或多行输出，详细报告可能会非常长。例如，考虑大型汽车零部件业务，如果企业储存 3 000 个零部件，详细报告将包含大约占 50 张打印页面的 3 000 条明细。想要寻找供应短缺零件的用户要检查 3 000 条记录才能找到关键项目。一个更好的选择可能是异常报告。

异常报告

异常报告（exception report）仅显示满足特定条件的记录。当用户只想获取须采取行动的信息而不需要详细信息时，异常报告十分有用。例如，信用经理可能会使用异常报告来识别具有逾期账款的客户，或客户服务经理可能想要所有在特定时间段内未配送的包裹的报告。

总结报告

高层管理者通常想要得到总数而不需要支撑的细节。例如，销售经理可能想要知道每个销售代表的总销售额，而不想要列出每次销售的详细报告。在这种情况下，**总结报告**（summary report）是合适的。同样地，人事经理可能需要知道所有员工正常工作和加班的总时间，但对每个员工工作的时间不感兴趣。

8.8.3 用户参与

用户应提前参与全部报告设计。最好的方法是准备被称为**实物模型**（mock-up）或原型的样本报告供用户查看。样本报告应包含典型的字段值，并包含足够多的记录来显示所有的设计特征。根据印刷输出的类型，可创建 Microsoft Word 文档或使用报告生成器创建实物模型报告。

8.8.4 报告设计原则

打印的报告必须有吸引力、专业且易于阅读。例如，设计良好的报告应为数值字段提供总计和小计。在图表 8-15 所示的报告中，当商店编号等控制字段的数值发生改变时，会发生**控制中断**（control break）。控制中断通常会引起特定操作，如为一组记录打印小计。这种类型的详细报告称为**控制中断报告**（control break report）。要生成控制中断报告，必须按**控制字段顺序**（control field order）将记录排列或排序。

好的报告设计需要注意细节。为了生成一份设计良好的报告，分析师必须考虑报告头和报告尾、页头和页脚、列标题和对齐方式、列间距、字段顺序以及详细信息等的设计。

报告头和报告尾

每份报告都应有报告头和报告尾。在报告的开始部分出现的**报告头**（report header）标识报告并包含报告标题、日期和其他必要信息。出现在报告末尾的**报告尾**（report footer）可能包含数值字段总计和其他报告结束信息，如图表 8－15 所示。

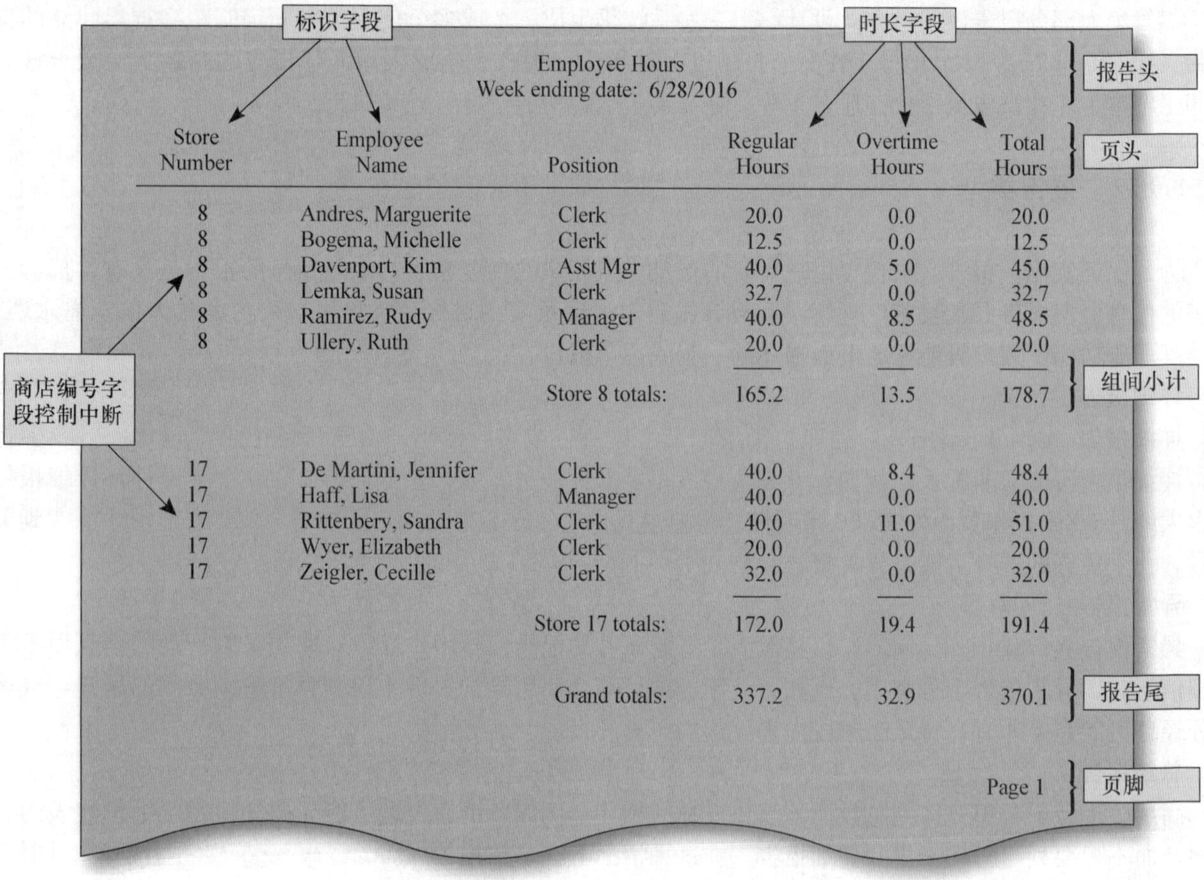

图表 8－15 “员工工作时长”报告是一份详细报告，包含控制中断、小计、总计。注意报告头标识报告，页头包含列标题，组间小计包含每个商店的小计，报告尾包含总计，页脚标记页码

页头和页脚

每个页面都应包含**页头**（page header），其出现在页面顶部并包含标识数据的列标题。标题应简短但具有描述性，除非用户能明确了解，否则应避免缩写。页头或出现在页面底部的**页脚**（page footer）分别用于显示报告标题和页码。

Microsoft Access 等数据库程序可基于特定字段轻松创建组和子组。报告也可计算并显示任何组或子组的总计、平均值、记录数和其他数据。例如，一个大型企业可能希望看到美国 50 个州中每个州的销售总额和各产品的销售数量。图表 8－16 所示的信息是 Access 在线帮助的一部分，其指示了创建多级分组的分步过程。

重复字段

报告设计是一门艺术而不是一门科学。用户参与至关重要，但在没有看到样本的情况下，用户经常不知道他们想要什么。例如，考虑重复字段的问题。图表 8－15 中的样本报告在每行都重复了商店编号。这是一件好事吗？最好的建议是向用户询问他们的想法和指导。加班时间列也存在类似问题。打印加班时间为零更好，还是只打印实际工作时间使数据清晰显示更好？同样地，最好的答案通常是最适合用户的那个。

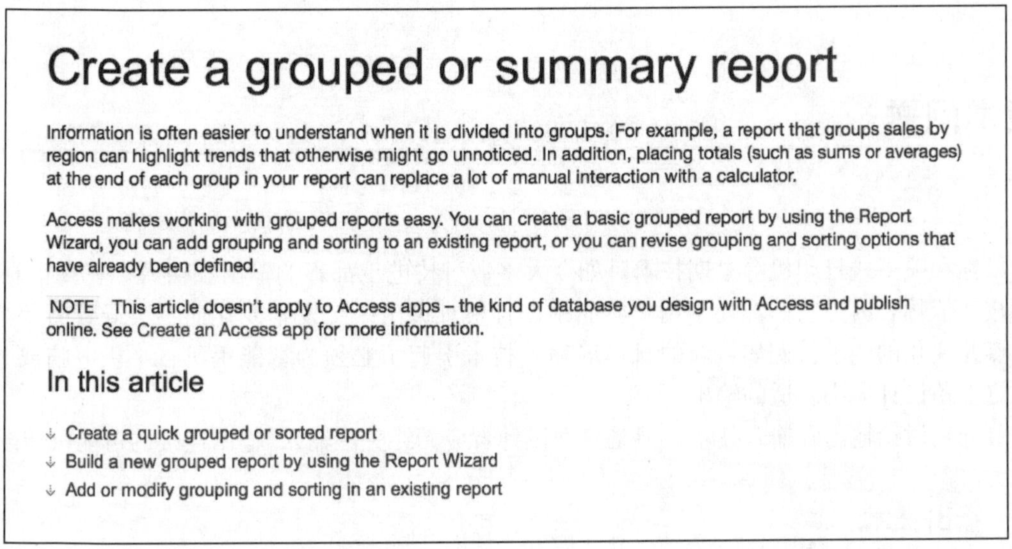

Create a grouped or summary report

Information is often easier to understand when it is divided into groups. For example, a report that groups sales by region can highlight trends that otherwise might go unnoticed. In addition, placing totals (such as sums or averages) at the end of each group in your report can replace a lot of manual interaction with a calculator.

Access makes working with grouped reports easy. You can create a basic grouped report by using the Report Wizard, you can add grouping and sorting to an existing report, or you can revise grouping and sorting options that have already been defined.

NOTE This article doesn't apply to Access apps – the kind of database you design with Access and publish online. See Create an Access app for more information.

In this article

- Create a quick grouped or sorted report
- Build a new grouped report by using the Report Wizard
- Add or modify grouping and sorting in an existing report

图表 8-16 Microsoft Access 包含一个易于使用的数据分组工具

资料来源：© 2015 Microsoft。

一致性设计

外观和感觉对用户非常重要，因此报告应统一且一致。当系统生成多份报告时，每份报告都应有共同的设计元素。例如，日期和页码都应印在每份报告的同一位置。报告中使用的缩写也应一致。例如，指代数值时，一份报告使用#，另一份使用NO，还有的使用NUM，这会让人困惑。报告中的项目也应一致。如果一份报告以货架号和箱号显示库存位置，则在其他库存位置报告中都应使用相同的布局。

案例 8.3 Lazy Eddie 公司

Lynn Jennings 是 Lazy Eddie 公司的 IT 经理，Lazy Eddie 公司是一家专门从事豆袋椅和躺椅销售的连锁店。Lynn 要求高级系统分析师 Jan Lauten 检查分发给 Lazy Eddie 公司 35 个商店经理的大量印刷报告。"Jan，我不能相信我们的员工真的读了这些报告，" Lynn 说道，"我们不断地增加报告，但我们几乎从不淘汰旧的报告。有时候我认为我们做的一切就是为纸张公司提供业务！" Jan 回答说，"我同意，但我们能做些什么？管理者说他们想要报告，但是我总看到它们被堆放在文件柜上。我从没看到有人读那些报告"。

"我有个主意，" Lynn 说，"我想让你想出一个程序，要求用户检查并证明其信息需求，看看他们是否真的使用我们发送的报告。你可以设计一个表单来询问他们是否仍然需要这些信息，以及为什么。尝试着让用户决定报告的价值是否超过其生产成本。你觉得自己能做到吗？"

"当然可以。" Jan 回答道。当 Jan 返回她的办公室，她想知道从何处入手。你会给 Jan 哪些建议？

案例 8.4 Trustworthy 保险公司

Trustworthy 保险公司的总部设立在中西部的一个大城市。现在，IT 部门正在进行一场讨论。一些分析师想使用企业范围的标准桌面界面布局和图标。而其他人希望允许用户以任何方式设置自己的界面。支持标准化的人指出 Trustworthy 保险公司雇用了很多兼职员工用于填补正式员工度假时的空缺。若没有标准化界面，这些人要适应每个工位的风格，标准化的支持者声称这将降低生产效率并增加成本。而反对标准化的人认为员工在对其工作环境有控制力的时候才有生产力，应设计一个他们认为有吸引力的界面，即使其他人并不这样认为。

你在负责解决这一问题的委员会内，且你的投票将决定双方胜负。你会怎么做？为什么？

8.9 技术问题

不同于鼠标和喷墨式打印机等早期技术，如今大多数科技进步都影响输出和输入。在真正意义上，输出和输入变得相互依赖，因为它们都处于用户界面中，且很难举出一个发生变化而不会导致另一个发生变化，或仅引起一点儿变化的例子。例如，新的触摸屏输入技术引起了必须为智能手机、平板电脑或 23 英寸桌面显示器等特定设备设计大小合适的输出。

以下各节分别讨论输出和输入技术，但是界面设计者应始终关注输入/输出连接的可能机会或潜在问题。

8.9.1 输出技术

虽然商业信息系统仍将屏幕输出和印刷品作为主要输出方式，但技术对人们交流和获取信息的方式产生了巨大的影响。这一趋势对使用信息技术来降低成本、提高员工生产力并与客户进行有效沟通的企业尤为重要。

除了屏幕输出和印刷品，还可以多种方式呈现输出。系统需求文档可能已经确认用户输出需求。现在，在系统设计阶段，分析师创建可通过工作站、笔记本电脑、智能手机和其他设备访问的实际表单、报告、文件和其他类型输出。还应考虑如何使用、储存并检索信息。以下部分介绍了不同的输出类型和技术。

网络信息传递

数百万的企业使用网络连接遍布全球的新客户和新市场。为了支持电子商务的爆发式增长，网页设计者必须提供能显示输出并接收客户输入的用户友好屏幕界面。例如，企业可以将其库存系统与网站连接，将库存系统的输出作为在线目录进行展示，访问网站的客户可以查看商品、获取当前的售价并查看产品可得性。

网络输出的另一个例子是针对产品或技术问题提供定制化响应的系统。当用户输入产品查询或要求技术支持时，系统回复从在线知识库中找到的适当信息。网络传输允许用户下载一系列文件和文档以支持其信息需求。例如，网络为消费者提供即时访问的宣传手册、产品手册和零件目录表，而潜在购房者还可得到抵押贷款、保险和其他金融服务的即时报价。

为了接触到潜在客户和投资者，企业还使用直播或预先录制的**网络广播**（webcast），这是一种通过网络传播的音频或视频。广播台和电视台也使用这种技术向其听众和观众播送节目材料。

电子邮件

电子邮件是内外部业务沟通的重要工具。员工通过局域网或包括互联网在内的广域网发送并接收电子邮件。企业通过电子邮件向客户发送新的产品信息，金融服务企业使用邮件确认在线股票交易。员工使用邮件交换文件、数据和日程表，并分享工作所需的业务相关信息。实际上，在许多企业中，电子邮件几乎取代了传统的备忘录和印刷通信。

博客

被称为**博客**（blogs）的网络日志是网络输出的另一种形式。由于博客是从特定角度撰写的文章，因此它们不仅向网络阅读者传递事实，还提供建议。博客对于发布新闻、评论时事和宣传产品十分有用。

即时通信

这种流行的沟通形式是个人和企业通过互联网高效沟通的另一种方式，虽然有些用户认为这可能会分散注意力，但是一些人喜欢这种持续的沟通形式，尤其是需要相互合作的团队成员。

无线设备

信息和数据可被传输到各种各样的移动设备中，包括平板电脑、智能手机，以及结合便携计算能力、多媒体功能和互联网接入的各种无线产品。

数字音频、图像和视频

声音、图像和视频影片可被获取、以数字格式储存并作为输出传输给可以再现内容的用户。

音频或视频输出可作为附件添加到电子邮件或作为影片插入 Microsoft Word 文档。企业还使用自动化系统处理语音交易并向客户提供信息。例如，客户可使用电话按键确认航班的座位分配、查验信用卡余额或确定共同基金的当前价格。

如果图像比 1 000 个字更有价值，那么数字图像或视频影片无疑是提供全新维度的高价值输出类型。例如，保险精算师可以使用手机的数码相机拍摄照片、通过无线设备提交图像、立即获得即时索赔的授权等。如果说图像是一种有价值的输出形式，在某些情况下，视频影片可能会更好。例如，视频影片允许房产经纪人在线展示正在销售的房屋的最佳特性，用户可以放大或缩小，并向任意方向旋转影像。

播客

播客（podcast）是一种特殊格式的数字音频文件，可由互联网用户从不同内容提供商处下载。许多企业将播客作为销售和市场营销工具，并使用播客与员工进行交流。用户可使用 iTunes 等软件接收播客、在自己的电脑上打开并将其储存在便携式播放器中。播客可以包含图像、声音和视频。

自动传真系统

自动传真（automated fax）或**传真回传**（faxback）系统允许客户通过电子邮件、企业网站或电话请求传真，响应将在几秒钟内传输到用户的传真机。虽然大多数用户喜欢从网页上下载文件，但许多企业仍提供自动传真服务，作为向特定用户提供 24 小时即时响应的另一种方式。

计算机微缩胶片输出

计算机微缩胶片输出（computer output to microfilm，COM）常被大型企业用来扫描并储存纸质文档的图像，以提供高质量的记录管理和归档。随着数字存储设备的出现，微缩胶片不再像往常那样被频繁使用，但其在特定归档情况下仍占有一席之地。例如，当出于法律原因或需要展示签名、日期邮戳或其他文档可视化特征时，COM 系统尤其重要。

计算机数字媒体输出

当必须将许多纸质版文件扫描、以数字格式储存并快速检索时，将使用此过程。例如，如果保险公司储存成千上万的纸质申请表，专业软件可将文档作为数据并从表格的特定列或区域提取信息。数字存储媒介包括磁带、CD、DVD 以及高密度激光磁盘。

专业形式输出

一个极为多元化的市场需要许多类型的专业输出和设备。例如：

- 可以运行多个应用、处理多媒体输出并为用户提供强大、多用途通信的便携式网络连接设备。
- 可以处理计算机信用卡交易、打印收据并更新库存记录的零售销售终端。
- 可以处理银行交易、打印存取款单的自动取款机（ATM）。
- 可以生成标签、员工身份证、驾照、加油站收据以及在一些州可以生成彩票的专用打印机。
- 可以生成蓝图、地图以及电子电路图等高质量图像的绘图仪。
- 可以检测嵌入信用卡、银行卡、员工身份卡数据的电子检测仪。

8.9.2 输入技术

近年来，输入技术发生了显著的变化。除传统设备和方法外，新硬件以及抓取并向系统输入数据的方法快速扩张，其中一些如图表8-17所示。企业正在使用新技术加快输入过程、降低成本，并以新形式捕获数据，如图表8-18所示的数字签名。

输入技术		
传统的	演进的	新兴的
键盘	物体运动检测	脑机互动（BCI）
鼠标	高级语音识别	神经网络
定位装置	生物反馈	人工智能（AI）
麦克风	嵌入式磁数据	高级运动传感器
OCR（光学字符识别）	无线射频技术（RFID）	双向卫星接口
MICR（磁性墨水字符识别）	高级光学识别	虚拟环境
图形输入设备	物理适配装置	3-D技术

图表8-17　输入设备可以非常传统，也可以基于最新的技术

图表8-18　当以数字形式存储客户签名时，其将成为信息系统的输入

资料来源：iStockphoto/tirc83。

输入方式应有成本效益、及时且尽可能简单。系统分析师研究事务和业务运营，来确定数据应如何以及何时输入系统。通常来说，第一个决策是使用批量输入方法还是在线输入方法。每种方法都有优缺点，系统分析师必须要考虑以下因素。

批量输入

使用**批量输入**（batch input）时，通常按特定时间计划执行数据输入，如每天、每周、每月或更长时间。例如，当工资部门在每周末收集计时卡片并按**批次**（batch）录入数据时，批量输入就发生了。另一个例子是学校将某一学期的成绩批量输入。

在线输入

虽然在特定情况下使用批量输入，但对大部分业务活动需要使用**在线数据输入**（online data entry）。在线输入具备即时验证和数据可用性等主要优势。流行的在线输入方法是**源数据自动化**（source data automation），其使用**RFID标签**（RFID tags）、磁性数据条以及智能手机等输入设备，将在线数据输入和自动数据采集结合。源数据自动化快速准确，并最大限度地减少人工在输入过程中的参与。

许多大型企业将源数据自动化和强大的通信网络结合使用，即时处理全球运营。源数据自动化的常见示例包括：

- 企业使用装有条形码扫描仪和磁条扫描仪的销售终端输入信用卡数据。
- ATM 读取银行卡上的数据条。
- 工厂员工使用磁性身份卡打卡上下班，以便企业能精确追踪生产成本。
- 医院在病人身份手环上印有条形码，并在收集病人治疗和用药数据时使用便携扫描仪。
- 零售商使用便携条形码扫描仪记录新的货物并更新库存数据。
- 图书馆使用手持式扫描仪读取书籍光学条纹。

权衡

尽管在线输入有很多优点，但它也存在一些缺点。例如，除非使用源数据自动化，否则手工数据输入比批量输入更加缓慢和昂贵，因为其需要在事务发生时执行并在计算机需求最高时结束。

使用批量输入还是在线输入的决策取决于业务需求。例如，必须立刻输入和处理酒店预订，但是酒店可以将其月度业绩数据批量输入。实际上，一些输入是自然而然地分批进行的。例如，有线电视提供商在邮件到达时批量接收客户支付。

8.10 安全和控制问题

企业必须尽其所能保护数据。这不仅仅包括企业自身的信息，也包括客户、员工和供应商的信息。大部分资产都有估价，但是企业数据是无价的，因为一旦没有安全、精确的数据，企业将无法运行。

以下部分讨论输出和输入数据的安全和控制。

8.10.1 输出安全和控制

输出必须准确、完整、即时且安全。企业使用各种**输出控制**（output control）方法维护输出的完整性和安全性。例如，每份报告都应包含合适的标题、报告编号或代码、打印日期以及涉及的时间段。报告应有连续编号的页码，标记为第×页共×页，并明确注明报告结束。控制总计和记录计数应与输入总计和计数一致。应随机选择一些报告彻底检查其正确性和完整性，记录所有处理错误或中断，以便对其进行分析。

输出安全（output security）保护隐私权，并保护组织自有数据不被盗用或未经授权访问。为了确保输出安全，必须执行几个重要任务。首先，限制打印副本的数量，并使用追踪程序监控每个副本。从中央站点分发打印输出时，应使用特定程序确保输出仅传输给授权的收件人，当报告包含工资单数据等敏感信息时尤应如此。所有敏感报告都应储存在安全区域，机密报告的所有页面都应适当标注。

如图表 8-19 所示，将敏感报告、过期报告和中止打印的输出粉碎是非常重要的。空白检查表必须储存在安全位置并定期盘点，以确保没有表格丢失。如果使用签名章，其必须储存在远离表格储存位置的安全区域。

在大多数组织中，IT 部门负责协调输出控制和安全措施。系统分析师在设计、实施和支持信息系统时必须考虑到安全问题，应尽可能地通过密码、屏蔽敏感数据以及控制用户访问将安全性设计到系统中。物理安全始终是必要的，尤其对于有形且易于查看和处理的打印输出来说。

图表 8-19　为了维护输出安全，将敏感资料粉碎非常重要

资料来源：Cupertino/Shutterstock. com。

企业范围的数据访问引发了一系列新的安全和控制问题。许多企业通过安装无盘工作站来应对这些问题。**无盘工作站**（diskless workstation）是一种网络终端，支持全功能用户接口，但限制可被监控和控制的网络资源之外的数据打印或复制，这一概念与具有硬件和软件限制功能的终端匹配运行。

然而，随着时间推移，可移动媒体设备的数量与 USB、FireWire 和 PCMCIA 等物理接口以及 Wi-Fi 和蓝牙等无线接口一起急速扩张。流行的安全解决方案是使用通常被称为**端口保护器**（port protector）的网络应用，其能够控制工作站界面的访问。

8.10.2　输入安全和控制

输入控制（input control）包括确保输入数据正确、完整和安全的必要措施。从提高数据准确性和质量的源文档开始，输入控制必须是输入设计每个阶段的核心。当使用批量输入方法时，计算机可以生成用于确认并记录输入数据的输入日志文件。

每条信息都应追踪到产生它的输入数据，这意味着分析师必须提供记录每个原始数据项来源及其进入系统时间的审计追踪。除了记录原始来源，审计追踪还必须显示数据在何时被何人以何种方式访问和更改。所有这些操作都必须记录在审计追踪中并仔细监控。

企业必须有处理源文档的程序，确保数据在输入系统前不会丢失。来自组织外部的源文档都应在收到后进行记录。无论源文档何时在部门之间传递，这一移动都应被记录下来。

数据安全（data security）政策和程序保护数据免受丢失或损坏，这是每个组织中的重要目标。如果保护措施不是 100%有效，数据恢复工具应能够恢复丢失或损坏的数据。输入数据后，企业应将源文档在安全位置储存一段时间。企业应有符合全部法律要求和业务需求的**记录保留政策**（records retention policy）。

应储存并保留审计追踪文件和报告，如果数据文档损坏，则可使用这些信息来恢复损失的数据。数据安全还包括保护数据免受未经授权的访问。系统登录程序应防止未经授权的人员进入系统，且用户应定期修改密码。也可以设置几个访问级别，例如，数据输入人员可能被允许查看信用额度但不能更改。敏感数据可在被称为加密的过程中被加密或编码，所以只有具有解码软件的用户才能读取。

8.11 我们下一步要做什么？

系统设计阶段从用户界面设计开始，随后是数据设计和系统架构。应牢记，项目在系统设计过程中越深入，更改和纠正错误就越昂贵。分析师必须警惕任何会影响项目进度或开发成本的变更或修改。有助于避免重大问题的两种策略是采用模块化设计方法和使用原型设计。以下各节将讨论这些话题。

8.11.1 模块化设计

在模块化设计中，将创建连接到更高级别程序或过程的单个组件，其称为**模块**（modules）。在结构化设计中，每个模块都代表一个特定过程，其在数据流图（DFD）中显示并记录在过程描述中。如第6章所述，如果使用面向对象的设计，代码模块将代表类。模块化设计将在描述系统实施的第11章中进行更详细的介绍。

模块应设计为执行单一功能。独立模块能提供更强的灵活性，因为它们可以单独开发和测试，并在之后的开发过程中组合或重复使用。模块化设计在设计大型系统时尤为重要，因为独立的分析师和程序员团队可在不同领域工作，之后将结果集成。

8.11.2 原型设计

原型设计（prototyping）产生提议的信息系统模型的早期、快速构建的工作版本，也称为原型。原型设计包括一系列重复的分析、设计、建模和测试，是一种常用技术，可用来设计从房屋到计算机网络的任何事物。例如，图表8-20所示的风洞测试是工程师在生产开始前使用原型来评估飞机设计。

图表8-20 风洞测试是原型设计的典型示例

资料来源：Courtesy of NASA。

在系统开发过程的每个阶段，用户输入和反馈都非常重要。原型设计允许用户检查准确代表系统输出、输入、交互和处理过程的模型。用户可在无风险环境中“模拟”模型，并赞成模型或请求更改。在某些情况下，原型演化为信息系统的最终版本，而某些情况下，原型仅用于验证用户需求，随后被丢弃。

或许，原型最强烈的形式出现在使用敏捷方法时。如第 1 章所述，敏捷方法通过构建一系列原型并不断根据用户需求调整它们逐步开发系统。随着敏捷开发过程的持续，开发者将早期版本进行修改、扩展并将其合并到最终产品中。敏捷方法强调连续反馈，每个增加的步骤都受到先前步骤中习得内容的影响。

系统分析师通常使用两种原型设计方法，系统原型设计和设计原型设计。

系统原型设计

系统原型设计（system prototyping）产生全功能的信息系统工作模型。如图表 8-21 所示，满足全部需求的系统原型可用于系统实施。由于模型是实施的“正轨”，因此获得用户反馈并确保原型满足用户和管理的全部需求尤为重要。

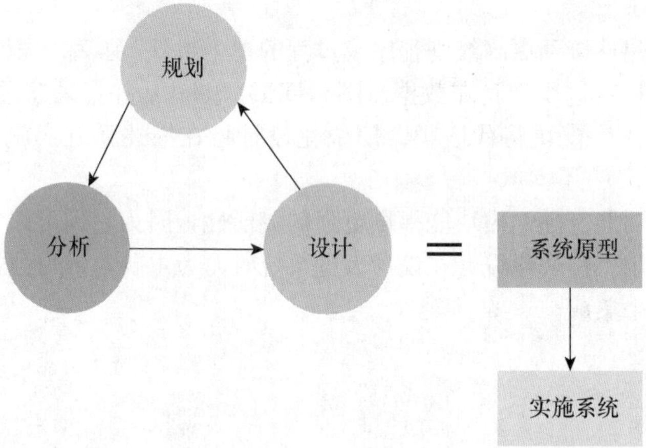

图表 8-21　系统原型设计的最终产品是准备实施的信息系统工作模型

设计原型设计

系统分析师使用原型设计来验证用户需求，之后将模型舍弃并继续实施系统，这种方法称为**设计原型设计**（design prototyping）或**丢弃式原型设计**（throwaway prototyping）。在这种情况下，原型设计的目标更加有限但同样重要。设计原型设计的最终产品是用户认可的模型，这一模型可以记录最终的系统功能并为其制定评估基准。设计原型设计使系统开发者在 SDLC 框架内开发系统时仍能获取用户输入和认可。系统分析师通常在构建输出、输入和用户界面时使用设计原型设计。

权衡

原型设计提供诸多优势，其中包括：

- 用户和系统开发者可以避免误解。
- 系统开发者可根据原型为最终系统创建准确的说明。
- 与使用纸质说明相比，管理者可以更有效地评估工作模型。
- 系统分析师可在最终系统可用前使用原型来开发测试和培训程序。
- 原型设计降低最终系统无法满足业务需求的风险和潜在财务风险。

虽然大多数系统分析师认为原型设计的优势远远超过劣势，但也应考虑到以下潜在问题：

- 快速的开发节奏可能导致直到最终系统投入运行时才发现质量问题。
- 可靠性和可维护性等其他系统需求无法通过设计原型得到充分测试。
- 在非常复杂的系统中，原型可能庞大且难以管理。

- 客户或用户可能希望采用几乎没有变化的原型，虽然原型可能需要进一步的定制，但他们错误地认为原型能够满足其需求，从而导致 SDLC 后期维护成本增加。

伦理问题

Jacob 认为他在设计公司技术支持网页的工作中发挥出色，但是他的主管 Emily 不是很确定。她对 Jacob 的设计与公司主要竞争对手使用的页面非常相似感到担心，她问 Jacob 是否在设计中使用了该网站的任何 HTML 代码。尽管 Jacob 没有抄袭任何代码，但他确实通过浏览器查看过对方如何处理一些设计问题。

Emily 要求 Jacob 调查网页版权问题并向她报告。在他的调查中，Jacob 了解到完全的复制侵犯版权，但仅查看其他网站来获得设计创意是被允许的，这两者之间的灰色地带不是很清晰。Jacob 以朋友的身份询问你对这个问题的看法：即使没有实际的抄袭，对于使用他人的创造性工作方面，应有多大程度的伦理约束？你将如何回答 Jacob?

8.12 本章小结

系统设计的目的是创建满足在系统分析阶段定义的设计需求的系统物理模型。本章从讨论用户界面设计和人机交互（HCI）的概念开始。图形用户界面（GUI）使用可视化对象和技术，允许用户高效地与系统交流。以用户为中心的设计原则包括理解业务、最大化图形效果、像用户一样思考、使用模型和原型、专注于易用性、关注反馈以及记录每一件事。

设计用户界面时，应当简洁易懂；创建易于学习和使用的界面；提高用户生产力；使获取帮助或纠正错误更加容易；最小化输入数据问题；提供反馈；创建有吸引力的布局和设计；使用熟悉的术语和图像。也可添加菜单栏、工具栏、下拉列表、对话框、开关按钮、列表框、选项按钮、复选框和命令按钮等控制功能。控制按钮放置在总览界面上，其类似于主菜单的图形版本。

本章描述了不同类型的打印报告，包括详细报告、异常报告和总结报告。还介绍了报告的特征和组成部分，包括控制区域、控制中断、报告头和报告尾、页头和页脚、组标题和组间小计。还讨论了网络信息传递、音频输出、即时通信、播客、电子邮件和专业形式输出等其他输出类型。

输入设计的讨论从对源文档和文档中不同区域的描述开始，包括标题区域、控制区域、说明区域、主体区域、总计区域和授权区域。关于数据输入界面设计的讨论阐释了应使用输入掩码和校验规则来减少数据错误。输入掩码类似于只允许特定字符组合的模板，数据校验规则提供检验防止不合适的数据输入系统，包括序列检验、存在检验、范围检验、合理性检验和有效性检验等。

为输入媒介和程序，本章还介绍了批量输入和在线输入方法。输入方法包括数据抓取和数据输入。自动化数据抓取包括识别并记录源数据。数据输入包括将源数据转换为计算机可读的格式并将其输入系统。新技术提供了视觉和声音识别系统、生物学反馈设备、运动传感器以及一系列图形化输入设备。

最后，本章讨论了安全和控制。输出控制包括数据和报告的物理保护，以及对可从系统提取数据的未经授权端口或设备的控制。输入控制包括审计追踪、加密技术、密码安全、数据安全以及创建限制人员查看并使用数据的访问等级。

关键词（Key Terms）

审计追踪　每个数据项来源及进入系统时间的记录。除记录初始来源外，审计追踪还必须显示数据在何时被何人以何种方式访问和更改。所有这些操作都必须记录在审计追踪中并被仔细监控。

授权区域　包含任何所需签名的表单部分。

自动传真　允许客户使用电子邮件、企业网站或电话等方式请求传真的系统，响应将在几秒钟内传输到用户的传真机。

批次　同时输入信息系统的一组数据。

批量控制　用于检验批量输入的总和。批量控制会检查记录数量和数字字段总数等数据项。例如，在批量输入订单之前，用户可能会计算订单总数以及定购数量总计，在批量订单输入后，订单系统依旧计算两个相同的总数，如果系统总数与输入总数不匹配，说明发生了数据输入错误。

批量输入　按特定时间计划，如每天、每周、每月或更长时间，执行数据输入的过程。例如，当工资部门在每周末收取计时卡片并按批次录入数据时，会发生批量输入。

博客　一种在线杂志，是"web log"的简写。

日历控件　日历控件允许用户选择系统显示并存储为字段值的日期。

文字报告　使用带有固定间距字符集建立的报告。

复选框　用来从一组选项中选择一个或多个，使用复选标记或X代表选择的选项。

组合检验　在两个或多个字段上进行的一种数据有效性检验类型，确保字段在共同考虑时是一致或合理的。即使组合检查中涉及的所有字段都通过其各自的有效性检验，字段值的组合也可能不一致或不合理。

命令按钮　启动打印表格或请求帮助等操作的屏幕按钮。

计算机微缩胶片输出（COM）　扫描并储存纸质文档的图像，常被大型企业用来提供高质量的记录管理和归档。

上下文相关　调用时对当前条件敏感的功能。例如，上下文相关为正在进行的任务提供辅助。

控制中断　控制中断通常会引起特定操作，例如为一组记录打印小计。

控制中断报告　控制中断的详细报告。

控制字段顺序　在控制中断报告中，记录按照与控制字段相同的顺序排列或排序。

数据安全　保护数据免受丢失或损坏，并在数据丢失或损坏时恢复数据。

数据类型检验　确保数据项符合所需数据类型的数据有效性检验类型。例如，数字字段必须只包含数字或数字符号，而字符字段必须只包含字符A到Z（或字符a到z）。

数据校验规则　通过测试数据并拒绝不符合特定条件的数据输入来提高数据输入质量的机制。

默认值　系统自动显示的值。

设计原型设计　创建用户需求的原型，之后丢弃原型并继续实施系统，也称为丢弃式原型设计。

详细报告　详细报告为处理的每条记录生成一行或多行输出。

对话框　允许用户输入关于系统将执行的任务的信息。

无盘工作站　一种网络终端，支持全功能用户接口，但限制可被监控和控制的网络资源之外的数据打印或复制。

电子健康记录（EHR）　患者在不同医疗护理提供者处就诊时产生，可在多个设施和机构间共享的患者健康信息电子记录。

异常报告　仅显示满足特定条件记录的文档。当用户只想获取须采取行动的信息而不需要详细信息时，异常报告非常有用。

存在检验　用于强制数据项的数据有效性检验类型。例如，如果员工记录需要社会保障号码，则存在检验会使得只有当用户在社会保障号码字段中输入合适值时才允许用户保存记录。

传真回传　允许客户使用电子邮件、企业网站或电话等方式请求传真的系统，响应将在几秒钟内传输到用户的传真机。

表单填写　一种非常有效的在线数据输入方法，在界面上完成对源文档的副本或空白表单的填写，用户输入数据后移动到下一字段。

表单布局　数据在表单上的物理外观和位置。表单布局使表单易于填写并为用户提供足够的横向和纵向空间输入数据。

垃圾进，垃圾出（GIGO）　输出的质量只能与输入的质量一样好。

图形用户界面（GUI）　使用图形对象和技术，允许用户与系统通信。精心设计的GUI能够帮助用户快速学习新系统并使用系统高效工作。

哈希总计　本身没有意义但对比较有用的数字，也称为批量控制总计。

人机交互　描述计算机与使用计算机完成商业相关任务的人之间的关系。人机交互概念适用于从PC桌面到全球网络主菜单的一切。

输入控制　确保输入数据正确、完整和安全的必要措施。从提高数据准确性和质量的源文档开始，系统分析师必须在输入设计的每个阶段都关注输入控制。

输入掩码　让用户更易输入数据的模板或模式，常以自动模式使用来指导不熟悉的用户。

限制检验　当有效性检验只涉及最小值或最大值而非两者时发生。检查支付金额是否大于零但不指定最大值是限制检验的一个示例。

列表框　显示用户可选择的选项列表的输出[①]机制。

菜单栏　一系列用户可选择的软件应用选项，通常位于界面顶部。

实物模型　设计报告时，准备被称为实物模型或原型的样本报告供用户查看。样本报告应包含典型的字段值，并包含足够多的记录来显示所有的设计特征。

模块　组织为易于理解和维护的小单元的相关程序代码。一个复杂程序可能有数百甚至数千个模块。

自然语言　允许用户使用正常英语（或其他语言）短语输入命令或请求的软件功能。

在线数据输入　对大部分业务活动使用的数据输入方法。在线输入的方法提供了诸多优势，包括即时验证和数据可用性。

选项按钮　代表选项组的单选按钮。用户一次只能选择一个选项，选定的选项包含一个黑点。参见单选按钮。

输出控制　维护输出完整性和安全性的方法。例如，每份报告应包含一个合适的标题、报告编号或代码、打印日期以及涉及的时间段。报告应有连续编号的页码，标记为第×页共×页，并明确注明报告结束。

输出安全　输出安全保护隐私权，并保护组织自有数据不被盗用或未经授权访问。

页脚　在页面底部出现，用来表明报告的标题和页码。

页头　在页面顶部出现，包含标识数据的列标题。

播客　一种网络广播，允许用户使用iTunes等音乐软件接收音频和多媒体文件，在电脑上收听或将其下载到手机或便携MP3中。

端口保护器　控制工作站界面访问的网络安全应用。

---

① 原书疑有误，应为输入。——译者注

原型设计　开发原型的方法，包括一系列重复的分析、设计、建模和测试，是一种常用技术，可用来设计从房屋到计算机网络的任何事物。

单选按钮　参见选项按钮。

范围检验　一种数据有效性检验类型，测试数据项以验证其是否落在指定的最大值和最小值之间。例如，员工每日工作时长必须落在 0～24 的范围内。

合理性检验　一种数据有效性检验类型，识别有问题但不一定错误的数值。例如，输入 0.05 美元和 5 000 000 美元的付款金额都能通过支付金额大于 0 的简单限制检验，但两个数据可能都是错误的。

记录保留政策　满足记录保存全部法律要求和业务需求的规则。

报告尾　在报告末尾显示，可能包含数值字段总计和其他报告结束信息。

报告头　在报告开始出现，标识报告并包含报告标题、日期和其他必要信息。

RFID 标签　源数据自动化中使用的输入设备。

滚动条　用户界面设计中，滚动条允许用户在可选项间移动。

序列检验　一种数据必须按预先设定的顺序出现的数据有效性检验。例如，如果用户必须按照数字顺序输入工作订单，则无序的订单表示错误。如果用户必须按时间顺序输入事务，则带有无序日期的事务表示错误。

源数据自动化　一种流行的在线输入方法，使用磁性数据条或刷卡扫描仪等输入设备将在线数据输入和自动数据采集结合。

源文档　用于请求或收集输入数据、触发或授权输入操作并提供原始事务记录的表单。在输入设计阶段，开发易于完成和廉价的源文档。

故事板　在原型设计中用来展示整体界面布局和设计的草图。

总结报告　组织中较高级别的人员使用的报告，含有比低级别员工使用的报告更少的细节。

总览界面　在用户界面中应用命令按钮操控，使用户能够进行系统导航并在相关任务组中进行选择。

系统原型设计　生成正在开发的信息系统的全功能工作模型。

系统设计　系统设计的目标是构建一个有效、可靠、可维护的系统。

丢弃式原型设计　参见设计原型设计。

开关按钮　用于表示开启或关闭状态的 GUI 元素。点击开关按钮可切换到另一状态。

工具栏　GUI 元素，包含执行常用命令的快捷方式的图标或按钮。

总计区域　如果表单中有总计数据，其会出现在表单的此部分。

透明界面　用户可能不会真正注意到的界面。不会分散用户注意力，也不会引起用户对界面自身注意的用户友好界面。

周转文件　之后将被输入相同或另一个信息系统的输出文件。例如，电话或者公用设施账单可能是企业计账系统中的周转文件，当一定比例的账单付款返回后，账单被扫描到企业应收账款系统内以准确记录付款。

易用性　用户界面设计包括用户满意、业务功能支持以及系统有效性。

易用性度量　界面设计师可获取的数据，通过使用能够记录并衡量用户与系统间交互的软件收集得到。

以用户为中心　表明主要关注点是用户的一个术语。在以用户为中心的系统中，输入、输出和界面本身之间的区别很模糊。

有效性检验　用于必须具有某些值的数据项的数据有效性检验类型。例如，如果库存系统有 20 个有效的物品类别，则与任一有效类别都不匹配的输入项将无法通过有效性检验。

网络广播　可按需或在特定时间段内向在线参与者提供信息或培训材料的单向传输，如网络研讨。

本章练习

问题

1. 提供系统设计阶段的概述。

2. 解释苹果公司对于用户界面设计，尤其是应用设计的看法。

3. 描述成功界面设计者的习惯。

4. 列出用户界面设计的八条主要指南。你如何按照重要性对其排序？阐释你的答案。

5. 输入技术近年来如何变化？为传统的输入技术、演进的输入技术以及新兴的输入技术分别提供一些例子。

6. 什么是输入掩码？什么是校验规则？它们为什么重要？

7. 详细报告、总结报告和异常报告之间的区别是什么？

8. 源文档设计的主要原则是什么？

9. 为减少输入量提供一些建议。

10. 描述模块化设计，并阐释两种主要的原型设计方法。

讨论话题

1. 一些系统分析师认为源文档是不必要的。他们认为所有的输入都可以直接输入系统中，而不会在中间步骤浪费时间。你同意吗？你能想出源文档至关重要的一些情况吗？

2. 一些系统分析师认为，“给用户他们想要的。如果他们想要大量的报告和数据，那么这就是你应该提供的。否则，他们会觉得你在试图告诉他们应如何完成工作”。一些人说，“系统分析师应该让用户知道可从系统获得哪些信息，如果一味地听从用户，那么永远做不出任何成果，因为用户无法真正了解他们想要什么，也不了解信息系统”。你对这些观点有什么看法？

3. 假如你的网络支持公司雇用了75名技术人员，他们不断出差并在客户现场工作。你的任务是设计一个向现场团队提供技术数据和信息的信息系统。你会建议系统使用哪种输出和信息交付方式？

4. 用户界面可能有非常严格的限制。例如，界面设计可能不允许用户退出到Windows桌面或登录互联网。用户界面应包含这些限制吗？为什么？

5. 带有更小屏幕的智能手机和平板电脑的使用量增加会如何影响用户界面的设计工作？

项目

1. 参观你所在学校或当地企业的行政办公室。请求查看输入界面，分析每个界面的设计和外观，并尝试确定至少一个可能的改进。

2. 搜索网页，找出一个包含本章介绍的指南的优秀用户界面示例。记录你的研究并与全班同学讨论。

3. 回顾8.4.1节以及关于EHR易用性的相关文章。研究EHR易用性的现状并描述所有值得注意的发展。

4. 至少介绍两个好的和两个坏的源文档设计示例。

5. 探索可穿戴计算这一新兴领域，如Apple Watch和Android Wear，并评价这些设备对用户界面设计的影响。

第 9 章
数据设计

第 9 章是 SDLC 系统设计阶段三个章节中的第二章。本章重点关注系统分析师构建信息系统物理模型必需的数据设计技能。

本章包括四个案例讨论问题，用以帮助读者情境化地理解文中描述的概念。伦理问题提出了在未经客户明确同意的情况下分享客户数据的重要问题。

学习目标

学完这一章，你应该能够：

- 解释面向文件的系统及其与数据库管理系统的区别；
- 解释数据设计术语，包括实体、字段、共同字段、记录、文件、表和关键字段；
- 描述数据关系，绘制实体关系图，定义基数并使用基数符号；
- 解释规范化的概念；
- 解释代码的重要性并描述不同的编码方法；
- 解释数据仓库和数据挖掘；
- 区分逻辑与物理存储和记录；
- 解释数据控制方法。

9.1 引言

在系统分析阶段创建了系统的逻辑模型。现在，必须决定如何组织、储存和管理数据。这些是影响数据质量和一致性的重要问题。

本章从回顾数据设计概念和术语开始，然后讨论基于文件的系统，以及包括网络数据库在内的数据库系统。同时，还介绍如何创建显示数据元素关系的实体关系图，以及如何使用规范化概念。本章还讨论如何使用代码表示数据项。本章包括对数据存储和访问问题的讨论，包括数据仓库和数据挖掘、物理设计、逻辑和物理记录、数据存储形式以及数据控制。

9.2 数据设计概念

系统分析师必须理解数据设计的基本概念，包括数据结构和关系数据库模型的演变。

9.2.1 数据结构

数据结构是组织、存储和管理数据的框架。数据结构由以多种方式交互的文件或表格构成，每个文件或表格都包含关于人、地点、事物或事件的数据。例如，一个文件或表格可能包含客户数据，而其他文件或表格可能储存产品、订单、供应商或雇员数据。许多陈旧的遗留系统称为面向文件的系统。随着时间推移，现代关系数据库成为系统开发人员使用的标准模型。下面的汽车服务商店的示例将比较这两个概念。

9.2.2 数据设计示例：Mario 和 Danica

图表 9-1 显示了正在工作的汽车商店机械师。想象两个非常相似但使用不同信息系统设计的商店，我们称之为 Mario 汽车商店和 Danica 汽车商店。Mario 使用两个面向文件的系统，而 Danica 使用数据库管理系统。

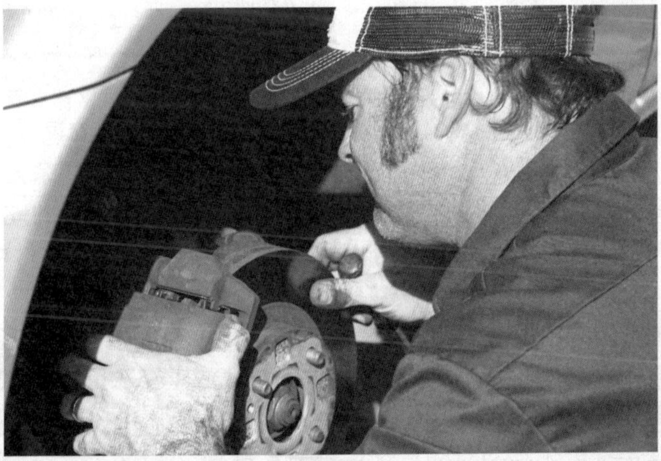

图表 9-1 在此处的示例中，机械师、客户和制动器数据可能储存在面向文件的系统或数据库系统中

资料来源：Lisa F. Young/Shutterstock. com。

Mario 汽车商店

Mario 依靠两个**面向文件的系统**（file-oriented systems）（有时也称为文件处理系统）来管理自身业务。两个系统在彼此不连接的独立文件中储存数据。图表 9-2 显示了 Mario 面向文件的系统：

- “MECHANIC SYSTEM” 使用 “MECHANIC” 文件储存商店员工的数据。
- “JOB SYSTEM” 使用 “JOB” 文件储存商店中执行的工作数据。

遗憾的是，使用两个单独的系统意味着一些数据被储存在两个不同的位置，且数据可能不一致。例如，

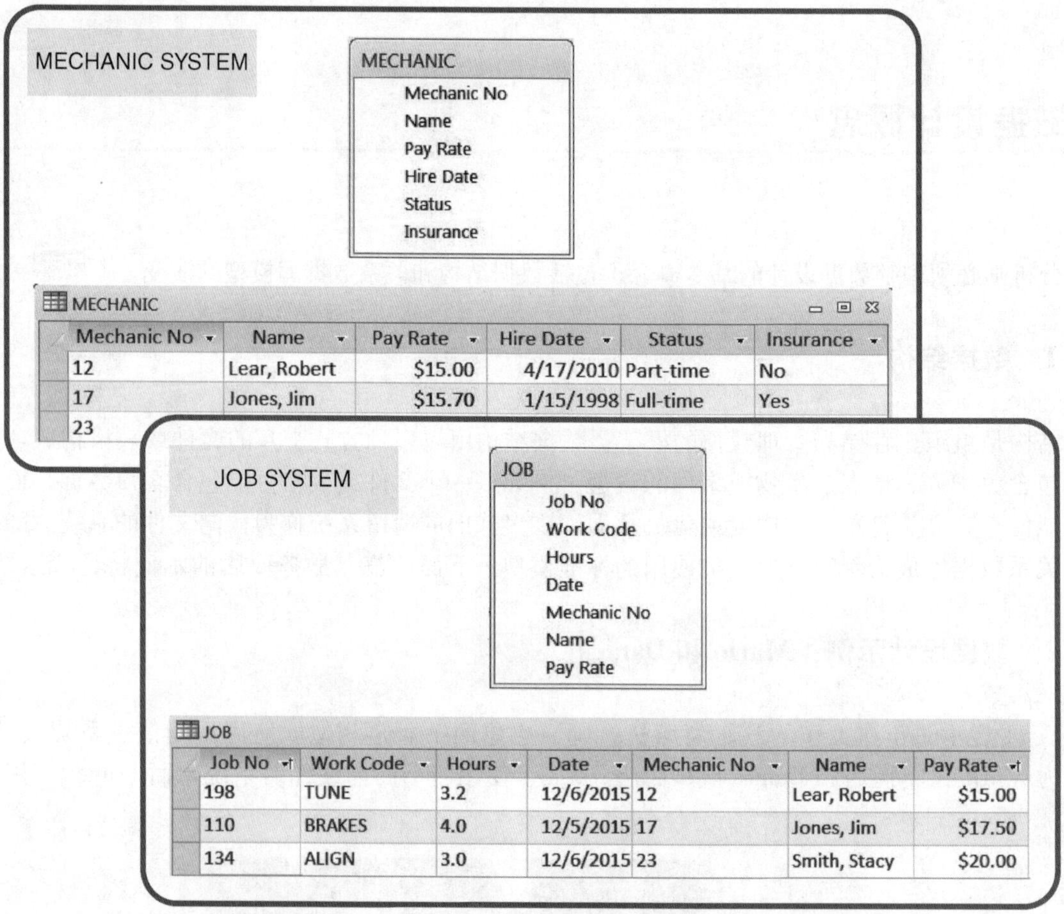

图表 9-2 Mario 商店使用两个独立的系统，因此一些数据必须被输入两次，这种冗余效率低下且可能产生错误

三个数据项（Mechanic No，Name，Pay Rate）储存在两个文件中。这种冗余是面向文件的系统的主要缺点，因为其可能影响数据质量和完整性。事实上，图表 9-2 显示了一个典型的差异：Jim Jones 的付费标准在“MECHANIC SYSTEM”文件中是 15.70 美元，但在“JOB SYSTEM”文件中是 17.50 美元。

Danica 汽车商店

Danica 使用数据库管理系统（DBMS），如图表 9-3 所示，该系统带有两个相互连接的独立表格，因此它们的作用就像一个大表格。在 Danica 的“SHOP OPERATIONS SYSTEM”中，表格由 Mechanic No 字段连接，其被称为共同字段，因为它连接了两个表格。除了共同字段，系统中没有其他重复的数据项。DBMS 设计也称为**关系数据库**（relational database）或**关系模型**（relational model），在 20 世纪 70 年代引入，并成为组织、存储和管理业务数据的主要方法。

Mario 面向文件的系统显示了对 Jim Jones 的两种不同的付费标准，很有可能是因为其中一个数据有输入错误。Danica 的关系数据库中不会出现这种类型的错误，因为员工的付费标准只储存在一个地方。然而，DBMS 无法避免数据输入问题，本章在后面将详细讨论。

9.2.3 文件处理依然重要吗？

虽然文件处理是较为陈旧的方法，但一些企业仍使用这种方法来定期处理大量的结构化数据。许多陈旧的遗留系统使用文件处理，因为它们与主要硬件和批量输入相匹配。尽管如今很少使用，但在某些情况下，

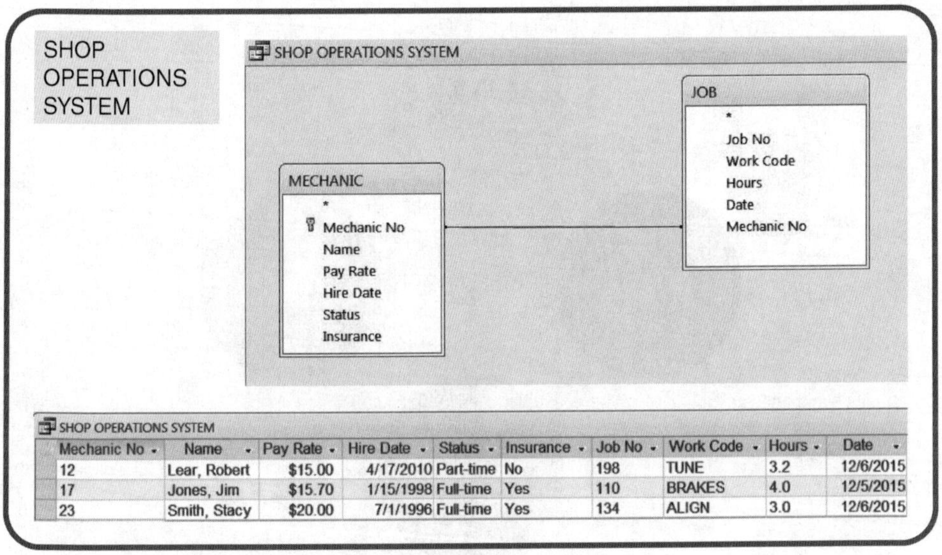

图表 9－3　Danica 商店的“SHOP OPERATIONS SYSTEM”使用数据库设计，避免了重复。无论储存在哪里，数据都可视作一个大表格

文件处理可能是有成本效益的。例如，如图表 9－4 所示，信用卡公司将数以千计的日常交易从“TRANSACTIONS”文件发送到存储在“CUSTOMERS”文件中的账户余额。对于这一相对简单的处理过程，文件处理可能是不错的选择。

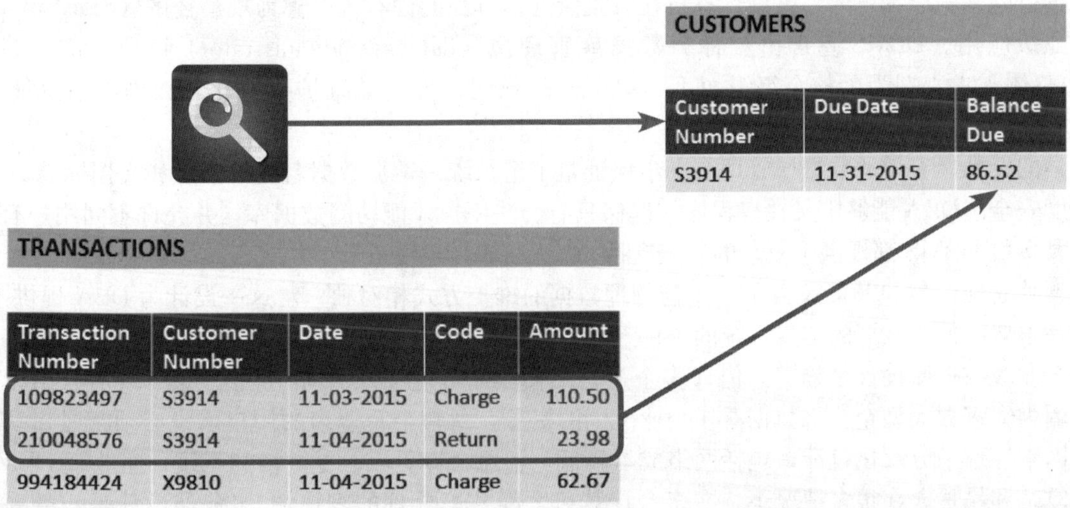

图表 9－4　发送数以千计日常交易的信用卡公司可能会考虑文件处理选项

9.2.4　数据库环境

数据库提供了避免数据冗余并支持实时、动态环境的总体框架。图表 9－5 展示了支持四个独立信息系统的企业级数据库。

数据库管理系统（database management system，DBMS）是工具、功能和接口的组合，使用户能够添加、更新、管理、访问并分析数据。基于用户视角，DBMS 的主要优点是它提供了及时、互动和灵活的数据访问。具体而言，DBMS 的优势包括：

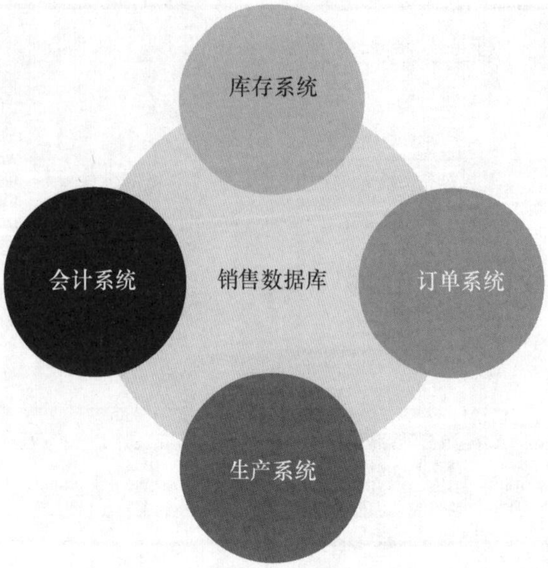

图表 9-5　在此示例中，销售数据库能够支持四个独立的业务系统

● 可扩展性。可扩展性意味着系统可以被扩展、修改或缩小来满足企业快速变化的需求。例如，如果企业决定添加二级供应商数据，则可将新的表格添加到关系数据库并用共同字段连接。

● 规模经济。数据库设计允许更好地利用硬件。如果企业维护一个企业级数据库，使用强大的服务器和通信网络进行处理则成本更低，大型计算机在大批量处理方面的固有效率称为**规模经济**（economy of scale）。

● 企业级应用。DBMS 通常由被称为**数据库管理员**（database administrator，DBA）的人进行管理。DBA 评估整体需求，并为了整个组织而不是单个部门或用户的利益维护数据库。数据库系统能够比文件处理系统更有效地支持企业级应用。

● 更强的标准。有效的数据库管理有助于保证整个组织统一遵循数据名称、格式和文档标准。

● 高度安全。DBA 能够定义授权程序，确保只有合法用户才能访问数据库，并允许不同用户有不同的访问级别。大多数 DBMS 都提供了复杂的安全支持。

● 数据独立性。与 DBMS 交互的系统与物理数据的维护方式相对独立。这一设计为 DBA 提供了灵活性，使其能够在不修改使用数据的信息系统的条件下改变数据结构。

虽然企业级数据库设计是趋势，但许多企业仍然使用中心化 DBMS 和小型、部门级别数据库系统的组合。这是因为大多数大型企业将数据看作企业范围的资源，对整个企业内的用户来说必须都是可访问的。同时，其他因素导致了分散化设计，包括网络成本较低，不愿舍弃更小、更灵活的系统，企业级 DBMS 的维护可能非常复杂和昂贵。在很多情况下，在多台计算机之间共享处理的客户端/服务器设计是一种妥协，客户端/服务器系统将在第 10 章中进行详细描述。与众多设计决策一样，最佳的解决方案取决于组织需求以及具体情况。

9.3　DBMS 组件

DBMS 提供数据库和需要访问数据的用户之间的接口。虽然用户主要关心易于使用的接口以及对其业务需求的支持，但系统分析师必须了解 DBMS 的全部组件。除了用户、数据库管理员以及相关信息系统接口，

DBMS 还有数据操作语言、模式和子模式以及物理数据存储库，如图表 9－6 所示。

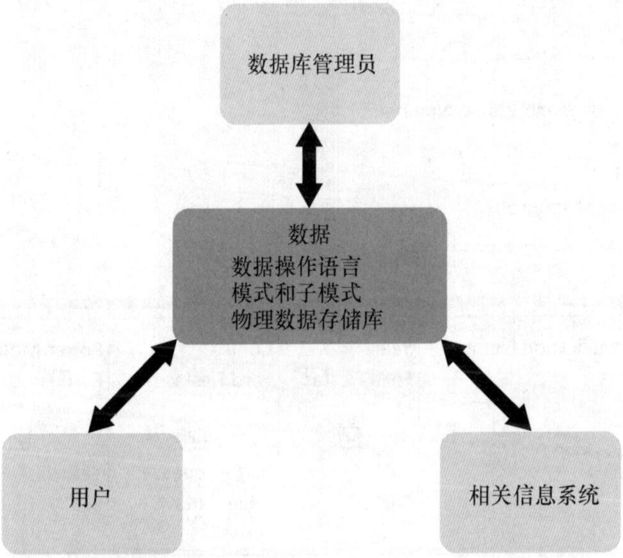

图表 9－6　除了用户、数据库管理员及相关信息系统接口，DBMS 还有数据操作语言、模式和子模式以及物理数据存储库

9.3.1　用户、数据库管理员和相关信息系统接口

当用户、数据库管理员和相关信息系统需要数据和服务时，DBMS 处理需求、操作数据并提供响应。

用户

用户通常使用预先定义的查询和总览界面的命令，但也会使用查询语言来访问储存的数据。**查询语言**（query language）允许用户指定任务而无须说明任务如何执行，一些查询语言使用类似于日常英文语句的自然语言命令。对于**示例查询**（query by example，QBE）语言，用户提供所需数据的示例。许多数据库程序也会生成**结构化查询语言**（structured query language，SQL），其是一种允许客户端与服务器和大型主机通信的语言。图表 9－7 显示了带有电动天窗的酸橙色或糖果蓝色 2013 福特嘉年华的 QBE，QBE 生成了图表 9－7 的底部显示的 SQL 命令。

数据库管理员

DBA 负责 DBMS 的管理和支持。DBA 关注数据安全和完整性、防止未经授权的访问、提供备份和恢复、审计追踪、维护数据库以及支持用户需求。大多数 DBMS 提供实用程序以协助 DBA 创建并更新数据结构、收集并报告数据库使用模式，以及检测并报告数据库异常行为。

相关信息系统

DBMS 可以支持多个相关信息系统，它们为 DBMS 提供输入并从 DBMS 处获取特定数据。与用户接口不同的是，DBMS 和相关系统之间的双向通信不需要人的参与。

9.3.2　数据操作语言

数据操作语言（data manipulation language，DML）控制数据库操作，包括储存、检索、更新和删除数据。大多数商业 DBMS，如甲骨文和 IBM 的 DB2，都使用 DML，Microsoft Access 等数据库产品还提供易于使用的图形化环境，使用户能够通过菜单驱动命令控制操作。

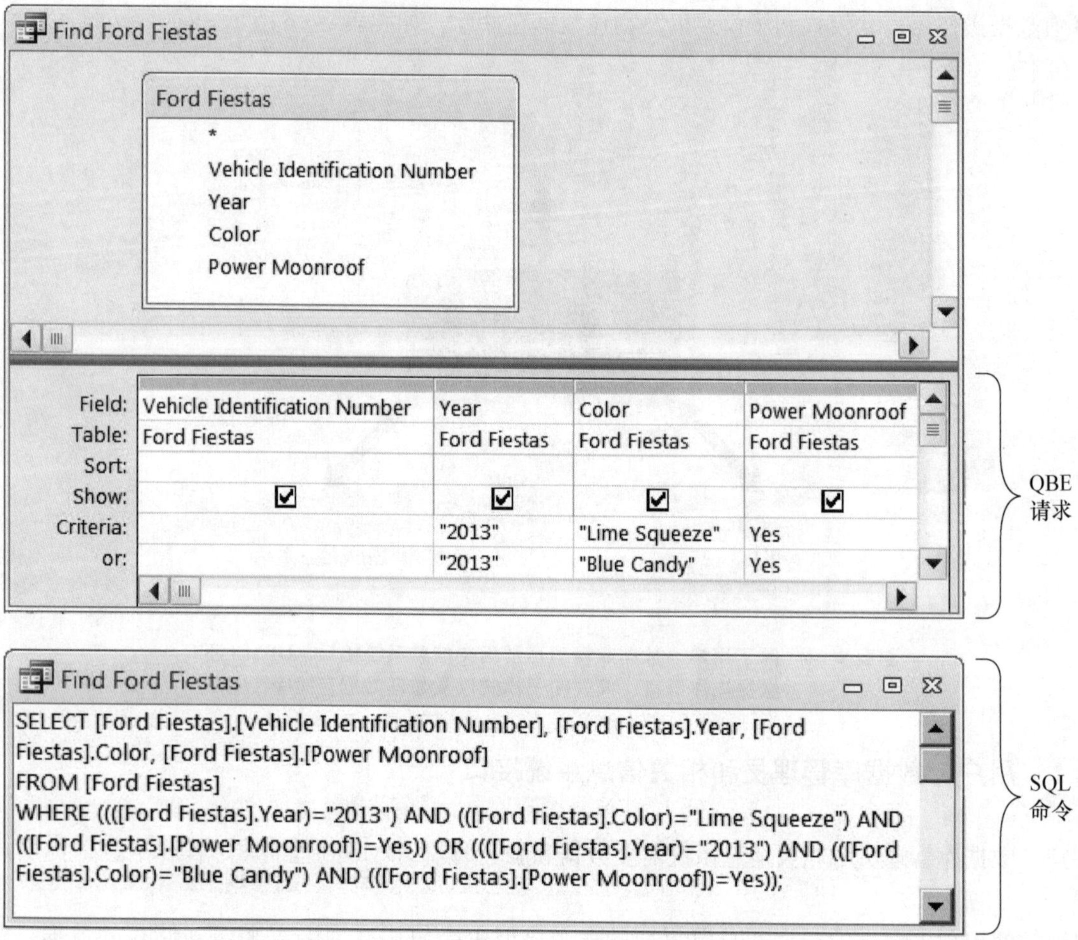

图表 9-7　使用 QBE，用户可以显示所有带有电动天窗的酸橙色或糖果蓝色 2013 福特嘉年华

9.3.3　模式

数据库的完整定义称为**模式**（schema），其中包括对全部字段、记录和关系的描述。也可定义一个或多个子模式，**子模式**（subschema）是一个或多个系统或用户使用的数据库视图。子模式只定义特定系统或用户需要或被允许访问的数据库部分。例如，为了保护个人隐私，项目管理系统不应被允许检索工人的薪资标准，在这种情况下，项目管理系统子模式将不包含薪资标准字段。数据库设计者还使用子模式限制访问级别。例如，根据需求和企业安全政策，特定用户、系统或位置可能被允许创建、检索、更新或删除数据。

9.3.4　物理数据存储库

第 5 章讨论了数据字典，其描述了包含在逻辑设计中的全部数据元素。在系统开发阶段，数据字典被转化为包含模式和子模式的物理数据存储库。物理数据存储库可能是中心化的或分散在不同位置。除此之外，储存的数据可由单个 DBMS 或多个系统进行管理。为了解决潜在的数据库连接和访问问题，企业使用可在多个系统和 DBMS 间通信的 ODBC 标准软件。代表**开放数据库连接**（open database connectivity）的 **ODBC** 是一种行业标准协议，使不同供应商开发的软件能够交互并交换数据。与图表 9-7 中显示的语句类似，ODBC

使用DBMS能够理解和执行的SQL语言。另一个共同标准称为**JDBC**或**Java数据库连接**（Java database connectivity）。JDBC使Java程序能够与任何使用SQL语言并符合JDBC①标准的数据库交换数据。

物理设计问题将在讨论系统架构的第10章以及讨论系统实施和数据转换的第11章进行介绍。

9.4 基于网络的设计

图表9-8列出了基于网络的设计的主要特征。在基于网络的设计中，互联网被当作数据库管理系统的前端或接口。互联网技术提供了强大的能力和灵活性，因为相关信息系统与硬件和软件的特定组合无关，只需网络浏览器和互联网连接即可访问数据库。基于网络的系统十分流行，因为其提供了更加易于访问、有成本效益和全球范围的连接，所有这些对必须在全球经济中竞争的企业来说非常重要。

特性	解释
全球访问	使用现有基础设施和标准电信协议，互联网可允许全球访问。
易用性	网络浏览器提供了一个用户友好且易于学习的熟悉界面。
多平台	基于网络的设计不依赖于硬件和软件的特定组合，全部需要只有浏览器和网络连接。
成本效益	初始投资相对较低，因为互联网是通信网络。用户仅需浏览器，且基于网络的系统不需要强大的工作站。灵活性很高，因为有许多用于开发、托管、维护和系统支持的外包选项。
安全性	安全是一个普遍问题，但互联网连接引起了特别的关注，这些可通过良好的设计、可保护系统并监测入侵的软件、严格的密码和用户识别规则以及警惕的用户和管理者来解决。
适应性	互联网在访问、连接和灵活性方面有许多优点，但是将传统数据库设计迁移到网络可能需要设计修改、附加软件以及一些额外的费用。

图表9-8　基于网络的设计特征包括全球访问、易用性、多平台、成本效益、安全性和适应性。在基于网络的设计中，互联网作为数据库管理系统的前端或接口，访问数据库只需要网络浏览器和互联网连接

9.4.1 连接到网络

要在网络系统中访问数据，数据库必须连接互联网或内联网。但是数据库和互联网使用两种不同的语言，数据库由多种语言和命令创建并管理，其与网络语言HTML完全无关。将数据库连接到网络的目的是通过网络查看和更新数据。

为了消除这些差距，有必要使用中间件，这是一种可以交换数据的集成应用。中间件以HTML格式解

① 原书疑有误，应为ODBC。——译者注

释客户端请求，并将客户端请求转换为数据库可执行的命令，数据库响应命令后，中间件将结果转换为可通过用户浏览器展示的 HTML 页面，如图表 9－9 所示，使用互联网或企业内联网作为通信渠道，该过程中共发生四个步骤。中间件将在第 10 章进行详细讨论。

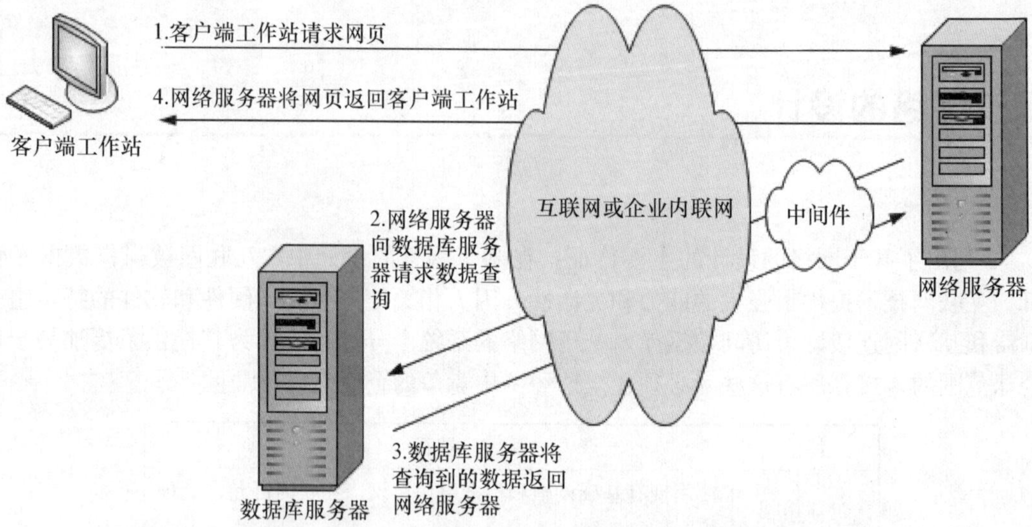

图表 9－9　当客户端工作站请求网页时（1），网络服务器使用中间件向数据库服务器生成数据查询（2），数据库服务器响应（3），中间件将检索数据转换为可由网络服务器发送并由用户浏览器显示的 HTML 页面（4）

9.4.2　数据安全

网络数据必须安全且可被授权用户轻松访问。为了实现这一目标，设计良好的系统提供三个级别的安全保障：数据库本身、网络服务器、连接系统不同组件的通信链接。

数据安全在 9.11 节和第 12 章中进行讨论。

9.5　数据设计关键词

使用前面章节中讨论的概念，系统分析师可以选择设计方法并开始构建系统。第一步是理解数据设计术语。

9.5.1　定义

数据设计术语包括实体、表、文件、字段、记录以及关键字段。这些术语将在接下来的部分中进行介绍。

实体

实体描述人、地点、事物或事件，在数据库中为这些实体收集并维护数据。例如，在线销售系统可能包含名为“CUSTOMER”“ORDER”“PRODUCT”“SUPPLIER”的实体。在系统分析阶段准备 DFD 时，定义了不同实体和数据存储，现在考虑实体间的关系。

表或文件

数据被组织为表或文件。**表**（table）或**文件**（file）包含储存特定实体数据的一系列相关记录。表和文件都显示为包含列和行的二维结构。每一列表示一个字段或实体的一个特征，每一行代表一个记录，其是实体的一个单独的实例。例如，如果企业有10 000名客户，“CUSTOMER”表会包含10 000条记录，每一条代表一名特定的客户。

虽然在特定文本中有不同的含义，但“表”和“文件”这两个术语通常可相互替换。

字段

字段也称为属性，是实体的单一特征。例如，“CUSTOMER”实体可能包含“客户代码”、“名”、“姓”、“住址”、“城市”、“州”、“邮编”和“电子邮件地址”字段。

共同字段（common field）是在多个实体中出现的属性。共同字段可用于在不同类型的关系间连接实体。

记录

记录也称为**元组**（tuple），是描述实例或实体成员的一系列相关字段，如一名客户、一份订单或一件产品。记录可能有一个或多个字段，取决于需要哪些信息。

9.5.2 关键字段

在系统设计阶段，**关键字段**（key fields）用于组织、访问并维护数据结构。键的四种类型分别为主键、候选键、外键和次键。

主键

主键（primary key）是唯一可以识别实体特定成员的字段或字段组合。例如，在客户表中，客户编号是唯一的主键，这是因为没有两个客户拥有相同的客户编号。该键也是最小化的，因为其不包含识别客户所需信息之外的任何信息。在“CUSTOMER”表中，“Customer ID”可用作唯一的主键。“Customer ID”是基于单一字段的主键示例。

主键也可由两个或多个字段组成。例如，如果学生注册了三门课程，其学号将在注册系统的三条记录中出现。如果其中有一门课程有20名学生，则该课程编号将在20条单独记录中存在，每名注册的学生对应一条记录。

在注册文件中，学号和课程号都不是唯一的，因此两个字段都不能成为主键。为了识别特定课程中的特定学生，主键必须是学号和课程号的组合。在这种情况下，主键称为**组合键**（combination key）。组合键还称为**复合键**（composite key）、**连接键**（concatenated key）或**多值键**（multivalued key）。

图表9-10给出了四张不同的表：“STUDENT”、“ADVISOR”、“GRADE”和“COURSE”。其中三张表有单一字段的主键。但在“GRADE”表中，主键是“STUDENT NUMBER”和“COURSE NUMBER”两个字段的组合。

候选键

有时，将字段或字段组合作为主键会有多种选择，可以作为主键的任何字段都称为**候选键**（candidate key）。例如，如果每个员工都有唯一的员工号，则其可用作主键。员工的社会保障号码可能不是一种好的候选键选择：与普遍的看法相反，社会保障号码并不是唯一的。由于只能将一个字段指定为主键，因此应选择包含最少数据量且最容易使用的字段。不是主键或候选键的字段称为**非键字段**（nonkey field）。

图表9-10中的主键同时也是候选键。另一个候选键是“COURSE”表中的“COURSE DESCRIPTION”字段。“ADVISOR”表中的“OFFICE”字段呢？它不能当作候选键，因为多个教师可能会在同一间办公室工作。

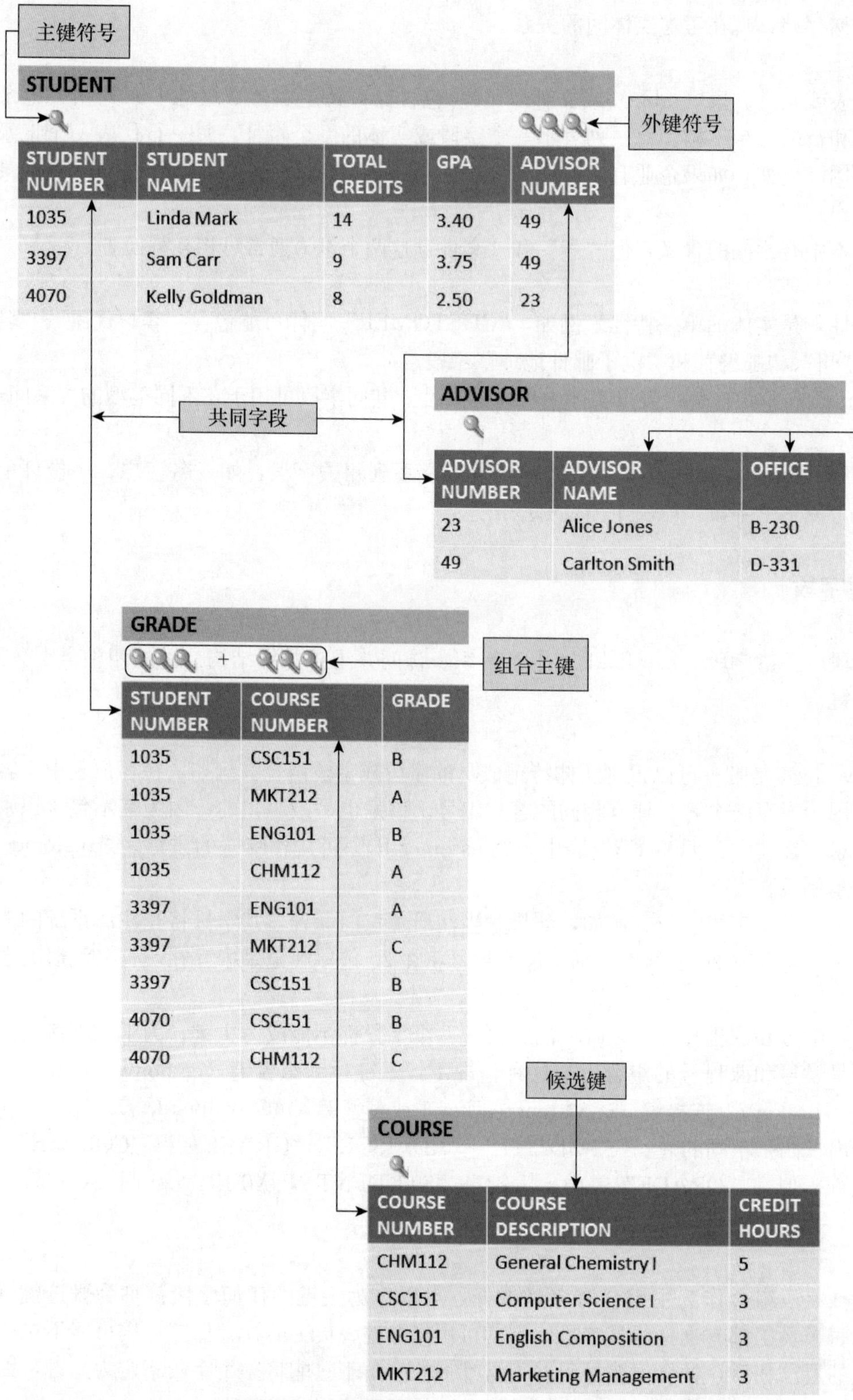

图表 9-10　共同字段、主键、候选键、外键和次键的示例

外键

回忆一下，共同字段在多张表中出现，且可用于建立表与表之间的关系或连接。例如，在图表 9-10

中，"ADVISOR NUMBER"字段在"STUDENT"表和"ADVISOR"表中出现，并将两张表连接起来。"ADVISOR NUMBER"是"ADVISOR"表的主键，在其中唯一确定了每个教师，同时也是"STUDENT"表的外键。**外键**（foreign key）是必须与另一个表中的主键值相匹配以建立两个表之间关系的表中字段。

与主键不同，外键不需唯一。例如，Carlton Smith 的教师编号是 49。在"ADVISOR"表中 49 必须是唯一的值，因为它是一个主键，但是 49 可在"ADVISOR NUMBER"作为外键的"STUDENT"表中出现任意次数。

图表 9－10 也显示了两个外键如何构成另一张表的复合主键。考虑下方的"GRADE"表。构成"GRADE"表主键的两个字段都是外键：与"STUDENT"表中的学生编号对应的"STUDENT NUMBER"字段，以及必须匹配"COURSE"表中课程 ID 之一的"COURSE NUMBER"字段。

这两个外键如何作为"GRADE"表的主键？学生编号和课程 ID 可在表格中以任意次数出现，但是学生和课程的特定组合只出现一次。例如，学生 1035 出现了四次，课程 CSC151 出现了 3 次，但是学生 1035 和课程 CSC151 的组合只有一个。由于特定学生（1035）和特定课程（CSC151）的组合是唯一的，其确保将成绩（B）在正确的课程中分配给正确的学生。

次键

次键（secondary key）是可用于访问或检索记录的字段或字段组合。次键的值不唯一。例如，为了访问带有特定邮编的客户记录，邮编字段将用作次键。次键还可用于将记录按特定顺序分类或展示。例如，"STUDENT"文件中的 GPA 字段可用于按照绩点顺序展示全部学生的记录。

由于一个表中只能有一个主键，因此需要有次键。在"CUSTOMER"文件中，"CUSTOMER NUMBER"是主键，因此它必须唯一。我们可能知道客户姓名而不知道客户编号。例如，要在不知道客户编号的情况下访问到名为 James Morgan 的客户，使用"CUSTOMER NAME"字段作为次键在表中进行搜索，所有名为 James Morgan 的客户记录都会被检索，然后选择正确的记录。

在图表 9－10 中，学生姓名和教师姓名被定义为次键，但也可使用其他字段。例如，为了找到有特定教师的全部学生，"STUDENT"表中的"ADVISOR NUMBER"字段可用作次键。

9.5.3 引用完整性

有效性检验可以帮助避免数据输入错误。一种有效性检验类型称为**引用完整性**（referential integrity），其是一系列避免数据不一致和质量问题的规则。在关系数据库中，引用完整性意味着无法在表中输入外键，除非它与另一张表中的已有主键匹配。例如，引用完整性会阻止将客户订单输入订单表中，除非这一客户在客户表中存在。如果没有引用完整性，可能会出现被称为**孤儿现象**（orphan）的订单，因为它没有相关联的客户。

在图表 9－10 的例子中，引用完整性不会允许用户在"STUDENT"表格中输入教师编号（外键值），除非有效的教师编号（主键值）已存在于"ADVISOR"表中。

如果记录有与另一张表的外键关联的主键，引用完整性也会阻止删除该条记录。例如，假设教师辞职并接受另一所学校的职位。只要"STUDENT"表中的记录仍引用该教师编号，就无法从"ADVISOR"表中将这位教师删除。否则，"STUDENT"表中的记录将成为孤儿现象。为了避免问题，必须通过更改"ADVISOR NUMBER"字段值将学生再次分配给其他教师，之后教师记录才可被删除。

在创建关系数据库时，可将引用完整性整合在设计中。图表 9－11 显示了 Microsoft Access 界面，其定义了共同字段并允许用户执行引用完整性规则。

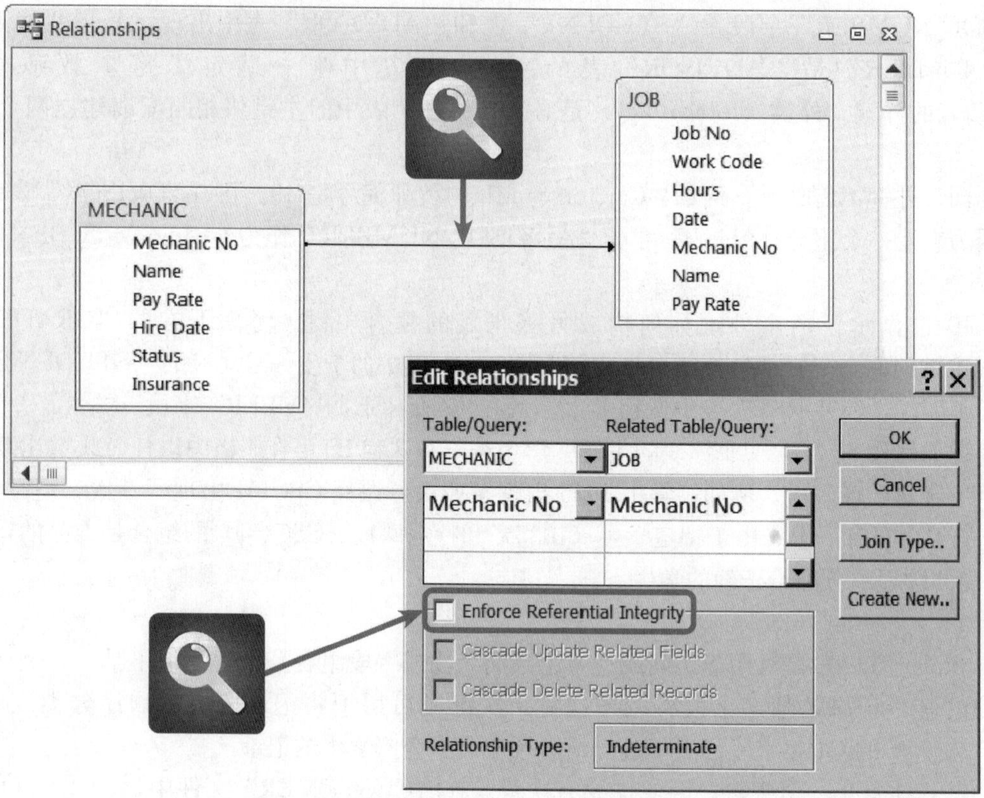

图表 9-11 Microsoft Access 允许用户确认引用完整性规则是否在关系数据库设计中实施

9.6 实体关系图

回想一下，实体是指人、地点、事物或事件，我们对其数据进行收集和维护。例如，实体可能是客户、销售地区、产品或订单。信息系统必须识别实体间关系。例如，"CUSTOMER"实体可能有"ORDER"实体的几个实例，"EMPLOYEE"实体可能有"SPOUSE"实体的一个实例，也可以不具有实例。

实体关系图（entity-relationship diagram，ERD）是显示系统实体间逻辑关系和交互的模型。ERD 提供系统的整体视图以及用于创建物理数据结构的蓝图。

9.6.1 绘制实体关系图

第一步是列出在系统分析阶段确认的实体，并考虑连接它们的关系的性质。在这个阶段，可以使用简化的方法来显示实体之间的关系。

尽管有绘制 ERD 的不同方法，但一种流行方法是用矩形表示实体并用菱形表示关系。通常按照自上而下或自左向右的顺序，将实体矩形用单数名词注明，并将关系菱形用动词注明。例如，在图表 9-12 中，"DOCTOR"实体治疗"PATIENT"实体。不同于数据流图，实体关系图描述关系，而不是数据或信息流。

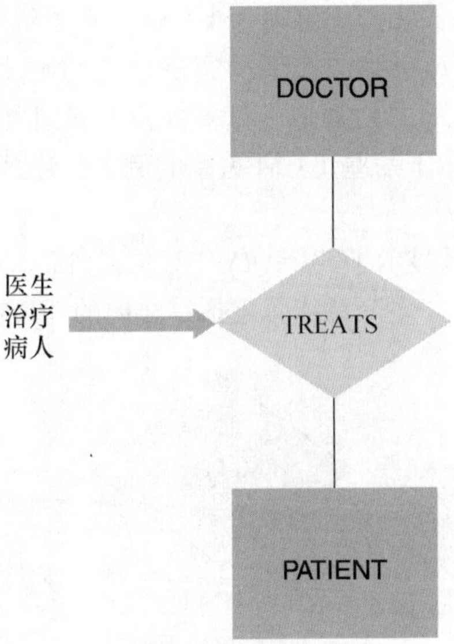

图表 9-12 在实体关系图中，实体用单数名词注明，关系用动词注明。关系用简单的词语表示

9.6.2 关系类型

实体间存在三种类型的关系：一对一、一对多和多对多。

一对一关系（one-to-one relationship），缩写为 **1∶1**。一对一关系存在的条件是：第一实体的每个实例都恰好有一个第二实体对应发生。图表 9-13 显示了几个 1∶1 关系的例子。两条连线旁放置数字 1 以表明 1∶1 关系。

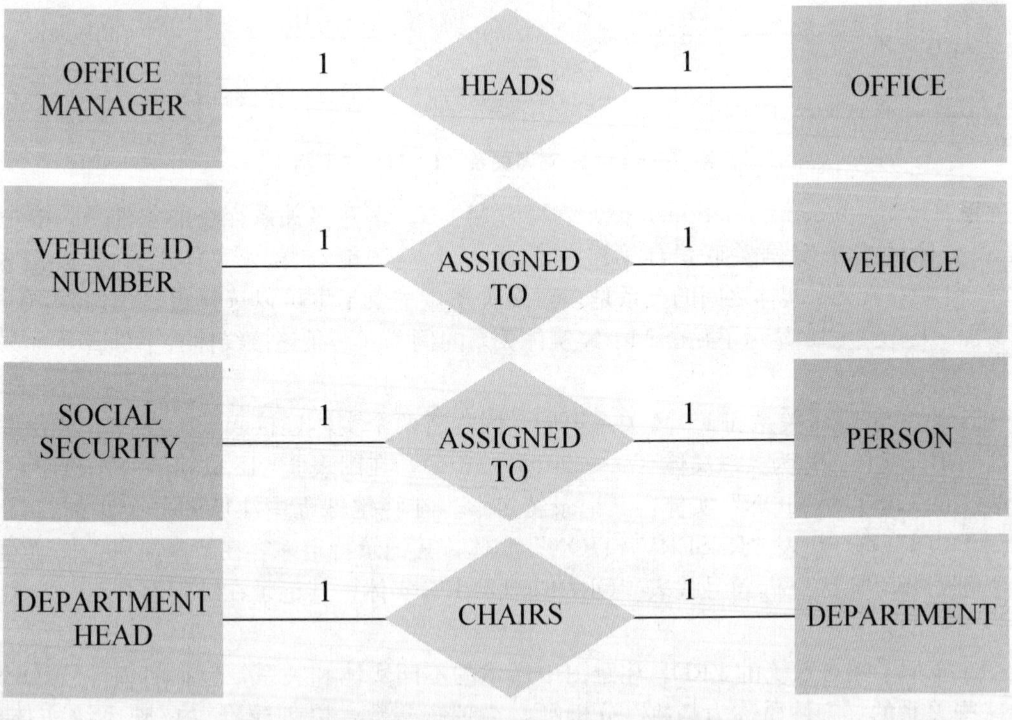

图表 9-13 一对一关系（1∶1）的示例

一对多关系（one-to-many relationship），缩写为 **1∶M**。一对多关系存在的条件是：第一实体的每个实例可与第二实体的多个实例关联，但每个第二实体的实例仅能与一个第一实体的实例关联。例如，“DEPARTMENT”和“EMPLOYEE”之间的关系是一对多：一个部门可拥有很多员工，但每个员工同一时间仅能在一个部门工作，图表 9-14 显示了一些 1∶M 关系的例子。连接多实体的线用字母 M 标注，用数字 1 标注另一条连接线。多少才算“多”呢?

图表 9-14 中的第二个 1∶M 关系显示了“INDIVIDUAL”和“AUTOMOBILE”两个实体。一个人可能拥有五个、一个或没有电话。因此，“多”意味着包括零在内的任何数字。

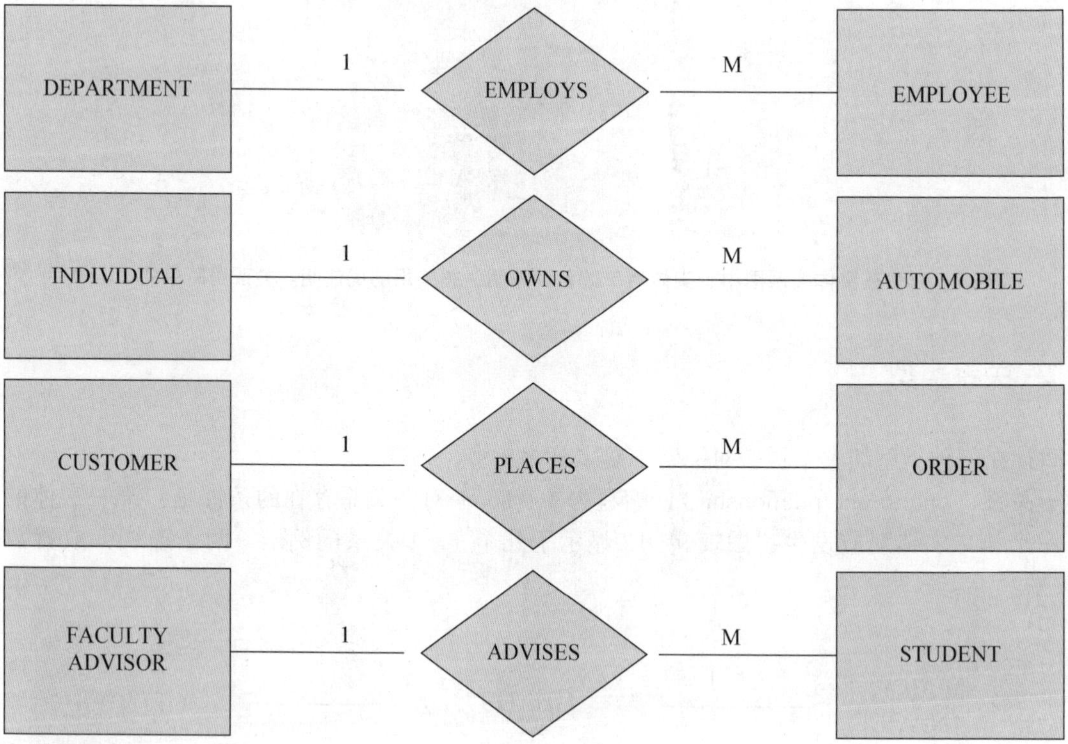

图表 9-14　一对多关系（1∶M）的示例

多对多关系（many-to-many relationship），缩写为 **M∶N**。多对多关系存在的条件是：第一实体的一个实例能与第二实体的多个实例关联，且第二实体的一个实例能与第一实体的多个实例关联。例如，“STUDENT”和“CLASS”实体之间的关系是多对多关系，一个学生可以选择很多门课程，一门课程可以有很多学生参加。图表 9-15 显示了几个 M∶N 实体关系的例子。一条连接线标有字母 M，而另一条连接线标有字母 N。

注意 M∶N 关系与 1∶1 关系和 1∶M 关系不同，因为将两个实体连接起来的事件或事务事实上是一个带有自身特征的第三实体，称为**关联实体**（associative entity）。在图表 9-15 的第一个示例中，“ENROLLS IN”符号代表“REGISTRATION”实体，其记录特定学生在特定课程中注册的每个实例。类似地，“RESERVES SEAT ON”符号代表“RESERVATION”实体，其记录特定乘客在特定航班上保留座位的每个实例。在第三个例子中，“LISTS”符号代表“ORDER LINE”实体，其记录在特定客户订单中列出特定产品的每个实例。

图表 9-16 显示了销售系统的 ERD。注意图中所示的不同实体和关系，包括名为“ORDER LINE”的关联实体。这些关系的详细性质称为基数。分析师必须理解基数，以创建准确反映系统实体间关系的数据设计。

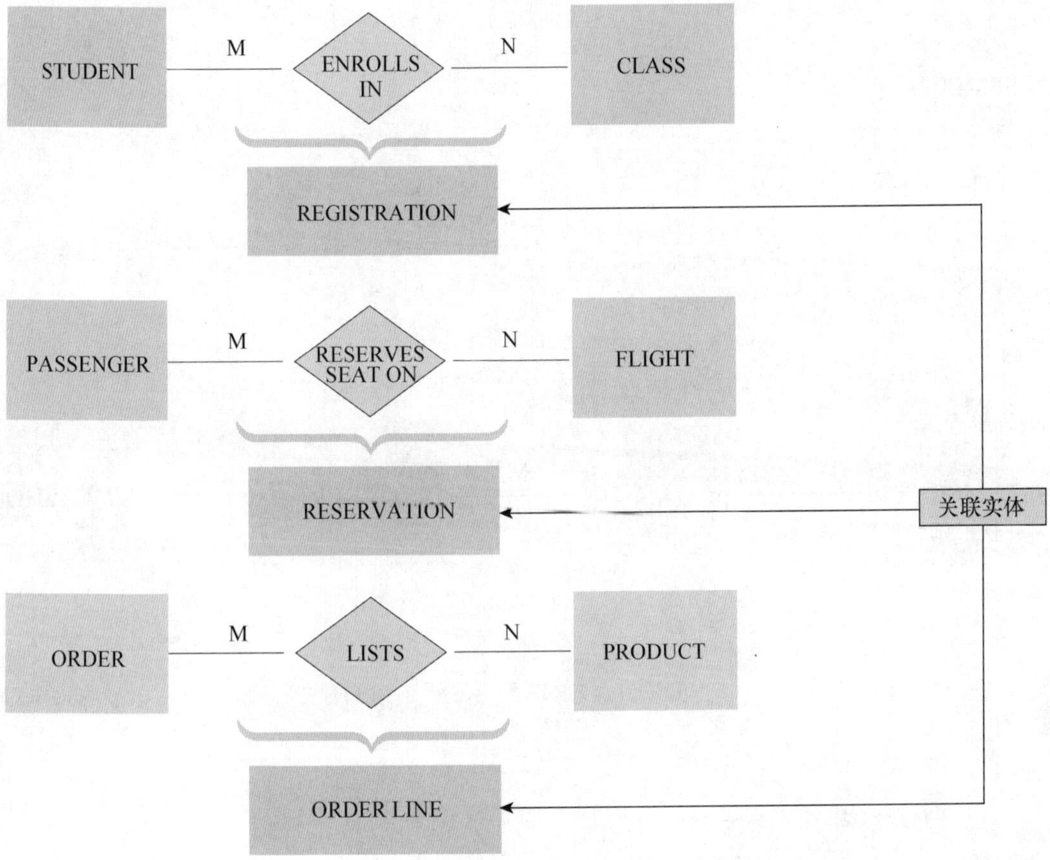

图表 9-15　多对多关系（M：N）的示例，连接两个实体的事件或事务是关联实体，带有自己的属性和特征

9.6.3　基数

分析师在绘制初始实体关系图后，他们必须使用被称为基数的技术更详细地定义关系。基数描述两个实体间的数字关系，并显示一个实体的实例如何与另一个实体的实例关联。例如，考虑“CUSTOMER”和“ORDER”两个实体间的关系。一个客户可以有一个、多个或没有订单，但每个订单都必须有且仅有一个客户。分析师可通过添加**基数符号**（cardinality notation）对此交互进行建模，其使用特殊符号来表示关系。

一种表示基数的常见方法因其形状而被称为**乌鸦脚符号**（crow's foot notation），包括圆圈、线以及表示不同可能性的符号。单线表示一个，双线表示有且仅有一个，圆圈表示零，乌鸦脚表示许多。图表 9-17 显示了不同基数符号和含义，以及表示关系的 UML 表示。正如第 4 章描述的，统一建模语言（UML）是一种广泛使用的可视化并记录软件系统设计的方法。

图表 9-18 中显示了基数符号的四个示例。在第一个示例中，有且仅有一个“CUSTOMER”可放置在零个或多个“ORDER”实体中。在第二个示例中，有且仅有一个“ORDER”可包含一个或多个“ITEM ORDERED”。在第三个示例中，有且仅有一个“EMPLOYEE”可以有一个或零个“SPOUSE”。在第四个示例中，多个或零个“EMPLOYEE”可以分配给多个或零个“PROJECT”。

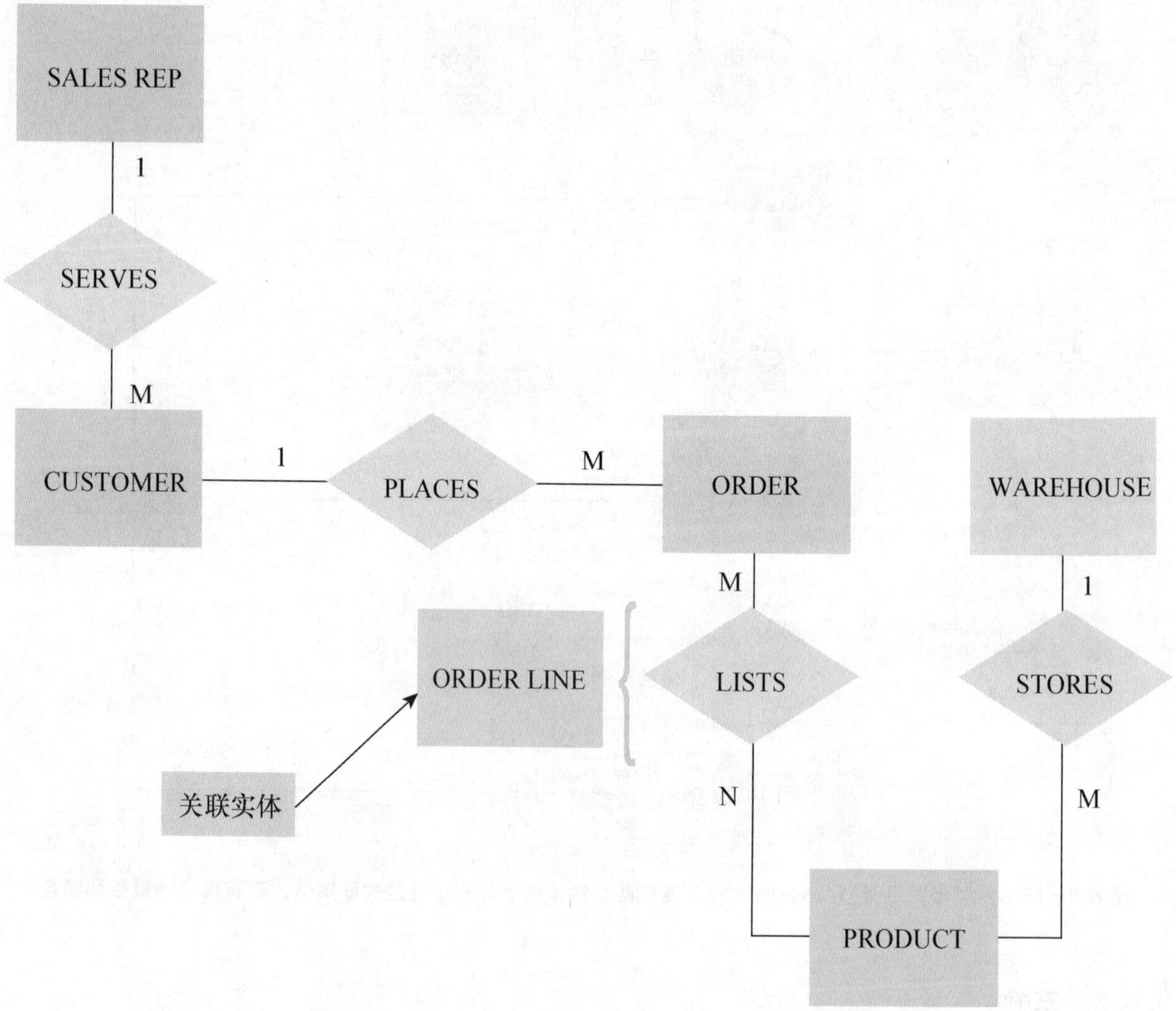

图表 9-16　"SALES REP"、"CUSTOMER"、"ORDER"、"PRODUCT" 和 "WAREHOUSE" 的实体关系图。"ORDER" 和 "PRODUCT" 实体被名为 "ORDER LINE" 的关联实体连接

大多数 CASE 产品支持为数据库中的实体绘制 ERD。图表 9-19 显示了使用 Visible Analyst CASE 工具绘制的图书馆系统 ERD 的一部分。乌鸦脚符号被用于显示关系的本质，在两个方向上都进行了描述。

案例 9.1　TopText Publishing 公司

TopText Publishing 是一家教科书出版公司，它有一个总部、一个仓库以及三个销售办公室，每个销售办公室有一名销售经理和若干销售代表。TopText 将产品卖给中小学、大学以及个人客户。许多作者为 TopText 写了不止一本书，且有多名作者写了多本书。TopText 保留了超过 100 本书的活跃列表，每本书均通过 ISBN 通用代码进行标记。要求你为 TopText 的信息系统绘制 ERD，并在图中使用基数符号。

符号	含义	UML表示
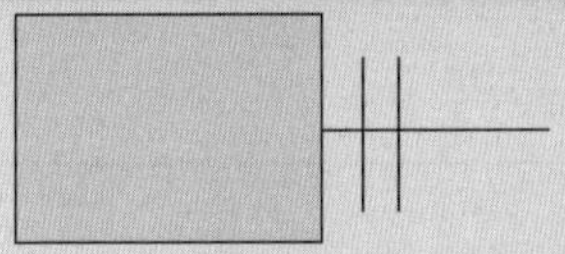	有且仅有一个	1
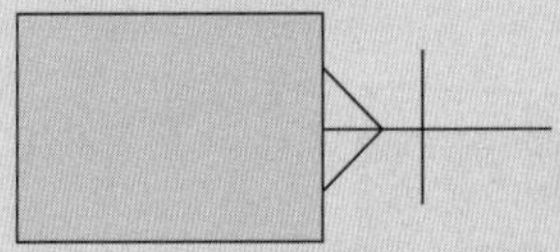	一个或多个	1..*
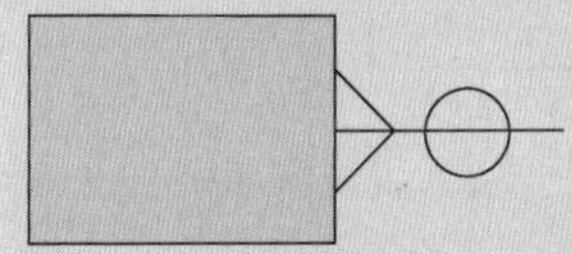	零个或多个①	0..*
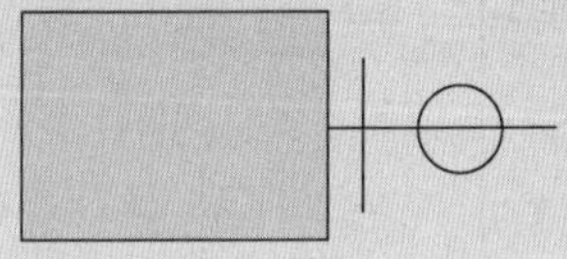	零个或一个	0..1

图表 9-17　乌鸦脚符号是一种表示基数的常用方法。四个例子显示如何使用不同的符号来描述实体间的关系

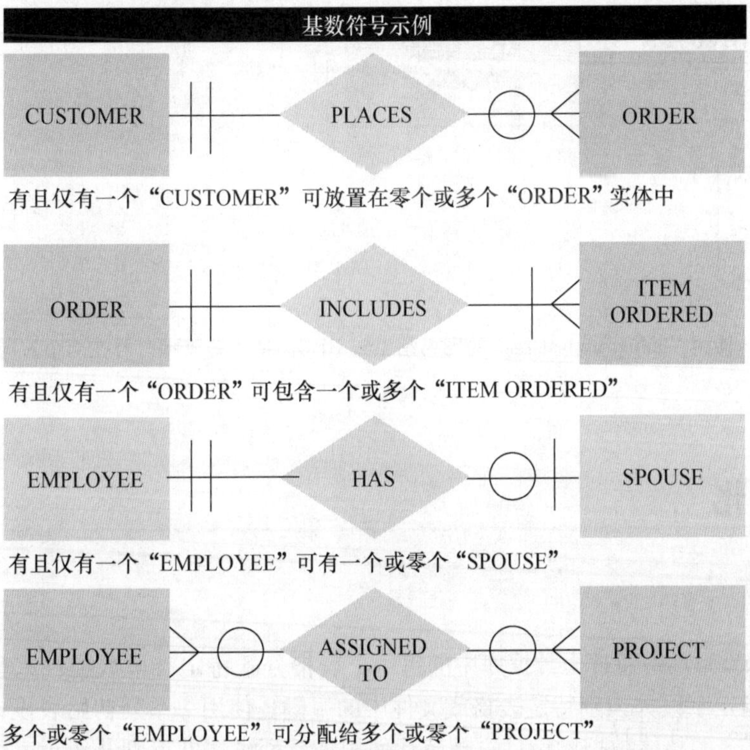

图表 9-18　在基数符号的第一个示例中，有且仅有一个“CUSTOMER”可放置在零个到多个“ORDER”实体中。在第二个示例中，有且仅有一个“ORDER”可包含一个或多个“ITEM ORDERED”。在第三个示例中，有且仅有一个“EMPLOYEE”可有一个或零个“SPOUSE”。在第四个示例中，多个或零个“EMPLOYEE”可分配给多个或零个“PROJECT”

① 原书疑有误，全书已统一改为“零个或多个”。——译者注

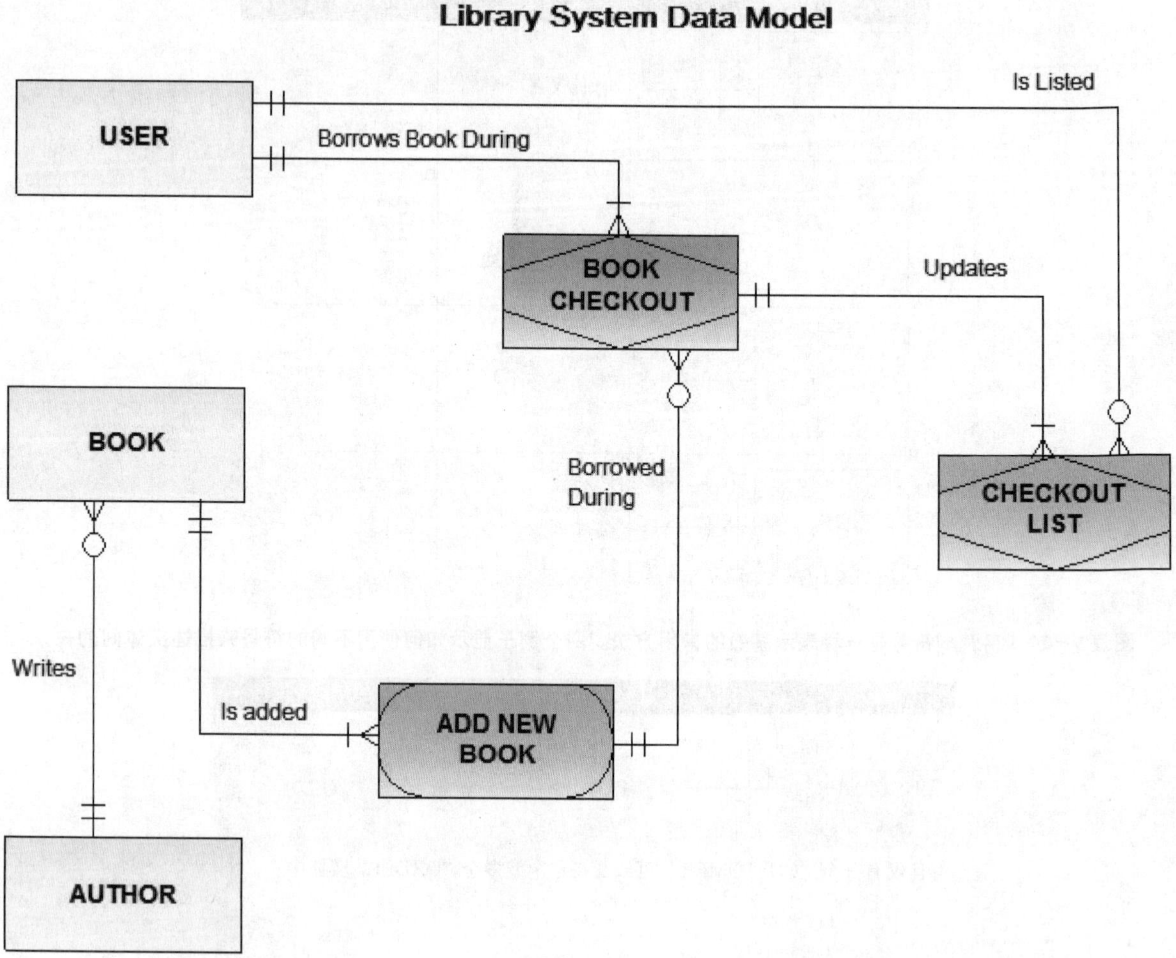

图表 9-19　使用 Visible Analyst 绘制的图书馆系统 ERD。使用乌鸦脚符号在两个方向上描述关系

9.7　数据规范化

规范化（normalization）是通过为数据库中的每一个表格分配特定字段或属性来创建表设计的过程。**表设计**（table design）指定字段并识别特定表格或文件中的主键。使用一系列初始表设计，规范化用于开发简单、灵活、没有数据冗余的整体数据库设计。规范化使用一系列可帮助识别并纠正表设计中固有问题和复杂事务的规则。规范化的概念以波士顿计算机科学家埃德加·科德（Edgar Codd）的研究为基础，其制定了关系数据库设计的基本原则。

规范化过程通常包括 4 个阶段：非规范化设计、第一范式、第二范式和第三范式。三个标准范式逐层递进，第三范式代表最好的设计。大多数与业务相关的数据库都必须以第三范式设计。注意，存在超越第三范式（3NF）的标准范式，但是它们很少用于面向业务的系统。

9.7.1 标准符号格式

学习数据设计的最好方法是使用例子，标准符号格式也不例外。接下来的部分将使用“ORDER”系统的例子，但原则可适用于其他任何情况。

如果使用**标准符号格式**（standard notation format）来表示表结构、字段和主键，设计表会很容易。以下示例中的标准符号格式以表名称开始，之后是一个括号表达式，其中包含用逗号分隔的字段名称，主键由下划线注明，如下：

NAME（FIELD 1，FIELD 2，FIELD 3）

在数据设计过程中，分析师必须能识别一系列重复字段。**重复组**（repeating group）是在单个记录中出现任意次数，每次出现的值都不同的一个或多个字段的集合。

图表 9－20 显示了重复组的一个典型示例。如果企业使用纸质版源文档记录订单，它们可能看起来就和图表 9－20 一样。如图表 9－20 所示，两个订单包括多个项目，它们在同一订单编号中构成重复组。除了订单编号和日期，具有多件产品的记录包含重复的产品号、描述、订货数量、供应商编号、供应商名称以及 ISO（国际标准化组织）状态。重复组可被视为父（主要）记录中包含的一系列子（附属）记录。

ORDER	DATE	PRODUCT NUMBER	DESCRIPTION	NUMBER ORDERED	SUPPLIER NUMBER	SUPPLIER NAME	ISO
86223	9-13-2015	304	Blue gadget	7	A-602	Acme	Yes
		633	Assembly	1	J-995	Jones	No
		684	Super gizmo	4	C-876	Cabot	Yes
86390	9-14-2015	128	Steel widget	12	A-602	Acme	Yes
		304	Blue gadget	3	A-602	Acme	Yes
86467	9-15-2015	304	Blue gadget	144	A-602	Acme	Yes

图表 9－20　在“ORDER”表设计中，两个订单具有包含多个产品的重复组。“ORDER”是“ORDER”表的主键，“PRODUCT NUMBER”是重复组的主键。由于“ORDER”表包含重复组，因此它是非规范化的

包含重复组的表设计称为**非规范化的**（unnormalized）。表示非规范化设计的标准符号方法是将重复组字段放置在第二组括号中。非规范化表的示例如下：

NAME（FIELD 1，FIELD 2，FIELD 3，(REPEATING FIELD 1，REPEATING FIELD 2)）

现在，回顾图表 9－20 中的非规范化“ORDER”表设计。根据示例，这一设计可以描述成：

ORDER（ORDER，DATE，(PRODUCT NUMBER，DESCRIPTION，NUMBER ORDERED，SUPPLIER NUMBER，SUPPLIER NAME，ISO)）

符号表示“ORDER”表设计包含八个字段，它们在括号中列出。“ORDER”字段用下划线标记，表明其是主键。“PRODUCT NUMBER”、“DESCRIPTION”、“NUMBER ORDERED”、“SUPPLIER NUMBER”、“SUPPLIER NAME”、“ISO”和“NUMBER ORDERED”[①] 字段都包含在内部括号中，表明它们

① 原书疑有误，不包括“NUMBER ORDERED”字段。——译者注

是重复组中的字段。注意“PRODUCT NUMBER”也用下划线标记，因为它是重复组的主键。如果客户在一个订单中订购了三件不同的产品，那么每个产品必须重复六个字段，如图表9-20所示。

9.7.2 第一范式

如果表不包含重复组，则该表属于**第一范式**（first normal form，1NF）。要将非规范化设计转化成1NF，必须将表的主键扩展为包含重复组的主键。

例如，在图表9-20所示的“ORDER”表中，重复组包含六个字段：“PRODUCT NUMBER”、“DESCRIPTION”、“NUMBER ORDERED”、“SUPPLIER NUMBER”、“SUPPLIER NAME”和“ISO”。在这六个字段中，只有“PRODUCT NUMBER”可成为主键，因为它能唯一识别重复组中的每个实例。“DESCRIPTION”无法作为主键，因为它可能不是唯一的。例如，企业可能以相同描述性名称出售大量零部件，如垫圈，并依靠代码来唯一识别每个垫圈尺寸。

当“ORDER”表的主键扩展为包含“PRODUCT NUMBER”时，重复组被消除且“ORDER”表是1NF，如下所示：

ORDER (ORDER, DATE, PRODUCT NUMBER, DESCRIPTION, NUMBER ORDERED, SUPPLIER NUMBER, SUPPLIER NAME, ISO)

图表9-21显示了1NF的“ORDER”表。当重复组被消除时，出现了额外的记录，每条记录表示特定订单和特定产品的组合。结果是有更多的记录但更简单的设计。在新版本中，订单编号为86223的重复组变成了三条单独的记录，订单编号为86390的重复组变成了两条单独的记录。因此，当表格属于1NF时，每条记录都储存特定订单和特定产品的单个实例的数据。

同时，图表9-21所示的1NF设计有一个组合键。1NF设计的主键不能只是“ORDER”字段，因为订单编号无法唯一识别包含多件商品的订单中的每个产品。同样地，“PRODUCT NUMBER”也无法作为主键，因为如果多个订单包含相同的产品，产品编号会出现多次。由于每条记录必须反映特定订单中的特定产品，因此需要两个字段——“ORDER”和“PRODUCT NUMBER”唯一确定每条记录。因此，主键是“ORDER”和“PRODUCT NUMBER”两个字段的组合。

9.7.3 第二范式

为了理解第二范式（2NF），必须理解功能依赖的概念。例如，如果字段A的值取决于字段B，则字段A**功能依赖**（functionally dependent）于字段B。例如，在图表9-21中，“DATE”的值功能依赖于“ORDER”，因为对于每个订单编号只能有一个日期。相反，产品描述不依赖于订单编号，对于一个特定的订单号，可能有多个产品描述，每个订购的产品都会有一个产品描述。

如果表设计是1NF，且不是主键的全部字段都功能依赖于整个主键，则表设计是**第二范式**（second normal form，2NF）。如果1NF表中的任何字段仅依赖于组合主键中的一个字段，那么其不属于2NF。

如果1NF设计带有只包含一个字段的主键，则不会出现部分依赖的问题，因为整个主键是单个字段。因此，带有单个字段主键的1NF自动属于2NF。

现在重新检查图表9-21中显示的“ORDER”表的1NF设计：

ORDER (ORDER, DATE, PRODUCT NUMBER, DESCRIPTION, NUMBER ORDERED, SUPPLIER NUMBER, SUPPLIER NAME, ISO)

回顾一下，主键是订单编号和产品编号的组合。“NUMBER ORDERED”字段功能依赖于整个主键，因

在1NF中，主键是特定“ORDER”和特定“PRODUCT NUMBER”的唯一组合

ORDER in 1NF

ORDER	DATE	PRODUCT NUMBER	DESCRIPTION	NUMBER ORDERED	SUPPLIER NUMBER	SUPPLIER NAME	ISO
86223	9-13-2015	304	Blue gadget	7	A-602	Acme	Yes
86223	9-13-2015	633	Assembly	1	J-995	Jones	No
86223	9-13-2015	684	Super gizmo	4	C-876	Cabot	Yes
86390	9-14-2015	128	Steel widget	12	A-602	Acme	Yes
86390	9-14-2015	304	Blue gadget	3	A-602	Acme	Yes
86467	9-15-2015	304	Blue gadget	144	A-602	Acme	Yes

在1NF中
- 没有重复组
- 主键是两个外键值“ORDER”和“PRODUCT NUMBER”的唯一组合
- 全部字段都功能依赖于主键，但一些字段不功能依赖于整个主键，仅仅依赖于其中的一部分

图表 9-21 1NF 的“ORDER”表，重复组已经被消除。订单 86223 的重复组变成三条单独的记录，订单 86390 的重复组变成两条单独的记录。1NF 主键是“ORDER”和“PRODUCT NUMBER”的组合，其唯一确定了每条记录

为“NUMBER ORDERED”是指特定的产品编号和特定的订单编号。相反，“DATE”字段功能依赖于订单号，其仅是主键的一部分。同样地，“DESCRIPTION”字段依赖于产品编号，它也只是主键的一部分。因为一些字段不依赖于整个主键，因此该设计不属于 2NF。

存在将表从 1NF 转换为 2NF 的标准过程。目标是将原始表分解成两个或多个新表并重新分配字段，使每个不是主键的字段都在其表中依赖于整个主键。为了实现这一目标，应遵循以下步骤。

（1）为现有主键中的每个字段创建并命名一个单独的表。例如，在图表 9-21 中，“ORDER”表的主键有两个字段，即“ORDER”和“PRODUCT NUMBER”，因此必须创建两个表。省略号（…）表示稍后会分配的字段。结果是：

ORDER（<u>ORDER</u>,…）

PRODUCT（<u>PRODUCT NUMBER</u>,…）

（2）为原始主键的每个可能组合创建新表。在图表 9-21 的示例中，将使用“ORDER”和“PRODUCT NUMBER”的组合创建一个新表。该表描述订单中的各行，因此将其命名为“ORDER LINE”，如下所示：

ORDER LINE（<u>ORDER</u>,<u>PRODUCT NUMBER</u>）

（3）研究三个表并将每个字段与合适的主键放置在一起，合适的主键指的是每个字段功能依赖的最小键。当全部字段都放置完毕后，删除没有分配到任何额外字段的表。剩下的表就是原始表的 2NF 版本。三个表可显示为：

ORDER（<u>ORDER</u>,DATE）

PRODUCT（<u>PRODUCT NUMBER</u>,DESCRIPTION,SUPPLIER NUMBER,SUPPLIER NAME,ISO）

ORDER LINE (ORDER, PRODUCT NUMBER, NUMBER ORDERED)①

图表 9－22 显示了 2NF 表设计。通过遵循这些步骤，原始的 1NF 表转化为三个 2NF 表。

ORDER in 2NF

ORDER	ORDER DATE
86223	9-13-2015
86390	9-14-2015
86467	9-15-2015

PRODUCT in 2NF

PRODUCT NUMBER	DESCRIPTION	SUPPLIER NUMBER	SUPPLIER NAME	ISO
128	Steel widget	A-602	Acme	Yes
304	Blue gadget	A-602	Acme	Yes
633	Assembly	J-995	Jones	No
684	Super gizmo	C-876	Cabot	Yes

ORDER LINE in 2NF

ORDER	PRODUCT NUMBER	NUMBER ORDERED
86223	304	7
86223	633	1
86223	684	4
86390	128	12
86390	304	3
86467	304	144

在2NF中，“ORDER LINE”的主键是两个外键的唯一组合

图表 9－22 2NF 的“ORDER”“PRODUCT”“ORDER LINE”表。所有字段都功能依赖于主键

为什么从 1NF 转化为 2NF 很重要？因为在 1NF 中存在的四个问题不会在 2NF 中存在。

(1) 考虑更改特定产品描述需要做的工作。假设 304 号产品有 500 个当前订单，更改产品描述将包括修改 304 号产品的 500 条记录。更新全部 500 条记录是麻烦且昂贵的。

(2) 1NF 表可能包含不一致的数据。由于必须在每条记录中输入产品描述，因此没有防止 304 号产品在不同订单中有不同产品描述的限制。事实上，如果 304 号产品在大量订单记录中出现，那么一些对应的产品描述可能不准确或有拼写错误。例如，“All-purpose gadget”字段中连字符的有无也可能会导致不一致问题。如果数据输入人员必须多次输入“IO1 Queue Controller”等短语，很可能会导致某些不一致。

(3) 添加新产品是一个问题。由于主键必须包含订单编号和产品编号，因此需要两个字段的值才能添加一条记录。当没有客户订购产品时，订单编号应使用什么值？可以使用虚拟订单编号，之后在客户订购产品时再用真实订单编号替代来解决这一问题，但这一解决方案也会造成困难。

(4) 删除产品是一个问题。如果所有相关记录在订单被填写并付款后都被删除，那包含 633 号产品的唯一订单被删除后会如何？有关该产品编号及其说明的信息都将丢失。

2NF 是否消除了所有潜在问题？要改变产品描述，现在只需改变一条“PRODUCT”记录。不会出现产品描述的多个不一致值，因为描述仅显示在一个位置。要添加新产品，将创建一条新的“PRODUCT”记录，而

① 原书疑有误，已改。——译者注

不是创建虚拟的订单记录。当特定产品编号的最后一条 “ORDER LINE” 记录被删除时，产品编号及其描述不会丢失，因为 “PRODUCT” 记录仍然存在。四个潜在问题被消除，2NF 的设计优于原始的非标准化表和 1NF 设计。

9.7.4 第三范式

一个普遍的经验法则是，如果每个非键字段都功能依赖于键、整个键且只依赖于键，则该设计属于 3NF。3NF 设计避免了 2NF 设计中存在的冗余和数据完整性问题。

继续 “ORDER” 的例子，现在查看图表 9－23 中的 “PRODUCT” 表设计：

PRODUCT（PRODUCT NUMBER，DESCRIPTION，SUPPLIER NUMBER，SUPPLIER NAME，ISO）

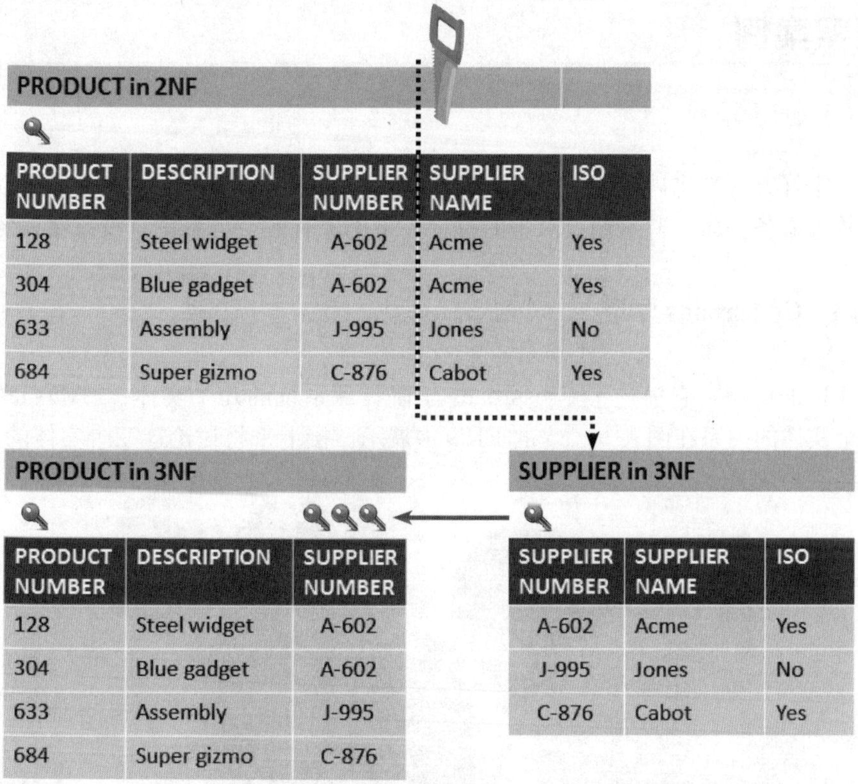

PRODUCT NUMBER	DESCRIPTION	SUPPLIER NUMBER	SUPPLIER NAME	ISO
128	Steel widget	A-602	Acme	Yes
304	Blue gadget	A-602	Acme	Yes
633	Assembly	J-995	Jones	No
684	Super gizmo	C-876	Cabot	Yes

PRODUCT NUMBER	DESCRIPTION	SUPPLIER NUMBER
128	Steel widget	A-602
304	Blue gadget	A-602
633	Assembly	J-995
684	Super gizmo	C-876

SUPPLIER NUMBER	SUPPLIER NAME	ISO
A-602	Acme	Yes
J-995	Jones	No
C-876	Cabot	Yes

图表 9－23 当 “PRODUCT” 表从 2NF 转变为 3NF 时，结果是两个独立的表：“PRODUCT” 和 “SUPPLIER”。在 3NF 中，所有字段都只依赖于键

“PRODUCT” 表属于 1NF，因为其没有重复组，该表也属于 2NF，因为主键是单一字段。但该表仍存在四个潜在问题：

（1）要更改供应商名称，必须更改出现该名称的每条记录。更改数百条甚至数千条记录的过程将缓慢、昂贵且受到输入错误的影响。

（2）2NF 设计允许供应商在不同记录中有不同的名称或 ISO。

（3）由于供应商名称包含在 “ORDER” 表中，因此必须创建一个虚拟的 “ORDER” 记录来添加还未收到任何订单的新供应商。

（4）如果一个供应商的全部订单都被删除，则该供应商编号和名称将会丢失。

这些潜在问题由设计不是 3NF 引起。如果表设计是 2NF，且没有任何非键字段依赖于其他非键字段，则该表设计是**第三范式**（third normal form，3NF）。非键字段是指不是候选键的字段。

图表 9-23 顶部的 "PRODUCT" 表不是 3NF，因为两个非键字段 "SUPPLIER NAME" 和 "ISO" 都依赖于另一个非键字段 "SUPPLIER NUMBER"。

为了将表转化为 3NF，必须删除 2NF 表中依赖于其他非键字段的所有字段，并将其放在以非键字段作为主键的新表中。在 "PRODUCT" 例子中，必须删除 "SUPPLIER NAME" 和 "ISO"，并放在主键为 "SUPPLIER NUMBER" 的新表中。如图表 9-23 所示，第三范式将 2NF 版本分成两个单独的 3NF 表：

PRODUCT (PRODUCT NUMBER, DESCRIPTION, SUPPLIER NUMBER)

SUPPLIER (SUPPLIER NUMBER, SUPPLIER NAME, ISO)

9.8 两个真实案例

学习规范化的一个好方法是将规则应用于有代表性的情境中。本节介绍了两种不同的情境：首先是一所学校，然后是一家技术服务公司。遵从循序渐进的过程，可创建有效、可维护且没有错误的数据设计。

9.8.1 案例 1：Crossroads 学院

考虑图表 9-24 中的情境，它描述了 Crossroads 学院授课系统的几个实体："ADVISOR" "COURSE" "STUDENT"。三个实体的关系在图表 9-25 的 ERD 中展示。接下来将讨论这三个实体的规范化规则。

图表 9-24　教师实体可向许多学生提供建议，每个学生可注册一门或多门课程

资料来源：Auremar/Shutterstock.com。

在规范化过程开始前，注意到 "STUDENT" 表包含与 "ADVISOR" 和 "COURSE" 实体相关的字段，因此决定从 "STUDENT" 表的初始设计开始，如图表 9-26 所示。表设计包含学生编号 (STUDENT NUMBER)、学生姓名 (STUDENT NAME)、总学分 (TOTAL CREDITS)、平均学分绩点 (GPA)、教师编号 (ADVISOR NUMBER)、教师姓名 (ADVISOR NAME)，以及学生选择的课程的课程编号 (COURSE NUMBER)、课程描述 (COURSE DESCRIPTION)[①]、学分数 (CREDIT HOURS) 和取得的成绩 (GRADE)。

① 原书疑有误，图表中无该项，而是 "OFFICE"。——译者注

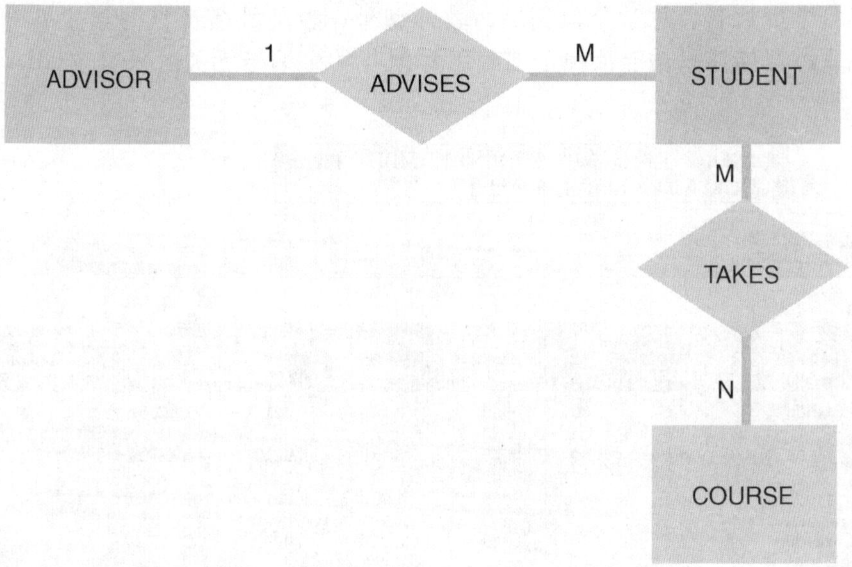

图表 9－25 “ADVISOR”“COURSE”“STUDENT”的初始实体关系图

STUDENT (Unnormalized)

STUDENT NUMBER	STUDENT NAME	TOTAL CREDITS	GPA	ADVISOR NUMBER	ADVISOR NAME	OFFICE	COURSE NUMBER	CREDIT HOURS	GRADE
1035	Linda	47	3.60	49	Smith	B212	CSC151	4	B
							MKT212	3	A
							ENG101	3	B
							CHM112	4	A
							BUS105	2	A
3397	Sam	29	3.00	49	Smith	B212	ENG101	3	A
							MKT212	3	C
							CSC151	4	B
4070	Kelly	14	2.90	23	Jones	C333	CSC151	4	B
							CHM112	4	C
							ENG101	3	C
							BUS105	2	C

图表 9－26 “STUDENT”表是非规范化的，因为其包含表示每个学生所选课程的重复组

图表 9－26 显示的“STUDENT”表是非规范化的，因为其有重复组。“STUDENT”表的设计可写为：STUDENT (STUDENT NUMBER, STUDENT NAME, TOTAL CREDITS, GPA, ADVISOR NUMBER, ADVISOR NAME, OFFICE, (COURSE NUMBER, CREDIT HOURS, GRADE))

要将“STUDENT”记录转化为 1NF，必须将主键扩展为包含重复组的键，其结果为：

STUDENT (STUDENT NUMBER, STUDENT NAME, TOTAL CREDITS, GPA, ADVISOR NUMBER, ADVISOR NAME, OFFICE, COURSE NUMBER, CREDIT HOURS, GRADE)

图表 9－27 显示了“STUDENT”数据的 1NF 版本。1NF“STUDENT”表中的全部字段都仅依赖

于主键的一部分吗？学生姓名、总学分、GPA、教师编号、教师姓名都只与学生编号有关，而与课程编号没有任何关系。课程描述只功能依赖于课程编号但与学生编号无关。只有“GRADE”字段依赖于整个主键。

在1NF中，主键是特定“STUDENT NUMBER”和特定“COURSE NUMBER”的唯一组合

STUDENT in 1NF

STUDENT NUMBER	STUDENT NAME	TOTAL CREDITS	GPA	ADVISOR NUMBER	ADVISOR NAME	OFFICE	COURSE NUMBER	CREDIT HOURS	GRADE
1035	Linda	47	3.60	49	Smith	B212	CSC151	4	B
1035	Linda	47	3.60	49	Smith	B212	MKT212	3	A
1035	Linda	47	3.60	49	Smith	B212	ENG101	3	B
1035	Linda	47	3.60	49	Smith	B212	CHM112	4	A
1035	Linda	47	3.60	49	Smith	B212	BUS105	2	A
3397	Sam	29	3.00	49	Smith	B212	ENG101	3	A
3397	Sam	29	3.00	49	Smith	B212	MKT212	3	C
3397	Sam	29	3.00	49	Smith	B212	CSC151	4	B
4070	Kelly	14	2.90	23	Jones	C333	CSC151	4	B
4070	Kelly	14	2.90	23	Jones	C333	CHM112	4	C
4070	Kelly	14	2.90	23	Jones	C333	ENG101	3	C
4070	Kelly	14	2.90	23	Jones	C333	BUS105	2	C

在1NF中：
- 没有重复组
- 主键是两个外键值“STUDENT NUMBER”和“COURSE NUMBER”的唯一组合
- 全部字段都功能依赖于主键，但一些字段不功能依赖于整个主键，仅仅依赖于其中一部分

图表 9－27　1NF 的学生表。主键被扩展，包含“STUDENT NUMBER”和“COURSE NUMBER”

遵循之前描述的 1NF 向 2NF 的转换过程，为主键中每个字段和字段组合创建一个新表，其他字段将会和适当的主键放在同一表中。结果为：

STUDENT (STUDENT NUMBER, STUDENT NAME, TOTAL CREDITS, GPA, ADVISOR NUMBER, ADVISOR NAME, OFFICE)

COURSE (COURSE NUMBER, CREDIT HOURS)

GRADE (STUDENT NUMBER, COURSE NUMBER, GRADE)

现在，1NF 的原始“STUDENT”表转化成三个均为 2NF 的表。在每个表中，每个非键字段都功能依赖于整个主键。

图表 9－28 显示了 2NF 的“STUDENT”“COURSE”“GRADE”设计和样本数据。三个和“STUDENT”相关的表都是 3NF 吗？“COURSE”“GRADE”表是 3NF，但“STUDENT”表不是 3NF，因为“ADVISOR NAME”和“OFFICE”字段功能依赖于“ADVISOR NUMBER”字段，而该字段不是“STUDENT”主键的一部分。要将“STUDENT”表转化为 3NF，应将“ADVISOR NAME”和“OFFICE”字段从“STUDENT”表中删除，并放在以“ADVISOR NUMBER”作为主键的新表中。

STUDENT in 2NF

STUDENT NUMBER	STUDENT NAME	TOTAL CREDITS	GPA	ADVISOR NUMBER	ADVISOR NAME	OFFICE
1035	Linda	47	3.60	49	Smith	B212
3397	Sam	29	3.00	49	Smith	B212
4070	Kelly	14	2.90	23	Jones	C333

COURSE in 2NF

COURSE NUMBER	CREDIT HOURS
BUS105	2
CHM112	4
CSC151	4
ENG101	3
MKT212	3

GRADE in 2NF

STUDENT NUMBER	COURSE NUMBER	GRADE
1035	CSC151	B
1035	MKT212	A
1035	ENG101	B
1035	CHM112	A
1035	BUS105	A
3397	ENG101	A
3397	MKT212	C
3397	CSC151	B
4070	CSC151	B
4070	CHM112	C
4070	ENG101	C
4070	BUS105	C

在2NF中：
- 全部字段现在都功能依赖于整个主键，但某些字段也可能依赖于不是主键组成部分的其他字段
- “GRADE”的主键是两个外键值（“STUDENT NUMBER”和“COURSE NUMBER”）的唯一组合

图表 9-28　处于 2NF 的“STUDENT”“COURSE”“GRADE”表。所有的字段都功能依赖于各自表的整个主键

图表 9-29 显示了“STUDENT”“ADVISOR”“COURSE”“GRADE”样本数据的 3NF 版本。最终的 3NF 结果为：

STUDENT(<u>STUDENT NUMBER</u>, STUDENT NAME, TOTAL CREDITS, GPA, ADVISOR NUMBER)

ADVISOR (<u>ADVISOR NUMBER</u>, ADVISOR NAME, OFFICE)

COURSE (<u>COURSE NUMBER</u>, CREDIT HOURS)

GRADE(<u>STUDENT NUMBER</u>, <u>COURSE NUMBER</u>, GRADE)

图表 9-30 显示了规范化后的完整 ERD。现在有四个实体：“STUDENT”、“ADVISOR”、“COURSE”

STUDENT in 2NF

STUDENT NUMBER	STUDENT NAME	TOTAL CREDITS	GPA	ADVISOR NUMBER	ADVISOR NAME	OFFICE
1035	Linda	47	3.60	49	Smith	B212
3397	Sam	29	3.00	49	Smith	B212
4070	Kelly	14	2.90	23	Jones	C333

STUDENT in 3NF

STUDENT NUMBER	STUDENT NAME	TOTAL CREDITS	GPA	ADVISOR NUMBER
1035	Linda	47	3.60	49
3397	Sam	29	3.00	49
4070	Kelly	14	2.90	23

ADVISOR in 3NF

ADVISOR NUMBER	ADVISOR NAME	OFFICE
49	Smith	B212
23	Jones	C333

图表 9－29　处于 3NF 的“STUDENT”“ADVISOR”“COURSE”“GRADE”表。当“STUDENT”表从 2NF 转化为 3NF 时，其结果是两个表：“STUDENT”和“ADVISOR”

和“GRADE”(这是一个关联实体)。“GRADE”被识别为实体前绘制的图表 9－25 显示了“STUDENT”和“COURSE”之间的 M∶N 关系已转化为两个 1∶M 关系：一个是“STUDENT”和“GRADE”之间的关系，另一个是“COURSE”和“GRADE”之间的关系。

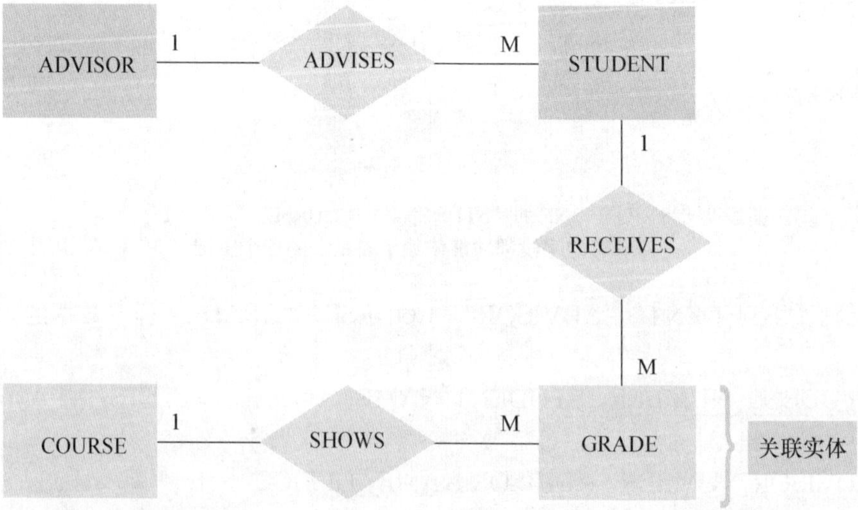

图表 9－30　规范化后的“STUDENT”“ADVISOR”“COURSE”实体关系图。规范化过程中将“GRADE”确认为实体。“GRADE”是连接“STUDENT”和“COURSE”表的关联实体

为了创建 3NF 设计，必须了解 1NF、2NF 和 3NF 的本质。系统分析师会遇到比本章中的示例复杂得多的设计。

案例 9.2　CyberToys 公司

你负责 CyberToys 公司的行政管理业务，这是一家销售计算机硬件和软件并专门从事个人服务的小型连锁店。该公司在商场设有四家门店并计划开设更多。每家商店都有一名经理、一名技术员，以及一名至四名销售代表。

公司的所有者 Bruce 和 Marcia Berns 想创建一个人事记录数据库，他们让你查看 Marcia 设计的表。她建议设计商店编号、位置、商店电话、经理姓名、经理家庭电话等字段。她也想要技术员姓名和技术员家庭电话的字段，以及最多四个销售代表姓名和销售代表家庭电话的字段。

画出 Marcia 建议的设计，并使用你在本章中学到的规范化概念进行分析。你认为 Marcia 的设计怎么样？为什么？你会提出什么样的设计？

9.8.2　案例 2：Magic Maintenance 公司

Magic Maintenance 公司提供在线电子设备服务。图表 9－31 显示了该公司可能使用的整体数据库设计。该图表包含先前描述的许多概念的示例。数据库由七个独立的表组成，所有表由共同字段连接，形成完整的数据结构。

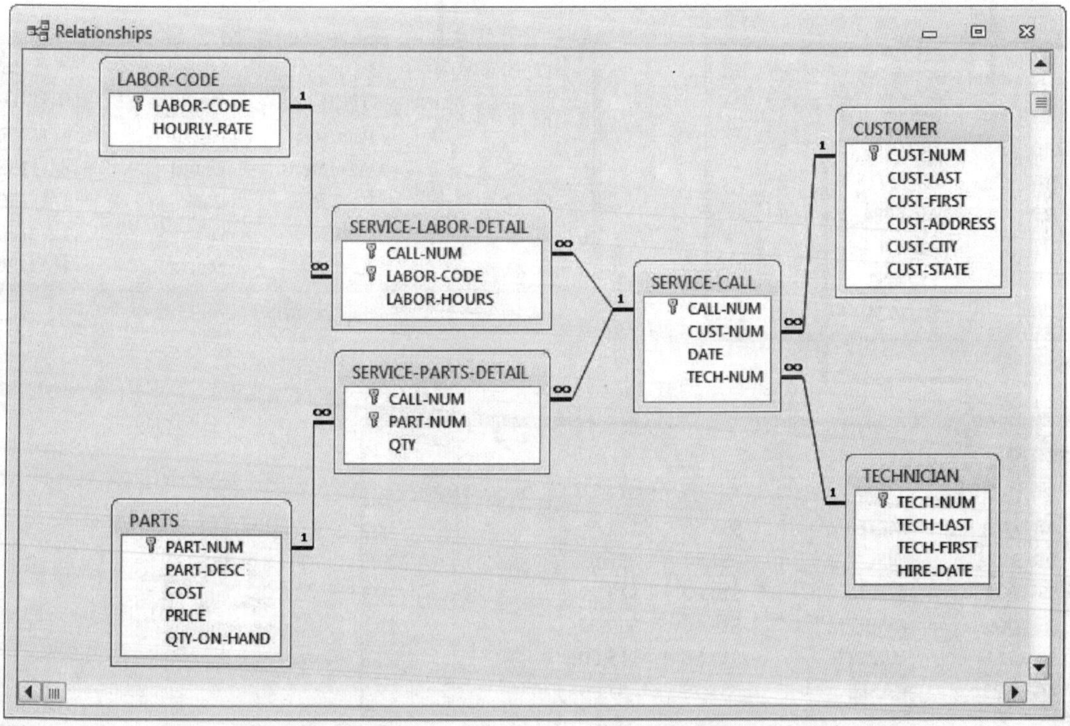

图表 9－31　计算机服务公司的关系数据库设计使用共同字段连接表并形成整体数据结构。注意一对多符号以及用金色钥匙符号表示的主键

图表 9－32 显示了更多的细节，包括样本数据、主键和共同字段。实体包括客户、技术员、服务电话和零件。其他的表储存特定服务电话使用的人工和零件数据。除了“SERVICE-LABOR-DETAIL”和“SERVICE-PARTS-DETAIL”表，所有的表都使用单个字段作为主键，这两个表中的主键需要两个字段的组合才能唯一确定每条记录。

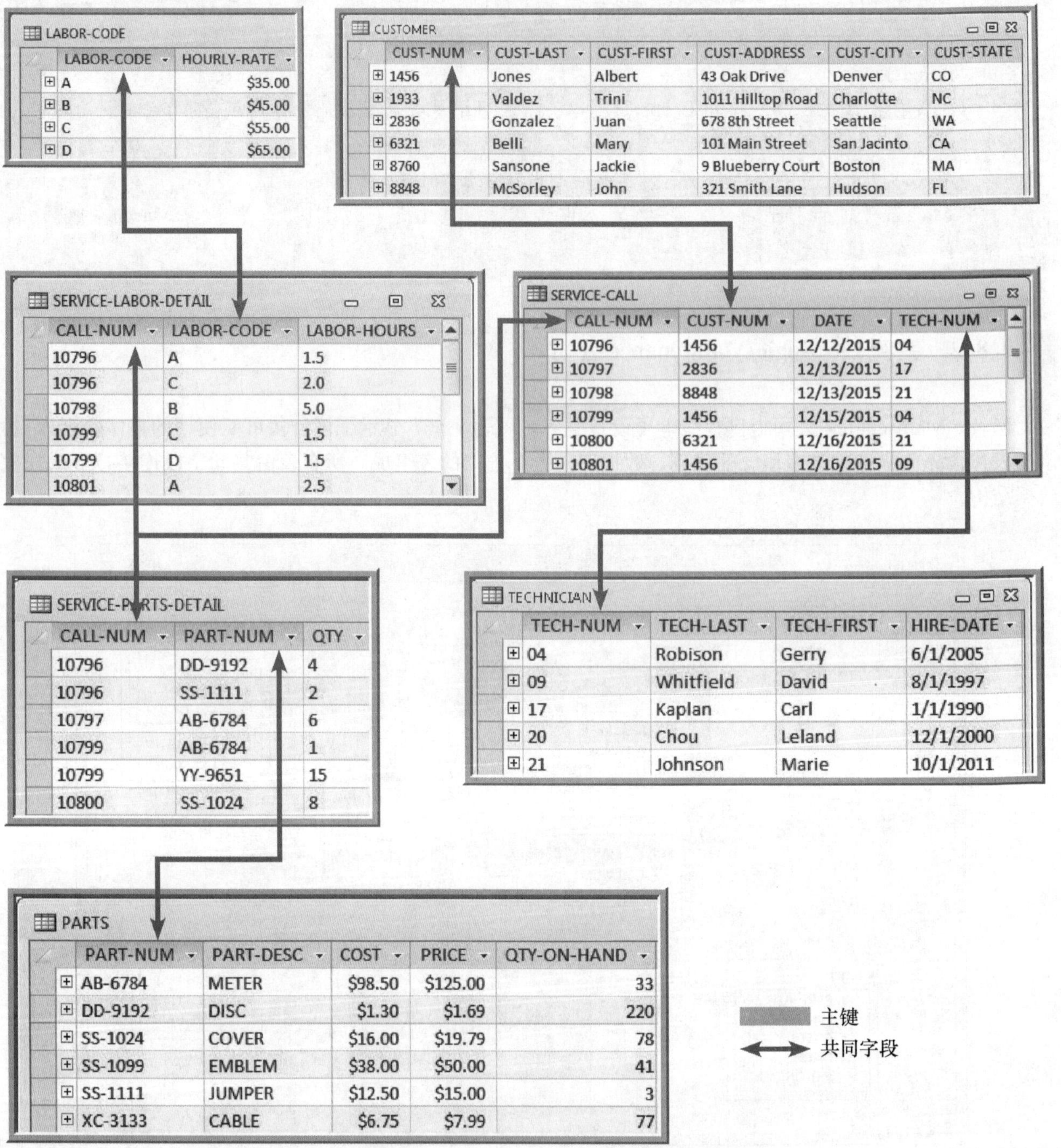

LABOR-CODE

LABOR-CODE	HOURLY-RATE
A	$35.00
B	$45.00
C	$55.00
D	$65.00

CUSTOMER

CUST-NUM	CUST-LAST	CUST-FIRST	CUST-ADDRESS	CUST-CITY	CUST-STATE
1456	Jones	Albert	43 Oak Drive	Denver	CO
1933	Valdez	Trini	1011 Hilltop Road	Charlotte	NC
2836	Gonzalez	Juan	678 8th Street	Seattle	WA
6321	Belli	Mary	101 Main Street	San Jacinto	CA
8760	Sansone	Jackie	9 Blueberry Court	Boston	MA
8848	McSorley	John	321 Smith Lane	Hudson	FL

SERVICE-LABOR-DETAIL

CALL-NUM	LABOR-CODE	LABOR-HOURS
10796	A	1.5
10796	C	2.0
10798	B	5.0
10799	C	1.5
10799	D	1.5
10801	A	2.5

SERVICE-CALL

CALL-NUM	CUST-NUM	DATE	TECH-NUM
10796	1456	12/12/2015	04
10797	2836	12/13/2015	17
10798	8848	12/13/2015	21
10799	1456	12/15/2015	04
10800	6321	12/16/2015	21
10801	1456	12/16/2015	09

SERVICE-PARTS-DETAIL

CALL-NUM	PART-NUM	QTY
10796	DD-9192	4
10796	SS-1111	2
10797	AB-6784	6
10799	AB-6784	1
10799	YY-9651	15
10800	SS-1024	8

TECHNICIAN

TECH-NUM	TECH-LAST	TECH-FIRST	HIRE-DATE
04	Robison	Gerry	6/1/2005
09	Whitfield	David	8/1/1997
17	Kaplan	Carl	1/1/1990
20	Chou	Leland	12/1/2000
21	Johnson	Marie	10/1/2011

PARTS

PART-NUM	PART-DESC	COST	PRICE	QTY-ON-HAND
AB-6784	METER	$98.50	$125.00	33
DD-9192	DISC	$1.30	$1.69	220
SS-1024	COVER	$16.00	$19.79	78
SS-1099	EMBLEM	$38.00	$50.00	41
SS-1111	JUMPER	$12.50	$15.00	3
XC-3133	CABLE	$6.75	$7.99	77

图表 9－32　图表 9－31 中数据库的样本数据、主键和共同字段，该设计是 3NF。所有非键字段都功能依赖于主键

案例 9.3　DotCom Tools 公司

DotCom Tools 是一家专门经营难以寻找的木工工具的小公司，该公司在各种木工杂志上投放广告，目前接受邮件和电话订购。DotCom 正在规划一个网站，其将成为公司的主要销售渠道。网站将具有在线目录、强大的搜索功能以及木工信息和资源的链接。

DotCom 向作为 IT 顾问的你询问，使用一系列代码是否有优势？如果是，你会建议何种代码？为客户代码和产品代码各至少提供两个选择，描述你的选择并提供一些具体示例，解释为什么选择这些代码以及它们的优点。

9.9　使用代码

代码（code）是用于表示数据项的一组字母或数字。代码可以用于简化输出、输入和数据形式。

9.9.1　代码概述

由于代码可以代表数据，其在日常生活中随处可见。例如，学生编号是识别学校注册系统中学生的唯一代码。名为 John Turner 的三个学生可能在同一所学校注册，但只有一个人的学生编号为 268960。

邮编是另一个常见的例子。九位数的邮编包含许多信息。例如，第一位数字表示美国十个主要地理区域之一，其后的三位数字组合表示主要城市或主要分布点，第五位数字表示个人邮局、城市中的一个地区或特定的交付单位。最后四位数字表示邮政信箱或者特定街道地址。

例如，考虑图表 9－33 所示的邮编 32901-6975，其被称为"5＋4"邮编格式。第一位数字 3 表示美国东南部的广泛地理区域，接下来的两位数字 29 表示佛罗里达州奥兰多东部的地区，接下来的两个数字 01 代表墨尔本，最后四位数字代表佛罗里达理工学院的具体位置：大学路 150W 号。

美国东南部的广泛地理区域	佛罗里达州奥兰多东部	墨尔本	大学路150W号 佛罗里达理工学院
3	29	01	6975

图表 9－33　邮编是使用组和子组来储存数据的数字代码的示例。该示例是邮编 32901-6975，其代表佛罗里达州墨尔本市佛罗里达理工学院的位置

代码能够以多种方式使用。因为代码比其代表的数据短，所以它们可节省储存空间和成本、缩短数据传输时间并缩短数据输入时间。代码也可用于显示或隐藏信息。例如，七位数零件编号的最后两位可能代表供应商编号或销售人员可提供的最高折扣。

最后，在代码数据比原始数据更易于记忆和输入、只允许某些有效代码输入以及代码本身的某些内容能够立即验证该条目是否正确的情况下，代码能够减少数据输入错误。

9.9.2 代码类型

企业使用许多不同的编码方法。由于信息系统用户必须使用代码数据，因此代码应易于学习和使用。如果计划创建新的代码或更改现有代码，应获得用户意见和反馈。以下部分描述七种常用的编码方法。

(1) **序列代码** (sequence codes) 是以特定顺序分配的数字或字母。除了表明输入系统的顺序信息，序列代码不包含额外的信息。例如，人力资源系统使用连续的员工编号来标记员工，由于代码按照员工被雇用的时间顺序分配，因此通过代码可看出 584 号员工比 433 号员工雇用的时间晚。然而，代码并不表示任何人的雇用开始时间。

(2) **区块序列代码** (block sequence codes) 使用数字区块进行不同分类。大学课程编号通常使用区块序列代码分配。100 级别的课程，如化学 110 和数学 125，是一年级的课程，而 200～300 号码段的课程表示二年级的课程。在特定区块内，数字的序列有额外的含义，如英语 151 是英语 152 的预备课程。

(3) **字母代码** (alphabetic codes) 基于类别、缩写或易于记忆的值，使用字母将不同的数据项区别开。许多分类代码适用于以下定义之一。

a. **类别代码** (category codes) 确定一组相关数据项。例如，本地的百货公司使用包含两个字符的类别代码来确定商品销售的区域：GN 代表园艺用品，HW 代表硬件，EL 代表电子设备。

b. **缩写代码** (abbreviation codes) 是字母的缩写。例如，标准的州代码包括：NY 代表纽约州、ME 代表缅因州、MN 代表明尼苏达州。一些缩写代码被称作**助记代码** (mnemonic codes)，因为其使用易于记忆的特定字母组合。如图表 9-34 所示，许多三个字符的机场代码是助记代码，如 ATL 代表亚特兰大，MIA 代表迈阿密。但有一些机场代码不是助记代码，如 ORD (芝加哥奥黑尔国际机场) 或 MCO (奥兰多)。

图表 9-34 一些世界上最繁忙机场的缩写

资料来源：BLANKartist/Shutterstock. com。

（4）**有效数字代码**（significant digit codes）使用一系列数字组合区分不同的数据项。例如，邮编是有效数字代码。其他这样的代码还包括库存位置代码，其由两位数的仓库位置代码、一位数的楼层代码、两位数的区域代码、一位数的通道编号和两位数的箱编号组成。图表 9－35 显示了库存位置代码 11205327，看起来很长的八位数编号实际上是五个独立的编号，每一个都有重要含义。

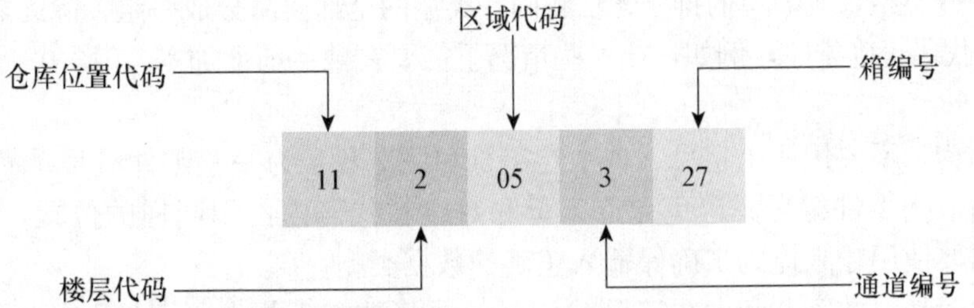

图表 9－35　使用有效数字代码确定库存物品位置的示例

（5）**派生代码**（derivation codes）结合来自不同项目属性或特征的数据。大多数杂志订阅代码都是派生代码。例如，杂志使用订阅者的五位邮编代码，之后是订阅者姓氏的第一、第三和第四位字母，订阅者房屋编号的后两位数字，以及订阅者街道名称的第一、第三和第四位字母。图表 9－36 显示了一个示例。

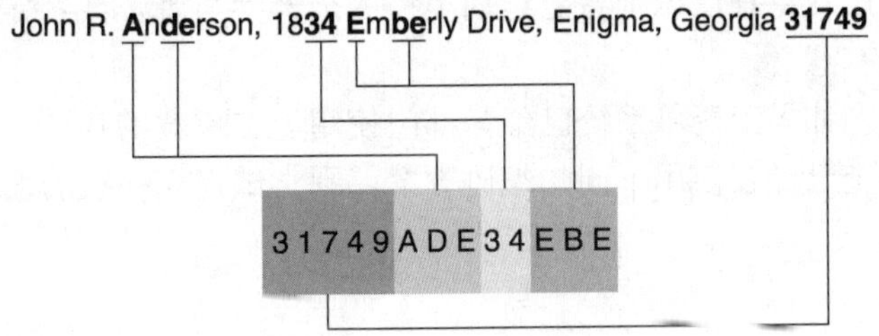

图表 9－36　杂志订阅者代码来源于名称和地址的不同部分

（6）**加密代码**（cipher codes）使用关键词对数字进行编码。例如，零售店可能使用包含 10 个字母的单词，如 CAMPGROUND 对批发价格进行编码，用字母 C 代表 1，A 代表 2，依此类推。因此，代码 GRAND 代表该商店为该物品支付了 562.90 美元。

（7）**行动代码**（action codes）代表对相关数据项采取的行动。例如，学生记录程序可能提示用户输入或者点击行动代码，如 D（显示记录）、A（添加记录）和 X（退出程序）。

9.9.3　设计代码

以下是一些代码设计建议：

- 保持代码简洁。不要创建超过必要长度的代码。例如，如果使用代码来确定 250 个客户中的每一个，则不需要六位数代码。

- 允许扩展。编码方案必须允许分配的代码数量合理增长。例如，如果企业目前有八个仓库，则不要使用一位数字代码作为仓库编号。如果增加两个或多个仓库，则代码必须增加至两位数字，或更改为字符代码以确定每个仓库。这一规则也适用于使用单个字母作为字符代码，因为未来可能超过 26 个数据项。当然，也可像航空公司一样添加更多字符，大多数航空公司现在使用包括六个字符的代码，其允许上百万种组合。

- 保持代码稳定。代码更改可能导致一致性问题并需要更新数据。在更改期间，随着用户切换到新代码，特定代码的全部储存记录以及包含旧代码的全部文档都将改变。通常，旧代码和新代码在过渡期都使用，且需要特殊的程序来处理这两种代码。例如，当电话区域代码改变时，特定时间段可使用任一区域代码

(旧的或新的)。

• 使代码唯一。用于识别的代码必须唯一以使之具有实际含义。如果代码 HW 可以指代硬件或家庭用品，则该代码就不是很有用。

• 使用可排序代码。如果100～200 和300～400 的三位数代码代表的商品是一种类型，而200～300 的代码代表的商品是另一种类型，则简单的排序无法将同一类型的全部商品分成一组。除此之外，可使用双位数的代码将单位数的字符代码正确排序，例如，在一些情况下需要在数字前面加零（01，02，03 等）以确保代码正确排序。

• 使用简单的结构。不要用两个字母、一个连字符和一个数字为一些零件编号，而用一个字母、一个连字符和两个数字为另一些零件编号。避免允许字母和数字在代码内占用同样的位置，因为其中一些容易混淆，这种情况可能需要使用输入掩码来确保输入正确的数据类型。

• 避免混淆。很容易将数字 0 和大写字母 O 混淆，或将数字 1 与小写字母 l 或大写字母 L 混淆。例如，五位字符的代码 5Z081 容易被误读为 5ZO8I 或 52081。

• 使代码有意义。代码应该易于记忆、用户友好、方便且易于解释。例如，使用 SW 作为西南销售地区的代码要比代码 14 更有意义。使用 ENG 作为英语部门的代码要比代码 XVA 或 132 更易于解释和记忆。

• 为单一目的使用代码。不要使用代码区分不相关的特征。例如，如果使用单一代码来识别员工部门和员工保险计划类型的组合，用户将难以识别特定计划类型的全部参与者，或特定部门的所有员工。为每个独立的特征分配独立的代码更有意义。

• 保持代码一致。例如，如果工资单系统已经为部门使用了二位数的代码，则不要为人事系统创建不同的新编码方案。如果两个系统已经在使用不同的编码方案，则尝试建立一致的编码方案。

9.10 数据存储和访问

数据存储和访问涉及数据仓库和数据挖掘软件等战略业务工具，以及逻辑存储和物理存储问题、数据存储格式的选择和有关日期字段存储的特殊注意事项等。

9.10.1 工具和技术

企业使用数据仓库和数据挖掘作为战略业务工具，帮助管理业务运营和决策所需的大量数据。许多软件供应商在这一快速增长的 IT 行业中开展业务竞争。

数据仓库

大型企业维护很多数据库，这些数据库可能不会连接在一起形成总体结构。为了提供对这些信息的快速访问，企业使用以被称为数据仓库的特殊的配置组织并存储数据的软件包。**数据仓库**（data warehouse）是一个综合数据集合，包含看似不相关的信息，而不管信息储存在企业的何处。由于它能够连接不同的信息系统和数据库，因此数据仓库提供了企业范围的视图以支持管理分析和决策。

数据仓库允许用户指定某些维度或特征。通过选择每个特征的值，用户可从储存的数据中获得多维信息。例如，在企业中，大多数数据由订单处理系统、库存系统和工资单系统等基于事务的系统产生，如果用户想要在销售订单 34071 中识别客户，其可通过输入订单编号从订单处理系统中轻松检索数据。

另外，假设用户想要查看面向 Jo-Mar 公司的销售代表 Sally Brown 在 2015 年 6 月的销售业绩。数据储存在具有不同数据库的不同信息系统中：销售信息系统和人力资源信息系统，如图表 9－37 所示。没有数据仓库，用户很难提取跨越多个信息系统和时间框架的数据。数据仓库以允许用户易于检索和分析数据的格式储存事务数据，而不是使其访问单独的系统。

虽然数据仓库通常横跨整个企业，但许多企业更倾向于使用**数据集市**（data mart），其旨在满足销售、营销或财务等特定部门的需求，每个数据集市仅包含该部门用户执行工作所需的数据。这两种方法各有利弊，最好的解决方案通常取决于具体情况。

不管整体方法如何，储存大量的数据就像是建造房屋，它不会突然发生。完善的数据仓库需要一个包含详细计划和规范的架构。

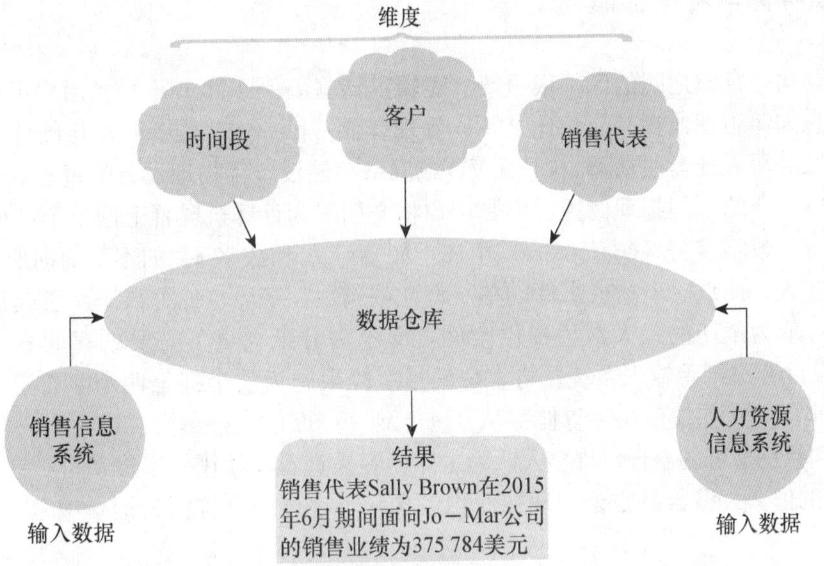

图表 9－37　数据仓库储存来自多个系统的数据。通过选择数据维度，用户可以检索特定信息，而不必知道数据的储存方式或位置

数据挖掘

数据挖掘（data mining）软件寻找有意义的数据模式和关系。例如，数据挖掘软件可帮助快消品企业基于客户先前购买经历识别潜在客户。客户行为信息非常有价值，但数据挖掘也会引起严重的伦理和隐私问题，如本章伦理问题中的例子。

电子商务的巨大增长使得数据挖掘主要作为营销工具。在网络杂志《新设计师》（*New Architect*）2000年1月刊中名为“网络数据挖掘”的文章中，丹·R. 格林（Dan R. Greening）指出网站主机拥有大量关于访问者的信息，但是大部分信息没有任何价值。他在文章中提到聪明的营销人员和业务分析师正在使用数据挖掘技术，并将其描述为“在数据库中找到隐藏模式，并对这些发现进行报告或采取行动的机器学习算法”。他总结说，“网络营销的巨大优势在于可以比实体店或邮购更有效地衡量访客互动。当有明确、可衡量的目标时，数据挖掘最为有效”。他建议的一些目标为：

- 增加每个会话浏览的页面数。
- 增加参考客户的数量。
- 减少**关闭点击数**（clicks to close），其表示为实现购买或获取所需信息需要的平均网页浏览量。
- 增加每次访问的结算量。
- 增加每次结算的平均利润。

这种类型的数据收集有时也称为**点击流储存**（clickstream storage）。使用这些信息，熟练的网页设计者可以建立新客户、老客户以及只浏览不购买客户的资料。虽然这些信息对零售商来说很有价值，但如果不道德的企业试图将客户的网络行为与特定姓名或邮件地址相关联并且售卖，或以其他方式滥用信息，点击流储存则可能引起严重的伦理和隐私问题。

由于数据挖掘可以在大量的数据中发现模式和趋势，因此它对管理者来说是一个很有价值的工具。有一个连锁超市的知名案例，其对购买进行了密切详尽的分析，发现啤酒和尿布通常被一起购买。这个故事是否真实不能确定，但在没有尝试解释这种相关性的情况下，零售商最显然的策略就是在商店的同一区域展示这两种商品。这种数据挖掘技术依赖于关联规则学习，通常称为**购物篮分析**（market basket analysis）。

9.10.2 逻辑存储与物理存储

理解逻辑存储与物理存储之间的区别很重要。**逻辑存储**（logical storage）指用户可以查看、理解并访问的数据，而不管信息如何组织或存储。相比之下，**物理存储**（physical storage）与硬件紧密相关，因为它包括将二进制数据读取并写入硬盘驱动器、CD/DVD或网络存储设备等物理设备的过程。例如，文档的各个部分可能储存在硬盘驱动器的不同物理位置，但是用户将文档视为计算机屏幕上的单个逻辑实体。

逻辑存储由字母和数字**字符**（characters）组成，如字母A和数字9。如本章前面所述，一系列相关字符形成一个字段，描述人、地点、事物或事件的单一特征或属性。字段也称为数据元素或数据项。

在设计字段时，应为预期的最大数值提供空间，而不需分配大量不必要的存储容量。例如，假设为有800名客户的企业设计客户订单输入系统。将客户编号字段限制为三个甚至四个字符是错误的。相反，应考虑一个五位字符的字段，在前端使用零以储存从00001到99999的客户编号。

也可考虑字母和数字字符的混合，许多人认为这样更容易查看和使用。字母字符扩展了储存容量，因为每个字符有26个可能的值。大多数航空公司现在使用包含六个字母的字符作为记录编号，其有超过3亿①种可能值。

逻辑记录（logical record）是描述单个人、地点、事物或事件的一系列字段值。例如，逻辑客户记录包含单个客户的特定字段值，包括客户编号、姓名、地址、电话号码、信用额度等。应用将逻辑记录视为一组相关字段，而不管数据的物理存储方式或位置。

记录这一术语通常指的是逻辑记录。每当应用发出读取或写入的命令时，操作系统向程序提供一条逻辑记录，或从程序接受一条逻辑记录。物理数据可能储存在一个或多个服务器中，这些服务器可能在同一栋楼或分隔数千里，但应用看到的只是逻辑记录，与物理存储地点不相关。

9.10.3 数据编码

计算机将数据表示为**比特**（bits）（二进制数字的缩写），它只有两个值：1和0。计算机将一组比特理解为可以发送、接收和储存的数字代码。计算机使用不同数据编码和存储方案，如EBCDIC、ASCII和二进制。被称为Unicode的最新编码标准也非常流行。此外，日期的存储引发了一些必须考虑的设计问题。

EBCDIC、ASCII和二进制

EBCDIC（发音为EB-see-dik）代表扩展二进制编码的十进制交换码，是一种用于大型计算机和大容量服务器的编码方法。**ASCII**（发音为ASK-ee）代表美国信息交换标准码，是大多数个人计算机上使用的编码方法。EBCDIC、ASCII每个字符都需要八个比特，或一个**字节**（byte）。例如，姓名Ann需要三个字节的存储空间，数字12345需要五个字节的存储空间，数字1234567890需要十个字节的存储空间。

① 原书疑有误，应为10^{20}种可能值。——译者注

相较于基于字符的格式，**二进制存储格式**（binary storage format）提供了更加高效的存储方法，因为它将数字表示为实际的二进制数值，而不是编码的数字。例如，整数格式仅使用 16 比特或 2 个字节以二进制格式表示数字 12345。长整数格式使用 32 个比特或 4 个字节以二进制格式表示数字 1234567890。

Unicode

Unicode 是一种相对较新的代码标准，每个字符使用两个字节，而不是一个字节。这种扩展的方案使 Unicode 能够表示超过 65 000 个独特字符。为什么它很重要？考虑运行跨国信息系统，或开发将在亚洲、欧洲和北美销售的程序。因为它几乎支持所有的语言，Unicode 已经成为一个全球标准。

传统上，美国国内的软件公司开发一种英文产品，然后将程序翻译成一种或者多种语言。这个过程昂贵、缓慢且易于出错。相比之下，Unicode 从一开始就创建了可翻译的内容。

现在，大多数流行的操作系统都支持 Unicode，且 Unicode Consortium 维护其标准和支持，如图表 9 - 38 所示。

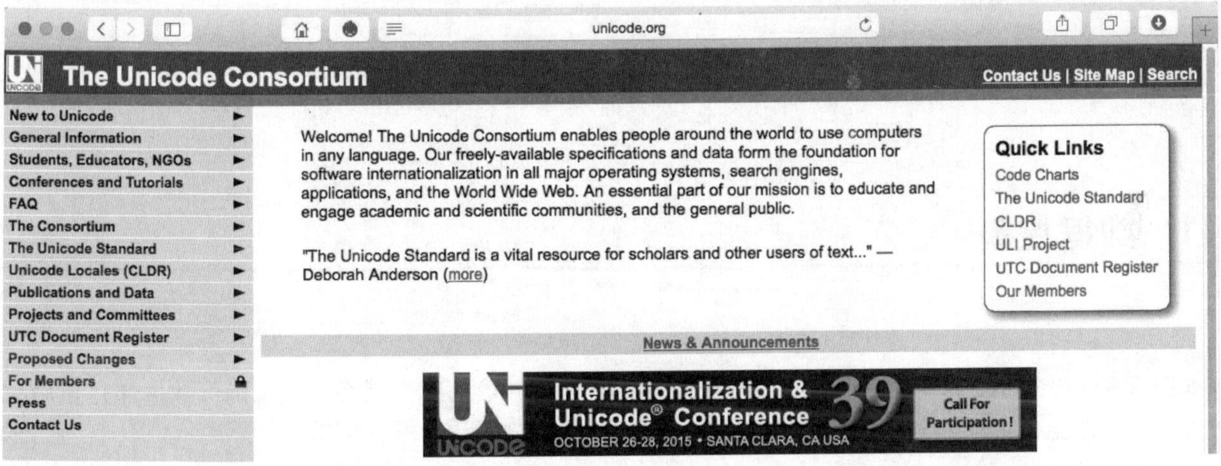

图表 9 - 38　Unicode 是一种将字符表示为整数的国际编码格式，每个字符使用 16 比特（两个字节）。Unicode Consortium 维护 Unicode 标准和支持

资料来源：1991—2015 Unicode，Inc。

存储日期

存储日期的最好方法是什么？答案取决于显示方式以及是否将其用于计算。

在 21 世纪初，只用两位数字代表年份的企业面临 **Y2K 问题**（Y2K issue）。根据这种经验，大多数日期格式现在都依据**国际标准化组织**（International Organization for Standardization，ISO）创建的模式，用四位数字表示年份，两位数字表示月份，两位数字表示日期（YYYYMMDD）。相比之下，用该格式存储的日期易于分类和使用。如果一个 ISO 格式的日期比同样格式的另一个日期大，那么第一个日期将在后面。例如，20150504（2015 年 5 月 4 日）比 20130927（2013 年 9 月 27 日）晚。

但是，如果是计算中必须使用的日期呢？例如，如果 6 月 23 日的生产订单需要三周时间才能完成，订单什么时候能够准备好？如果 8 月 13 日到期的款项在下一年的 4 月 27 日之前还没有支付，那么该款项延期了多久？欠下了多少利息？在这些情况下，使用绝对日期更加容易。

绝对日期（absolute date）是从特定基准日起的总天数。要计算两个绝对日期之间的天数间隔，只需用一个日期减去另一个。例如，如果基准日期是 1900 年 1 月 1 日，2015 年 5 月 4 日的绝对日期为 42 128，2013 年 9 月 27 日的绝对日期为 41 544。如果用较晚的日期减去较早的日期，得到的结果是 584 天。电子表格能够确定并显示绝对日期，如图表 9 - 39 所示。

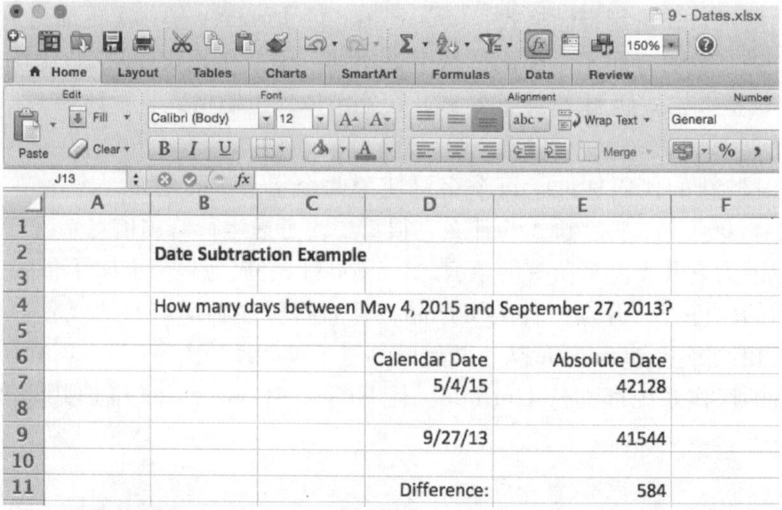

图表 9-39 Microsoft Excel 在计算中使用绝对日期。在此示例中，2015 年 5 月 4 日显示为 42 128，2013 年 9 月 27 日显示为 41 544，日期之间的差异为 584 天

9.11 数据控制

如图表 9-40 所示，保护系统的物理部分十分重要，文件和数据库控制必须包含确保数据储存正确、完整和安全所需的全部措施。文件和数据库控制也与之前讨论的输入和输出方法相关。

图表 9-40 除了网络监控，系统安全性还包括口令、数据加密、密码和审计追踪

资料来源：iStockphoto/DenGuy。

精心设计的 DBMS 必须提供内置的控制和安全功能，包括子模式、密码、加密、审计追踪文件以及维护数据的备份和恢复过程。分析师的主要职责是确保 DBMS 功能正常使用。

本章前面部分解释了可以使用子模式向特定用户或特定用户级别提供有限视图。限制对文件和数据库的访问是保护存储数据最常见的方法，用户必须提供正确的用户 ID 和密码才能访问文件或数据库。不同的权限，也称为**许可**（permissions），可与不同用户关联，因此一些员工被限制为只读访问，而一些用户可能被允许更新或删除数据。对于高度敏感的数据，可以建立额外的访问码来限制记录中特定的记录或字段。存储的数据也可通过加密防止未经授权的访问。加密是将可读数据转化为不可读字符，防止未经授权的数据访问的过程。

必须定期备份所有系统文件和数据库，且必须在指定时间内保留一系列**备份**（backup）副本。在发生文件灾难时，可以使用**恢复过程**（recovery procedures）将文件或数据库恢复到上次备份时的状态。记录文件或数据库的全部访问和更改信息的**审计日志文件**（audit log files）可用于恢复自上次备份以来所做的更改。同时，数据记录也包括**审计字段**（audit fields），其是数据记录中提供额外控制或安全信息的特殊字段。常见的审计字段包括记录创建或修改记录的日期、执行操作的用户名称以及记录被访问的次数。

案例 9.4 SoccerMom 公司

SoccerMom 公司出售一种专利座椅，观众可以携带座椅去观看青少年足球比赛。座椅可折叠到足够小以适合大多数车辆的储物箱。该公司在堪萨斯运营了一间工厂，并与加拿大和墨西哥的小企业签署了制造协议。

这家小型跨国企业遇到了一个不同寻常的问题：人们对内部备忘录、采购订单和电子邮件中的日期感到困惑。Towson Hopkins 处理 SoccerMom 的全部 IT 功能，当他设计公司的数据库时，他没有意识到加拿大和墨西哥的日期格式与美国使用的格式有所不同。例如，在加拿大和墨西哥，符号 7/1/15 表示 2015 年 1 月 7 日，但是在美国，同样的符号表示 2015 年 7 月 1 日。尽管这看起来是一个小问题，但日期混乱已经导致几个订单被取消。

Towson 向你询问建议。你可以建议编写一个简单的程序自动转换日期，或设计一个转换命令允许用户在输入数据时选择日期格式。然而，你意识到 SoccerMom 可能希望未来在其他国家开展业务。最好的方案是什么？SoccerMom 应适应每个国家的标准，还是应保持单一的国际格式？每个选择的依据是什么？

伦理问题

Olivia 是 Tip Top 玩具公司的数据库经理，该公司是 Worldwide 公司的一个子公司。Worldwide 公司有其他九家子公司，包括保险、健康产品和理财规划服务等。

Worldwide 公司的营销总监 Riccardo 要求 Olivia 提供 Tip Top 客户购物数据，以确定可能在 Worldwide 公司的其他子公司中购买产品或服务的用户。Olivia 对此并不满意，并指出 Tip Top 的网络隐私政策，其声明“Worldwide 公司的子公司 Tip Top 将不会在未经客户同意的情况下与其他公司共享个人资料”。

Riccardo 回答说该声明只针对外部公司，而不是 Worldwide 公司的其他子公司。他说他向公司的法律部门确认过，法律部门是认同的。Olivia 回答道：“即使这么做是合法的，但这不是正确的做法。许多人认为我们的声明意味着他们的数据不会离开 Tip Top。至少我们应该给客户一个选择，只有在他们同意的情况下才分享这些数据。”

你同意 Olivia 的看法吗？为什么？

9.12 本章小结

本章继续讨论 SDLC 的系统设计阶段。文件和表包含影响信息系统的人、地点、事物或事件的数据。面向文件的系统也称为文件处理系统，管理单独存储的数据。

数据库由形成整体数据结构的连接的表组成。数据库管理系统（DBMS）是工具、功能和接口的组合，使用户能够在数据库中添加、更新、管理、访问并分析数据。

DBMS 设计比传统的面向文件的系统更加强大和灵活。数据库环境提供可扩展性、支持组织范围访问、规模经济、用户组间共享数据、平衡用户的需求冲突、更强的标准、控制冗余、高度安全、灵活性、更高的程序员生产力和数据独立性等优势。大规模数据库十分复杂，且需要大量的安全和备份/恢复功能。

DBMS 组件包括用户、数据库管理员和相关信息系统接口，数据操作语言，模式，以及物理数据存储库。其他数据管理技术包括数据仓库，其以易于访问的形式存储数据以供用户访问。数据挖掘在数据中寻找有意义的模式和关系，数据挖掘还包括记录用户如何与网站交互的点击流储存，以及可以识别产品关系和客户购买习惯的购物篮分析。

在信息系统中，实体是指人、地点、事物或事件，我们对其数据进行收集和维护。字段或属性是实体的单一特性。记录或元组是描述实体中实例的一组相关字段。数据存储在文件（面向文件的系统）和表（在数据库环境）中。

主键是唯一可以识别特定记录的字段或字段组合。候选键是可以作为主键的其他任何字段。外键是必须与其他文件或表中的键连接的字段或字段组合。次键是用于排序或检索记录的字段或字段组合。

实体关系图（ERD）是所有系统实体及其关系的图形表示。ERD 以系统分析阶段准备的 DFD 中的实体和数据为基础。ERD 中三个基本的关系是一对一关系（1∶1）、一对多关系（1∶M）和多对多关系（M∶N）。在 M∶N 关系中，两个实体通过关联实体连接。

两个实体间的关系也称为基数。常见的基数符号形式称为乌鸦脚符号，其使用不同符号描述关系的特征。

规范化是避免数据设计问题的过程。第一范式（1NF）的记录没有重复组。如果记录属于 1NF 且全部非键字段均依赖于整个主键，则该记录属于第二范式（2NF）。如果记录属于 2NF 且没有字段依赖于非键字段，则记录属于第三范式（3NF）。

数据设计任务包括创建初始 ERD，将数据元素分配给实体，使所有表设计规范化，以及完成文件、记录和数据元素的数据字典条目。

代码是用于表示系统中数据的一组字母或数字。使用代码可以加速数据输入、减少数据存储空间、减少传输时间。代码也可用于显示或隐藏信息。代码的主要类型有序列代码、区块序列代码、字母代码（包括类别代码、缩写代码和助记代码）、有效数字代码、派生代码、加密代码和行动代码。

逻辑存储是用户肉眼看到的信息，而不管信息实际上如何组织或存储。物理存储与硬件相关，包括将二进制数据读取和写入物理设备。逻辑记录是描述单个人、地点、事物或事件的一组相关字段值。数据存储格式包括 EBCDIC、ASCII、二进制和 Unicode。日期可以以多种格式存储，包括 ISO 和绝对格式。

文件和数据库控制方法包括限制数据访问、数据加密、备份/恢复过程、审计追踪文件和创建内部审计字段。

关键词（Key Terms）

1∶1　一种实体关系类型，一对一关系的缩写。这种实体关系存在的条件是第一实体的每个实例都恰好有一个第二实体对应发生。

1∶M　一种实体关系类型，一对多关系的缩写。这种实体关系存在的条件是第一实体的每个实例可与第二实体的多个实例关联，但第二实体的每个实例仅能与第一实体的一个实例关联。

缩写代码　字母缩写。例如，标准的州代码包括：NY代表纽约州、ME代表缅因州、MN代表明尼苏达州。

绝对日期　从特定基准日耗费的总天数。要计算两个特定绝对日期之间的天数间隔，只需用一个日期减去另一个日期。例如，以1900年1月1日为基准日，2012年9月27日的绝对日期值为41179，2011年7月13日的绝对日期值为40737，用较晚的日期减去较早的日期，得到的结果是442天。

行动代码　指示对相关数据项采取何种行动。例如，学生记录程序可能会提示用户输入或点击动作代码，如D（显示记录）、A（添加记录）和X（退出系统）。

字母代码　基于类别、缩写或易于记忆的值，使用字母将不同数据项区别开。

ASCII　代表美国信息交换标准码，是在大多数个人电脑和工作站中使用的数据存储编码方法。

关联实体　拥有自身属性和特征的实体。关联实体常用于连接多对多关系（M∶N）。

审计字段　数据记录中提供额外控制或安全信息的特殊字段。典型的审计字段包括创建或修改记录的日期、执行操作的用户名称以及记录被访问的次数等。

审计日志文件　记录文件或数据库的所有访问或更改的详细信息，可用于恢复自上次备份以来所做的更改。

备份　将一系列文件或数据副本保留一段时间的过程，数据可以连续备份或按规定的间隔进行备份。

二进制存储格式　数字数据的高效存储格式。例如，用Microsoft Access指定数字数据格式时，可使用整数、长整数或其他的数值格式作为存储格式。

比特　二进制数字，数据的最小单位。

区块序列代码　使用数字区块进行不同分类的代码。

字节　8比特称为一个字节或一个字符。一组字节形成一个关于人、地点、事物或事件的字段。

候选键　有时可能会选择不同的字段或字段组合作为主键，可以作为主键的任何字段称为候选键。

基数符号　显示实体间关系的符号。

类别代码　确定一组相关数据项的代码。例如，当地百货公司可能使用两个字符的类别代码来确定产品销售的部门。

字符　8比特称为一个字符，或字节。一组字节形成一个关于人、地点、事物或事件的字段。

加密代码　使用关键词对数字进行编码。例如，零售商店可能使用包含10个字母的单词，如CAMPGROUND对批发价格进行编码，用C代表1，A代表2，依此类推。代码GRAND代表该商店为该物品支付了562.90美元。

关闭点击数　完成购买或获取所需信息的平均网页浏览量。

点击流储存　记录网页访问行为和流量趋势供以后的数据挖掘使用。

代码　用于表示数据项的一组字母或数字。代码可用于简化输出、输入和数据格式。

组合键　主键有时需要由字段组合构成，在这种情况下，主键称为组合键、复合键、连接键或多值键。

共同字段　在多个实体中出现的属性，共同字段可用于在不同类型的关系间连接实体。

复合键　主键有时需要由字段的组合构成，在这种情况下，主键称为组合键、复合键、连接键或多值键。

连接键　参见复合键。

乌鸦脚符号　一种基数符号，因其形状被称为乌鸦脚符号，包括圆圈、线以及能够表示多种可能性的符号，其中单线表示一个，双线表示有且仅有一个，圆圈表示零，乌鸦脚表示许多。

数据操作语言（DML）数据操作语言控制数据库操作，包括储存、检索、更新和删除数据。大多数商业DBMS，如甲骨文和IBM的DB2，都使用DML。

数据集市　满足销售、营销或财务等特定部门需求的特殊数据库。每个数据库都只包含该部门工作所需的数据。

数据挖掘　在数据中寻找有意义的模式和关系。例如，数据挖掘软件可以帮助快消品企业根据先前购买记录识别潜在客户。

数据仓库　集成的数据集合，能够支持管理分析和决策。

数据库管理员（DBA）管理数据库管理系统（DBMS）的人。DBA评估整体需求，并为了整个组织而不是单个部门或用户的利益维护数据库。

数据库管理系统（DBMS）让用户能在数据库中添加、更新、管理、访问和分析数据的工具、功能和接口的组合。

派生代码　使用来自不同项目属性或特征的数据来构建代码，大多数杂志订阅代码都是派生代码。

EBCDIC　代表扩展二进制编码的十进制交换码，一种用于大型计算机和大容量服务器的编码方法。

规模经济　大型计算机在大批量处理方面的固有效率。数据库设计能够更好地利用硬件，如果企业要维护一个企业级数据库，使用强大的主机服务器而不是几个较小的服务器进行数据处理则成本更低。

实体关系图　描述系统实体间关系的信息系统图形模型。

文件　每个文件或表都包含与信息系统交互的人、地点、事物或事件的数据。

面向文件的系统　面向文件的系统也称为文件处理系统，在一个或多个独立文件中储存并管理数据。

第一范式（1NF）如果记录不包含重复组（可在单个记录中出现任意次数的一组数据项），则该记录属于第一范式（1NF）。

外键　必须与另一个表中的主键值相匹配，以建立两个表之间关系的表中字段。

功能依赖　功能依赖是理解第二范式（2NF）的重要概念，如果字段X的值取决于字段Y的值，则称字段X功能依赖于字段Y。例如，订单日期依赖于订单编号，对于特定的订单编号，订单日期仅有一个值。相反，产品描述不功能依赖于订单编号，对于特定的订单编号，可能会有多个产品描述，订购的每个产品对应一个。

国际标准化组织（ISO）　140个国家或地区的标准机构网络，与国际组织、政府、工业、企业和消费者代表合作。ISO是公共和私营部门之间的桥梁。

JDBC（Java数据库连接）使Java程序能够与任何使用SQL语言并符合ODBC标准的数据库交换数据的标准。

关键字段　用于在系统设计阶段组织、访问并维护数据结构。关键字段的四种类型分别为主键、候选键、外键和次键。

逻辑记录　逻辑记录包含描述单个人、地点、事物或事件的字段值，应用将逻辑记录视为一组字段，而不管数据的物理存储方式或位置。

逻辑存储　指用户看到的信息，而不管信息如何以及在何处组织或存储。

M∶N　一种实体关系类型，多对多关系的缩写。存在的条件是第一实体的一个实例能与第二实体的多个实例关联，且第二实体的一个实例能与第一实体的多个实例关联。

多对多关系　参见 M：N。

购物篮分析 从大量数据中挖掘模式和趋势的分析类型。

助记代码　使用易于记忆的特定字母组合的代码。许多三个字符的机场代码是助记代码，例如，LAX 代表洛杉矶。

多值键　主键有时需要由字段的组合构成，在这种情况下，主键称为组合键、复合键、连接键或多值键。

非键字段　不是主键或候选键的字段称为非键字段。

规范化　分析师识别并纠正设计中的固有问题和复杂性的过程。

ODBC（开放数据库连接）使得来自不同供应商的软件能够交互并交换数据的行业标准协议。

一对多关系　参见 1：M。

一对一关系　参见 1：1。

孤儿现象　无关联或未连接的记录或字段。如果在订单表中输入客户订单，而这一客户不在现有客户表中，孤儿现象就会出现。引用完整性将会避免孤儿现象出现。

许可　特定用户的特权，决定用户对数据库、文件或目录的访问类型。也称为用户权限。

物理存储　与硬件相关的信息储存机制，因为其涉及将二进制数据读取并写入硬盘驱动器、闪盘驱动器以及 DVD 等物理介质的过程。

主键　唯一且最小限度地确定实体特定成员的字段或字段组合。例如，在客户表中，客户编号是唯一的主键，因为没有两个客户拥有相同的编号。该键也是最小的，因为它不包含识别客户所需信息之外的任何信息。

示例查询　允许用户提供所需数据示例的查询语言。

查询语言　允许用户指定任务而无须说明任务如何执行。一些查询语言使用类似于日常英文语句的自然语言命令。

恢复过程　在中断后恢复数据并重启系统的过程。使用恢复过程可将文件或数据库恢复到上次备份时的状态。

引用完整性　一种有效性检验类型。引用完整性是避免数据不一致和质量问题的一系列规则。

关系数据库　由共同字段将表关联起来的数据库，创建统一的数据结构，可以改进数据质量和数据访问。

关系模型　关系数据库中使用的模型。关系模型在 20 世纪 70 年代被引入，并因灵活和强大而逐渐流行。

重复组　可在单个记录中出现任意次数、每次出现的值都不同的一个或多个字段的集合。

模式　数据库的完整定义，包括对全部字段、记录和关系的描述。

第二范式　如果记录设计是 1NF，且不是主键的所有字段都功能依赖于整个主键，则记录设计是第二范式（2NF）。如果 1NF 表中的任何字段仅依赖于组合主键中的一个字段，那么记录不是 2NF。带有单个字段主键的 1NF 记录自动成为 2NF。

次键　可用于访问或检索记录的字段或字段组合。次键的值不是唯一的。例如，为了访问带有特定邮编的客户记录，邮编字段将用作次键。

序列代码　以特定顺序分配的数字或字母。除指示输入系统的顺序信息之外，序列代码不包含额外的信息。

有效数字代码　使用一系列数字组合区分不同数据项的代码。例如，美国的邮编是有效数字代码。

结构化查询语言　允许 PC 用户与服务器和大型主机通信的查询语言。

标准符号格式　使表设计更容易的表示，因为它清楚地显示了表的结构、字段和主键。

子模式　一个或多个系统或多个用户使用的数据库视图。子模式只定义了特定系统或用户需要或被允许访问的数据库部分。

表　每个文件或表都包含与信息系统交互的人、地点、事物或事件的数据。

表设计　指定字段并识别特定文件或表中的主键。

第三范式　如果记录设计属于 2NF 且没有任何非键字段依赖于其他非键字段，则该记录设计属于第三范式（3NF）。非键字段是指不是候选键的字段。

元组　元组或记录，是描述客户、订单或产品等实例或实体成员的一系列相关字段。元组可能有一个或者多个字段，取决于需要哪些信息。

Unicode　将字符表示为整数的一种相对较新的编码方法。与每个字符使用 8 比特的 EBCDIC 和 ASCII 不同，Unicode 中每个字符需要 16 比特，从而能够表示超过 65 000 个独特字符。

非规范化　包含重复组的记录，意味着单个记录有特定字段多次出现，每次出现具有不同的值。

Y2K 问题　许多用两个数字表示年份的企业在 2000 年面临的问题，因为其计算机系统只使用两位数字表示年份；现在大多使用四位数字表示年份。

本章练习

问题

1. 在 9.2.2 节汽车商店的例子中，Mario 系统可能会出现什么问题？为什么 Danica 不会遇到同样的问题？在你的答案中提供具体例子。
2. 什么是 DBMS？简要描述 DBMS 的组件。
3. 描述主键、候选键、次键、外键和组合键。发挥你的想象力，为每个键提供一个本书中没有的例子。
4. 什么是实体关系图？它们如何使用？关系使用什么符号？什么是关联实体？举一个例子。
5. 什么是基数？你在乌鸦脚符号中使用什么标记？
6. 什么是数据仓库和数据挖掘？企业如何使用这些工具？
7. 什么是非规范化设计？如何将非规范化设计转化为 1NF？在你的答案中，参阅本章具体页面和图表。
8. 如何定义 2NF？如何将 1NF 转化为 2NF？在你的答案中，参阅本章的具体页面和图表。
9. 如何定义 3NF？如何将 2NF 转化为 3NF？在你的答案中，参阅本章的具体页面和图表。
10. 如何将 2015 年 4 月 27 日等具体日期用绝对日期表达？

讨论话题

1. 规划数据库时有需要考虑的伦理问题吗？例如，敏感的个人数据（如医疗信息）是否应和员工薪酬和福利数据存储在同一 DBMS 中？为什么？
2. 举出引用完整性避免数据问题的三个业务情境。
3. 考虑有三个位置的汽车代理商。数据字段有库存编号、车辆识别号码、品牌、型号、年份、颜色和发票成本。确定可能的候选键、主键、外键以及潜在的次键。
4. 我们在个人和商业生活中使用大量的代码。你能够给出几个代码的例子吗？
5. 许多大型组织的数据库系统遭到黑客攻击，客户信息被窃取。数据库的安全性与系统其余部分的安全性有何不同？其会对基于网络的数据设计产生影响吗？如果会，如何影响？

项目

1. 在互联网上查找关于日期格式的信息。确定在美国使用的日期格式是否为最常用的格式。
2. 访问你所在学校或当地企业的 IT 部门，确定组织如何使用数据库管理系统。在备忘录中描述你的发现。
3. 使用 Microsoft Access 或类似的数据库软件为案例 9.1 中描述的虚拟 TopText Publishing 公司创建一个 DBMS。为每个表添加一些示例记录，并向全班报告你的成果。
4. 假设你在公司的 IT 部门上班，而销售团队需要如下三个具体问题的答案。数据可能物理存储在七个表中。你知道如何创建 Microsoft Access 查询，但是为了了解关于数据库的逻辑和设计的更多信息，你打算学习图表 9－32，然后模拟告诉数据库一步步找到答案的过程：

a. 有在 2015 年 5 月 4 日后接受服务的客户吗？如果有，他们是谁？

b. 技术员 Marie Johnson 是否在服务热线上工作超过六个小时？如果是，都有哪些热线？

c. 华盛顿的服务热线中是否需要零件？如果是，零件号和数量描述是什么？

5. 访问你所在学校或地区的书店。访谈经理或书店员工，了解业务和参与书店业务的实体。记住，实体是影响信息系统的人、地点、事物或事件。绘制 ERD，包括描述书店运营的基数。

第10章 系统架构

第 10 章是 SDLC 系统设计阶段的最后一章。本章将介绍将信息系统逻辑设计转化为物理蓝图的系统架构。设计系统架构需要考虑服务器、客户端、处理方法、网络和相关问题。

本章包括四个案例讨论问题，用以帮助读者情境化地理解文中描述的概念。伦理问题讨论了在用户计算机上安装跟踪软件以提高系统对常规使用模式的响应，与监督员工在线活动而侵犯隐私的伦理问题之间的权衡。

学习目标

学完这一章，你应该能够：

- 提供选择系统架构时需要考虑的问题清单；
- 追踪系统架构从主机到当前设计的演变；
- 解释客户端/服务器架构，包括层次、成本效益问题和性能；
- 将内部电子商务开发与打包解决方案和服务提供商进行比较；
- 讨论云计算和 Web 2.0 的影响；
- 定义网络拓扑，包括层次型、总线型、环型、星型和网型；
- 描述无线网络，包括无线标准、拓扑和趋势；
- 描述系统设计规范。

10.1 引言

在 SDLC 的这一时点，目标是确定实现信息系统的整体架构。第 1 章解释道，信息系统需要硬件、软件、数据、过程以及 IT 系统相关人员来完成一组特定功能。有效的系统将这些元素组合成灵活、有成本效益、技术可靠且能支持业务信息需求的架构或设计。本章涵盖支持整个系统设计的各方面主题，就像建新房屋的计划将包括基础计划、建筑方法、布线和管道图、交通流量和成本。

系统架构（system architecture）将信息系统的逻辑设计转换为包含硬件、软件、网络支持、处理方法和安全性的物理结构。系统设计阶段的最终产品是系统设计规范，如果这一文档被认可，下一步则是系统实施。

10.2 架构检查列表

正如建筑师根据业主的需求列表启动一个项目，系统分析师必须使用整体清单来处理系统架构。在做出决定之前，分析师必须考虑影响架构选择的若干问题：

- 企业组织和文化。
- 企业资源规划（ERP）。
- 初始成本和总体拥有成本（TCO）。
- 扩展性。
- 网络集成。
- 遗留系统接口要求。
- 处理选项。
- 安全问题。
- 企业门户。

10.2.1 企业组织和文化

为了成功，信息系统必须在企业组织和文化中表现良好。例如，考虑两个大型自行车品牌——Green Bikes 和 Blue Bikes，每家公司都有三个业务分支：一家位于亚洲的生产自行车的子公司、一家位于洛杉矶的生产自行车配件和服装的工厂，以及一家位于加拿大的制造自行车运输车架、机架和定制拖车的工厂。

从表面上看，这两家公司很相似，但企业组织和文化差异很大。Green Bikes 高度中心化，从洛杉矶办公室监督日常运营。Blue Bikes 也设有洛杉矶执行办公室，但允许其他三个业务分支单独运营，执行最弱的企业监督。这两家公司都十分成功，且一段时间内管理风格不太可能发生改变。

假设两家公司都要求顾问建议一个提高生产力并降低成本的 IT 架构。企业组织和文化问题将如何影响顾问的建议？对于这一问题没有简单的答案，最好的办法可能是研究日常业务功能、与各级别用户进行交流并关注运营可行性问题，正如在开发过程中所做的那样。

10.2.2 企业资源规划（ERP）

许多企业均使用企业资源规划软件，这在第 1 章中已经描述过。ERP 的目标是建立一个企业级 IT 使用策略，包含特定架构，数据、处理、网络和用户界面设计的标准。ERP 的主要优势在于其描述了被称为**平台**（platform）的特定硬件和软件环境，该环境包含内置软件和商业包，可以确保未来系统的连通性和易于集成。

许多企业使用**供应链管理**（supply chain management，SCM）将内部 ERP 系统扩展到其供应商和客户。例如，在完全集成的供应链系统中，客户订单可以触发制造系统规划工作订单，从而触发对单个或多个供应商更多的零件需求。在动态且高度竞争的经济环境中，SCM 可以帮助企业获得更快的响应、更好的客户服务、更低的运营成本。

甲骨文公司是提供 ERP 解决方案的企业之一。如图表 10-1 所示，甲骨文的 ERP 产品是基于云的服务，其支持员工协作、支持移动设备的信息访问并提供数据分析功能以使用户深入了解业务流程。

图表 10-1　甲骨文公司以基于云的服务提供 ERP 解决方案

资料来源：Oracle。

案例 10.1　ABC Systems 公司

你是 ABC Systems 的系统分析师，这是一家快速发展的 IT 咨询公司，为希望建立电子商务的企业提供广泛服务。在过去的 18 个月中，ABC 收购了两个小企业并成立了专门从事供应链管理的新部门。集成并整合 ABC 的内部系统是一项巨大的挑战，高层管理人员对整合的成本和时间安排并不满意。为了避免未来可能出现的问题，你决定建议一个 ERP 战略，且计划明天在员工会议上发表观点。ABC 的管理团队非常不正式，倾向于宽松、灵活的管理方式。你如何说服他们选择 ERP？

10.2.3　初始成本和 TCO

之前讨论了在系统规划和分析阶段考虑经济可行性和总体拥有成本的重要性。总体拥有成本包括被称为硬成本的有形购买成本、费用和合约签订相关成本。然而，管理、支持、培训和停工时间等额外的软成本一样重要却难以测量。

TCO 分析应包括以下问题：

- 如果最初将内部开发选为最佳选择，现在其仍是最佳选择吗？必要的技术可用吗？最初的成本估计现实吗？
- 如果最初选择特定软件包，现在其还是最好的选择吗？是否有新版本或有竞争力的产品？定价和支持方面是否有变动？
- 是否有新的外包类型可用？
- 是否发生影响提议的项目的经济、政府或监管事件？
- 是否有可能影响提议的项目的重大技术进步？
- 企业决定内部开发或购买后，是否有任何主要假设发生变化？
- 是否有合并或并购问题使得企业可能需要考虑与特定环境的兼容？
- 市场中有新的趋势吗？是否有新的产品或技术正在被引进？
- 原始的 TCO 估计是否有更新？如果是，是否有显著差异？

这些问题的答案可能影响提议的系统的初始成本和总体拥有成本。在继续设计系统架构之前，现在应对系统需求和替代方案进行评估。

10.2.4 扩展性

网络由单个节点组成。**节点**（node）表示可发送、接收或管理网络数据的有线或无线物理设备。例如，节点可以是服务器、计算机、共享打印机、大容量存储设备、无线接入点或平板电脑。

如第 4 章所述，扩展性有时也称为**延展性**（extensibility），指系统易于扩展、更改或缩小以满足企业快速变化的需求的能力。扩展性在事务处理系统等与业务量相关的系统中尤其重要，需要可扩展的系统来支持动态、增长的业务。例如，可扩展网络可以处理几十个节点到几千个节点，可扩展的 DBMS 可支持整个新销售分支获取信息。在项目投入大量资金时，管理层特别关注可能影响系统寿命的扩展性问题。

10.2.5 网络集成

信息系统包含**应用**（applications），它们是处理输入、管理处理逻辑并提供所需输出的程序。系统分析师必须了解新的应用是否将成为电子商务战略的一部分，及其与其他网络组件的整合程度。如前所述，**面向网络**（web-centric）的架构遵循互联网设计协议，使企业能将新的应用集成到其电子商务策略中。即使不涉及电子商务，面向网络的应用也可在互联网或企业内部网或外部网上运行。基于网络的应用避免了涉及不同硬件环境时经常出现的连通性和兼容性问题。在基于网络的环境中，企业的外部业务合作伙伴可以使用标准的网络浏览器来导入和导出数据。

10.2.6 遗留系统

新系统可能必须与一个或多个遗留系统对接，遗留系统指的是使用过时技术但仍然能够运行的旧系统。例如，新的营销信息系统可能需要向基于服务器的会计系统报告销售数据，并从遗留的制造系统获取产品成本数据。

将新系统与遗留系统集成涉及对数据格式和兼容性的分析。在某些情况下，企业需要转换遗留的文件数据，这可能是一个昂贵且耗时的过程。本章后面讨论的中间件可用于在新系统和遗留系统之间传递数据。最后，为了选择最佳的架构，分析师必须了解新的应用会取代遗留系统还是与之并存。

10.2.7 处理选项

在规划新架构时，设计人员还必须考虑系统如何处理在线或批量数据。例如，大容量事务处理系统，如订单输入系统，比批量处理数据的每月计费系统需要更多的网络、处理和数据存储资源。此外，如果系统必须一周 7 天每天 24 小时在线运行，则必须规定备份和快速恢复条款以防系统故障。

本章后面将对在线和批量处理方法的特点进行说明，并列举每种类型的示例。

10.2.8 安全问题

从图表 10－2 显示的简单密码保护到复杂的入侵检测系统，安全威胁和防护始终是系统分析师的主要关注点。随着物理设计被转化为具体硬件和软件，分析师必须考虑安全问题并确定如何处理这些问题。当数据或处理在远程而不是在中心设备上执行时，安全问题尤其重要。在关键任务系统中，安全问题将对系统架构和设计产生重大影响。

由于关键数据必须在网络环境中受到保护，因此基于网络的系统引入了额外的安全问题。此外，使用电子商务应用的企业必须确保客户的个人数据安全可靠。近年来出现的大量的大型企业安全漏洞表明，安全问题应在考虑系统架构时发挥更大的作用。系统安全概念和策略将在第 12 章中进行详细讨论。

图表 10-2　用户 ID 和密码是系统安全的传统元素

资料来源：JMiks/Shutterstock.com。

10.2.9　企业门户

取决于系统不同，规划的架构可能包括企业门户。**门户**（portal）是多功能网站的入口。进入门户后，用户可以使用门户设计者提供的多样化工具和功能导航到目标页面。**企业门户**（corporate portal）可以为客户、员工、供应商和公众提供访问。设计良好的门户可以与其他不同的系统集成，并在多个组织部门之间提供一致的外观和环境。

10.3　系统架构：过去和现在

每个商业信息系统都必须执行三种主要功能：

- 管理执行处理逻辑的应用。
- 处理数据存储和访问。
- 提供允许用户和系统交互的界面。

取决于架构不同，这三种功能在服务器执行、在客户端执行或在服务器和客户端之间分别执行。在系统设计期间，分析师必须决定功能的执行位置，并确定每种设计方法的优缺点。

10.3.1 主机架构

服务器（server）是向一个或多个被称为**客户端**（clients）的计算机提供数据、处理服务或其他支持的计算机。最早的服务器是大型计算机，服务器执行全部处理的系统设计有时也被描述为**主机架构**（mainframe architecture）。尽管实际的服务器不一定是主机，但主机架构这一术语通常描述服务器的功能远超过客户端的多用户环境。系统分析师应了解主机架构的历史，以了解服务器在现代系统设计中的作用。

在 20 世纪 60 年代，主机架构是唯一的选择。除了集中数据处理，早期的系统在被称为**数据处理中心**（data processing center）的中心位置执行全部数据输入和输出。物理数据以某种方式传输到数据处理中心，并在此输入系统。除由企业 IT 部门分发的打印报告之外，组织中的用户没有输入或输出能力。

随着网络技术的进步，企业在远程位置安装终端，使得无论中央计算机位于何处，用户都可以从组织中的任何位置输入并访问数据。终端包括键盘和显示屏幕，能够处理输入和输出，但缺乏独立的处理能力。如图表 10-3 所示，在中心化设计中，远程用户的按键输入从其终端发送到主机，主机通过向用户屏幕发送屏幕输出进行响应。

如今，主机架构仍在需要大量可在中央位置完成处理的行业中使用。例如，银行可能在每天晚上使用主机服务器更新客户余额。在新旧技术的融合中，许多企业正将部分数据处理从主机迁移到云端，如 10.5.1 节所述。事实上，主机可用作实现云计算的部分基础设施。

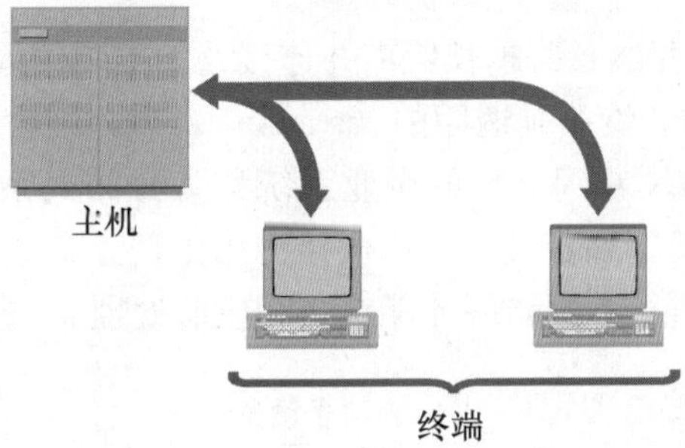

图表 10-3 在中心化设计中，远程用户的按键输入传输到主机，主机通过向用户屏幕发送屏幕输出进行响应

10.3.2 个人计算机的影响

当计算机技术在 20 世纪 90 年代爆发时，强大的微型计算机迅速出现在企业桌面上。用户发现能以**单机**（stand-alone）计算模式运行自己的文字处理、电子表格和数据库应用程序，而无须 IT 组织的帮助。不久之后，企业将独立计算机连接到网络，使用户客户端能够交换数据并执行本地处理。

当个人用户以单机模式工作时，工作站通过存储、访问和处理数据，以及提供用户界面来执行服务器的所有功能。虽然单机计算的个人电脑提高了员工工作效率，并允许员工执行原本需要 IT 部门协助完成的任务，但单机计算可能效率低下且昂贵。更糟糕的是，维护个人工作站上的数据引发了数据安全、完整性和一致性问题。没有中央存储位置，将有价值的业务数据保护起来并备份几乎不可能，企业面临巨大的风险。在一些情况下，缺乏 IT 部门支持和服务会让用户感到失望，他们只能创建并管理自己的数据库。除安全问题之外，这也会导致数据不一致和不可靠。

10.3.3 网络演进

随着技术的发展，企业通过将客户端加入允许共享数据和硬件资源的**局域网**（local area network,

LAN）来解决单机计算的问题，如图表 10-4 所示。一个或多个局域网可以连接到中心化服务器。技术的进一步发展使得创建使用卫星连接、高速光纤线路或网络共享数据的强大网络成为可能。

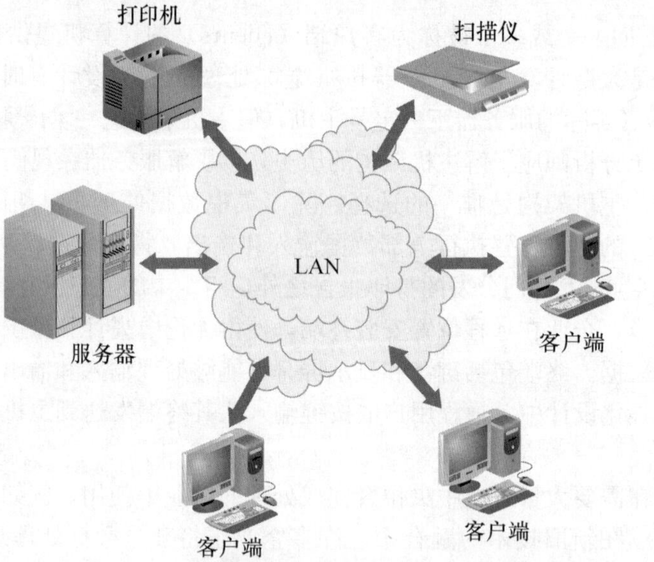

图表 10-4　LAN 允许共享数据与打印机和扫描仪等硬件资源

广域网（wide area network，WAN）跨越长距离并连接处于不同位置的局域网，如图表 10-5 所示。当用户访问 LAN 或 WAN 上的数据时，网络是**透明的**（transparent），因为用户看到的数据就像存储在自己的工作站上一样。连接一个或多个 LAN 或 WAN 的企业系统称为**分布式系统**（distributed systems）。分布式系统的容量取决于底层通信网络的功率和容量。与主机架构相比，分布式系统增加了对数据安全性和完整性的关注，因为许多个人客户端需要进行数据访问才能执行相应的处理。

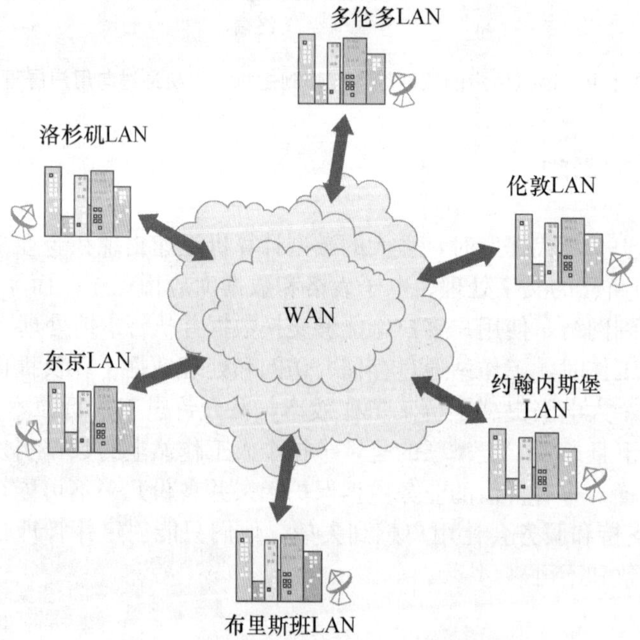

图表 10-5　WAN 能够连接许多 LAN 以及处于不同位置的用户

10.4 客户端/服务器设计

当今的互联世界需要横跨整个企业的信息架构。无论是在本土企业组织部门之间还是跨国企业内部，系统分析师都使用被称为**客户端/服务器架构**（client/server architecture）的分布式计算策略。

10.4.1 概述

客户端/服务器架构通常指在一个或多个联网客户端和中央服务器之间进行划分处理的系统。在典型的客户端/服务器系统中，客户端处理整个用户界面，包括数据输入、数据查询和界面显示逻辑。服务器存储数据并提供数据访问和数据库管理功能。应用逻辑在服务器和客户端之间以某种方式划分。

在客户端/服务器交互中，客户端向服务器提交信息获取请求，服务器执行操作并对客户端进行响应。如图表 10－6 所示，数据文件不会从服务器传输到客户端，只有请求和结果才能通过网络传输。为了满足来自客户端的请求，服务器可能会与其他的服务器连接以获得数据或处理支持，但该过程对客户端是透明的。

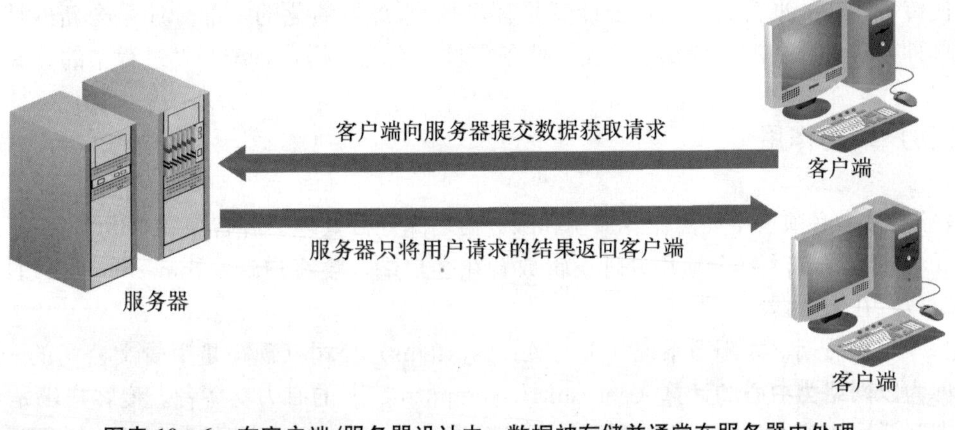

图表 10－6　在客户端/服务器设计中，数据被存储并通常在服务器中处理

图表 10－7 列出了客户端/服务器系统与传统主机系统的主要不同。许多早期客户端/服务器系统没有产生出预期的节约效益，因为很少有明确的标准且开发成本通常高于预期。同时，实施过程也十分昂贵，因为客户端需要强大的硬件和软件来执行共享处理任务。除此之外，许多企业安装了被称为**遗留数据**（legacy data）的数据库，其难以访问或切换到客户端/服务器环境。

随着大规模网络不断发展壮大，客户端/服务器系统更具成本效益。许多企业投资客户端/服务器系统以实现计算能力、灵活性和对不断变化的业务运营的支持的有机统一。如今，客户端/服务器架构仍然是流行的系统设计形式，其使用互联网网络协议和网络模型（如本章后面将描述的示例）。随着企业和客户与供应商形成新的联盟，客户端/服务器概念不断扩大，还包含企业以外的客户端和服务器。面向服务架构（SOA，在第 7 章中描述）是网络系统的一个示例，服务可以同时是客户端或服务器，既可以发起请求，也可以处理请求，且可存在于企业边界之外。

客户端/服务器系统与主机系统比较		
特征	客户端/服务器	主机
基础架构	非常灵活	非常死板
应用开发	快速 灵活 面向对象	高度结构化 缓慢 传统
用户环境	基于个人电脑 GUI 授权给用户 提高生产力	使用终端 文本界面 限制用户 有限的选择
安全及控制功能	分散 难以控制	集中 更易于控制
处理选项	可以任何形式共享和配置	广泛且可编程
数据存储选项	可分散到让数据更贴近用户的地方	全部数据集中存储
硬件/软件集成	非常灵活 多供应商模型	非常死板 单一专有供应商

图表 10-7 客户端/服务器和主机系统特性比较

10.5.1 节将讨论的云计算被一些评论者认为是全新的概念，一些人则将其看作客户端/服务器架构的最终形式。在云计算中，基于互联网的计算成为客户端/服务器系统的服务器部分并执行处理任务，而互联网本身则成为替代传统网络的平台。总之，云计算是客户端/服务器演化的一部分还是全新的计算思维方式无关紧要。无论哪种方式，成功的系统都必须支持业务需求，系统架构是系统开发过程中的重要一步。

10.4.2 客户端的作用

客户端/服务器关系必须指定如何在客户端和服务器之间划分处理。**胖客户端**（fat client）也称为**厚客户端**（thick client），将全部或大部分应用处理逻辑放置在客户端。**瘦客户端**（thin client）设计将全部或大部分应用处理逻辑放置在服务器。

在 20 世纪 90 年代后期，太阳微系统（Sun Microsystems）公司（现在是甲骨文公司的一部分）是瘦客户端计算［也称为**以网络为中心的计算**（net-centric computing）］的有力支持者。瘦客户端是 Java 驱动的终端，其使用标准互联网协议与强大的服务器进行通信。通常认为瘦客户端能够降低 TCO，因为维护是集中化的。然而，许多用户对瘦客户端提供的有限功能（如没有 Microsoft Office）以及远程应用和数据访问中的延迟问题感到不满。最终，个人电脑等胖客户端仍然受到欢迎，即使存在许多管理问题和更高的 TCO。

如今的笔记本电脑、平板电脑和智能手机功能非常强大，除了能够访问云端以获得大型数据集和专门处理需求，瘦客户端已经有些过时。应用程序的生态系统也改变了 TCO 等式，更加偏向于使用处在系统架构边缘的客户端的强大计算能力。

10.4.3 客户端/服务器层级

早期的客户端/服务器设计也称为**双层设计**（two-tier design）。在双层设计中，用户界面位于客户端，所有的数据储存在服务器上，应用逻辑可在服务器或客户端运行，也可在客户端和服务器之间分配。

最近，被称作**三层设计**（three-tier design）的另一种客户端/服务器设计形式变得流行。在三层设计中，用户界面在客户端运行，数据存储在服务器上，这与双层设计相同。三层设计在客户端和服务器之间还有一个中间层，用于处理客户端请求，并将其转换为服务器可理解和执行的数据访问命令，如图表 10-8 所示。中间层可被看作**应用服务器**（application server），因为其提供了系统所需的**应用逻辑**（application logic）或业务逻辑。三层设计也被称为 ***n* 层设计**（*n*-tier design），以表明一些设计使用了多个中间层。

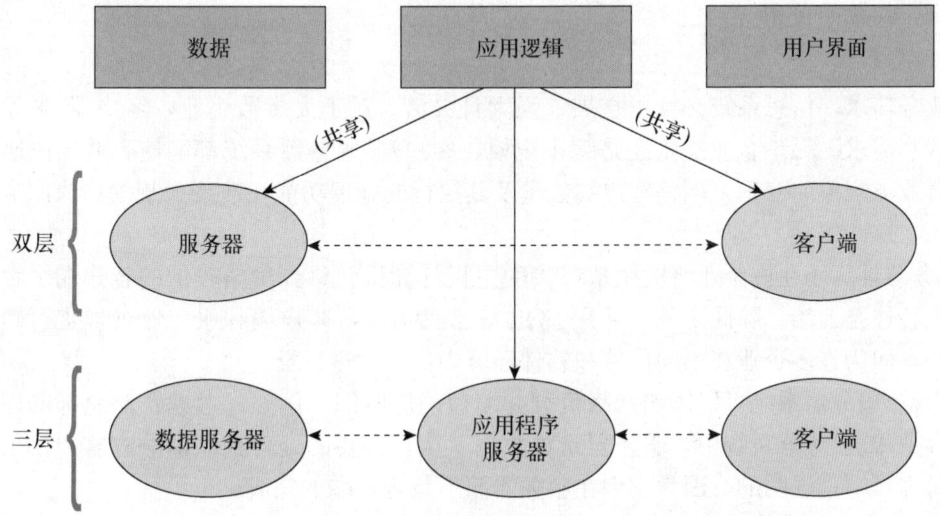

图表 10-8　双层和三层客户端/服务器设计的特性

应用逻辑层的优势是三层设计可以通过减少数据服务器数据负荷来提高整体性能。独立的应用逻辑层也减轻了客户端的复杂处理任务。因为中间层可在比常见客户端工作站更强大的服务器上运行，因此其在大规模系统中更有效率、更具成本效益。图表 10-9 显示了数据、应用逻辑、用户界面在不同系统架构中所处的位置。在客户端/服务器系统中，各层使用被称为中间件的软件进行通信，如下节所述。

架构		数据	应用逻辑	用户界面
中央数据处理中心	服务器	×	×	×
	客户端			
有远程终端的中央服务器	服务器	×	×	
	客户端			×
独立客户端	服务器			
	客户端	×	×	×
双层客户端/服务器	服务器	×	×	
	客户端		×	×
三层客户端/服务器	数据服务器	×		
	应用服务器		×	
	客户端			×

图表 10-9　数据、应用逻辑、用户界面在不同架构中所处的位置

10.4.4　中间件

在多层系统中，被称作中间件（在第 7 章中描述）的特殊软件使层级间能够通信并传递数据。中间件有时称为**胶合件**(glueware),因为其用于连接联合系统架构中的两个或多个软件组件。中间件在集成遗留系统和基于网络或基于云的应用中发挥重要作用。中间件也可被视为“客户端/服务器”这一术语中的斜线。

10.4.5 成本效益问题

为了支持业务需求,信息系统必须可扩展、强大且灵活。对于大多数企业,客户端/服务器系统提供最佳组合来满足这些需求。无论企业扩张还是缩小规模,客户端/服务器系统都能使企业在快速变化的环境中扩展系统。随着业务规模的变化,调整客户端数量及其执行的处理功能比改变大规模中央服务器的性能要容易得多。

客户端/服务器计算还允许企业将应用从昂贵的主机计算机转移到价格较低的客户端平台,有时需要将重量级处理需求转移至云端。除此之外,使用 SQL 等常见语言,客户端和服务器可以进行跨平台通信。这种差异非常重要,因为许多企业在不同硬件和软件环境中都有大量投资。

最后,客户端/服务器系统可以影响网络负载并缩短响应时间。例如,考虑企业总部的用户需要总销售数据信息。在客户端/服务器系统中,服务器定位数据、执行必要的处理并立即响应客户端的请求。数据检索和处理功能对客户端是透明的,因为它们在服务器而不是客户端上完成。

10.4.6 性能问题

虽然客户端/服务器架构提供了诸多优势,但它确实涉及一些性能问题,包括服务器数据与必须访问这些数据的联网客户端分离。

考虑客户端/服务器设计与中心化环境的区别,基于服务器的程序发出由服务器自身 CPU 执行的命令。处理速度得到了提高,因为程序指令和数据在内部系统总线上运行,这比外部网络更有效地传输数据。

与中心化系统不同,客户端/服务器设计将应用与数据分离。网络客户端向服务器提交数据请求,服务器通过将数据发送回客户端进行响应。当客户端数量和服务需求增长到超过一定水平时,网络容量成为制约因素,系统性能会大幅下降。

客户端/服务器系统的性能特征与中心化处理环境不同。客户端/服务器的响应时间随着请求增多逐渐增加,在接近系统容量限制时急剧上升。这个点叫作**曲线拐点**(knee of the curve),因为其标志着系统速度和效率急剧下降。为了提供并维护可接受的性能,系统开发者必须预测用户数量、网络流量、服务器大小和位置,并设计出可支持当前和未来业务需求的客户端/服务器架构。

为了提高性能,必须设计客户端/服务器系统以便客户端在必要时与服务器联系,并尽可能减少网络距离。这也是在服务器和网络浏览器间使用 **HTTP/2** 协议的目标之一。

另一个影响客户端/服务器性能的问题是数据存储。正如处理可在不同地点进行一样,可以使用**分布式数据库管理系统**(distributed database management system,DDBMS)将数据储存在多个位置。

使用分布式数据库管理系统有几个优点:数据存储在更靠近用户的位置,从而可以减少网络流量;系统可扩展,因此可添加新的数据站点而无须重新设计系统;数据储存在不同位置,系统不太可能遭遇灾难性故障。分布式数据存储的潜在缺点涉及数据安全性:当数据储存在不同位置时,维护控制和安全标准可能更加困难。另外,DDBMS 的架构更加复杂且难以管理。从系统设计的角度来看,主要的挑战是企业经常想要两种方式——它们想要中心化带来的控制以及与分布式相关的灵活性。

10.5 互联网的影响

互联网对系统架构产生了巨大的影响。互联网已经不仅仅是一个通信渠道——许多 IT 评论家认为这是一个完全不同的系统开发环境。

回想一下，在传统的客户端/服务器系统中，客户端处理用户界面，服务器（或多层系统中的服务器）处理数据和应用逻辑，如图表 10－9 所示。在某种意义上，系统的一部分在客户端上运行，另一部分在服务器上运行。相比之下，在基于互联网的架构中，除数据和应用逻辑之外，整个用户界面都由网络服务器以 HTML 文档形式提供，在客户端浏览器上显示。将计算任务从客户端转移到服务器简化了数据传输，从而降低了硬件成本和复杂性。

基于互联网的架构的优势已经改变了设计计算机系统的基本思想，我们正在迅速转向一个彻底在线的环境。同时，数以百万计的人正在使用基于网络的协作和社交网络应用完成过去依靠个人、通过电话或更传统的互联网渠道才能完成的任务。接下来的部分将介绍云计算和 Web 2.0，理解这些塑造 IT 行业的未来趋势十分重要。

10.5.1 云计算

云计算指常用于表示互联网的云符号。云计算概念设想了一个远程计算机云，它提供由第三方托管的完全在线的软件和数据环境。例如，用户计算机不执行全部处理或计算任务，而是由云执行部分或全部任务。这一概念与现在的计算模型完全相反，当今的计算模型以在整个企业中战略性地分配处理和数据的网络为基础。在某种意义上，计算机云扮演着一个为用户执行任务的巨型计算机角色。

图表 10－10 显示了连接到执行计算工作云的用户。云计算不需在用户计算机上有特定硬件和软件，而是将工作负载传送到强大的远程系统，它是云的一部分。用户看起来在本地系统上工作，但所有计算实际上都在云端执行，用户不需要进行软件更新或系统维护。

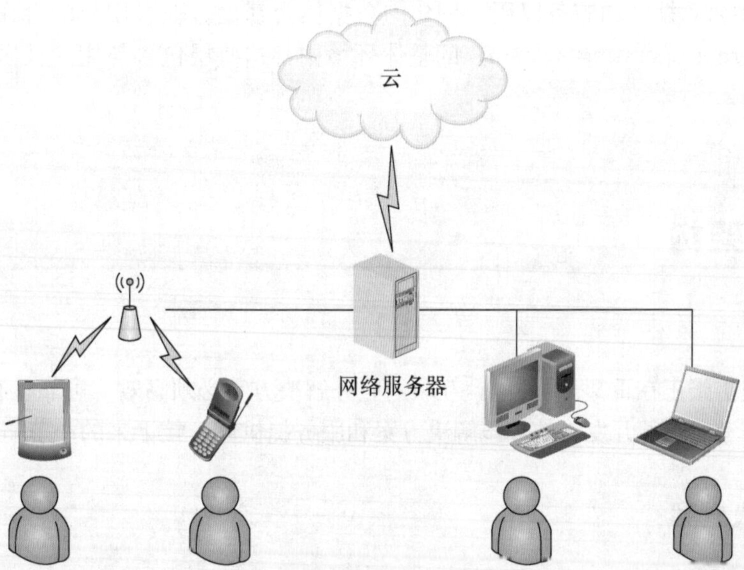

图表 10－10 云计算

云计算有效消除了兼容性问题，因为互联网本身就是平台。这种架构还提供了**按需扩展**（scaling on demand）能力，可在任意时间与需求进行匹配。例如，在高峰负载期，额外的云服务器自动上线以支持工作负载。

云计算是强大的软件即服务（SaaS）应用的理想平台。如第7章所述，SaaS是一种流行的部署方法，企业不必购买软件，而是像每月支付电费或有线电视费一样将其作为一项服务付费使用。在这种架构下，服务提供商可以在不涉及用户的情况下轻松对服务进行更新和更改。

虽然云计算有巨大优势，但仍存在一些问题。首先，云计算可能比传统的客户端/服务器网络需要更多的**带宽**（bandwidth）（固定时间内可传输的数据量）。其次，由于云计算是以网络为基础，因此如果用户的网络连接不可用，用户将无法访问任何基于云的服务。再次，还有通过网络传送大量数据的安全问题，以及对安全存储数据的担忧。最后是控制问题，由于服务提供商承载资源并管理数据存储和访问，因此提供商完全控制系统。许多企业对于将关键任务数据和系统的控制权交给第三方提供商表示担忧，在云提供商的服务器位于另一管辖区或国家时尤其如此。

未来的技术进步将使云计算更加可行、令人满意和安全。随着IT行业向基于网络的架构发展，云计算正积极市场化并飞速发展。它已成为企业系统架构的基石，并将在可预见的未来继续存在。

10.5.2 Web 2.0

如第7章所述，向基于互联网协作的转变已经非常强大和引人注目，这也被称为Web 2.0。Web 2.0不是指当前网络更高的技术版本。相反，Web 2.0提出了第二代网络，使人们能够更加动态地合作、交互和共享信息。一些人将Web 2.0视为通向被称为Web 3.0的**语义网**（semantic web）的垫脚石。在语义网中，互联网上共享的文档拥有语义（含义）而不仅仅是语法（HTML标记）。

脸书、推特和领英等社交网络网站在Web 2.0环境中呈现爆炸式增长。另一种社交合作形式称为维基。**维基**（wiki）是一种基于网络的信息库，任何人都能访问、贡献或修改信息。在某种意义上，维基代表了一群人的集体知识。最著名的维基之一是维基百科（Wikipedia.org），但是小规模的维基也在企业、学校和其他希望汇集和分享信息的组织中迅速发展。

Web 2.0的目标之一是增强创造力、交互和创意共享。就这一点而言，Web 2.0概念类似于敏捷开发过程和开源软件运动。Web 2.0社区和服务以用户创建的数据体为基础。随着用户的合作，新的信息层被添加到**互联网操作系统**（Internet operating system）的整体环境中，这些层包含与用户社区共享的文本、声音字节、图像和视频剪辑。

10.6 电子商务架构

在线电子商务的快速扩张正在重塑IT环境。互联网业务解决方案必须高效、可靠且有成本效益。在规划电子商务架构时，分析师可考虑内部开发、软件包解决方案和服务提供商。接下来的小节将讨论这些选项。

10.6.1 内部解决方案

第7章描述了如何分析内部开发和购买软件包的优缺点。这些基本原则同样适用于系统设计。

如果决定使用内部解决方案进行开发，必须有一个总体计划来帮助实现项目的目标。图表 10－11 为制定电子商务战略的企业提供了指南。内部解决方案通常需要更多的初始投资，但也为必须快速适应动态电子商务环境的企业提供了更多的灵活性。通过内部开发，企业有更多与客户和供应商进行集成的自由，而较少依赖于具体的供应商解决方案。

内部电子商务网站开发指南
分析企业的业务需求，制定明确的目标。考虑具有类似项目的其他企业的经验
从了解与项目相关的业务和技术的用户处获取输入。规划未来增长，但应旨在易于使用
确定 IT 人员是否具备实施项目的必要技能和经验。考虑培训、额外资源，以及在必要时使用顾问
考虑现有遗留系统或企业资源规划的继承要求。仔细选择物理基础设施，使其在当前及以后能够支持应用
以模块形式开发项目，使用户能够随时测试并认可功能要素
将应用连接到现有的内部系统并验证交互性
彻底测试现场的各个方面。考虑对试点小组进行初步推广，以便在全面启动前获得反馈

图表 10－11　企业制定电子商务战略的指南

对小企业而言，内部网络开发的决策更为关键，因为这种方法需要财务资源和管理层关注，但这是许多小企业无法承担的。然而，内部开发策略可以提供有价值的收益，包括：

- 与企业其他营销活动一致的网站。
- 完全控制网站的组织形式、网页数量和文档大小。
- 可扩展的结构，以处理未来销售和产品的增长。
- 能够随企业变化更加灵活地修改并管理网站。
- 获得将企业的网络业务系统与其他信息系统整合的机会，产生节约更多成本以及提供更好的客户服务的潜力。

不论企业使用内部开发还是软件包设计，网页寄存的选择决策都是一个独立问题。虽然内部托管有更高的控制和安全性等优势，但费用将会更多，特别是对于中小型企业而言。

案例 10.2　Small Potatoes 公司

Small Potatoes 是一家快速发展的种子业务家族企业。Small Potatoes 专门为家庭园艺者供应最好的种子和园艺用品。到现在为止，该公司已经通过在园艺杂志和健康杂志上投放广告发展业务，并使用免费拨打电话接收订单。

现在，该公司决定建立一家网站并在线销售，但对最优的执行方式有一些分歧。一些人认为自己开发网站更好，且刚毕业的计算机科学毕业生 Betty Lou Jones 认为她可以完成这项任务。包括 Betty 的祖父 Sam Jones 在内的一些人却认为，将网站外包并专注于企业本身会更好。假设该公司征求你的意见，你将告诉它们什么？你还会问哪些其他的问题？

10.6.2　软件包解决方案

如果一家小企业不愿意接受内部开发互联网商务网站的挑战和复杂性，一个替代方案是软件包方案，对大中型企业而言也是如此。包括 IBM 和微软在内的许多供应商为想要开发电子商务并快速运行的企业提供了承包式系统，如图表 10-12 所示。对于必须与现有应用集成的大规模系统，软件包方案可能缺乏吸引力。

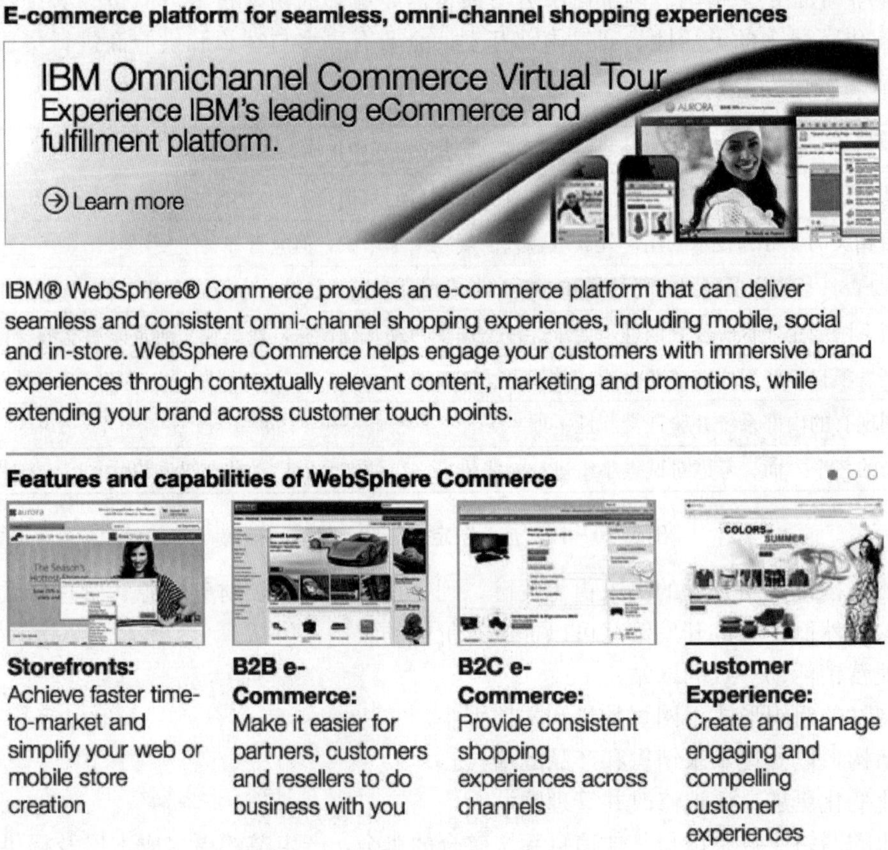

图表 10-12　IBM WebSphere Commerce 为想要开发电子商务并快速运行的企业提供软件解决方案

资料来源：IBM。

10.6.3　服务提供商

另一种选择是使用应用服务提供商（ASP）。如第 7 章所述，ASP 通过收取使用费或订阅费来提供应用或应用的访问权。如今，许多 ASP 为决定外包这些功能的企业提供全方位的互联网业务服务。

在实施基于互联网的系统时，系统分析师可能会产生一系列关于产品和策略的困惑，参考同行业内其他企业的经验可能是一个好的起点。许多服务提供商提供客户端和客户的名称，以及其成功的案例。虽然这些信息可能不可靠，但它们可以提供有关供应商产品和服务的有价值知识。

10.7　处理方法

在选择架构时，系统分析师必须确定在线处理哪些事务，以及哪些功能（如果有的话）可使用批量处理方法执行。

10.7.1 在线处理

早期的计算机系统设计以组或批量处理数据记录。现在很少有系统再使用该模型。然而，即使是最先进的在线系统也必须进行维护、在网络流量低的非高峰时间发布大量数据并像遗留计算机系统一样执行内部管理任务。本节讨论了处于强大现代系统核心的在线处理能力，下一节将介绍批量处理的发展。

在线系统（online system）在事务发生时进行处理并直接向用户提供输出。由于在线处理是交互式的，因此它避免了延迟且允许用户与系统之间持续对话。

机票预订系统是在线处理的一个常见例子。当在线客户访问航空公司网站时，他们可以输入出发地、目的地、出行日期和出行时间。系统搜索数据库并通过显示可用的航班、时间和价格完成响应。客户可以输入姓名、地址、信用卡信息和其他所需数据进行预订，系统创建预订订单、分配座位并立即更新航班的数据库。

在线处理也可与面向文件的系统一起使用。图表 10－13 显示了客户使用 ATM 查询账户余额的过程。ATM 验证客户卡号和密码后，客户输入请求（步骤 1）。然后，系统使用账号作为主键访问账户主文件，并检索客户记录（步骤 2）。系统验证账号并显示余额（步骤 3）。数据被检索，同时系统将当前余额发送到 ATM，ATM 显示余额。

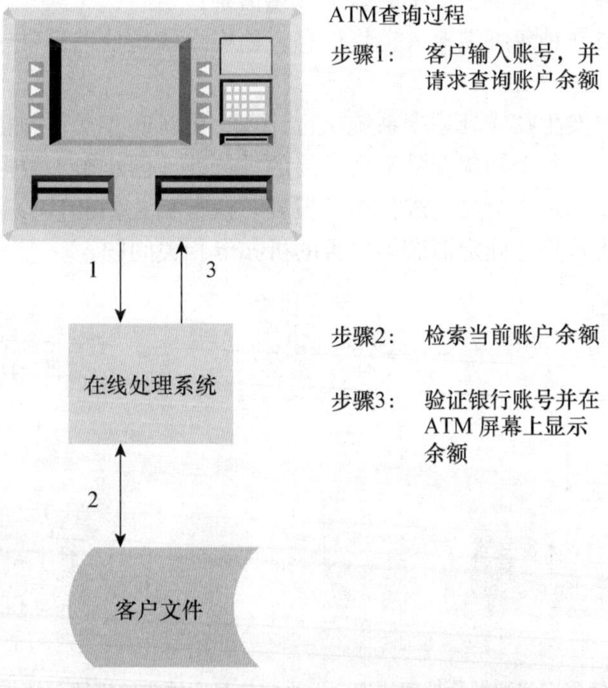

图表 10－13 当客户请求查询余额时，ATM 系统验证账号、提交查询、检索当前余额并在 ATM 屏幕上显示

在线处理系统有四个典型特征：

（1）系统在事务发生时将其完全处理。

（2）用户直接与信息系统交互。

（3）用户可以任意访问数据。

（4）信息系统在需要支持业务功能的任意时点必须可用。

10.7.2 批量处理

批量处理意味着数据以组或批次进行管理。这在 20 世纪 60 年代是一个可接受的选择，且对大多数企业来说是唯一的选择。现在，所有企业都需要实时信息进行运营，批量处理并不总是可取的。然而，批量处理方法在某些情况下高效且方便。

例如，批量处理可用于处理必须照日常时间表处理的大量数据，如周工资、每日信用卡交易更新、关闭必须计算和在次日新闻媒体中发布的股票数据。批量处理的优势包括：

- 任务可以按预先制作的时间表计划和运行，而无须用户参与。
- 需要大量网络资源的批量程序可在成本最低和对其他流量影响最小的时候运行。
- 批量处理方法非常适合解决安全性、审计和隐私问题，因为它在相对受控制的环境下运行。

10.7.3 真实案例

图表 10－14 中的图表显示了超市中使用的**销售终端**（point-of-sale，POS）如何触发一系列在线和批量处理事件。系统使用在线处理来处理数据输入和库存更新，而批量执行报告和会计分录。企业将在合适的时候选择在线和批量处理的混合。考虑零售店中的以下常见情景：

- 在营业时间内，销售员在销售终端输入销售信息，销售终端是处理日常销售交易并维护最新库存文件的在线系统的一部分。
- 当销售员输入交易时，发生在线处理。系统执行计算、更新库存文件并以屏幕显示和打印收据的形式在销售终端上生成输出。同时，每个销售交易都为日终的批量处理创建输入数据。
- 在商店关闭时，系统使用销售交易生成日销售报告、执行相关的会计分录、分析数据，从而识别销售缓慢或销售快速的商品、销售趋势并确定商店第二天的折扣等相关问题。

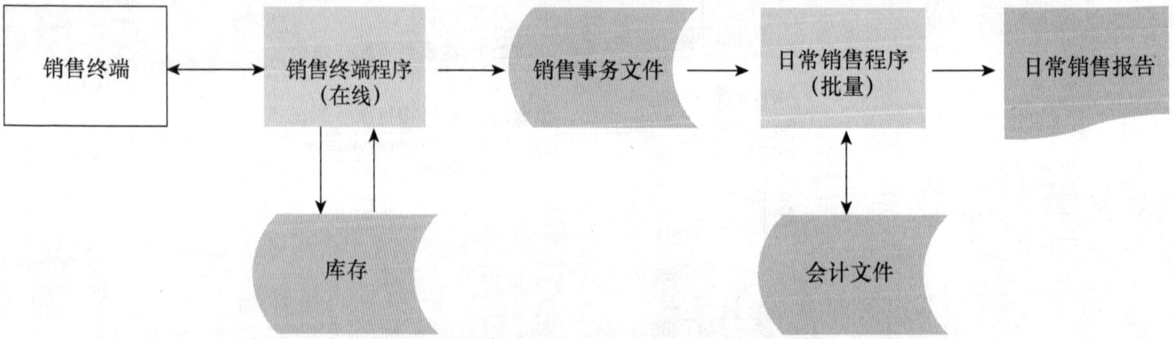

图表 10－14　许多零售商使用在线和批量处理的组合。当销售员在销售终端输入销售信息时，在线系统从物品文件中检索数据、更新库存数量并生成销售交易记录。一天结束时，批量处理程序生成日常销售报告并更新会计系统

在线处理和批量处理完全不同，但可一起工作。在这种情况下，在线系统执行必须立刻进行处理的销售处理，而批量处理提供了日常的夜间处理和营销分析。在线处理允许数据立即输入并验证数据，因此信息始终是最新的。然而，大量的在线事务对小企业来说可能十分昂贵，数据备份和恢复也增加了 IT 成本。相比之下，在正确使用时，批量处理可能是有成本效益的，且不易受到系统中断的影响。

案例 10.3 R/Way 公司

你是 R/Way 公司新任的 IT 经理，R/Way 是一家总部位于俄亥俄州克利夫兰的快速增长的小型货运公司。公司的口号是“将它运走——最先进的货物运输和客户服务”。R/Way 的信息系统目前包括一个文件服务器和三个工作站，货运员在这些设备上输入数据、追踪货物并准备货运单。为了执行工作，货运员从服务器获取数据，并使用存储在 PC 上的数据库和电子表格程序处理数据。

遗憾的是，之前的 IT 经理没有设计关系数据库。相反，数据存储在几个文件中，一个用于发货人，一个用于客户，另一个用于运输。系统数年来运行良好，但无法有效处理当前的事务数量并支持 R/Way 托运人和客户的在线连接。公司总裁愿意做出改变，但是他不愿意在重大 IT 改进上投入资金，除非你能说服他这些是必要的。

你会建议什么？为什么？

10.8 网络模型

网络允许共享硬件、软件和数据资源以降低费用并为用户提供更多的功能。在规划网络设计时，系统分析师必须考虑网络术语和概念，包括 OSI 模型、网络模型工具、网络拓扑、网络协议和无线网络，这些都将在本节中讨论。网络性能和安全等其他重要的问题将在第 12 章中讨论。

10.8.1 OSI 模型

在本章前面对系统架构的讨论中，已经介绍了客户端、服务器、LAN、WAN、客户端/服务器架构、层级、中间件和云计算等基本网络术语。为充分了解网络的配置方式，应该理解 **OSI（开放系统互连）模型** [OSI（Open Systems Interconnection）model，简称 OSI 模型]。OSI 模型描述数据如何从一台计算机上的应用传输到另一台联网计算机的应用程序。OSI 模型由七层组成，每一层都执行特定的功能。OSI 模型提供物理设计标准并确保网络无缝连接，而无须考虑特定的硬件环境。

10.8.2 网络拓扑

网络配置的方式称为**网络拓扑**（network topology）。拓扑可以指网络的物理或逻辑视图。例如，**物理拓扑**（physical topology）描述实际的网络布线和连接，而**逻辑拓扑**（logical topology）描述组件交互的方式。理解这一区别非常重要，因为一个特定的物理拓扑可支持多个逻辑拓扑。例如，由于物理安装和成本问题，一般以某种模式进行布线，但是可为不同逻辑拓扑使用不同的模式。

在物理上，计算机可布置为圆形，如图表 10-15 所示，但这可能无法反映网络拓扑。图表 10-16 至图表 10-20 中的示例表示网络用户能够看到的逻辑拓扑，但网络用户可能不了解也不关心物理布线模式。

局域网和广域网网络通常以四种模式布置：层次型、总线型、环型和星型。[1] 无论网络的大小如何，这

[1] 原书疑有误，应有五种模式布置：层次型、总线型、环型、星型和网型。——译者注

些概念都相同，但是与单个部门的小型 LAN 相比，横跨整个商业企业的 WAN 的物理实施是不同的。这四种常见的拓扑结构将在以下部分进行描述。

图表 10－15　虽然这些计算机物理上形成了一个圆圈，但物理布局与网络拓扑结构无关，网络拓扑结构可能是总线型、环型、星型或其他逻辑设计

层次型网络

如图表 10－16 所示，在**层次型网络**（hierarchical network）中，一个或多个强大的服务器控制整个网络。部门服务器控制较低级别的处理和网络设备。层次型网络的一个示例是零售服装链，其有存储销售活动和库存水平数据的中央计算机，以及处理商店运营的本地计算机。商店将数据传输到中央计算机，其分析销售趋势、决定最优库存水平并协调供应链管理系统。在这种情况下可以使用层次型网络，因为它反映了组织中的实际操作流程。

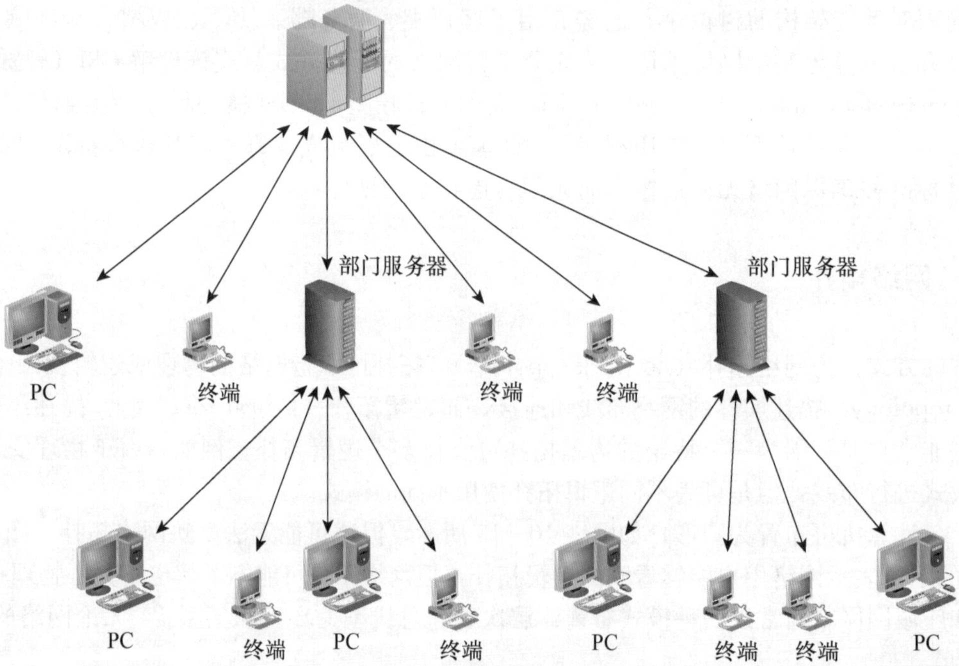

图表 10－16　单一服务器控制网络的层次型网络

层次型网络的一个缺点是，如果企业添加额外的处理级别，网络将变得更加复杂，且运营和维护的成本也更加高昂。层次型网络通常在传统的基于主机的系统中使用，现在并不常见。

总线型网络

如图表 10－17 所示，在**总线型网络**（bus network）中，单个通信路径连接中央服务器、部门服务器、工作站和外围设备。信息在联网设备之间的任意方向传输，全部信息都通过相同的中央总线传播。由于只使用单个电缆，总线型网络比其他拓扑结构需要更少的布线。设备也可以在任意点连入网络或断开而不会干扰网络的其余部分。此外，网络中一个工作站故障不会影响网络的其他工作站。

总线型网络的一个主要缺点是，如果中央总线损坏或发生故障，整个网络都会崩溃。另一个缺点是，随着更多用户和设备的加入，总体性能将下降，因为所有信息都必须沿着中央总线流动。这种现象不会在层次型网络的树状结构，或网络路径更加独立的星型网络的中心辐射设计中出现。

总线型网络是最早的 LAN 拓扑之一，其是连接多个工作站的简单方法。在星型网络扩散之前，总线型网络非常常见，它们带有硬件总线网络的特性。现在，总线型设计不再那么流行，但有些企业仍然保留总线设计以避免新的布线和硬件费用。

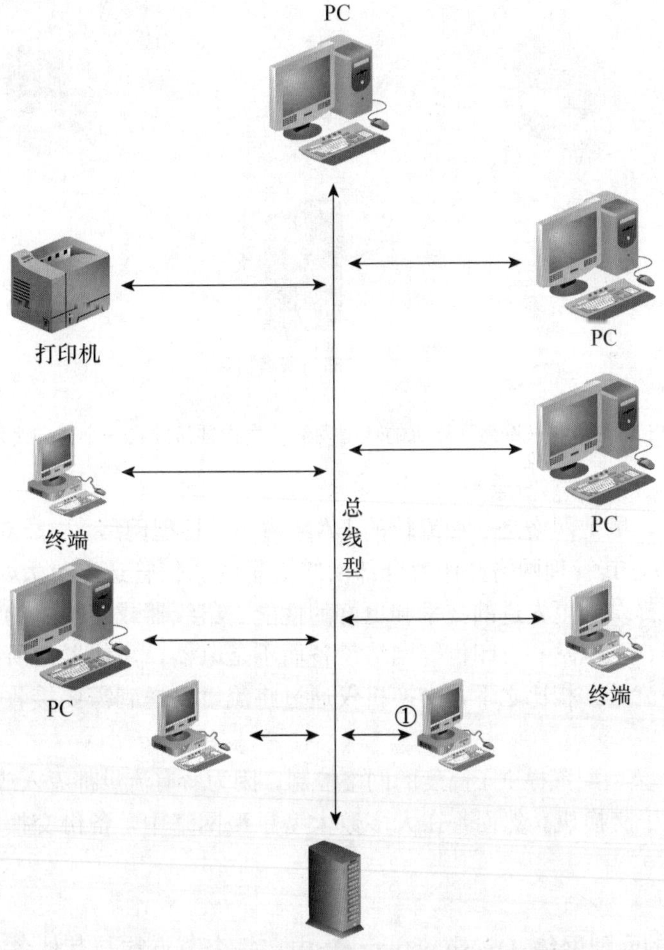

图表 10－17　所有设备连接到单一通信路径的总线型网络

① 原书疑有误，已进行更正。——译者注

环型网络

尽管环型网络仍很常见，但它们有些过时。在引入令牌环 LAN 时，IBM 是环型网络的领导者，使用 IBM 主机设备的大型企业也配置环型网络设计。如图表 10－18 所示，**环型网络**（ring network）就像一个圆环，数据按照从一个设备到另一个设备的单一方向流动。在功能上，环型网络可被认为是末端连接起来的总线型网络。环型网络的一个缺点是，如果一个网络设备（如 PC 或服务器）发生故障，则故障设备下游的设备将无法与网络通信。

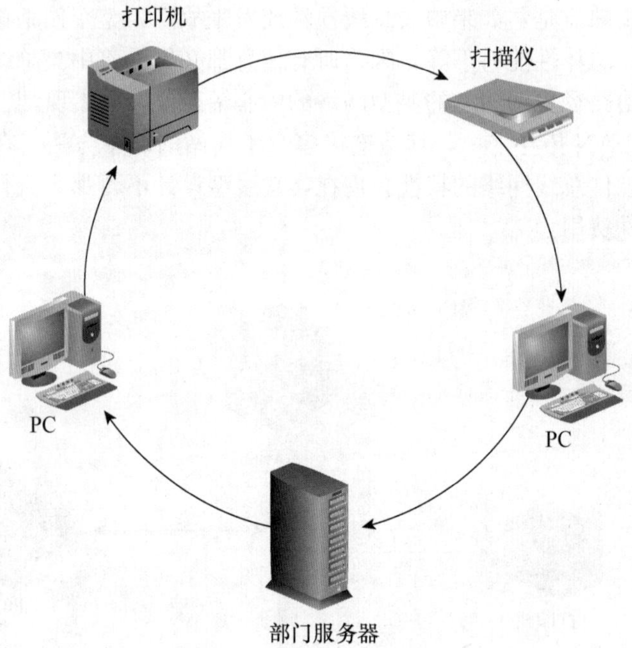

图表 10－18　带有一系列计算机的环型网络，发送并接收在一个方向上流动的数据

星型网络

由于其速度和通用性，星型网络是一种流行的 LAN 拓扑。**星型网络**（star network）具有被称为**交换机**（switch）的中央网络设备，其管理网络并作为全部网络流量的通信管道。过去，设备**集线器**（hub）被用来连接星型网络，但交换机提供了更先进的技术和更好的性能。集线器或交换机的功能类似于常见的多插孔电源板，但接入的是服务器、工作站和打印机等网络设备而不是电器，集线器向所有接入设备发送被称为**数据帧**（data frames）的网络流量。相比之下，交换机仅通过将流量发送到需要接收数据的特定网络设备来增强网络性能。

如图表 10－19 所示，星型配置提供了高度的网络控制，因为所有流量都流入或流出交换机。星型设计的固有缺点是整个网络都依赖于交换机。然而，在大多数大型星型网络中，备份交换机在硬件故障的情况下立即可用。

网型网络

在图表 10－20 所示的**网型网络**（mesh network）中，每个节点均与其他各个节点连接。虽然这种设计非常可靠，但安装和维护也非常昂贵。网型网络类似于互联网，因为消息可在多个路径上传播。网型网络最初用于军事应用，其主要优势是冗余，如果出现通信问题或某些节点无法运营，那么多个路径可提供备份。

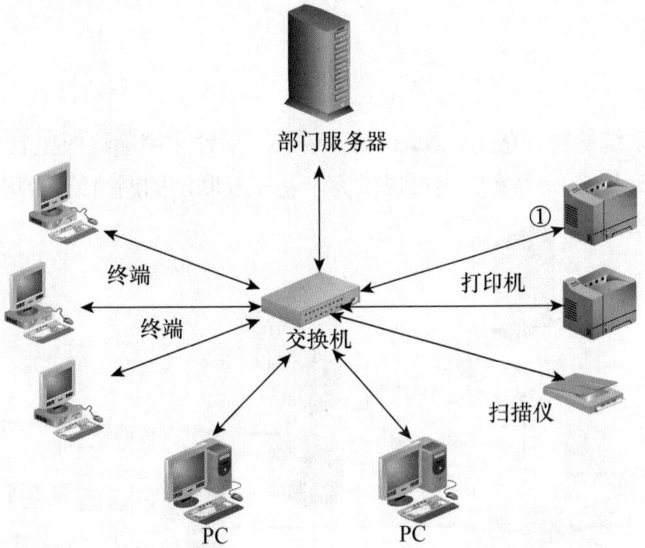

图表 10－19　星型网络，拥有交换机、部门服务器以及连接的计算机和设备

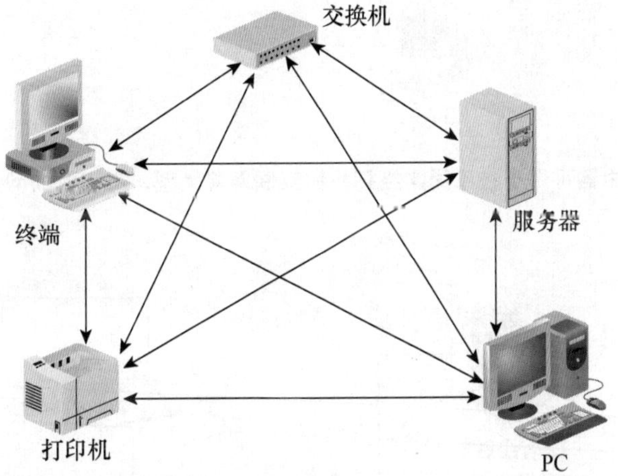

图表 10－20　在军事应用等需要高度冗余的情况下使用的网型网络。冗余设计提供备用数据路径，但安装和维护成本高昂

10.8.3　网络设备

LAN 或 WAN 等网络可使用路由器进行互联。**路由器**（router）是连接网段、确定最高效的数据路径并引导数据流的设备。

使用路由器，任何网络拓扑都可连接到互联网等更大的、不相似的网络中，这种连接称为网关。图表 10－21 中的示例显示了星型拓扑，其中交换机连接 LAN 中的节点，路由器将网络连接到互联网，**代理服务器**（proxy server）为内部 LAN 用户提供网络连接。大部分企业网络都使用路由器来整合整体网络架构。

① 原书疑有误，已进行更正。——译者注

10.8.4 建模工具

随着网络模型被转化为系统的物理版本，Microsoft Visio（一种多用途绘图工具）等传统软件工具可用于表示物理结构和网络组件，Creatly.com 等新应用可提供完全基于互联网的网络绘图功能，如图表 10－22 所示。

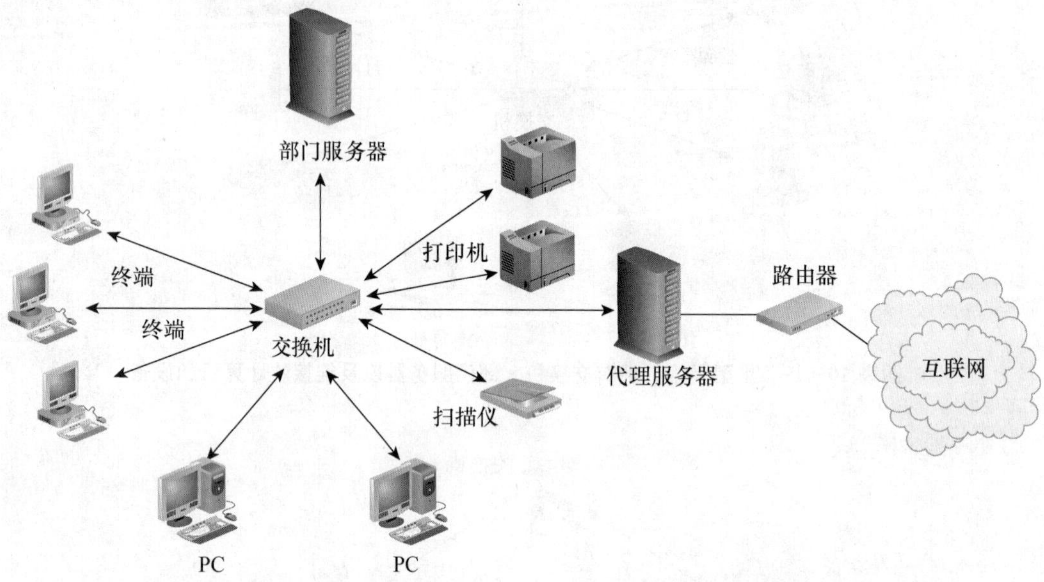

图表 10－21　路由器可用于在不同网络拓扑和互联网等大型、不相似的网络之间建立网关

图表 10－22　Creatly 是用于创建网络图的互联网软件应用

资料来源：© 2008—2015 Cinergix Pty. Ltd。

10.9 无线网络

虽然有线 LAN 提供了巨大的灵活性，但布线成本以及在动态组织中不可避免的布线变化可能十分巨大。许多企业发现无线技术是一个有吸引力的选项。**无线局域网**（wireless local area network），或 **WLAN**，安装成本相对较低且非常适合未固定到特定工位的工作组和用户。大多数笔记本电脑和其他移动设备都配备了内置的无线功能，将这种特性添加到现有台式计算机或工作站以建立无线网络也相对简单。

与有线接口类似，无线网络也有一定的标准和拓扑，这将在以下各节进行讨论。

10.9.1 无线网络标准

无线网络以不断发展的各种标准和协议为基础。其中最为流行的是 IEEE **802.11**，这是**电气电子工程师学会**（Institute of Electrical and Electronics Engineers，IEEE）针对无线 LAN 开发的一系列标准。

当前的无线网络基于原始 802.11 标准的变形。几个修正版本旨在改善带宽、范围和安全性。IEEE 802.11 标准组合变化非常迅速，在很大程度上是由于消费群体和行业领导者面临无线网络越来越快的压力。无线网络速度以 **Mbps**［兆位每秒（megabits per second）］或 **Gbps**［千兆位每秒（gigabits per second）］衡量。

例如，当 **802.11b** 标准在 1999 年推出时，平均速度为 11Mbps。**802.11g** 和 **802.11n** 等后续版本分别将带宽增加至 54Mbps 和 450Mbps，并被 IT 行业广泛接受。目前的标准，如 **802.11ac**，理论上可达到接近 7Gbps 的速度。使用**多输入/多输出**（multiple input/multiple output，MIMO）技术可实现速度提升，从而提高性能。基于 MIMO 技术，**多路径设计**（multipath design）可以通过多个数据路径的网络设计来增加带宽和范围。

如果无线容量持续扩大且可以克服安全问题，WLAN 在许多情况下则可以替代有线网络。无线安全将在第 12 章进行详细讨论。

10.9.2 无线网络拓扑

像有线网络一样，无线网络可布置为不同的拓扑。IEEE 802.11 WLAN 使用的两种最常见的网络拓扑是基本服务集和扩展服务集，图表 10-23 显示了这些拓扑的简化模型。

基本服务集（Basic Service Set，BSS）也称为**基础设施模式**（infrastructure mode），如图表 10-23 顶部图表所示。在这种配置中，被称为**接入点**（access point）或**无线接入点**（wireless access point，WAP）的中央无线设备用于为全部无线客户端提供服务。接入点类似于 LAN 星型拓扑中的集线器，但它为无线客户端而不是有线客户端提供网络服务。由于接入点使用空气作为通信媒介，它们将全部流量传送给所有客户端，就像有线网络中的集线器一样。通常来说，接入点本身连接到有线网络，因此无线客户端可以访问有线网络。

第二种无线拓扑是**扩展服务集**（Extended Service Set，ESS），如图表 10-23 底部图表所示。扩展服务集由两个或多个基本服务集网络组成。因此，使用 ESS 拓扑，无线访问可以被扩展到更大区域。每个接入点在有限的范围内提供无线服务。随着客户端远离一个接入点并靠近另一个接入点，被称为**漫游**（roaming）的过程自动允许客户端与更强的接入点连接，从而允许不间断的服务。

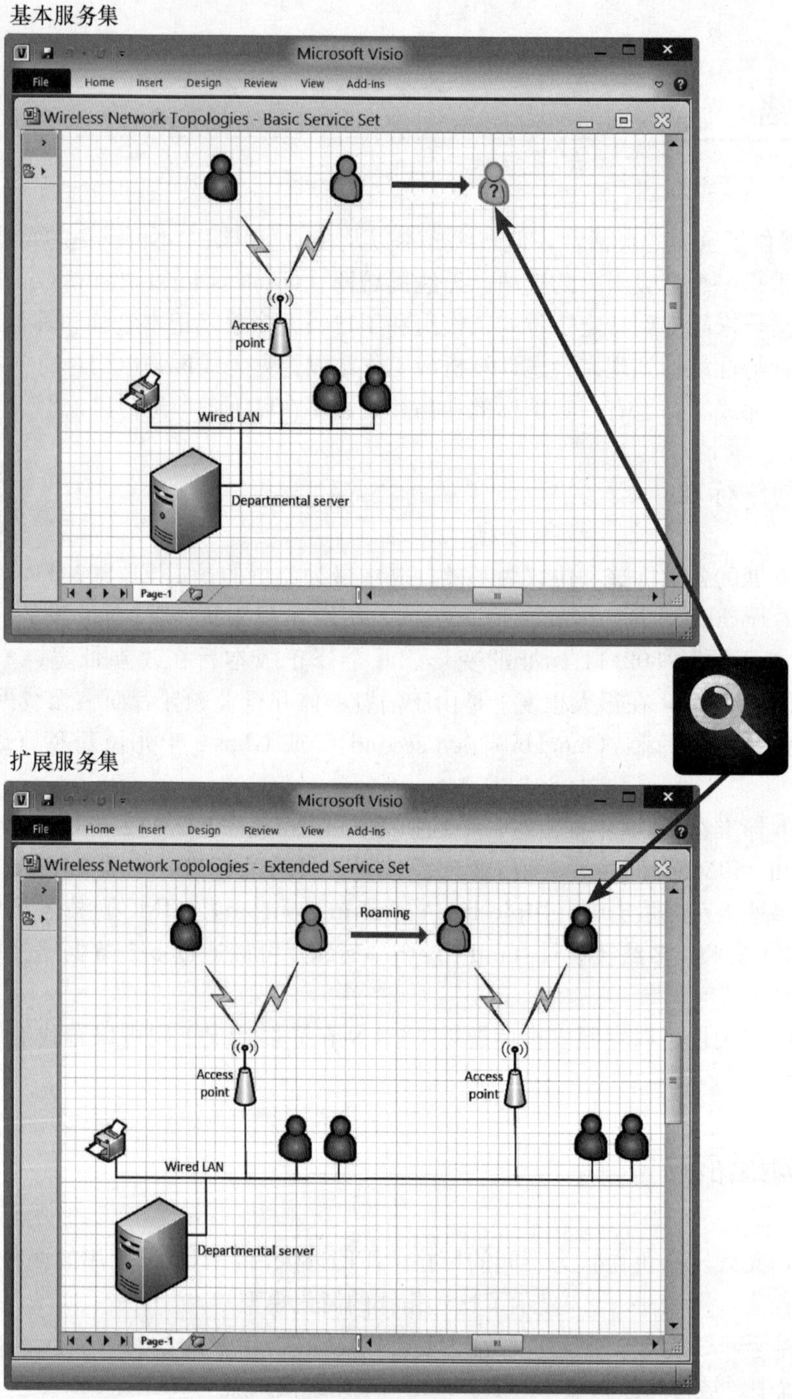

图表 10－23　顶部图表中的用户离开了 BSS 覆盖区域，无法通信。在底部图表中，用户漫游至另一个 ESS 覆盖区域，且转换是无缝的

10.9.3　无线网络趋势

无线技术为 IT 行业带来了爆炸性的变化，并将持续影响企业、个人和社会。即使在不断变化的 IT 世界中，也很难找到比无线技术更加活跃的领域。

随着 802.11 日益普及，许多企业提供网络产品、服务和信息，最重要的组织之一是 **Wi-Fi 联盟**（Wi-Fi Alliance），其维护网站是 www.wi-fi.org。据该网站介绍，Wi-Fi 联盟是 1999 年成立的一个非营利性国际协会，旨在基于 IEEE 802.11 规范认证无线网络产品的互通性。满足要求的产品被认证为**无线保真**（wireless fidelity，Wi-Fi）兼容。Wi-Fi 联盟的目标是通过产品互通性提升用户体验。

尽管无线网络有很多优势，但它们也有局限性和缺陷。例如，使用 2.4GHz 频段的设备可能受到微波炉和无线电话等使用相同频段设备的干扰。更重要的是，无线网络构成主要的安全问题，因为无线传输比有线网络更容易被拦截和入侵。这些问题将在第 12 章中详细讨论。

除了 Wi-Fi，另一种无线传输形式称为**蓝牙**（Bluetooth），其对于不需要大功率的短距离无线通信来说非常受欢迎。蓝牙设备的示例包括无线键盘、鼠标、打印机、手机耳机和数码相机等。持有配备蓝牙的手机或平板电脑的人们甚至可以相互交换信息和数字笔记。

尽管 Wi-Fi 急剧扩张，但未来的技术可提供更高的无线速度、更大的范围和更强的兼容性。例如，除了用于 LAN 的 802.11 协议，IEEE 正致力于 **802.16** 标准，其有时也称作 **Wi-Max**，是用于**城域网**（metropolitan area networks，MAN）的宽带无线通信协议。

案例 10.4 Spider IT 服务

Spider IT 服务专门从事定制网络设计和安装。企业聘请 Spider 对其网络需求进行全面分析，包括详细的成本效益分析。最近出现了一个问题，Spider 的客户之一抱怨道，近期部署的网络速度太慢且容量不够。对这种情况进行评估后，Spider 的高层管理者意识到快速增长的客户比预期更早地超出了网络容量。如何避免这个问题？

10.10 完成系统设计

系统架构标志着 SDLC 系统设计阶段的结束。回想一下，在系统分析阶段，所有功能原语均被确认并通过过程描述记录。之后的目标是确认系统功能并确定每个逻辑模块将执行的操作，而不试图确定如何执行该功能。从分析任务转到设计任务，开发过程继续考虑输出和用户界面设计、数据设计和系统架构问题。现在，基于对系统需求和设计的明确定义，作为 SDLC 系统实施阶段的一部分，可以对软件应用进行开发、记录和测试，这将在第 11 章进行描述。

开发人员还必须考虑系统管理和支持工具，来监测系统性能、处理故障管理、处理备份并提供灾难恢复。这些主题将在第 12 章中详细介绍。

系统设计阶段的最后活动是准备系统设计规范、获得用户认可并向管理层演示。

10.10.1 系统设计规范

系统设计规范是提供新系统完整设计的文档，并可以执行下一 SDLC 阶段——系统实施阶段的详细成本、人员配置和日程安排。

系统设计规范是衡量系统的基础。与为了让用户理解系统而编写的系统需求文档不同，系统设计规范面向将使用它来编写必要程序的程序员。系统设计规范将重复系统需求文档的部分内容，如过程描述、数据字典条目和数据流图。

系统设计规范在长度上有所不同，因此应仔细组织。一份系统设计规范通常包括封面、详细的目录和索引。系统设计规范的内容取决于企业标准和系统的复杂性。系统设计规范通常包含以下部分。

(1) 管理摘要。这是为企业管理者和高层管理者提供项目的简要概述。它概述迄今为止的开发过程、提供当前状况报告、总结项目成本、评估新系统的收益、介绍系统实施进度并强调管理层将要解决的所有问题。

(2) 系统组成部分。这一部分包含新系统的完整设计，包括用户界面、输出、输入、文件、数据库和网络规范，还应包括源文档、报告和界面布局、数据流程图和其他相关文档。此外，对备份和恢复、启动过程和文件留存等全部支持程序的需求也应包含在内。如果购买软件包是策略的一部分，则应包含软件包与正在开发的系统之间的全部接口信息。如果使用 CASE 设计工具，则可直接从工具中生成设计图和大多数其他文档。

(3) 系统环境。这一部分描述影响系统的约束或条件，包括对操作、硬件、系统软件或安全性的所有要求。操作约束的示例包括必须支持的事务容量、数据存储要求、处理日程表、报告截止时间和在线响应时间。

(4) 实施要求。在这一部分中，应说明启动过程、原始数据输入或获取、用户培训要求和软件测试计划。

(5) 时间和成本估算。这一部分提供系统开发阶段详细的时间表、成本估算和人员配置要求，以及 SDLC 其余部分的修正预测，还介绍了项目总成本和这些成本与之前估算的比较。

(6) 附加材料。系统设计规范末尾可包含其他的材料。在这一部分，如果对读者有帮助，则可以插入前面阶段的文档。

10.10.2 用户认可

用户必须审查并认可界面设计、报告和菜单设计、数据输入界面、源文档以及影响系统的其他方面。审查和认可过程将在整个系统设计阶段持续进行。报告设计完成后，系统分析师应与用户会面来审查原型，在必要时调整设计，并获得书面认可。第 8 章包含关于报告设计的指导和建议。

在整个设计阶段一直确保用户认可非常重要，该方法确保需要获得认可的主要任务没有留在最后，它使用户参与系统开发并提供项目是否满足目标的反馈。系统设计规范中的有些部分可能与用户无关，但任何影响用户的部分都应尽早获得认可。

还需要其他 IT 部门成员审查系统设计规范。IT 管理将关注人员、成本、硬件和系统软件需求、网络影响以及添加新系统对操作环境的影响。编程团队希望为其后续工作做好准备，运营团队将对处理支持、报告分发、网络复杂性、与其他系统的集成以及他们需要准备的所有硬件或软件问题感兴趣。与往常一样，系统分析师必须是一个好的沟通者，使人们拥有最新的信息、获得他们的意见和建议并获得必要的认可。

当系统设计规范完成后，应将文件分发给目标用户组、IT 部门人员和企业管理层。至少应在演示前一周分发，以便接收者有充足的时间审查材料。

10.10.3 演示

通常，系统分析师会在系统设计阶段结束时进行几次演示。演示提供了解释系统、回答问题、考虑评议并确保最终认可的机会。系统分析师工具包的 A 部分提供了关于口头演示的宝贵指导和技巧。

第一个演示针对将参与未来项目或系统运营支持的其他系统分析师、程序员和技术支持人员。基于听众的特点，演示是技术导向的。

下一个演示针对部门经理和受系统影响的部门的用户。和第一个演示一样，主要目标是获得他们对系统设计的支持和认可。这不是一场技术演示。它针对用户与系统的交互，以及管理层对预算、日程表、人员配置和对生产环境的影响的兴趣。

最后的演示针对管理层。在进行这次演示之前，应从先前的演示中获得全部必要的认可，用户和 IT 部门也应准备好。就像在系统分析阶段结束时的管理演示一样，此次演示的主要目标是获取管理层对下一开发步骤——系统实施阶段的批准和支持，包括对所需财政和其他资源的坚定承诺。

基于演示和提交的数据，管理层可能做出以下三个决策之一：继续进行系统开发，在系统设计阶段执行额外的工作，或者终止项目。

伦理问题

新的会计系统正在运行，但用户反馈是消极的。最常见的抱怨是系统不是用户友好的。IT 部门的一些人认为更多的用户培训可以解决这一问题。然而，IT 经理 Sam 反对新一轮的培训。“我们应建立监控用户按键和鼠标点击的网络，来观察是什么模式，”他建议道，“我们可以分析数据，并提出可以使系统更易于使用的提示和建议。”

你的初始反应是 Sam 错了，有两个原因。首先，你认为监控不是了解用户真正需求的有效方法。在你看来，这应在系统需求阶段完成。其次，你被伦理问题所困扰：尽管监控只涉及公司业务、公司网络和工作时间，但你认为许多用户会反对这种未声明的监控，并且可能觉得自己的行为或在计算机上的其他活动在毫不知情的情况下受到了评估。

Sam 请你写一份建议。你会对困扰你的伦理问题说些什么？

10.11 本章小结

信息系统将硬件、软件、数据、程序和人整合成系统架构，这个架构将系统的逻辑设计转换为包含硬件、软件和处理方法的物理结构。软件由它们处理输入、管理处理逻辑并提供所需输出的应用组成。

在选择系统架构之前，分析师必须考虑企业资源规划、初始成本和总体拥有成本、扩展性、网络集成、遗留系统接口要求、处理选项、安全问题和企业门户。

企业资源规划（ERP）建立企业级 IT 资源战略以及数据、处理、网络和用户界面设计的具体标准。企业可将 ERP 系统扩展到供应商和客户，这一过程称为供应链管理。系统分析师必须评估初始成本和 TCO 并确保设计可扩展。扩展性意味着系统可以轻松扩展、修改或缩小以满足业务需求。分析师还必须考虑系统是否以网络为中心并遵循互联网设计协议，以及系统是否必须与被称为遗留系统的现有系统交互。系统安全是整个设计过程中的一个重要问题，尤其对涉及信用卡和个人数据的电子商务应用来说。处理选项会影响所需的系统设计和资源。计划的架构可以包含作为多功能网站入口的企业门户，企业门户可为客户、员工、供应商等人提供访问。

系统架构需要服务器和客户端。服务器是向一个或多个被称为客户端的计算机提供数据、处理服务或其他支持的计算机。在主机架构中，服务器执行全部处理，终端与中央系统进行通信。客户端能够以分布式系统的方式连接，形成 LAN 或 WAN。

客户端/服务器架构在一个或多个客户端和中央服务器之间划分处理任务。在典型的客户端/服务器系统中，客户端处理整个用户界面，包括数据输入、数据查询和界面显示逻辑。服务器存储数据并提供数据访问和数据库管理功能。应用逻辑的不同功能在服务器和客户端之间以某种方式划分。在典型的客户端/服务器交互中，客户端向服务器提交信息获取请求，服务器执行操作并进行客户端响应。与文件服务器设计相比，客户端/服务器系统更具扩展性和灵活性。

胖客户端或厚客户端设计将全部或大多数应用处理逻辑放置在客户端。瘦客户端设计将全部或大多数处理逻辑放置在服务器。与维护中央服务器相比，由于初始硬件和软件需求以及维护并更新远程客户端计算机的持续费用，胖客户端的总体拥有成本可能高于瘦客户端。然而，胖客户端设计可能易于开发，因为该架构与传统的文件服务器设计类似，全部处理都在客户端进行。

客户端/服务器设计可以是双层或三层（也称为 n 层）的。在双层设计中，用户界面位于客户端，所有的数据储存在服务器上，应用逻辑可在服务器或客户端上运行，也可在服务器和客户端之间分配。在三层设计中，用户界面在客户端运行，数据储存在服务器，这与双层设计相同。三层设计在客户端和服务器之间还有一个中间层，它处理客户端请求并将其转换为服务器可理解和执行的数据访问命令。中间层也称为应用服务器，因为它提供了应用逻辑或业务逻辑。中间件是连接不同应用并使其能够通信并传递数据的软件。在规划系统设计时，系统分析师还必须考虑成本效益和性能问题。

互联网对系统架构产生了巨大的影响。在实施设计时，分析师必须考虑电子商务架构，包括内部解决方案和软件包解决方案的可用性以及服务提供商。分析师还应理解云计算和 Web 2.0 概念，这些概念正在塑造互联网计算的未来。云计算使用云标志来代表互联网，对用户透明的云提供一个独立于硬件的环境，由远程服务器执行全部处理和计算功能，且互联网本身替代了传统网络。Web 2.0 指新一代的网络，鼓励人们更加动态地合作、交互和共享信息。Web 2.0 正在推动社交网络和群组通信的爆炸式增长。

当今最流行的处理方法是在线处理。用户直接与在线系统进行交互，在线系统在事务发生时进行处理，并持续更新文件和数据库。相比之下，批量处理系统以组为单位处理事务，并按照预定的时间表执行。许多在线系统也使用批量处理来执行处理报告和会计分录等日常任务。

网络允许共享硬件、软件和数据资源以降低费用并为用户提供更多的功能。网络由被称为 OSI 模型的七层模型表示。

网络配置的方式称为网络拓扑。网络通常以五种模式配置：层次型、总线型、环型、星型和网型。层次型网络通常由单个主机控制，总线型网络以单个通信路径连接不同工作站，环型网络以圆形同心路径连接工作站，星型网络将工作站连接到中央计算机或被称为交换机的网络设备，网型网络将每个网络节点与其他各个节点连接。基于 IEEE 802.11 标准的无线网络 WLAN 进行着爆发式增长，尤其在无线灵活性非常重要的情况下。IEEE 802.11ac 标准使用 MIMO 多路径技术，其提升了无线网络的速度，扩展了无线网络的使用范围。WLAN 主要有两种拓扑结构：BSS 和 ESS。尽管无线网络非常受欢迎，但它们确实存在一些局限性和缺陷，包括干扰和安全问题。

系统设计规范提供了信息系统的完整系统设计，是完成系统设计阶段演示的基础。在演示之后，项目可能进入系统开发阶段、需要额外的系统设计工作或被终止。

关键词（Key Terms）

802.11　由IEEE开发的一系列无线网络规范。

802.11ac　2014年批准的IEEE无线网络规范，使用扩展的多输入/多输出（MIMO）技术实现接近7 Gbps的理论速度，同时增加无线范围，并与802.11a、802.11b、802.11g和802.11n向后兼容。

802.11b　1999年引入的IEEE无线网络规范，基于2.4GHZ频率，最大带宽为11Mbps，后被802.11g代替。

802.11g　2003年引入的IEEE无线网络规范，基于2.4GHZ频率，最大带宽为54Mbps，兼容并替代了802.11b，已被802.11n标准取代。

802.11n　2009年采用的IEEE无线网络规范，使用扩展的多输入/多输出（MIMO）技术实现超过200Mbps的速度，同时增加无线范围，并与802.11a、802.11b和802.11g向后兼容。

802.16　IEEE针对MAN（城域网）宽带无线通信开发的规范。参见Wi-Max。

接入点　为无线客户端提供网络服务的中央无线设备。

应用　信息系统的一部分。负责处理输入、管理处理逻辑并提供所需的输出。

应用逻辑　应用程序的基本业务规则或逻辑。

应用服务器　在客户和组织数据库与应用之间扮演“中间人”角色的计算机。通常用于简化复杂的业务交易。

带宽　系统在固定时间段内能够处理的数据量，带宽要求以每秒字节数（bps）表示。

基本服务集　一种无线网络配置，其中被称为接入点的中央无线设备用于服务全部无线客户端。也称为基础设施模式。

蓝牙　在短距离无线通信中非常受欢迎的一种无线传输形式，不需要大功率。

总线型网络　单个通信路径连接主机、服务器、工作站和外围设备的计算机网络。信息可在任意方向从任何工作站传输到另一工作站，并且任意消息都可被传输到特定设备。

客户端/服务器架构　通常指在一个或多个联网客户端和中央服务器之间进行划分处理的系统。在典型的客户端/服务器系统中，客户端处理整个用户界面，包括数据输入、数据查询和屏幕显示逻辑。服务器存储数据并提供数据访问和数据库管理功能。应用逻辑在服务器和客户端之间以某种方式划分。

客户端　在客户端/服务器设计中用户进行交互的工作站。这些工作站或计算机从其他被称为服务器的计算机获取数据、处理服务或其他支持。

企业门户　为企业的客户、员工、供应商和公众提供不同工具和功能的网站。

数据帧　计算机网络上的流量。

数据处理中心　物理数据以某种方式传送并输入系统的中心位置。除由企业IT部门分发的打印报告之外，组织中的用户没有输入或输出能力。

分布式数据库管理系统（DDBMS）　用于管理存储在多个位置的数据的系统。使用DDBMS有几个优点：存储在更靠近用户的位置，从而可以减少网络流量；系统可扩展，因此可添加新的数据站点而无须重新设计系统；数据储存在不同位置，系统不太可能遭遇灾难性故障。分布式数据存储的潜在缺点涉及数据安全性，当数据存储在多个位置时，对控制和标准的维护可能更加困难。

分布式系统　由一个或多个LAN或WAN连接的企业范围系统，分布式系统的容量取决于底层数据通信网络的功率和容量。

扩展服务集　由两个或多个基本服务集网络组成的无线网络配置，允许无线客户端在BSS间漫游。

延展性　指系统易于扩展、更改或缩小以满足企业快速变化的需求的能力。又称为扩展性。

胖客户端　将全部或大部分应用处理逻辑放置于客户端的网络设计。

胶合件　连接不同应用并使其能够通信和交换数据的软件。例如，胶合件可将部门数据库连接到可由客户端计算机网络或企业内部网访问的网络服务器。也称为中间件。

Gbps（千兆位每秒）　带宽或吞吐量测度，表示每秒十亿比特。

层次型网络　计算机（通常是主机）控制整个网络的网络设计。从属计算机或服务器控制较低级别的处理和网络设备。

HTTP/2　网络协议的第二个主要版本，2015年作为标准发布。

集线器　星型网络的中心，现代网络中交换机已在很大程度上取代了集线器。

基础设施模式　一种无线网络配置，其中被称为接入点的中央无线设备用于服务全部无线客户端。也称为基本服务集（BBS）。

电气电子工程师学会（IEEE）　建立电信标准的专业组织。

互联网操作系统　Web 2.0模型的一部分，由在线社区和服务创建的在线计算环境，以包含文本、声音字节、图像和视频剪辑的共享信息层为基础。

曲线拐点　客户端/服务器计算环境的性能特征，客户端/服务器的响应时间趋于逐渐增加并随着系统接近其容量而急剧上升。指的是响应时间急剧增加的点。

遗留数据　与技术不先进的老旧遗留系统相关联的数据。

局域网（LAN）　允许数据与打印机和扫描仪等硬件共享的网络设计，先进的数据通信技术使得创建使用卫星连接、高速光纤线路或网络共享数据的强大网络成为可能。

逻辑拓扑　描述组件交互方式而不是实际网络布线和连接的网络视图。

主机架构　服务器执行全部处理的系统设计。

MAN(城域网)　使用宽带无线通信协议802.16标准的网络。

Mbps(兆位每秒)　带宽或吞吐量测度，表示每秒百万比特。

网型网络　每个节点均与其他各个节点连接的网络设计。虽然这种设计非常可靠，但安装和维护也很昂贵。

多路径设计　使用MIMO（多输入/多输出）技术，依赖多个数据路径来增加带宽和范围的网络设计。

多输入/多输出（MIMO）　结合IEEE 802.11n和802.11ac标准的一种无线网络技术，使用多个数据流和多个天线实现更高的传输速度，与早期标准相比大大增加了无线范围。

以网络为中心的计算　一种分布式环境，应用和数据从服务器下载，并按需通过网络相互交换。

网络拓扑　网络配置的方式，LAN和WAN通常以四种常见模式布置：层次型、总线型、环型、星型。①

节点　可发送、接收或管理网络数据的有线或无线物理设备。

*n*层设计　多层设计或架构。例如，三层设计也称为*n*层设计，以表明一些设计使用多个中间层。

在线系统　在事务发生时进行处理并直接向用户提供输出。由于在线处理是交互式的，因此它避免了延迟且允许用户与系统之间持续对话。

OSI（开放系统互连）模型　描述数据如何从一台计算机上的应用传输到另一台联网计算机上的应用程序。OSI由七个层组成，每一层都执行特定的功能。

物理拓扑　实际网络布线的连接结构。

① 原书疑有误，应为五种常见模式：层次型、总线型、环型、星型和网型。——译者注

平台　支持硬件连接和未来应用集成等IT业务目标的特定硬件和软件配置，也称为环境。

销售终端（POS）　处理日常销售交易并维护在线库存文件的信息系统的一部分。

门户　多功能网站的入口。进入门户后，用户可以使用门户设计者提供的多样化工具和功能导航连接到目标页面。

代理服务器　为内部LAN用户提供互联网连接的网络设备。

环型网络　类似于彼此通信的计算机圆环的网络。当在本地站点而不是中央位置执行处理时，通常使用环型网络。

漫游　允许无线客户端从一个接入点移动到另一个接入点、自动与更强的接入点连接并允许不间断的服务的过程。

路由器　连接网段、确定最有效的数据路径并引导数据流的设备。

按需扩展　在任意时间将网络资源与需求进行匹配的能力；云计算的一个特征。例如，在高峰负载期间，额外的云服务器自动上线以支持增加的工作负载。

语义网　一种网络演进，互联网上共享的文档具有语义（含义）而不仅仅是语法（HTML标记）。有时称为Web 3.0。

服务器　在客户端/服务器设计中为客户端工作站提供数据、处理和服务的计算机。

单机　当个人计算机在20世纪90年代首次出现时，用户发现它们能以单机计算的模式运行自己的文字处理、电子表格和数据库应用，而无须IT组织的帮助。

星型网络　具有中央设备和一个或多个工作站的网络设计，工作站以星型方式接入网络。

供应链管理（SCM）　当材料、信息和资产从供应商转移到客户时，在企业内部或企业间对其进行协调、整合、管理。在完全整合的供应链中，一个客户订单可能引发生产计划系统做出工作规划时间表，从而触发一个或多个供应商对某些零件的需求响应。

交换机　星型网络中的中央网络设备，用于管理网络并作为全部网络流量的通道。

系统架构　将信息系统的逻辑设计转换为包含硬件、软件、网络支持和处理方法的物理结构的过程。

厚客户端　将全部或大部分应用处理放置在客户端的系统设计。也称为胖客户端。

瘦客户端　将全部或大部分应用处理都放置在服务器的系统设计。

三层设计　在三层设计中，用户界面在客户端运行，数据存储在服务器上，这与双层设计相同。三层设计在客户端和服务器之间还有一个中间层，用于处理客户端请求并将其转换为服务器可理解和执行的数据访问命令。

透明的　如果用户看到的数据就像存储在自己的工作站上一样，那么该网络就是透明的。

双层设计　用户界面位于客户端，所有数据存储在服务器上，应用逻辑可在客户端或服务器上运行，也可在客户端和服务器之间分配。

面向网络　强调与其他基于网络的组成部分高度集成的策略或方法。面向网络的架构遵循互联网设计协议，使企业能将新的应用集成到其电子商务策略中。

Wi-Fi（无线保真）　一系列流行的局域网无线网络标准，也称为802.11，包括802.11a、802.11b、802.11g和802.11n。802.11n是最新的标准。802.11ac和802.11ad是提议的新标准。

Wi-Fi联盟　1999年成立的非营利性国际协会，主要验证基于IEEE 802.11规范的无线网络产品的互通性。

广域网（WAN）　可跨越长距离，将分布在不同位置的用户连接起来的网络。

维基　任何人都可访问、贡献或修改的基于网络的信息存储库。

无线接入点（WAP）　为无线客户端提供网络服务的中央无线设备。也称为接入点。

无线局域网（WLAN）　一种安装成本相对较低的无线网络，适用于不固定在具体位置的用户。

Wi-Max　IEEE802.16 标准，预计能够实现多达30英里范围的无线多媒体应用。参见802.16。

本章练习

问题

1. 本章以架构清单开始。如果你必须将这些项目从最重要到最不重要进行排序，你的列表是怎样的？
2. 什么是企业资源规划（ERP）？什么是供应链管理？
3. 假设你有一个从未使用过网络的客户。用日常术语说明网络服务器和客户端的作用。
4. 描述客户端/服务器架构，包括胖客户端、瘦客户端、客户端/服务器层和中间件。
5. 追溯系统架构的历史，特别强调个人电脑和互联网的影响，注意要包含示例。
6. 批量处理是否还有意义？为什么？
7. 解释LAN和WAN的区别。
8. 定义拓扑这一术语，画出每个有线和无线网络拓扑的草图。
9. 解释BSS和ESS无线拓扑结构的主要区别。802.16标准适用于何种类型的无线拓扑？
10. 列出系统设计规范的各部分，并描述其内容。

讨论话题

1. 信息技术近些年来急速发展。同时，随着企业开始全球竞争，并面临质量、速度和客户服务压力，商业界发生了巨大变化。是新技术促进了商业变化，还是商业变化促进了新技术？

2. 电子商务近些年来呈爆发式增长。这一趋势最重要的促进因素是什么？它会持续吗？为什么？

3. 本章描述了分析师考虑系统架构时可以使用的准则。在你看来，所有项目的权重和重要性都相同吗？还是其中一些更重要？证明你的立场。

4. 一位经理说，“当提出一个新系统时，我想要一份书面报告而不是类似于推销的口头演示。我只想看到有关成本、收益和日程表的事实”。你同意这种观点吗？

5. 本地具有强大的计算能力、使用应用程序而不是完整的应用并依靠无线网络连接来改变系统架构设计的移动设备的发展情况如何？

项目

1. 访问学校或当地企业的IT部门，了解它们使用的网络。描述这些网络并绘制配置草图。

2. 准备十分钟的演讲，向大学课堂解释Web 2.0和云计算。使用本书和你自己的研究结果，简要描述你将在演示中包含的五个最重要的因素。

3. 在互联网上进行研究，确定提供网络业务解决方案的服务提供商，并撰写描述该企业及其服务的报告。

4. 在互联网上进行研究，了解无线网络的新兴趋势，以及安装无线LAN的常见成本。

5. 研究无线网络在发展中国家的作用。为什么一些地方绕开LAN和物理布线，直接转向无线系统架构？这样做的优势和劣势是什么？

第四阶段

系统实施

交付成果：可运转的信息系统。

工具支持：沟通工具和 CASE 工具。

正如呆伯特漫画所表明的，成功的系统实施需要很多努力。如果没有将运行的系统交付给客户，SDLC 的所有其他阶段都将失去意义。在软件工程中，实施阶段通常被开玩笑地称为“编程的小问题”，但这当然不是一个小问题。

系统实施是系统开发生命周期五个阶段中的第四阶段。在上一阶段，开发了系统设计、系统的物理模型，上一阶段的输出——系统设计规范作为系统实施阶段的输入，用于创建具有完整功能的信息系统。

第 11 章介绍了应用开发、记录、测试、培训、数据转换和系统切换。

第 11 章 管理系统实施

第 11 章将描述 SDLC 的系统实施阶段。本章介绍应用开发、安装和评估。

本章包含四个案例讨论问题，用以帮助读者情境化地理解文中描述的概念。伦理问题涉及所有测试人员都必须处理的问题：何时停止测试。在此示例中，存在一个伦理问题，即假设剩余的错误在系统运行后都能被修正，90%的合格率是否足以交付产品。

学习目标

学完这一章，你应该能够：

- 解释软件质量保证和软件工程的重要性；
- 使用结构化方法、面向对象方法和敏捷方法描述应用开发；
- 绘制结构图，显示自上而下的设计、模块化设计、内聚性和耦合性；
- 解释程序编码过程；
- 解释单元测试、集成测试和系统测试；
- 区分程序文档、系统文档、操作文档和用户文档；
- 列出系统安装和评估的主要步骤；
- 为不同用户组制订培训计划，比较内部培训和供应商培训方案，并描述有效的培训技巧；
- 描述数据转换和系统切换方法；
- 向管理层解释实施后评估和最终报告。

11.1 引言

管理系统实施包括应用开发、测试系统、文档编制、培训、数据转换、系统切换以及对系统进行实施后评估。

在系统实施阶段，系统设计规范是构建新系统的蓝图。初始任务是应用开发，这要求系统分析师和程序员共同工作，构建必要的程序和代码模块。在切换之前，必须仔细测试并记录系统，用户必须接受培训，现有数据必须进行转换。在新系统投入运行后，需要对结果进行正式评估并将其作为向管理层提交的最终报告的一部分。

11.2 软件质量保证

在当今竞争激烈的商业环境中，企业非常关注产品和服务的质量，成功的组织必须提高包括信息系统在内的每个领域的质量。高层管理人员必须提供高质量 IT 资源所需的领导力、鼓励和支持。

无论系统设计和实施得多么仔细，总会有问题发生。严格的测试可在实施过程中检测错误，但在更早的开发过程中纠正错误的代价会更小。**质量保证**（quality assurance）的主要目标是避免问题或尽快识别它们。较差的质量可能由不准确的需求、设计问题、程序编码错误、文档错误以及无效的测试导致。

为了改进完成的系统，软件系统开发人员应考虑软件工程和国际公认的质量标准。

11.2.1 软件工程

软件工程（software engineering）是工程原理在创建复杂、长生命周期的应用中的规范应用，其集人、过程和技术于一体。软件工程不仅仅限于开发，它包含需求、设计、构建、测试、维护和演进五个技术活动领域，也受成本和工作量估计、项目管理和**流程改进**（process improvement）等非技术活动的支持。

图表 11-1 显示了卡内基梅隆大学（Carnegie Mellon University）软件工程研究所（Software Engineering Institute，SEI）的网站。

图表 11-1 卡内基梅隆大学软件工程研究所对软件工程研究和实践产生了深远的影响

资料来源：Software Engineering Institute。

SEI 是软件工程领域的领导者，为软件开发人员和系统分析师提供质量标准和建议规程。SEI 的主要目标是找到更好、更快、成本更低的软件开发方法。为了实现这一目标，SEI 设计了一套有影响力的软件开发标准，即**能力成熟度模型**（Capability Maturity Model，CMM），该模型已被全球成千上万个组织成功使用。该模型的目的是提高软件质量、缩短开发时间并降低成本。软件 CMM 的五个成熟度级别如图表 11-2 所示。

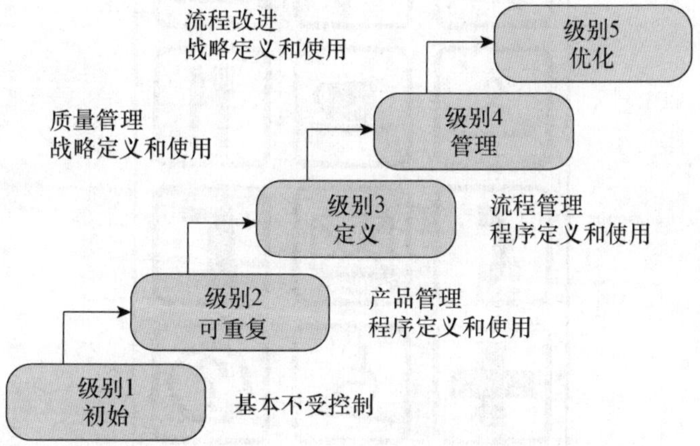

图表 11-2　CMM 有五个成熟度级别，从开发基本不受控制的级别 1（初始），到定义并使用流程改进策略的级别 5（优化）

资料来源：Scott Tilley。

原始的软件 CMM 发布和更新后，又引入了其他能力成熟度模型。最终，SEI 建立了一个新的模型，即**能力成熟度模型集成**（Capability Maturity Model Integration，CMMI），其将软件和系统开发集成到一个更大的框架。CMMI 使用五个成熟度级别跟踪组织的流程，从级别 1（不可预测、难以控制且被动）到级别 5（通过优化达到流程改进）。

11.2.2　国际标准化组织（ISO）

汽车、水和软件有什么共同点？与成千上万的其他产品和服务一样，它们都受到国际标准化组织（ISO）标准的限制，这在第 9 章中讨论过。

ISO 标准包含从图表 11-3 所示的国际公认标志到标记此教材的 ISBN 编号在内的许多内容。此外，ISO 致力于提供优秀管理实践的全球共识，这帮助企业提供始终如一的高质量产品和服务，其中也包括软件。

由于软件对企业的成功至关重要，因此许多企业力求保证购买或内部开发的软件系统能够达到严格的质量标准。2014 年，ISO 更新了一套被称为 **ISO 9000-3:2014** 的准则，为开发和维护软件提供了质量保证框架。

企业在从供应商处购买软件或使用 ISO 指南进行内部软件开发时可以指定 ISO 标准，从而确保最终结果符合 ISO。ISO 需要具体的开发计划，描述将用户需求转换为最终系统的每一步具体过程。ISO 标准可以十分详细，例如，ISO 要求软件供应商记录全部测试并保存测试结果。如果发现问题，必须将其解决并将受影响的模块重新测试。此外，所有测试设备的软件和硬件规格必须记录在案，并附在测试记录中。

图表 11-3 ISO 标志包含国际公认标志

资料来源：bytedust/Shutterstock. com。

11.3 应用开发概述

应用开发（application development）指的是构建作为信息系统组成部分的程序和代码模块的过程。第 1 章阐释了结构化分析、面向对象分析（O-O）和敏捷方法是三个流行的开发选项。无论采用何种方法，目标都是将设计转换为可正常工作的程序和代码模块。由于系统实施通常是劳动密集的，因此开发人员经常使用项目管理工具和技术来控制进度和预算。

11.3.1 系统设计回顾

此刻，回顾创建系统设计相关的任务会有帮助：

- 第 4 章关注于需求建模及如何使用功能分解图（FDD）将复杂的业务操作分解为更小的单元或功能。
- 第 5 章关注于结构化数据和过程建模以及数据流图（DFD）。还讨论了功能原语的过程描述开发，其记录业务逻辑和处理需求。
- 第 6 章关注于新系统的面向对象模型，包括用例图、类图、序列图、状态转移图和活动图。
- 第 7 章关注于选择开发策略。
- 第 8 章关注于用户界面设计。
- 第 9 章关注于数据设计问题、分析系统实体间关系以及构建实体关系图（ERD）。
- 第 10 章关注于整体系统架构注意事项。

总之，这一系列任务构成物理实施的总体设计和规划。

11.3.2 应用开发任务

如果在系统设计期间使用传统的结构化方法或面向对象方法，则可以开始将设计转换为功能应用。如果选择敏捷开发方法，开发项目将从项目规划开始，随后是奠定基础、组建团队并准备与客户进行互动。

传统方法

构建新系统需要仔细规划。在制定总体战略后，必须对各个模块进行设计、程序编码、测试和记录。模块由组织成易于理解和维护的小单元的相关程序代码组成。单独开发并测试模块后，将进行更多的测试并详细记录整个系统，如图表 11－4 所示。

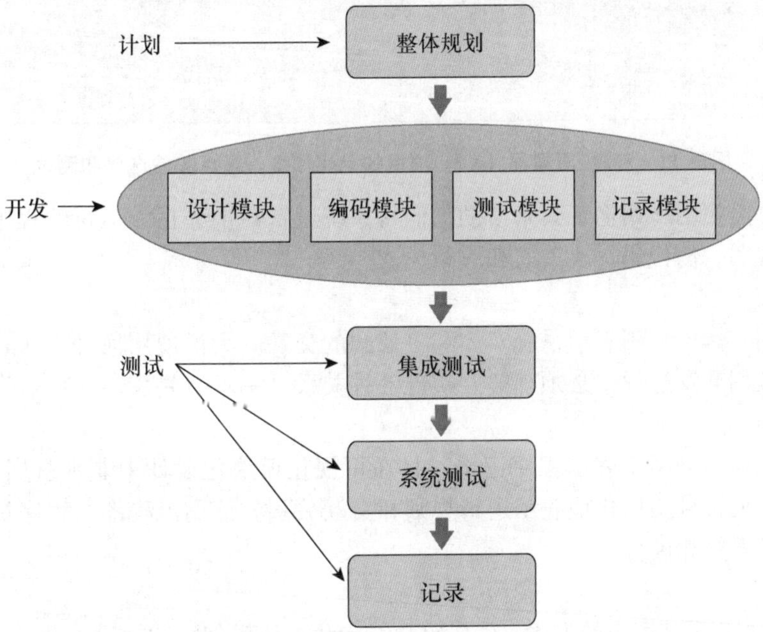

图表 11－4 传统应用开发的主要步骤

在使用结构化方法或面向对象方法创建程序模块时，应从回顾之前 SDLC 阶段的需求文档并创建一系列程序设计开始。如果在开发过程的早期构建文档文件并定期更新，则会有一个宝贵的信息库。文档的核心是附有图表、源文档、界面布局、报告设计、数据字典条目和用户评论的系统设计规范。如果在系统分析和设计过程中使用 CASE 工具，分析师的工作将会更容易。此时，程序编码和测试任务开始。虽然通常由程序员进行实际程序编码，但 IT 经理常常会指派系统分析师与他们进行团队合作。

敏捷方法

如果决定使用敏捷方法，IT 团队将与用户或客户开始密切的沟通和协作。目标是通过规划、设计、程序编码和测试的迭代过程来创建系统。敏捷项目使用各种迭代和增量模型，包括图表 11－5 所示的极限编程（XP）。敏捷开发和 XP 将在本章后面进行详细讨论。

11.3.3 系统开发工具

每种系统开发方法都有使其行之有效的一套工具。例如，结构化开发在很大程度上依赖于 DFD 和结构图；面向对象方法使用用例图、类图、序列图和状态转移图等统一建模语言（UML）图；敏捷方法倾向于使用螺旋模型或其他迭代模型，如图表 11-5 所示。

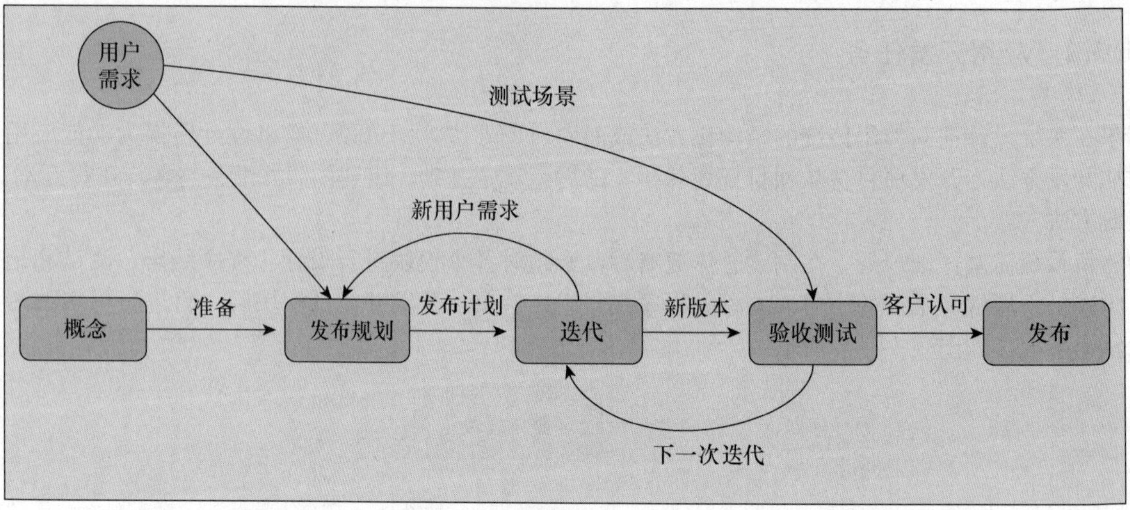

图表 11-5　极限编程（XP）项目的简化模型。重点关注迭代和测试

系统开发人员还可以使用多用途工具来帮助他们将系统逻辑转换为正常运行的程序模块。这些通用工具包括实体关系图、流程图、伪代码、决策表和决策树。

实体关系图

第 9 章描述了使用实体关系图表示系统实体和对象间的交互。无论使用何种方法，实体关系图都是一个有用的工具，因为在应用开发过程中必须理解并实现各种关系（一对一关系、一对多关系和多对多关系）。

流程图

如第 5 章所述，流程图可用于表示程序逻辑，且在可视化模块化设计中非常有用。**流程图**（flowchart）使用由箭头连接的一系列符号图形化地表示逻辑规则和交互关系。使用流程图，程序员可将大型系统分解成更容易理解和编码的子系统和模块。

伪代码

伪代码是一种用于表现程序逻辑的方法。伪代码与结构化英语类似，这在第 5 章中解释过。伪代码不是具体的编程语言，因此它可以用简单的英语描述软件模块，而不须遵循严格的语法规则。使用伪代码，系统分析师或程序员能够描述可用任何编程语言实现的程序功能。图表 11-6 显示了记录销售促销策略的伪代码示例。

促销政策示例
● 订购超过 1 000 美元的优先客户有权享受 5%的折扣，如果使用我们的收费卡，则另加 5%的折扣 ● 订购不超过 1 000 美元的优先客户将获得 25 美元的优惠券 ● 其他客户收到 5 美元的优惠券
促销政策的伪代码版本

```
IF 客户是优先客户，且
        IF 客户订购超过 1 000 美元，则
            提供 5%的折扣，且
            IF 客户使用我们的收费卡，则
                提供额外 5%的折扣
        ELSE
            奖励 25 美元的优惠券
ELSE
        奖励 5 美元的优惠券
```

图表 11-6　具有逻辑规则的促销策略（顶部），以及具有相同策略的伪代码版本（底部）。注意逻辑语句在伪代码中的对齐和缩进

决策表和决策树

如第 5 章所述，决策表和决策树可用于进行信息系统的业务逻辑建模。除此之外，分析师和程序员也可在系统开发期间使用决策表和决策树开发实现逻辑规则的代码模块。图表 11 - 7 显示了图表 11 - 6 中促销策略的决策树示例。决策树准确地反映了促销政策，其具有三个独立条件和四个可能的结果。

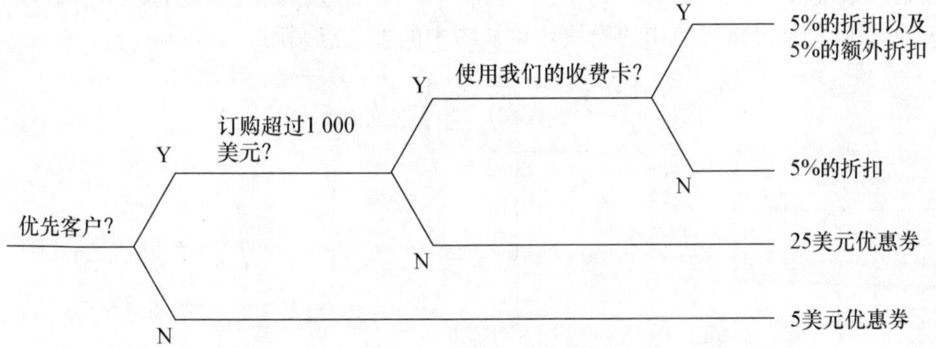

图表 11 - 7　反映图表 11 - 6 中促销政策的决策树示例。像决策表一样，决策树显示了基于某些属性所采取的行动

11.3.4　项目管理

无论使用结构化分析、面向对象设计还是敏捷方法，即使是中等规模的项目也可能有数百甚至数千个模块。因此，应用开发可能变得相当复杂且难以管理。在这一阶段，项目管理尤其重要。

用户和管理层正期待着新系统，因此设定实际的时间进度、确保项目按时完成、控制成本和保持高质量非常重要。为了实现这些目标，系统分析师或项目经理应使用类似于第 3 章中描述的项目管理工具和技术来监控开发工作。

以下各节将介绍应用开发过程。首先讨论结构化开发技术和工具，之后是面向对象和敏捷开发方法。

11.4　结构化应用开发

结构化应用开发通常采用**自上而下的方法**（top-down approach），其从总体设计开始，最终形成一个详细结构。在系统分析师记录系统需求后，其在被称为**分割**（partitioning）的过程中将系统分解为子系统和模块，这种方法也称为模块化设计，与构建一组分层的 DFD 类似。通过将模块分配给不同的程序员，可以同时进行多个部分的开发。如第 3 章所述，项目管理软件可用于监控每个模块的工作、预测总体开发时间、估计所需的人力和技术资源并计算项目的关键路径。

由于所有模块必须正确协作，因此分析师必须谨慎行事，不断从程序员和 IT 管理人员处获得反馈以形成一个有效的、完善的结构。分析师还必须确保将整合功能内置到每个设计中，并进行充分测试。

11.4.1　结构图

结构图显示程序模块以及模块间的关系。结构图由代表程序模块的矩形组成，包括提供额外信息的箭头和其他符号。通常，被称为**控制模块**（control module）的高级模块指向被称为**下属模块**（subordinate module）的低级模块。在结构图中，符号表示不同的行动或条件。结构图符号表示模块、数据耦合、控制耦合、条件和循环。

模块

一个矩形代表一个模块，如图表 11-8 所示。在图中，矩形边缘处的双垂直线说明模块 1.3 是库模块。**库模块**（library module）是可重复使用的模块，可从图中的多个点调用。

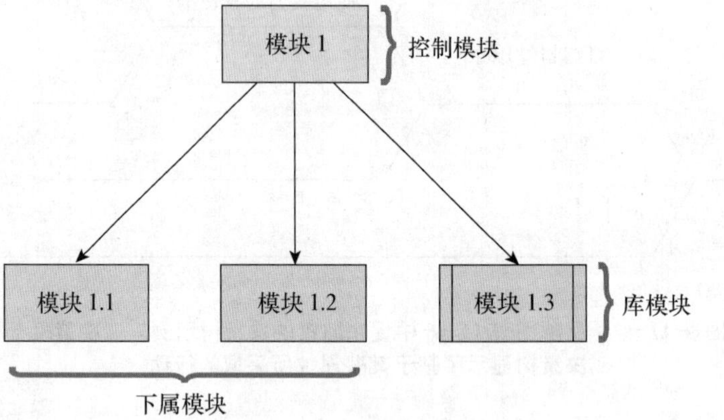

图表 11-8　结构图模块示例

数据耦合

带有空心圆的箭头表示数据耦合。**数据耦合**（data couple）显示从一个模块传递到另一个模块的数据。在图表 11-9 所示的数据耦合示例中，“查询客户名称”模块与“维护客户数据”模块互相交换数据。

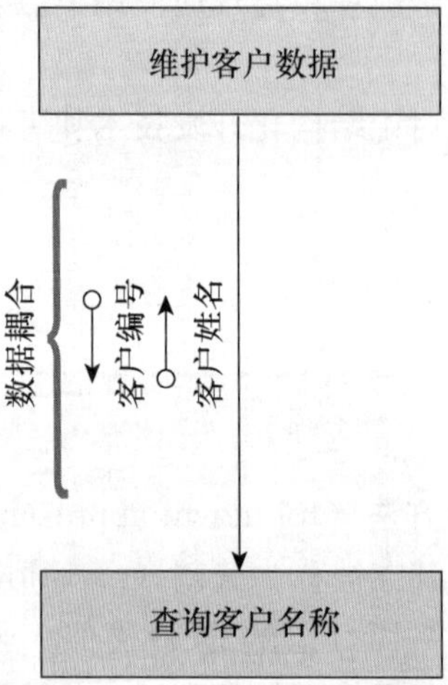

图表 11-9　结构图数据耦合示例

控制耦合

带有实心圆的箭头表示控制耦合。**控制耦合**（control couple）显示一个模块发送给另一个模块的消息，该消息也称为**状态标志**（status flag）。在图表 11-10 的示例中，“更新客户文件”模块将“账户逾期”标志发送回“维护客户数据”模块。模块使用标志向另一模块发送特定条件或行动的信号。

条件

一端带有菱形的线表示一个条件。**条件**（condition）表示控制模块根据特定条件来确定将调用哪个下属模块。在图表 11－11 的示例中，“排序库存零件”是一个具有条件的控制模块，条件将触发三个下属模块中的一个。

循环

曲线箭头表示循环。**循环**（loop）表示重复一个或多个模块。在图表 11－12 的示例中，“获取学生成绩”和“计算 GPA”模块一直被重复。

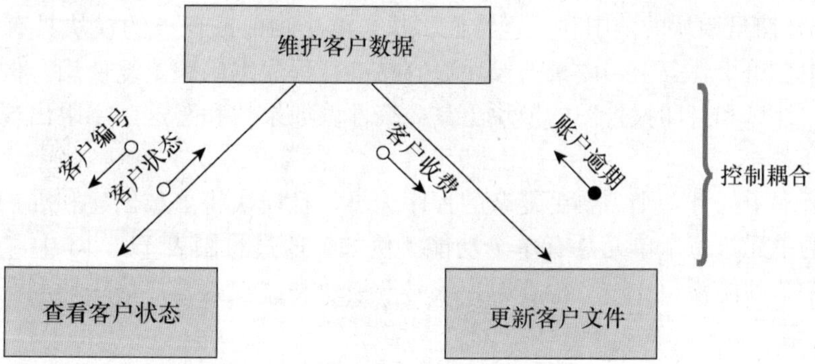

图表 11－10　结构图控制耦合示例

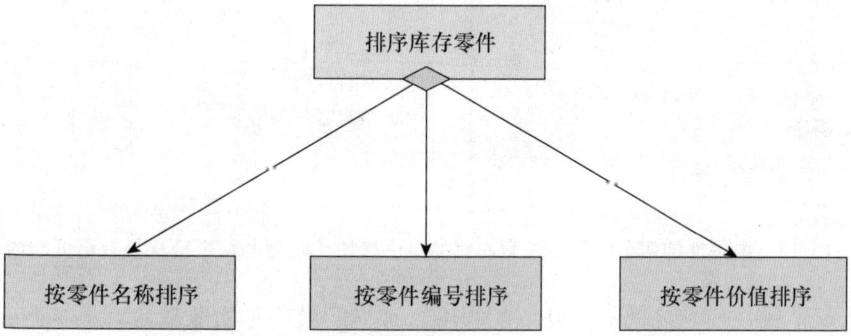

图表 11－11　该图显示了触发三个下属模块的控制模块

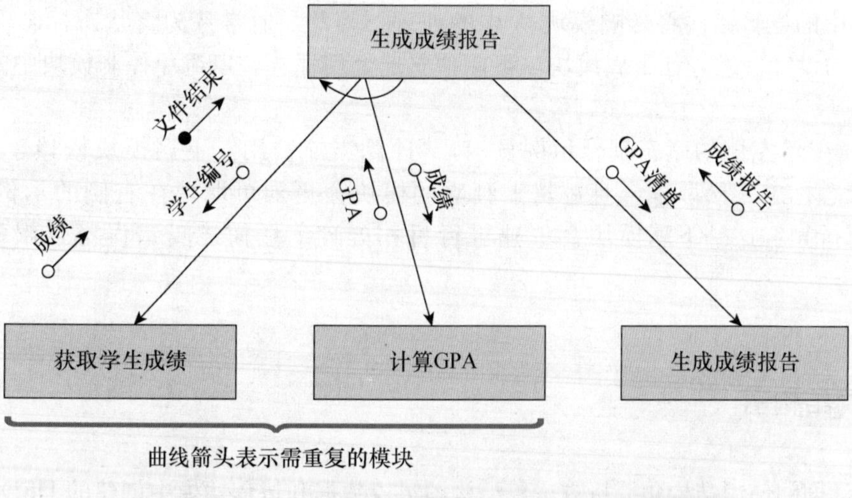

图表 11－12　该图表显示了具有两个重复模块的结构图循环

11.4.2 内聚性和耦合性

内聚性和耦合性是评估整体设计的重要工具。如下所述，我们期望系统高度内聚且松散耦合。否则，系统维护会因难以改变结构而变得更昂贵。

内聚性（cohesion）衡量模块的范围和处理特性。执行单个功能或任务的模块具有很高的内聚性，这是我们期望的。由于集中在单个任务上，内聚的模块更容易进行程序编码和重复使用。例如，名为"验证客户编号"的模块比名为"计算和打印报告"的模块更具内聚性。如果"和"这一字眼出现在模块名称中，则意味着该模块涉及多个任务。

如果模块必须执行多个任务，则需要更复杂的程序编码，且模块将更难创建和维护。为了使模块更加内聚，可将其分成单独的单元，每个单元具有单个功能。例如，通过将图表11-13中"检查客户编号和信用额度"模块拆分为两个单独的模块——"检查客户编号"模块和"检查客户信用额度"模块，内聚性得到了显著提升。

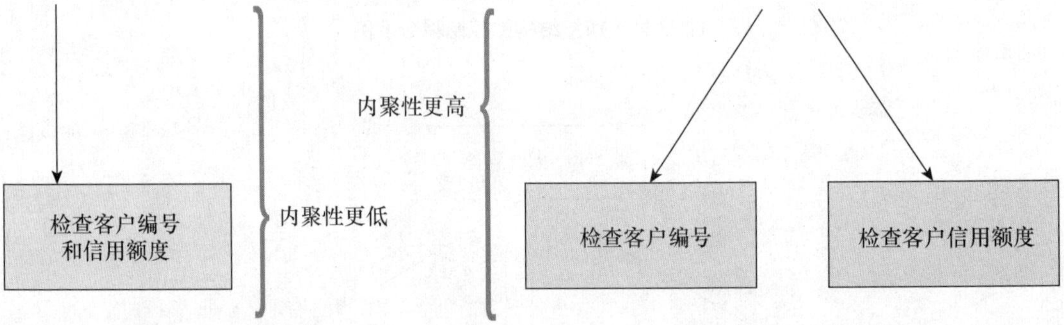

图表11-13 内聚性的两个例子，注意左侧的单个模块比右侧的两个模块具有更低的内聚性

耦合性（coupling）描述模块之间的相互依赖程度。独立的模块是**松散耦合**（loosely coupled）的，这也是系统期望的。松散耦合的模块更易于维护和修改，因为一个模块中的逻辑不会影响其他模块。如果程序员需要更新松散耦合的模块，其可在单个位置完成任务。如果模块是**紧密耦合**（tightly coupled）的，则一个模块会连接到包含在另一个模块中的内部逻辑。例如，模块A可能引用模块B中包含的内部变量，在这种情况下，模块B中的逻辑错误将影响模块A中的处理。因此，通常认为将状态标志作为控制模块的消息传递下去是较差的设计。最好让下属模块尽可能独立地处理任务，以避免控制模块中的逻辑错误产生级联效应。

在图表11-14中，左侧的紧密耦合示例显示，"计算当前费用"下属模块依赖于"更新客户余额"控制模块发送的状态标志。松散耦合且逻辑上独立的模块会更加可取。在右侧的示例中，不需要状态标志，因为"应用折扣"这一下属模块会单独进行折扣处理。任何逻辑错误都仅限制在"应用折扣"模块中。

11.4.3 绘制结构图

如果在系统设计期间使用结构化分析方法，结构图将以数据和过程建模中创建的DFD为基础。

创建结构图通常遵循四个步骤：审查DFD以识别过程和方法，识别程序模块并确定控制-下属关系，添

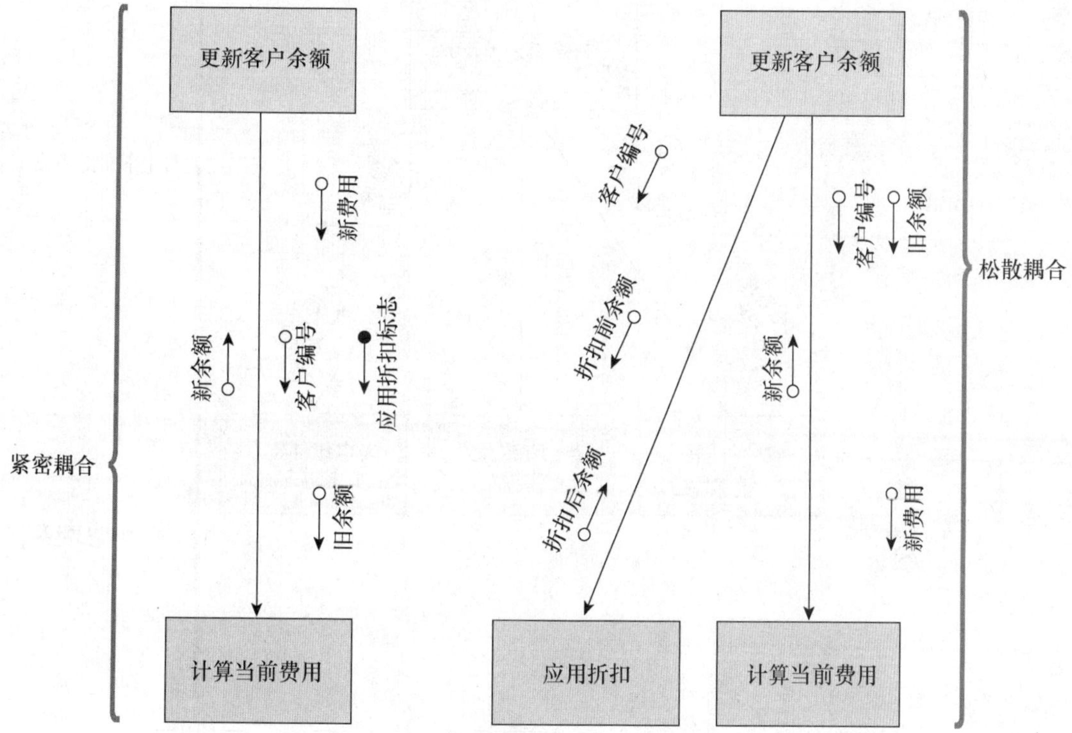

图表 11-14　紧密耦合和松散耦合结构图的示例

加耦合、循环和条件，分析结构图和数据字典确保其与系统文档一致。

步骤 1：审查 DFD

第一步是检查所有 DFD 的准确性和完整性，尤其是在系统分析阶段之后发生了更改的情况。如果开发了对象模型，也应对其进行分析以识别对象、每个对象必须执行的方法以及对象间的关系。方法与功能原语类似，需要代码来实现必要的操作。

步骤 2：识别模块和关系

从逻辑模型开始，将功能原语或对象方法转换为程序模块。在分析一组 DFD 时，应记住每个 DFD 级别表示一个处理级别。如果使用 DFD，可按照从上下文图到较低层级图的顺序识别控制模块和下属模块，直到到达功能原语。如果需要更高的内聚性，可将过程分为处理单个任务的较小模块。图表 11-15 显示了第 5 章中订单系统的结构图。注意三级结构图与三个 DFD 级别的关系。

步骤 3：添加耦合、循环和条件

接下来，将耦合、循环和条件添加到结构图中。如果使用 DFD，则可以查看数据流和数据字典，识别从一个模块传递到另一个模块的数据元素。除了添加数据耦合，还应在模块向另一模块发送控制参数或标志的地方添加控制耦合。指示重复或替代处理步骤的循环和条件也同样需要添加，如图表 11-15 所示。如果开发了对象模型，则可以检查类图和对象关系图，确保其充分理解了对象间的交互。

步骤 4：分析结构图和数据字典

此时，可对结构图进行仔细分析。须检查每个过程、数据元素或对象方法，确保结构图能够表示先前的记录且逻辑正确，所有模块高度内聚且松散耦合。通常，需要绘制几个版本的结构图，一些 CASE 工具可以用来分析结构图并识别有问题的区域。

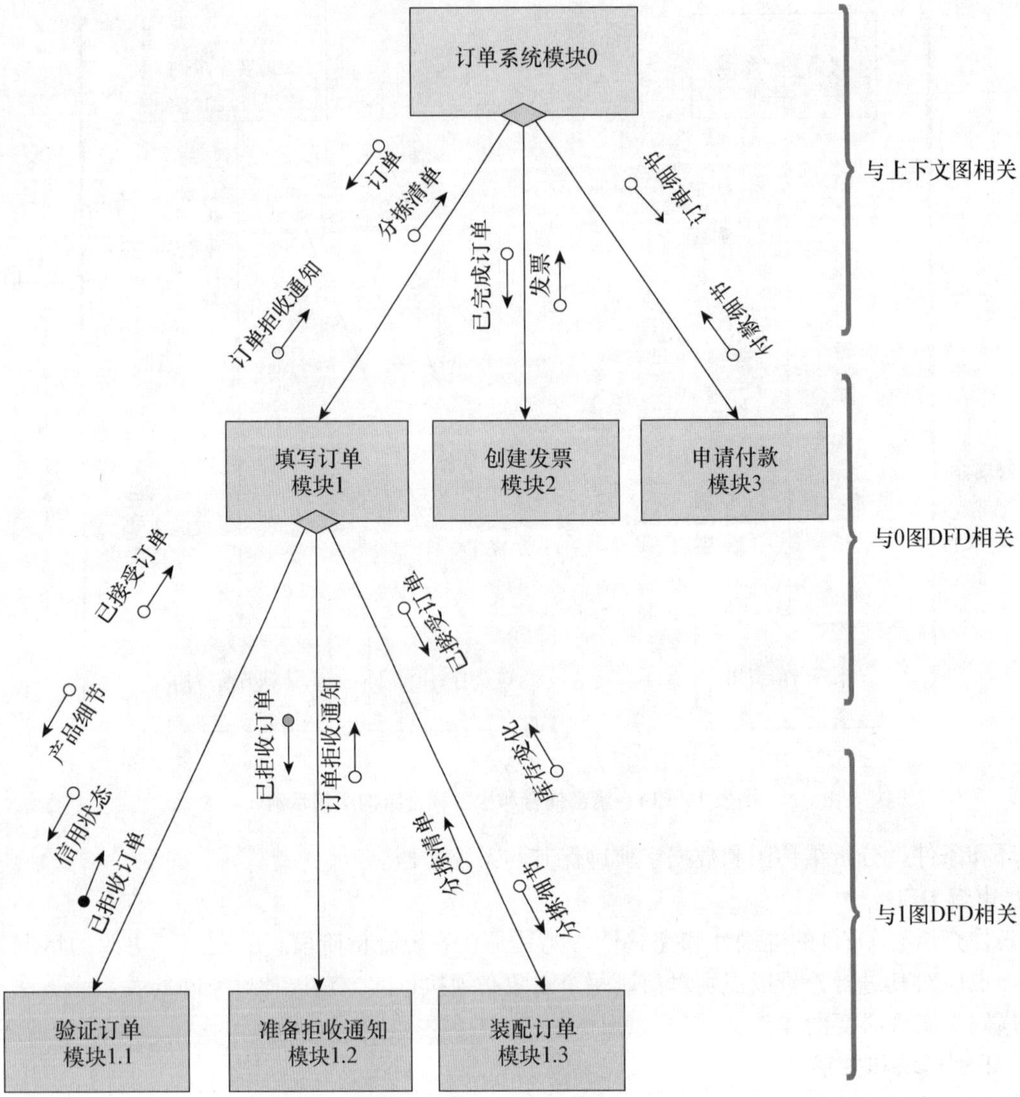

图表 11 - 15　基于第 5 章订单系统 DFD 构建的结构图。三级结构图分别与三个 DFD 级别相关联

11.5　面向对象的应用开发

在第 6 章中描述了面向对象方法。面向对象分析使得将对象模型直接转换为面向对象编程语言更容易，这一过程称为**面向对象开发**（object-oriented development），或 **OOD**。虽然许多结构化设计概念也适用于面向对象方法，但存在着一些差异。

11.5.1　面向对象应用开发的特征

如前所述，在实施结构化设计时，结构图可用于描述程序模块之间的交互。相比之下，当实施面向对象设计时，对象间关系已经存在。因为在面向对象分析过程中定义了对象交互，所以对象模型本身即表示应用的结构。

如第 6 章所述，对象包含数据和被称为**方法**（methods）的程序逻辑，单个对象实例属于带有相同特征的对象类。如图表 11－16 所示，可使用类图来描述类间的关系和交互。类图包括描述类中对象特性的类属性以及表示程序逻辑的方法。例如，“Customer”类描述客户对象。“Customer”属性包括“Number”“Name”“Address”等。“Customer”类的方法包括“Place order”、“Modify order”和“Pay invoice”等。“Customer”类可以与“Order”类交换消息。

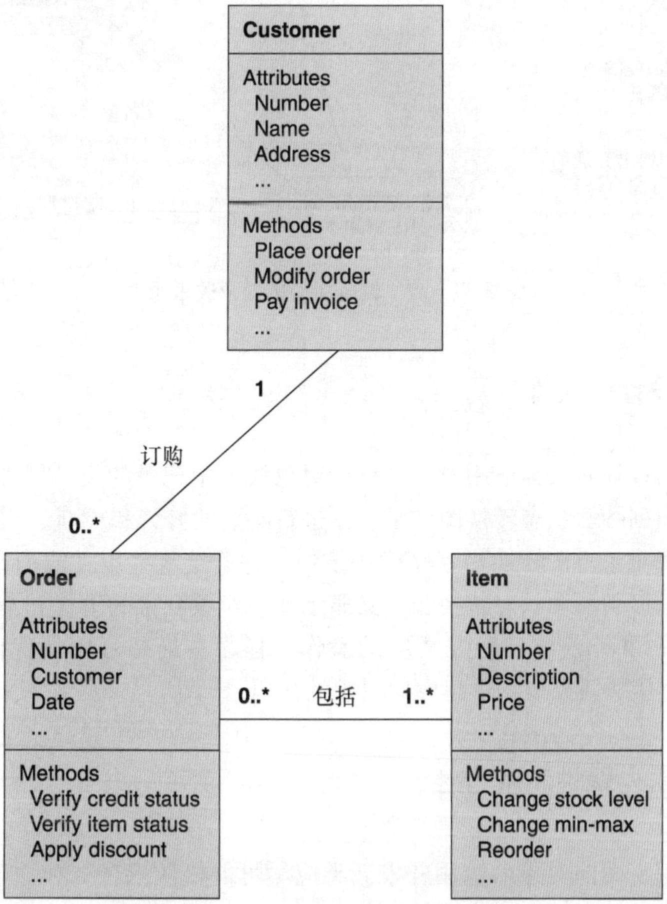

图表 11－16　客户订单处理系统的简化类图

除了类图，程序员还通过使用面向对象（O-O）过程中开发的对象关系图获取对象交互的整体情况。例如，图表 11－17 显示了健身中心的对象关系图。该模型显示对象以及对象间如何交互以执行业务功能和事务。

正确实施的面向对象开发能够加快项目进程、降低成本并提高整体质量。然而，这些目标并不总是能实现。组织有时具有不切实际的期望，且没有花费足够的时间来学习、准备和实施 OOD 过程。举例来说，在没有需求分析、支持数据和详细蓝图的情况下，无法建造一座桥梁，并且在进行仔细查验确保满足所有规范前，桥梁也不会通行。O-O 软件开发人员有时忘记了建筑的基本规则也适用于他们的项目。

总之，为了发挥面向对象开发的潜在优势，系统分析师必须仔细分析、设计、实施、测试并记录其 O-O 项目。

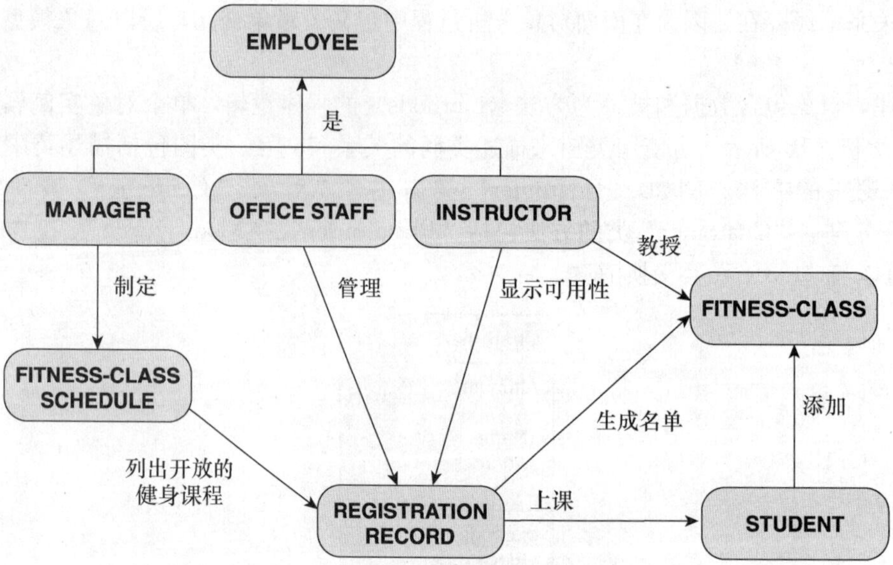

图表 11-17 健身中心的对象关系图

11.5.2 面向对象设计的实施

程序员在将面向对象的设计转换为应用时，需分析对象模型中记录的类、属性、方法和消息。在此过程中，程序员需要对类图、序列图、状态转换图和活动图进行必要的修订和更新。

程序员的主要目标是将对象方法转换为程序代码模块，并确定哪些事件或消息将触发各个模块的执行。为了完成任务，程序员分析序列图和状态转换图，其显示触发对象变化的事件和消息。面向对象的应用称为事件驱动，因为每个事件、事务或消息触发相应的操作。程序员最初可用伪代码表示程序步骤，或使用 CASE 工具和代码生成器直接从对象模型创建面向对象的代码。

11.5.3 面向对象的内聚性和耦合性

内聚性和耦合性也适用于面向对象的应用开发。类应尽可能松散耦合（独立于其他类）。此外，对象的方法也应松散耦合（独立于其他方法）且高度内聚（执行密切相关的操作）。通过遵循这些原则，更容易理解和编辑类及对象。忽略内聚性和耦合性的 O-O 程序员最终可能创建一个难以维护的代码网络。当代码分散在各个地方时，编辑将变得复杂和昂贵。

11.6 敏捷应用开发

如第 1 章所述，敏捷开发是一种截然不同的系统开发方法。它共享了传统开发方法的许多步骤，但使用了高度迭代的过程。开发团队与被称为**客户**（customer）的主要用户保持持续沟通，塑造并形成系统以满足客户需求。“敏捷开发”这一命名很生动、恰当，因为它基于一个能够轻松适应变化的快速灵活的开发过程。

敏捷开发专注于小团队、密集沟通和快速开发迭代。敏捷软件开发的四个核心价值如图表 11－18 所示。

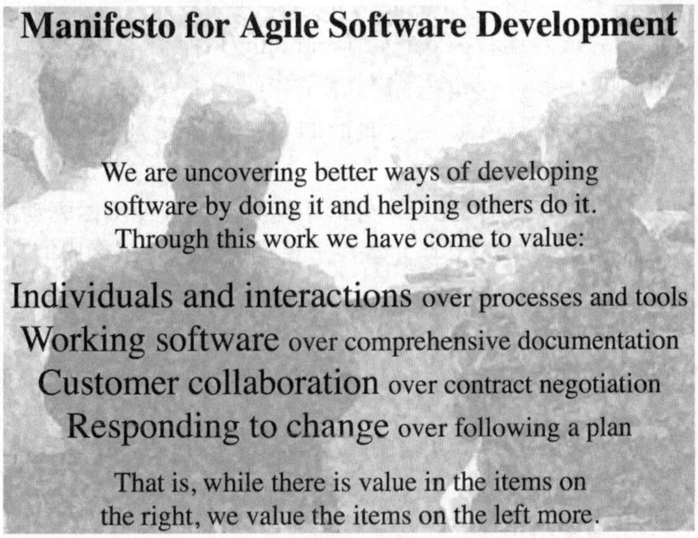

图表 11－18　敏捷软件开发宣言

资料来源：Agile Software Development。

程序员可以使用 Python、Ruby 和 Perl 等流行的敏捷友好语言。然而，敏捷方法不需要特定的编程语言，程序员也可以使用 Java、C＋＋、C＃等面向对象的语言。

11.6.1　极限编程（XP）

极限编程（XP）是一种敏捷开发方法。这是一种迭代方法，如图表 11－19 所示，用户和开发人员团队

The Values of Extreme Programming

Extreme Programming (XP) is based on values. The rules we just examined are the natural extension and consequence of maximizing our values. XP isn't really a set of rules but rather a way to work in harmony with your personal and corporate values. Start with XP's values listed here then add your own by reflecting them in the changes you make to the rules.

Simplicity: We will do what is needed and asked for, but no more. This will maximize the value created for the investment made to date. We will take small simple steps to our goal and mitigate failures as they happen. We will create something we are proud of and maintain it long term for reasonable costs.

Communication: Everyone is part of the team and we communicate face to face daily. We will work together on everything from requirements to code. We will create the best solution to our problem that we can together.

Feedback: We will take every iteration commitment seriously by delivering working software. We demonstrate our software early and often then listen carefully and make any changes needed. We will talk about the project and adapt our process to it, not the other way around.

Respect: Everyone gives and feels the respect they deserve as a valued team member. Everyone contributes value even if it's simply enthusiasm. Developers respect the expertise of the customers and vice versa. Management respects our right to accept responsibility and receive authority over our own work.

Courage: We will tell the truth about progress and estimates. We don't document excuses for failure because we plan to succeed. We don't fear anything because no one ever works alone. We will adapt to changes when ever they happen.

图表 11－19　极限编程（XP）的五个核心价值观

资料来源：© 2009，Don Wells。

沉浸在系统开发中。极限编程（XP）支持者强调简单性、沟通、反馈、尊重和勇气等价值观。成功需要对流程、企业支持和专业团队成员的坚定承诺。

极限编程（XP）使用被称为**结对编程**（pair programming）的概念。在结对编程中，通常两个程序员在同一台计算机上处理相同的任务，一个人编写程序代码，而另一个人辅助检查。旁观者在策略上检查代码以掌控全局，而程序编写者只关心自己面前的单个任务。两个人在整个过程中不断讨论他们的想法。

XP的另一个重要概念是在编写代码之前就设计好的单元测试。这种**测试驱动的开发**（test-driven development，TDD）从一开始就关注最终结果，并防止程序员偏离目标。由于多周期过程的数量和强度很高，敏捷测试非常依赖于自动测试方法。

11.6.2 用户需求

假设客户已请求销售跟踪系统。像所有其他开发方法一样，敏捷过程的第一步是定义系统需求。客户开始与程序员会面并提供用户需求。**用户需求**（user story）是一个简短的需求定义，程序员审查用户需求以确定项目需求、优先级和范围。以下是用户需求的三个示例：

- 作为销售经理，我想识别销售快速和缓慢的商品，以便更有效地管理库存。
- 作为商店经理，我需要足够长的提前期来补充我的库存，使得畅销商品不会缺货。
- 作为销售代表，我想提供快速销售商品的最佳选择并清除卖不掉的旧库存。

用户需求不涉及技术细节，且通常简短到能够写在索引卡上。每个用户需求由客户给予优先级，因此可以对需求进行排名。此外，程序员为每个用户需求分配一个分数，代表实现这一需求的预计难度，该信息有助于团队制订计划并分配资源。项目通常由许多用户需求组成，它们一起形成用户需求的“长篇叙事”，程序员可从中预测项目范围、时间需求和难度。除了用户需求，随着项目的进展，与客户频繁地会面能提供更多的细节。

11.6.3 迭代和发布

团队还必须制订**发布计划**（release plan），指定用户需求实施和发布的时间。发布相对频繁，每个系统版本都像一个原型，可以根据需求进行测试和修改。

用户需求在一系列迭代周期中实施。一个**迭代周期**（iteration cycle）包括基于用户需求的规划、设计、程序编码并测试一个或多个功能。在每个迭代周期（通常为两周）开始的时候，团队召开**迭代计划会议**（iteration planning meeting），将用户需求分解为分配给团队成员的具体任务。随着新的用户需求或功能的添加，团队会进一步审查并修改发布计划。

和所有开发过程一样，成功取决于用户的认可。编程团队经常与客户会面，客户在原型版本可用时进行试用。此过程通常会产生额外的用户需求，这些更改将在下一个迭代周期中实施。由于项目的代码在每次迭代中有所改变，因此将过时代码删除并将剩余代码重构可以保持系统更新。迭代循环会持续进行，直到所有用户需求都已实现、测试且被用户接受。

11.6.4 敏捷开发的未来

敏捷方法在软件项目中非常受欢迎。它的支持者认为它可以加快软件开发速度，在客户需要时精确实现客户需求，同时促进团队合作并授权给员工。然而，这种自适应而不是预测的方法也有缺点。

敏捷开发的批评者认为：因为敏捷开发专注于快速迭代和快速发布，其缺乏纪律性并产生可能存在质量问题的系统。此外，由于其复杂性并缺乏对定义明确的最终产品的关注，敏捷方法通常不适用于大型项目。

在实施敏捷开发之前，应仔细审查提议的系统以及开发方法。正如经验丰富的 IT 专业人士指出的，不存在适用于所有情况的解决方案。有关敏捷方法的更多信息，请参阅第 1 章中对系统开发方法以及第 4 章中对 Scrum 等敏捷方法的讨论。

11.7 程序编码

程序编码（coding）是指将程序逻辑转换为计算机系统可执行的具体指令的过程。从具体设计开始，程序员使用编程语言将程序逻辑转换为代码语句。单个程序员可能创建一个小程序，而较大的程序通常被分成多个人或多个组可同时工作的模块。

11.7.1 编程环境

每个 IT 部门都有自己喜欢的编程环境和标准。Visual Basic、Java 和 Python 是常用的编程语言，许多商业软件包都使用专有的命令集。随着互联网和移动应用不断发展，HTML/XML、Java、Swift 和其他以网络为中心的语言将被广泛使用。

为了简化系统组件的集成并减少代码开发时间，许多程序员使用**集成开发环境**（integrated development environment，IDE）。IDE 可以通过提供内置工具和高级功能（如实时错误检测、语法提示、高亮代码、类浏览器和版本控制）更轻松地对交互式软件产品进行编程。如第 7 章所述，IBM WebSphere 和 Microsoft. NET 是流行的 IDE。除了这些商业软件包，程序员还可以使用 Eclipse 等开源 IDE。系统分析师工具包的 B 部分中有对 IDE 更详细的讨论。

11.7.2 生成代码

前面章节解释过，系统分析师使用应用生成器、报告书写器、屏幕生成器、第四代语言和其他直接从程序设计规范生成代码的 CASE 工具。一些商业应用可直接从宏、击键或鼠标动作生成可编辑的程序代码。例如，IBM 的 Rational 工具集可以基于 UML 设计文档生成代码片段。

11.8 系统测试

完成程序编码后，程序员必须测试每个程序确保其能正常工作，之后按组对程序进行测试，最后开发团队对整个系统进行测试。

第一步是使用CASE工具或语言编译器对程序进行编译，这一过程检测**语法错误**（syntax errors），即编程语言的语法错误。程序员需纠正错误，直到程序能正确执行。

接下来，程序员对程序进行桌上检查。**桌上检查**（desk checking）是检查程序代码以发现将产生不正确结果的**逻辑错误**（logic errors）的过程。该过程可由编写程序的人或其他程序员执行。许多组织需要更正式的桌上检查，称为**结构化走查**（structured walkthrough）或**代码审查**（code review）。

通常，代码审查小组由3～5名IT员工组成。该小组通常由项目组成员组成，也可能包含没有在项目中工作的其他程序员和分析师。目标是让同行小组识别错误、应用质量标准并验证程序是否满足系统设计规范的要求。当代码仍处于开发阶段时，在结构化走查期间发现的错误更容易被修正。

除了分析逻辑和程序代码，项目团队通常还与用户进行被称为**设计走查**（design walkthrough）的会话，即选取将使用新系统的有代表性的人员对界面进行审查，确保系统包含所有必要的功能，这是对早期在系统开发阶段开始的建模和原型开发工作的延续。

应用开发的下一步是启动单元测试、集成测试和系统测试，如图表11-20所示。

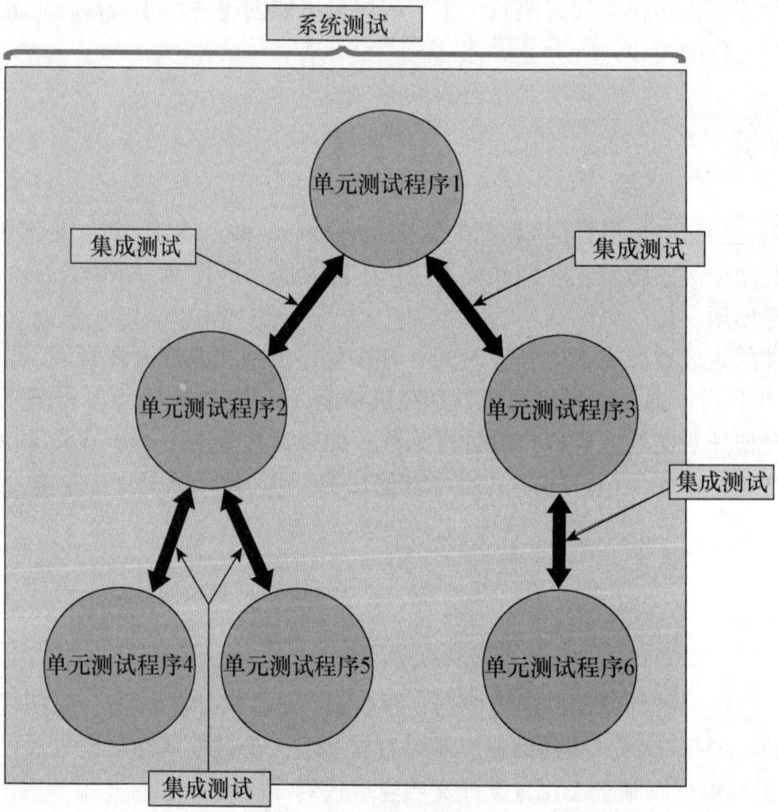

图表11-20　测试的第一步是单元测试，接着是集成测试，然后是系统测试

11.8.1　单元测试

单个程序或模块的测试称为**单元测试**（unit testing），目的是识别并消除可能导致程序异常终止的执行错误，以及在桌上检查中可能遗漏的逻辑错误。

案例 11.1　Your Move 公司

你为 Your Move 公司的 IT 经理 April Olivia 工作，Your Move 公司是一家大型游戏零售商。该公司正处于开发新库存管理系统的最后阶段，April 希望你进行测试。

“确保在测试数据中放入大量的错误数据，”她说，“用户必然会犯错误，我们需要设计内置的保护措施，能够防止错误并自动修复，或者提醒用户注意该问题。”

April 的话的确很有道理，但你之前从没有这样做过，你想知道如何继续。应该尝试列举每一种可能的数据错误吗？如何判断是否可能发生的每种情况都已经考虑在内？仔细思考这个问题，制定有效的方法并在备忘录中简短地写出你的计划。

测试数据（test data）应包含正确的数据和错误的数据，并测试可能发生的所有情况。例如，对于有数值范围的字段，测试数据应包含最小值、最大值、可接受范围之外的值，以及字母、数字、字符。在测试期间，程序员可以使用软件工具来确定程序错误的位置并分析潜在原因。

在单元测试期间，程序员必须在程序集成到系统前单独测试该程序与其他程序和文件的交互情况，这需要一种被称为桩测试的技术。在**桩测试**（stub testing）中，程序员模拟每个程序的结果，并显示指示程序是否成功执行的信息。每一个桩代表将连接到另一个程序或数据文件的进入点或退出点。

为了进行独立分析，通常由不参与编写程序的程序员创建测试数据并检查结果。系统分析师经常在系统设计阶段创建测试数据，将其作为整体测试计划的一部分。**测试计划**（test plan）包括详细的过程，其指定执行的方式和时间、测试的参与者以及要使用的测试数据。综合测试计划应包括程序可能遇到的每种情景。

无论由谁来创建测试计划，项目经理或指定的分析师都会审核最终的测试结果。一些组织还要求用户批准最终的单元测试结果。

11.8.2　集成测试

对两个或多个相互依赖的程序进行的测试称为**集成测试**（integration testing）。例如，一个信息系统具有检查并验证客户信用状态的程序，以及更新客户主文件中数据的单独程序，验证程序的输出成为主文件更新程序的输入。独立测试这两个程序无法保证它们之间传递的数据是正确的。只有对这组程序执行集成测试，才能够确保程序间工作的正确性。图表 11－20 显示了几组程序的集成测试。注意，一个程序可以在两个或多个组内。

系统分析师通常开发在集成测试中使用的数据。与所有其他形式的测试一样，集成测试的数据必须考虑正常和异常情况。例如，集成测试可能包括在两个程序间传递典型记录和空白记录来模拟异常事件或操作问题。应使用模拟实际情况的测试数据，因为程序的交互也将会被测试。除非所有单元测试都正确执行过，否则不应进行集成测试。

11.8.3　系统测试

完成集成测试后，进行包含整个信息系统的**系统测试**（system testing），如图表 11－20 所示。系统测试包括所有可能的处理情况，旨在向用户、开发人员和管理人员保证程序符合所有规范且包含全部必要的功能。

在系统测试期间，用户输入实际数据样本、执行查询并生成报告来模拟实际操作条件。所有的处理选项和输出均由用户和 IT 项目开发团队验证，以确保系统正常运行。商业软件包虽然通常不进行单元测试和集成测试，但须经过与内部开发系统类似的系统测试。无论系统开发的具体方式如何，系统测试都有以下主要目标：

- 对所有程序执行最终测试；
- 验证系统是否正确处理所有输入数据，无论数据是有效的还是无效的；
- 确保IT员工具有正确操作系统所需的文档和说明，且具有充足的系统备份和重新启动能力（创建此类文档的详细信息将在本章后面讨论）；
- 演示用户可以与系统成功交互；
- 验证所有系统组件已正确集成且实际处理正确执行；
- 确认信息系统能够及时有效地处理预测的数据量。

成功完成系统测试是得到用户和管理层批准的关键，这就是系统测试有时也被称为**验收测试**（acceptance tests）的原因。然而，最终的验收测试在系统安装期间使用实际用户数据进行评估，这将在本章后面进行描述。

需要多少测试取决于具体情况，这需要其他IT员工、用户和管理层的良好判断和投入。遗憾的是，IT项目经理经常被迫快速完成测试并将系统交付给用户。过早或匆忙地完成测试的常见原因是用户需要、系统开发预算紧张以及高层管理人员提前完成项目的需求。这些压力阻碍测试过程且通常对最终产品的质量具有不利影响。

测试可以是一种提供高质量产品的有成本效益的手段。在测试期间发现的每个错误都消除了潜在的费用和运营问题。然而，没有系统是100%无误的。通常，直到系统真正开始运行时错误才会显现。影响数据完整性或准确性的错误必须立即纠正。用户界面中的打印错误等次要错误可在之后更正。

一些用户想要一个完全完成的系统，而另一些用户将系统运行后进行的小更改视为项目维护。归根结底，如果发现问题，则必须决定是否推迟系统安装。如果存在冲突的观点，管理层应在对不同选项进行充分讨论后决定是否安装系统。

案例 11.2 WebTest 公司

作为新的系统分析师，你认为与测试基于局域网的传统系统相比，测试基于网络的系统可能涉及不同的工具和技术。由于一直想运营自己的IT公司，你决定启动一家名为WebTest的创业公司，该公司将专门提供测试基于互联网的系统的性能、完整性、效率和安全性的咨询服务。

你的想法是确认并购买目前可用的各种网站测试工具，然后将这些工具作为网站测试顾问。你所在的地区没有提供此类咨询服务的公司，所以你有很高的期望。

现在，你需要上网研究了解更多关于网络测试的可用软件信息。查看系统分析师工具包的D部分互联网资源工具并使用搜索引擎，建立一个至少包含四个你可能要使用的产品的列表，对于每个产品，简要描述其使用目的、特性和优点、成本以及适用范围。

11.9 编制文档

文档（documentation）描述信息系统，并为与系统交互的用户、管理层和IT员工提供帮助。准确的文档可以减少系统停机时间、降低成本并加快维护进度。图表11-21显示了Rigi研究环境的一个示例，它可以自动进行文档编制，并通过详细的源代码分析帮助软件开发人员生成准确、全面的参考资料。

文档对于成功进行系统运营和维护至关重要。除了支持系统用户，准确的文档对于必须修改系统、添加新功能或执行维护的 IT 员工也至关重要。文档包括程序文档、系统文档、操作文档和用户文档。

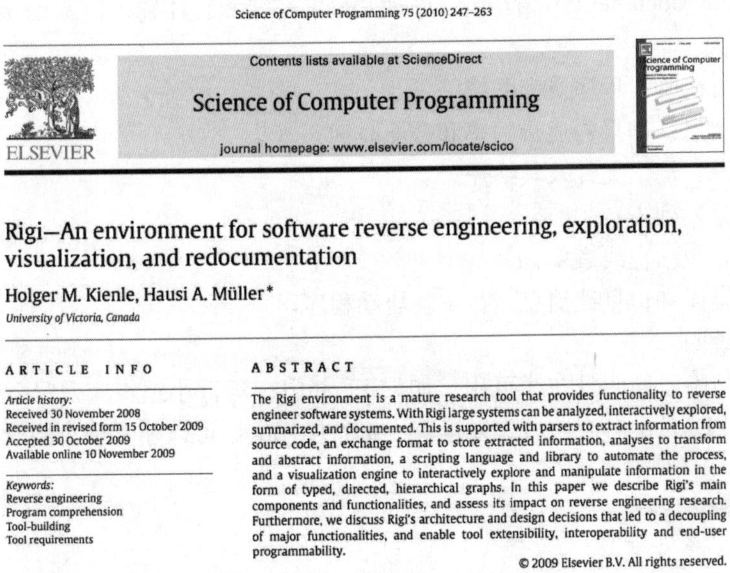
Science of Computer Programming 75 (2010) 247–263

Contents lists available at ScienceDirect

Science of Computer Programming

journal homepage: www.elsevier.com/locate/scico

ELSEVIER

Rigi—An environment for software reverse engineering, exploration, visualization, and redocumentation

Holger M. Kienle, Hausi A. Müller*

University of Victoria, Canada

ARTICLE INFO

Article history:
Received 30 November 2008
Received in revised form 15 October 2009
Accepted 30 October 2009
Available online 10 November 2009

Keywords:
Reverse engineering
Program comprehension
Tool-building
Tool requirements

ABSTRACT

The Rigi environment is a mature research tool that provides functionality to reverse engineer software systems. With Rigi large systems can be analyzed, interactively explored, summarized, and documented. This is supported with parsers to extract information from source code, an exchange format to store extracted information, analyses to transform and abstract information, a scripting language and library to automate the process, and a visualization engine to interactively explore and manipulate information in the form of typed, directed, hierarchical graphs. In this paper we describe Rigi's main components and functionalities, and assess its impact on reverse engineering research. Furthermore, we discuss Rigi's architecture and design decisions that led to a decoupling of major functionalities, and enable tool extensibility, interoperability and end-user programmability.

© 2009 Elsevier B.V. All rights reserved.

图表 11－21　Rigi 是一个使用逆向工程技术的研究环境，提供软件重记录功能以支持程序理解

资料来源：© 2009，Elsevier。

11.9.1　程序文档

程序文档（program documentation）描述所有程序模块的输入、输出和处理逻辑。程序文档的编制从系统分析阶段开始并在系统实施期间持续进行。系统分析师在 SDLC 早期编制过程描述和报告布局等整体文档，这些文档指导程序员，使其构建由内外部评论和描述支持的程序模块。系统分析师通常会验证程序文档是否完整和准确。

系统开发人员还使用**缺陷跟踪软件**（defect tracking software）[有时也称为**错误跟踪软件**（bug tracking software)] 来记录并跟踪程序缺陷、代码更改以及称为**补丁**（patch）的代码替换。

11.9.2　系统文档

系统文档（system documentation）描述系统功能及其实现方式。系统文档包括数据字典条目、数据流图、对象模型、界面布局、源文档和启动项目的系统请求。系统文档是支持并维护系统的程序员和分析师必需的参考资料。

大多数系统文档在系统分析和系统设计阶段编制。在系统实施阶段，分析师必须审查先前的文档，以验证其是否完整、准确且最新，包括在实施过程中所做的所有更改。例如，如果屏幕或报告已被修改，则分析师必须及时更新文档以防止疏漏。

11.9.3　操作文档

如果信息系统环境包括主机或集中式服务器，则分析师必须为支持集中式操作的 IT 小组编制文档。主机安装可能需要调度批处理作业并分发打印报告。在这类环境中，当用户遇到系统问题时，IT 操作人员将充当第一联络人。

操作文档（operations documentation）包含处理并分发在线和打印输出所需的全部信息。典型的操作文档应包括以下信息：

- 确定程序、系统分析师、程序员和系统；
- 打印输出的计划信息，如报告运行频率和截止时间；
- 输入文件及其来源，输出文件及其终点；
- 电子邮件和报告分发列表；
- 需要的特殊表单，包括在线表单；
- 向操作员发送的错误和信息性消息，并重新启动程序；
- 安全要求等特殊说明。

操作文档应尽可能清晰、简明且在线可用。如果IT部门有运营小组，应及早并经常对这些文档进行审查以识别问题。通过在SDLC的各个阶段告知运营小组，操作文档可以随着项目同时开发。

11.9.4 用户文档

用户文档（user documentation）包含对与系统交互的用户的说明和信息，包括用户手册、帮助栏和在线教程。程序员或系统分析师通常创建程序文档和系统文档，而为了编制有效清晰的用户文档并因此获得项目成功，需要用户文档开发领域的专业技能人员，就像需要有娴熟开发软件技能的人才一样。开发文档所需的技能通常与开发系统不同，在在线文档领域尤其如此，其需要与打印文档以及内联网和互联网信息协调。技术写作需要专业技能，有能力的技术撰稿人是IT团队的宝贵成员。

正如无法在几天内构建系统，文档也不能等到项目结束后再添加。尽管这对传统的用户文档来说十分常见，但关键问题是现在通常使用在线帮助和上下文相关帮助。上下文相关帮助是程序的一部分，也必须经过测试。

系统分析师通常负责编制文档以帮助用户学习系统。在大型企业，拥有技术撰稿人的技术支持团队可能会帮助编制用户文档和培训材料。无论交付方式如何，用户文档都必须清晰易懂且可供各级用户轻松访问。

用户文档包括以下内容：

- 清晰描述主要系统特性、功能和局限的系统概述；
- 对源文档内容、编制、处理的描述和示例；
- 菜单和数据输入屏幕选项、内容和处理指令概述；
- 根据用户要求定期生成或提供的报告示例，包括样本；
- 安全和审计追踪信息；
- 对具体输入、输出或处理要求的责任说明；
- 请求更改并报告问题的过程；
- 异常和错误情况的示例；
- 常见问题（FAQs）；
- 如何获取帮助以及更新用户手册的步骤说明。

11.9.5 在线文档

大多数用户现在更喜欢**在线文档**（online documentation），当他们有问题或遇到问题时，这些在线文档可以及时为他们提供帮助。许多用户习惯于上下文相关的帮助栏、提示、超文本、屏幕演示以及常用软件包中常见的其他用户友好功能，他们期望内部开发软件也提供同样的支持。

如果系统包括在线文档，则需要将其确定为系统需求之一。如果由开发系统的分析师以外的人员创建文档，则该人员或团队需要尽早参与以熟悉软件，并开始创建所需文档和支持材料。此外，系统开发人员必须确定文档是从程序中获取，还是以教程、幻灯片演示、参考手册或网站等形式出现的单独实体，如有必要，应在程序中创建链接，使用户访问相应文档。

有效的在线文档是一种重要的生产工具，因为它可以向用户授权并减少 IT 员工花费在提供电话、电子邮件或面对面帮助的时间。互动教程受到在实践中学习的用户欢迎，并且视觉冲击非常重要。使用 YouTube 作为教程视频的载体已经变得司空见惯。例如，DocuSign 是一家提供电子文档签名服务的公司。它有一个 YouTube 频道，如图表 11－22 所示，记录了客户如何从使用 DocuSign 产品中获益的一些成功案例。

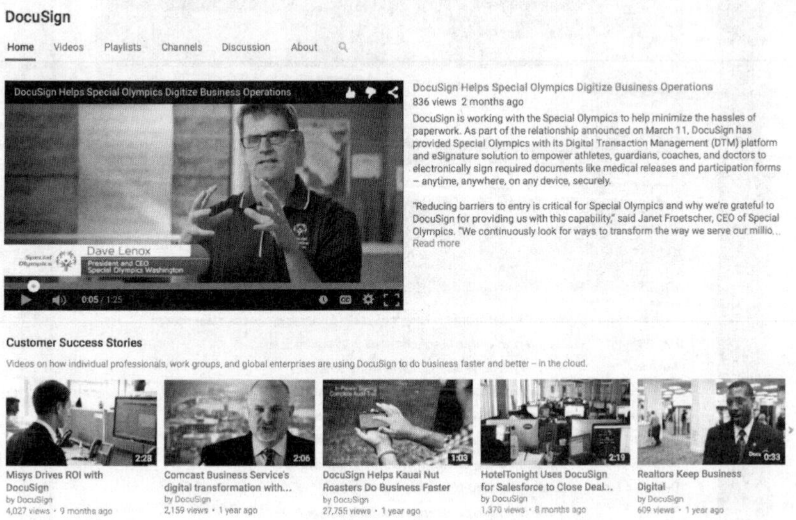

图表 11－22　DocuSign 提供电子文档签名服务。来自 YouTube 频道的这一示例说明了特奥会（Special Olympics）如何使用 DocuSign 的产品从数字化商业运营中获益

资料来源：YouTube。

除了基于程序的帮助，互联网还提供了全新的全面、及时的支持。许多程序包含链接到外部网站、内部网站和基于互联网技术的支持。例如，图表 11－23 所示的思科系统（Cisco Systems）公司网站提供了广泛的支持服务和社交媒体链接，允许思科用户协作并共享他们的知识。

图表 11－23　思科支持社区邀请用户使用社交媒体来分享宝贵的经验和文档

资料来源：Cisco Support Community。

尽管在线文档至关重要，但书面文档材料也很有价值，尤其在用户培训和参考方面。用户手册的示例页如图表 11-24 所示，通常由系统分析师或技术撰稿人编制手册，但许多企业会邀请用户审查材料并参与开发过程。

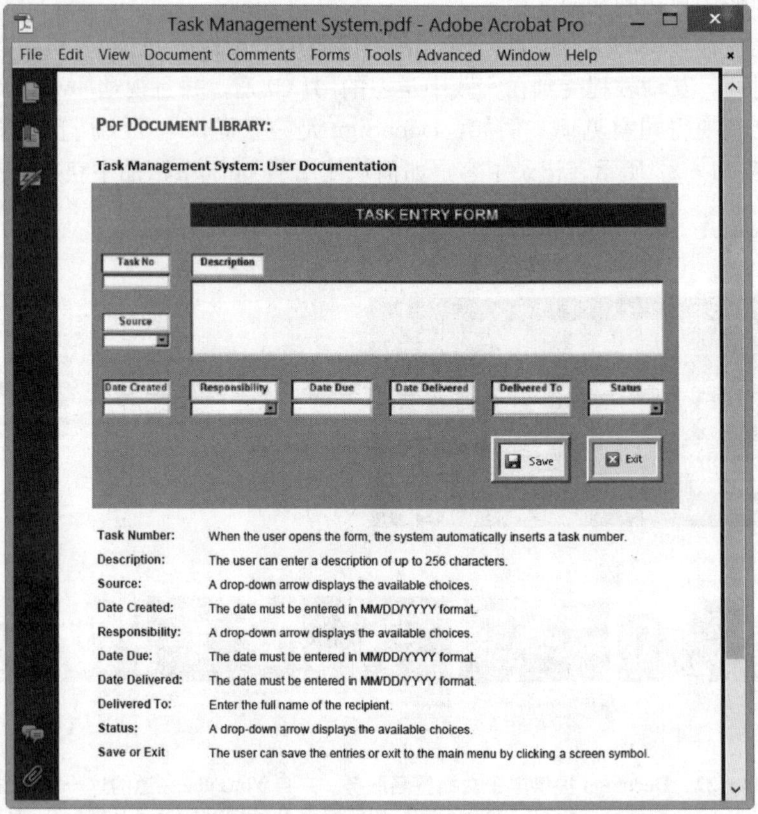

图表 11-24 用户手册中的示例页。指南说明如何向系统添加新任务

无论系统需要何种形式的用户文档，其都可能需要很多时间来开发。完成软件程序编码和将包含文档的完整软件包发布给用户之间的时间完全取决于文档能否被很好地提前规划。如果项目实施包括提供用户文档，那么这一问题从一开始就需要解决。确定用户有何种文档需求并确定由谁来完成文档编制工作对于及时发布项目至关重要。

在程序全部完成前一直忽略用户文档问题往往会导致以下两种情况之一产生：(1) 为了让其尽快发布，用户文档会在短时间内快速编制拼凑完成，但该用户文档很可能是不充分的；(2) 用户文档能被正确编制，但产品发布将大大延迟。

用户培训通常在安装系统时进行。培训课程是分发用户手册并解释未来更新用户手册步骤的理想机会。用户、管理人员和 IT 员工的培训将在本章后面介绍。

11.10 管理层批准

系统测试完成后，结果将呈现给管理层。应描述测试结果、更新全部必需文档的状态并总结参与系统测试的用户输入。还应提供详细的时间进度、费用估计和使系统完全运营的人员需求。如果系统测试没有出现技术、经济或运营问题，那么管理层可确定系统安装和评估的时间安排。

11.11 系统安装和评估

不论应用是内部开发的还是作为商业软件包购买的，以下内容描述了每个信息系统项目执行的系统安装和评估任务。

在 SDLC 的这一阶段，早期的设计活动产生了整体架构和处理策略。应在开发的每个阶段都已经咨询过用户，程序也应已按单元、分组以及一个完整的系统进行开发和测试，已编制好包括 IT 员工和用户支持材料在内的必要文档并检查其准确性。剩下的是在系统实施中执行以下步骤：

- 准备独立的操作和测试环境；
- 为用户、管理人员和 IT 员工提供培训；
- 执行数据转换和系统切换；
- 对系统进行实施后评估；
- 向管理层提交最终报告。

11.12 操作和测试环境

回想一下，环境或平台是硬件和软件的特定组合。系统实际运营的环境称为**操作环境**（operational environment）或**生产环境**（production environment）。分析师和程序员用于开发和维护程序的环境称为**测试环境**（test environment）。独立的测试环境对于维护系统安全性和完整性并保护操作环境十分必要。通常，测试环境驻留在位于 IT 部门的受限访问工作站或服务器上。

对操作环境的访问应仅限于用户且必须严格控制。除了纠正系统问题或进行授权的修改或增强，系统分析师和程序员不应访问操作环境。否则，IT 部门成员没有理由访问日常操作系统。

信息系统的测试环境包括所有程序、过程和测试数据文件的副本。在对操作系统进行任何更改之前，分析师必须在测试环境中验证它们并获得用户认可。图表 11 - 25 显示了测试环境和操作环境之间的差异。

有效的测试过程对保证产品质量至关重要。每个经验丰富的系统分析师都会讲述一个由于没有正确测试而产生程序更改的故事。在这些故事中，程序更改总是导致程序出现意外和不必要的变化。在做出任何修改之后，都应重复系统开发时进行的验收测试。通过限制对操作区域的访问并在独立的环境中执行所有测试，能够保护系统并避免出现可能损坏数据或中断运营的问题。

操作环境包括硬件与软件配置和设置、系统工具、通信资源以及可能影响系统性能的任何其他组件。由于网络功能在客户端/服务器环境中至关重要，因此在安装任何应用之前必须先验证其连接性、规格和性能。应该仔细检查测试环境中的全部通信功能，并在应用加载到操作环境后再次对通信功能进行检查。文档应标明所有网络规范和设置，包括通信硬件和软件的技术和操作要求。如果必须构建或升级网络资源以支持新系

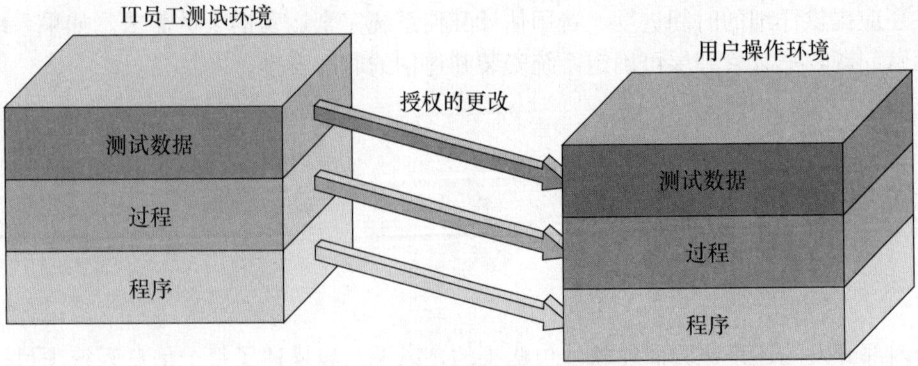

图表 11－25　测试环境与操作环境。注意测试环境仅限于 IT 员工，而操作环境仅限于用户

统，则必须在系统安装开始之前对平台进行严格测试。

11.13　培训

无论是在软件、硬件还是在制造方面，没有适当的培训系统都无法成功。成功的信息系统需要对用户、管理层和 IT 员工进行培训。整个系统开发工作成功与否可能取决于人们是否理解系统并知道如何有效地使用系统。

11.13.1　培训计划

应在系统开发的早期就考虑**培训计划**（training plan）。创建文档时，需要考虑如何在未来的培训课程中使用这些材料。当系统实施时，必须在正确的时间为正确的人提供正确的培训。第一步是确定谁应该接受培训和需要哪些培训，应仔细检查组织以确定系统将如何支持业务运营，以及谁将参与或受影响。图表 11－26 显示了用户、管理层和 IT 员工的具体培训主题，每个组都需要一般背景和详细信息来了解并使用系统。

如图表 11－26 所示，培训的三个主要群体是用户、管理层和 IT 员工。管理层不需要理解每个子菜单或功能，但是需要一个系统概述以确保用户接受正确的培训且恰当地使用系统。同样，用户需要知道如何执行日常工作职能，但不需要了解企业如何在用户部门之间分配系统运营费用。IT 员工可能需要最多的信息，为了支持新系统，他们必须清楚了解系统的功能、系统如何支持业务需求以及用户操作系统和执行任务所需的技能。

在确定目标后，企业必须确定如何提供培训。主要的选择是由供应商、外部培训企业或使用 IT 员工和其他内部资源进行培训。

11.13.2　供应商培训

如果系统包括购买的软件或硬件，那么由供应商提供的培训应包含在发送给潜在供应商的 RFP（提案请求）和 RFQ（报价请求）内。

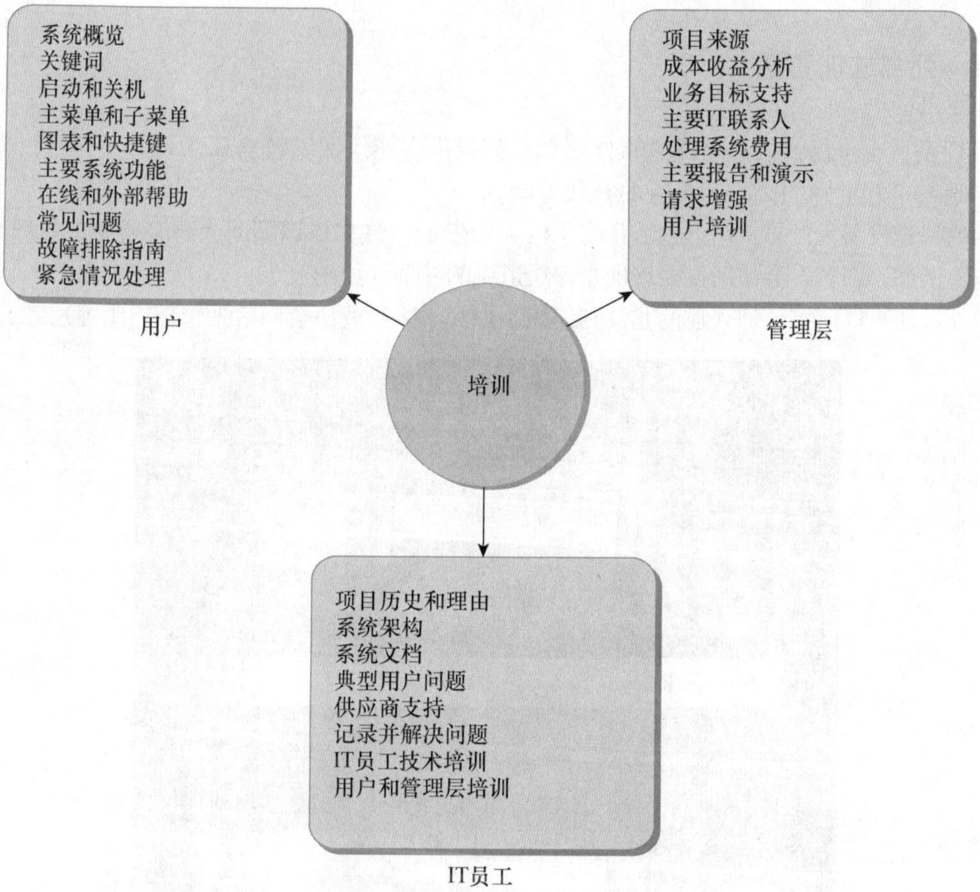

图表 11－26　三个不同群体的培训主题示例。用户、管理层和 IT 员工有不同的培训需求

许多硬件和软件供应商为其销售的产品提供免费或小额成本的培训课程。在一些情况下，企业可能根据其与供应商的关系以及未来购买潜力来商讨培训价格。培训通常由经验丰富的培训师在供应商网站上进行，他们能够提供宝贵的实践经验。如果有大量人员需要培训，可以到企业所在地开办课程。

供应商培训通常为培训资金提供最佳的回报，因为它专注于供应商开发的产品。然而，供应商培训的范围通常仅限于供应商软件或硬件的标准版本。供应商的培训可能需要通过内部培训来进一步补充，特别是当 IT 员工对供应商包进行定制时。

11.13.3　网络研讨、播客和教程

许多供应商提供网络培训的选项，包括网络研讨、播客和教程。**网络研讨**（webinar）是“网络”和“研讨”两个词的组合，是提供互动体验的互联网培训课程。大多数网络研讨是与预注册用户和在线演示者或讲师等人员预先安排好的活动。当用户想要或需要训练支持时，预录制的网络研讨内容也可作为单向传输的网络广播传送。

播客是指网络广播，允许用户将多媒体文件下载到 PC 或便携设备。取决于用户偏好，播客可预先制定、按需提供或自动更新。播客的优点是订购者可以随时随地访问录制的资料。

教程（tutorial）是展示材料并提供用户对话的一系列在线互动课程。软件供应商或者企业的 IT 团队都可以开发教程，第三方也可为常用软件包开发教程，并在线单独销售。

11.13.4 外部培训资源

独立的培训企业也可提供内部硬件或软件培训。如果供应商培训不符合需求，且项目组没有内部资源可提供培训，聘请外部培训顾问是一个可行的替代方案。

信息技术的快速发展为计算机培训领域带来了巨大的发展。许多培训顾问、研究所和企业都有标准化或定制化的培训包。例如，许多人会使用在线培训众多渠道中的一种（如图表 11 - 27 所示的 Udemy）来满足他们的培训需求。另外，还可以向有培训兴趣的非营利组织（如大学、行业协会和信息管理组织等）寻求培训帮助。

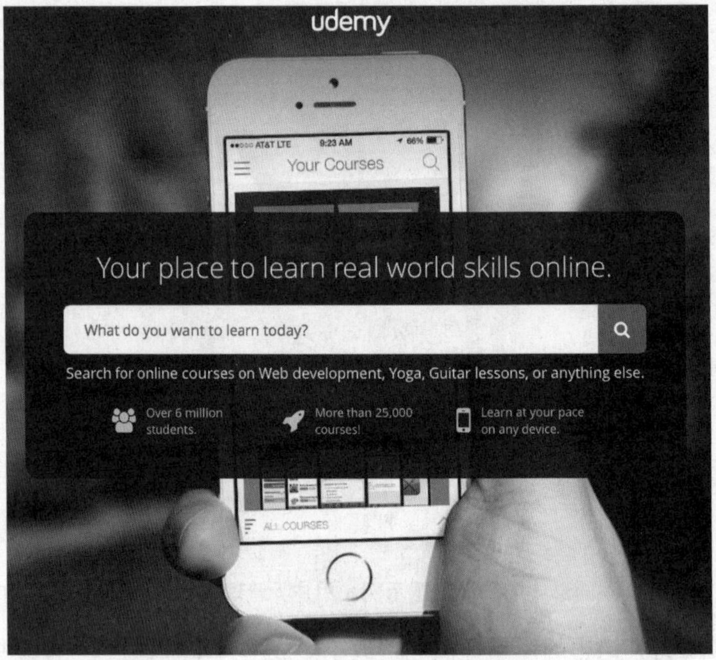

图表 11 - 27 Udemy 是众多在线培训渠道之一

资料来源：Udemy. com。

11.13.5 培训技巧

IT 员工和用户部门经常共同负责开发并执行内部开发软件的培训计划。如果组织有服务台，它们的员工可能也可以处理用户培训。

多媒体是一种有效的培训工具。Microsoft PowerPoint 或 Apple Keynote 等演示软件可用于设计结合幻灯片、动画和声音等多种形式的培训课程。如图表 11 - 28 所示，Camtasia 和 Panopto 等捕获实际按键和鼠标动作的程序可用于重播画面，向用户演示。如果有媒体或平面艺术团队，他们可以帮忙准备培训辅助工具，如视频、图表和其他教学材料。

在制订培训计划时，应牢记以下准则：

- 以组为单位开展培训，为不同群体单独制订培训计划。团体培训能最有效地利用时间和培训设施。此外，如果团队很小，学员可以从他人的提问和遇到的问题中学习。培训计划必须适应不同领域参与者的工作兴趣和技能。例如，IT 员工和用户需要的信息会非常不同。当一些参与者有技术背景而其他人没有时，往往会出现问题，一个培训计划无法满足每个人的需求。

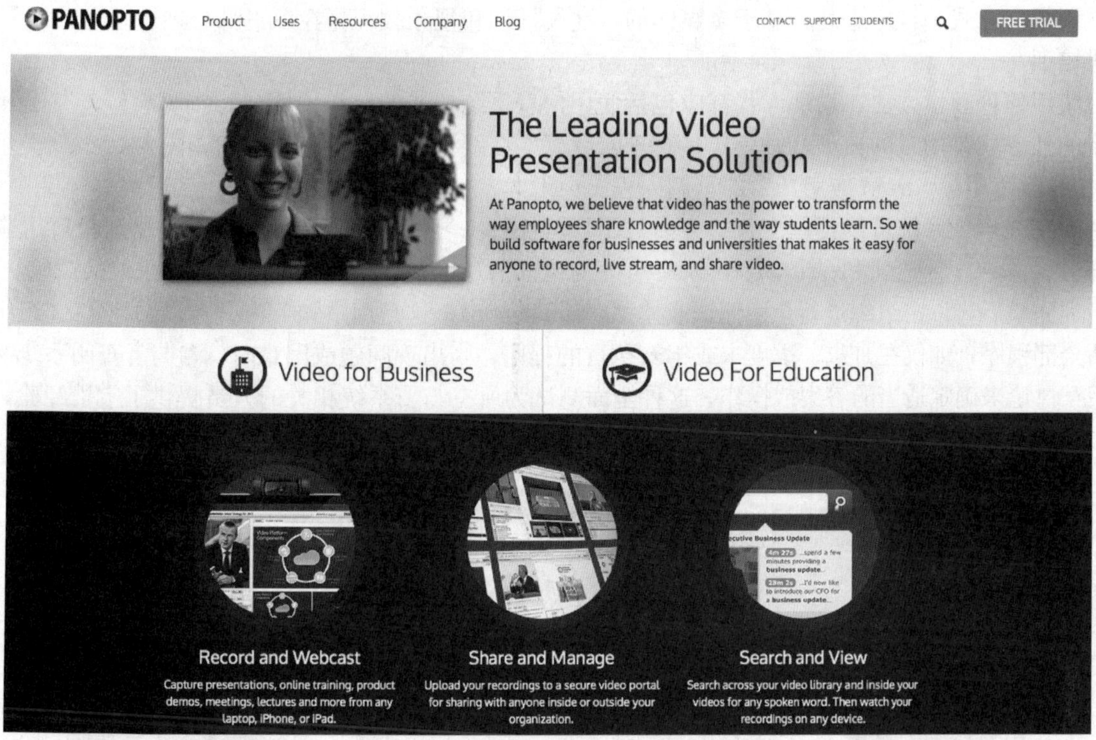

图表 11－28　Panopto 是一个屏幕截图和视频演示程序，可用于准备网络广播和在线学习材料

资料来源：Panopto. com。

- 选择最有效的地点进行培训。在企业培训员工有几个优势：员工不产生交通费用，他们可以对当下亟须关注的紧急情况予以回应，并且培训可以在系统实际运营环境中进行。然而，也可能会有一些缺点，如因电话和其他职责而分心的员工无法充分享受培训带来的益处。此外，使用企业计算机设备进行培训可能会使正常运营中断，且限制实际培训的人数。
- 使人们通过听、看和做等方式进行学习。有些人从讲座、讨论和问答环节中学知识学得最好，而另一些人从观看演示或阅读文档和其他材料中学得最多，大多数人从动手实践中学知识学得最好。应提供支持每种学习类型的培训。
- 依靠以前的受训者。一组用户接受培训之后，他们可以帮助他人。用户通常从共享相同经验和工作职责的同事处学得更快。使用**企业培训师**（train-the-trainer），可以选择知识渊博的用户，让他们为其他用户提供培训。当采用企业培训师策略时，初始培训不仅要包括应用或系统的使用，还应包括有关如何有效呈现材料的指导。

11. 13. 6　交互式培训

通常，培训方法和成本之间是相关的。在最先进的模拟器中培训航空公司飞行员与帮助企业用户学习新的库存系统存在很大不同。显然，培训预算是商业决策，IT 员工有时必须使用可获取的资源而不是希望拥有的资源。大多数人喜欢实践型培训，但企业也可使用培训手册、印刷材料和在线资料等成本较低的其他工具。如果用户知道如何查找并使用文档，即使是图表 11－24 所示的用户文档也是十分有价值的。

如果正在启动一个新系统且缺乏开发正式培训材料的资源，也可以设计一系列对话框，当用户选择不同菜单主题时回复帮助信息和建议。如第 8 章所述，良好的用户界面还包括有用的错误消息和提示，但是，最有效的培训是交互式、自定进度且基于多媒体的。在线培训和视频教程将在以下部分进行讨论。

在线培训

无论使用何种教学方法，培训课程都应包括使用信息系统功能的分步说明。培训材料应该与实际屏幕类似，执行的任务应是用户的典型日常工作且越现实越好。在线视频课程特别受欢迎，图表11-29显示了lynda.com在线教程中Android应用开发的示例课程。

复杂的在线培训系统可以提供交互式会话，用户可执行练习任务并查看反馈。在线培训材料还应包括一个参考部分，总结全部选项和命令、列出所有可能的错误消息以及用户在出现问题时应采取的措施。

在培训完成后，许多组织进行全面测试或**模拟**（simulation），这是用户和IT支持人员的演练。组织应在模拟中包括全部程序，如仅在月末、季度末或年末执行的程序。当出现问题或困难时，参与者查阅系统文档、帮助栏或相互讨论来确定适当的答案或操作。这种全面测试为所有与新系统相关的人员提供了宝贵经验，并使之建立信心。

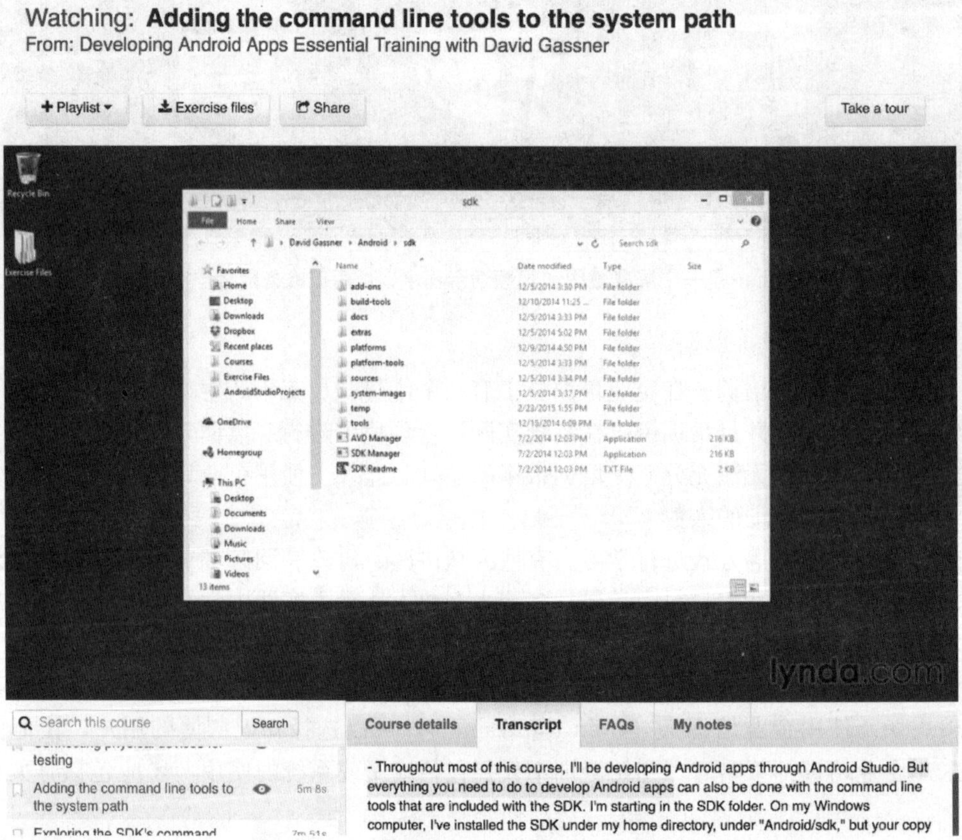

图表11-29 lynda.com在线教程中Android应用开发的示例课程

资料来源：lynda.com,Inc。

11.14 数据转换

数据转换是系统安装的重要部分。在**数据转换**（data conversion）期间，现有数据被加载到新系统中。

根据系统的具体情况，可在操作环境完成之前、期间或之后完成数据转换。应尽早制订数据转换计划，并在测试环境开发时测试转换过程。

11.14.1 数据转换策略

当新系统替换现有系统时，在可能情况下，数据转换过程应该是自动的。旧系统可能以新系统可接受的格式或 ASCII 或 ODBC 等标准格式导出数据。ODBC（开放数据库连接）是一种行业标准协议，允许来自不同供应商的 DBMS 交互并交换数据。大多数数据库供应商提供中间件形式的 ODBC 驱动程序。如第 10 章所述，中间件连接不同应用并使其能够进行通信。

如果标准格式不可用，则必须开发用于提取数据并将其转换为可接受格式的程序。使用新系统替换手动系统时，数据转换更加困难，除非数据可以扫描，否则必须手动输入所有数据。即使数据转换是自动的，新系统也经常需要手动输入额外的数据项。

11.14.2 数据转换安全和控制

当数据极其脆弱时，在转换过程中应保持严格的输入控制。系统控制措施应该适当且可操作，防止数据遭受未经授权的访问和错误输入。

即使进行仔细的数据转换和输入控制，也会出现一些错误。例如，旧系统可能会接受重复的客户记录或不一致的零件号，但这些错误会使新系统崩溃。大多数组织要求用户在转换期间验证所有数据、纠正全部错误并提供每个丢失的数据项，虽然该过程可能耗时且昂贵，但向新系统加载准确无误的数据十分重要。

11.15 系统切换

系统切换（system changeover）是将新信息系统上线并将旧系统下线的过程。切换速度可快可慢，这取决于具体的方法。四种切换方法分别是直接切换、并行运营、试点运营和分阶段运营。直接切换类似于设置一个开关，使系统瞬间从旧系统切换到新系统。并行运营要求两个系统在指定的时间段内同时运行，这是最慢的方法。其他方法，如试点运营和分阶段运营，介于直接切换和并行运营之间。图表 11－30 阐明了四种系统切换方法。

11.15.1 直接切换

直接切换（direct cutover）方法在新系统可运行时立即将旧系统切换到新系统。直接切换通常是成本最低的切换方法，因为 IT 小组只需在同一时间内运营并维护一个系统。

然而，直接切换比其他切换方法具有更大的风险。无论测试和培训进行得多么彻底和仔细，系统投入运营时都可能会出现一些困难。问题可能来自未测试或未预料到的数据情况，或用户和操作者引发的错误。系统也可能因为实时数据量通常比测试数据大得多而出现问题。

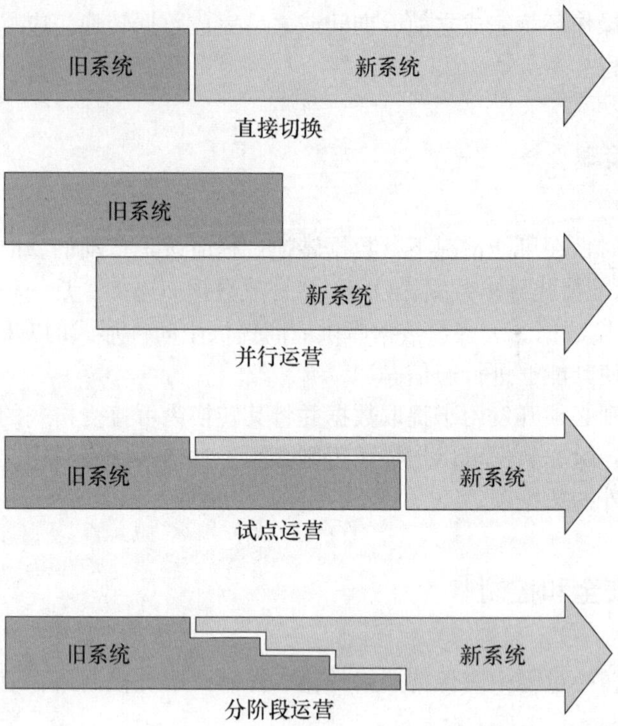

图表 11-30　四种系统切换方法

虽然初始实施问题是四种切换方法都关注的问题，但使用直接切换方法时，这些问题最为显著。使用直接切换方法时检测微小错误也更困难，因为用户无法将当前输出与旧系统的输出进行比较来验证它们。重大错误可能导致系统进程异常终止，同时，使用直接切换方法时，无法使系统还原到旧系统。

企业通常选择直接切换方法来实现商业软件包的实施，因为它们认为商业软件包涉及整个系统故障的风险较小。商业软件当然不是无风险的，但是软件供应商通常维护广泛的知识库，并可为大多数问题提供可靠、及时的修复。

对于内部开发的系统，大多数组织仅在非关键情况下使用直接切换方法。但是，如果操作环境无法同时支持旧系统和新系统，或者旧系统和新系统不兼容，直接切换方法可能是唯一的选择。

使用直接切换策略时，切换的时机非常重要。大多数系统以周、月、季度和年为周期运行。例如，工资单系统每周生成一次输出，但一些员工的薪酬每月支付两次，因此系统还须每半个月运行一次。月度、季度和年度报告也要求系统在每月、每季度和每年度结束时生成输出。当在任一周期内实施周期性信息系统时，完成整个周期的处理需要同时来自旧系统和新系统的信息，为了将来自两个不同系统的信息需求最小化，周期性信息系统通常在季度、日历年或会计年度开始时使用直接切换方法进行转换。

11.15.2　并行运营

并行运营（parallel operation）切换方法要求旧信息系统和新信息系统在特定期间内完全运行。数据被输入两个系统，且将新系统产生的输出与旧系统的等价输出进行比较。当用户、管理层和 IT 小组对新系统正常运行满意时，即可终止旧系统。

并行运营最明显的优势是降低风险。如果新系统无法正常工作，企业可使用旧系统作为备份，直到做出恰当的更改。与直接切换方法相比，在并行运营下验证新系统能否正常工作更容易，因为在并行运营期间将对两个系统的输出进行比较和验证。

然而，并行运营也有一些缺点。首先，它是最昂贵的切换方法。由于旧系统和新系统都处于完全运行状态，因此在并行期间内企业需为两个系统支付费用。用户必须在两个系统中工作，企业可能需要临时员工来处理额外的工作量。此外，运行这两个系统可能对操作环境造成负担，并导致处理延迟。

如果旧系统和新系统在技术上不兼容，或者操作环境无法支持两个系统，采用并行运营则是不实际的。当两个系统执行不同的功能，或新系统涉及新的业务运营方法时，并行运营也不合适。

11.15.3 试点运营

试点运营（pilot operation）切换方法包括在企业选定的地点实施完整的新系统。例如，只在一个分公司内实施新的销售报告系统，或者只在一个部门内安装新的工资单系统。在这些示例中，首先使用新系统的组织称为**试点**（pilot site）。在试点运营期间，旧系统继续为包括试点在内的整个组织运营。当系统在试点转换成功之后，即可在组织的其他地方进行切换，此时通常使用直接切换方法。因此，试点运营是并行运营和直接切换方法的组合。

与直接切换方法相比，将实施限制在试点内降低了系统故障的风险。仅在试点内运行两个系统比在整个企业内的并行运营方法更便宜。此外，如果之后采用并行运营来完成系统切换，而在试点内又证明系统成功切换，整个转换周期则可大幅缩短。

11.15.4 分阶段运营

分阶段运营（phased operation）切换方法允许新系统分阶段或分模块实施。例如，新的制造系统不是一次性实施的，而是首先安装材料管理子系统，然后安装生产控制子系统，最后安装作业成本子系统，等等。每个子系统可以通过使用任何其他三种切换方法来实现。

分析师有时会混淆分阶段运营和试点运营方法。这两种方法都将直接切换和并行运营结合，以降低风险和成本。但是，分阶段运营仅将系统的一部分对所有用户开放，而试点运营将整个系统向部分用户开放。

分阶段运营的一个优点是发生错误或故障的风险仅限于实施的模块内。例如，如果新的生产控制子系统无法正常运营，故障可能不会影响新的采购子系统或现有的车间控制子系统。

分阶段运营比并行运营便宜，因为分析师每次只针对系统的一部分工作。然而，如果无法轻易将系统分离成逻辑模块或片段，分阶段运营也难以实现。此外，如果系统包括大量的单独阶段，分阶段运营的成本可能比试点方法更高。

如图表 11－31 所示，每种切换方法都具有相应的风险和成本。系统分析师必须权衡每种方法的优点和缺点，并在给定情况下给出最佳选择。最终的转换决策将基于 IT 员工、用户和管理层的意见，且选择必须能够反映业务性质以及可接受的风险程度。

案例 11.3 Global Cooling 公司

你是 Global Cooling 公司的系统分析师，Global Cooling 公司是领先的空调机组制造商。你正在领导一个开发新生产调度系统的团队，该项目现在处于应用开发阶段。你已完成单元测试，正处于集成测试的最后阶段。你的主管 Ella Pham 希望提前实施新应用并询问你能否将系统测试从两周缩短到三天，并使用直接转换方法而不是原先计划的并行转换方法完成系统的转换。写一个简短的备忘录表达你的意见。

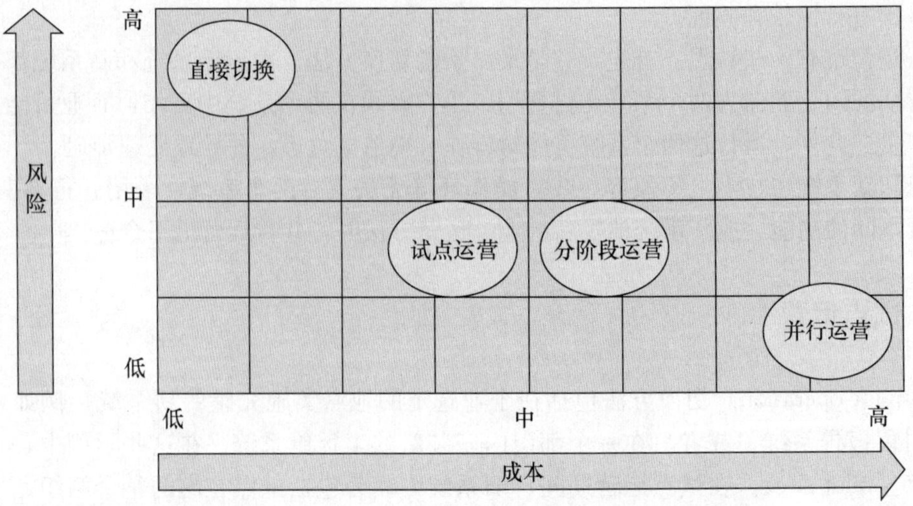

图表 11-31　四种系统切换方法的相对风险和成本特征

11.16　实施后任务

一旦新系统投入运营，必须执行两个额外的任务：(1) 准备实施后评估；(2) 向管理层提交最终报告。

11.16.1　实施后评估

实施后评估（post-implementation evaluation）评估信息系统的总体质量。评估验证新系统是否满足特定需求、符合用户目标并产生预期效益。此外，通过向开发团队提供反馈，评估还有助于改进未来项目的 IT 开发实践。

实施后评估应该检查开发工作和最终产品——最终的信息系统的所有方面。典型的评估包括以下方面的反馈：

- 信息系统产出的准确性、完整性和及时性；
- 用户满意度；
- 系统可靠性和可维护性；
- 系统控制和安全措施的充分性；
- 硬件效率和平台性能；
- 数据库实施的有效性；
- IT 团队的表现；
- 文件完整性和质量；
- 培训质量和有效性；
- 成本效益估算和开发进度的准确性。

在系统分析阶段用于确定系统需求的实情调查技术同样可以在实施后评估中使用。在评估系统时，应完成以下内容：

- 对管理层和核心用户进行访谈；
- 观察实际使用新信息系统的用户和计算机操作人员；
- 阅读所有文档和培训材料；
- 检查所有源文档、输出报告和屏幕显示；
- 使用调查问卷来收集大量用户的信息和意见；
- 分析维护和帮助台日志。

图表 11－32 显示了新信息系统用户评估表示例的第一页，用户可使用数字度量评估 18 个单独的系统特性，因此可以很容易地将结果制成表。在该部分后，该表格提供了提开放式意见和建议的空间。

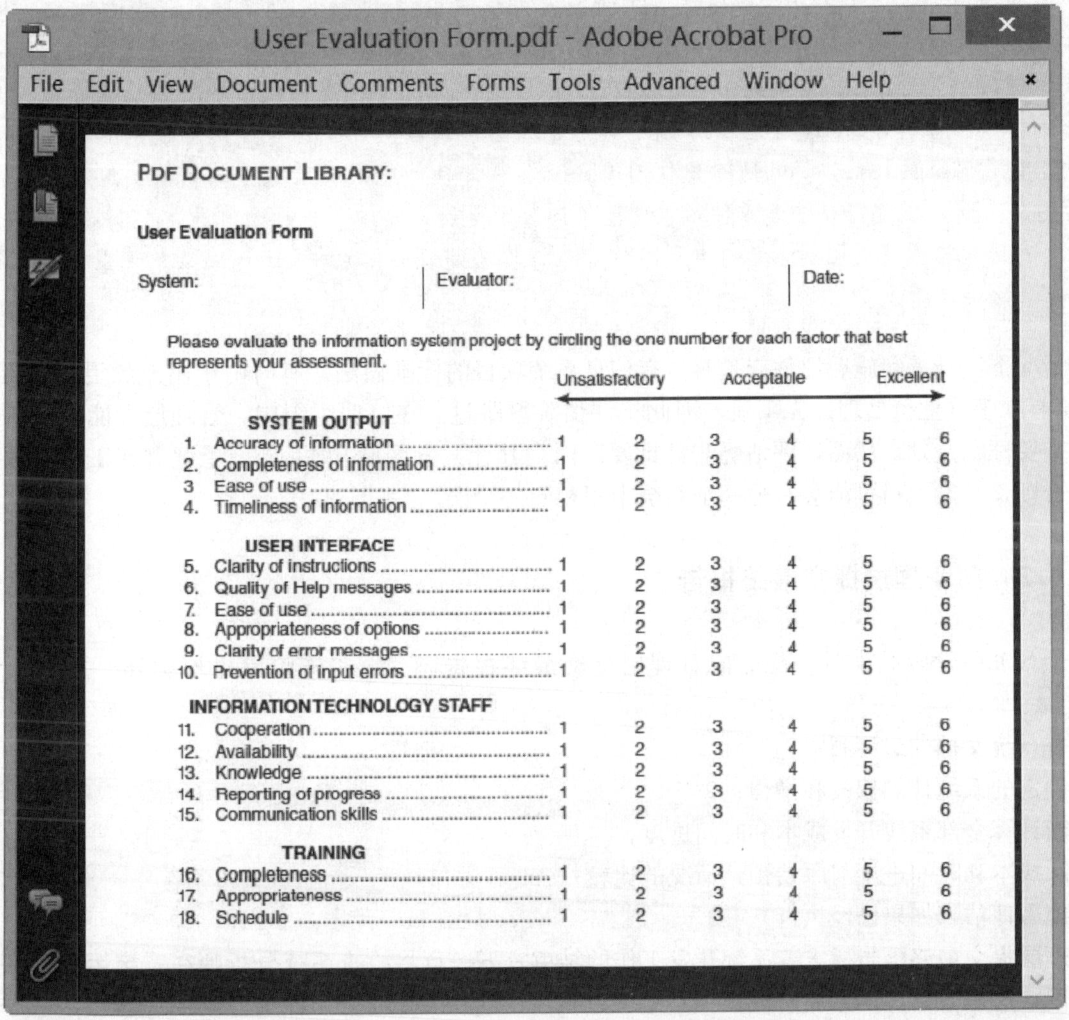

PDF DOCUMENT LIBRARY:

User Evaluation Form

System: | Evaluator: | Date:

Please evaluate the information system project by circling the one number for each factor that best represents your assessment.

	Unsatisfactory		Acceptable			Excellent
SYSTEM OUTPUT						
1. Accuracy of information	1	2	3	4	5	6
2. Completeness of information	1	2	3	4	5	6
3 Ease of use	1	2	3	4	5	6
4. Timeliness of information	1	2	3	4	5	6
USER INTERFACE						
5. Clarity of instructions	1	2	3	4	5	6
6. Quality of Help messages	1	2	3	4	5	6
7. Ease of use	1	2	3	4	5	6
8. Appropriateness of options	1	2	3	4	5	6
9. Clarity of error messages	1	2	3	4	5	6
10. Prevention of input errors	1	2	3	4	5	6
INFORMATIONTECHNOLOGY STAFF						
11. Cooperation	1	2	3	4	5	6
12. Availability	1	2	3	4	5	6
13. Knowledge	1	2	3	4	5	6
14. Reporting of progress	1	2	3	4	5	6
15. Communication skills	1	2	3	4	5	6
TRAINING						
16. Completeness	1	2	3	4	5	6
17. Appropriateness	1	2	3	4	5	6
18. Schedule	1	2	3	4	5	6

图表 11－32　用户评估表示例。数字度量方法方便将结果制成表。在该部分后，表格提供了提开放式意见和建议的空间

只要有可能，不直接参与系统开发的人员都应进行实施后评估。尽管一些企业使用内部审计组或独立审计师来确保评估的准确性和完整性，但 IT 员工和用户通常需要参加评估。

何时对新系统执行实施后评估并不总是很明确。一方面，如果在评估之前留有过长的时间，用户可能忘记开发工作的细节。例如，在几个月或一年后，用户可能不记得他们是通过培训、用户文档还是自己对系统的试验来学习操作步骤。

用户也可能忘记他们对 IT 团队成员的印象。实施后评估的一个重要目的是提高 IT 部门履行职能的质量，包括与用户的互动、培训和编制文档。因此，评估小组应在用户还能够回忆起具体事件、成功和问题时进行评估，以便用户可以提出改进建议。

另一方面，如果评估工作过早进行，由于缺乏对新系统的操作经验，用户可能无法提供充分的反馈。实施后评估主要关注评估新系统的质量。如果团队在实施后不久就进行评估，用户将没有足够的时间学习新系统并了解其优缺点。尽管许多IT专业人员建议至少在系统运营六个月后再进行评估，但是尽快完成项目的压力通常会导致评估时间更早，以便IT部门能够执行其他任务。

案例11.4　Yorktown Industries公司

Cindy Winslow喜欢她在Yorktown Industries公司担任主要系统分析师的新工作。令她感到高兴的是，她的开发团队提前并以低于预算的费用完成了新的人力资源系统。Cindy期待收到实施后评估，因为她相信系统和开发团队都会获得用户和管理人员的高度评价。

系统运行一个月后，Cindy接到了主管Ted Haines的电话。Ted告诉她，她必须处理评估事宜，即使开发工作是由她领导的。Cindy告诉Ted她不太愿意评估自己团队的工作，她解释道，应该让没有参与开发工作的人进行独立的评估。Ted回答说他对Cindy客观评估的能力有着充分的信心，他解释道，当下没有其他合适的人选，但他需要快速评估，以便能够向公司开发计划的下一阶段前进。

Cindy对这种情况感到困扰，她打电话给你，咨询你的建议。作为和Cindy认识的专业人员，你会告诉她什么？为什么？

理想情况下，开展实施后评估应是对所有信息系统项目的标准做法。有时由于用户渴望使用新系统，或者IT员工有很多其他待处理优先事项，因此将评估阶段跳过。在一些组织中，管理层可能没有认识到实施后评估的重要性和益处。然而，评估仍非常重要，因为其让开发团队和IT部门了解哪些工作有效及哪些工作无效。否则，开发人员可能会在另一个系统中犯相同的错误。

11.16.2　向管理层提交最终报告

在每个SDLC阶段结束时，都需向管理层提交最终报告，系统实施阶段也不例外。报告应包括以下内容：

- 所有系统文档的最终版本；
- 已确定的系统计划修改和增强；
- 重新计算全部系统开发成本和时间进度；
- 实际成本和时间进度与原始预计情况的比较；
- 实施后评估（如果已经执行）。

向管理层提交最终报告标志着系统开发工作的结束。下一章将检查系统分析师在系统运营、安全和支持方面的作用，这是SDLC的最后阶段。

伦理问题

你的朋友Jill正在对新的会计系统进行测试，她对最近的结果非常不满意。“似乎每次我们修复一个问题，另一个问题就会出现！经过十天的测试和调整，我们实现了90%以上的目标。如果我们不断追求完美，则永远不会为新系统设定实施的最后期限，用户会找上我们，更不用说高层管理人员对延期的反应。但我相信我们可以在系统运行后解决其中的一些问题。”

你会如何回应 Jill？这是否涉及伦理问题？作为员工、IT 专业人员和朋友，你的职责分别是什么？

11.17 本章小结

系统实施阶段包括新系统的应用开发、测试、安装和评估。在应用开发过程中，分析师确定整体设计策略，并与程序员一起完成设计、程序编码、测试和文档编制。质量保证在实施阶段至关重要，许多企业利用国际标准化组织（ISO）建立的软件工程概念和质量标准。

每种系统开发方法都有自己的工具集。例如，结构化开发在很大程度上依赖于数据流图（DFD）和结构图。结构图由表示程序模块、数据耦合、控制耦合、条件和循环的符号组成。面向对象的方法使用用例图、类图、序列图和状态转移图等不同 UML 图，敏捷方法倾向于使用迭代和增量模型。

系统开发人员还使用更通用的工具将系统逻辑转换为正常运行的程序模块。这些工具包括实体关系图、流程图、伪代码、决策表和决策树。

如果使用敏捷开发方法，则客户将创建描述所需功能及其优先级的用户需求。在敏捷方法中，新系统版本在多次迭代后正式发布，且每个版本都由详细的用户测试驱动。

内聚性衡量模块的范围和处理特性。执行单个功能或任务的模块具有更高的内聚性，这是系统期望的。耦合性测量模块之间的关系和相互依赖性。相对独立的模块具有松散的耦合性，这也是系统期望的。内聚性和耦合性通常用于结构化开发方法，但也适用于面向对象开发方法。

创建结构图时通常遵循四个步骤：审查 DFD 以识别过程和方法，确定控制-下属关系，标记耦合、循环和条件，分析结构图和数据字典确保其与系统文档一致。

程序员在应用开发期间执行桌上检查、代码审查和单元测试任务。系统分析师设计初始测试计划，包括用于集成测试和系统测试的测试步骤及测试数据。集成测试对于交互的程序十分必要。最后一步是完成系统测试，系统测试需要用户参与测试过程中。

除了系统文档，分析师和技术撰稿人还须编制操作文档和用户文档。操作文档向 IT 运营团队提供指令和信息。用户文档包括针对与系统交互的用户的说明和信息，包括用户手册、帮助栏和教程。

在安装过程中，为新信息系统建立了完全独立于测试环境的操作或生产环境。操作环境包含实时数据且只能由授权的用户访问。系统的所有未来更改必须在测试环境中进行验证，才能应用于操作环境。

每个与新信息系统交互的人都应接受与自身角色和技能匹配的培训。IT 部门通常负责培训。软件或硬件供应商以及专业培训机构也可提供培训。制订培训计划时，应记住以下准则：以组为单位开展培训，为不同群体单独制订培训计划；利用已经受过培训的人员帮助培训他人；使学员通过使用讨论、演示、文档、培训手册、教程、网络研讨和播客等方式进行学习。一般来说，用户通过交互式、自定进度的培训方法会学得更好。

在安装新的信息系统时，通常需要进行数据转换。当新系统取代计算机系统时，数据转换过程应尽可能自动化。旧系统可能以新系统可使用的格式导出数据，或者将数据提取并转换为可接受的格式供新系统使用。手动系统的数据转换通常需要大量人工输入数据或扫描。即使数据转换可以自动化，新系统通常也需要手动输入额外的数据项。严格的输入控制在转换过程中很重要，以保护数据完整性和质量。通常，在转换过程中，数据会被验证、更正和更新。

系统切换是将新系统投入运营的过程，存在四种切换方法：直接切换、并行运营、试点运营和分阶段运营。通过直接切换，旧系统停止且新系统同时启动。直接切换是成本最低但风险最大的切换方法。通过并行运营，用户在一段时间内同时使用旧信息系统和新信息系统。并行运营是最昂贵但风险最低的切换方法。试点运营和分阶段运营体现出直接切换和并行运营方法间的折中。这两种方法都比直接切换风险小，且比并行运营成本低。通过试点运行，组织内的特定群体在一段时间内使用新系统，而旧系统继续为其余用户服务。当系统在试点实施成功之后，即可在整个组织中全面实施。通过分阶段运营，系统在整个组织中实施，但一次只运营一个模块，直到整个系统都投入运营。

实施后评估对新系统质量和项目团队工作进行评估和报告。最好是由没有参与系统开发工作的人执行评估，但这有时是不可能的。评估应尽早进行，以便用户对开发工作有较新的印象，但也不要早于用户获得新系统的使用体验。

向管理层提交的最终报告包括最终系统文档、已确定的未来系统改进，以及项目成本的详细情况。该报告代表了开发工作的结束和新系统运营生命周期的开始。

关键词（Key Terms）

验收测试　测试涉及整个信息系统，包括所有可能的处理情况。在验收测试过程中，用户输入实际数据样本、执行查询并生成报告来模拟实际操作条件。所有的处理选项和输出均由用户和IT项目开发团队验证，以确保系统正常运行。有时也被称作系统测试。

应用开发　构建作为信息系统重要组成部分的程序和代码模块的过程。应用开发过程由传统IT部门内的应用开发团队实施，其主要由进行信息系统设计、开发和实施的系统分析师和程序员组成。

错误跟踪软件　系统开发人员使用缺陷跟踪软件（有时也称为错误跟踪软件）来记录并跟踪程序缺陷、代码更改以及被称为补丁的代码替换。

能力成熟度模型（CMM）　SEI开发的一个模型，将软件和系统开发集成到流程改进框架中。

能力成熟度模型集成（CMMI）　SEI为提高质量、减少开发时间并降低成本而开发的流程。CMMI使用从1级（相对不稳定的无效软件）到5级（精致、高效且可靠的软件）的五级成熟度级别来跟踪组织的软件开发目标和实践。

代码审查　由项目团队成员审查其他成员的工作以发现逻辑错误。一般来说，作为同行评审的一种形式，系统分析师审查其他系统分析师的工作，程序员审查其他程序员的工作。结构化走查应在整个SDLC中进行，并根据发生的阶段称为需求审查、设计审查、代码审查、测试审查等。也称为结构化走查。

程序编码　将程序逻辑转换为计算机系统可执行的具体指令的过程。

内聚性　衡量模块的范围和处理特性。执行单个功能或任务的模块具有很高的内聚性，这是我们期望的。

条件　结构图中表示控制模块根据特定条件来确定将调用哪个下属模块。

控制耦合　在结构图中，控制耦合显示一个模块发送给另一个模块的消息，该消息也称为状态标志。

控制模块　在结构图中，控制模块是指向下属模块的高级模块。

耦合性　描述模块之间的相互依赖程度，与内聚性相反。

客户　系统、服务或产品的主要用户。

数据转换　将现有数据加载到新系统中并根据需要进行转换。根据系统的不同，数据转换可在操作环境完成之前、完成期间或完成之后进行。

数据耦合　在结构图中，数据耦合显示从一个模块传递到另一个模块的数据。

缺陷跟踪软件　系统开发人员使用缺陷跟踪软件（有时也称为错误跟踪软件）来记录并跟踪程序缺陷、代码更改以及被称为补丁的代码替换。

设计走查　选取将使用新系统的有代表性的人员对界面进行审查的过程，这是系统开发早期开始的建模和原型开发工作的延续。

桌上检查　检查程序代码以发现将产生不正确结果的逻辑错误的过程。

直接切换　直接切换方法在新系统可运行时立即将旧系统切换到新系统。

文档　解释系统并帮助人们与之交互的材料，包括程序文档、系统文档、操作文档和用户文档。

流程图　用于描述程序逻辑的图，使用由箭头连接的一系列符号图形化地表示逻辑规则和交互关系。流程图可用于可视化模块程序设计。

集成开发环境（IDE）　使规划、构建并维护特定软件产品更容易的一系列集成工具，IDE 旨在使系统组件轻松集成，并花费更少的时间开发交互模块的代码。

集成测试　对两个或多个相互依赖的程序进行的测试。

ISO 9000－3：2014　由国际标准化组织（ISO）制定并更新的一套准则，为开发和维护软件提供质量保证框架。

迭代周期　敏捷开发周期，包括基于用户需求规划、设计、编码并测试一个或多个功能。

迭代计划会议　在敏捷开发中，每个迭代周期开始时召开一次会议，将用户需求分解为分配给团队成员的具体任务。

库模块　在结构图中，库模块是可重复使用的模块，可从图中的多个点调用。

逻辑错误　隐藏在潜在逻辑中的错误，可以导致错误结果的产生。

循环　在结构图中，循环表示重复一个或多个模块。

松散耦合　相对独立的模块。松散耦合的模块更易于维护和修改，因为一个模块中的逻辑不会影响其他模块。

方法　定义对象必须执行的特定任务，描述对象做什么和如何做。

面向对象开发（OOD）　将对象模型直接转换为面向对象编程语言的过程。

在线文档　在用户有问题或遇到麻烦时提供即时帮助。

操作环境　系统实际运营的环境，包括硬件和软件配置、系统工具以及通信资源。操作环境也称为生产环境。

操作文档　包含处理并分发在线和打印输出所需的全部信息。

并行运营　并行运营切换方法要求旧信息系统和新信息系统在特定期间内完全运行。数据同时输入两个系统，且将新系统产生的输出与旧系统的等价输出进行比较。

结对编程　是极限编程中的一种做法，通常两个程序员在同一台计算机上处理相同的任务，一个人编写程序代码，而另一个人辅助检查。

分割　将总体对象分解成子系统和模块。

补丁　用于修补软件中的错误或安全漏洞的替换代码。

分阶段运营　分阶段运营允许新系统分阶段或分模块实施。

试点运营　试点运营切换方法包括在企业选定的地点实施完整的新系统。

试点　在试点运营中，首先使用新系统的组织称为试点。

实施后评估　对信息系统整体质量的评估。评估验证新系统是否满足特定需求、符合用户目标并产生预期效益。此外，通过向开发团队提供反馈，评估还有助于改进未来项目的 IT 开发实践。

流程改进　用于通过新的 SEI 模型，即能力成熟度模型集成（CMMI），集成软件和系统开发的框架。

生产环境　系统实际运营的环境，包括硬件和软件配置、系统工具以及通信资源。也称作操作环境。

程序文档　程序文档的编制从系统分析阶段开始，并在系统实施期间持续进行。系统分析师在 SDLC 早期编制过程描述和报告布局等整体文档。这些文档指导程序员，使其构建由内外部评论和描述支持的程序模块。

质量保证　用于最小化错误并保证产品质量的过程或程序。较低的质量可能源于不准确的需求、设计问题、程序编码错误、文档错误以及无效的测试。质量保证（QA）团队审查并测试所有的应用和系统更改，以验证规范和软件质量标准。

发布计划　敏捷开发中指定用户需求的实施时间和发布时间的计划。发布相对频繁，每个系统版本都像一个原型，可以根据需要进行测试和修改。

模拟　对用户和 IT 支持人员的演练。组织应在模拟中包括全部程序，如仅在月末、季度末或年末执行的程序。

软件工程　强调可靠设计、有效结构、准确记录和仔细测试的软件开发过程。

状态标志　在结构化应用开发中，一个模块向另外一个模块发送的消息。

结构化走查　项目团队成员对其他成员的工作进行审查。通常来说，作为同行评审的一种形式，系统分析师对其他系统分析师的工作进行审查，程序员对其他程序员的工作进行审查。结构化走查应在整个 SDLC 中进行，根据审查发生的阶段不同，可称为需求审查、设计审查、代码审查和测试审查。

桩测试　一种测试形式，程序员模拟每个程序的结果，并显示指示程序是否成功执行的信息。每一个桩代表将连接到另一个程序或数据文件的进入点或退出点。

下属模块　在结构图中较低层级的模块。

语法错误　编程语言的语法错误。

系统切换　将新信息系统上线并将旧系统下线的过程。取决于方法不同，系统切换可快可慢。

系统文档　描述系统功能及其实现方式。分析师在系统分析和系统设计阶段准备了大部分的系统文档。系统文档包括数据字典条目、数据流图、对象模型、界面布局、源文档和启动项目的系统请求。

系统测试　一种涉及整个信息系统的测试形式，包括所有可能的处理情况。在系统测试期间，用户输入实际数据样本、执行查询并生成报告来模仿实际的操作条件。所有的处理选项和输出均由用户和 IT 项目开发团队验证，以确保系统正常运行。

测试数据　单元测试中使用的数据。测试数据应包含正确的数据和错误的数据，并测试所有可能发生的情况。

测试驱动的开发（TDD）　极限编程（XP）概念，在写代码前设计好单元测试，注重最终结果并防止程序员偏离目标。

测试环境　分析师和程序员用于开发和维护程序的环境。

测试计划　分析师设计的一个计划，包括用于集成测试和系统测试的测试步骤和测试数据。

紧密耦合　如果模块是紧密耦合的，则一个模块会连接到包含在另一个模块中的内部逻辑。

自上而下的方法　一种设计方法，也称为模块化设计，系统分析师定义系统的总体对象，然后将其分解成了系统或模块。该分解过程也称为分割。

培训计划　成功的信息系统需要对用户、管理层和 IT 员工进行培训。整个系统开发工作成功与否可能取决于人们是否理解系统并知道如何有效地使用它。培训计划是详细说明这些要求的文件。

企业培训师　培训一组用户并让其指导他人的策略。用户通常从共享相同经验和工作职责的同事处学得更快。

教程　展示材料并提供用户对话的一系列在线互动课程。

单元测试　单个程序或模块的测试。目的是识别并消除可能导致程序异常终止的执行错误，以及在桌上检查中可能遗漏的逻辑错误。

用户文档 包含对与系统交互的用户的说明和信息，包括用户手册、帮助栏和在线教程。

用户需求 在敏捷开发中，用户提供的简短的需求定义。程序员审查用户需求以确定项目需求、优先级和范围。

网络研讨 提供互动体验的互联网培训课程，是“网络”和“研讨”两个词的组合。

本章练习

问题

1. 列举并描述在系统实施期间执行的主要任务。
2. 什么是 ISO？为什么它对系统开发人员很重要？
3. 结构化方法、面向对象方法和敏捷方法间最显著的区别是什么？它们有什么共同点？
4. 以非 IT 员工可以理解的语言定义结构图，并提供创建结构图的分步说明。
5. 什么是内聚性？紧密耦合和松散耦合有什么区别？
6. 描述三种主要的测试类型及其执行顺序。
7. 什么是 Panopto？为什么要使用它？
8. 操作环境和测试环境之间有什么区别？
9. 列举并描述四种主要的系统切换方法。哪种方法成本最低？哪种方法最安全？解释你的答案。
10. 为什么实施后评估很重要？谁应该执行它？为什么？

讨论话题

1. 你的主管说，“集成测试是浪费时间。如果每个程序都进行了充分测试，则不需要集成测试。相反，我们应该尽快进行系统测试。如果模块不能正常交互，我们到时候就会进行处理。”你是否同意这个观点？解释你的答案。
2. 假设你是一个系统分析师，正在开发一个详细的测试计划。说明你将在计划中使用的测试策略。你将使用真实数据还是模拟数据？
3. 使用网络查找软件或硬件产品的培训示例。对培训、产品、提供的培训类型和培训成本（如果有的话）进行简要总结。在课上讨论你的发现。
4. 假设你设计了一个教程来培训一个人使用特定软件或硬件，如 web 浏览器。关于接受培训的人你想了解哪些具体信息？这些信息将如何影响培训材料的设计？
5. 你建议使用哪种系统切换方式进行空中交通控制系统的升级？解释你的答案。

项目

1. 在本章中，你了解到了测试的重要性。设计一个描述假想系统测试的通用测试计划。
2. 设计一个通用的实施后评估表。表格应包含可用于评估所有信息系统的问题。该表格应评估接受的培训以及与该项目相关的所有问题。
3. 创建一个一页的调查问卷，在最近的信息系统项目的实施后评估中分发给用户。至少包含 10 个问题，涵盖你想要获取的重要信息。
4. 使用本章中的材料和你自己在互联网上获取的信息准备一个演示，介绍敏捷开发方法的优缺点。
5. 使用本章中讨论的系统之一（如 Udemy 或 lynda.com）创建一个在线培训模块，介绍管理系统实施。

第五阶段

系统支持和安全

交付成果：一个得到恰当维护和支持并且安全的运行系统。

工具支持：沟通工具、CASE 工具和财务分析工具。

正如呆伯特漫画表明的，安全问题已经成为国家级的重要问题，但在大型企业中，主要安全漏洞十分普遍。更为遗憾的是，系统安全无法被一个简单的应用解决，它需要能够影响 SDLC 中几乎所有任务的严格方法。

系统支持和安全阶段是系统开发生命周期的最后阶段。在上一阶段——系统实施阶段中，提供了一个投入运行的系统。该系统现在进入支持阶段，分析师维护系统、处理安全问题、保护系统及其数据的完整性并对任何报废的迹象发出警报。

第 12 章描述了在系统的整个使用寿命中持续的系统支持和安全任务，包括维护、安全性、备份和灾难恢复、性能测量和系统报废。

第 12 章 管理系统支持和安全

第 12 章描述了在系统的整个使用寿命中持续的系统支持和安全任务。除了用户支持，本章还讨论了维护、安全性、备份和灾难恢复、性能测量和系统报废。

本章包含四个案例讨论问题，以帮助读者情境化地理解文中描述的概念。本章有两个伦理问题场景。第一个场景关于系统中已知的安全漏洞，以及应该如何处理。第二个场景关于个人信息泄露、社交媒体和言论自由。

学习目标

学完这一章，你应该能够：

- 解释系统支持和安全阶段；
- 描述用户支持活动，包括用户培训和帮助台；
- 定义四种类型的维护；
- 介绍管理系统维护和支持的各种技术；
- 描述测量、管理和规划系统性能的技术；
- 解释风险管理概念；
- 在六个层次上评估系统安全：物理安全，网络安全，应用安全，文件安全，用户安全和规程安全；
- 描述备份和灾难恢复；
- 列举表明系统已达到使用寿命尽头的各种因素；
- 评估 IT 专业人员面临的未来挑战和机遇；
- 制订职业发展和 IT 认证的战略计划。

12.1 引言

系统支持和安全阶段在系统投入运行时开始，一直持续到系统使用寿命的尽头。在整个开发过程中，目标是创建一个高效、易于使用且可负担的信息系统。在系统交付后，IT 团队专注于支持和维护任务。管理系统支持和安全涉及三个主要问题：用户期望，系统性能和安全要求。

系统分析师就像是一个提供指导、支持和培训的内部顾问。成功的系统通常需要最多的支持，因为用户想要了解特性、尝试全部功能并发现系统如何帮助他们执行任务。在大多数组织中，超过一半的IT部门人员致力于支持现有系统。

本章首先讨论用户支持，包括用户培训和帮助台。之后讨论四种维护活动：矫正性维护、适应性维护、改善性维护和预防性维护。还阐释了IT团队如何使用维护团队、配置管理以及维护版本，包括使用系统性能管理和维护工具。同时从六个安全层面分别对系统安全进行分析：物理安全、网络安全、应用安全、文件安全、用户安全和规程安全。还考虑了数据备份和恢复问题的重要性，提出识别系统报废的关键因素。最后，本章讨论了系统分析师在未来几年可能面临的一些挑战和机遇。

12.2 用户支持

企业以多种形式提供用户支持，包括用户培训与提供技术帮助和支持的帮助台。

12.2.1 用户培训

第11章描述了在引入新系统时进行的初始培训。此外，新员工必须接受企业信息系统的培训。如果现有系统发生重大更改或发布新版本，IT部门可能会开发**用户培训包**（user training package）。根据更改性质的不同，培训包可包括借助电子邮件的在线支持、专门网站、用户指南的修订版本、培训手册补充或正式培训课程。对用户进行关于系统更改的培训与初始培训类似，主要目的是向用户展示系统如何帮助他们开展工作。

12.2.2 帮助台

随着系统和数据结构变得越来越复杂，用户需要不断的支持和指导。为了使数据更易于访问并为用户授权，许多IT部门创建了帮助台。**帮助台**（help desk）也称为**服务台**（service desk），是由IT专业人员组成的集中资源，为用户提供完成工作所需的支持。帮助台有三个主要目标：(1) 向人们展示如何更有效地使用系统资源；(2) 解答技术或操作问题；(3) 通过教授他们如何满足自己的信息需求使用户更有效率。帮助台是用户需要信息或帮助时求助的第一选择。

帮助台不会取代传统的IT维护和支持活动。相反，帮助台可提高生产力及企业信息资源的利用率。

帮助台工作人员需要强大的人际沟通和技术技能以及对业务的深刻理解，因为他们与许多部门的用户交互。帮助台应仔细记录所有查询、支持任务和活动级别，这些信息可以帮助识别趋势和常见问题，并帮助建立技术支持知识库。

帮助台可通过使用**远程控制软件**（remote control software）提高生产力，允许IT人员接管用户工作站，并提供支持和故障排除。远程控制软件的常见示例包括Citrix的GoToMyPC（如图表12-1所示）、LogMeIn的LogMeIn Pro以及WebEx的PC Now等。

通常来说，图表12-2所示的帮助台工作人员可能需要执行以下任务：

- 向用户展示如何创建显示特定业务信息的数据查询或报告；
- 解决网络访问或密码问题；
- 演示系统或商业软件包的高级功能；
- 帮助用户恢复损坏的数据；

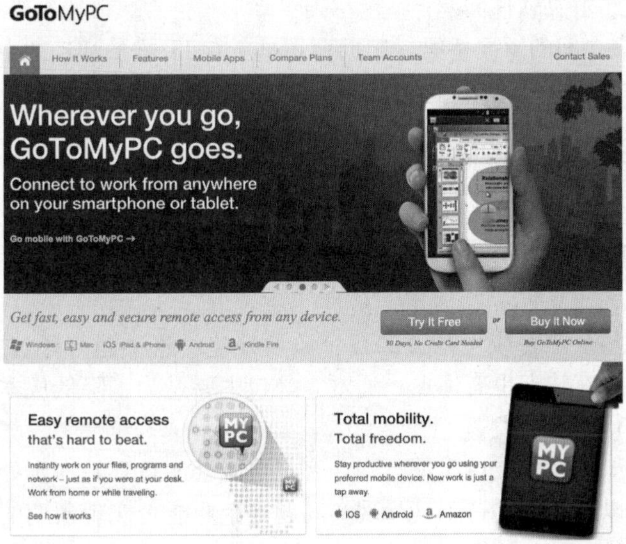

图表 12-1 远程访问软件，如此处显示的 GoToMyPC，允许用户从任何地方访问计算机，即使使用智能手机或平板电脑

资料来源：gotomypc. com。

图表 12-2 帮助台也称为服务台，为系统用户提供支持

资料来源：Mark Bowden/Getty Images。

- 提供更好的操作提示；
- 解释未记录的软件功能；
- 向用户展示如何使用网络会议；
- 解释如何访问企业内部网络或互联网；
- 帮助用户开发一个简单的数据库来跟踪在不同项目上花费的时间；
- 回答有关软件许可和升级的问题；
- 提供有关系统规格以及新硬件或软件成本的信息；
- 推荐整合来自不同位置的数据的系统解决方案来解决业务问题；
- 通过安装或重新配置扫描仪、打印机、网卡、无线设备、光驱、备份设备和多媒体系统等设备来提供硬件支持；
- 向用户展示如何在台式计算机、笔记本电脑、掌上电脑或智能手机间保持数据一致性和完整性；

- 通过远程控制实用程序解决软件问题。

除了作为 IT 员工和用户之间的重要桥梁，帮助台还是所有 IT 维护活动的中心联络点。帮助台是用户报告系统问题、请求维护或提交新系统请求的地方。像外部供应商一样，帮助台可以利用多种类型的自动化支持，包括电子邮件响应、按需传真功能、在线知识库、常见问题（FAQs）、讨论组、公告板和自动语音邮件。许多供应商现在为在线访问者提供实时聊天功能。

12.2.3 外包相关问题

如第 7 章所讨论的，许多企业将应用开发的各个方面外包，这种趋势还包括将 IT 支持和帮助台外包。与大多数商业决策一样，外包有缺点也有优点。通常，外包主要是为了降低成本，离岸呼叫中心可以减少开支、解放宝贵的人力资源进行产品开发。

然而，企业应当知道，如果技术支持质量下降，客户可能会注意到并在别处购买。关键因素可能包括电话等待时间、支持人员表现以及在线支持工具。现实问题是企业能否实现预期的成本节约而不损害其声誉和客户群。只有当企业在支持质量和一致性的管理及监控上发挥积极作用时，风险才可以得到控制。

12.3 维护任务

系统支持和安全阶段是 TCO（总体拥有成本）的重要组成部分，因为持续的维护费用可以决定系统的经济寿命。

图表 12 - 3 显示了系统使用寿命期间的典型运营成本和维护费用模式。**运营成本**（operational costs）包括物资、设备租赁和软件租赁等项目。图表 12 - 3 中底部区域表示固定运营成本，而上部区域则表示维护费用。

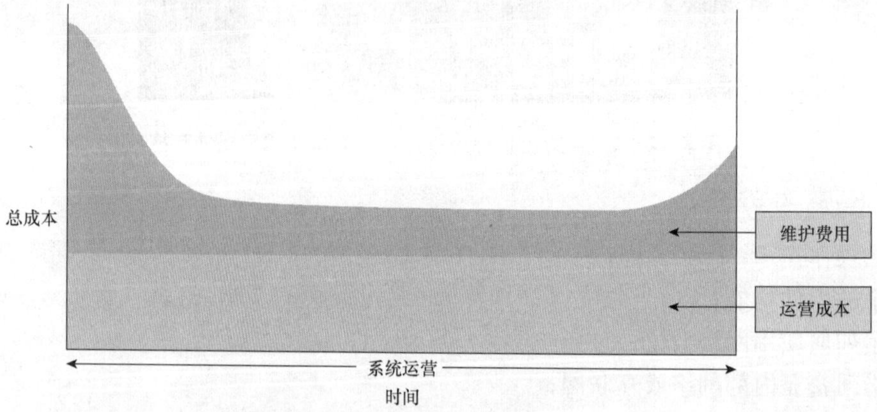

图表 12 - 3 运营信息系统的总成本包括运营成本和维护费用。运营成本相对恒定，而维护费用随时间变化

维护费用（maintenance expenses）在系统运行期间显著变化，它包括支持维护活动的支出。**维护活动**（maintenance activities）包括更改程序、过程或文档以确保系统性能正确，使系统适应不断变化的需求，使系统更有效地运行。这些需求通过矫正性维护、适应性维护、改善性维护和预防性维护得到满足。

虽然存在一些重叠，但仍可识别四种类型的维护任务，如图表 12 - 4 中的示例所示。执行**矫正性维护**

(corrective maintenance) 来修改错误，执行**适应性维护**（adaptive maintenance）来增加新功能和增强功能，执行**改善性维护**（perfective maintenance）来提高效率，执行**预防性维护**（preventive maintenance）来降低未来系统故障的可能性。一些分析师仅用“维护”这一术语来描述修正错误的矫正性维护，但应从更广泛的角度理解“维护”概念并确定不同类型的任务。

图表 12－4　矫正性维护修正错误，适应性维护提供系统增强，改善性维护提高系统效率、可靠性或可维护性，预防性维护避免未来的问题

维护费用通常在系统实施时很高，因为必须通过矫正性维护来检测、调查和解决问题。一旦系统变得稳定，成本通常保持较低且只涉及较少的适应性维护。最终，在动态的商业环境中，适应性维护活动和改善性维护活动都会增加。

在系统使用寿命即将结束时，适应性维护费用和矫正性维护费用快速增加，但是当企业明确计划更换系统时，改善性维护通常会减少。图表 12－5 展示了在系统寿命期内四种类型维护活动的典型模式。

	实施之后	运行寿命早期	运行寿命中期	运行寿命晚期
矫正性维护	高	低	低	高
适应性维护（微小增强）	无	中等	中等	中等
适应性维护（主要增强）	无	无	中等到高	中等到高
改善性维护	低	低到中等	中等	低
预防性维护	低	中等	中等	低

图表 12－5　信息系统维护取决于维护类型和系统的使用年限

12.3.1 矫正性维护

矫正性维护识别并修正运营系统中的错误。为避免引入新问题，所有维护工作都需要仔细分析才能进行更改。最好的维护方法是 SDLC 的缩小版本，即在实施任何解决方案之前进行调查、分析、设计和测试。回顾第 11 章中测试环境和操作环境之间的差异。任何可能影响系统的维护工作必须首先在测试环境中执行，然后迁移到操作系统。

IT 支持人员以不同方式对错误做出回应，这具体取决于问题的性质和严重程度。大多数组织有修正小错误的标准程序，如报告标题错误或数据元素格式不正确等。在典型的程序中，用户提交系统请求，系统管理员或系统审查委员会对其评估、排定优先级并列入日程表。如果请求被批准，维护团队将设计、测试、记录并实施解决方案。

如第 2 章所述，许多组织使用标准的在线表单提出系统请求。在较小的企业，系统请求可能是一个非正式的电子邮件。对于更严重的情况，如不正确的报告总数或不一致的数据，用户需提交带有支持证据的系统请求，这些请求具有高优先级，维护团队会立即开展关于该问题的工作。

最坏的情况是系统故障。如果发生紧急情况，维修团队将绕过初始步骤并尝试立即矫正问题。通常需要一个补丁，其是一个专门编写的软件模块，提供临时修复以恢复运营。同时，用户或 IT 部门成员准备书面系统请求并将其添加到维护日志中。当系统再次投入运营时，维护团队确定原因、分析问题并设计一个永久的解决方案。IT 响应团队更新测试数据文件、全面测试系统并准备完整文档。无论如何设置优先级，采用一种标准排序方法都是有必要的。例如，图表 12-6 展示了 IT 支持潜在影响的三级框架。

优先级	影响	时间范围
1 级	对 IT 运营、安全或业务活动产生重大影响，需要立即关注	尽快实施补丁
2 级	对 IT 运营、安全或业务活动有一定影响，需要及时关注，但可继续运营	必要时进行修补，并在下次发布之前开始实施
3 级	对当前 IT 运营、安全或业务活动影响不大或没有影响	在下一个版本中实现

图表 12-6 这一 IT 支持的三级排序框架考虑潜在影响和响应紧迫性

管理系统支持的过程将在 12.4 节中有更详细的描述，包括对维护任务和程序流程图的概述。

12.3.2 适应性维护

适应性维护增强操作系统并使系统更容易使用。**增强**（enhancement）是新的特性或功能。对适应性维护的需求通常来自业务环境变化，例如新产品或服务、新制造技术或对新网络运营的支持。

小型的适应性维护过程与常规的矫正性维护类似。用户提交系统请求，系统审查委员会评估并确定优先级，之后维护团队分析、设计、测试并实施增强。虽然两种维护方式相似，但是相较于小型矫正性维护，适应性维护需要更多的 IT 部门资源。

由于开发过程类似，大型的适应性维护项目就像一个小规模的 SDLC 项目。适应性维护可能比新系统开发更为困难，因为增强必须在现有系统的约束下工作。

12.3.3 改善性维护

改善性维护包括改变运营中的系统，使其更有效、更可靠或更容易维护。矫正性维护请求和适应性维护请求通常来自用户，而改善性维护通常由 IT 部门启动。

在系统运营期间，用户活动或数据模式的变化可能导致效率下降，且可能需要改善性维护来恢复性能。当用户关注性能时，应确定改善性维护项目能否缩短响应时间和提高系统效率。

改善性维护也可提高系统可靠性。例如，输入问题可能导致程序异常终止。通过修改数据输入过程，可突出显示错误并告知用户必须输入正确的数据。当系统更容易维护时，支持成本和风险都更低。在许多情况下，可简化复杂程序来提高可维护性。

在许多组织中，改善性维护并未足够频繁地执行。资源有限的企业经常考虑开发新的系统，适应性维护和矫正性维护比改善性维护更重要。管理者和用户不断请求新项目，所以几乎没有资源可用于改善性维护工作。实际上，改善性维护可作为其他项目的一部分。例如，如果程序中必须添加一个新的功能，改善性维护则可以包括在适应性维护项目中。

改善性维护通常在系统运行寿命中期有成本效益。在系统运营早期，通常不需要改善性维护，而在后期，改善性维护可能必要但成本较高。如果企业计划终止系统，那么改善性维护就不再重要了。

当执行改善性维护时，分析师经常使用被称为软件再造的技术。**软件再造**（software reengineering）使用分析技术来识别信息系统中的潜在质量和性能提升。在这个意义上，软件再造类似于企业业务流程再造，目标都是简化操作、降低成本并提高质量。

需要大量维护更改的程序通常需要考虑软件再造。程序更改越多，越有可能变得低效且难以维护。维护工作的详细记录可以识别具有频繁矫正性维护、适应性维护和改善性维护历史的系统。

12.3.4 预防性维护

为了避免故障发生，预防性维护需要分析可能发生故障的区域。与改善性维护相似，预防性维护通常由 IT 部门启动。预防性维护通常会提高用户满意度、减少停机时间并降低 TCO。预防性维护与其他项目共同竞争 IT 资源，有时会无法得到应有的高优先级。

不管系统类型如何，计算机系统都必须由经过培训的专业人员来支持，正如在图表 12－7 中，熟练的技术人员必须为欧洲核子研究组织（CERN）的粒子探测器提供服务。在这两种情况下，维护的质量将直接影响组织的成功。

图表 12－7　技术人员使用电动升降机到达位于 CERN 的 ATLAS 粒子探测器旁。不管系统类型如何，高质量的维护都必须由经过培训的专业人员执行。

资料来源：Anna Pantelia /CERN。

案例 12.1 Outback Outsourcing 公司

你是 Outback Outsourcing 公司的系统分析师，该公司为许多大型企业提供工资核算服务。Outback Outsourcing 将工资套装程序和内部开发软件结合，为客户提供定制化的工资解决方案。最近，用户向你提出了对新功能和基于 web 处理能力的大量需求。你的老板——IT 经理向你提出一个问题：何时停止对增强旧系统的尝试，而开发一个更适合新市场的全新版本？你会怎么回答她？

12.4 维护管理

系统维护需要有效的管理、质量保证和成本控制。为了实现这些目标，企业使用不同策略，如维护团队、维护请求、建立优先级、配置管理过程和维护版本程序。此外，企业使用版本控制和基准来跟踪系统发布并分析系统生命周期。这些概念将在以下各节中描述。

12.4.1 维护团队

维护团队（maintenance team）包括系统管理员与一个或多个系统分析师和程序员。系统管理员应具有扎实的技术能力，并具有排除故障以及配置操作系统和硬件的经验。成功的分析师需要强大的 IT 背景、坚实的分析能力、良好的沟通技能以及对业务运营的全面了解。

系统管理员

系统管理员（system administrator）管理计算机和网络系统。系统管理员必须能在高压下工作，具有良好的组织和沟通能力，并能在有限时间内理解并解决复杂的问题。在大多数组织中，系统管理员负责一个或多个系统的操作、配置和安全。系统管理员负责日常维护，并且通常被授权采取预防措施以避免服务器崩溃、网络中断、安全事故或硬件故障等紧急情况出现。

系统管理是一个重要功能。如图表 12-8 所示，大型安装系统管理协会（Large Installation System

图表 12-8 LISA 是系统管理员的 USENIX 特别兴趣小组

资料来源：USENIX。

Administration，LISA）是提供协作和支持服务的最大专业协会之一，它是系统管理员的 USENIX 特别兴趣小组。如图表 12－9 所示，LISA 成员订阅了伦理准则，包括专业精神、诚信、隐私和社会责任等主题。

The System Administrators' Code of Ethics

We as professional System Administrators do hereby commit ourselves to the highest standards of ethical and professional conduct, and agree to be guided by this code of ethics, and encourage every System Administrator to do the same.

Professionalism I will maintain professional conduct in the workplace and will not allow personal feelings or beliefs to cause me to treat people unfairly or unprofessionally.

Personal Integrity I will be honest in my professional dealings and forthcoming about my competence and the impact of my mistakes. I will seek assistance from others when required.

I will avoid conflicts of interest and biases whenever possible. When my advice is sought, if I have a conflict of interest or bias, I will declare it if appropriate, and recuse myself if necessary.

Privacy I will access private information on computer systems only when it is necessary in the course of my technical duties. I will maintain and protect the confidentiality of any information to which I may have access, regardless of the method by which I came into knowledge of it.

Laws and Policies I will educate myself and others on relevant laws, regulations, and policies regarding the performance of my duties.

Communication I will communicate with management, users, and colleagues about computer matters of mutual interest. I will strive to listen to and understand the needs of all parties.

System Integrity I will strive to ensure the necessary integrity, reliability, and availability of the systems for which I am responsible.

I will design and maintain each system in a manner to support the purpose of the system to the organization.

Education I will continue to update and enhance my technical knowledge and other work-related skills. I will share my knowledge and experience with others.

Responsibility to Computing Community I will cooperate with the larger computing community to maintain the integrity of network and computing resources.

Social Responsibility As an informed professional, I will encourage the writing and adoption of relevant policies and laws consistent with these ethical principles.

Ethical Responsibility I will strive to build and maintain a safe, healthy, and productive workplace.

I will do my best to make decisions consistent with the safety, privacy, and well-being of my community and the public, and to disclose promptly factors that might pose unexamined risks or dangers.

I will accept and offer honest criticism of technical work as appropriate and will credit properly the contributions of others.

I will lead by example, maintaining a high ethical standard and degree of professionalism in the performance of all my duties. I will support colleagues and co-workers in following this code of ethics.

usenix THE ADVANCED COMPUTING SYSTEMS ASSOCIATION　lisa THE USENIX SIG FOR SYSADMINS　LOPSA

图表 12－9　LISA 致力于为其成员制定专业行为标准

资料来源：© 2014 The USENIX Association。

系统分析师

分配给维护团队的系统分析师就像是熟练的侦探，其通过分析和综合技能来调查并快速找到问题根源。分析意味着检查整体以了解每个元素，而综合则涉及研究局部以了解整个系统。除了强大的技术能力，分析师还必须牢牢掌握业务运营和职能。分析师还需要有效的人际和沟通技巧，他们必须有创造力、精力充沛并渴望新知识。

程序员

在一个小型企业中，程序员可能需要处理各种各样的任务，但在大型企业，编程工作往往更加专业化。例如，常见职位包括负责新系统开发和维护的**应用程序员**（applications programmer），专注于操作系统软件和使用程序的**系统程序员**（systems programmer），以及专注于创建并支持大型数据库系统的**数据库程序员**（database programmer）。许多 IT 部门还使用**程序员/分析师**（programmer/analyst）的职位来指定需要结合系统分析和编程技能的位置。

组织问题

IT 经理经常将系统分析师和程序员分为两组：一组执行新系统开发，另一组处理维护事宜。一些组织使用更灵活的方法，将 IT 员工分配给各个项目。通过将开发和支持工作整合，开发系统的人员同时负责维护。由于团队熟悉项目，不需要额外的培训或花费，且成员更可能从一开始就有一种归属感。

遗憾的是，许多分析师认为维护不像开发新系统那么有趣或有创造性。此外，分析师可能认为解答疑难问题并支持他人工作具有挑战性，因为工作可能没有被充分记录和组织。

具有独立的维护和新系统小组的组织通常将人员在各个任务之间进行调度。当分析师学习不同技能时，人员能够为满足不断变化的业务需求而转变。例如，进行项目维护的系统分析师了解为何设计易于维护的系统十分重要。同样，从事新系统开发的分析师也能够更好地了解开发流程以及满足业务目标所需的设计权衡。

这种调度的一个缺点是增加了开销，因为人员从一项工作转向另一项工作会浪费时间。当系统分析师不断在维护系统和开发新系统之间转换时，他们很少有机会在任一项工作中获取高超技术。

新聘任和提升的 IT 员工通常被分配到系统维护组，因为管理者认为他们将有机会学习现有系统和文档，这是很宝贵的经验。此外，在许多适应性维护项目中使用的 mini-SDLC 是对全面系统开发生命周期的良好训练。然而，对于新入职的系统分析师来说，维护工作可能比系统开发更困难，将新人员分配给开发团队可能更有意义，团队中经验丰富的分析师可以为他们提供培训和指导。

案例 12.2　Brightside 保险公司

作为 Brightside 保险公司的 IT 经理，你将 IT 人员分成两个独立的组，一组维护项目而另一个组开发新系统项目。这样的安排在你工作过的另一家公司运行良好。然而，Brightside 之前没有特定模式的系统分配。

最初，你团队中的系统分析师对分组的方法没有意见。现在，几个最好的分析师表示，他们喜欢混合工作且不希望被分配到维护团队。在问题扩大之前，你已决定重新考虑你的组织策略。你应该回归到 Brightside 之前的做事方式吗？为什么？有其他选项吗？有哪些？

12.4.2　维护请求

通常，维护请求涉及一系列步骤，如图表 12-10 所示。在用户提交请求之后，系统管理员决定是否需要立即采取措施，以及该请求是否在规定的成本限制之下。在超出成本限额的非紧急请求中，系统审查委员会将评估请求，批准并为其分配优先级或拒绝它。系统管理员将结果告知相关用户。

当系统运行不正常或需要新功能时，用户大多提交矫正性和适应性维护请求。IT 员工常常发起改善性和预防性维护请求。为了保留完整的维护日志，所有工作必须被包含在用户通过书面或电子邮件提交的特定请求内。

初始分析

当用户提交维护请求时，系统管理员进行初始分析。如果请求合理且涉及需要立即关注的严重问题，系统管理员应立即采取行动。在合理但非关键的情况下，管理员判定能否在预先授权的成本限额内执行请求。如果可以，则分配维护任务并监控工作。

系统审查委员会

当请求超过既定成本限额或涉及主要配置更改时，系统审查委员会将批准并为其分配优先级，或者将其拒绝。

任务完成

系统管理员通常负责将维护工作分配给个人或团队。根据情况和企业政策，系统管理员可能会考虑在 IT 人员之间轮换任务或将维护任务限定给某个人或团队，如上节所述。

用户通知

发起维护请求的用户希望快速获得响应，尤其当故障直接影响其工作时。即使不能立刻采取修正措施，用户也希望获得来自系统管理员的反馈，并被告知任何可能对其造成影响的决策或措施。

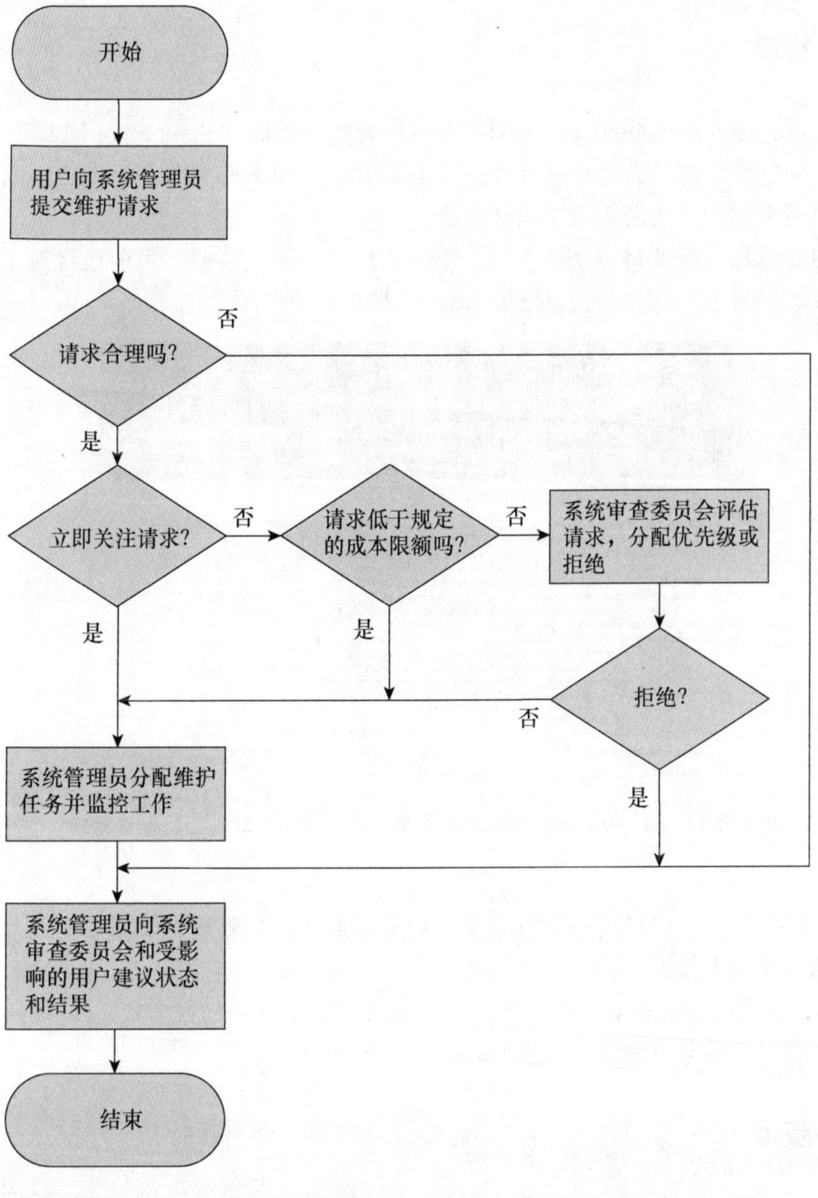

图表 12－10　虽然不同企业的程序不同，但该图显示了处理维护请求的典型过程

12.4.3　建立优先级

在许多企业中，系统审查委员会将维护请求和新开发请求分开确定优先级，而在另一些企业中，所有请求共同考虑，最重要的项目获得最高优先级，无论是维护项目还是新开发项目。

一些 IT 经理认为，一起评估所有项目会得出最佳决策，因为维护和新开发都需要相同的 IT 部门资源。在将维护和新开发分离的 IT 部门中，单独评估请求可能更好。单独评估方法的另一个优点是维护更有可能获得一定比例的 IT 部门资源。

最重要的目标是制定一个可以平衡新开发和必要维护工作的程序，为业务需求和优先事项提供最佳支持。

12.4.4 配置管理

配置管理（configuration management，CM）有时称为**变更控制**（change control，CC），是在软件开发中控制系统需求变化的过程。配置管理也是在系统开始运营后管理系统更改和系统成本的重要工具。大多数企业建立了描述如何请求和记录系统更改的具体过程。

随着企业范围内的信息系统变得越来越复杂，配置管理变得至关重要。目前已经有了一些行业标准，如图表 12－11 中用于系统和软件工程配置管理的 IEEE 的 828-2012 标准。

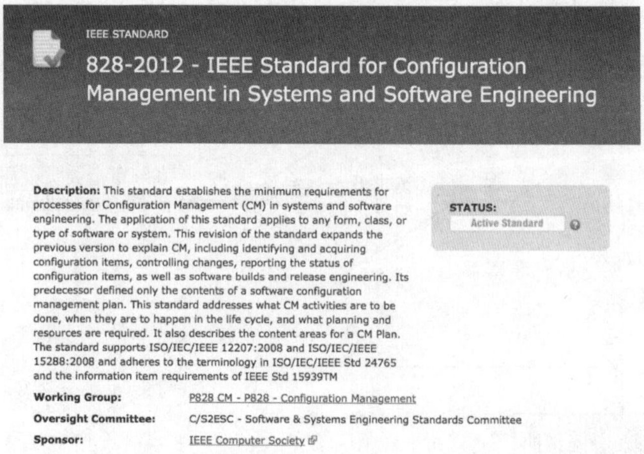

图表 12－11　IEEE 的 828-2012 标准，用于系统和软件工程配置管理

资料来源：IEEE。

如果系统有在不同硬件和软件环境中运行的多个版本，那么配置管理尤其重要。配置管理有助于组织并处理文档。运行中的系统有大量的文档，它们涵盖所安装系统全部版本的开发、修改和维护。包括初始系统请求、项目管理数据、阶段报告、数据字典以及 IT 操作和用户手册在内的大多数文档材料都存储在 IT 部门。

跟踪全部文档并确保正确分发更新是配置管理的重要方面。

12.4.5 维护版本

持续跟踪维护的变化和更新比较困难，尤其是对于复杂系统而言。当使用**维护版本方法**（maintenance release methodology）时，非关键的更改被保留，直到它们可以同时实施。每个更改将作为新的系统版本被记录和安装，新的系统版本又称为**维护版本**（maintenance release）。

对于内部开发的系统而言，各版本之间的时间间隔取决于维护活动的水平。然而，修正关键错误的新版本可以立即实现，而不是保存到下一次计划发布。

当使用版本方法时，采用编号模式可以区分不同的版本。在典型的系统中，初始系统版本是 1.0，包含第一组维护更改的版本是版本 1.1。从版本 1.4 到 1.5 的更改表明相对较小的增强；而整数改变，如从版本 1.0 到 2.0 或从版本 3.4 到 4.0，则表明是重要升级。

版本方法具有多个优点，尤其是当两个团队在同一系统上执行维护工作时。当使用版本方法时，所有更改在新系统版本发布之前进行共同测试。这种方法产生更少的版本、更少的费用和更少的用户中断。版本方法还减轻了记录负担，因为所有更改都是协调的且同时有效。

版本方法也有一些潜在的缺点。用户期望他们的问题和请求得到快速响应，但使用版本方法时，新功能或更新的获取频率较低。即使更改会提高系统效率或用户效率，也必须等到下一个版本发布，这可能会增加运营成本。

商业软件供应商提供的维护版本通常称为**服务包**（service packs），如图表 12-12 所示。正如微软公司解释的，服务包内包含自上次程序版本或服务包发布以来可用的所有修复和增强功能。

图表 12-12 Microsoft 服务包提供对更新的驱动程序、工具、安全补丁和客户请求的产品更改的访问

资料来源：Microsoft。

12.4.6 版本控制

版本控制（version control）是跟踪系统版本的过程。当安装新版本的系统时，先前版本将被**存档**（archived）或存储。如果新版本导致系统出现故障，企业可以重新安装先前版本以恢复运营。除了跟踪系统版本，IT 员工还负责在各个发布阶段配置具有多个模块的系统。例如，会计系统可能有已经使用了一年的应收账款模块，其必须与全新的工资模块对接。

许多企业使用商业应用来处理复杂系统的版本控制，还有许多免费和开源的替代品。例如，Git 是最流行的版本控制系统之一，如图表 12-13 所示。Git 是一个为分布式系统设计的免费和开源程序。它相对易于使用、可用于大多数主要平台并有开发社区的支持。

图表 12-13 Git 是一个流行的免费版本控制系统

资料来源：git-scm.com。

12.4.7 基准

基准（baseline）是在特定时间衡量系统特性的正式参考点。系统分析师将基准作为标准，记录系统开发过程中的功能和性能。基准有三种类型：功能基准、指派基准和产品基准。

功能基准（functional baseline）是项目开始时记录的系统配置，包括所有必要的系统要求和设计约束。

指派基准（allocated baseline）在设计阶段结束时记录系统，并标记功能基准之后的所有变化。指派基准包括对全部系统需求和功能的测试和验证。

产品基准（product baseline）描述系统运营开始时的系统。产品基准包含指派基准后做出的更改，并包含系统的性能和验收测试结果。

12.5 系统性能管理

几年前，在大多数企业使用中央计算机处理数据时，管理系统并测量其效率相对简单。如今，企业使用复杂网络、客户端/服务器系统和云计算环境来支持业务需求。客户端工作站上的用户常常与依赖于整个企业的其他客户端、服务器、网络和数据的信息系统进行交互，系统是所有确定系统能力和性能的组件的集成，而不仅仅是一台计算机。在许多情况下，IT 经理使用自动化软件和 CASE 工具管理复杂系统。

为了确保对业务运营的良好支持，IT 部门必须管理系统故障和中断、测量系统性能和工作负载并预测未来需求。以下各节将讨论这些主题。

12.5.1 故障管理

无论设计得多好，每个系统都会遇到一些问题，如硬件故障、软件错误、用户错误和断电。系统管理员必须尽快发现并解决运营问题，这一任务通常称为**故障管理**（fault management），包括监控系统故障迹象、记录所有系统故障、诊断问题并采取修正措施。

系统越复杂，越难以分析症状并找出原因。除了解决眼前的问题，更重要的是评估性能模式和趋势。例如，图表 12-14 中的 Activity Monitor 应用在苹果的 Mac OS X 上运行，实时显示所有运行的应用的 CPU、内存、能耗、磁盘和网络活动。资源管理器等类似的程序可在 Windows 上使用。故障管理软件可帮助识别根本原因、缩短响应时间并减少服务中断。

虽然系统管理员必须在系统故障和中断时立即进行处理，但最好的策略是通过监控系统性能和工作负载来阻止问题发生。

12.5.2 性能和负载度量

在电子商务中，较低的性能同样会对业务造成影响。网络延迟和应用瓶颈会影响客户满意度、用户效率和业务结果。事实上，许多 IT 经理认为，网络延迟比实际停机造成的损害更多，因为它们发生频率较高且难以预测、检测和预防。客户期望每周七天、每天 24 小时的可靠、快速反应。为了支持这种服务水平，企业可使用性能管理软件。

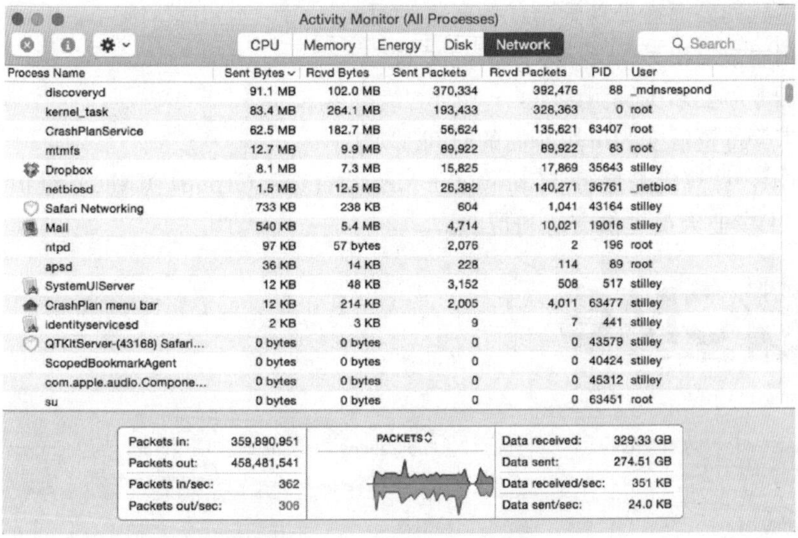

图表 12-14　苹果 Mac OS X 上的 Activity Monitor 应用实时显示所有正在运行的应用程序的 CPU、内存、能耗、磁盘和网络活动

资料来源：Apple。

为了测量系统性能，许多企业使用**基准测试**（benchmark testing），其使用一组标准测试来评估系统性能和容量。除了基准测试，被称为**度量**（metrics）的性能测量还可以监控给定时间段内处理的事务量、访问的记录数量和在线数据量。网络性能度量包括响应时间、带宽、吞吐量和周转时间等。

响应时间

响应时间（response time）是系统活动请求和响应之间的总时间。在常见的在线环境中，响应时间是从用户按下回车键或者点击鼠标的瞬间，到所请求的屏幕信息出现或打印输出就绪的时刻。响应时间受系统设计、功能和处理方法的影响。如果请求涉及网络或互联网访问，响应时间也受数据通信因素的影响。

在线用户期望立即得到响应，且会因明显的滞后或延迟而感到挫败。在所有性能测量中，响应时间是用户关注和抱怨最多的事项。

带宽和吞吐量

带宽和吞吐量是密切相关的术语，许多分析师经常混合使用这两个概念。回顾第 10 章，带宽描述了系统在固定时间段内可以传送的数据量。带宽要求以比特/秒表示。根据系统的不同，可以用 Kbps（千比特每秒）、Mbps（兆比特每秒）或 Gbps（千兆比特每秒）来测量带宽。分析带宽类似于预测高速公路上每小时的车辆数量，以便预测所需的车道数。

吞吐量（throughput）测量特定情况下的实际系统性能，受网络负载和硬件效率的影响。和带宽一样，吞吐量用 Kbps（千比特每秒）、Mbps（兆比特每秒）、Gbps（千兆比特每秒）等数据传送速率表示。正如交通堵塞会延迟高速公路交通一样，吞吐量限制可能会降低系统性能并延长响应时间，对有大量图片和密集网络访问的系统而言尤其如此。

除了上面介绍的性能指标，系统管理员还可以测量许多其他性能特征。尽管没有标准的度量集合，但以下是几个典型的例子。

- 到达：给定观察时间内出现在设备上的项目数。
- 忙碌：给定资源不可用的时间。
- 完成：给定观测期内处理的到达人数。
- 队列长度：等待服务的请求数。

- 服务时间：到达队列前面后处理给定任务所需的时间。
- 思考时间：应用用户发出另一个请求所需的时间。
- 利用率：完成任务需要多少资源。
- 等待时间：请求等待资源变为可用所需的时间。

如图表 12－15 所示，计算机测量组（Computer Measurement Group，CMG）维护一个网站，为关心性能评估和容量规划的 IT 专业人员提供支持和帮助。

图表 12－15　Computer Measurement Group 是一个非营利组织，主要关注性能评估和容量管理

资料来源：Computer Measurement Group，Inc。

周转时间

周转时间（turnaround time）适用于顾客账单或者信用卡账单处理等集中批量处理操作。周转时间衡量提交信息请求与请求完成之间的时间。通过衡量从用户请求帮助到问题解决的时间，周转时间也可用于衡量 IT 支持或服务的质量。

IT 部门通常测量响应时间、带宽、吞吐量和周转时间，以便在系统或业务信息需求更改之前和之后评估系统性能。性能数据还用于对提议的维护进行成本效益分析，并评估系统是否接近经济使用寿命结束。

最后，管理者将当前性能和工作负载的数据作为容量规划过程的输入。

12.5.3　容量规划

容量规划（capacity planning）是监控当前活动和性能水平、预测未来活动并预测提供预期服务水平所需资源的过程。

容量规划的第一步是根据系统的当前工作负载和性能规范开发当前模型，之后预计未来 1～3 年时间内的需求和用户请求。对模型进行分析，以了解保持令人满意的性能和满足用户需求需要做什么。为了辅助实现该过程，可使用假设分析法。

假设分析法（what-if analysis）改变模型中的一个或多个元素，以测量其对其他元素的影响。例如，假设分析法可用于回答如下问题：如果向网络中添加更多的客户端工作站，响应时间将受到何种影响？客户端/服务器系统能够处理来自新网站的销售增长吗？如果增加更多内存，会对服务器吞吐量有什么影响？

强大的电子表格工具也可以帮助执行假设分析。例如，Microsoft Excel 包含一个名为国标规划（Goal Seek）的功能，它为得出特定结果而进行单变量求解。在图表 12 - 16 的示例中，容量规划工作表显示系统每天可处理 3 840 个网络订单，每个订单 22.5 秒。Excel 使用“= 86400/B4”这一简单公式自动计算单元格 B5 的值（24 小时即 86 400 秒）。如果交易次数增加到 9 000，用户想知道对处理时间的影响。如底部图中的目标规划结果所示，订单处理将必须在 9.6 秒内执行以实现该目标。

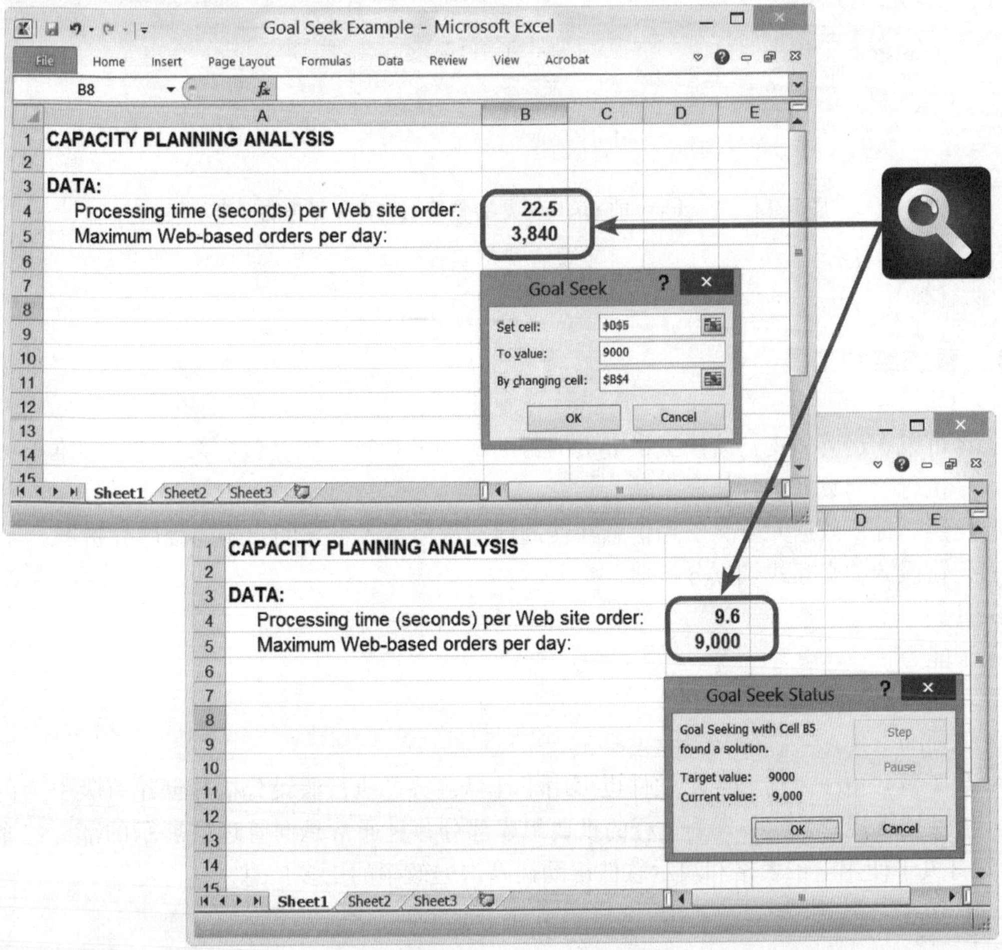

图表 12 - 16　在此目标规划示例中，用户想知道每日事务数量从 3 840 增加到 9 000 对处理时间的影响

在容量规划方面，需要有关事务数量的详细信息：每日、每周或每月的交易模式，查询数量，生成的所有报告的数量、类型和大小。如果系统涉及 LAN，则必须估计网络通信水平，以确定现有硬件和软件是否可以处理负载。如果系统使用客户端/服务器设计，则必须检查每个平台的性能和连接规范。

最重要的是，需要对未来业务活动进行准确预测。如果能预测出新的业务功能或要求，则应根据用户和管理层意见制定应急预案。主要目标是确保系统能满足未来的所有需求，并为业务运营提供有效的支持。一些企业自行处理容量规划，而另一些企业购买软件，如图表 12 - 17 中 Idera 的 up. time。

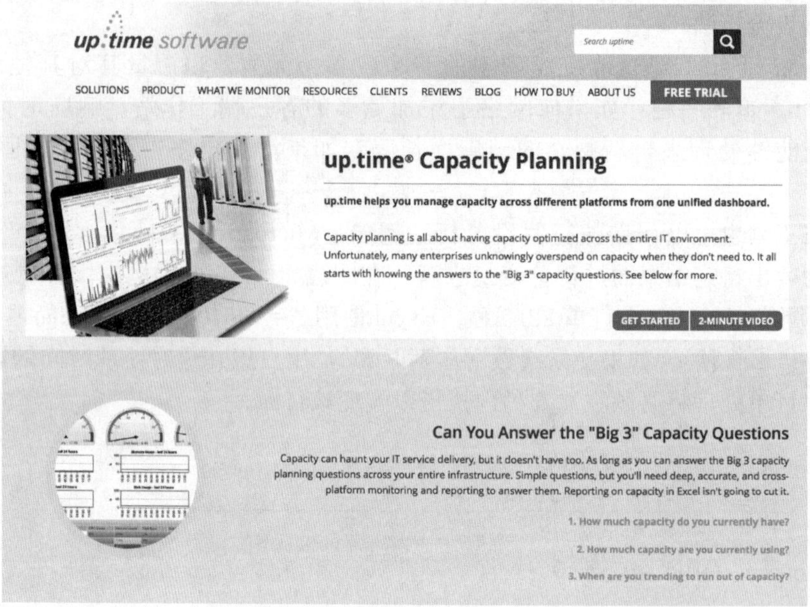

图表 12－17　Idera 的 up. time 是容量规划软件和服务的一个示例

资料来源：up. time software。

12.5.4　系统维护工具

自动化工具可以在运营和支持阶段提供宝贵的帮助。许多 CASE 工具包含系统评估和维护功能，例如：

- 提供程序执行时间数据的性能监视器。
- 扫描源代码、提供数据元交叉引用信息并帮助评估程序更改带来的影响的程序分析器。
- 定位编程错误源的交互式调试分析器。
- 重构工具。
- 自动记录能力。
- 网络活动监视器。
- 工作负载预测工具。

除了 CASE 工具，电子表格和演示软件也可用于计算趋势、执行假设分析并创建有吸引力的图表和图形以展示结果。信息技术规划是业务规划过程的重要组成部分，且通常是向管理层展示的部分。系统分析师工具包的 A 部分有关于使用电子表格和演示软件帮助提高沟通效率的更多信息。

12.6　系统安全概述

安全性是每个信息系统的重要组成部分。安全性保护系统，并使之保持安全、免于危险且可靠。在充斥着各种威胁和攻击的全球环境中，安全性比以往任何时候都更重要。本节主要讨论系统安全的概念、风险管理和常见系统攻击。

12.6.1 系统安全的概念

图表 12－18 中的 **CIA 三角形**（CIA triangle）展示了系统安全的三大主要元素：保密性，完整性和可用性。

保密性（confidentiality）保护信息免受未授权的披露并保护隐私。**完整性**（integrity）可防止未经授权的用户创建、修改或删除信息。**可用性**（availability）保证授权用户及时可靠地访问必要的信息。管理 IT 安全的第一步是基于这三个要素制定**安全政策**（security policy）。

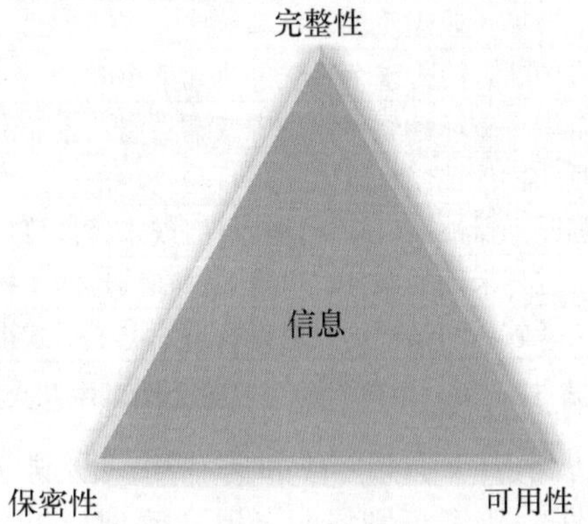

图表 12－18　系统安全必须保证信息保密性、完整性和可用性（CIA）

12.6.2 风险管理

在现实世界中，绝对安全是不现实的。相反，管理者必须平衡被保护资产的价值、对组织的潜在威胁以及安全成本。例如，为了保护空仓库而安装昂贵的摄像机监视系统是不值得的。为达到最佳效果，大多数企业使用风险管理方法，其包括对三个交互任务的持续关注：风险识别、风险评估和风险控制，如图表 12－19 所示。

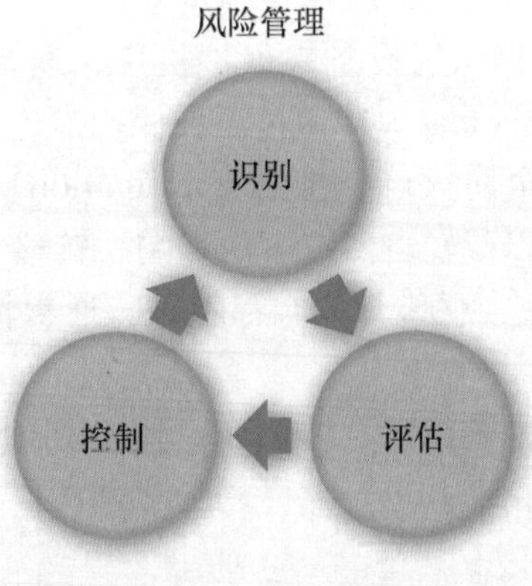

图表 12－19　风险管理要求持续进行风险识别、风险评估和风险控制

风险识别（risk identification）分析组织的资产、威胁和漏洞。**风险评估**（risk assessment）衡量风险的可能性和影响力。**风险控制**（risk control）制定降低风险及其影响的保障措施。

风险识别

风险识别的第一步是列出业务资产并分类。**资产**(asset)可能包括企业硬件、软件、数据、网络、人员或程序。对于每项资产,风险管理者评估攻击的影响并分析可能的威胁。**威胁**(threat)是可能危及资产的内部或外部实体。例如,威胁类别可能包括自然灾害、软件攻击或盗窃,如图表12-20所示。

威胁类别	示例
勒索	黑客窃取商业机密并威胁企业如果不付款就要公布商业机密
硬件和软件故障	路由器停止运行,或软件导致应用服务器崩溃
人为错误或故障	员工意外删除文件
自然灾害	洪水破坏企业建筑和网络系统
服务故障	电力中断,使得整个系统停机几个小时
软件攻击	某组织将破坏性软件、病毒或蠕虫侵入企业网络
技术淘汰	过时的软件缓慢、难以使用且易受攻击
盗窃物理或知识产权	物理服务器被盗,知识产权被盗或未经许可使用;可能是物理或电子的
侵入和间谍活动	员工进入未锁的服务器机房,并在禁止的系统上查看工资单数据
恶意破坏	攻击者破坏网站标识,或以物理或电子形式摧毁CEO的硬盘

图表12-20 系统威胁可以分为图表中几大类

接下来,风险管理员识别漏洞以及它们可能会被如何利用。**漏洞**(vulnerability)是安全隐患或弱点,**漏洞利用**(exploit)是利用漏洞的攻击。为了识别漏洞,风险管理员可能会问这样的问题:黑客是否会突破代理服务器?员工能够在没有被授权的情况下检索敏感文件吗?普通人会进入机房并破坏服务器吗?他们为每个漏洞评级并分配一个值。风险识别的输出是资产、漏洞和评级的列表。

风险评估

在IT安全中,**风险**(risk)是攻击的影响与漏洞被利用可能性的乘积。例如,影响值为2,漏洞评级为10,将产生20的风险。又如,影响值为5,漏洞评级为5,将产生25的风险。计算风险并进行优先级排序,**关键风险**(critical risks)将被列在前面。虽然评级可能是主观的,但整个过程提供了一致的方法和框架。

风险控制

在识别并评估风险后,必须对其进行控制。控制措施可能包含以下各项:我们可以在代理服务器上放置防火墙;为敏感文件分配权限;安装生物识别设备来保护机房。通常,管理层可选择四种风险控制策略之一:规避、抑制、转移或接受。**规避**(avoidance)通过添加保护措施来消除风险。例如,为了防止未经授权的LAN计算机访问,可能需要安装安全防火墙。**抑制**(mitigation)通过仔细的规划和准备降低风险的影响。例如,企业可以制订灾难恢复计划以减轻自然灾害的影响。**转移**(transference)将风险转移给另一资产或保险公司等第三方。**接受**(acceptance)意味着什么都不做。通常情况下,企业只有在保护明显不值得时才会接受风险。

风险管理过程是迭代的,风险不断地被识别、评估和控制。风险管理者需要结合商业知识、IT技能和安全工具和技术的经验才能有效进行风险管理。

12.6.3 攻击者简介和攻击

攻击(attack)是针对系统或企业本身的敌对行为。因此,一个不满的员工或者6 000英里之外的黑客都有可能发起攻击。攻击者闯入系统以进行破坏、窃取信息或获得认可等。如图表12-21所示,攻击者可分为多个类别。图表12-22描述了一些常见类型的攻击。企业通过使用多层战略来应对安全威胁和挑战。

攻击者特征

攻击者	描述	技能
网络恐怖主义者	攻击先进政治、社会或意识形态目标	高
雇员	使用未经授权的信息或权限进入计算机系统，窃取信息或造成损害	视具体情况
黑客	使用高级技术恶意攻击计算机系统（黑帽黑客），或为了暴露缺陷并提高安全性（白帽黑客）	高
黑客主义者	出于社会或政治目的进行攻击；通常包括关闭或污染网站	视具体情况
脚本小子	没有经验或年轻的黑客使用易于使用的恶意软件破坏或损坏计算机系统，并获得认可	低
间谍	闯入计算机系统窃取信息并出售的非员工	高

图表 12-21　IT 安全专业人员为不同类型的攻击者命名

攻击类型及示例

攻击	示例
非法途径	攻击者在软件包中发现漏洞并利用它
拒绝服务或分布式拒绝服务	一台或多台计算机发送一连串的连接请求以禁用网络服务器
垃圾搜寻攻击	攻击者搜寻回收站以获取可用于危及系统的有用信息
邮件轰炸	将大量的电子邮件发送到目标地址
恶意代码	攻击者将感染的电子邮件发送到目标系统。攻击者可能会使用病毒、蠕虫、特洛伊木马、击键记录器、间谍软件或脚本来损坏数据、破坏系统、对用户进行监视或控制被感染的系统
中间人	攻击者拦截通信并装作收件人，但在阅读或修改通信后将数据发送给合法收件人
密码破解	黑客尝试发现密码以进入安全系统，这可能是尝试了许多单词的字段攻击或字符组合的强力攻击
网络钓鱼	虚假 DNS（域名服务器）信息将用户引导到攻击者的网站。攻击者会欺骗用户，使他们认为自己正在访问银行网站等合法网站，之后尝试获取银行账号、用户名和密码
特权升级	员工用计算机把自己的账户提升到管理员级别
嗅探	拦截网络流量并扫描有价值的信息
社交工程	攻击者装作合法用户呼叫服务台，并要求更改其密码
垃圾邮件	将不必要、无用的电子邮件不断发送到企业电子邮件账户内，浪费其时间并降低生产力
电子欺骗	将 IP 地址伪造成可信任的主机，出于非法目的显示相似的内容以模拟真实网站

图表 12-22　如图表所示，攻击可以采取多种形式。IT 安全管理人员必须能够检测这些攻击并采取适当的对策进行响应

12.7　安全等级

为了保障系统安全性，必须考虑六个独立但相互关联的等级：物理安全、网络安全、应用安全、文件安全、用户安全和规程安全。就像图表12-23中的链条一样，最弱的环节决定了系统安全的强度，下面将介绍这些安全等级以及必须解决的问题。高层管理者经常做出与安全相关的最终战略和预算决策，但系统分析师也应该了解整体情况，以便提出有用的建议。

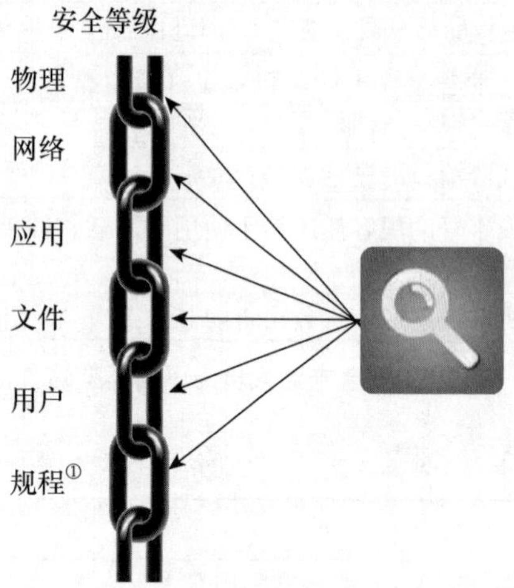

图表12-23　每个安全链条都有一个特定的重点，整个链条的强度取决于最弱的环节

12.7.1　物理安全

系统安全的第一级是物理环境，包括IT资源和整个企业的人员。必须特别注意位于运营中心的关键设备，服务器、网络硬件和相关设备在其中运行。大型企业通常有专门为IT运营建造的房间，小型企业可能使用办公室或存储区域。无论空间大小和形状如何，运营中心都需要特别保护，防止不必要的入侵。除了中心位置的设备之外，所有联网计算机都必须是安全的，因为每个服务器或工作站都可能是潜在的侵入点。对计算机的物理访问意味着进入系统的入口点，必须进行控制和保护。

运营中心安全

在运营或维护计算机设备的任何房间或区域，周边安全都至关重要。必须严格控制物理访问，每个入口必须配备合适的安全装置。所有门禁都应有内部铰链和带有备用电池系统的电磁锁，以便在停电时提供备用电源。当电池电量耗尽时，门禁应处于关闭状态，但被锁在房间内的人员可以使用紧急释放装置开门。

为了增强安全性，许多企业正在安装**生物识别扫描系统**（biometric scanning systems），其验证个人的面部、指纹或眼睛特征，如图表12-24所示。这些高科技认证系统可取代易丢失、被盗或更改的磁性识别徽章。如第2章所述，苹果的Touch ID系统是智能手机和移动设备中生物识别安全系统的一个例子，这将在便携计算机部分讨论。

视频摄像机和运动传感器可用于监视机房安全并记录该区域中的所有物理活动。运动传感器使用红外线技术检测活动，并可配置为提供有声或无声警报，在被触发时发送电子邮件消息。其他类型的传感器可以监控机房中的温度和湿度。当机房中没有预期的活动时，可以激活运动传感器报警，经授权的技术人员具有启用或禁用警报的代码。

① 原书疑有误，这里已改。——译者注

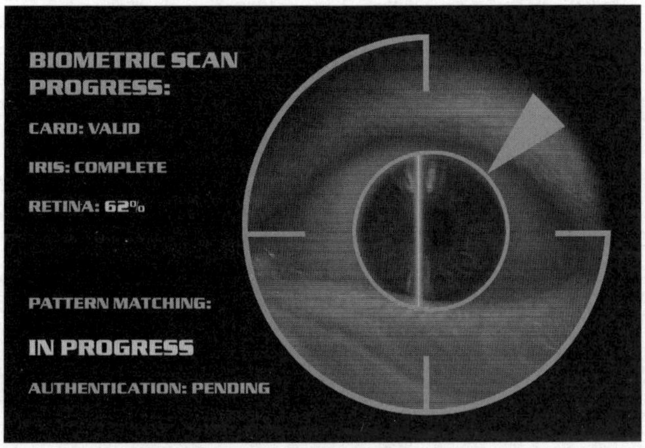

图表 12－24　企业使用生物识别扫描分析虹膜特征，其具有可以测量并用于比较的 200 多个点

资料来源：Andy Piatt/Shutterstock. com。

服务器和台式计算机

如果可能的话，服务器和台式计算机机箱应配备锁。这种简单但重要的预防措施可以防止入侵者修改服务器的硬件配置、损坏设备或移除磁盘驱动器。应锁定服务器机架，避免未授权的放置和收回击键记录器。**击键记录器**（keystroke logger）是可插入键盘和计算机间的设备，一般来说，该设备与普通电缆插头类似，因此它不会引起注意。它可记录密码等键入键盘的所有内容，而不影响系统正常工作。击键记录器可以合法地用于监控、备份和恢复系统，但如果是由入侵者放置，就意味着受到了严重的安全威胁。

除了硬件设备，还有击键记录软件。击键记录程序可以伪装成合法软件并从互联网或企业网络下载。该程序对用户来说是无形的，因为它记录键入键盘的所有内容并将信息上传给安装该程序的人员。这种恶意软件可以通过防病毒和反间谍的软件删除，之后将在应用安全部分讨论。

应尽可能使用**防篡改机箱**（tamper-evident cases）。防篡改机箱能够显示任何打开或解锁外壳的痕迹。如果计算机机箱被打开，指示灯将保持常亮，直到使用密码清除。防篡改机箱不能防止入侵，但能使人们更容易地注意到安全漏洞。许多服务器已将防篡改机箱作为其标准配置的一部分。

显示屏保护程序能够隐藏屏幕并要求使用特殊密码才能清除，该程序应该在无人值守的所有服务器或工作站上使用。还可以使用 **BIOS 级密码**（BIOS-level password），其又称为**启动级密码**（boot-level password）或**开机密码**（power-on password），必须先输入密码才能启动计算机。启动级密码可以防止未经授权的人使用只读光盘（CD-ROM）或通用串行总线（USB）设备启动计算机。

最后，企业必须考虑电力问题。在关键任务系统中，大规模备份电源对业务持续运营至关重要。在其他情况下，计算机系统和网络设备应该接入具有适当容量备用电池的**不间断电源**（uninterruptible power supply，UPS）中。UPS 应该能够处理短期运营，以便进行有序的备份并关闭系统。

便携式计算机

在评估物理安全问题时，一定要为笔记本电脑、便携式电脑和平板电脑提供额外的安全措施。由于这些计算机尺寸小、价格昂贵，所以这些电脑是盗贼和工业间谍的目标。虽然以下建议原本是为了笔记本电脑安全列出的检查清单，但其中许多建议也适用于桌面工作站。

- 选择允许安全登录、BIOS 级密码和强防火墙保护的操作系统。登录并使用具有有限权限而不是管理员账户的用户账户，为管理员账户设定一个临时入侵者很难猜到的不同名称来掩盖管理员账户。
- 将企业名称和地址标记或刻在计算机外壳上，或附上防篡改资产 ID 标签。许多硬件供应商允许企业客户在 BIOS 中添加资产 ID 标签。例如，在开机后，可能会出现以下消息：“SCR 公司产权——仅限企业内使用”。这些措施可能无法阻止专业小偷，但可能会阻止一个业余小偷，或至少使计算机相对不那么完美，使它难以使用或转售。安全专家还建议使用公文包等通用手提包，而不是比较容易引起注意的定制手提包。

- 考虑具有内置指纹识别器的设备，如图表 12－25 所示的带有 Touch ID 功能的 iPad。

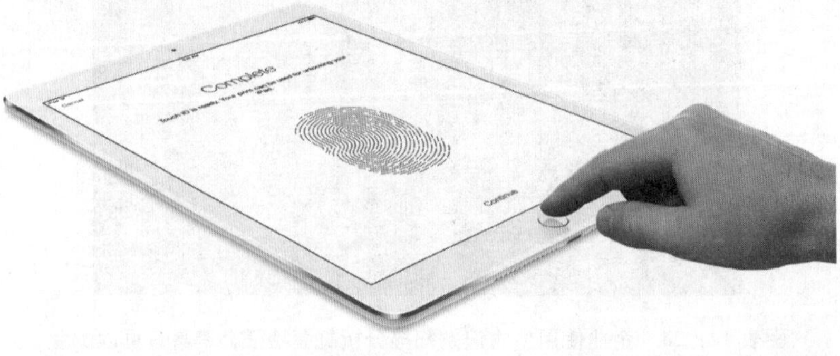

图表 12－25　苹果的 iPad 具有 Touch ID 功能，可使用指纹来安全地访问设备

资料来源：Apple。

- 许多笔记本电脑都有**通用安全插槽**（universal security slot，USS），可以固定在电缆锁或笔记本电脑报警器上。同样地，虽然这些预防措施可能阻止不了专业偷盗，但可能会阻止偶然的偷盗。
- 在办公室外使用笔记本电脑之前，备份所有重要数据。应在闪存设备等可移动介质上保存并传输高敏感度数据，而不是计算机的硬盘驱动器。
- 使用跟踪软件，使笔记本电脑定期与安全跟踪中心连接。如果笔记本被盗，则呼叫安全跟踪中心以识别计算机及其物理位置。有了这些信息，安全跟踪中心可以提醒执法机构和通信服务提供商。如图表 12－26 所示，Absolute Software 销售一款名为 LoJack 的产品，该产品可为笔记本电脑和移动设备提供数据保护和盗窃恢复服务。

图表 12－26　Absolute LoJack 为笔记本电脑和移动设备提供数据保护和盗窃恢复服务

资料来源：Absolute Software Corporation。

• 苹果、谷歌和微软为客户提供定位服务来查找丢失的智能手机。该服务还允许远程擦除数据以及恢复设备出厂设置。例如图表 12－27 中苹果的 Find My iPhone 应用程序。苹果也提供了类似的云服务。

图表 12－27　苹果的 Find My iPhone 应用程序可帮助客户定位丢失的设备，并根据需要执行远程数据擦除并恢复设备出厂设置

资料来源：Scott Tilley/Apple。

• 在旅行时，尽量警惕潜在的高风险情况，小偷可能会使你分心并试图抢夺计算机。这些情况经常发生在机场行李领取区、租车柜台和安全检查站等拥挤、嘈杂的地方。此外，当乘汽车旅行时，请将计算机存放在行李箱或可上锁的隔间等不可见的地方。

• 建立严格的密码保护策略，密码需要要求最小长度和复杂性，并设置输入无效密码的次数限制，超过次数系统即自动锁定。在某些情况下，应考虑建立文件加密策略以保护极其敏感的文件。

案例 12.3　外滩县

外滩县是北卡罗来纳州沿海 200 平方英里的区域，你是 IT 部门负责人。该县约有 100 名办公室员工在各部门执行文书工作。最近的预算危机导致工资和招聘冻结，使得士气下降。县长已要求你安装某种类型的击键记录器来监视员工，确定他们是否在高效工作。在谈话之后，你想知道是否有潜在的隐私和安全问题。

例如，雇主有义务通知雇员正在监控他们吗？如果没有这样的义务，雇主是否应通知雇员？从人力资源的角度来看，处理这个问题的最好办法是什么？此外，是否存在潜在的安全问题？如果未授权的人获得了击键日志，他们是否有可能发现密码和其他敏感数据？

你的结论是什么？这些问题是否重要？你将如何响应县长的建议？在回答之前，你应该上网查询，了解有关击键记录器的更多信息以及当前可用的具体产品。

12.7.2 网络安全

网络（network）被定义为为了发送、接收和共享数据而连接的两个或多个设备，发送、接收和共享数据的过程也称为网络通信。为了连接到网络，计算机必须具有**网络接口**（network interface），其是允许计算机与网络交互的硬件和软件的组合。为了保护网络通信的安全性，数据可被加密，即对数据进行编码，使其无法在未经授权的情况下被访问。

加密网络传输

网络通信可能被拦截并更改、重定向或记录。例如，如果通过网络连接传输**未加密的**（unencrypted）文本或**纯文本**（plain text）、密码或信用卡号，则其可能被盗。当通信被加密时，其仍然可见，但内容和目的会被隐藏。

图表 12-28 显示了加密通信与纯文本通信的比较示例。在顶部屏幕中，用户使用密码“sad11e”登录，任何能够轻松访问此数据的人都可以获知用户密码。在底部屏幕中，用户登录到在线银行账户等安全网站并使用密码，但是加密过程使得密码无法破译。

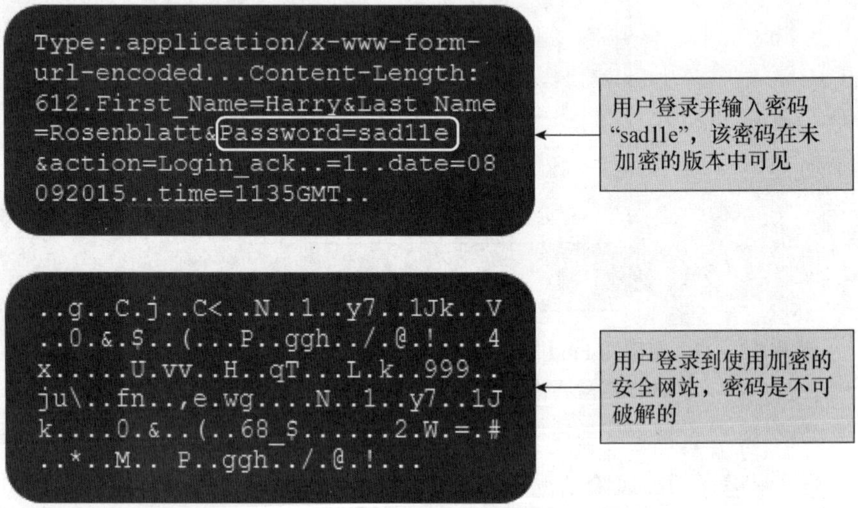

图表 12-28　顶部屏幕显示了未加密文本的示例，其中包含可见的密码。在底部屏幕中，无法读取加密文本

两种常用的加密技术是私钥加密和公钥加密。**私钥加密**（private key encryption）是对称的，因为使用单个密钥来加密和解密信息。虽然这种方法简单且快速，但它存在一个根本问题。要使用对称加密，发送者和接收者必须事先拥有相同的密钥，或者必须将其与消息一起发送，从而增加了被截取和公开的风险。

相反，**公钥加密**（public key encryption，PKE）是不对称的，因为每个用户都有一对密钥：公钥和私钥。公钥用于加密消息。用户可以自由地共享他们的公钥，同时严密保护他们的私钥。使用用户公钥加密的任何消息只能用该用户的私钥解密。这种方法通常用于保护在线电子商务系统。

无线网络

如第 10 章所述，无线网络安全是一个至关重要的问题，因为无线传输比有线网络上的通信更容易受到攻击。然而，如果无线通信被加密，则任何由非预期接收者拦截的数据对于入侵者来讲都是无用的。

最早的无线安全形式称为**有线等效加密**（Wired Equivalant Privacy，WEP），其要求每个无线客户端使用一个特殊的预共享密钥。虽然许多家庭和小型办公室网络使用这种方法，但它提供了相对较弱的保护。

WEP被**Wi-Fi保护访问**（Wi-Fi Protected Access，WPA）取代，其以Wi-Fi联盟创建的协议为基础，提供了重大的安全改进。被称为**WPA2**的最新无线安全增强功能进一步提高了无线保护的水平。WPA2是基于**IEEE 802.11i**标准实现的WPA的完全扩展。根据Wi-Fi联盟标准，WPA2在2006年之后成为寻求Wi-Fi认证的新设备的强制性标准。WPA2与WPA兼容，因此企业可以轻松迁移到新的安全标准。

专用网络

保护全部网络通信安全并不总是可行的。遗憾的是，加密通信增加了网络负担，且会显著降低网络性能。在网络速度十分重要的情况下，例如连接到数据库服务器的网络服务器，许多企业使用专用网络来连接计算机。**专用网络**（private network）是一种类似于电话专线的专用网络连接。专用网络上的每台计算机必须具有连接网络的专用接口，并且网络上的任何接口都不应连接到网络外的任何点。在此配置中，可以安全传输未加密的通信，因为它不可见，无法从网络外部拦截。

虚拟专用网络

专用网络在有限数量的计算机上工作良好，但是如果企业想要为更大的小组建立安全连接，则可创建虚拟专用网络（VPN）。**虚拟专用网络**（virtual private network，VPN）使用互联网或企业内部网等公共网络安全地连接远程用户。VPN不使用专用连接，而是允许远程客户端使用必须由VPN认证的特殊密钥交换。一旦认证完成，则在客户端和本地内联网的接入点之间建立被称为**隧道**（tunnel）的安全网络连接。所有通信都通过VPN隧道加密，提供了更高的加密和安全级别。随着更多的企业允许员工在家办公，VPN能提供可接受的安全和可靠性水平。

端口和服务器

由数字标识的**端口**（port）将输入通信传输到计算机的正确应用上。在互联网等TCP/IP网络中，计算机接收的全部通信都包含目标端口，目标端口决定通信将流向哪里，因此计算机按照包含在传输数据中的端口号对通信进行分类。就像是带有多个邮箱的大型公寓楼，每个邮箱具有相同的街道地址，但具有不同的编号。端口安全至关重要，因为攻击者可以使用开放端口访问系统。

服务（service）是监视或侦听特定端口的应用。例如，电子邮件应用通常在端口25上侦听，由该端口接收的任何通信都将被发送到电子邮件应用。服务在计算机安全方面发挥重要作用，它们可能受到端口扫描和拒绝服务攻击的影响。

- 端口扫描。**端口扫描**（port scans）尝试通过与不同端口连接并记录接受连接的端口检测计算机上运行的服务。例如，开放端口25的结果指示邮件服务器正在运行。端口扫描可用于绘制网络的精准映射，并确定可能攻击的弱点。
- 拒绝服务。当攻击的计算机对服务或某些端口上运行的服务进行重复请求时，会发生**拒绝服务**（denial of service，DoS）攻击。目标计算机必须响应每个请求，所以可能陷入僵局而无法响应合法请求。基于这种方法的更具破坏性的攻击称为**分布式拒绝服务**（distributed denial of service，DDoS）攻击。如图表12-29所示，这种攻击包括多个攻击计算机，它们可以向一个固定服务器发动同步DoS攻击。DDoS攻击是严重的网络攻击类型之一，如图表12-30所示，创建美国计算机应急准备小组（United States Computer Emergency Readiness Team，US-CERT）的目的正是要解决这一问题。

防火墙

防火墙（firewall）是本地网络或内联网与互联网之间的主要防线。防火墙必须至少有一个接入互联网的网络接口，并至少有一个接入本地网络或内联网的网络接口。防火墙软件检查流入和流出该网络接口的全部网络通信。预设规则确立决定防火墙是否允许网络通信通过的特定条件。当找到匹配规则时，防火墙会自动接受、拒绝或丢弃通信。当防火墙拒绝通信时，它发送一个指示通信不被允许的回复。当防火墙掉线时，不会发送回复。防火墙可被配置为检测并响应拒绝服务攻击、端口扫描和其他可疑活动。

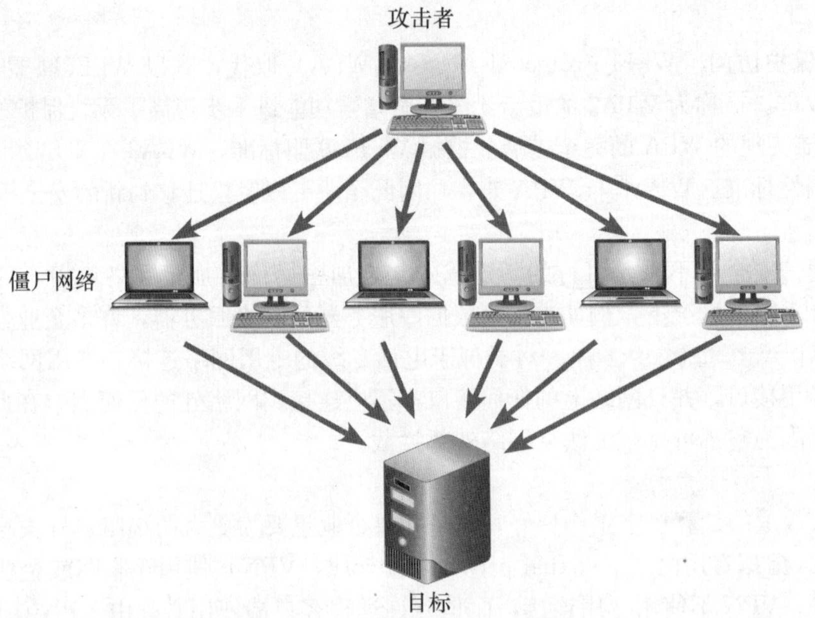

图表 12-29　在拒绝服务（DoS）攻击中，攻击者发送大量具有虚假返回地址的身份认证请求。服务器无法成功发送认证批准，大量的请求最终使其瘫痪。更复杂的 DoS 攻击是分布式拒绝服务（DDoS）攻击，如图表所示。攻击者使用大量的僵尸网络（不知不觉感染了难以跟踪的恶意软件的计算机）来攻击目标

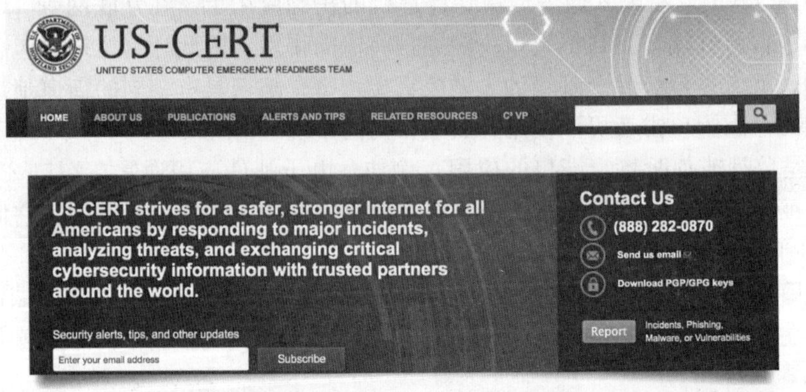

图表 12-30　美国计算机应急准备小组（US-CERT）是打击网络安全威胁的关键角色

资料来源：US-CERT。

图表 12-31 显示了具有网络服务器和邮件服务器的企业的一系列基本防火墙规则。在此示例中，防火墙只能在端口 80 和 443 上接受公共网络服务器通信，只在端口 25 上接收公共邮件服务器通信。防火墙将允许专用 LAN 通信到达任何目标和端口。

网络入侵检测

假设入侵者尝试访问系统，显然，当检测到某些活动或已知攻击模式时，应该发出入侵警报。**网络入侵检测系统**（network intrusion detection system，NIDS）就像一个防盗报警器，它在检测到配置违规时将关闭。网络入侵检测系统还可以在检测到可疑网络通信模式时提醒管理员。网络入侵检测系统需要微调来检测合法网络通信和攻击之间的差异。将网络入侵检测系统放置在可监视全部网络通信的交换机或其他网络设备上也十分重要。虽然网络入侵检测系统需要一些管理开销，但它非常有助于记录攻击者的行为并分析网络性能。

规则	接口	资源	目标	端口	行动
1	公用	任何	网络服务器	80	接受
2	公用	任何	网络服务器	443	接受
3	公用	任何	网络服务器	任何	拒绝
4	公用	任何	邮件服务器	25	接受
5	公用	任何	邮件服务器	任何	拒绝
6	公用	任何	任何	任何	丢弃
7	专用	LAN	任何	任何	接受

图表 12-31　防火墙是否允许通信通过的规则示例

12.7.3　应用安全

除了保护机房并屏蔽网络通信，还需要保护所有基于服务器的应用。为此，分析师必须分析应用的功能、识别可能的安全问题并仔细研究所有可用的文档。应用安全需要了解服务、系统加固、应用权限、输入校验技术、软件补丁和更新以及软件日志。

服务

网络安全部分解释了服务是监视或侦听特定端口的应用程序，可通过使用端口扫描确定哪些服务正在运行。如果不需要特定应用，应将其禁用，这将提高系统安全性、性能和可靠性。不必要或不正确配置的服务器可能会导致**安全漏洞**（security hole）。例如，如果不严格配置的文件传输协议（FTP）服务器被黑客利用，则其可能会向服务器上传破坏性代码。

系统加固

系统加固（hardening）过程通过删除不必要的账户、服务和功能使系统更加安全。系统加固是必要的，因为某些软件包的默认配置可能会产生漏洞。例如，初始软件设置通常包含相对较弱的账户许可或文件共享控制。系统加固可以手动完成，也可以使用配置模板，从而加快大型组织中的加固过程。

系统加固还包括防病毒和反间谍软件等额外的保护。这些程序能够检测并删除**恶意软件**（malware），这些恶意软件旨在渗透、损坏或拒绝计算机系统服务。恶意软件包括蠕虫、特洛伊木马、击键记录器和间谍软件等。

应用权限

通常来说，应用配置仅由具有特定权限的用户运行。例如，**管理员账户**（administrator account）或**超级用户账户**（superuser account）基本允许无限制的访问。其他用户可能被允许输入数据，但不能修改或删除现有数据。为了防止未授权或破坏性的更改，应该对应用进行配置，使非授权用户能够访问该程序但无法更改内置函数或配置。**用户权限**（user rights）（也称为权限）在文件安全部分有更详细的讨论。

输入校验

如第8章所述，在设计用户界面时，输入校验能够保护数据完整性和安全性。例如，如果应用需要从1到10的数字，输入字母字符或数字31会发生什么？如果应用设计正确，它将响应一个适当的错误消息。第8章还解释了数据输入和校验检查，它们是提高数据完整性和质量的重要技术。未校验的输入数据可能会导致输出错误、维护费用增加以及不稳定的系统行为。

软件补丁和更新

在任意时间点，都可能会在运行的系统中发现安全漏洞或弱点。补丁可用于修复这些漏洞，减少弱点并更新系统。像所有其他新软件一样，补丁也必须仔细进行测试。在应用补丁之前，应确定不应用补丁的风险以及补丁影响系统其他区域的可能性。

许多企业购买被称为**第三方软件**（third-party software）的软件包。第三方软件供应商发布的补丁通常是安全的，但所有补丁都必须在应用之前仔细审查。由于研究和应用补丁耗时且昂贵，许多软件供应商提供**自动更新服务**（automatic update service），使应用连接供应商服务器并获取所需的补丁或更新。取决于配置的不同，可用的补丁可下载并安装而无须人工干预，或者可能需要IT经理批准。虽然这种方式很方便，但自动更新也存在重大风险，只有意外出现的结果或问题能够轻易解除时才可使用自动更新。

软件日志

操作系统和应用通常维护记录所有事件的**日志**（log），包括日期、时间和其他特定信息。日志对于理解过去的攻击并防止未来的入侵很重要。例如，登录错误的模式可能会显示入侵尝试的详细信息。

日志还可能包含系统错误消息、登录历史、文件操作和其他有助于跟踪未授权访问的信息。应不断监控软件日志以确定是否发生了滥用或错误行为。如网络安全部分所述，网络入侵检测系统能够在可疑事件发生时向系统管理员发出警报。

12.7.4 文件安全

计算机配置设置、用户个人信息和其他敏感数据均存储在文件中。这些文件的安全性和对文件的保护是所有计算机安全程序的重要元素，系统分析师需要考虑加密，将文件编码使其无法被未经授权的用户读取，以及可以分配给个别用户或用户组的权限的重要性。

加密

正如网络安全部分解释的，加密将文件或文档的内容打乱，保护其免受未经授权的访问。企业的全部数据都必须受到保护，但对人员或财务记录等敏感材料来说加密尤其重要。可以使用最先进操作系统中的内置特征来加密用户数据。

权限

文件安全以一系列权限为基础，这些权限描述用户对服务器上特定文件或目录的访问权限。最常见的权限是读取、写入和执行。权限的常见示例如下。

- 读取文件：用户可以读取文件内容。
- 写入文件：用户可以更改文件内容。
- 执行文件：如果文件是程序，用户则可以运行它。
- 读取目录：用户可以列出目录内容。
- 写入目录：用户可以在目录中添加和删除文件。

在分配文件权限时，系统管理员应确保每个用户拥有执行其工作所需的最低权限，而不是更多。在一些企业中，系统管理员在分配这些权限时具有较大的自由度；在其他企业，高于标准用户级别的任何权限都需要适当级别的管理层审批。在任何情况下，都必须有一个记录完备且强制执行的权限策略来提升文件安全性并减少系统漏洞。

用户组

需要协作并共享文件的个人用户通常会要求更高级别的权限，允许他们中的任何一个人更改文件内容。从系统管理员的角度来看，更好的方法可能是创建用户组、添加特定用户并向用户组而不是个人分配文件权限。许多企业使用这种方法，因为它根据用户的工作职责而不是职称或等级来分配用户权限。如果一个人被调动，其离开特定组并加入反映当前工作职责的其他组。

12.7.5 用户安全

用户安全包括识别系统用户并考虑与用户相关的安全问题。无论其他安全预防措施和功能如何，安全性最终取决于系统用户及其习惯、做法和支持安全目标的意愿。遗憾的是，许多系统入侵都从被盗用的用户账户开始。通常来说，入侵者使用盗用账户访问系统并可能尝试**特权升级攻击**（privilege escalation attack），这是未授权的提升权限级别的尝试。

用户安全需要身份管理、全面的密码保护、防御社交工程、有效克服用户抵制以及考虑新技术。这些主题将在以下部分讨论。

身份管理

身份管理（identity management）是指识别合法用户和系统组件的必要控制和程序。身份管理策略必须平衡技术、安全、隐私、成本和用户生产力。身份管理是企业、IT 协会和政府密切关注的不断发展的技术。

高德纳（Gartner）咨询公司将身份管理描述为"一组代表人、机器、设备、应用和服务的电子记录"。这一定义表明，不仅仅是用户，系统中的每个组件都必须具有基于独有特征的可验证身份。例如，用户认证可以基于密码、社会安全号码、雇员号码、职称和物理位置的组合。

由于入侵的灾难性后果，IT 经理应优先考虑身份管理策略和解决方案。

密码保护

正如物理安全部分指出的，安全的系统必须有一个密码策略，对密码的最小长度、复杂性做出要求并限制无效的登录尝试。虽然密码是所有安全程序中的关键元素，但用户经常选择易于记忆的密码，且有时对不得不记忆复杂的密码感到厌烦。例如，连续数年，最常见的计算机密码都是"123456"，这是一个能够轻易破解的不幸选择。

只要使用密码，IT 经理就应坚持要求密码的最小长度、使用区分大小写的字母和数字组合并定期更改。遗憾的是，如果用户将其写下并将其存储在桌子上、公告板上或键盘下等容易发现的位置，则任何密码都可能是缺乏抵抗力的。

几年前，一名黑客访问了某个政治候选人的电子邮件账户成为头条新闻。入侵者冒充该候选人登录，请求更换密码，猜测安全问题的答案并进入了账户。这些行为完全是非法的，根据联邦法律构成了严重的犯罪。

社交工程

即使用户正在保护他们的密码，入侵者也可能会尝试使用被称为**社交工程**（social engineering）的策略对系统进行未经授权的访问。在社交工程攻击中，入侵者使用社交互动获得对计算机系统的访问。例如，入侵者可能假装成新员工、外部技术人员或记者，通过一系列问题，试图获得损害系统所需的信息。通常的策略是攻击者联系同一组织中的多个人，并使用从一个来源处获取的信息以获得信任，并进入另一个来源。

入侵者也可能联系帮助台并说："嗨，我是会计 Anna Dressler。我好像忘记了我的密码。你能给我一个新的密码吗?"虽然这个请求可能是合法的，但它也可能是一个攻击者正试图访问系统。不应该仅仅基于该电话呼叫就给出密码，而应该要求用户提供进一步的信息以验证他们的身份，如唯一的员工 ID、电话分机和企业电子邮件地址。

一种高度公开的社交工程形式称为**假托**（pretexting），这是以虚假借口获取个人信息的方法。通常使用假托作为**身份盗窃**（identity theft）的一部分，即出于非法目的盗取个人信息或在线凭证。如图表 12-32 所示，美国联邦贸易委员会（Federal Trade Commission）有一个致力于帮助消费者打击身份盗窃的网站。打击社交工程攻击的最佳方法是进行员工教育、提供更多的培训以及在日常操作中培养更高的安全意识。

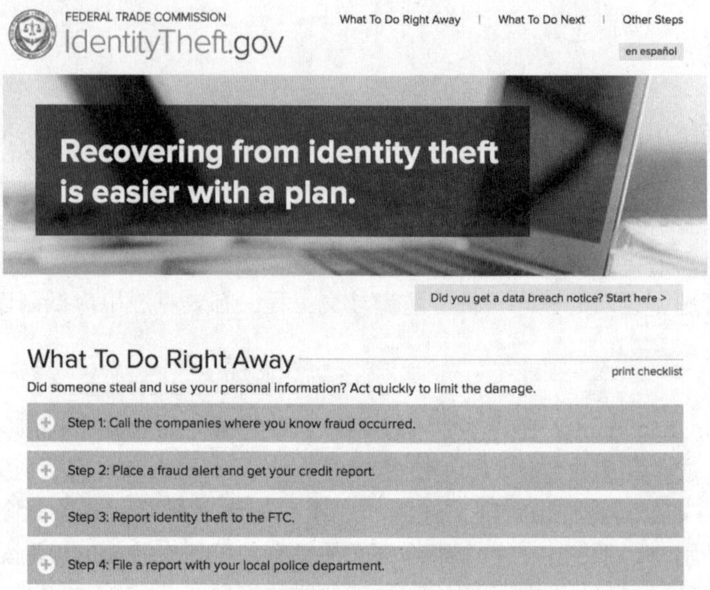

图表 12-32　美国联邦贸易委员会网站能够帮助消费者打击身份盗窃

资料来源：Identity Theft. gov。

用户抵制

包括高层管理者在内的许多用户都不喜欢严格的安全措施，因为这些措施可能不方便且耗时。系统分析师应提醒用户，企业应向委托其个人信息的客户，将个人信息存储在企业文件中的员工，以及希望企业拥有合适、有效和全面的安全计划来保护企业资产和资源的股东提供最好的安全服务。当用户理解这种对安全的整体承诺并感觉自己是其中的一部分时，他们更有可能选择更好的密码、对保密问题更加警惕并帮助成功实施企业安全计划。

新技术

除了传统措施和生物识别设备，技术也可增强安全性并防止未经授权的访问。例如，图表 12-33 中所示的**安全令牌**（security token）是认证合法用户的物理设备。一些企业为员工提供生成数字验证码的安全令牌，除了正常密码之外，员工还需输入该验证码。

图表 12-33　不同形式的安全令牌可以提高安全级别

资料来源：Lim Yong Hian/Shutterstock. com。

遗憾的是，新技术有时会产生新的风险。例如，强大的搜索应用能够扫描用户计算机上的全部文件、文档、电子邮件、聊天和存储的网页。尽管这可以为用户定位和检索数据提供便利，但是它还可以使入侵者更容易地获得私人信息，特别是在多用户环境中，因为程序可以调用并显示存储在计算机上的任何东西。此外，如果入侵者在搜索中使用“密码”这一术语，则程序可能会找到存储在计算机上所有地方的密码提醒。为了增强多用户计算机的保密性，每个用户都应该有一个单独的账户、设定单独的用户名和密码。

企业和个人用户在考虑基于云的存储和服务时也应当谨慎。在这种技术迅速变化的环境中，最好的选择是与能够提供强大云安全体验和保障的成熟供应商合作。

12.7.6 规程安全

规程安全（procedural security）也称为**运营安全**（operational security），包括确保安全运营的管理政策和控制。事实上，许多 IT 专家认为安全性更多取决于管理问题而不是技术问题。管理层必须努力建立一种强调安全对企业及其员工重要性的企业文化。规程安全定义了如何执行具体任务，从大规模数据备份到存储电子邮件或表单等日常任务。其他规程可能会说明如何更新防火墙软件或安全人员如何对待疑似攻击者。

所有员工都应该了解他们对安全负有责任。例如，员工手册可能要求用户在离开工位前退出其系统账户、清理桌面并保护所有文档。这些策略降低了**垃圾搜寻**（dumpster diving）攻击的风险，即入侵者攻击桌面或回收站以获取有价值的信息。此外，应粉碎销毁敏感文件。

规程安全还包括防护那些可能被攻击者利用的规程。最常见的判断方法是“需要知道”，将访问权限局限在需要信息来执行安全相关任务的员工内。许多企业还为企业文档访问权限设置了一系列分级。例如，高度敏感的技术文档可能只对 IT 支持团队可用，而大多数企业员工可使用与用户相关的材料。如果使用分级，应该清楚地标识它们并统一执行。

规程安全必须由上级管理层支持并向所有员工充分解释。组织必须提供培训来解释规程并不时发出提醒，从而使安全问题成为优先事项。

案例 12.4 Chain Link Consulting 公司

Chain Link Consulting 是一家专门针对系统安全问题的 IT 咨询公司。公司总裁要求你帮助她在下个月的贸易展会上向一些潜在客户提供演示。首先，她希望你在考虑全部六个安全等级的情况下检查系统安全问题。然后，她要你提出一个 Chain Link 可以测试客户安全的操作方式列表，以便获得一个现实的漏洞评估。

为了让你的展示更有趣，她告诉你可以提出有创意的建议，但不能违法或违反伦理。例如，装作职位申请人提供虚假参考资料，看看他们是否会检查这些材料，但是撬开门锁并进入电脑室是不合适的。

如果明天就需要你提交报告，你会提出什么样的建议?

12.8 备份和恢复

每个系统都必须提供数据备份和恢复。回顾第 9 章，备份是指以规定的时间间隔复制或连续复制数据。**恢复**（recovery）包括在中断后恢复数据和重新启动系统。为应对潜在灾难的整体备份和恢复计划称为**灾难恢复计划**（disaster recovery plan）。

2001 年 9 月 11 日的悲剧事件以及对全球恐怖主义的日益关注使许多企业升级了备份和灾难恢复计划，

对灾难恢复的高度重视产生了一个包括新工具和战略的全新行业。许多IT专业人员认为，对恐怖主义的关注提高了企业的整体安全意识。虽然它们是独立的主题，但备份和灾难恢复问题通常是交织在一起的。以下各节将更详细地介绍这些主题。

12.8.1 备份策略

商业数据保护的基础是包含详细说明和过程的**备份策略**（backup policy）。有效的备份策略能够帮助企业关注业务运营并应对灾难。备份策略应指定备份介质、备份类型和保留期。

备份介质

备份介质（backup media）可以包括磁带、硬盘驱动器、光盘和在线存储。物理备份必须被仔细标识并存储在安全位置。**界外**（offsiting）指将提供备份功能的介质存放在远离主商业区的地方，这样做的目的是减轻洪水、火灾或者地震等毁灭性灾难带来的损失。即使操作系统包含备份程序，许多系统管理员还是更喜欢使用可为大规模操作提供更多选项且更好控制的专业第三方软件。

除了实地的数据存储，基于云的存储正在快速增长。许多企业使用先进供应商提供的在线备份和检索服务。对于中小型企业，此选项可能经济且可靠。

备份类型

备份可以是完全备份、差异备份、增量备份或连续备份。**完全备份**（full backup）是提供系统上每个文件的完整副本。如果大多数文件自上次完全备份以来没有改变，则频繁的完全备份是耗时且冗余的。代替完全备份，另一个选项是执行**差异备份**（differential backup），其速度相对更快，因为差异备份仅备份上次完全备份之后新增的文件或更改的文件。要将数据恢复到其原始状态，应首先恢复上次完全备份，然后恢复上次差异备份。许多IT经理认为，完全备份和差异备份的组合是最好的选择，因为它使用最少的存储空间且很简单。

最快的方法是**增量备份**（incremental backup），其仅备份从未通过任何方法备份的文件。然而，此方法需要多个步骤来恢复数据——每个增量备份均需一个步骤。

大多数大型系统使用**连续备份**（continuous backup），这是一种记录全部系统活动的实时流方法。这种方法需要硬件、软件和大量的网络容量支持，但系统恢复快速且有效，因为在产生时实时捕获数据。连续备份通常使用镜像数据的**独立磁盘冗余阵列**（redundant array of independent disks，RAID）系统。RAID系统被称为**容错**（fault tolerant）的系统，因为任何一个磁盘的故障都不会使系统无法使用。与大型驱动器相比，RAID设计提供了更好的性能、更大的容量和更高的可靠性。当安装在服务器上时，多个驱动器的RAID阵列在计算机上显示为单个逻辑驱动器。图表12－34显示了不同备份方法的比较。

备份方法比较

备份类型	特点	优缺点	典型频率
完全备份	将所有文件备份	备份时间最慢，需要最多的存储空间。能够快速恢复，因为所有文件均可在一个步骤中还原	每月或每周
差异备份	仅对上次完全备份之后新增或更改的文件进行备份	比完全备份更快，且需要更少的存储空间。通过使用上次完全备份和上次差异备份，所有数据可通过两个步骤恢复	每周或每天
增量备份	仅对上次任一类型的备份之后新增或更改的文件进行备份	最快的备份，且需要最少的存储空间，因为只保存从未被备份的文件。但需要许多恢复步骤，每个增量备份都要执行一次	每日或更频繁
连续备份	记录全部系统活动的实时流方法	非常昂贵的硬件、软件和网络容量。恢复非常快，因为系统可在中断前恢复	通常仅由大型企业和网络系统使用

图表12－34 完全备份、差异备份、增量备份和连续备份的比较

保留期

备份在特定的**保留期**（retention period）内被存储，在此期限之后，将销毁备份或重新使用备份介质。保留期可以是固定的月数或年数，这取决于法律要求和企业政策。存储介质必须定期进行保密、保护和盘点。

12.8.2 业务连续性问题

全球都提高了对恐怖主义的关注水平，并增加了在紧急情况下对业务连续性战略的高层管理支持。灾难恢复计划描述要采取的行动，明确要通知的关键个人和救援当局，并阐明雇员在疏散、缓解和恢复工作中的作用。灾难恢复计划应附有一个测试计划，其可以模拟各种紧急情况和记录响应，并根据需要进行分析和改进。

除了人员安全，还应减轻对企业资产的损害。计划可能需要关闭系统以防止进一步的数据丢失，或将物理资产转移到安全位置。其后，计划应重点恢复业务运营，包括抢救或更换设备以及恢复备份数据。灾难恢复计划的主要目标是将业务运营恢复到灾前水平。

灾难恢复计划通常是更大的**业务连续性计划**（business continuity plan，BCP）的一部分，其不仅是一个恢复计划，还定义了在重大中断产生的情况下关键业务功能如何继续。一些 BCP 指定使用热场所。**热场所**（hot site）是可位于世界上任何地方的备用 IT 位置，其能在断电、系统崩溃或物理灾难发生的情况下支持关键系统。热场所需要**数据复制**（data replication），这意味着主系统上的任何事务必须在热场所上做镜像。如果主系统不可用，热场所将具有最新数据，且无停机时间地无缝运行。

虽然热场所是有吸引力的备份解决方案，但它们非常昂贵。然而，热场所为主要业务中断提供了最佳保险。除热场所外，商业保险在最坏情况下也很重要。商业保险虽然昂贵，但可以抵消系统故障和业务中断带来的财务影响。

12.9 系统报废

任何系统都会走向报废。例如，在 20 世纪 60 年代，冲孔卡代表了数据管理的前沿。数据通过不同位置的冲孔进行存储，并通过可感测是否存在冲孔的机器来检索。大多数全尺寸的卡片仅存储 80 个字符或字节，因此需要超过 12 000 张卡来存储兆字节。冲孔卡甚至曾被用作支票和水电费账单。今天，这项技术已经报废了。

不断变化的技术意味着每个系统的经济寿命都有限。分析师和管理人员可以通过多种方式预测系统报废，因此系统的报废往往都在分析师和管理人员的预测范围之内。

当系统不再支持用户需求或者平台报废时，系统就会报废。系统报废的最常见原因是它已经达到其经济使用寿命的终点，如下面的迹象所示：

- 系统的维护历史表明适应性和矫正性维护正在逐步增加。
- 运营成本或执行时间正在快速增加，常规改善性维护无法扭转或减缓趋势。
- 与当前系统相比，存在提供相同或额外服务的更快、更好、成本更低的软件包。
- 新技术提供了更有效地执行相同或额外功能的方式。
- 维护变更或附加功能执行起来比较困难且很昂贵。

● 用户请求重要的新功能来支持业务需求。

在安装替换系统前，操作系统和支持将继续运营。在操作系统运营寿命结束前，用户不太可能提交新的适应性维护请求，因为他们更加期待新版本。类似地，IT 人员通常也不会进行大量改善性维护或预防性维护，因为系统的生命周期不会长到能够平衡成本。处于最后阶段的系统只需要通过矫正性维护来保持系统运营。

用户满意度通常决定系统的寿命。影响任何系统成功的关键因素都是它能否帮助用户实现其操作目标和业务目标。应对所有负面反馈都进行调查和记录，因为它们可能是系统报废的第一个信号。

在系统运营中的某一时刻，维护成本开始增加，若用户开始请求更多的功能和需求、提交新的系统请求，那么 SDLC 将重新开始。

12.10 未来的挑战和机遇

一个古老的说法是，生活中唯一不变的就是改变。信息技术也是如此，只是 IT 的变化速度似乎每年都在增加。快速变化可能为组织和个人带来许多挑战，但它也可以提供令人振奋的新机会。成功的秘诀是为注定要发生的变化做好准备，且应主动准备而不是被动应战。

谨慎的专业人士不会在没有地图和计划的情况下就开始一段复杂的旅程。为了引领信息技术的未来，企业需要战略计划，这在第 2 章中讨论过。个人也需要计划以达到特定目标或目的地。本节将讨论影响全部 IT 专业人员的趋势和预测。为了迎接未来的挑战，个人需要计划并储备知识、技能和资质。

12.10.1 趋势和预测

IT 生涯就像是在充满阻碍的海洋中航行一艘小船。即使有一个好的船长，有一个明确的航海图，也将偶尔受到不可抗力和环境的阻挠。能做的仅仅是理解这些力量并努力为它们做准备。图表 12-35 描述了一些可能影响 IT 趋势的风向变化，包括全球化、技术整合、服务导向、云计算和未来的职场。

除图表 12-35 中描述的趋势之外，大多数企业将面临经济、社会和政治的不确定性。许多 IT 专家认为，这种环境下最高的优先级应是企业运营的安全性和敏捷性、快速响应不断变化的市场力量的能力和灵活性，以及最低程度的总体拥有成本。以下是未来几年可能出现的趋势和发展示例：

● 网络犯罪将大幅增加，对财政、社会和国家安全造成负面影响。

● 智能手机和平板电脑将成为大多数用户的主流计算平台，越过传统的 PC 或笔记本电脑成为用户的首选设备。

● 软件即服务将成为标准，这将影响商业模式和消费者成本，因为行业对计算机应用从购买模式转向租赁模式。

● 云计算将成为企业的主要计算基础设施，从而实现软件即服务并降低总体拥有成本。

● 受经济因素的影响，内包（将工作从离岸位置移回国内）将增加。可能的影响因素包括新兴市场的高工资、使用复杂制造的机器人产生提升的自动化技术、海外开发的外包组件（硬件和软件）的安全问题以及保护就业的政策压力等。

大型企业完全有可能需要供应商保证其安全资质和采购政策。另一个问题可能与云计算和大规模数据中心的增长有关，如图表 12-36 所示。随着线上企业和个人数字化活动日益增多，访问控制以及与数据中心和世界各地客户之间网络活动的所有权和监控权相关的国际法律问题将变得越来越重要。

大型企业也可能需要供应商保证其绿色资质和采购政策，这可能与存储数据和服务器场所的激增相关，如图表12－36所示。这些服务器场所会耗费大量的电力进行正常操作和冷却，从而影响环境和企业的底线。

趋势	描述	对IT的整体影响	对未来系统分析师的影响
全球化	由互联网驱动，新兴企业将全球融合且不受传统贸易壁垒的影响	语言技能十分重要。技术将为发展中国家开辟更有效的竞争机会。知识型员工将跨越领域和国界进行沟通和协作，工作将在多个时区全天候完成	系统分析师将直接受到全球化趋势的影响，他们可能会为更多的企业工作、接触更多的信息、需要更多的技术技能并看到比历史上任何时候都大的变化
技术整合	由于计算能力的巨大增长，新的IT模型将包括具有智能互联设备（如通信系统、汽车、娱乐、交通基础设施和智能电网）的网络	新技术将推动个人和商业服务方式的重大变化。企业将在鼓励创新、发挥创造力并产生积极社会效果的全球市场上竞争	系统分析师需要精通业务和技术技能。他们将有在业务运营和IT融合之处工作的独特机会。技术增长与全球化的协同效应将为具备合适技能的人们创造就业机会
服务导向	租赁而非购买（拥有）计算处理能力和数据存储的商业模式。计算能力将和电力或水一样，被视为按需使用的服务，而不是管理程序	服务导向是一种范式转变，其代表了这一领域的成熟，终端用户不再关心技术细节，而更多关注于业务功能。IT系统间使用SOA（服务导向的架构）来构建，从而使当前功能和新功能能够作为服务提供给客户	系统分析师需要具有商业头脑，以有效的方式在服务导向的IT环境中工作。他们仍需要技术技能，但技术服务是为了满足业务需求
云计算	云计算是提供商业和IT服务的新模式。这将对产品创新、营销、客户关系和社交媒体等商业战略产生深远影响。云计算提供了支持服务导向的IT基础架构	云计算的全部潜力将由能够整合云基础架构、服务、服务器、数据访问和安全环境的企业实现。创意和创新将得到回报，且竞争会更加激烈。云计算将通过减少资本支出来降低TCO	与所有新技术一样，云应用的系统开发对一些人来说是挑战，但也为一些人带来了机会。无论开发方法或平台如何，分析师都需要商业嗅觉和技术知识来充分利用云端
职场	面对全球竞争和巨大的技术变革，企业将强调创新、愿景和快速适应能力。批判性思维能力至关重要	成功的IT人员必须能够有效地进行创新、分析和沟通，且能够跳出固有思维模式。那些能够适应变化、拥抱新技术和新业务方式的人将成为胜者	为明日的职场做准备的学生将需要强大的技能。系统分析师被期望能够为职场带来沟通、建模、问题解决、决策以及批判性思维能力，并了解可能影响他们的伦理问题

图表12－35　主要趋势及其对IT整体和未来系统分析师的影响

图表12－36　数据中心和云计算的快速发展增加了安全问题和隐私问题

资料来源：Oleksiy Mark/Shutterstock.com。

12.10.2 IT专业人员的战略规划

系统分析师应该像一个拥有某些资产、潜在负债和具体目标的小型企业家。和企业一样，个人也必须有一个战略计划。起点是找到以下问题的答案：是否为明年、未来三年和未来五年设定了职业目标？

从这些目标开始向后规划，能够形成中间的里程碑。可像管理 IT 项目一样管理分析师的职业生涯，使用第 3 章中描述的项目管理工具，以月（或年）为时间单位构建甘特图或 PERT/CPM 图表。一旦制订计划，应定期检查以保持正常。与灵活型企业一样，应该根据需要调整实现职业目标的进度。

12.10.3 IT证书和认证

近年来，IT 雇主和员工的技术证书和认证已经变得非常重要。在广义上，**证书**（credentials）包括由学位机构颁发的正式学位、文凭或证书，表明已经实现了某种程度的教育。**认证**（certification）也具有特殊含义，表明特定硬件和软件技能已通过考试测试和验证。例如，如图表 12 - 37 所示，一个人可能有两年或四年的信息系统学位并拥有 ISTQB 基础级认证，这些都证明了该人的软件测试知识和技能。

图表 12 - 37 ISTQB 为全球软件测试人员创建了非常成功的认证方案

资料来源：ISTQB。

IT 领域的快速变化需要专业人员采用终身学习方法来管理他们的职业生涯。即使是大学的高等学位也有短的半衰期，这意味着需要接受继续教育来保持竞争力。许多专业组织提供继续教育课程和优质证书，如 ACM 和 IEEE 以及微软、思科、甲骨文等 IT 行业领导者。

12.10.4 批判性思维能力

除了技术技能，系统分析师还必须具有沟通、人际关系和认知能力等**软技能**（soft skills）。事实上，雇主经常感慨他们的新员工技术熟练，但在其他一些领域有缺陷。为了拥有成功的职业生涯，尤其是获取企业中的高层领导职位，必须在这些领域游刃有余。

为了在工作中取得成功，IT 专业人员还需要**批判性思维能力**（critical thinking skills）。也许学校教给学生最重要的能力就是如何学习，这使他们能够适应职业生涯的动态环境。例如，对于开发人员而言，了解最新的编程语言并不是最重要的，因为他们能够非常快速地学习新的编程语言。

批判性思维能力的重要性已经被认识一段时间了。多年来，它已经成为 Bloom 教育学习目标分类体系中高级认知水平的一部分。思考什么发生了改变，尤其在信息技术中的改变，是批判性思维能力对长期职业生涯成功而言相对重要的部分。

当前的数字社会被大量数据淹没，数据挖掘、复杂的算法和技术创新十分重要，但最宝贵的资产是能够解决问题的员工。IT 人员对帮助人们找到、组织、分析并使用工作中所需信息的批判性思维能力具有浓厚的兴趣。许多雇主现在正在寻求可以定位数据、识别重要事实并将知识应用于现实世界的批判性思想家。

许多培训课程主要培养技术能力，但发展批判性思维能力同样重要。执行模拟实际工作的任务可以发展批判性思维能力。学习系统分析和设计也有所帮助，因为它为开发模型、组织数据和识别模式的技术提供了坚实的基础。就像硬件或软件技能一样，正式认证在就业市场中很有价值，但最大的价值在于学习这些能力并利用它们实现职业目标。

IT 专业人员还应该了解到，美国教育考试服务中心（Educational Testing Service，ETS）提供批判性思维能力的评估和认证，如图表 12－38 所示。正如 ETS 网站（www.ets.org）所述，“基于场景的 iSkill® 测试可衡量感知、组织、分析、解决问题和决策等能力”。这与 IT 特别相关，因为测试可以使学生“展现数字环境中的批判性思维”。

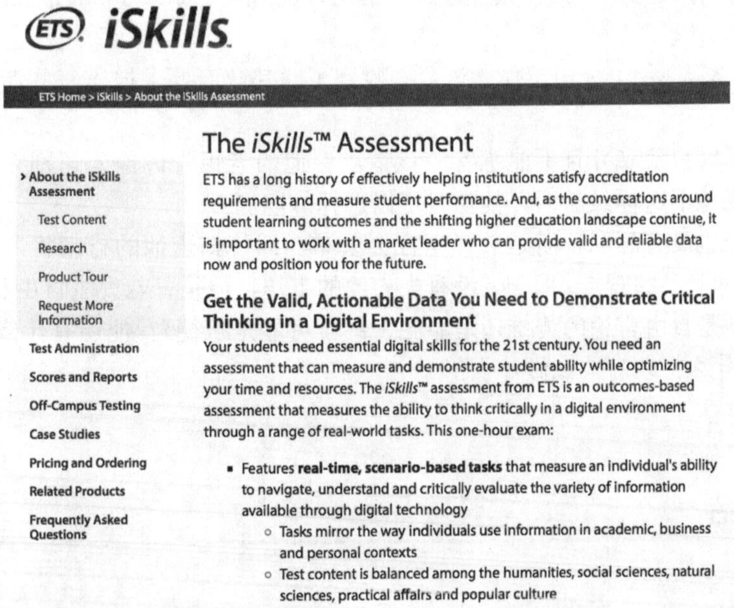

图表 12－38　雇主喜欢雇用能够进行逻辑且有效思考的人。美国教育考试服务中心（ETS）使用具有现实场景的交互式测试来衡量批判性思维能力，并向优秀的学生提供证书

资料来源：Educational Testing Service。

许多导师发现，个人和基于团队的练习可以增强批判性思维能力，如游戏、谜题、头脑风暴、创造性问题的解决、决策表、使用伦理问题、布尔逻辑、维恩图，以及使用帕累托图、XY 图、鱼骨图等因果分析工具，所有这些都可以在本书中找到。

12.10.5 网络伦理

随着计算机越来越多地渗透进我们的生活，IT专业人士的决策可能带来严重的影响，可能出现难以解决的伦理问题。IT人员的伦理、社会和法律等方面的问题是当今系统分析师急需关注和解决的。

在伦理问题部分提出的两个场景中，问问自己你会做什么？你将会为自己的行动在哪里划一条界线？你愿意冒多大险去做你认为正确的事情？你做出的决定很可能会影响你的工作和未来的职业生涯（场景1），但其他情况下的影响可能更严重（场景2）。

伦理问题

场景1：Jamie刚刚完成了对公司信息系统的日常安全审计，她发现了几个漏洞。例如，文件权限在一段时间内没有更新，没有全面的密码策略，并且网络通信未完全加密。她在向其主管Tamika提交的报告中指出了这些问题和其他问题，报告中也包括解决问题的具体建议。

Tamika回答说，现在预算紧张，她不能批准Jamie解决这些问题的请求。作为一个IT专业人士，Jamie认为当前风险状况存在问题，但她一直无法说服Tamika。当Jamie和她的朋友Ethan讨论这种情况时，他说："为什么要担心呢？如果这个问题对于Tamika来说能承受，那么对你来说也是能承受的。"

你对Ethan的建议有什么想法？为什么？这是一个伦理问题吗？如果Jamie仍然对当前的风险状况不满意，她的选择是什么？

场景2：Blake为一家大型IT公司工作。该公司收到了联邦政府要求披露一些涉嫌违法客户的个人数据的法律指令。

Blake认为这侵犯了客户隐私并且不愿意答应该请求。他的老板告诉他公司别无选择，公司必须遵守法律。Blake被告知，如果他不这样做的话，他随时可以选择辞职。

Blake没有执行指令也没有辞职，而是选择向社会公布。即使知道他的行动将产生深远的影响，他仍利用媒体发表他关于自由和隐私的观点。Blake没有失去他的工作，但是冒着失去自由和未来的风险。

Blake做得对吗？他是自由言论的英雄还是罪犯（甚至可能是叛徒）？他还有什么其他选择？当Blake向社会公布时公司应该做什么？政府应该做什么？

12.11 本章小结

系统支持和安全涵盖从实施信息系统到不再使用系统的整个时期。系统分析师在运营系统中的主要活动是管理并解决用户支持请求。

矫正性维护包括修正错误；适应性维护满足新的系统要求；改善性维护使系统更高效。适应性维护和改善性维护带来的变化通常称为增强。进行预防性维护是为了避免未来的问题。

典型的维护过程类似于新系统开发生命周期的微型版本。在系统维护工作的请求提交后应进行评估。如果请求被接受，则进行优先级排序并安排时间进度。然后，维护团队按照调查、分析、设计、开发、测试和实施的逻辑顺序开展维护工作。

矫正性维护项目在用户或 IT 人员报告问题时发生。对于相对较小的错误，通常遵循标准的维护程序，但是当用户报告重大错误时，维护工作通常立即开始。

与矫正性维护相反，适应性维护、改善性维护和预防性维护项目始终遵循组织的标准维护程序。适应性维护项目在响应用户为满足业务或运营环境变化而提出改进请求时发生。IT 人员通常启动改善性维护项目以提高性能或可维护性。软件再造是改善性维护的形式。为了避免未来的问题，IT 人员执行预防性维护，分析可能发生故障的区域。

维护团队由一个或多个系统分析师和程序员组成。系统分析师需要使用和开发新系统时相同的能力来进行维护工作。许多 IT 部门被组织为单独的新系统开发和维护小组，工作人员在不同小组之间进行调配。

配置管理对于处理维护请求、管理不同版本信息系统以及分发更改文档是必要的。维护更改可在完成时发布，或使用版本方法将所有非关键维护变化同时收集和实施。版本方法通常有成本效益且有利于用户，因为用户不必在不断变化的系统中工作。系统分析师将功能基准、指派基准和产品基准作为在特定时间衡量系统特性的正式参考点。

系统性能度量包括响应时间、带宽、吞吐量和周转时间。容量管理使用这些度量来预测未来需要提供的服务和支持水平。此外，具有系统评估和维护功能的 CASE 工具可以在系统运营、支持和安全阶段使用。

安全性是每个信息系统的重要组成部分。系统安全性依赖于一整套完整的安全政策，这些政策用于说明如何保护组织资产以及如何应对攻击。

风险管理通过识别、分析、预测风险并将风险降低到可接受的水平来创建可行的安全政策。由于信息系统面临各种各样的威胁和攻击，应分析六个单独但相互关联的等级：物理安全、网络安全、应用安全、文件安全、用户安全和规程安全。物理安全涉及物理环境，包括位于运营中心的关键设备以及整个企业的服务器和台式机的安全保护。网络安全涉及加密技术以及专用网络和其他保护措施，特别是在涉及无线传输的情况下。应用安全需要了解服务、系统加固、应用权限、输入校验、软件补丁和更新以及软件日志。文件安全涉及加密以及可分配给单个用户或用户组的权限。用户安全涉及身份管理技术、全面的密码保护政策、社交工程风险意识以及克服用户抵制的有效手段。规程安全涉及确保安全操作的管理控制和政策。

数据备份和恢复问题包括备份介质、备份类型和保留期，以及 RAID 和基于云的备份等备份设计。

所有的信息系统最终都会报废。系统经济寿命的结束通常表现为维护或运营成本急速增加，可用的新软件、硬件或者现有系统很难实现新的要求。当达到某一时间点时，必须更换信息系统，整个系统开发生命周期重新开始。

IT 专家都应预测未来的激烈竞争，以及经济、政治和社会的不确定性。面对这些挑战，最高的 IT 优先级应是企业运营的安全和防御、环境问题和最低强度的 TCO。

IT 专业人员应有一个包括长期目标和中间里程碑的战略性职业规划。个人战略计划的一个重要元素是获取 IT 学位和证明特定知识和技能的证书，许多 IT 行业领导者也能提供认证。除了技术能力，批判性思维能力等其他技能也非常有价值。

关键词（Key Terms）

接受　四种风险管控策略之一。在接受的情况下，风险被接受并且不做任何改变。通常情况下，只有当防范风险带来的收益小于成本时，才选择接受风险。

适应性维护　为现有系统添加新功能和增强功能。

管理员账户　允许无限制访问应用的账户。

指派基准　在设计阶段结束时记录系统，并记录功能基准之后的所有更改。指派基准包括对全部系统需求和功能的测试和验证。

应用程序员　进行新系统开发及维护的人员。

存档　安装新版本时，对前一版本的系统进行储存。

资产　为组织提供有形或无形利益的硬件、软件、数据、网络、人员或程序。

攻击　针对信息系统或企业的敌对行为。

自动更新服务　允许应用连接供应商服务器并获取所需补丁。

可用性　系统安全的三大要素（保密性、完整性、可用性）之一。可用性确保授权用户能够及时可靠地访问必要信息。

规避　四种风险控制策略之一。在规避中，添加保护措施以消除风险。

备份介质　数据存储选项，包括磁带、硬盘、光盘和在线储存。

备份策略　全部备份的详细说明和步骤。

基准　在特定时间衡量系统特性的正式参考点。在系统开发阶段，系统分析师将基准作为记录功能和性能的准绳。

基准测试　企业测量系统性能而进行的一种测试。

生物识别扫描系统　为识别身份而验证一个人的面部、指纹或眼部特征。

BIOS级密码　启动计算机前必须输入的密码，能够防止未授权的人员使用USB设备或光盘启动计算机。也称为开机密码或启动级密码。

启动级密码　参见BIOS级密码。

业务连续性计划（BCP）　在出现严重中断的情况下，定义关键业务功能如何继续的计划。

容量规划　监控当前活动和性能水平、预测未来活动以及提供预期服务水平所需资源的过程。

认证　个人通过在标准化测试中展现出一定水平的知识和技能而获得的证书。

变更控制（CC）　控制软件开发过程中系统需求变化的过程，也是系统开始运营后管理系统更改和系统成本的重要工具。

CIA三角形　系统安全的三大主要因素：保密性、完整性和可用性。

保密性　系统安全三大要素（保密性、完整性和可用性）之一。保密性保护信息免受未授权的披露并保护隐私。

配置管理（CM）　在SDLC开发阶段控制系统需求变化的过程。配置管理也是在系统开始运营后管理系统更改和成本的重要工具。

连续备份　记录所有系统活动的实时流式备份方法。

矫正性维护　更改系统以修正错误。

证书　包括学位机构颁发的学位、文凭或证书，表明某一水平的教育已经完成。

关键风险　对风险进行分类和优先级排序时，关键风险（具有最高漏洞和影响评级的风险）被列在前面。

批判性思维能力　比较、分类、评估、确定模式、分析因果关系以及应用逻辑的能力。这些技能在IT行业受到重视。

数据复制　在正常运营条件下，主系统上发生的任何事务必须自动传输到热场所。

数据库程序员　创建并支持大型数据库系统的人员。

拒绝服务（DoS）　攻击者对某端口上运行的服务进行重复请求时发生的在线攻击。

差异备份　仅包含上次完全备份后更改的文件的备份。

灾难恢复计划　由整体备份和恢复计划组成的文档规程。

分布式拒绝服务（DDoS）　包括多台攻击计算机的服务攻击，可对服务器进行同步 DoS 攻击。

垃圾搜寻　袭击桌面或回收站以获得有价值信息。

增强　新特性或功能。

漏洞利用　利用系统漏洞的攻击，通常由一个或多个不正确配置的服务组合造成。

故障管理　及时发现并解决运营问题。故障管理包括监控系统故障迹象、记录所有系统故障、诊断故障并采取修正措施。

容错　若一个组件的故障不会禁用系统或应用的其余部分，则认为该系统或应用是容错的。

防火墙　本地网络或内联网与互联网之间的主要防线。

完全备份　系统中每个文件的完整备份。

功能基准　项目开始时记录的系统配置，包括所有必要的系统需求和设计约束。

系统加固　删除不必要的账户、服务和功能使系统更安全。

帮助台　由 IT 专业人员组成的集中资源，为用户提供完成工作所需的支持。帮助台有三个主要目标：向人们展示如何更有效地使用系统资源；解答技术或操作问题；通过教授他们如何满足自己的信息需求让用户更有效率。也称为服务台或信息中心。

热场所　独立的 IT 位置，可能在另一个州甚至另一个国家，可在断电、系统崩溃或物理灾难发生的情况下支持关键业务系统。

身份管理　识别合法用户和系统组件的必要控制和程序。

身份盗窃　在线窃取个人身份信息。

IEEE 802.11i　使用 WPA2 协议的 Wi-Fi 无线网络安全标准，目前是 Wi-Fi 网络最安全的加密方法。

增量备份　仅备份从未通过任何方法备份的文件。

完整性　系统安全三大要素（保密性、完整性和可用性）之一。完整性可防止未经授权的用户创建、修改或删除信息。

击键记录器　可以插入键盘和计算机之间以记录击键的设备。

日志　由运营的系统和程序保存的记录，记录包括日期、时间和其他特定信息在内的全部事件。日志对于理解过去的攻击并防止未来的入侵十分重要。

维护活动　更改程序、过程或文档以确保系统性能正确，使系统适应不断变化的需求，并让系统更有效地运行。这些需求通过矫正性维护、适应性维护、改善性维护和预防性维护来满足。

维护费用　在系统运行期间显著变化的成本，包括支持维护活动的支出。

维护版本　正式发布一个包含大量更改的新系统版本。

维护版本方法　组织（尤其是软件供应商）使用的编号版本的系统，帮助组织维护更改和更新。

维护团队　共同处理产品维护问题的一个或多个系统分析员和程序员。

恶意软件　可能会危及系统安全或隐私的恶性软件。

度量　工作负载的度量方式也称为度量，包括打印的行数、访问的记录数和给定时间段内处理的事务数。

抑制　四个风险控制策略之一。抑制通过仔细的规划和准备来降低风险的影响。例如，企业可以制订灾难恢复计划，以减轻自然灾害的影响。

网络　为了发送、接收和共享数据而连接的两个或多个设备。

网络接口　允许计算机与网络交互的硬件和软件的组合。

网络入侵检测系统（NIDS）　监控网络流量以检测试图入侵或可疑的网络通信模式，并向网络管理员发送警报的软件，有助于记录攻击者行为并分析网络性能。

界外　将备份介质存放在远离主要业务位置的做法，以降低洪水、火灾或地震等毁灭性灾难的风险。

运营成本　系统实施后产生的费用，在系统使用时持续产生。如包括系统维护成本、支持成本、设备租金和年度软件许可费。

运营安全　确保安全运营的管理政策和控制。也称为规程安全。

改善性维护　提高信息系统效率的改善。

纯文本　未加密的数据。

端口　一个正整数，用于将输入通信发送到计算机上的正确应用。

端口扫描　通过与不同的端口连接并记录接收连接的端口尝试检测在计算机上运行的服务。

开机密码　参见BIOS级密码。

假托　以虚假借口取得个人资料。

预防性维护　降低系统未来故障可能性的系统更改。

私钥加密　一种常见的加密技术是公钥加密（PKE）。私钥是成对密钥中的一个，它对已被成对密钥的另一部分（公钥）加密的信息解密。

专用网络　类似于电话专线的专用网络连接。

特权升级　攻击未经授权的提升权限级别的尝试。

规程安全　确保安全运营的管理政策和控制。也称为运营安全。

产品基准　描述系统运营开始时的系统。产品基准包含指派基准后做出的更改，并包含运行系统的性能和验收测试结果。

程序员/分析师　结合系统分析和编程技能的岗位名称。

公钥加密（PKE）　一种常用的加密技术。网络上的每个用户都有自己的一对密钥：公钥和私钥。公钥加密的数据可以被私钥解密。

独立磁盘冗余阵列（RAID）　RAID系统可能是组织备份与恢复计划的一部分。在处理进行时，RAID系统将创建数据镜像。RAID系统称为容错系统，因为任何一个磁盘的故障都不会使系统无法使用。

恢复　在中断后恢复数据并重启系统的过程。

远程控制软件　允许IT人员接管用户工作站并提供支持和故障排除的应用。

响应时间　系统活动请求和响应之间的总时间。在常见的在线环境中，响应时间从用户按下回车键或单机鼠标按钮的瞬间开始测量，直到所请求的屏幕信息显示或打印输出就绪。

保留期　备份在特定的保留期内被储存，之后会销毁备份或重新使用备份介质。

风险　在IT安全中，风险是攻击的影响与漏洞被利用可能性的乘积。

风险评估　测量风险的可能性和影响力。

风险控制　制定降低风险可能性和影响的保障措施。

风险识别　列举每一项风险并评估其影响项目的可能性。

安全漏洞　由一个或者多个不正确配置的服务器组合生成。

安全政策　处理系统安全三个主要部分（保密性、完整性和可用性）的计划。

安全令牌　验证合法用户的物理设备，如智能卡片或钥匙串设备。

服务　监控或侦听特定端口的应用。

服务台　参见帮助台。

服务包　商业软件供应商提供的维护版本。

社交工程　入侵者使用社交互动得以访问计算机系统。

软技能　沟通能力、人际关系能力、感知能力和批判性思维能力都是软技能。IT专家必须要有软技能和技术能力。

软件再造　用分析技术识别信息系统中潜在的质量和性能提升。

超级用户账户　基本允许无限制访问应用的登录账户。

系统管理员　负责组织内计算机网络配置管理和维护组织的人员。

系统程序员　专注于操作系统软件和使用程序的人。

防篡改机箱　被设计为显示任何打开或解锁的企图的机箱。

第三方软件　不是内部开发的应用。

威胁　在风险管理中，可能危及资产的内部或者外部实体。

吞吐量　在特定情况下对实际系统的测量，受到网络负载和硬件效率的影响。和带宽一样，吞吐量用 Kbps、Mbps 或 Gbps 等数据传送速率表示。

转移　四个风险控制策略之一。在转移中，风险被转移到另一资产或保险公司等第三方。

隧道　在客户端和本地内联网接入点之间建立的安全网络连接。

周转时间　应用于客户结算或信用卡账单等集中批量处理操作的方法。周转时间衡量提交信息请求与请求完成之间的时间。通过测量从用户请求帮助到解决问题的时间，周转时间也可用于衡量 IT 支持或服务的质量。

未加密的　没有被加密的数据。

不间断电源（UPS）　电池供电备用电源，使运营在短期断电和电流不稳时能够继续运行。

通用安全插槽（USS）　可以固定在电缆锁或笔记本电脑报警器上。

用户权限　确定用户对数据库、文件或目录的访问类型的特定用户权限。也称为许可。

用户培训包　用户培训包的主要目的是向用户展示系统如何帮助他们开展工作。

版本控制　跟踪系统版本的过程。

虚拟专用网络（VPN）　使用公共网络安全连接远程用户。允许远程客户端使用必须由 VPN 进行身份验证的特殊密钥交换。

漏洞　安全隐患或弱点。

假设分析法　业务支持系统的功能，允许分析师定义并解释各种问题（包括未完全定义的问题）。

Wi-Fi 保护访问（WPA）　保护无线网络安全的常用方法。这种方法要求每个无线客户端使用特殊的预共享密钥而不是密钥对进行手动配置。最新的和更安全的版本是 WPA2。

有线等效加密（WEP）　确保无线安全的最早方法之一，被 WPA 和 WPA2 取代。

WPA2　基于 802.11i 协议的无线安全标准，能够显著提高对 WEP 和 WPA 的保护。

本章练习

问题

1. 描述系统维护的四种类型，并为每种类型提供两个示例。
2. 作为 IT 经理，你会将新聘用的系统分析师安排到维护小组吗？为什么？
3. 什么是配置管理？为什么它很重要？
4. 为“假设分析法”下一个定义。如何在容量规划中使用电子表格？
5. 什么是版本方法？为什么版本控制很重要？
6. 为下列术语下定义：响应时间、带宽、吞吐量和周转时间。这些术语之间有什么关系？
7. 在考虑数据备份和恢复时，必须处理哪些关键问题？

8. 解释风险管理的概念，包括风险识别、风险评估和风险控制。

9. 六个安全级别分别是什么？提供一些威胁类别、攻击者简介和攻击类型的示例。

10. 提供技术报废的例子，并解释它如何对信息系统构成威胁。

讨论话题

1. 假设你的公司对其销售系统使用版本方法。当前版本为 5.5。确定以下每项更改是适用于版本 6.0，还是包含在版本 5.6 中：(a) 添加新报告；(b) 添加网络界面；(c) 添加数据校验检查；(d) 添加连接营销系统的接口；(e) 更改用户界面。

2. 四种 IT 系统维护类型也适用于其他行业。假设你在一家小型航空公司负责飞机维修，每种类型维护的具体示例是什么？

3. 如果程序员和系统分析师经验不足两年，或在最近的绩效评估中获得平均或更低的评级，IT 经理就会将其分配到维护项目。你同意这种做法吗？

4. 企业如今面临的最重要的 IT 安全问题是什么？这些问题在过去五年里发生变化了吗？它们会继续改变吗？企业如何应对未来的安全威胁和问题？

5. 许多人直到来不及的时候才会想起备份数据。只有经历了失去全部工作内容的灾难性损失，他们才倾向于改变习惯。有哪些更好的方式来进行个人备份，比如云服务？

项目

1. 利用互联网，找到一个旨在自动进行版本控制的软件包，在简短的备忘录中列出其主要功能并描述你的发现。

2. 开发一个管理更改请求的流程，并设计一个表单来处理通用更改请求。该过程应包括必须立即解决变更的应急计划。

3. 访问你的学校或当地企业的 IT 部门，了解其是否使用性能测量。写一份简短的报告描述你的发现。

4. 解释如何使用 Microsoft Excel 中的目标规划功能，并创建演示此功能的工作表。

5. 新闻中总是报道安全漏洞。请记录最近盗取员工信息或客户数据的黑客行为，并就可避免攻击的方式提出建议。

系统分析师工具包

目标：学习如何使用沟通工具、CASE 工具、财务分析工具和互联网资源工具。

尖顶发型的老板暗示呆伯特较差的沟通能力对项目团队产生了负面影响。在最后一幅图中，多伯特可能只是嘲笑呆伯特，但毫无疑问，系统分析师必须具备良好的沟通能力才能取得成功。幸运的是，这些都是可以学习的技能，系统分析师工具包可以为其提供帮助。

系统分析师工具包提供可在整个系统开发过程中使用的一系列有价值的技能和知识。工具包就像工匠用来完成项目的传统工具箱。但对于系统分析师来说，工具包包含的是可以帮助其完成工作的信息技术工具和技巧，而不是锤子和螺丝刀。

- A 部分讨论沟通工具，其可以帮助分析人员更加清晰地写作、更加有效地谈话并进行更有说服力的演示。
- B 部分描述 CASE 工具，其可用于设计、构建和记录信息系统。
- C 部分展示财务分析工具，其可用于衡量项目可行性、进行准确的成本收益估计并做出合理决策。
- D 部分描述互联网资源工具，其可用于查找信息、获取参考资料并监控 IT 趋势和发展。

A 部分
沟通工具

系统分析师工具包的 A 部分讨论沟通工具，其可帮助分析人员更加清晰地写作、更加有效地谈话并进行更有说服力的演示。

学习目标

学完这一部分，你应该能够：

- 列出成功沟通的总体指导原则；
- 书写有效的书信、备忘录和电子邮件；
- 衡量书面材料的可读性；
- 组织并准备系统开发过程中需要的书面报告；
- 遵循有效口头沟通的指导方针；
- 设计、组织并提供成功的演示；
- 使用有效的说话技巧来实现你的目标；
- 管理并加强你的沟通能力。

A.1 引言

成功的系统分析师必须具备良好的书面和口头沟通技能才能有效完成职责内的工作。无论使用备忘录、电子邮件、口头演示还是社交网站来传达想法，都不要低估有效沟通的重要性。以下准则将帮助准备并提供有效的演示。但请记住，没有比练习这些技能更好的提高沟通能力的办法了。

A.2 成功的沟通策略

成功的沟通不是一蹴而就的。通常，它是一系列特定策略的结果，包括仔细规划、努力工作以及实践。

要想成为一个成功的沟通者，必须考虑与你自己、听众和目标相关的五个问题，即为什么、谁、什么、何时以及如何。还必须考虑沟通的文化背景。最重要的是必须知道自己的主题是什么并对自己有信心。

A.2.1 为什么、谁、什么、何时以及如何

为什么、谁、什么、何时以及如何沟通（why，who，what，when，and how of communications）是重要的问题，你必须在沟通之前回答这些问题。这五个问题在以下部分详细阐述。

为什么

知道为什么要沟通以及你想要完成什么。问自己一个问题："本次沟通是否必要？我要寻找哪些具体结果？"整个沟通策略取决于你需要的结果。

谁

知道你沟通的目标是谁。第1章描述了用户的信息需求取决于他们的组织水平和知识水平。例如，当与管理人员沟通时，有时在说得足够和说得太多之间存在着细微界限。具体情况不同，因此必须使用良好的判断力并对来自听众的信息保持警觉。

什么

明确对你有什么期望以及何时需要深入细节。这与明确沟通目标以及听众的组织水平和知识水平直接相关。例如，副总裁可能期望更少的细节，更多地关注项目如何支持企业的战略业务目标。你必须像实施系统项目一样仔细地设计你的表达。例如，接受方是否希望你解决特定问题？他们会期望看到成本估算或图表吗？根据这些问题的答案设计你的表达。

何时

知道何时发言，何时保持沉默并让别人继续讨论。要想成为一个有效的谈话者，你必须是一个好的倾听者并利用听众的反馈来调整你的演示。良好的时机是每个演示的重要组成部分。你的表达必须合适，如果速度太快，你会失去听众；而如果速度太慢，他们可能会很无聊。

如何

知道如何有效沟通。你可以通过使用工具包中的建议、自己的经验、观察他人成功和不成功的技术来加强你的沟通技能。

A.2.2 文化环境

如图表A-1所示，沟通策略会受到文化背景的影响。文化因素可能包括地域、背景、教育水平和社会差异等。在询问并回答为什么、谁、什么、何时以及如何这些问题时，必须考虑这些差异。

除了这些因素，企业文化也十分重要。**企业文化**（corporate culture）包括定义企业并影响其经营方式的一系列信念、规则、传统、价值观和态度。为了有效沟通，系统分析师必须理解并在这种文化中工作。例如，如果与具有良好参与氛围的企业中的团体对话，可能需要征求反馈意见、邀请听众进行评论或在你演示的过程中进行投票。同样地，如果组织或团体非常正式或非常不正式，则可能需要相应调整风格。

A.2.3 了解主题

无论将沟通计划得多么好，都必须从内到外了解主题是什么。你的可信度和有效性取决于他人是否相信并支持你的观点。没有人能知道一切，因此采取明确的准备策略十分重要。例如，在演示之前，考虑别人期望你知道什么以及他们会问什么问题。然而，不管准备得多好，你都不可能知道每个问题的答案。记住，最

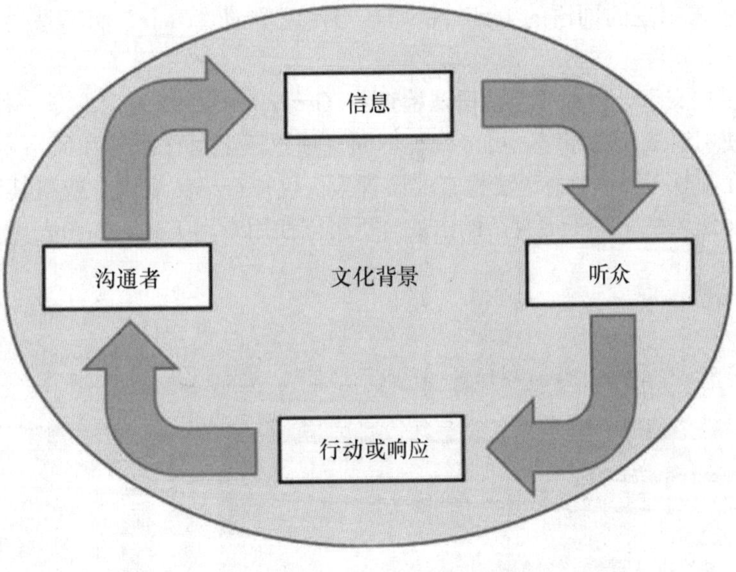

图表 A－1　每种沟通都是在整体文化背景下进行的

好说“我不知道，但我会找出来并尽快反馈给你”，而不是去猜测答案。

A.3　书面沟通

良好的写作很重要，因为别人经常通过你的写作来评判你。如果在说话时犯了错误，听众可能会忘记它，但是书面错误可能会留存很长时间。语法、排版和拼写错误会使读者分心。书面沟通方式包括电子邮件、备忘录、信件、群组沟通和正式报告。

A.3.1　写作风格和可读性

如果你没有参加过写作课程，应该考虑参加一下。如果你有可供选择的课程，最好选择一门专注于商业写作或技术写作的课程，但任何写作课程都值得努力学习。大多数书店和图书馆都有关于有效沟通的优秀图书，许多互联网网站也提供写作指南、技巧和语法规则。在准备书面写作时，牢记以下建议：

（1）了解你的读者。如果你是为非技术读者写作，那么使用读者能够理解的术语。

（2）尽可能使用**主动语态**（active voice）的句子。例如，主动语态句子“汤姆设计了系统”比**被动语态**（passive voice）句子“系统是由汤姆设计的”更好。

（3）保持写作清晰、简洁并组织良好。每个段落应提出单一的主题或想法。

（4）使用适当的风格。如在非正式文件中使用口头语气，在正式文件中使用商务语气。

（5）使用列表。如果主题有许多子主题，那么列表可以组织材料并使其更容易理解。

（6）使用简短易懂的词语。你的目标不是用你的词汇量来打动你的读者。

（7）避免频繁地使用同一个词。使用同义词典为频繁使用的词语寻找同义词。许多文字处理程序都包括能帮助你写得更好的词库或其他工具。

（8）检查拼写。可在文字处理程序中使用拼写检查器来检查拼写，但记住**拼写检查器**（spell checker）

是一种仅识别程序字典中未出现的词语的工具。例如，当使用单词“their”而不是“there”时，拼写检查器无法识别这种错误。

（9）检查语法。大多数文字处理程序包括**语法检查器**（grammar checker），它是一种可以检测语法问题并提供修改建议的工具。当使用语法检查器时，可以设置不同选项以匹配写作水平和风格，并突出显示或忽略某些使用类型。例如，可以在微软 Word 中将语法检查器设置为仅仅检查语法规则，或将其设置为检查包括性别词、句子片段和被动语句的写作风格。对于更复杂的语法分析可以使用专用工具，如图表 A－2 所示的语法工具。

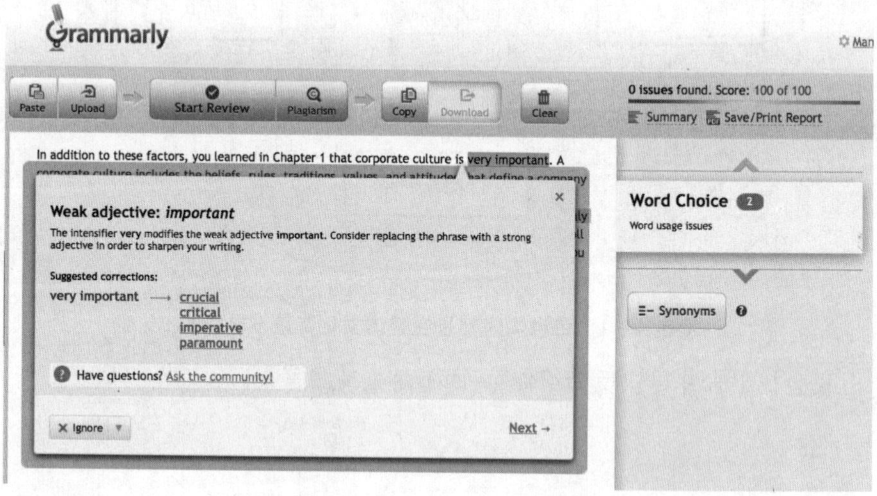

图表 A－2　Grammarly 是用于检查微软 Office 或浏览器中文字语法的复杂工具

资料来源：Grammarly Inc。

（10）仔细检查工作。再次检查拼写、语法和排版错误。如果可能，请同事校对你的工作并提出改进建议。

所有作者必须考虑**可读性**（readability），即通过分析音节、单词和句子的具体特征来衡量理解的难易程度。两种流行的可读性度量是福莱士轻松阅读评分和福莱士-金凯等级评分。两个分数都可在微软 Word 中自动计算，如图表 A－3 所示。

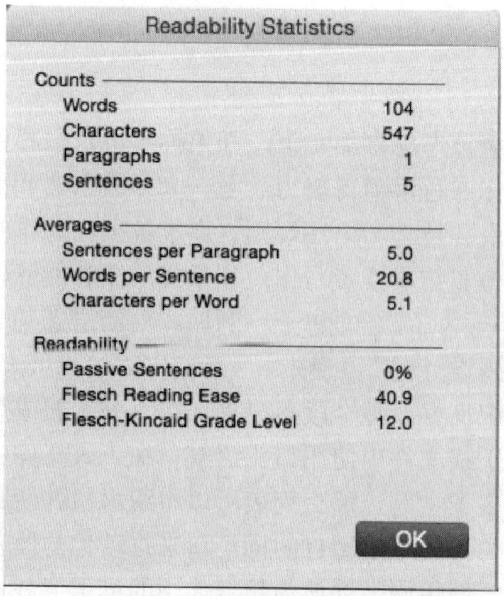

图表 A－3　微软 Word 提供了可读性统计，包括福莱士轻松阅读评分和福莱士-金凯等级评分

资料来源：Microsoft Word 2011 for Mac。

福莱士轻松阅读评分（Flesch Reading Ease score）测量句子平均长度和单词的平均音节数，并以 100 分制对文本进行评分。使用这个工具，得分越高说明越容易理解。对于大多数标准文档来说，微软建议目标得分为 60～70。

福莱士-金凯等级评分（Flesch-Kincaid Grade Level score）使用相同的变量，但按美国中小学年级水平评定文本的得分。例如，8.0 的分数将表明拥有八年级阅读水平的人很容易理解该材料。对于大多数标准文档来说，微软建议应该得到 7.0～8.0 的分数。

A.3.2 电子邮件、备忘录和信件

由于电子邮件是书面沟通的主要工具，因此正确有效地使用电子邮件十分重要。电子邮件通常不如其他书面沟通方式正式，但仍必须遵循语法良好、拼写正确和行文清晰等规则。

虽然许多人写电子邮件时更多地使用会话风格，但应该记住，电子邮件通常会转发给其他收件人或群组，因此必须考虑可能分发的用户。如果经常与特定用户群组进行邮件来往，大多数电子邮件程序允许创建包括成员及其电子邮件地址的通信组列表。例如，图表 A-4 显示了如何使用微软 Outlook 向系统开发的六人团队发送电子邮件。现在电子邮件已经成为商业沟通的标准方式，所有用户都知道正确、专业和礼貌地使用电子邮件十分重要，这一主题将在下一节讨论。

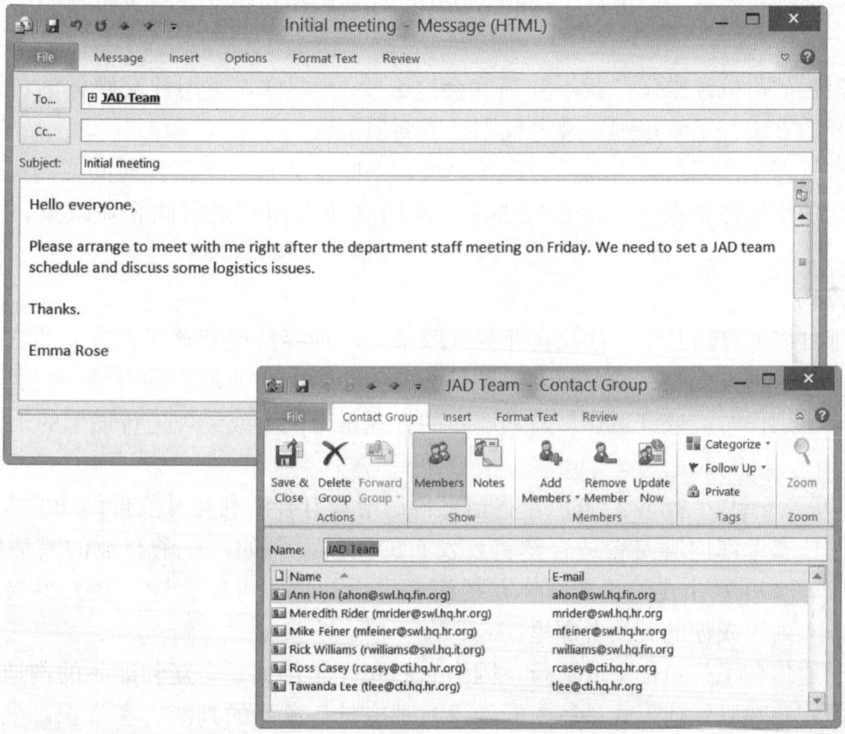

图表 A-4 微软 Outlook 允许用户创建分发列表来发送电子邮件

虽然电子邮件是内部沟通的主要形式，但内部备忘录和公告也很重要，而外部沟通通常需要在公司信头印上相应字母。大多数企业在内部备忘录和外部信件中使用标准格式或模板，如果企业将这些存储在网络上，则可以下载并使用这些模板。如果要创建自己的风格，则可以使用文字处理程序创建具有特定布局、字体和边距设置的模板。**模板**（template）为写作提供统一风格并使工作更轻松。大多数文字处理程序还提供了可将备忘录设计成表单的功能，工作时在空白处填写即可。

A.3.3 工作中的社交媒体

社交媒体处于爆炸式增长阶段，这种趋势还会持续。本节仅仅关注这一趋势的一个方面：办公室中的社交媒体。很难说出比社交网络和现代商业环境的不稳定组合更具潜在收益和危险的沟通方式了。许多员工使用社交网络来发展他们的事业，但遗憾的是，有些人也因为说得太多、向错误的人沟通或沟通时间不当而被谴责或变得更糟。IT 专业人员应考虑以下问题。

背景

企业争相在营销计划中使用社交媒体。他们已经了解到，通过社交媒体可以制造亮点、获取对企业产品的注意并接触到年轻、活跃、有社会感知的市场。在业界，由社交媒体驱动的事件营销本身已经专业化，访问百事（Pepsi）公司、美国纳斯卡车赛（NASCAR）或职业橄榄球大联盟（NFL）的网站，会发现这些网站有很多连接到推特（Twitter）和脸书（Facebook）等社交媒体的标志和链接。从 IT 的角度看，这种趋势是健康的，因为其表明技术和创造力在企业战略中发挥重要作用，且对系统分析师是一个好消息。

优点

IT 专业人员可以使用社交媒体与他人连接、寻找新技术、与同事会面、讨论职业问题并保持基于网络的联络，这些在几年前是不可能做到的。一个人可通过分享信息和技术建议、发布关于操作方法的视频或记录特别有趣的任务和挑战来获得信任。但是，这些活动中的任何一个也可能导致灾难性的后果。

风险

因为超速而被阻拦的司机经常说“我不知道我会这么快”。同样，滥用社交媒体的员工通常也声称不知情。但是有一个更好的方法：了解规则、遵守规则且不要质疑。

大多数企业都有管理工作场所行为的社交媒体政策，一些企业禁止在工作时间或利用企业资源进行个人通信，其他一些企业使用具体情况具体分析的办法。应明确找出而不是猜测企业政策，并确保清楚地了解它们。

三种遭解雇的方式

必须确保你的邮件内容合适且绝不违反企业保密政策。一种容易遭到解雇的方式是在公开宣布之前吹嘘企业新的营销策略。另一种方式是在某个地方或做某些可能会影响企业形象的事情，尤其是当雇主可以通过名牌、制服或位置来识别你时。或许最容易遭到解雇的方式是对同事或经理进行愤怒的语言攻击。

其他问题

应该使用“须知”（need to know）方法，将信息传送给具有合法利益且值得信任的人，应避免没有限制地发布和传播消息。还要考虑内容是否适合你将要发布的网站。例如，一个有趣的笑话可能不适合在领英（LinkedIn）上发布，但在推特上是可以的。你在摇滚音乐会的体验可能会让一些人感兴趣，但你可能不想将其发送到整个联系人列表或你的关注者那里。

社交网络、即时通信和手机短信十分流行，因为它们允许非正式、交互和即时的沟通。虽然这些都是有价值的辅助工具，但用户在以任何形式进行人际沟通时都应具备良好的判断力和常识。没有人会记住你所有的好消息，但是他们将永远不会忘记不恰当的消息。

A.3.4 网络礼节

网络礼节（netiquette）是“网络”和“礼节”两个词的结合。随着社交网络的爆炸式增长，网络礼节比以往任何时候都更重要。如果遵循前一节中的指导原则，你可以避免重大失误。但你的目标应当更高，IT 专业人士应该具备强大的沟通能力且使用良好的礼貌用语、适当的风格和很多常识。

在网络上，你可以找到许多关于网络礼节的信息。例如，图表 A－5 所示的 NetManners. com 网站提供了许多指南、建议和链接。著名的教育家和人际关系权威者戴尔·卡耐基（Dale Carnegie）多年前说过，他人基于“我们做什么，我们看起来怎么样，我们说什么，我们如何说”来评价我们。

图表 A－5　NetManners 网站提供网络礼节指南、建议和链接

资料来源：NetManners. com。

所有电子邮件用户都应注意一些简单的规则，其中大多数是良好的礼貌和常识。例如，好的开端是避免发送个人或机密资料，因为你的邮件可能会被他人转发且转发的范围会比你预期的要广。另一个重要的规则是，不要在疲劳或烦乱的时候发送或回复电子邮件。如果愿意，你可以编写草稿，但将未发送信息保存以便之后查看。

以下是一些常见的规则和建议：

- 始终在主题中填写内容的简要说明。
- 尽可能简短——在大多数情况下，少即多。
- 尽可能专业。记住，如果邮件有你的名字，它将反映你个人，这通常是人们查看你消息的方式。
- 务必检查你的拼写。
- 不要在未经收件人许可的情况下转发笑话或连锁信。
- 不要在邮件正文中过度使用幽默或讽刺，这些在当面沟通时使用可能会更好。
- 不要像“YELLING”这样将字母全部大写，读者很难阅读它们。
- 不要在商务电子邮件中使用彩色字体、背景或图片。
- 不要使用已读回执功能，除非有这样做的正当商业理由。
- 如果有大型附件，尝试在发送之前压缩它们。
- 如果向一组人发送邮件，尤其在他们彼此不认识的情况下，对全部收件人使用密件抄送（Bcc）以屏蔽整个组的地址。

• 不要在未经他人特定许可的情况下泄露他人的个人联系信息。

• 不要包含个人信息，除非百分之百确定你的收件人且没有能提供更好的隐私和安全保护的其他沟通方式。

• 请记住版权法的存在。你没有不受限制地对别人发给你的邮件做任何想做的事情的权利。反歧视和反诽谤法也适用于电子邮件。

• 不要在回复时包含之前的全部邮件，除非有这样做的理由。

除了这些指南，重要的是遵守企业关于工作沟通的政策。许多企业限制占用工作时间或设备的个人通信，法院保护雇主限制或监控此类通信的权利。

A.3.5 工作组软件

许多企业使用通常被称为**群组软件**（groupware software）的**工作组软件**（workgroup software），因为它提高了员工生产力、加强了团队合作。除了基本电子邮件，工作组软件使用户能够管理并共享他们的日历、任务列表、日程表、联系人列表和文档。

如图表 A-6 所示，谷歌 Docs 提供基于云的免费协作机制。使用此应用，团队可以处理集中存储的文档，而不必来回发送草稿。团队还可以使用奥多比 Acrobat 等强大的编辑软件为 PDF 文档添加修订、备注和注释。

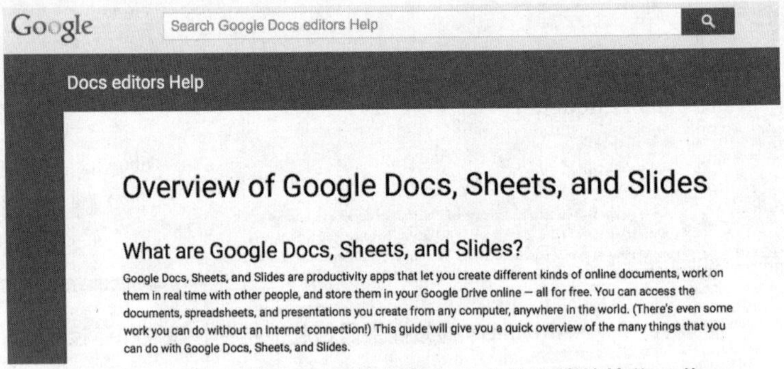

图表 A-6 谷歌 Docs 支持存储在云中的文档的协作工作

资料来源：Google Inc。

A.3.6 报告

必须在系统开发期间准备许多报告，包括初步调查报告、系统分析阶段结束时的系统需求文档、系统设计阶段结束时的系统设计规范以及系统投入运行后的系统最终报告。还可能提交其他报告，如状态报告、活动报告、提案和部门业务计划。应以电子文档形式创建报告，以便将它们附在电子邮件中。

当创建以电子方式交付的报告时，应使用与传统打印材料相同的高标准。请注意，微软 Word 提供许多可用于创建报告的预制模板。如图表 A-7 所示，创建 Word 文档后，可将其转换为奥多比 PDF 格式。PDF 格式有几个优点。例如，PDF 文件：

• 非常灵活。可以将页面作为模块使用，并组合或解压以创建文档的自定义版本。

• 完全兼容。PDF 格式运行良好，几乎可以在所有设备、操作系统、应用和硬件平台之间使用和转换。

• 更安全。与微软 Word 不同，PDF 文档无法在不留痕迹的情况下随意更改，且 PDF 格式不允许嵌入宏等可执行代码。然而，没有文档是百分之百安全的，PDF 格式可能无法阻止专业入侵者，但它可以帮助提升日常办公室安全性。此外，虽然 PDF 格式无法完全对恶意软件和病毒攻击免疫，但与 Word 相比，它更能抵抗这些威胁。

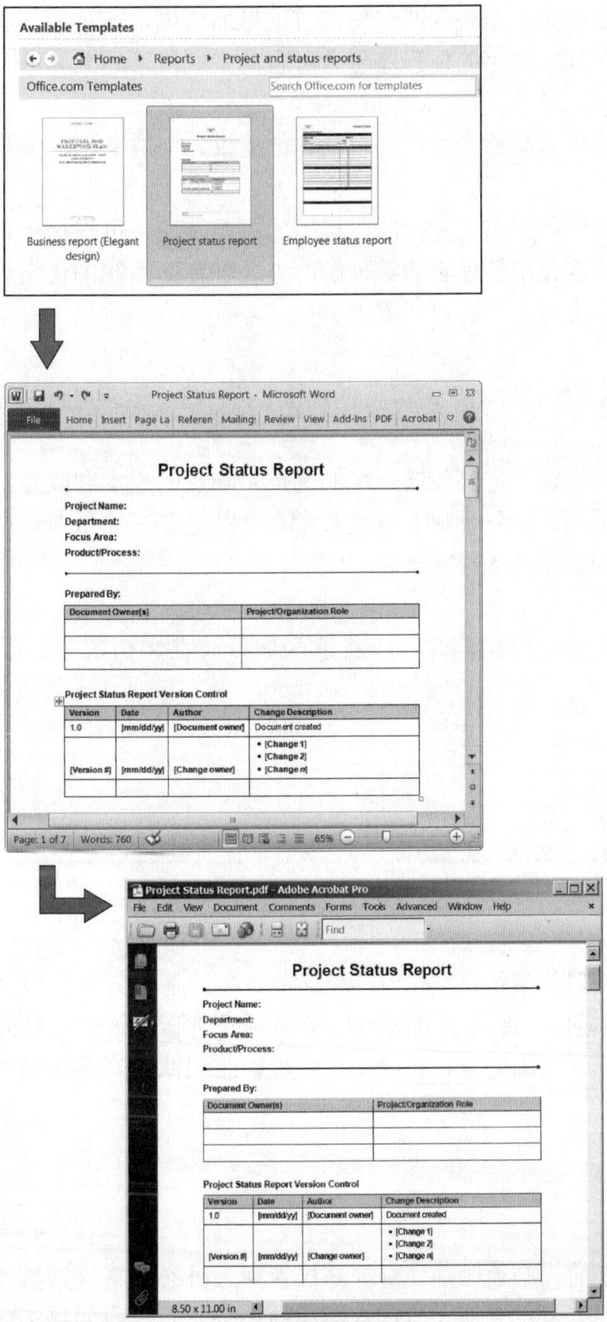

图表 A-7　微软 Word 报告模板可以转换为奥多比 PDF 格式

无论使用微软 Word、奥多比 Acrobat 还是其他程序创建报告，报告都应专业、组织良好且有文采。

经验丰富的系统分析师知道，当在文件中署个人姓名时，读者会从报告中看出你的个人技能和能力。此外，不论好坏，报告都可能需要一段时间才能完成。有了这些想法，你可能想要查看在工具包其他部分出现的书面沟通指南。

虽然大多数报告都以电子形式提供，但在某些情况下仍需要准备纸质版本。例如，假设必须提交书面系统需求文档，你可能会创建引言、执行摘要、结论、建议、时间和成本估算、预期收益以及包含相关数据的附录。

引言

引言通常包括标题页、目录和提案的简要说明。标题页应干净整洁且包含提案的名称、主题、日期和开发团队成员姓名。如果项目已经有一个公认的名称或首字母缩略词，应该使用它。此外，当报告较长或包含许多部分时，可以使用目录。许多文字处理程序包含可自动生成目录的工具。

执行摘要

使用执行摘要在几个段落中总结整个项目，包括你的建议。一般来说，摘要不应超过200字或一页。

结论

使用结论部分来描述你或团队在系统分析阶段得出的主要结论。可根据项目的具体情况对结果部分进行详细介绍或简单提炼，必须以非技术管理者能够理解的方式解释新系统的逻辑设计。对管理层而言，最重要的任务是解释提议的系统如何支持企业的业务需求。

建议

建议部分介绍最佳的备选系统，并对经济可行性、技术可行性、运营可行性和进度可行性进行简要解释。

成本和收益

在成本和收益部分，应列出每个主要备选系统的优点、缺点、成本和收益，并包含对使用的财务分析技术的清晰描述。这可能需要运用系统分析师工具包C部分中描述的一个或多个财务分析工具。在必要时，也可以使用表或图形来支持并阐明你的备选方案。

附录

当有大量问卷或抽样结果等支持文档时，应将这些项目放在文档末尾的附录中。应确保只包含相关信息，供感兴趣的读者参考。

A.4 口头沟通

初步调查结束时需要使用**口头演示**（oral presentation），且系统分析阶段结束时也需要口头演示。在某些情况下，可能需要演示多次向IT部门成员展示技术资料或向高层管理人员介绍工作概述。在准备口头演示时，应执行六项重要的任务：明确受众，明确演示目标，组织演示，定义使用的所有技术术语、准备演示文稿以及练习演示。

A.4.1 明确受众

在详细设计管理层演示之前，必须明确受众。高层管理人员通常喜欢听摘要而不是详细介绍，但情况并非总是如此，尤其对高层管理人员更多地参与日常活动的小企业而言。如果考虑受众的期望并相应地设计演示，将增加演示成功的机会。

A.4.2 明确演示目标

沟通时，应该明确目标。在为系统分析阶段进行管理层演示时，你的目标如下：

- 告知管理层当前系统的状态；
- 描述发现的当前系统问题；
- 解释开发的备选解决方案；
- 提供备选解决方案的详细成本和时间估计；

- 推荐最好的备选方案并解释做该选择的原因。

A.4.3 组织演示

分三个阶段设计演示：引言、信息和总结。首先，应进行自我介绍并描述你的目标。在演示期间，应确保按逻辑顺序讨论主题。在介绍事实时应尽可能地具体，听众想听你在何处有问题、可以如何修复、修复将花费多少以及何时可以完成目标等方面的意见。在总结中，简要回顾一下要点，然后请大家提问。

A.4.4 定义使用的所有技术术语

应尽可能避免使用专业术语或技术术语。如果听众对你要使用的术语不熟悉，可以定义术语或找到另一种说法，从而让他们理解材料内容。

A.4.5 准备演示文稿

大多数情况下，人们通过视觉获取知识，所以应该使用有用且适当的视觉辅助，帮助观众跟随演示逻辑并保持注意力。视觉辅助也会引导观众的注意力远离你，如果你在进行演示时会紧张，这对你将有帮助。可以使用带有主题大纲的视觉辅助，这有利于演示不偏离主题。还可以通过使用不同媒体和软件的视觉辅助来增强演示效果，如以下部分所述。

视觉辅助

视觉辅助（visual aids）可以帮助显示性能趋势、一系列成本收益示例或重要要点列表的图形摘要。可以使用白板、海报、投影片、幻灯片、电影录像等工具来增强演示效果。准备视觉辅助时，应确保内容清晰、易读、易于理解。提前确认观众可以从房间的任何地方看到视觉材料。记住设备可能会出现意外，因此请准备好备用计划。

演示软件

通过计算机和投影系统，可以使用苹果 Keynote 或微软 PowerPoint 等**演示软件**（presentation software）创建多媒体幻灯片。如图表 A-8 所示，苹果提供了许多可以增强 Keynote 演示效果的建议和技巧。

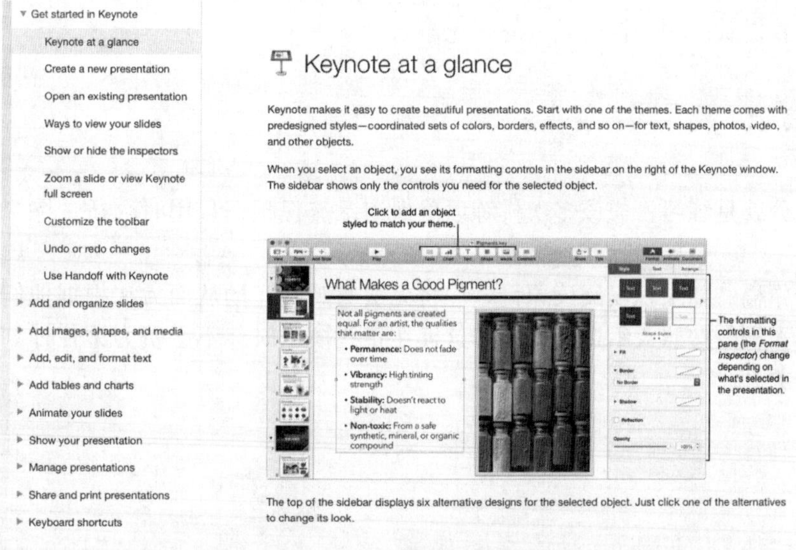

图表 A-8 苹果 Keynote 是强大的演示软件的示例

资料来源：Apple. lnc。

准备有效的幻灯片演示需要时间和精力，且个人经验是最好的老师。关于如何准备幻灯片没有统一的标准，但存在许多可用的信息。下面是一些总体性指导方针：

- 第一步（也许最重要的）是准备一个总体大纲作为演示的基础。在考虑视觉问题之前，应该关注演示的内容和结构。
- 记住提供过少和过多的信息之间存在细微的界限。
- 每张幻灯片显示一个主题，并尝试遵循7**乘**7**规则**（7 by 7 rule）：每张幻灯片不超过七个小标题，每个小标题不超过七个字。当然，一些演示者认为6**乘**6**规则**（6 by 6 rule）更有效。
- 显示项目列表时，考虑使用一系列幻灯片并按顺序添加每个要点，尤其当你希望将注意力集中在正在讨论的小标题上时。
- 使用项目符号而不是数字，除非想显示特定序列或顺序。
- 选择易于阅读的字体。对所有正文使用Arial等无衬线字体样式。如果要使用Times Roman等衬线字体样式，应仅在标题中使用。
- 对标题和正文文本使用适当的字体大小。目标是制作可读且有视觉吸引力的幻灯片。虽然字体大小的选择取决于个人判断和经验，但这里对于初学者有一些建议：对于标题，尝试40号或36号字体；对于正文，32号或24号字体通常效果更好。
- 仔细选择特殊效果，太多的图形、颜色、声音或其他特殊效果会分散观众的注意力。
- 可以使用图表或图形，但应保证它们简单且易于理解。此外，可以使用粗体、斜体、下划线、不同颜色等特殊效果突出显示重要的单词或短语。
- 努力在幻灯片之间保持一致的外观和感觉，并将视觉元素放置在每张幻灯片的相同位置上。应使用主模板确保一致性并符合可能适用的企业标准，如版权声明、保密声明或企业名称和标志的位置。仔细选择颜色并使其保持一致。通常来说，深色背景上的浅色文字最容易阅读。演示软件通常带有预定义的调色板，提供确保可读性的背景和文本颜色，可使用这些调色板来指导颜色选择。
- 一定要检查拼写和语法!
- 在演示期间，不要向观众阅读幻灯片中的文字，他们可以自己阅读幻灯片。幻灯片仅是一个提供结构和重点的大纲，它不是演示本身。
- 重要的是提供从房间的任何位置都能轻松观看的演示文稿。在调试时，应考虑房间大小、参加人数、视觉辅助的大小和位置以及使用的投影设备的特点。

A.4.6 练习演示

演示最重要的部分就是练习。应该多次排练以确保演示流程顺畅且用时合适。练习会使你心情舒适并建立自信心。

不要试图写一个原稿。如果仅仅阅读原稿，你将无法与观众互动从而无法根据他们的反应调整内容。相反，应准备一个演示大纲并按照大纲进行练习，这样在正式演示时你不必费力记住计划要说的确切词语，并能与观众建立良好的关系。

A.4.7 演示

当正式演示时，以下几点将帮助你演示成功。

推销你自己和你的信誉

作为演示者，你必须推销你自己和你的信誉。如果高层管理者不相信进行演示的人，杰出的演示也不会说服他们批准系统。换句话说，项目批准与否经常取决于演示者的知识、承诺和热情。

你的演示必须展现对主题和建议的信心。避免和参与演示的人发生任何冲突。如果你遇到批评或敌意，应保持冷静并专注于问题本身而不是对你发表评价的人。只有当你彻底了解材料、准备充分并推销你自己和你的信誉时，演示才能成功。

控制演示

在演示期间，必须控制讨论、保持演示的节奏并专注于议程，尤其在回答问题时。虽然你对主题材料更熟悉，但不应向观众表现出优越感。应保持与观众的眼神交流并富含幽默，但不要拿别人开玩笑。

恰当地回答问题

让观众知道你是喜欢边演示边回答问题还是喜欢在结束时统一回答问题。有时候问题可能相当困难，你必须仔细听并直接回应。尝试预测观众会提出哪些问题，从而可以提前准备相应回答。

当回答一个困难或令人困惑的问题时，用自己的话重复这个问题以确保理解它。例如，你可以说，“如果我理解了你的问题，你是在问……”。这将有助于你避免思维混乱并给自己一些时间进行思考。为了确保给出了明确的答案，你可以说“我回答了你的问题吗?”，必要时也应允许后续提问。

使用有效的演示技巧

演示过程与演示内容一样重要。可通过清楚自信的表达和轻松的表现来提高演示的质量。你还必须控制演示的速度，如果说得太快，你会失去观众，如果速度太慢，你会失去人们的注意力，演示将不会有效。

许多演示者面对观众时都很紧张。如果你也有这样的问题，请记住以下建议：

- 控制环境。如果你在观众看着你时十分紧张，可使用视觉辅助将他们的注意力从你身上转移走。如果你的手在颤抖，就不要拿着笔记。如果借助于计算机进行演示，使用手持无线设备控制幻灯片是一个不错的选择。集中精力使用洪亮且清晰的声音，如果紧张使你分心，深呼吸并提醒自己你很清楚自己的主题。
- 把你的紧张感变为你的优势。许多人在承受一定压力时表现得最好，将你的紧张看作正常压力。
- 避免无意义的填充词和短语。使用“好吧”“你知道”“像”“嗯”“啊”等词语会使人分心且没有意义。
- 练习！练习！练习！有些人是天生的高禀赋演示者，但大多数人需要大量的练习。你必须努力练习你的演示并建立自信心。许多学校提供演讲或公共演说课程，这是提高你演示水平的绝佳途径。让一个或多个人事先观看你的演示并提出意见也是有益的方式。

A. 4. 8 在线演示

除了面对面，可能还必须提供**在线演示**（online presentation），在你和观众间进行双向沟通。可能有几个选择。如图表 A－9 所示，可以使用 PowerPoint 来直播现场演示，在线观众将在网络浏览器中看到幻灯片。演示可能还包括音频叙述，如果希望实时参与，可以考虑使用苹果 FaceTime、思科 WebEx、图表 A－10 所示的思杰 GoToMeeting 或图表 A－11 所示的微软 Skype 等产品。这些产品能够处理现场音频和视频，并允许开展一个完全互动的网络研讨。

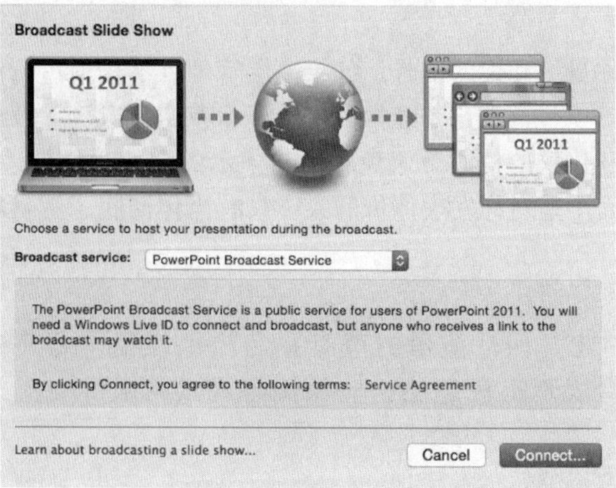

图表 A-9　微软 PowerPoint 允许向远程观众直播演示

资料来源：Microsoft PowerPoint 2011 for Mac。

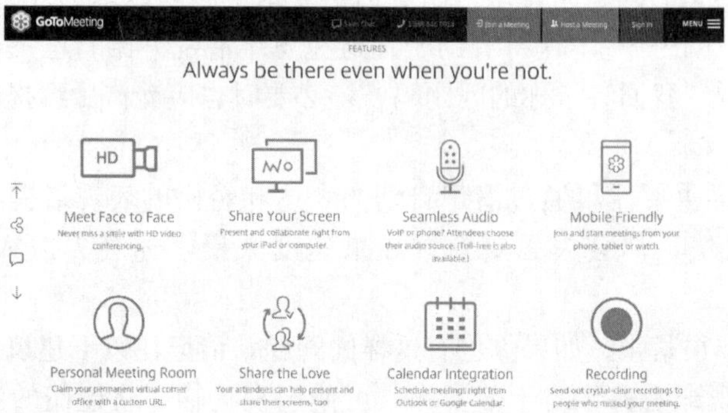

图表 A-10　GoToMeeting 是一个用于举行在线会议并共享在线演示的流行工具

资料来源：Citrix Systems，Inc。

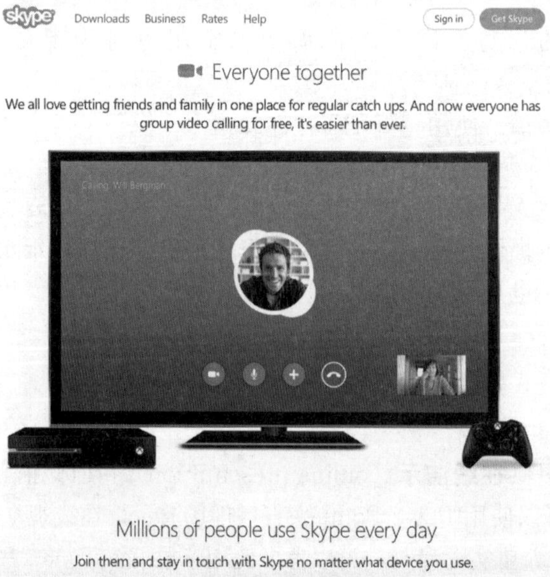

图表 A-11　Skype 是一种广泛使用的免费跨平台通信和协作工具

资料来源：http：//www. skype. com（由微软拥有）。

A.5 管理沟通技巧

员工必须依靠他们的个人技能和经验。在不确定的世界和动荡的经济中，个人应将自己视为营利性公司，完整拥有资产、负债、优势和发展领域。第 2 章阐释了企业必须有一个战略计划，对个人也是如此。有了提高沟通能力的计划，你更有可能发挥全部潜力。

沟通与任何其他活动一样，练习得越多，表现得越好。许多资源适用于希望提高书面和口头沟通能力的学生和 IT 专业人员。例如，SkillShare 和 Lynda 等在线学习网站提供了一系列免费资源和课程，可以帮助你成为更好的作者、演示者和公众演说者。美国计算机协会（ACM）还为包括学生和 IT 专业人员在内的会员提供了许多在线课程和教程。

有些人认为站在人们面前提供演示或报告十分困难，多年来，成为国际演讲会（Toastmasters International）会员一直是获得信心、克服舞台恐惧并提高公共演示技能的流行方式。如图表 A-12 所示，Toastmasters 提供了一个友好的环境，会员以积极的方式评论每个演示、指出优点并提出进一步改进的建议，这一组织提供了提高公共演说技能的良好方式。

图表 A-12 Toastmasters 是致力于帮助个人成为更有效的沟通者的最古老组织之一

资料来源：Toastmasters International。

A.6 工具包小结

作为系统分析师，你的成功取决于有效沟通的能力。必须知道为什么要沟通、想要实现什么、目标是什么、被期望什么以及何时适合深入沟通。必须了解主题以及如何使用良好的书面和口头沟通技巧。

通过书面写作可以判断你的水平，因此书面写作必须没有语法、拼写和标点错误。应明确地书写电子邮件、信件和备忘录，写作风格也应符合具体情况。许多企业有信件和备忘录的标准格式，可以使用模板来实现一致性。

社交媒体非常受欢迎，因为它能实现非正式、互动和即时的沟通。虽然社交媒体是有价值的合作工具，但用户仍应像使用任何其他形式的人际沟通一样具备良好的判断力和常识。必须清楚了解影响社交媒体使用的全部工作场所的政策和规则，无论在工作之中还是在工作之外。

写作必须清楚且易于理解，可使用福莱士轻松阅读评分和福莱士-金凯等级评分等可读性测量工具。

在系统开发过程中，将准备各种报告，格式因报告性质而有所不同。报告应有封面备忘录并可能包括引言、执行摘要、结论、建议、时间和成本估算、预期收益和数据等部分。

除了书面沟通，还必须有效地进行当面沟通。可能需要在 SDLC 的不同阶段向不同的观众进行多次演示。演示是口头交流的一种重要形式，在准备演示时应遵循特定准则。可通过明确受众、明确演示目标以及组织演示来做好准备。还需要定义技术术语并准备视觉辅助来帮助观众了解演示内容。最重要的是，必须练习表达以获得信心并提高演示技巧。可能还需要通过在线方式进行演示。

设计演示幻灯片时，应遵循 6 乘 6 规则或 7 乘 7 规则以及使幻灯片易于阅读和理解的其他指南。应仔细选择字体颜色和大小，并努力使幻灯片保持一致的外观和风格。特殊效果可能很有趣，但不要过度使用它们。

进行演示时，你是在推销你自己和你的信誉。必须控制讨论、与观众建立良好的互动关系、清晰直接地回答全部问题并尝试使用良好的演说技巧。再次强调，成为更好的演示者的最好方法是练习。

每个 IT 专业人员都应有一个战略计划来管理并提高书面和口头沟通技巧。许多在线资源提供课程、教程和支持来帮助人们提升工作中需要的沟通技能。

关键词（Key Terms）

6 乘 6 规则　一种演示方法，每页幻灯片上放置不超过 6 个小标题，并且每个小标题不超过 6 个字。

7 乘 7 规则　一种演示方法，每页幻灯片上放置不超过 7 个小标题，并且每个小标题不超过 7 个字。

主动语态　指主体充当主语的句子。例如，“汤姆设计了系统”是主动语态，书面语中优先使用主动语态。

企业文化　定义企业并影响其经营方式的一系列信念、规则、传统、价值观和态度。

福莱士-金凯等级评分　与福莱士轻松阅读评分使用相同的变量，但使用不同的公式，产生一个与美国中小学年级水平对应的等级评分。

福莱士轻松阅读评分　测量平均句长和单词的平均音节数，在 100 分度量上对文本进行评分，评分较高的更容易阅读。

语法检查器　可检测语法问题并提供修改建议的软件程序。

群组软件　在云中或企业内部网上运行的软件，使用户能够共享数据、进行项目协作和团队合作，除了电子邮件功能，还可提供日历、任务列表、日程表、联系人列表和文档管理等其他功能。也称为工作组软件。

网络礼节　“网络”和“礼节”相结合形成的一个词语，包含协议和礼节的准则。在很多情况下，常见问题（FAQ）描述了给定新闻组或网站的网络礼节。

在线演示　通常通过浏览器，或思科的 WebEx 和思杰的 GoToMeeting 等第三方应用，向在线观众发送演示文稿。

口头演示　口头进行的演示，在初步调查阶段结束时需要，在系统分析阶段结束时也需要。

被动语态　指的是将主体作为直接宾语。例如，“系统是由汤姆设计的”这句话是被动语态。在书面交流中，主动语态比被动语态更常用。

演示软件　用于创建带有声音、动画和图标的幻灯片的应用。

可读性　通过分析音节、单词和句子的具体特征来衡量理解的难易程度。

拼写检查器　大多数文字处理程序的一个组件，拼写检查器识别文档中未出现在程序字典里的单词。

模板　文档、演示文稿和其他输出的标准格式，具有一定的布局、字体、边距和其他格式设置。使用模板可使文件具有一致的外观。

视觉辅助　利用白板、海报、投影片、幻灯片、电影、录像等工具增强展示效果。

为什么、谁、什么、何时以及如何沟通　好的沟通必须解决这些基本问题——为什么沟通？谁是听众？预期是什么？何时需要细节？如何有效沟通？

工作组软件　参见群组软件。

工具包练习

问题

1. 什么是企业文化？为什么它很重要？描述你曾工作过的企业的企业文化。
2. 列举可用于改善书面文档的五种具体技术。
3. 哪些技术对电子邮件沟通有帮助？提供具体的例子。
4. 创建一份至少有五个语法错误的单页文档，运行微软 Word 语法检查器并描述结果。
5. 在准备口头演示时，应该执行哪六项任务？
6. 组织演示时，将计划哪三个阶段？
7. 为什么视觉辅助很重要？给出至少三种不同类型的视觉辅助示例，并解释如何在演示中使用每种辅助。
8. 根据你自己的经验，什么会使基于 PowerPoint 的演示更有效或更无效？提供具体的例子。
9. 说出三个在演示中感到紧张时可使用的具体策略。
10. 为什么在准备演示时练习非常重要？根据你自己的经验举一个具体的例子。

讨论话题

1. 大多数人认为企业电子邮件比正式的书面文件更易沟通，但电子邮件也有其局限性。作为经理，关于电子邮件的风格和使用，你将提供哪些指导？

2. 可能存在过度沟通吗？例如，第 4 章解释了如何避免引导性问题，这可能是其中一个答案。还有像报纸标题一样“少即多”的其他例子吗？

3. 许多文章强调肢体语言的重要性。想想你注意到的一个人的肢体语言的示例，肢体语言与他们试图沟通（或试图不去沟通）的事情相关吗？

4. 应该允许雇主拥有对电子邮件的监控权，还是绝不允许？还是说取决于具体因素？如果是这样，这些因素是什么？

5. 为了在思科的 WebEx 或思杰的 GoToMeeting 等平台上召开的网络会议中有效沟通，分析师应学习哪些新的或额外的技能？

项目

1. 小威廉·斯特伦克（William Strunk，Jr.）和 E. B. 怀特（E. B. White）所著的《风格的要素》（*The Elements of Style*）是恰当使用英语的常用参考手册。这本书辨析了许多经常被滥用的词和短语，包括 be-

tween 和 among，affect 和 effect，different from 和 different than，like 和 as，infer 和 imply。查看《风格的要素》或其他资源，解释应如何使用这些词和短语。

2. 使用微软 PowerPoint、苹果 Keynote 或其他程序，准备一份关于"如何准备有效的幻灯片演示文稿"的演示。假设你的听众已经熟悉演示软件，但没有正式培训过。

3. 作为培训手册的编写者，选择一个简单的硬件或软件任务，编写关于如何完成任务的 2～3 段描述。然后使用文字处理软件检查可读性统计信息。尝试将福莱士轻松阅读评分保持在 60 分以上，福莱士-金凯等级评分为 8.0 或更低。

4. 至少查看三个公开演示的示例。你可以调用电视网络新闻广播、有线卫星公众事务网络（C-SPAN）或任何其他资源。描述每个演示者的手势、表情、声音水平、语调变化、时间安排、眼神交流和有效性。

5. 评估最新版本的微软 Office 提供的协作支持功能。提出你认为可以加强团队合作的改进，如多人同时在线编辑一个 Word 文档。

B 部分

CASE 工具

系统分析师工具包的 B 部分描述 CASE 工具，其可用于设计、构建和记录信息系统。

学习目标

学完这一部分，你应该能够：

- 解释 CASE 工具和 CASE 环境的概念；
- 追溯 CASE 工具的历史及其在第四代环境中的作用；
- 定义 CASE 术语和概念，包括知识库、建模工具、文档工具、工程工具和构建工具；
- 解释集成开发环境（IDE）和应用生命周期管理（ALM）解决方案；
- 提供 CASE 工具功能的示例；
- 描述 CASE 工具趋势，以及它们如何与面向对象分析和敏捷方法相关。

B.1 引言

计算机辅助系统工程（CASE）也称为计算机辅助软件工程，是一种使用被称为 CASE 工具的强大软件帮助系统开发人员设计并构建信息系统的技术。在系统分析师工具包的该部分，将介绍 CASE 工具的历史、特性和功能，CASE 工具的具体示例以及如何在不同开发任务中使用它们。此外，还将阐释集成软件开发环境和应用生命周期管理。

B.2 CASE 工具概述

如果你让木匠举一个工具的例子，得到答案的可能是锤子、钻头或螺丝刀。向厨师询问同样的问题，得到的答案可能是量杯、刀或铲子。每种类型的工作都需要特定工具才能正常进行，系统开发也一样。CASE 工具可以降低成本、加快开发速度并为未来的维护或改进提供全面的文档。

卡内基梅隆大学的软件工程学院（Software Engineering Institute，SEI）是软件工程和开发的世界领先者。SEI 帮助组织改进软件功能，开发或获取高质量软件。如图表 B-1 所示，SEI 正在研究新一代大规模复杂系统的开发。强大的 CASE 工具在这种复杂系统的开发中继续发挥关键作用。

图表 B-1　卡内基梅隆大学的软件工程学院是软件工程研究领域的世界领先者，对图表中所示的大规模复杂系统进行开发

资料来源：Carnegie Mellon University。

B.2.1　CASE 工具的历史

早在 20 世纪 60 年代，程序员就使用编辑器和代码调试器等工具编写大型计算机应用。如今，在软件驱动的世界中，CASE 工具已经发展成为系统分析师构建和维护复杂信息系统时需要的强大资源。

传统代码使用 COBOL（面向商业的通用语言）等**过程化编程语言**（procedural programming languages）编写，需要程序员为每个处理步骤创建代码。相比之下，Java 或 Python 等现代语言是**非过程化编程语言**（non-procedural programming languages）[也称为**事件驱动编程语言**（event-driven programming languages）]，因为程序员定义当某些事件发生时程序必须执行的操作而不是编写指令。如第 6 章所述，由于非过程化语言是**面向对象的编程语言**（object-oriented programming languages，OOPL），它们使得实现面向对象的系统设计更加容易。

另一个趋势涉及被称为**第四代语言**（fourth-generation languages，4GLs）的强大编程语言，它是第 7 章中描述的①**第四代环境**（fourth-generation environment）的一部分。在包含现代 CASE 工具的第四代环境中，系统开发人员能够设计高质量软件、缩短开发时间并减少开发费用。

CASE 工具最棘手的问题之一就是集成。也就是说，如何使几个 CASE 工具共同良好工作。由于单个工具很难解决全部用户需求，因此必须仔细协调使用 CASE 工具组合。

B.2.2　CASE 工具市场

CASE 工具市场包括各种各样的供应商和产品，且没有一个工具主导整个市场。可在网上搜索 CASE 工

① 原书疑有误，第 7 章未提及。——译者注

具产品和供应商，也可从维基百科等辅助网站上找到更多的信息。取决于功能，一些 CASE 工具可能需花费数千美元，其他的一些工具却能够以共享软件甚至免费软件的形式获取，如图表 B-2 所示的 Visual Paradigm 的 UML 图表工具。

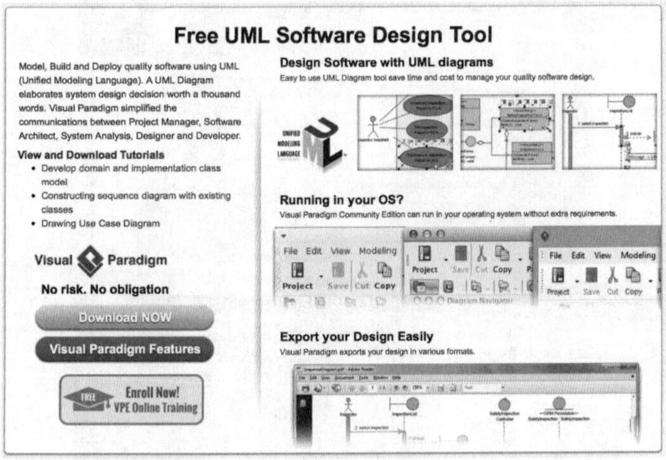

图表 B-2　Visual Paradigm 提供了免费的 UML 图表工具

资料来源：Visual Paradigm。

如何选择 CASE 工具？答案取决于项目的类型、大小和范围、可能的预算与时间限制，以及系统开发团队的偏好和经验。学习本工具包中的术语、概念和示例后，你将能够评估不同产品并做出明智的决定。学习 CASE 工具的第一步是了解基本的 CASE 术语和概念。

B.3　CASE 术语和概念

典型的 CASE 工具实际上是一组共享信息知识库的独立工具。重要术语和概念将在以下部分进行说明。

B.3.1　知识库

知识库（repository）是用作正在开发系统全部信息的中央存储区域的数据库。一旦在知识库中定义数据元素，其即可被过程和其他信息系统访问和使用。例如，销售处理、应收账款和配送系统都可能需要有关客户的数据。将“CUSTOMER”数据元素输入知识库后，三个系统可共享一致且最新的定义。

在知识库中定义数据元素时，为其分配数据类型和格式、可接受值的范围以及一个或多个别名（别名是数据元素的替代名称）。之后可在知识库中进行搜索，数据元素的所有实例都将被列出。例如，图表 B-3 显示了名为“CUSTOMER NUMBER”的数据元素的 Visible Analyst 搜索。如屏幕所示，可以在整个知识库或特定类型的图表中搜索，结果将显示数据元素的全部实例。

B.3.2　个体工具

一系列集成的 CASE 工具可用于建模、记录、设计制造和构建信息系统，如以下部分所述。

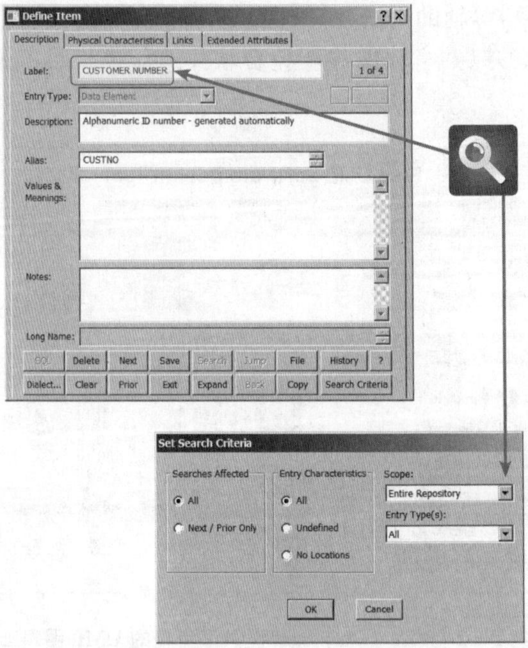

图表 B-3 Visible Analyst 搜索名为"CUSTOMER NUMBER"的数据元素。结果将显示数据元素的全部实例

资料来源：Visible Systems Corporation。

建模工具

在整个 SDLC 中，系统开发人员使用建模工具和图表生动地表示系统。本书描述了许多例子，包括统一建模语言图和功能分解图（第 4 章）、数据流图（第 5 章），不同的对象图（第 6 章）、实体关系图（第 9 章）、结构图（第 10 章）。大多数流行的 CASE 产品都提供这些以及其他的建模工具。**CASE 环境**（CASE environment）最重要的优点之一是它提供了一个总体框架，允许开发人员基于已输入中央知识库的数据创建一系列图形模型。

记录工具

系统文档的主要来源是知识库，这在上一节中已经解释过。在大多数 CASE 软件中，知识库自动识别新的输入并将其添加到数据库。除了知识库本身，许多 CASE 产品还提供自动检查表单、报告和图表中不一致或不完整信息的工具。这在大型、复杂的系统中尤其重要。

设计制造工具

设计制造工具包括正向工程工具和逆向工程工具。**正向工程**（forward engineering）意味着将业务流程和功能转换为应用。一些 CASE 工具允许通过直接编辑对象和代码，或者修改 DFD 和 UML 图等图形表示来构建系统。如第 1 章中所述，Visible Analyst 等 CASE 工具允许开发能够转换为信息系统组件的业务模型。**逆向工程**（reverse engineering）允许检查现有应用并将其分解为一系列图表、结构图和源代码。通过使用逆向工程 CASE 工具，分析人员可将现有应用的源代码转换为系统的工作模型，这在将新系统与不同环境中开发的遗留系统或其他系统集成时非常重要。

构建工具

一个全功能的 CASE 工具可以处理许多程序开发任务，如生成应用代码、屏幕表单和报告。

- **应用生成器**（application generator）也称为**代码生成器**（code generator），通过将逻辑模型直接转换为代码来快速开发计算机程序。如图表 B-4 所示，IBM Rational Rhapsody 可从 UML 图中生成源代码。在激烈竞争的 CASE 工具市场中，其他供应商提供可用 C、C++和 Java 等语言生成应用的产品。
- **屏幕生成器**（screen generator）或**表单绘制器**（form painter）是一种交互式工具，可帮助设计自定义界面、创建屏幕表单并控制数据输入格式和过程。屏幕生成器能够设置屏幕如何显示字幕、数据字段、数据和其他视觉属性。现代 CASE 工具通常包括与数据字典交互的屏幕生成器。

- **报告生成器**（report generator）也称为**报告书写器**（report writer），是用于快速设计格式化报告的工具。通过报告生成器，可在设计过程的任何阶段轻松修改报告。当对报告布局满意时，报告书写器会创建生成实际报告的报告定义和程序代码。还可以输入样本字段值来创建供用户审核和批准的模拟报告。

图表 B-4　IBM Rational Rhapsody 可从 UML 图生成源代码

资料来源：IBM Corporation。

如图表 B-5 所示，SAP Crystal Reports 是一种非常流行的报告生成器。据 SAP 介绍，Crystal Reports 是一个用户友好/可扩展的工具，能够显示商务分析并支持决策。第 9 章[①]中讨论的**商务分析**（business analytics）可衡量过去的业绩、帮助管理人员了解业务趋势并监控当前运营情况。

图表 B-5　SAP Crystal Reports 是一种非常流行的报告生成器，可以显示商务分析并支持决策

资料来源：SAP SE。

① 原书疑有误，第 9 章并未提及。——译者注

B.4 开发环境

开发环境（development environment）指的是 IT 团队用于创建信息系统的软件工具、方法和物理资源的组合。系统开发是动态的，分析人员应了解集成开发环境（IDE）和不同的应用生命周期管理（ALM）解决方案等新兴趋势。这些概念将在以下各节中描述。

B.4.1 集成开发环境

虽然通用的 CASE 工具可用于规划和设计任何类型的信息系统，但通常来说使用 IDE 更容易，其使用软件供应商提供的内置工具。例如，甲骨文提供与甲骨文其他应用软件打包的 Oracle Designer。据该公司介绍，Oracle Designer 对业务流程、数据实体和关系建模，且能够轻松将模型转换为应用。

如图表 B－6 所示，微软的 Visual Studio 是一个用于传统应用、移动应用以及基于云的解决方案的流行商业 IDE。如图表 B－7 所示，Eclipse 是另一个著名的 IDE，但它免费、开源且有社区支持。如图表 B－8 所示，Xcode 是为 Swift 编程语言量身定制的苹果平台的免费 IDE。

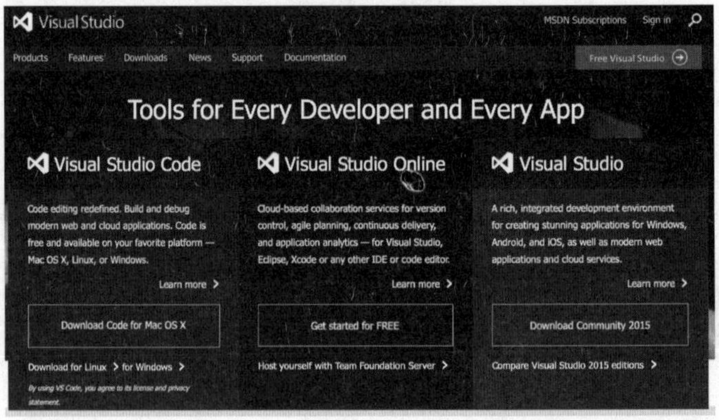

图表 B－6　微软的 Visual Studio 包括用于传统应用、移动应用和基于云的解决方案的开发工具

资料来源：Microsoft Corporation。

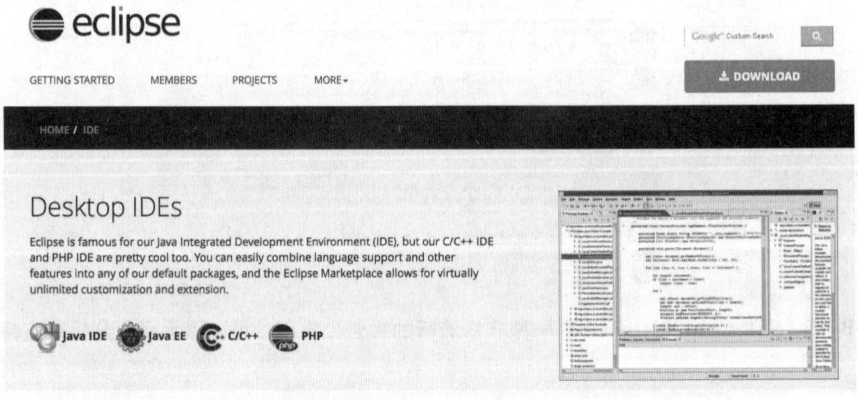

图表 B－7　Eclipse 是一个由社区支持的免费、开源的集成开发环境

资料来源：The Eclipse Foundation。

图表 B－8　Xcode 是所有苹果平台的免费集成开发环境

资料来源：Apple Inc。

B.4.2　应用生命周期管理环境

如图表 B－9 所示，包括惠普在内的许多传统 IDE 供应商目前提供新的**应用生命周期管理**（application life cycle management，ALM）工具。虽然没有标准定义，但 ALM 通常指一种从开始到结束的方法，即规划、设计、开发、部署、管理并维护信息系统。

图表 B－9　惠普提供全方位的应用生命周期管理软件解决方案

资料来源：Hewlett Packard Enterprise Development LP。

ALM 可被视为**产品生命周期管理**（product life cycle management，PLM）这一更广泛概念的一部分。据佛罗里达理工学院（Florida Institute of Technology）介绍，PLM 是"一种针对产品生命及其环境各个方面的集成、信息驱动的方法，包括人、流程和实践，以及技术”。如图表 B－10 所示，分析师现在可利用定制课程在信息系统背景下了解关于 PLM 工具和实践的更多信息。

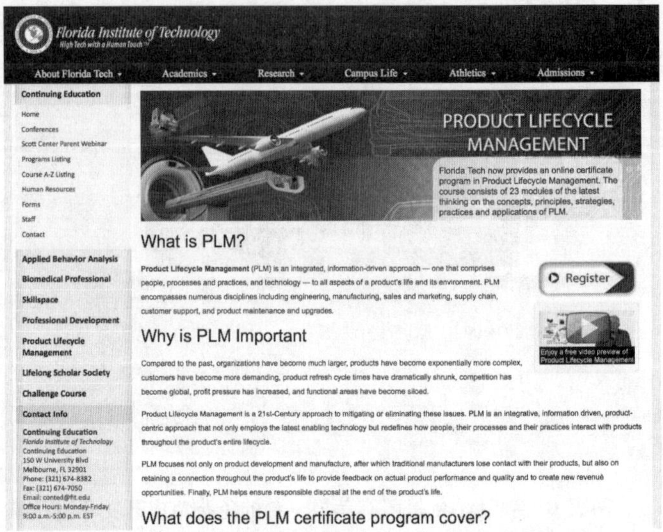

图表 B－10　PLM 包含许多学科，比 ALM 更广泛

资料来源：Florida Institute of Technology。

B.4.3　综合开发工具的优点和缺点

在特定的软件环境中，集成开发工具非常有效，因为它内置在供应商软件包中。唯一可能的缺点是每个 IDE 都不同，都需要特定学习曲线和技能。相比之下，Visible Analyst 等非特定 CASE 工具可用于所有开发环境。考虑到 IT 的动态变化，系统分析师应尽可能多地学习开发和 CASE 工具。

B.5　CASE 工具趋势

传统 CASE 软件从代码编辑器等简单的实用程序演变为强大的多用途工具，可用于设计、规划并构建整个信息系统。CASE 软件的发展仍将继续，因为开发人员寻求可用于更复杂业务流程建模并能够与客户和供应商集成的更强大的工具。

正如没有专业的高技术工具就无法建造现代航天器一样，未来的软件将使用新一代 CASE 工具来计划、构建和维护。以下各节讨论 CASE 工具趋势以及特定方法下的工具。

B.5.1　新产品和特性

CASE 工具供应商不断提供具有更多功能和更强灵活性的工具，用于将业务流程转换为信息系统的框架就是一个例子。**框架**（framework）组织并记录系统开发任务。例如，图表 B－11 所示的 Zachman 框架将传统的事实调查问题排列成有用的矩阵，纵轴显示了五个发展阶段和利益相关者角色，而横轴显示了六个重要的事实调查问题。

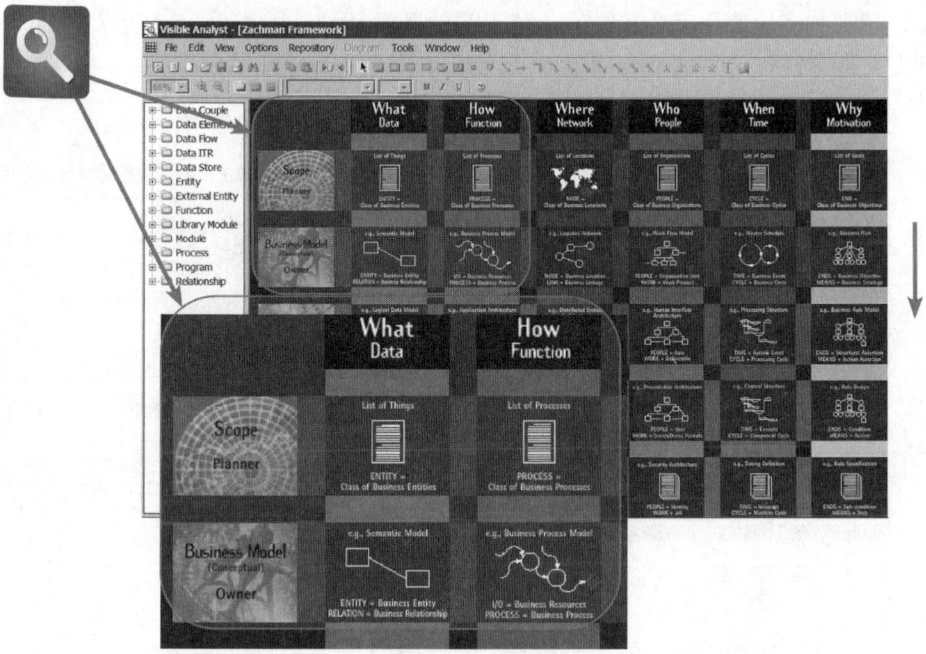

图表 B－11　Visible Analyst 中的 Zachman 框架提供了一个易于使用的矩阵，帮助系统开发人员在特定领域工作并将结果集成到一个整体模型中

资料来源：Visible Systems Corporation。

在每个横纵交叉的位置，Visible Analyst 建议用特定的工具、图表和方法来记录开发过程。最强大的功能是将全部数据在中央知识库中自动集成和储存，便于查看和更新。

随着软件变得更加强大和复杂，传统 CASE 工具和其他建模工具之间的界线也越来越模糊。例如，如图表 B－12 所示，微软 Visio 可对网络、业务流程和许多特殊类型的图表进行建模。

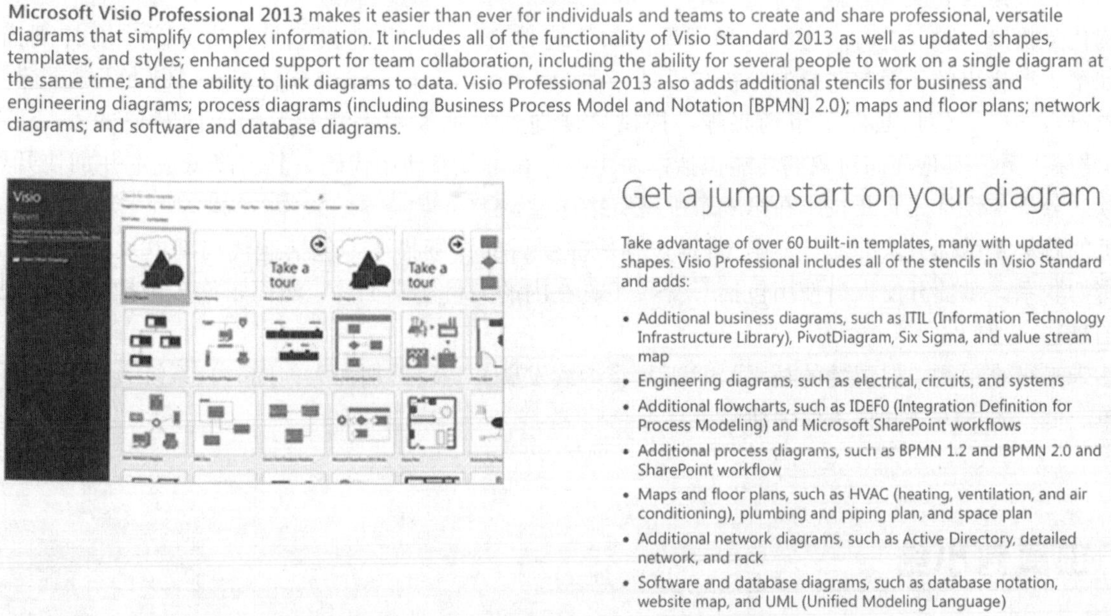

图表 B－12　微软 Visio 可创建许多不同类型的图表

资料来源：Microsoft Corporation。

另一个趋势是越来越多地使用完全在线的、基于云的开发环境。图表 B－13 所示的 Heroku 平台是工具套装以及用于开发并部署现代应用的平台即服务（PaaS）支持的示例。

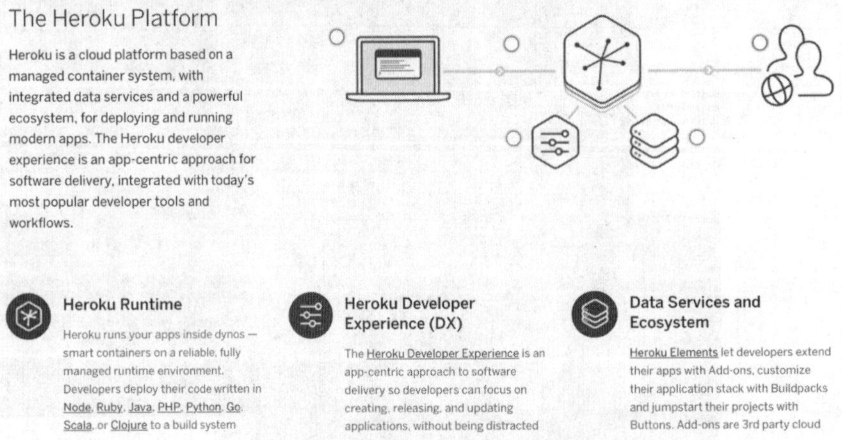

图表 B－13　云端的 Heroku 平台

资料来源：Salesforce. com。

B. 5. 2　特定方法下的 CASE 工具

如第 11 章所述，每种系统开发方法都有一套特别适用于该方法的工具。例如，结构化开发在很大程度上依赖于 DFD 和结构图。面向对象的方法使用用例图、类图、序列图和状态转换图等不同图表。敏捷方法倾向于使用螺旋或其他迭代模型。第 1 章介绍了几种特定方法下的建模工具，除了这些工具，系统开发人员还使用多用途工具帮助他们将系统逻辑转换为正常运行的程序模块。这些通用工具包括实体关系图、流程图、伪代码、决策表和决策树。

结构化分析是一种经过时间考验且易于理解的传统方法。结构化建模工具在第 5 章中有详细描述。然而，正如第 1 章指出的，**面向对象的分析与设计**（object-oriented analysis and design，OOAD）非常受欢迎。面向对象语言的广泛使用激发了市场兴趣，提供从规划到实际编程无缝开发的面向对象的 CASE 和基于 UML 的建模工具。其他面向对象的功能包括模块化设计和可重复使用代码，其可降低成本并加快开发速度。面向对象的分析与设计工具及技术在第 6 章中已有描述。

最近的趋势是敏捷方法的流行。第 11 章包括敏捷项目的详细描述，包括迭代周期以及开发人员与用户之间的密切联系。敏捷开发人员使用包括 CASE 工具在内的大量建模工具，然而，许多敏捷团队发现简单的白板草图最适合他们。

虽然未来很难预测，但清楚的是 CASE 工具将继续发展并变得更加强大。同时，系统开发人员有时会选择更简单、低技术的方法和技术作为建模工具。

B. 6　工具包小结

CASE 表示计算机辅助系统工程。CASE 工具是用于帮助系统开发人员设计并构建信息系统的软件程序。

CASE 工具能够降低成本、加快开发速度并提供可用于未来维护或改进的全面文档。

较旧的系统使用以 COBOL 等过程化编程语言编写的程序代码，其需要程序员为每个处理步骤创建代码语句。C++和 Java 等现代语言是非过程化编程或事件驱动编程语言，因为程序员定义当某些事件发生时程序必须执行的操作。

被称为 4GLs 的非过程化语言是面向对象的编程语言（OOPL）。4GLs 是第四代环境的重要组成部分。第四代环境允许系统开发人员开发精确原型、缩短开发时间并降低开发费用。

知识库是用作正在开发系统全部信息的中央存储区域的数据库。一旦在知识库中定义了数据元素，其即可被程序和其他信息系统访问和使用。别名是数据元素的替代名称。可在知识库中进行搜索，数据元素的所有实例都将被列出。

一系列集成的 CASE 工具可用于建模、记录、设计和构建信息系统。建模工具通过使用 DFD、UML 图、功能分解图、结构图和网络图等不同类型的图表生动地表示系统。

系统文档的主要来源是知识库，其识别新的元素并将它们添加到数据库中。其他文档由自动检查表单、报告和图表中不一致或不完整信息的工具提供。

正向工程意味着将业务流程和功能转换为应用。逆向工程检查现有应用并将其分解为一系列图表、结构图以及在某些情况下的源代码。

CASE 工具可以处理许多程序开发任务，如生成应用代码、屏幕表单和报告。

IDE 使用内置的 CASE 工具，其使规划、构建和维护特定软件产品更加容易。IDE 的示例包括甲骨文 Designer 和微软 Visual Studio。

包括 IBM 和微软在内的许多供应商都关注应用 ALM 概念和工具。ALM 指的是从头到尾规划、设计、开发、部署、管理并维护信息系统的方法。

两个趋势似乎很明确：CASE 工具供应商将继续添加强大的新功能，而基于云的工具集将越来越受欢迎。

关键词（Key Terms）

应用生成器　通过将逻辑模型直接转换成代码来快速开发计算机程序的工具，也称为代码生成器。

应用生命周期管理（ALM）　使用专业软件，从头到尾规划、设计、开发、部署、管理并维护信息系统的方法。

商务分析　使用软件衡量过去业绩，帮助管理者了解业务趋势并监控当前业务。

CASE 环境　不仅仅包括 CASE 工具，还包括软件开发过程中使用的任何基于计算机的支持。

代码生成器　参见应用生成器。

开发环境　IT 团队用于创建信息系统的软件工具、方法和物理资源的组合。

事件驱动编程语言　程序员定义当某些事件发生时程序必须执行的操作，而不是编写一系列顺序指令。也称为非过程化编程语言。

表单绘制器　参见屏幕生成器。

正向工程　将业务流程和功能转换为应用。

第四代环境　用于描述在原型设计过程中使用强大的 CASE 工具、应用生成器、报告生成器、屏幕生成器和第四代语言（4GLs）创建的高效软件开发环境。

第四代语言（4GLs）　非过程化编程语言，在实施面向对象的系统设计中特别有价值。

框架　组织并记录系统开发任务的概念结构。

非过程化编程语言　参见事件驱动编程语言。

面向对象的分析与设计（OOAD）　用于创建被称为执行者的对象的技术，执行者是指将与系统交互的人类用户。

面向对象的编程语言（OOPL）　在实施面向对象的系统设计中尤为重要的非过程化编程语言。

过程化编程语言　需要程序员为每个处理步骤创建代码的编程语言。

产品生命周期管理（PLM）　大型企业环境中，在SDLC各个阶段整合产品各个方面、产品数据和产品用户的系统。

报告生成器　快速设计格式化报告的工具。也称为报告书写器。

报告书写器　参见报告生成器。

知识库　用作正在开发系统全部信息的中央储存区域的数据库。

逆向工程　分析师检查现有应用，并将其分解成一系列图表、结构图和源代码的过程。

屏幕生成器　有助于设计自定义界面、创建屏幕表单并控制数据输入格式和过程的交互式工具。也称为表单绘制器。

工具包练习

问题

1. 定义CASE、CASE工具和CASE环境。
2. 解释过程化语言和非过程化语言之间的区别。
3. 描述4GLs及其特性。
4. 定义知识库并解释其在系统开发过程中的作用。
5. 什么是正向工程工具和逆向工程工具？它们如何使用？
6. 提供应用生成器和屏幕生成器的示例。
7. 如何使用报告生成器？什么是模拟报告？
8. 解释集成开发环境的概念，并提供两个IDE的例子。
9. 解释应用生命周期管理环境的概念，并提供两个ALM的示例。
10. 面向对象的分析与设计方法的新兴作用是什么？敏捷方法呢？

讨论话题

1. 系统分析师在使用IDE或通用CASE工具的情况下工作，哪种情况会更好？解释你的答案。

2. 访问微软Visual Studio和Eclipse的网站。如果你只能选择这两个开发环境中的一个，你会选择哪一个？为什么？

3. 如果你是一个程序员，你喜欢使用过程化编程语言还是非过程化编程语言？解释你的理由。

4. 一些分析师认为如果CASE工具更强大的趋势一直延续，许多烦琐的开发任务可能会自动执行。是否存在对未来CASE软件功能的限制？描述业务操作并指定某些输入和输出能够设计一个完整的信息系统吗？解释你的答案。

5. Heroku等基于云的开发环境的优点和缺点是什么？

项目

1. 在互联网上搜索可向学校计算机实验室推荐的简单、用户友好的CASE工具。访问供应商网站并了解关于产品的全部信息。撰写一份简短的报告来描述你的体验。

2. 访问 www. visual-paradigm. com，找到并下载免费的社区版本或 30 天试用版。试用该程序并撰写一份简短的报告来描述你的体验。

3. 在互联网上搜索并找到屏幕生成器的示例。访问供应商网站并了解有关产品的全部信息。撰写一份简短的报告来描述你的体验。

4. 访问 SEI 的复杂系统网站 http：//www. sei. cmu. edu/sos/。记录在此规模下工作的系统分析师的主要差异，并描述 CASE 工具在整个 SDLC 阶段帮助分析师在复杂环境中有效工作的作用。

5. 试用基于云的平台 Heroku 开发并部署一个你选择的简单应用。编写一份报告，比较使用这种开发方式与使用微软 Visual Studio 或 Eclipse 等工具的传统开发方式的体验。

C 部分 财务分析工具

系统分析师工具包的 C 部分展示财务分析工具，其可用于衡量项目可行性、进行准确的成本收益估计并做出合理决策。

学习目标

学完这一部分，你应该能够：

- 定义经济可行性；
- 将成本和收益分成不同类别，包括有形或无形、直接或间接、固定或可变以及开发或运营；
- 了解费用回收方法及其使用方式；
- 使用回收分析计算项目收回成本所需的时间；
- 使用投资回报分析衡量项目的盈利能力；
- 使用现值分析以当前货币计量确定未来项目的价值。

C.1 引言

系统分析师工具包的 C 部分展示如何使用不同工具计算项目的成本和收益。系统分析师需要知道如何在初步调查、评估 IT 项目并向管理层提出建议时计算成本和收益。

财务分析工具在整个系统开发生命周期中十分重要。例如，第 2 章中解释了经济可行性取决于成本和收益的比较。如果未来收益超过开发或获取新系统的预期成本，则该项目在经济上是可行的。第 7 章中解释了在分析开发战略时，使用财务分析工具和技术来检验不同选项。第 12 章再次使用这些工具来识别系统使用寿命的结束。

C.2 描述成本和收益

系统分析师必须在 SDLC 每个阶段结束时审查项目的成本和收益，以便管理层决定是否继续该项目。在使用本工具包描述的经济分析工具之前，必须了解如何识别并划分所有成本和收益。

如第 2 章所述，经济可行性意味着提议的系统的预期收益超过预期成本。在确定经济可行性时，必须考虑项目收益与包括持续支持和维护成本以及采购成本的总体拥有成本（TCO）的比较。

图表 C－1 显示了一个 TCO 计算器，比较在内部运行应用以及在使用 Amazon. com 的 AWS 基础设施的云中运行应用的成本。由于迁移到云是一个复杂的活动，这样的计算器能够在很大程度上帮助系统分析师做出明智的决策。谷歌、IBM、微软和其他供应商都提供了与云或其他大型 IT 项目相关的类似 TCO 的指导。

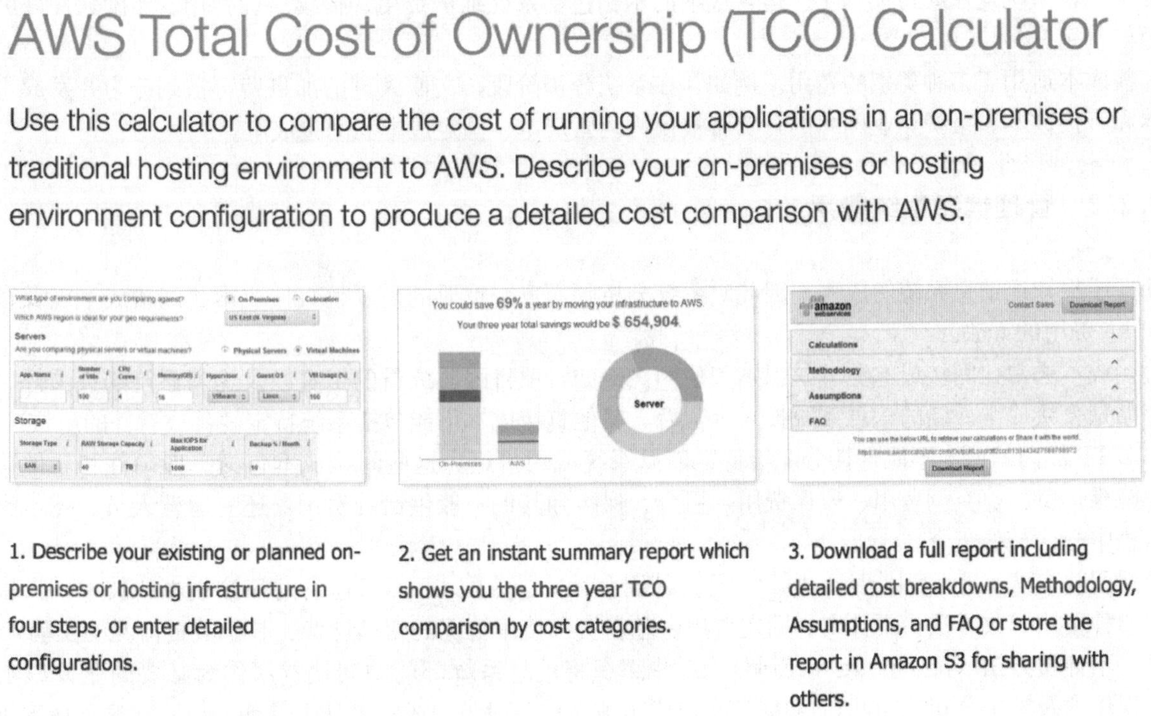

图表 C－1　Amazon. com 提供了一个计算器，比较在内部运行应用以及使用 AWS 在云端运行应用的 TCO

资料来源：Amazon Web Services. Inc。

C. 2. 1　成本分类

成本可分为有形成本或无形成本、直接成本或间接成本、固定成本或可变成本以及开发成本或运营成本。如第 2 章所述，有形成本是具有特定货币价值的成本。有形成本的例子包括员工工资、硬件和软件以及办公用品购买。有形成本还包括企业在需要借用资金用作运营资本或投资新项目时必须支付的利息费用。在利率很高时，这些成本可能很大，必须加以考虑。

相反，无形成本是不易计算货币价值的成本。客户不满意、员工士气低落和信息可用性降低等带来的成本都是无形成本的例子。

然而，如果分析师仔细检查无形项目，则有时能够估计货币价值。例如，用户可能因为系统难以学习而不喜欢它，他们的不满是无形成本，但如果其转化为系统必须改正的错误，则可以分配有形的货币成本。应尽可能使用有形成本。

直接成本（direct costs）是可与特定系统开发相关联的成本。直接成本的例子包括项目团队成员的工资和购买仅用于新系统的硬件。相比之下，**间接成本**（indirect costs）或**间接费用**（overhead expenses）无法分配到特定信息系统的开发上。网络管理员的工资、复印机租金和保险费是间接成本的例子。

固定成本（fixed costs）是不依赖于活动水平或努力水平的相对恒定的成本。许多固定成本定期出现，如工资和硬件租赁费。**可变成本**（variable costs）是根据活动水平而变化的成本。打印纸、耗材和电话费成本是可变成本的例子。

开发成本（developmental costs）只在系统完成开发或获取时计算一次。这些费用可能包括参与系统开发人员的工资、软件购买、初始用户培训以及必要硬件或家具的购买。第12章中涉及的运营成本在系统实施后发生并在系统使用时持续发生。运营成本的示例包括系统维护费用、持续培训费用、年度软件许可证费用和通信费用。

一些成本适用于多种类别的费用。例如，在系统分析阶段，文职人员的加班费可被划分为开发成本、可变成本和直接成本。维护企业网站的月费将被视为运营成本、固定成本和间接成本。

C.2.2 管理信息系统费用

管理层想知道信息系统的成本，因此对系统分析师而言，重要的是了解直接成本、间接成本以及在企业内分配IT费用的方法。

直接成本通常比间接成本更容易识别和预测。例如，项目团队成员的工资以及为新系统购买硬件、软件和供应品是直接成本。新的信息系统投入运营后，其他直接成本可能包括系统特定硬件或软件的租赁。

许多IT部门的成本不能直接分配给特定信息系统或用户组。这些间接成本包括一般硬件和软件购置费用、设施维护费用、空调费用、安保费用、租金、保险和其他一般供给的费用，还有运营人员、技术支持人员和信息中心人员的工资。

费用回收方法（chargeback method）是一种用会计分录分配IT部门运营的间接成本的技术。大多数组织采用四种费用回收方法：不计费、固定费用、基于资源使用情况的变动计费、基于数量情况的变动计费。

（1）**不计费方法**（no charge method）。一些组织将信息系统部门的间接费用作为必要的业务成本，IT服务被视作惠及整个公司。因此，IT部门间接成本被当作一般组织成本不计入其他部门。在这种情况下，信息系统部门称为**成本中心**（cost center），因为它针对IT服务产生了不可抵消的会计费用。

（2）**固定费用方法**（fixed charge method）。在这种方法下，IT部门间接成本以每月固定费用的形式分配给所有其他部门。所有部门每月的费用可能相同，或者基于部门规模或工作站数量等相对恒定的因素来计算。通过使用固定费用方法，所有间接成本都计入其他部门，IT部门被视为利润中心。**利润中心**（profit center）是预计会盈亏平衡或盈利的部门。在利润中心概念下，企业部门从IT部门购买服务并接受表示提供服务的成本的会计费用。

（3）**基于资源使用情况的变动计费方法**（variable charge method based on resource usage）。**资源分配**（resource allocation）是基于信息系统使用的资源对间接成本收费的方法。分配可考虑基于连接时间、服务器处理时间、所需网络资源、打印机使用量或类似因素的组合。**连接时间**（connect time）是用户主动连接到远程服务器的总时间，一些网络服务提供商将此作为收取费用的基础。在客户端/服务器系统中，**服务器处理时间**（server processing time）是服务器实际响应客户端请求进行处理的时间。对特定部门收取的金额因月份而异，不仅取决于该部门的资源使用情况，还取决于总资源使用情况。当组织使用资源分配方法时，IT部门被视为利润中心。

（4）**基于数量情况的变动计费方法**（variable charge method based on volume）。IT部门间接成本基于交易数量或打印量等面向用户活动分配给其他部门。与资源分配方法一样，部门的成本份额因月份而异，这取决于活动水平。在这种情况下，IT部门被视为利润中心。

C.2.3 收益分类

除了对成本进行分类，企业还必须对项目的预期收益进行分类。与成本一样，收益可分为有形收益或无形收益、固定收益或可变收益、直接收益或间接收益。另一个有用的收益分类方法与收益的性质有关：积极收益与成本规避收益。**积极收益**（positive benefits）增加收入、改善服务或作为新系统的直接结果对组织产生其他贡献。产生积极收益的示例包括改进的信息可用性、更强的灵活性、更快的客户服务速度、更高的员工士气和更好的库存管理。

相比之下，**成本规避收益**（cost-avoidance benefits）是指若未安装新系统而产生的必要支出。产生成本规避收益的示例包括让当前的员工工作而不另外雇用额外人员，不替换现有的硬件或软件，以及避免当前系统可能会面临的问题。成本规避收益与积极收益同样重要，在进行成本收益分析时必须考虑这两种类型。

C.3 成本收益分析

成本收益分析（cost-benefit analysis）是将信息系统的预期成本与预期收益进行比较的过程。成本收益分析在整个SDLC阶段都要进行，从而确定信息系统项目的经济可行性并比较替代解决方案。成本收益分析技术有很多。本节讨论三种最常见的方法：回收分析、投资回报率分析和现值分析。每种成本收益分析方法不尽相同，但目标是相同的，即为决策提供可靠的信息。

C.3.1 回收分析

回收分析是确定信息系统获取盈利所需时间的分析过程。收回系统成本所需的时间称为**回收期**（payback period）。要进行回收分析，必须执行以下步骤：

（1）确定系统的初始开发成本。

（2）估计年收益。

（3）确定年度运营成本。

（4）通过比较开发和运营成本总和与系统产生的累计收益值找出回收期。

绘制系统潜在寿命期间的系统成本曲线时，通常会得出类似于图表C-2所示的曲线。在系统投入运营之后，成本迅速降低且在一段时间内保持相对较低的水平。最终，由于系统需要更多维护，成本开始增加。系统开始运营与运营成本开始快速增长的时点之间的时间段称为系统的**经济使用寿命**（economically useful life）。

将信息系统提供的收益按时间作图，得到的曲线通常与图表C-3上方的图类似。当系统运营时开始出现收益，一段时间内可能会增加，然后保持水平或开始下降。

进行回收分析时，应计算当信息系统的累计收益与开发并运营系统的累计成本相等时所需的时间。

在图表C-3下方的图中，将成本和收益曲线绘制在一起。虚线表示回收期。请注意，回收期不是指当前收益等于当前成本的点（即两条线交叉处）。回收期是累计成本与累计收益相等时所花费的时间。如果将当前成本和当前收益绘于同一张图中，则回收期对应于两条曲线下面积相等时所花费的时间。

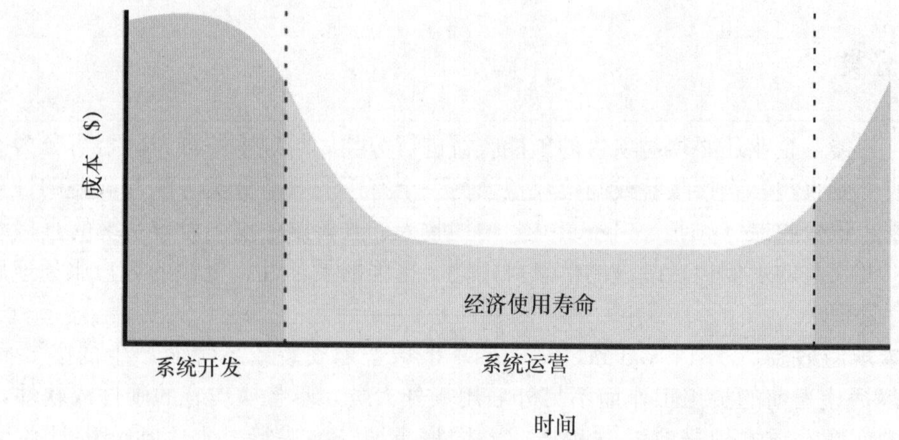

图表 C-2　系统成本会随时间而变化。开始时，由于存在初始开发费用，系统成本很高。在系统运营期间成本降低，之后维护成本开始增加，直到系统到达其经济使用寿命的尽头

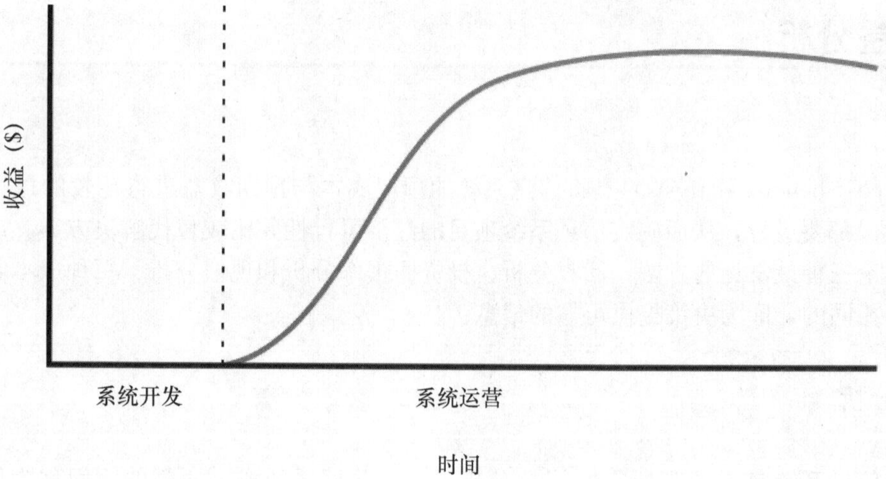

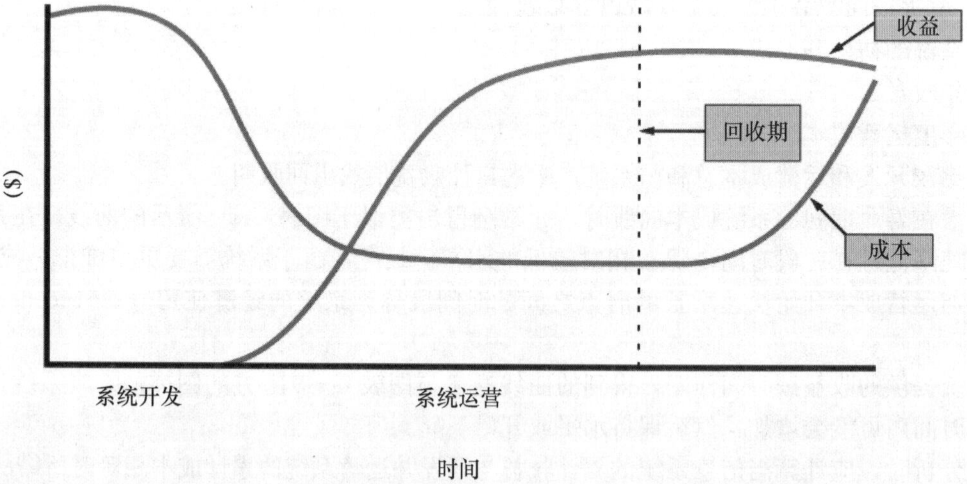

图表 C-3　如上方图所示，信息系统的收益随时间而变化。下方图显示了在同一个图上绘制的成本和收益。虚线表示累计收益与累计成本相等的回收期

考虑图表 C-4 所示的例子，其包含两个成本收益表。表格显示了两个信息系统项目的预期年度成本、累计成本、年度收益和累计收益。0 年对应于系统开发开始的年份，开发项目 A 花费不到 1 年的时间，因此在第 0 年实现了一些收益。项目 B 的系统开发需要 1 年以上，所以直到第 1 年的某个时间才开始出现收益。

在项目 A 中，到第 4 年底的累计成本为 135 700 美元，略高于 132 000 美元的累计收益。然而，到第 5 年结束时，171 000 美元的累计收益远远超过 157 700 美元的累计成本。因此，在第 5 年的某个时间点，累计成本和累计收益相等，此时回收期已确定。项目 B 中存在类似的情况，到第 4 年底，项目 B 的累计成本为 191 000 美元，大于累计收益 156 000 美元。在第 5 年的某个时间点，累计收益将超过累计成本，系统成本已付清。

回收分析示例

项目 A				
年份	成本	累计成本	收益	累计收益
0	60 000	60 000	3 000	3 000
1	17 000	77 000	28 000	31 000
2	18 500	95 500	31 000	62 000
3	19 200	114 700	34 000	96 000
4	21 000	135 700	36 000	132 000
5	22 000	157 700	39 000	171 000
6	23 300	181 000	42 000	213 000

项目 B				
年份	成本	累计成本	收益	累计收益
0	80 000	80 000	—	—
1	40 000	120 000	6 000	6 000
2	25 000	145 000	26 000	32 000
3	22 000	167 000	54 000	86 000
4	24 000	191 000	70 000	156 000
5	26 500	217 500	82 000	238 000
6	30 000	247 500	92 000	330 000

图表 C-4　两个信息系统的回收分析数据：项目 A 和项目 B

如果有关于一年内成本和收益时间的更具体的信息，则可以更准确地计算出回收期。另一种方法是创建图表显示累计收益超过累计成本的确切时间点，这将在 C.3.2 节中进行阐释。

一些管理人员对回收分析提出批评，因为它强调早期成本和收益而忽略了回收期后的收益。即使项目 B 在第 6 年的收益高达 500 000 美元，回收期仍然发生在项目运行的第 5 年内。为保证回收分析正确，早期的成本和收益预测通常更为准确，一般来说，项目预测延伸的时间越长，预测的成本和收益就越不准确。因此，为了使回收分析更有效，回收分析使用最可靠的成本和收益估计。

回收分析很少用于项目比较或评级，因为后期的收益会被忽略。不能仅仅因为项目 A 的回收期少于项目 B 的回收期就得出项目 A 比项目 B 更好的结论；在比较项目时，考虑全部成本和收益会更有意义。

即使存在缺点，回收分析仍十分流行。许多商业组织为批准的项目设定最低回收期。如果企业政策要求项目在三年内开始盈利，则图表 C-4 中的两个项目都不会得到批准，即使两个项目的总收益超过总成本从而在经济上都是可行的。

C. 3. 2　使用电子表格进行回收分析

如图表 C-5 所示，电子表格可用于记录并计算累计成本和累计收益。第一步是设计工作表并列出行和列的标签。输入每年的成本和收益数据后，输入公式。对于回收分析，需要公式来逐年计算累计成本和累计收益情况。例如，累计成本列中第 1 年与第 0 年成本相同，因此单元格 C6 中的公式为“= B6”。第 2 年的累计成本是第 0 年累计成本与第 1 年成本之和，因此单元格 C7 处输入的公式为“= C6 + B7”，依此类推。图表 C-5 中第一个工作表显示的是初始布局，第二个工作表显示的是最终的电子表格。

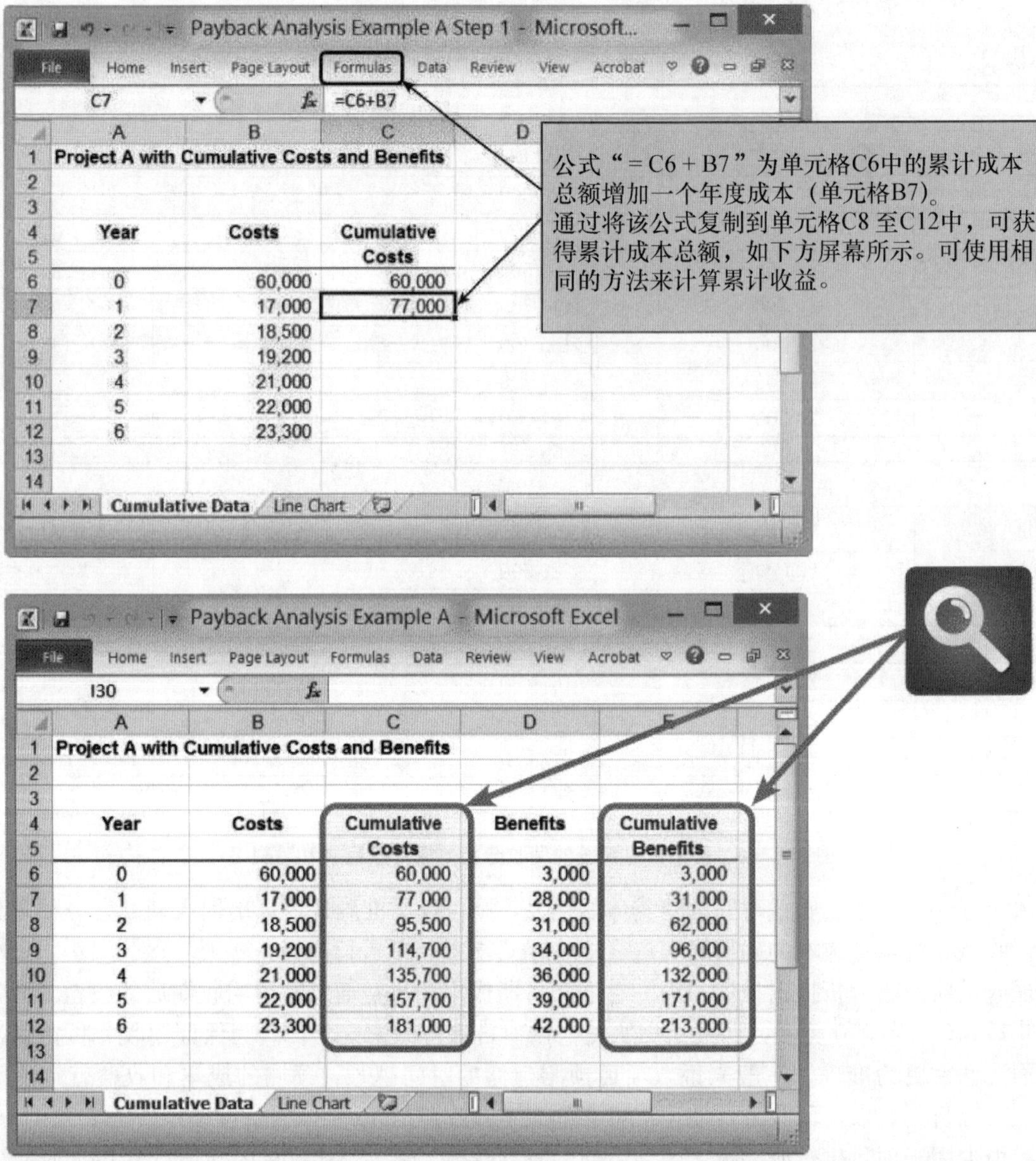

图表 C-5　上方的微软 Excel 工作表显示了项目 A 的回收分析数据。在输入累计成本和累计收益公式后，会出现下方屏幕中完成的工作表

验证电子表格工作正常后，可创建折线图显示累计成本、累计收益以及由累计成本曲线和累计收益曲线的交点确定的回收期，如图表 C-6 所示。

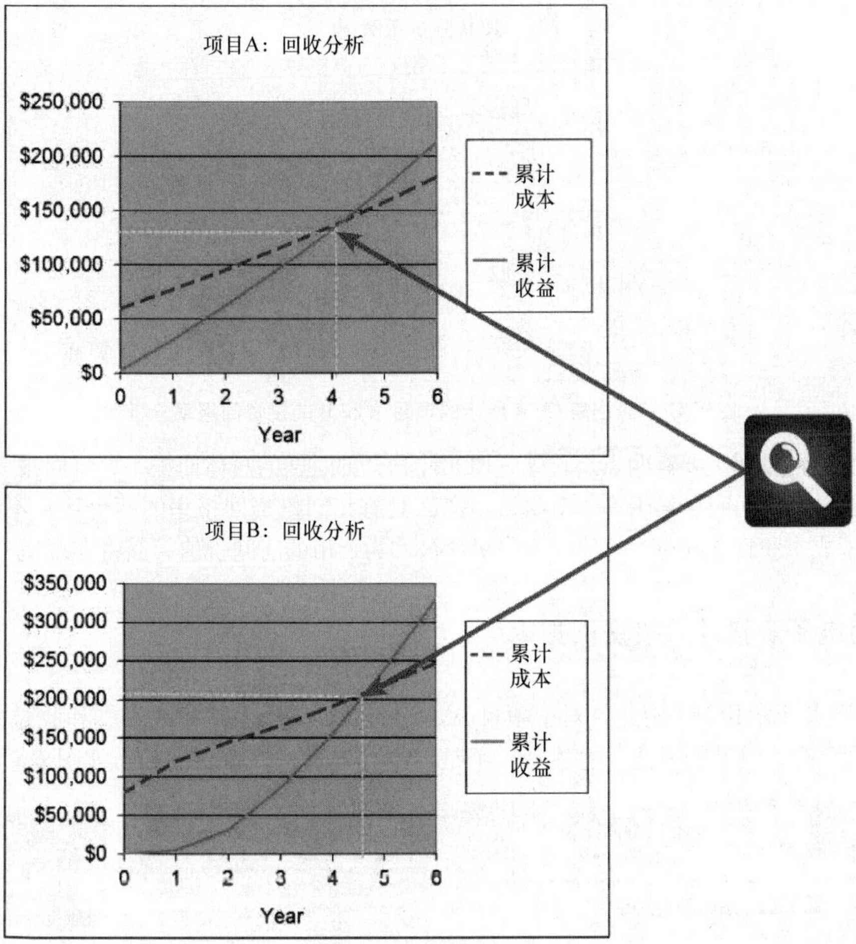

图表 C-6　通过创建累计成本和累计收益图表，微软 Excel 可显示出回收期，项目 A 的回收期短于项目 B 的回收期

C.3.3　投资回报率分析

投资回报率（ROI）是一个百分比率，通过比较项目总净收益（回报）与项目总成本（投资）来衡量盈利能力。投资回报率公式如下：

ROI=(总收益-总成本)/总成本

相较于回收分析，投资回报率分析在很长的时间内都会考虑成本和收益。ROI 通常基于 5～7 年的总成本和收益数据计算得出。例如，图表 C-7 显示了项目 A 和项目 B 的 ROI 计算过程。项目 A 的 ROI 为 17.7%，项目 B 的 ROI 为 33.3%。

在许多企业中，项目必须达到或超过最低投资回报率。这个最低投资回报率可能是企业将资金投资于国债等其他投资机会能够获得的预期收益，或者是企业对新项目要求的更高回报率。例如，如果企业需要最低 15%的投资回报率，则项目 A 和 B 都满足该标准。

投资回报率也可以用于为项目排名。如果项目 A 和 B 代表同一信息系统项目的两种不同解决方案，则项目 B 代表的解决方案优于项目 A 代表的解决方案。如果项目 A 和 B 代表两个不同的信息系统项目，且组织有足够的资源实现两个项目中的任意一个，则项目 B 是更好的选择。

ROI 分析示例

项目 A：

$$\text{ROI}=\frac{\text{总收益}-\text{总成本}}{\text{总成本}}$$

$$=\frac{213\ 000-181\ 000}{181\ 000}=17.7\%$$ ← 项目 A 的 ROI

项目 B：

$$\text{ROI}=\frac{\text{总收益}-\text{总成本}}{\text{总成本}}$$

$$=\frac{330\ 000-247\ 500}{247\ 500}=33.3\%$$ ← 项目 B 的 ROI

图表 C-7　图表 C-4 所示的项目 A 和 B 的投资回报率分析

对投资回报率分析的批评主要有两点。首先，ROI 计算全部时期的总体回报率，年回报率可能有很大差异。如果一个项目获取收益的时间明显早于另一个项目，那么具有相同投资回报率的两个项目不能被同等对待。其次，ROI 方法忽略了成本和收益的时间价值。这一概念被称为货币的时间价值，其将在现值分析部分进行阐释。

C.3.4　使用电子表格计算投资回报率

可使用电子表格来计算 ROI。为此，对于项目 A，首先设置工作表并输入成本和收益数据。可以使用多个列（像回收分析那样），但是需要两个总体（一个是成本，一个是收益）的和，如图表 C-8 所示。

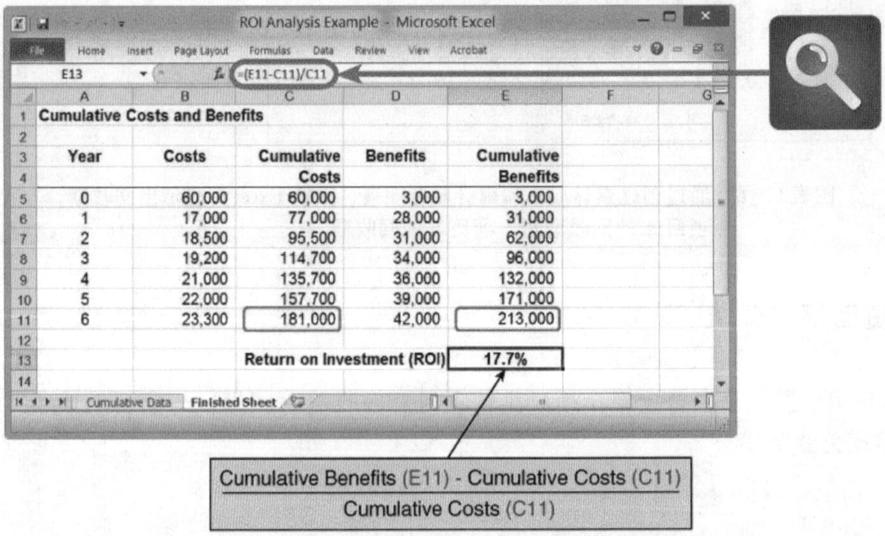

图表 C-8　计算 ROI 工作表示例，单元格 E13 包含 ROI 公式

最后一步是添加公式来计算 ROI 的值，如图表 C-8 中单元格 E13 所示。如前所述，ROI 公式是总收益减去总成本，再除以总成本。因此，单元格 E13 的 ROI 公式为“＝（E11－C11）/C11”。

使用电子表格的主要优点是如果数据改变，工作表则立即被修改并计算出新的结果。

C.3.5　现值分析

一年前 1 美元的价值高于今天 1 美元的价值。手中的货币现在用于投资，其价值会增长。例如，大多数人愿意现在直接拥有100美元而不是被承诺一年后将获得100美元。如果今天将100美元投资在年收益率为8%的共同基金中，一年后将是108美元而不是100美元。

也可以从不同的方向去理解ROI。例如，不是问“100美元在一年后的价值是多少?”，而是问“以8%的利率计算，为了一年后获得100美元，现在应该投资多少钱?”。如图表C-9所示，这一概念就是众所周知的**货币的时间价值**（time value of money），其是**现值分析**（present value analysis）的基础。

期限	6%	8%	10%	12%	14%
1	0.943	0.926	0.909	0.893	0.877
2	0.890	0.857	0826	0.797	0.769
3	0.840	0.794	0.751	0.712	0.675
4	0.792	0.735	0.683	0.636	0.592
5	0.747	0.681	0.621	0.567	0.519
6	0.705	0.630	0.564	0.507	0.456
7	0.665	0.583	0.513	0.452	0.400
8	0.627	0.540	0.467	0.404	0.351
9	0.592	0.500	0.424	0.361	0.308
10	0.558	0.463	0.386	0.322	0.270

图表C-9　不同期限和不同折现率对应的现值表。表中的值是使用文中给出的公式计算的。值随时间和折现率的增长而减少

未来货币的**现值**（present value）是若今天以特定利率投资，在未来某一时间点恰好增长到一美元的金额。特定的利率称为折现率。在现值分析中，企业使用将资金投入债券等相对无风险投资而不是投资项目的回报率来代表折现率，企业会使用折现率代表收益率。

大多数企业要求高于折现率的回报率，因为与债券相比任何项目都存在风险。企业经常因为风险与潜在收益不对等而拒绝看起来有吸引力的项目。

为了帮助分析师使用现值分析，不同期限和折现率所对应的现值记录在被称为**现值表**（present value tables）的表格中。图表C-9显示了10年期不同折现率对应的现值表的一部分。

要想使用现值表，应找到合适折现率的列与合适年份的行所对应的值。例如，要计算5年期折现率为12%的1美元的现值，应从上到下查看图表C-9中表示12%的列直到第5年，表格对应的值是0.567。要确定12%的折现率下5年后3 000美元的现值为多少，可将表中的现值与美元数额相乘，即PV=3 000×0.567=1 701（美元）。

许多财务和会计图书收录了综合现值表。如图表C-10所示，该信息也可从网络上获取。

为了使用现值分析，必须根据时间调整成本和收益的数值。首先，将每个预期收益和预期成本与取决于成本和收益何时发生的现值因子相乘。接着将所有根据时间调整的收益和成本加总。然后计算项目的净现值(NPV)，即收益的总现值减去成本的总现值。图表C-11显示了两个示例项目的净现值的计算情况。

理论上，任何具有正NPV的项目在经济上都是可行的，因为该项目的收益比以折现率投资相同金额获得的收益多。应记住风险与所有项目都相关，但管理层通常坚持高风险、高收益。例如，图表C-11中的两个项目都有正的净现值并表现出经济可行。

然而，假设其中一个项目有90%的可能性实现其目标，而另一个项目只有70%的实现可能。为了具有吸引力，有较高风险的项目必须相应提供更高的收益。第3章阐释了项目经理如何评估风险。

也可通过净现值这一指标对项目进行比较和排名。在所有条件都相同的情况下，具有最高净现值的项目是最好的投资项目。如图表C-11所示，项目B是比项目A更好的投资项目，因为它具有更高的净现值。

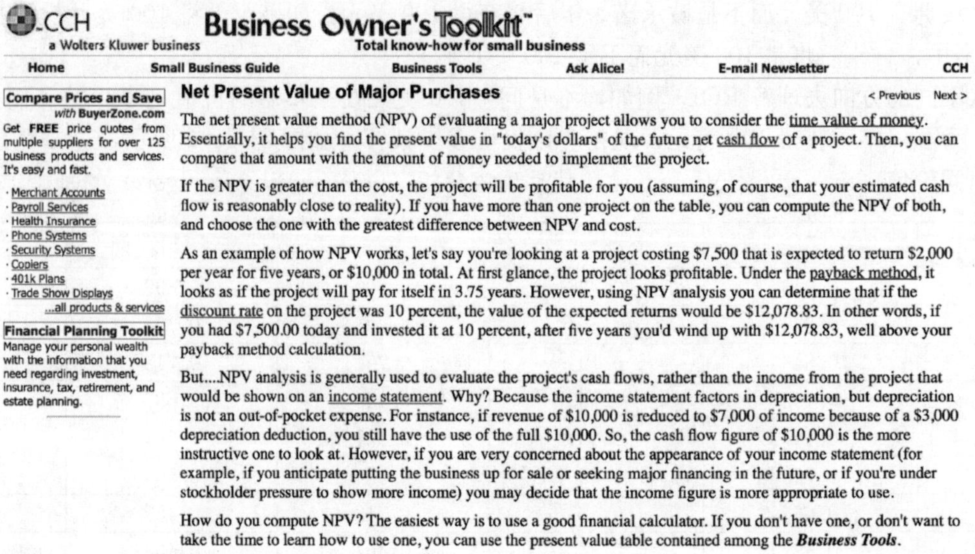

CCH a Wolters Kluwer business

Business Owner's Toolkit™
Total know-how for small business

Home | Small Business Guide | Business Tools | Ask Alice! | E-mail Newsletter | CCH

Compare Prices and Save
with BuyerZone.com
Get **FREE** price quotes from multiple suppliers for over 125 business products and services. It's easy and fast.

· Merchant Accounts
· Payroll Services
· Health Insurance
· Phone Systems
· Security Systems
· Copiers
· 401k Plans
· Trade Show Displays
...all products & services

Financial Planning Toolkit
Manage your personal wealth with the information that you need regarding investment, insurance, tax, retirement, and estate planning.

Net Present Value of Major Purchases

< Previous Next >

The net present value method (NPV) of evaluating a major project allows you to consider the time value of money. Essentially, it helps you find the present value in "today's dollars" of the future net cash flow of a project. Then, you can compare that amount with the amount of money needed to implement the project.

If the NPV is greater than the cost, the project will be profitable for you (assuming, of course, that your estimated cash flow is reasonably close to reality). If you have more than one project on the table, you can compute the NPV of both, and choose the one with the greatest difference between NPV and cost.

As an example of how NPV works, let's say you're looking at a project costing $7,500 that is expected to return $2,000 per year for five years, or $10,000 in total. At first glance, the project looks profitable. Under the payback method, it looks as if the project will pay for itself in 3.75 years. However, using NPV analysis you can determine that if the discount rate on the project was 10 percent, the value of the expected returns would be $12,078.83. In other words, if you had $7,500.00 today and invested it at 10 percent, after five years you'd wind up with $12,078.83, well above your payback method calculation.

But....NPV analysis is generally used to evaluate the project's cash flows, rather than the income from the project that would be shown on an income statement. Why? Because the income statement factors in depreciation, but depreciation is not an out-of-pocket expense. For instance, if revenue of $10,000 is reduced to $7,000 of income because of a $3,000 depreciation deduction, you still have the use of the full $10,000. So, the cash flow figure of $10,000 is the more instructive one to look at. However, if you are very concerned about the appearance of your income statement (for example, if you anticipate putting the business up for sale or seeking major financing in the future, or if you're under stockholder pressure to show more income) you may decide that the income figure is more appropriate to use.

How do you compute NPV? The easiest way is to use a good financial calculator. If you don't have one, or don't want to take the time to learn how to use one, you can use the present value table contained among the ***Business Tools***.

图表 C-10 CCH 企业主工具包提供小型商业指南和众多财务工具，包括计算净现值的指南

资料来源：CCH Incorporated。

项目 A：								
	第 0 年	第 1 年	第 2 年	第 3 年	第 4 年	第 5 年	第 6 年	总计
收益	3 000	28 000	31 000	34 000	36 000	39 000	42 000	
折现因子（12%）	1.000	0.893	0.797	0.712	0.636	0.567	0.507	
现值	3 000	25 004	24 707	24 208	22 896	22 113	21 294	143 222
成本	60 000	17 000	18 500	19 200	21 000	22 000	23 300	
折现因子（12%）	1.000	0.893	0.797	0.712	0.636	0.567	0.507	
现值	60 000	15 181	14 745	13 670	13 356	12 474	11 813	141 239
净现值								1 983

项目 B：								
	第 0 年	第 1 年	第 2 年	第 3 年	第 4 年	第 5 年	第 6 年	总计
收益	—	6 000	26 000	54 000	70 000	82 000	92 000	
折现因子（12%）	—	0.893	0.797	0.712	0.636	0.567	0.507	
现值	—	5 358	20 722	38 448	44 520	46 494	46 644	202 186
成本	80 000	40 000	25 000	22 000	24 000	26 500	30 000	
折现因子（12%）	1.000	0.893	0.797	0.712	0.636	0.567	0.507	
现值	80 000	35 720	19 925	15 664	15 264	15 026	15 210	196 809
净现值								5 377

图表 C-11 项目 A 和项目 B 的净现值分析。表中使用了外部的折现因子，如图表 C-10 所示的 CCH 网站

现值分析为投资回报率分析和回收分析的不足提供了解决方案。与回收分析不同，现值分析考虑了全部成本和收益，而不仅仅考虑早期收益。此外，现值分析考虑了成本和收益的时间价值，因此它们的价值可根据提供共同尺度且考虑货币的时间价值的折现率调整。即使如此，企业也经常使用这三种方法获得更多信息进而做出决策。有时，项目在一种分析方法上得分较高而在另一种方法上得分较低。

C.3.6 使用电子表格计算现值

有两种使用微软 Excel 等电子表格程序计算现值的方法。可从外部表格输入折现调整因子并通过简单的公式使用它们。然而，许多分析师发现使用内置的 NPV 公式计算更容易。这两种方法在以下部分介绍。示例显示了具有一年开发期、三年使用寿命和 6%折现率的信息系统的成本和收益。

使用外部因子

第一种方法是创建类似于图表 C-12 所示的电子表格。从预期收益开始，在单元格 C5、D5 和 E5 中输入调整因子。然后在单元格 C6、D6 和 E6 中创建将每年金额乘以三个因子的公式，总和计入单元格 F 中。对预期成本也同样操作。最后，总成本减去总收益，系统的净现值就显示在单元格 F12 中。

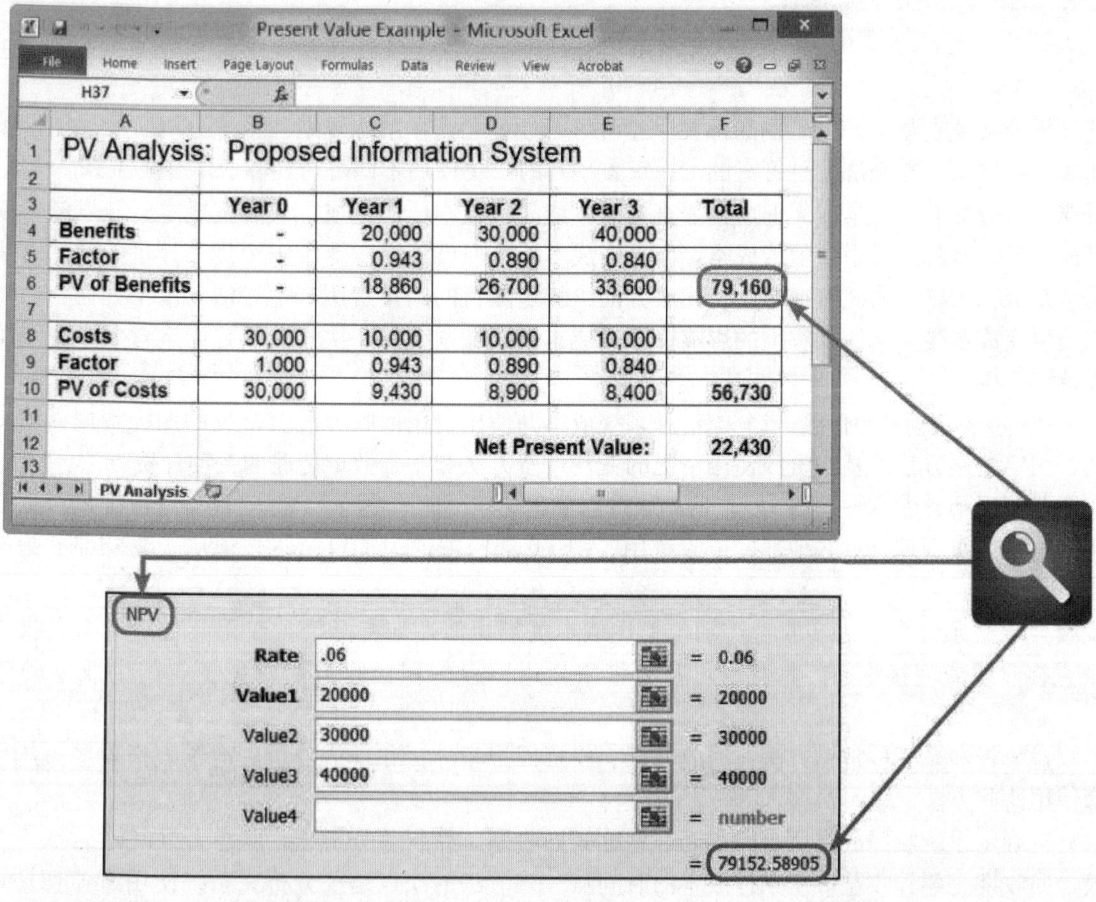

图表 C-12 顶部屏幕显示如何在微软 Excel 中使用折现因子计算现值。在这种情况下，收益的现值为 79 160 美元。底部屏幕显示了使用 NPV 函数的示例，其是内置在 Excel 中的菜单驱动公式。结果值之间有微小差异是因为 Excel 使用更多的小数位。

使用内置公式

如图表 C-12 底部屏幕所示，第二种方法使用电子表格的内置函数计算现值。输入金额、折现率和时间期限，然后程序自动执行剩余的操作。使用这种方法，需执行四个步骤。

(1) 首先，创建类似于图表 C-12 顶部屏幕的电子表格，但不要输入任何因子或公式，只输入每年成本和收益金额。

(2) 接下来，选择单元格 F6，然后单击公式栏上的功能按钮。选择 NPV 功能，将出现类似于图表 C-12 底部的对话框。默认为 6%的折现率，因此在“Rate”框中输入 0.06。

(3) 现在，输入三个收益金额：Value1 为 20 000，Value2 为 30 000，Value3 为 40 000，并且点击 OK 按钮（图中未表示出）。

(4) 此时，在单元格 F6 中出现了现值。按照相同方法输入成本金额。用收益的 PV 减去成本的 PV，结果即为净现值（NPV）。注意这两种方法有一些细微的差别，因为 Excel 使用更多的小数位。但差异不显著。

C.4 工具包小结

系统分析师必须在整个 SDLC 期间都关注经济可行性，尤其在系统规划和系统分析阶段。如果预期收益超过预期成本，则项目在经济上是可行的。在审查项目时，可使用不同可行性和成本分析工具。

项目成本可分为有形成本或无形成本、直接成本或间接成本、固定成本或可变成本、开发成本或运营成本。有形成本是具有特定货币价值的成本，而无形成本涉及雇员不满意等难以用货币计量的项。直接成本可与特定信息系统相关联，而间接成本则指无法分配给特定项目的间接费用。不管活动水平如何，固定成本保持不变，而可变成本受系统活动程度的影响。开发成本是开发系统的一次性费用，而运营成本在系统运营和使用阶段持续产生。

每个企业都必须决定如何收取或分配信息系统成本并使用费用回收方法。常见的四种费用回收方法是不计费方法、固定费用方法、基于资源使用情况的变动计费方法和基于数量情况的变动计费方法。

一些企业使用不计费方法，因为 IT 服务使整个企业受益。此方法将 IT 部门视为免费提供服务的成本中心。相比之下，如果管理层对其他部门征收费用，则 IT 部门被视为销售原本必须从企业外部购买的服务的利润中心。

系统收益也必须分类。许多收益类别与上述成本类别相似，如有形收益或无形收益、固定收益或可变收益以及直接收益或间接收益。收益也可分为带来货币留存的积极收益和避免企业产生成本的成本规避收益。

成本收益分析涉及三种常见方法：回收分析、投资回报率分析和现值分析。电子表格程序可用于辅助系统分析师使用这些方法。

回收分析确定系统收回成本所需的时间，这称为回收期。在回收分析中，将总开发和运营成本与总收益进行比较。回收期是累计收益等于累计成本的时间点。该方法的缺点是仅分析在系统使用寿命初期产生的成本和收益。

投资回报率（ROI）分析通过比较总净收益（回报）与总净成本（投资）来评估系统。计算结果是一个表示系统作为潜在投资项目能够提供的回报率的百分比数字。许多企业设置了所有项目必须达到或超过的最低投资回报率，并使用 ROI 对多个项目进行排名。虽然 ROI 与回收分析相比提供了额外的信息，但 ROI 只表示在给定时间段内可能不准确的整体平均回报率。此外，ROI 没有考虑货币的时间价值。

现值分析调整未来成本和收益的价值，从而考虑货币的时间价值。通过以当前货币价值衡量所有未来成本和收益，能够更准确和一致地比较所有系统。现值分析可使用从已公布的表中导出或找到的数学因子计算现值，也可用电子表格计算现值。许多企业使用现值分析法对项目进行评估和排名。

关键词（Key Terms）

费用回收方法　使用会计分录来分配运营 IT 部门的间接成本的方法。大部分组织使用四种费用回收方法：不计费、固定费用、基于资源使用情况的变动计费、基于数量情况的变动计费。

连接时间　用户主动连接到远程服务器的总时间，一些网络服务提供商将其作为收费的基础。

成本中心　产生不可抵消费用的部门。

成本规避收益　不安装新系统而需要的支出，如让现有员工处理工作或不替换现有硬件或软件。

成本收益分析　将信息系统的预期成本与预期收益进行比较的过程。

开发成本　开发或获取系统时只计算一次的费用，如参与系统开发的人员的工资或初始用户培训的购买。

直接成本　与开发特定系统相关的费用，如项目团队成员的工资和购买仅用于新系统的硬件。

经济使用寿命　系统开始运营到运营成本开始快速增长时点之间的时间段。

固定费用方法　确定运营 IT 部门的间接成本的方法，IT 部门的间接成本以每月固定费用的形式分配给所有其他部门。

固定成本　相对恒定且不依赖于活动水平的费用，许多固定成本定期产生，如工资和硬件租赁费。

间接成本　无法分配到特定信息系统开发过程的费用，如网络管理员的薪水和复印机租金。也称为间接费用。

不计费方法　一种衡量 IT 部门间接成本的方法，组织将信息系统部门的间接费用视为必要的经营成本。

间接费用　参考间接成本。

回收期　信息系统收回成本所需的时间。

积极收益　新信息系统的直接结果，增加收益、改善服务或对组织的其他直接贡献。如改进的信息可用性、更快的顾客服务速度和更高的员工士气。

现值　以特定利率进行投资，在将来某一时刻增长到 1 美元所对应的当前价值。

现值分析　允许分析师根据现值计划未来增长目标的技术。

现值表　用来帮助分析师进行价值分析的第三方表格。

利润中心　预期能达到收支平衡甚至盈利的部门。

资源分配　确定 IT 部门间接成本的方法，间接成本基于信息系统使用的资源而收费。

服务器处理时间　服务器响应客户需求所需的实际处理时间。

货币的时间价值　识别特定金额的货币随着时间的推移在价值上增长的概念。

基于资源使用情况的变动计费方法　基于资源分配，如连接时间、服务器处理时间、所需网络资源、打印机使用量或类似因素的组合来确定运营 IT 部门的间接成本的方法。

基于数量情况的变动计费方法　确定运营 IT 部门的间接成本的方法，基于交易数量或打印量等面向用户的活动将信息系统间接成本分配给其他部门。

可变成本　根据活动水平变化的成本。例如，打印纸和电话费成本是可变成本。

工具包练习

问题

1. 如何知道一个项目在经济上是否可行？为什么TCO很重要？
2. 描述每种成本分类且为每类举两个例子。
3. 四种费用回收方法分别是什么？在你看来，有一种方法比别的方法更公平吗？
4. 描述每种收益分类且为每类举两个例子。
5. 使用什么公式计算回收期？
6. 使用什么公式计算ROI?
7. 问题5和问题6中的公式是否也适用于推土机等重型设备？为什么？
8. 定义术语“现值”，并提供一个示例。
9. “货币的时间价值”是什么意思？
10. 使用电子表格计算现值的两种方法是什么？

讨论话题

1. 假设主管要求你提高一个IT提案的收益数据，从而提高他最喜欢的项目的优先级。这符合伦理吗？内部成本收益分析是否影响企业股东？为什么？

2. 在本工具包中，你学习了如何使用回收分析、ROI和NPV来评估IT项目。这些工具也可用于你的个人生活吗？举例说明你如何使用各种方法做出财务决策。

3. 在决策过程中直觉有作用吗？还是应该严格按照数字做出判断？解释你的答案。

4. 在分析项目的NPV时，货币的时间价值是一个重要因素。货币的时间价值在通货膨胀率低的时期与在通货膨胀率高的时期一样重要吗？解释你的答案。

5. 为什么无形成本难以计算其经济价值？可以计算吗？解释你的答案并提供一个例子。

项目

1. 假设你正在研究两个硬件租赁方案。方案1花费4 000美元，但要求提前支付全部金额。方案2花费5 000美元，但可现在支付1 000美元，今后四年每年支付1 000美元。假设折现率为14%，做一个净现值分析判断哪个提案更便宜。如果使用8%的折现率会怎么样？

2. 假设以下事实：

- 项目的开发费用为45 000美元。
- 系统在一年开发期后开始运营，系统的使用寿命为五年，每年的运营成本将为9 000美元。
- 系统在运营的第一年将产生30 000万美元的收益，这一收益将以每年10%的速率增加。

这个项目的投资回收期是多少？

3. 使用项目2的数据，计算其ROI是多少。

4. 使用项目2的数据，计算其NPV是多少。

5. 了解图表C-1显示的Amazon. com提供的TCO计算器，估计使用其AWS基础设施将产品迁移到云的价值。评论这种工具对系统分析师的作用。

D 部分
互联网资源工具

系统分析师工具包的D部分描述互联网资源工具，其可用于查找信息、获取参考资料并监控IT趋势和发展。

学习目标

学完这一部分，你应该能够：

- 描述互联网和网络的特点；
- 规划互联网搜索策略，思考信息需求，使用适当的搜索工具和技术，评估结果并考虑版权和数据完整性问题；
- 使用搜索引擎、主题目录和隐形网络查找所需信息；
- 演示布尔逻辑和维恩图等高级搜索技术；
- 描述互联网沟通渠道，包括社交网络、论坛、时事通讯、博客、播客、视频、网络研讨、邮件列表、聊天室、即时通信和短信；
- 向系统分析师提供有价值的IT社区资源示例；
- 解释在线学习的利弊。

D.1 引言

作为系统分析师，你的发展依赖于自身的知识、技能和经验。幸运的是，可以访问互联网这个巨大且不需要成本或成本很低的信息库。**互联网**（Internet）是一个整合了数以千计的其他网络的全球性网络，这些网络连接了全球数百万政府、商业、教育和个人用户。互联网有助于解决技术问题，并通过提供培训、教育、与其他IT专业人员沟通等方式来提升职业发展。

互联网允许访问**万维网**（World Wide Web），通常简称为**网络**（web），其包含被称为**网页**（web pages）的数十亿文本和多媒体文件。相关网页的集合称为**网站**（website），存储在被称为**网络服务器**（web server）的计算机上。**网络浏览器**（Web browser）**或浏览器**（browser）是一种允许访问并显示网络服务器传送的网页的软件程序。浏览器可用于浏览网页并提供强大的图形界面，比较流行的浏览器有微软Edge和Internet Explorer，Mozilla Firefox，谷歌Chrome以及苹果Safari。

系统分析师工具包的D部分以互联网研究战略规划开始，其后是对搜索基础的概述和对搜索引擎、主题目录和隐形网络的详细讨论。之后介绍互联网沟通渠道，包括社交网络、论坛、时事通信、博客、播客、RSS订阅、网络研讨、邮件列表、网络讨论组、聊天室和即时通信。最后一节提供了可从IT社区中获取的宝贵在线资源。

D.2 互联网研究战略规划

互联网研究战略有利于避免挫折和浪费时间。飞行员或船长不会在不知道目的地的情况下开始旅行。同样，可使用四步计划有效、自信地实现目标：

(1) 思考你的信息需求。

(2) 使用适当的搜索工具和技术。

(3) 评估结果。

(4) 考虑版权和数据完整性问题。

随着时间的推移，你将获得经验并发现自己的互联网使用偏好。应记住，每种研究情况都是独一无二的，可能需要几种工具和技术来实现寻求的结果。

步骤1：思考你的信息需求

在线查找信息的第一步是确保真正了解你正在寻找什么，需要考虑这个问题从而确保在合适的网络上进行搜索。例如，主管可能要求你在特定的两个CASE工具产品中做出决策。你最初的想法可能是找到不同CASE应用的评论。但再三考虑之后，你发现在比较特定产品前对CASE工具进行大致了解会更有用。因此，你决定从更广泛的搜索开始，而不是直接访问供应商网站。

步骤2：使用适当的搜索工具和技术

如果认为已了解所需信息，则可选择一个初始搜索工具。此时，你将面临一些选择。应该使用搜索引擎还是子目录？应该搜索商业网站、IT出版物、专业协会、论坛还是其他领域？社交网络呢？

当有较多经验时，你将能够掌握不同互联网工具和资源。和大多数技能一样，使用得越多，获得的专业知识则越多。一段时间后，你可能会发现自己最喜欢的工具和资源列表。

步骤3：评估结果

从定义上看，互联网本质上是开放、不受管制的。好处是有丰富的可用信息，但内容的质量差别很大。与已出版的期刊或教科书不同，几乎任何人都可以在网络上发布内容。这意味着搜索者必须非常仔细地查看信息。访问内容时应思考以下问题。

来源

作者是否可识别？作者是否有关于这个问题的专业知识？你可能需要通过网站地址或URL找到个人信息或单独搜索作者姓名进行追溯。

准确性

信息是否来自仅适用于某个企业的解决方案？是否来自有偏见的团体？通常来讲，找到完全客观的信息非常困难。识别信息偏差并从不同来源查找信息是解决这一问题的方法。

范围

信息是否足够具体？如果不具体，应缩小并优化搜索或寻找额外资源，直到找到所需信息。使用搜索引擎时，执行此操作的一种方法是使用初始搜索的结果进行**子查询**（subsearch）。

时效性

信息已经发布了多长时间？主题是静态还是动态的？在 IT 世界里，技术变化非常快。如果找到似乎已过期的信息，则需寻求更多的最新数据以确保查询结果有效。

观察并感受

信息是否易于访问和浏览？如果网站设计符合逻辑且提供有价值的网页和资源的附加链接，那么就不要过于关注风格，一些优秀的材料由侧重于内容而不是设计的作者创造。

如果你发现内容很有用，务必在使用时正确注明来源。在处理网络资源时，必须遵守法律和伦理标准。要了解更多关于正确引用的信息并查看如何引用电子材料的具体示例，可访问学生研究资源集合 www. aresearchguide. com。

步骤 4：考虑版权和数据完整性问题

在复制或下载搜索结果之前，必须确保合法使用材料且内容安全无威胁。

第一个问题涉及版权法。许多人认为网络是一个公共领域，但在现实中它更像一本书或一张 CD。换句话说，你可以拥有一张 CD，但不拥有该 CD 上的资料，你只有以某些方式使用资料的许可。在网络上，应该查找版权声明和限制。如有疑问，可能需要与版权所有者联系以寻求许可。

第二个问题涉及数据完整性。保护网络和计算机系统免受病毒以及可能会危害安全或隐私的恶意软件侵害十分重要。与易于评估的信息内容不同，你无法在没有病毒检测工具的情况下确定内部文件结构以及格式的完整性和有效性。病毒检测工具每天都识别出数千种病毒。病毒和其他入侵会造成企业数百万美元的损失。如果不进行适当的保护，你带来的风险不仅仅是损坏你自己的文件或硬盘驱动器，也可能使整个企业网络崩溃。

如果信息合法可用且安全，则可根据内容和目的将其保存到硬盘驱动器或网络中。找到的信息可能有许多格式，包括文字处理文档、电子表格和数据库、奥多比 PDF 文件以及带有“. jpg”、“. mp3”、“. flv”和“. mov”等文件扩展名的多媒体材料。

可从许多网站直接将文件下载到硬盘驱动器。如果未明确提供“下载”选项，可尝试右键单击链接或嵌入对象来显示包括下载所选信息的选项列表。

以下各节将更详细地讨论搜索引擎、主题目录、隐形网络和其他互联网工具。

D. 3　搜索基础

在互联网上浏览时，将使用不同导航工具和技术。为了达到搜索目的，必须知道如何使用搜索引擎、主题目录和被称为隐形网络的可搜索数据库集合。

搜索引擎（search engine）是使用关键词和短语在互联网上搜寻信息的应用。**元搜索引擎**（metasearch engines）是可以同时应用多个搜索引擎的工具。对大多数人来说，搜索引擎是信息收集的主力。搜索引擎采用不同方法收集信息，尽管它们非常有价值，但用户也应该意识到潜在的问题。例如，如果搜索引擎允许商业用户付费以获得更高优先级，搜索结果可能受到影响。此外，搜索引擎只访问互联网的一部分。

主题目录（subject directory）或**话题目录**（topic directory）是通过使用层次结构寻找信息的网站，从总标题开始，之后进入更具体的主题。如果想在浏览具体网站之前查看某个主题的概述，主题目录是一个很好的起点。通常，主题目录由访问、评估并将网站组织成不同类别和子类别的编辑人员创建。

隐形网络（invisible web）也称为**深度网络**（deep web）或**隐藏网络**（hidden web），指的是通常无法被搜索引擎检测，但可使用其他工具和技术访问的大量文档、数据库和网页集合。隐形网络是比可搜索网络大很多倍的巨大信息库，包括数以千计的大学、科学和政府图书馆。

以下各节将更详细地介绍搜索引擎、主题目录和隐形网络。

D.4 搜索引擎

搜索引擎通常是收集信息的最佳起点。精心规划的搜索会将内容范围缩小到可管理的级别，并允许在关注的结果中寻找选择或执行子查询。与其他工具一样，将搜索引擎应用于任务前理解其用途和限制十分重要。

如图表 D-1 中 netmarketshare. com 图所示，虽然有许多搜索引擎，但谷歌在市场中占有主导地位，尤其是在非常重要的移动领域。谷歌的吸引力在于其包含一系列用户可轻松访问的强大功能，且谷歌努力使其用户感觉像家人。然而，单个企业支配市场也会存在一定的风险。你可以将企业名称用作通用动词，如“你可以谷歌它”。

手机/平板电脑搜索引擎市场份额

2015年9月

总市场份额

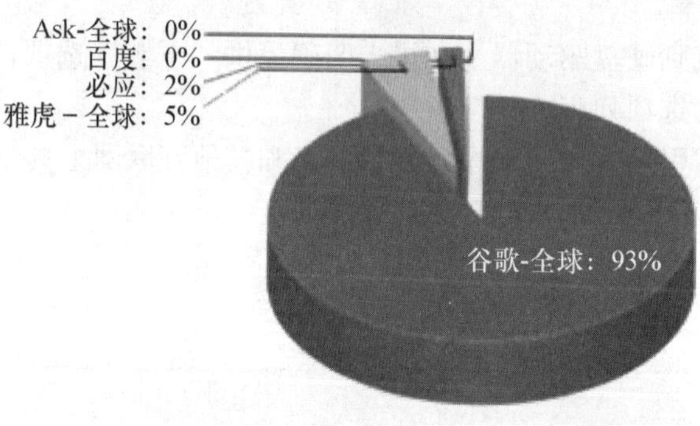

搜索引擎	总市场份额
谷歌－全球	92.22%
雅虎－全球	5.37%
必应	1.76%
百度	0.23%
Ask－全球	0.07%
美国在线－全球[①]	0.02%

图表 D-1　该图显示了谷歌在移动设备上享有的主导市场份额

资料来源：Netmarketshare。

① 因所占份额太小，在图表 D-1 中未显示。——译者注

D.4.1 搜索引擎概念

搜索引擎使用被称为**蜘蛛**（spider）或**爬虫**（crawler）的专用计算机程序，基于**关键词**（keywords）从站点到站点对网页内容进行**索引**（indexing）或分类，结果被编译到数据库中。因此搜索的并不是网络本身，而是搜索引擎数据库的内容。

没有一个搜索引擎能够单独对网络中变化的内容进行编目，即使最强大的引擎也无法覆盖全部网络内容。如果特定网站没有广泛链接，或作者没有将其提交给主要搜索引擎，那么这些材料对搜索引擎是不可见的。此外，任何需要输入姓名等访问者数据的网站都无法被搜索引擎访问。

虽然搜索引擎索引不完整且经常过时，但它们仍能够提供大量的**搜索结果**（hits）。真正的问题是质量与数量之间的权衡。比较搜索引擎时，了解企业对商业网站**按效果付费**（pay for performance）来提高排名的政策十分重要。由企业补贴的链接称为**赞助商链接**（sponsored links）。

并非所有的搜索引擎都以相同方式工作。通过理解驱动这些搜索引擎的基本算法或特定规则能够更好地进行搜索。例如，谷歌等网站通过分析链接到该网页的其他网站数量对网页进行排名，其他搜索引擎以不同的方式组织搜索结果。

索引型搜索引擎

谷歌和必应是将搜索结果组织起来并排名的**索引型搜索引擎**（indexed search engines）。虽然它们有很多共同点，但每个工具都有自己的搜索算法、功能和用户界面。

元搜索引擎

图表 D-2 所示的 Dogpile 元搜索引擎从不同搜索引擎收集搜索结果。只需输入一次搜索字词，系统就会将结果排序并删除重复项。

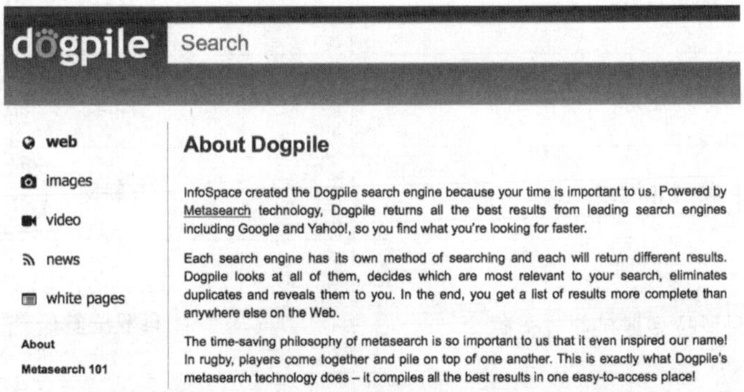

图表 D-2 Dogpile 是元搜索引擎的一个示例

资料来源：InfoSpace. LLC。

D.4.2 搜索技术

当开始搜索时，请考虑以下建议：

- 优化主题。必须限制搜索范围，否则搜索结果可能会过多。如果要查找有关宽泛主题的一般性信息，可考虑主题目录网站。
- 将问题转换成有效的搜索查询。搜索引擎基于关键词执行搜索，如果选择正确的关键词，将会提高搜索成功率。尝试使用具有特定含义的单词或短语并避免使用有多重含义的关键词。例如，搜索关键词“hard drive”可能会产生关于计算机硬件设备或艰难的自助旅行的信息。另外，还要考虑使用高级搜索技术，这将在下一节中描述。

- 查看搜索结果并评估结果的质量。如果搜索需要细化或增加其他内容，可以使用网站的高级搜索技术或同时选择其他的网络资源。
- 组织搜索结果以便识别并重新访问重要网站也很重要。某些搜索引擎提供个性化的搜索记录，可以根据搜索的目的进行回顾和修改。许多人认为最简单的解决方案是在浏览器中使用一系列文件夹和子文件夹为搜索访问过的重要网站创建收藏夹或书签。这样的话，可以提前创建过滤系统。

为了提高效率，应了解搜索引擎机制、正确拼写、查找特定短语并尝试各种方法。如果反馈的结果仍然太多，应尝试使用有特定主题的关键词以及高级搜索技术。相反，如果反馈的结果太少，应删除最不重要的关键词或概念、扩大主题或在选择关键词时使用更多的一般性词汇。

D.4.3 高级搜索技术

许多搜索引擎提供强大的**高级搜索**（advanced search）功能，细化并控制搜索返回的信息类型。这些功能可能包括从返回结果中搜索以及在论坛等特定区域中进行搜索。或许最强大的高级功能是使用布尔逻辑。

布尔逻辑（Boolean logic）是以英国数学家乔治·布尔（George Boole）命名的系统，指的是搜索词之间的关系。可使用**逻辑运算符**（logical operators）“或”、“与”和“非”的不同组合大幅提高搜索成功率。图表D-3说明了带有关键词的运算符的使用。图中显示的图形称为维恩图，**维恩图**（Venn diagram）使用圆形符号说明布尔逻辑。维恩图以设计了逻辑关系可视化方案的19世纪学者约翰·维恩（John Venn）的名字命名。在示例图形中，阴影区域表示搜索的结果。

逻辑运算符	示例	维恩图（阴影部分表示返回的结果）
A或B	棒球或足球	棒球 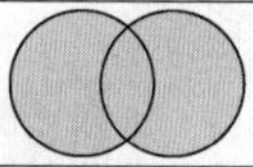 足球
A与B	棒球与足球	棒球 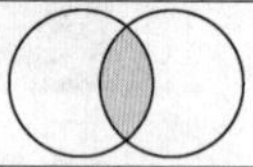 足球
A非B	互联网非网络	互联网 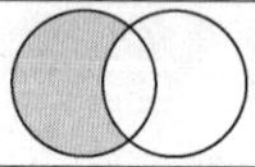 网络
A或B或C	科罗拉多或矿业或金矿	科罗拉多 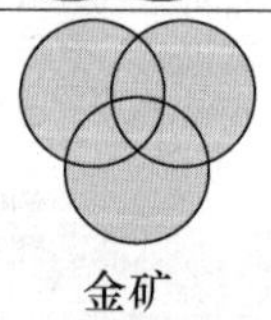 矿业 金矿
A与B与C	科罗拉多与矿业与金矿	科罗拉多 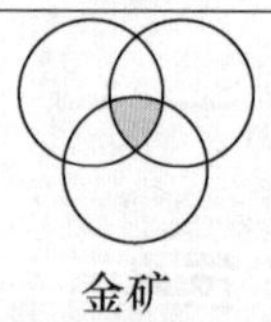 矿业 金矿
A与B非C	科罗拉多与矿业非金矿	科罗拉多 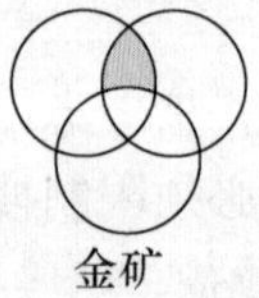 矿业 金矿

图表D-3 逻辑运算符“或”、“与”和“非”的示例。阴影区域表示返回的结果。“或”是包含最广的术语，结果中有任一关键词出现即将其返回。“与”表示需要包含所有关键词。“非”将结果排除，即使它们在同一文档中存在

要了解与逻辑运算符相关的更多信息，可考虑图表 D－3 中的图形。

“或”

图表 D－3 中第一个图显示了“**或**”（OR）运算符将检索包含任一关键词的所有结果。注意阴影区域包括两个圆，当需要一个广泛的搜索结果时，可使用“或”。

“与”

图表 D－3 中第二个图表明，“**与**”（AND）运算符仅检索包含由“与”运算符连接的关键词的结果。注意阴影区域是两个圆的重叠部分。在“与”搜索中结合的关键词或概念越多，反馈的搜索结果则越少。“与”运算符经常用于缩小搜索结果范围。

“非”

图表 D－3 中第三个图显示了使用“非”运算符排除某些结果的方法。在该图中，考虑“Internet”和“web”等密切相关的关键词，因为这些关键词很可能在许多网页中都出现。“**非**”（NOT）运算符将去除包含不需要项的结果。例如，搜索字符串“Internet NOT web”，那么将仅返回具有关键词“Internet”的那些页面。应谨慎使用“非”运算符，因为排除的关键词可能与在文档中寻找的关键词有交叉，而这些文档可能是有用的。

图表 D－3 的最后三个图表示包括三个搜索项的逻辑运算符的其他组合。

使用短语

假设你想要寻找 Monopoly® 等要求玩家使用策略的棋牌游戏，在搜索中可同时输入关键词“策略”和“游戏”，但搜索结果可能包括许多描述在不同运动中使用的游戏策略的文档，这与你要的结果无关。更好的方法可能是使用加上引号的短语“策略游戏”进行搜索。**短语**（phrase）比“与”运算符更具体，因为其指定了词语的确切顺序。在此示例中，使用短语“策略游戏”只能检索出包含确切短语的文档。

布尔逻辑的使用方式随搜索引擎变化。一些搜索引擎需要在搜索窗口中使用完整的运算符（“与”“或”“非”）进行完整的布尔搜索。一些搜索引擎使用隐式布尔逻辑与关键词搜索。在**隐式布尔逻辑**（implied Boolean logic）中用符号代表布尔运算符，例如用加号（＋）代替“与”，用减号（－）代替“非”。如果在搜索窗口中输入两个搜索项且它们之间存在空格，则一些搜索引擎假设其为“或”，一些搜索引擎假设其为“与”。需要查看网站的帮助文件以了解基本规则。

使用填充表单

大多数搜索引擎都提供高级搜索功能，见图表 D－4 中的谷歌填充表单。许多用户认为填写表单比使用布尔运算符更容易。该图表列示了搜索关键词，谷歌在其网站上提供了更多高级搜索的示例和提示。

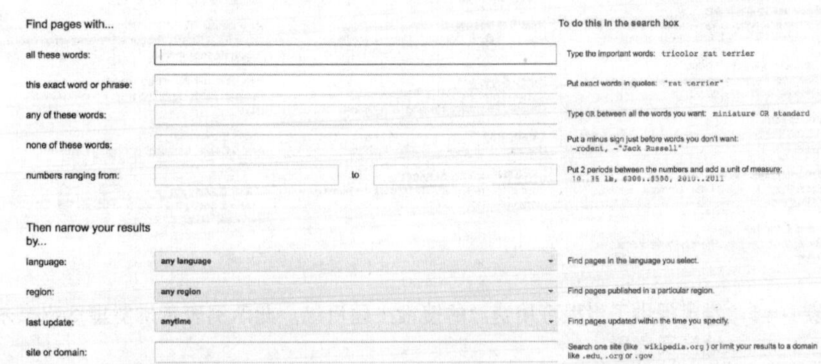

图表 D－4　谷歌提供具有用户可选择条件的高级搜索功能

资料来源：Google Inc。

D. 4. 4 搜索清单

许多人认为使用与以下内容类似的清单来准备互联网搜索是有帮助的：

- 主题是否包含特定的词、短语或首字母缩略词？如果有，在搜索中使用这些关键词。
- 每个关键词是否有其他拼写或名称？如果有，在搜索中使用“或”运算符。
- 某些额外的词或短语可能出现在网络文档中吗？如果可能，考虑添加“与”运算符以缩小搜索范围。
- 关键词是否有任何不相关的内容？如果是，则使用“非”运算符排除这些结果。
- 是否有任何组织、出版物或机构可能对我的主题感兴趣？如果是，尝试查找其网站并使用网站上提供的网站索引和数据库进行进一步搜索。
- 搜索结果是否太多导致无法检查？如果是，继续添加其他关键词以缩小搜索范围并减少匹配次数，直到达到合理的数量。

D. 5 主题目录

主题目录基于主题和话题按照自上而下的方式收集并组织网站，其类似于企业组织结构图，可从上面高层管理人员处了解概况，访问下级员工以获取关于具体领域的信息。

当需要在访问特定网站前对主题进行基本了解时，主题目录是一个很好的工具。雅虎提供了一个作为门户（portal）或其他互联网资源入口的主题目录。其他学术和专业目录则针对对特定主题感兴趣的研究人员和用户。

许多主题目录已更改为提供本地搜索功能。例如，图表 D-5 中雅虎主题目录 http://dir.yahoo.com 显示了佛罗里达州墨尔本地区可用资源的搜索主题目录。

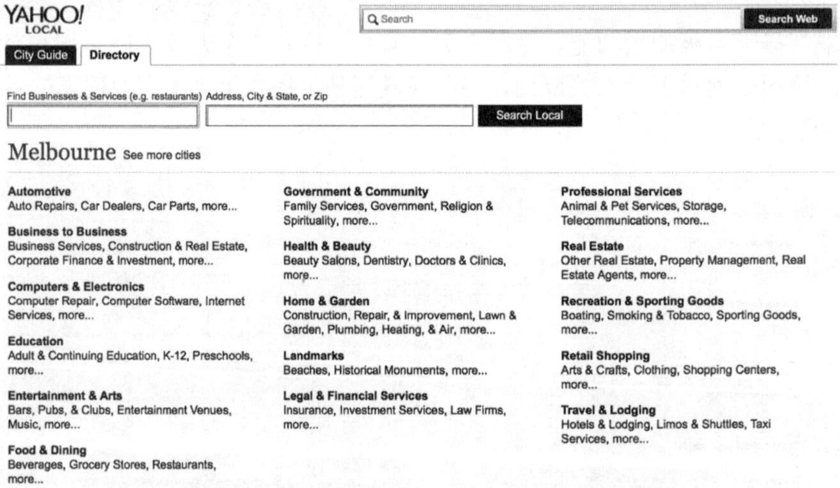

图表 D-5 雅虎提供了当地可用资源的搜索主题目录。此示例表示佛罗里达州墨尔本地区及周围

资料来源：Yahoo Inc。

主题目录的主要优点是其在不确定主题的大小和范围时提供了概述。在对主题有更好的理解之后，可使用搜索引擎寻找更多信息和示例。

主题目录也有缺点。首先，许多主题目录由专家人为制定主题、组织并确定链接的位置。这一过程可能涉及影响搜索结果质量的主观决定。其次，一些主题目录不断更新，而另一些可能尚未更新。此外，与搜索引擎不同，主题目录强制按照目录层级查找，而不是使用特定单词和短语直接找到所需资料。

D.6 隐形网络

每个人都熟悉所谓的**可见网络**（visible web），它是指由主要搜索引擎索引并可公开访问的网站。如上面讨论的，网络上存在更多没有索引的可用信息。这一宝贵信息源包括存储在搜索引擎无法访问的集合中的大量文本、图形和数据文件。

隐形网络包括覆盖高校和政府图书馆中大量信息的可搜索数据库，以及由世界各地的机构和组织维护的数千个专业数据库。如图表D-6所示，国会图书馆（Library of Congress）就是一个示例。大多数隐形网络对公众开放，但是一些数据库有密码保护。许多网站允许访客访问，但某些区域只有特定组内的成员才能访问。

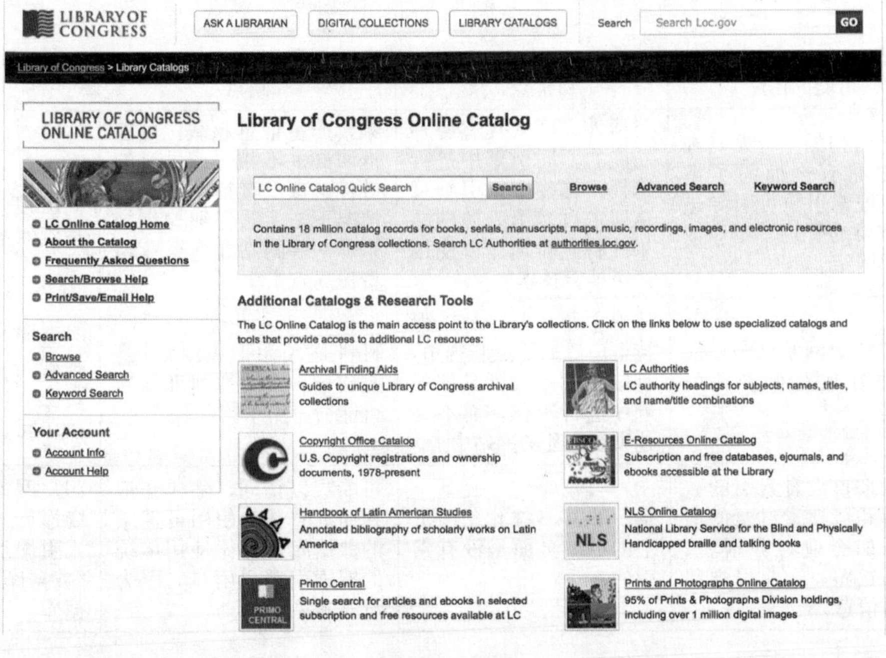

图表D-6　国会图书馆在线目录允许搜索大量资源

资料来源：Library of Congress。

D.6.1　隐形网络示例

隐形网络信息的几个示例如下。

- 专业主题数据库：专题信息集合，如公司财务报告、家谱记录或爱丽丝岛（Ellis Island）的移民数据。

- 硬件和软件供应商：大型站点的可搜索技术支持数据库，如微软或甲骨文的知识库。
- 出版物：出版和存档文章的数据库。
- 图书馆：成千上万个图书馆的可搜索目录，包括国会图书馆和许多高校与机构的图书馆。
- 政府数据库：人口普查数据、法规、专利、版权和商标。
- 拍卖网站：可搜索的项目、投标人和卖家列表。
- 定位信息：电话号码、地址和电子邮件地址。
- 职业机会：工作机会列表和发布的简历。

D.6.2 隐形网络的导航工具

可通过以下几种方式访问隐形网络。一种方式是使用搜索引擎，将“数据库”一词作为必需搜索项来寻找可搜索数据库的入口或门户。例如，如果要搜索与打印机驱动程序相关的信息，可指定“打印机驱动程序‘与’数据库”。附加的关键词将缩小搜索结果范围并增加找到可搜索的打印机驱动程序集合的可能性。

浏览隐形网络的另一种方式是使用**专有数据库**（proprietary database）。学校或当地图书馆可能会订阅一些专有数据库。比较热门的有 EBSCOhost、ProQuest 和 IEEE 的 Xplore 等。此外，美国计算机协会有对其成员开放的大型 IT 数据库，学生只需缴纳少量费用即可加入。

图表 D-7 列出了对互联网工具和资源——搜索引擎、主题目录和隐形网络的概述。注意每个都有优点和缺点。

互联网资源概述

资源	可能的用途	优点	缺点	备注
搜索引擎	良好的初始点，尤其在对主题有全面的了解时。搜索引擎可引导进入重要的管理、专业或商业网站	灵活性。可从具有各种功能的不同引擎中进行选择。有些搜索引擎可返回来自多个来源的结果并将其排名。可使用高级搜索技术	频繁产生信息超载。可能返回许多不相关或过时的链接。在没有精准搜索的情况下，无法仔细检查结果。一些网站允许企业付费提高点击率	可通过基于逻辑运算符的高级搜索技术来显著提高搜索效率
主题目录	访问特定网站之前，能够很好地获得主题的概述	使用主题目录，可以保持更广泛的焦点和视角，且按照从一般到具体的顺序进行工作，而不会迷失在迷乱的网站中	材料是人为干预组织的，其质量、实时性和准确性可能会有所不同	一旦通过各个层次的工作找到所需资源，就可以为资源添加书签以便未来直接访问
隐形网络	搜索来自没有索引的数据库和可搜索目录的信息，如企业财务报告、图书馆藏、行业报告和政府信息	资源非常多样化。网页上的更多页面是没有索引的	可能难以访问，除非知道在何处查找。使用可搜索的数据库可能比使用传统的搜索引擎更困难，因为没有常见的界面	门户网站可用于帮助浏览隐形网络。可使用一般搜索引擎通过搜索主题词和“数据库”来寻找可搜索数据库

图表 D-7　对三个主要的互联网搜索资源——搜索引擎、主题目录和隐形网络的概述。每个选项都有优点和缺点

D.7 互联网沟通渠道

假设企业要求你分析企业的恶意软件防护要求。作为研究的一部分，你需要了解相关新闻、发展和最新的恶意软件威胁，你可能还想建议几个具体的产品。假设你使用搜索引擎开展研究。现在，你想通过获取其他 IT 专业人士的反馈来检查你的结论，有许多可通过不同沟通渠道获取的互联网资源。可以考虑使用社交网络、论坛、时事通讯、博客、播客、网络研究会、邮件列表、聊天室、即时通信和短信。第 11 章讨论了其中几个渠道，包括播客、网络研讨和网络讨论组。①

D.7.1 社交网络

如图表 D－8 所示，**社交网络**（social networking）允许拓展连接到家人、朋友和其他熟人。“社交”指的是向他人分享你认为重要的经验和其他个人物品或活动。“网络”除了指传统意义上的社交关系，还指在线与联系人沟通。

脸书、推特和领英等社交网站近年来十分流行。脸书非常适合个人沟通，而领英主要用于职业之间的联系。推特将消息（“推文”）限制为 140 个字符，这有助于保持简短且突出重点的沟通。

作为系统分析师，社交网络是了解信息并扩展影响范围的绝佳方式。对许多 IT 人员来说，通过不断更新感兴趣的事件，推特和脸书已在很大程度上取代了 RSS 订阅。然而，如果不能在工作场所明智地使用这些工具，信息更新会使人分心。

图表 D－8　社交网络让 IT 专业人员与来自世界各地的同事交流、分享专业知识和经验

资料来源：De Mango / Shutterstock. com。

D.7.2 论坛

大多数人都熟悉在学校、工作场所和社区中看到的公告板。人们使用图钉或胶带张贴信息并阅读他人发布的信息。论坛或新闻组是日常布告栏的电子等效物。论坛提供每个可想象主题和兴趣领域的在线讨论，通

① 原书疑有误，第 11 章未提。——译者注

过论坛可了解大量的知识、经验和意见。

雅虎和谷歌允许用户加入成千上万的组，并可创建新组。图表 D-9 中的谷歌网站显示了谷歌网上论坛，其提供了用户友好界面和许多社交媒体功能。由于谷歌在搜索引擎市场中占主导地位，谷歌用户还有另一个获益：除了最近的内容，他们还可搜索数百万个多年前发布的帖子。

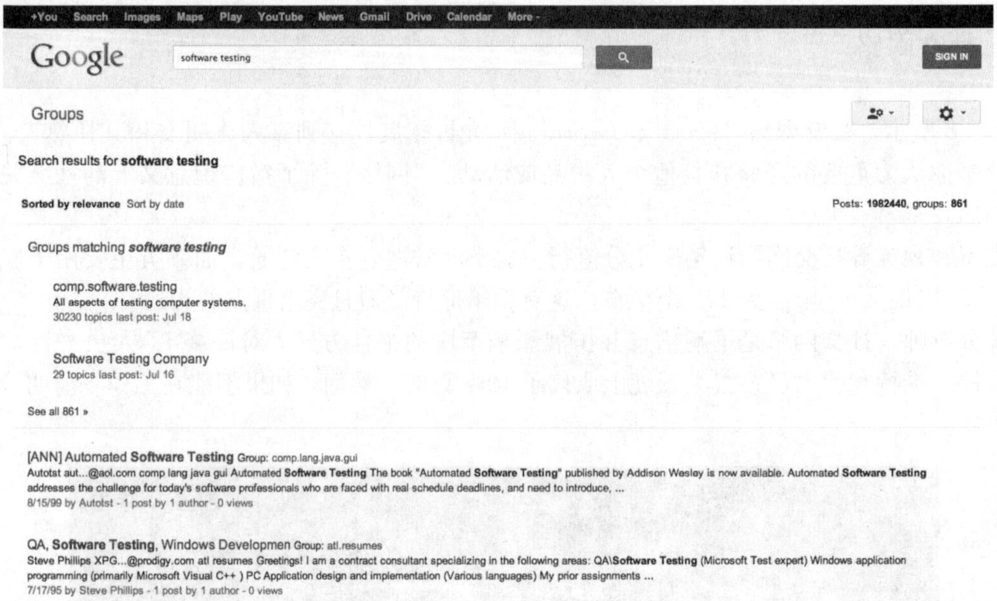

图表 D-9　谷歌网上论坛允许用户参与每个可想象主题的众多讨论组并创建新组

资料来源：Google Inc。

为了了解论坛的工作原理，请参照以下示例。在上一节中提到的关于恶意软件保护的研究中，假设你已将产品选择缩小到两个，但你难以区分它们并希望得到当前用户的反馈。你可能希望访问每个产品的网站以获得用户推荐意见，但是在供应商网站上不太可能发现负面意见。你可以选择向使用社交网络的人发送查询，但你想要调查关注范围之外的不同用户。

此时，你可能决定进入一个合适的新闻组，看看是否有任何与你的需求相关的帖子。一些论坛需要审核，即文章在发表前需要先发送给审核员。个别论坛仍然允许匿名发帖，但现在大多数论坛都需要有效的登录凭证，需以论坛账户或脸书等可信任的第三方登录。有效的登录意味着论坛所有者可根据帖子追溯发帖者，这有利于减少“网络论战”（涉及诋毁其他用户的不良在线行为）的数量并维持更有礼貌和专业的在线氛围。

在发帖前，应阅读与每个新闻组相关的**常见问题**（frequently asked questions，FAQs）。FAQs 是对用户可能提出的问题提供指导的常见方法。在许多情况下，常见问题描述了特定新闻组或网站上的网络礼仪或网络协议和礼貌准则。读者可从系统分析师工具包的 A 部分了解关于网络礼仪的更多信息。

D. 7. 3　时事通讯、博客、播客和视频

时事通讯（newsletters）是保持对感兴趣的话题关注的方便方式。许多在线杂志和其他团体向对特定主题感兴趣的订阅者提供免费电子邮件通讯。例如，如图表 D-10 所示，CNET 读者可访问与 IT 相关的不同通讯，其中许多以短视频形式提供。

博客是基于网页的日志或刊物。许多计算机行业专家每天更新他们的博客，为系统分析师提供宝贵的信息。你也可以考虑撰写自己的博客，这是有助于职业生涯，甚至帮助同领域其他人的良好方式。

播客（podcast）是音频博客。播客就像可以随时随地收听的广播节目。可通过苹果的 iTunes 等服务来订阅播客，其会将最新一集的播客下载到计算机、智能手机或平板电脑上。还可当博客在互联网上流式播放时收听播客，而无需下载整个节目。播客是有效利用上下班时间或锻炼等空闲时间的好方法。许多工具现在可帮助人们录制和上传自己的播客。

谷歌的 YouTube 是最受欢迎的在线视频服务之一。可订阅提供从娱乐到教学等广泛内容的 YouTube 频道。还可以创建自己的 YouTube 视频，并将其上传供其他人观看。视频是向其他 IT 专业人员传达视觉观念、教学方法和图形概念的绝佳方式。

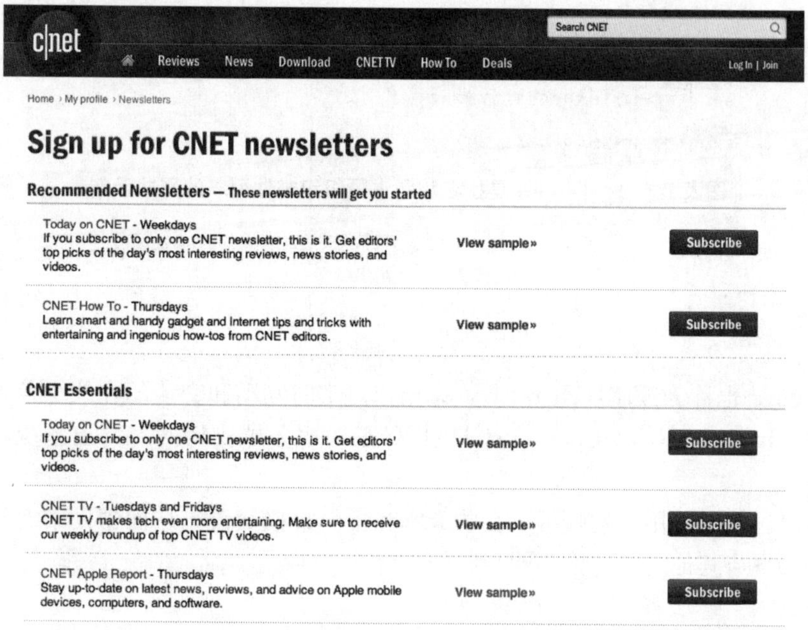

图表 D－10　CNET 提供了许多免费通讯，其中很多都是视频格式

资料来源：CBS Interactive Inc。

D. 7. 4　RSS 订阅

RSS 表示**简易信息聚合**（really simple syndication）。RSS 是向订阅 RSS 下载［也称为订阅、**RSS 订阅**（RSS feed）或**网络订阅**（web feed)］的用户发布更新内容的旧形式。雅虎、谷歌、美国有线电视新闻网络（Cable News Network，CNN)、微软全国有线广播电视公司（MSNBC)，以及其他报纸、杂志、供应商和博客网络发行商使用 RSS 订阅向订阅者发送新闻和更新，订阅者可使用被称为 **RSS 阅读器**（RSS reader)、**订阅阅读器**（feed reader）或**聚合器**（aggregator）的软件阅读这些内容。

D. 7. 5　邮件列表

邮件列表（mailing list）与新闻组类似，为希望交换特定主题信息的人们提供一个论坛。与新闻组一样，用户可以发布消息并查看他人发布的帖子。然而，邮件列表使用电子邮件而不是公告板与用户进行通信。被称为**列表服务器**（list server，listserv）的计算机将电子邮件发送给订阅或加入邮件列表的人员。

若用户订阅了邮件列表，其在消息发布时会收到邮件。订阅者还可以接收被称为**文摘**（digest）的消息集合，其包含特定时间间隔（如每天）内发布的消息的摘要。许多邮件列表与用户可搜索消息存档的网站相关联。

系统分析师可能对关注信息技术的邮件列表感兴趣。要查找与 IT 相关的邮件列表，可访问专业组织的网站或尝试在搜索主题中加入关键词“邮件列表”或“服务列表”。此外，如图表 D－11 所示，还可访问 tile. net 等按名称和主题组织邮件列表的网站。

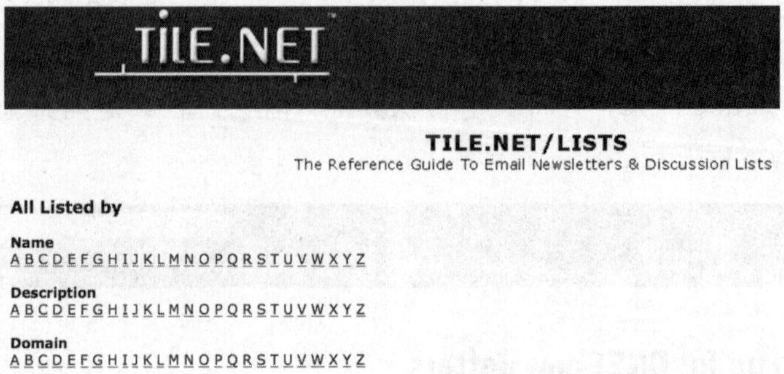

图表 D－11　Tile. net 是按名称和主题组织邮件列表的网站示例

资料来源：Tile. net。

D. 7. 6　聊天室

聊天室（chat room）也称为**频道**（channel），是用户可实时互动和交谈的在线会议场所。聊天室的概念源于**互联网中继交谈**（Internet Relay Chat，IRC）。IRC 是由服务器支持的多渠道系统，可在全球范围内进行群组和个人对话。

聊天室可与网络研讨共同使用。教师可以在聊天室和学生直接交流，从而帮助解答讲座材料中提出的问题。学生还可使用聊天室与其他同学讨论共同问题。

D. 7. 7　即时通信和短信

即时通信（instant messaging，IM）允许在线用户快速交流信息，即使他们在另一个程序或应用中工作。用户会收到组内其他成员上线的提醒，之后可发送并接收消息或与其他用户聊天。

虽然即时通信最初只作为美国在线（American On Line，AOL）和雅虎等面向家庭服务中的一个功能，但它现在已成为重要的商业通信工具，IBM 等许多企业鼓励将 IM 工具作为在不同地理位置或时区工作的员工间的通信手段。

然而，即时通信的商业使用将引起严重的安全和隐私问题，因为它相对不受控制。此外，银行和医疗保健等特殊行业必须遵守对包括即时通信在内的全部通信进行记录和存档的规定。和电子邮件和文档一样，即时通信受限于信息访问请求的自由程度。

未经授权的即时通信和文件交换可能会危及企业安全。Skype 与其他基于计算机的语音和视频频道的使用给网络带宽和效率增加了负担。为了应对这些威胁，企业经常监控 IM 通信频道以限制企业风险。

许多人使用**发短信**（text messaging）[也称为**短信**（texting）] 从一个移动电话或无线设备向另一个发送简短的书面消息。用户还可从计算机向手持设备发短信。IM 和短信的流行已产生数百个缩写，其缩短消息并加快通信过程。一些知名的示例包括 HTH（希望有所帮助），IDK（我不知道），IMHO（以我的愚见），JSYK（只是要你知道），LOL（大声笑），MIRL（在现实生活中相遇）和 TYIA（事先感谢）。过度使用 IM 缩写可能导致混乱的通信，正如在书面文档中过度使用不常见的缩略语会导致需要词汇表帮助读者理解文档。

图表 D－12 显示了在线 IT 频道的概述：社交网络、论坛、时事通讯、邮件列表、聊天室和即时通信等，这些对系统分析师在线研究和沟通有帮助。注意每个资源都有优点和缺点。

互联网通信频道概述

资源	可能的用途	优点	缺点	备注
社交网络	与有相同兴趣的其他人沟通	开放可在个人和专业上有帮助的新资源	网络可能会变得过于庞大和非人性化。太多的活动可能会分散注意力	非常方便，受欢迎，无订阅费
论坛	技术问题的答案、建议和支持	可找到关于每个可想象主题的信息，是与其他分析师交换意见的好地方	搜索消息过程烦琐。需要仔细评估信息质量	一些主要的搜索引擎允许新闻组访问
时事通讯、博客和播客	追踪特定 IT 主题趋势和发展的好方式	大多数时事通讯、博客和播客对订阅特定主题的用户免费	没有互动。信息量巨大。难以过滤不相关的项目	一些时事通讯、博客和播客每天发布，一些每周发布或每月发布
RSS 订阅	为在线报纸、杂志和博客的读者提供新闻和更新	随时被告知感兴趣话题的便捷方式	除非话题具体，否则信息可能难以筛选	随着越来越多的用户发现这个宝贵资源，预计会快速增长
网络研讨	可提供互动体验的互联网培训	用户可计划、安排并预注册在线会议	仅在有安排时可用，否则不交互	由于方便和有成本效益而非常受欢迎的技术
邮件列表	会员可与他人交流有关特定兴趣话题的信息	消息通过电子邮件而不是公告栏的形式发送	大量材料可能难以阅读和分析	某些邮件列表或列表服务器允许成员搜索归档邮件
网络讨论组	成员组成一个网络社区，讨论共同关心的话题	结合论坛和邮件列表的许多便捷功能	虽然是免费的，但这些小组通常必须通过门户网站进行访问	网络讨论组提供了各种功能和便利
聊天室	用户可互动和交流的在线会议场所	许多 IT 聊天室吸引了愿意帮助彼此解决问题的专业人士	讨论实时发生，可能不方便。对话可能与需求无关	微软等大型供应商都提供技术聊天室
即时通信和短信	用户可在线或通过手机立即交换信息	就感兴趣话题进行实时沟通的高效手段。团队项目的良好合作方式	可能会分散繁忙用户的注意力，信息量巨大可能是一个问题	IM 和短信已经超越个人台式机成为可接受的商业通信工具

图表 D-12　可帮助系统分析师在线研究和交流的互联网通信工具概述，每个选项都有优点和缺点

D.8　信息技术社区资源

如果被要求查询股票价格或研究即将要出差城市的天气，你可能不会使用搜索引擎，但可访问常用的收藏网站以获取特定信息。同样，当需要 IT 信息时，可访问大量被称为**信息技术社区**［information technology（IT）community］的网站和资源。这个庞大的收藏包括许多 IT 专业人员可用来研究具体问题或获取背景信息的网站。作为系统分析师，你是此社区的成员，与大多数社区一样，它为你提供资源和支持，包括技术问题的答案、新产品和服务的更新以及培训机会的信息。IT 社区包括许多出版物和在线杂志、可搜索的数据库、基于 web 的讨论组和邮件列表。

IT 社区的四个重要组成部分是企业资源、政府资源、个人和专业资源以及在线学习资源，这些资源将在以下各节介绍。

D.8.1 企业资源

企业资源能够提供基本的IT知识和背景以及帮助解决具体业务挑战的方法。但非常重要的是，要仔细评估企业信誉，因为企业开发一些网站是为了出售特定解决方案或产品。

如果你正在寻找有关软件应用的帮助，最好从查看软件文档开始。在许多情况下，可在特定时间段内免费提供技术支持。如果正在使用的应用已超过技术支持期限，软件供应商网站将描述可用的服务选项，包括各种费用和收费。常见问题通常在FAQ部分说明。

系统分析师的一个重要企业资源是企业内部网站或内联网。内联网必须易于访问并提供有价值的信息。企业越来越多地把内联网作为共享信息和共同解决方案的工具。内联网可能包含企业政策和规程、经验教训文件和财务信息。内联网还允许员工访问并更新个人福利信息。在许多企业中，内联网是企业范围内的图书馆和信息交换所，减少了纸质备忘录和报告的数量。

D.8.2 政府资源

联邦政府的IT需求巨大。毫无疑问，互联网上有许多优秀的联邦IT资源。许多网站为IT专业人士提供全面、无偏见的信息和宝贵建议。例如，美国会计总会（General Accounting Office，GAO）关于IT行业的最新报告涵盖从信息安全实践分析到IT投资评估框架等的一切信息。此外，政府网站可以提供有关联邦、州和地方商业政策和法规的信息。图表D-13显示的总务管理局（General Services Administration，GSA）网站是一个很好的查找联邦政策和法规的资源，尤其对于与政府有业务往来的企业而言。

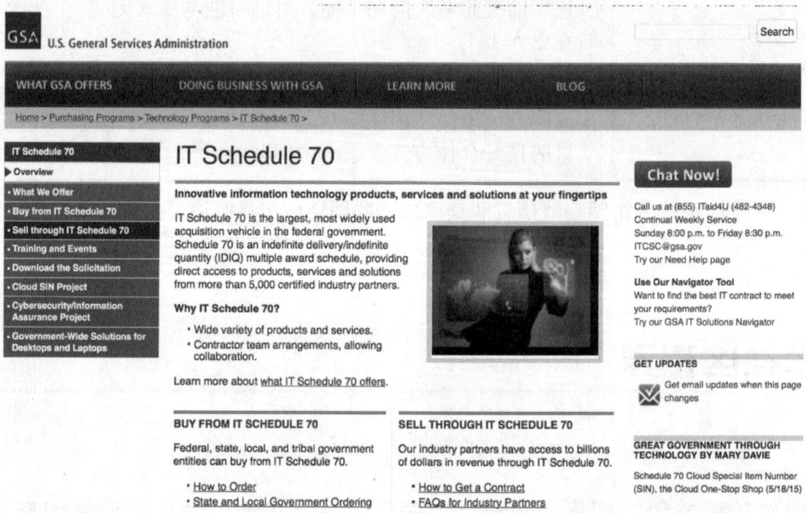

图表D-13 GSA网站包含关于联邦IT政策、新闻和相关链接的信息。该图显示了IT法规、指南和法律部分的示例

资料来源：U.S. General Services Administration。

D.8.3 个人和专业资源

大多数人都有朋友、熟人以及认识或想见面的其他人。无论通信渠道是电子邮件、聊天室、论坛还是社交网络，其目标都是为了扩大联系和机会。一些观察者将社交网络比作小型虚拟社区或社区，人们可以在其中会面并分享信息。他们的目标对象可能是私人的，或可能涉及技术问题、职业主题或专业成长。

除了社交网络，系统分析师可以考虑成为一个或多个 IT 相关协会的会员。许多组织专注于项目管理、软件工程或信息安全等特定主题。一些协会的会员免费或费用相对较低，雇主通常对与工作职责直接相关的专业会员资格费用进行补贴。这些网站提供的链接通常非常有用。图表 D－14 所示的**美国信息技术协会**（Information Technology Association of America，ITAA）或**美国计算机协会**（Association for Computing Machinery，ACM）等专业组织也赞助研讨会和培训。许多协会提供与你感兴趣的领域相关的电子时事通讯，并定期通过电子邮件发送信息。

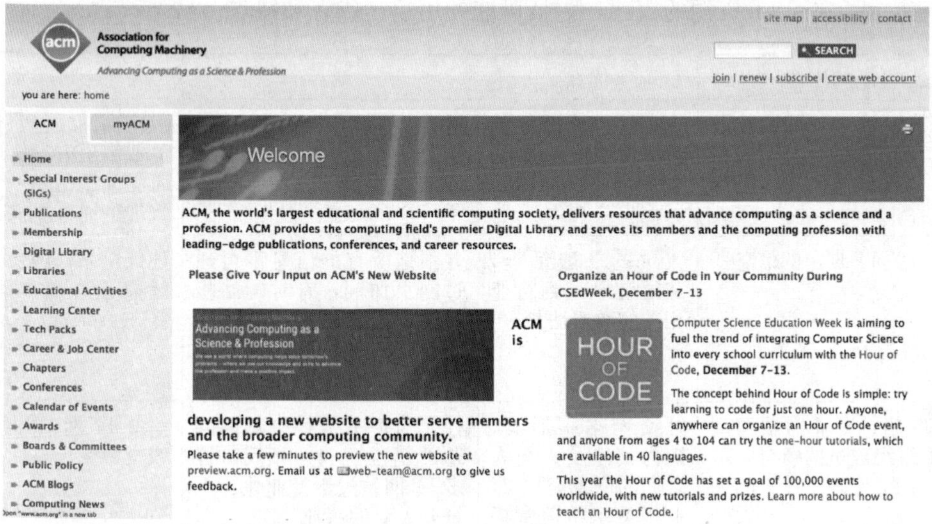

图表 D－14　ACM 网站是系统分析师可以用于紧跟当前问题、趋势和机遇的许多资源之一

资料来源：ACM. Inc。

D. 8. 4　在线学习资源

要跟上不断变化的 IT 环境比较困难。有针对性的专业发展有助于 IT 工作者在他们选择的领域保持专注和领先。在过去，这个目标通常意味着参加冗长和昂贵的场外培训课程。带宽和处理能力的提高使得在线学习成为对许多 IT 专业人员而言越来越有吸引力的选择。

在线学习（online learning）也称为**电子学习**（e-learning），是指通过公共互联网或内联网传递教育或培训内容。可通过网上搜索或各种专业协会找到学习机会。许多学校和学院意识到在线学习的需求大量增加，也相应增加了课程的供给。

在线学习可以采取多种形式，从很少或没有教师参与的个人自学，到具有音频流和视频流的交互式教师领导小组。当选择在线学习方法时，学习目标和教学内容的质量是最重要的考虑因素。需要考虑个人学习偏好。例如，相较于独自学习，如果你在协作环境中可以学得更好，应考虑参加交互式对等社区学习。以下是使用在线资源的优点和缺点。

在线学习的优点

在线学习的优点包括：

- 方便。可以根据自己的时间和地点参加培训。
- 经济。在线学习方式通常比传统的面对面学习更便宜。

• 可定制。一般来讲，可以根据自己的兴趣和需求定制学习体验。

在线学习的缺点

在线学习的缺点包括：

• 互动。虽然在线学习可以高度协作，但它缺乏一些学习者认为有必要的面对面组合。此外，不太可能像参加传统课堂培训那样获得反馈。

• 界面。尽管近年来带宽和计算能力大大提高，但是在线学习的界面可能会受限制。例如，可能遇到较慢的处理性能，特别是当培训使用交互式视频、音频或高分辨率图形时。

• 适应性。如果内容复杂且陌生，则在线学习可能不是最好的选择。

图表 D-15 显示了在线 IT 资源的概述，包括可能的用途、优点和缺点。

资源	可能的用途	优点	缺点	备注
企业资源	提供特定技术硬件或软件帮助、培训机会	专有软件或硬件的故障排除首选	通常，内容与网站相关联，例如，推荐具体产品或服务	供应商网站包含有价值的特定产品或解决方案信息（查看网站的常见问题解答）。许多网站为有兴趣的访客提供时事通讯
政府资源	提供有关 IT 规定的信息	大量的一般话题，从国会研究到行业相关的政府法规	并不是所有的信息都可通过网页访问，有时网站指向排序的文档编号。信息往往是一般性的，并不总相关	建议网站：国会图书馆、美国会计总会、美国政府电脑新闻（Government Computer News）
个人和专业资源	社交网络、专业网站访问和 IT 组织成员的组合，可扩大与 IT 伦理、技术问题和职业机会相关的个人和专业资源	社交网络很有趣，因为其涉及人与人之间的联系。IT 行业相关网站通常提供有关培训机会的宝贵链接和信息	社交网络不是解决具体问题的精准工具。相反，许多 IT 网站过于专业化，不符合大众的兴趣	一些 IT 网站可作为门户收集在线资源
在线学习资源	IT 专业人士需要适应不断变化的技术环境。在线学习可为职业发展提供职业技能和支持	方便、经济、可定制。可随时随地参与培训，而且在线学习选项通常比传统的面对面学习便宜	在线学习缺乏一些学习者认为有必要的面对面组合，学习者不太可能收到反馈。此外，在线学习体验中的交互可能会受到限制。如果内容复杂且陌生，在线学习可能不是最好的选择	考虑在线学习时，必须了解个人学习风格。应检查所有选项，从没有或很少有教师参与指导的个人自学，到由教师主导的互动式课程

图表 D-15　系统分析师可用于追踪 IT 领域当前问题和趋势的在线资源概述，每个资源都有优缺点

D.9　工具包小结

互联网是整合数千个其他网络的全球性网络，进而连接全球数百万政府、商业、教育和个人用户。互联网可以帮助解决技术问题并通过提供培训和专业教育来帮助开展日常工作。

互联网允许访问通常被称为网络的万维网，其指的是存储在互联网上的电子文档的全球集合。这些文档被称为网页，被组织并存储在单独的网站上。

互联网研究战略应采用四步法：思考信息需求，使用适当的搜索工具和技术，评估搜索结果以及考虑版权和数据完整性问题。许多人认为通过使用检查表列出关键词、短语和主题特征来准备互联网搜索是有帮助的。

主要研究工具包括搜索引擎、主题目录以及被称为隐形网络的可搜索数据库资源的集合。搜索引擎使用关键词和短语来搜寻互联网上的信息并列出搜索结果。用户应明确，若搜索引擎允许商业用户通过付费实现更高的优先级，结果可能会受到影响。此外，搜索引擎只访问互联网的一部分。元搜索引擎是可以同时应用多个搜索引擎的工具。

主题目录是通过使用层次结构访问主题的网站，从总标题开始，然后转到更具体的主题。如果想在浏览具体网站之前查看某个主题的概览，主题目录则是一个很好的起点。

隐形网络或隐藏网络是指存储在搜索引擎无法访问的集合中的许多文本、图形和数据文件。

许多分析师将社交网络作为主要的在线工具来扩展个人和专业的联系和沟通。对系统分析师可能有价值的其他网络工具有社交网络、论坛、时事通讯、博客、播客、RSS 订阅、网络研讨、邮件列表、聊天室和即时通信。论坛或新闻组是讨论每个可想象主题和兴趣领域的在线讨论组。许多为对特定主题感兴趣的用户提供会员订阅的商业和非营利组织发布时事通讯。邮件列表或列表服务器允许订阅成员发布并接收由列表服务器转发的消息。通常通过雅虎等门户访问的网络讨论组为其成员提供了结合论坛和邮件列表的功能。聊天室是用户可实时互动和交谈的在线会议场所。即时通信允许在线用户快速交换消息，即使他们在另一个程序或应用中工作。

当 IT 专业人员需要研究特定主题或寻求背景信息时，他们可以转向被称为信息技术社区的网站和资源。信息技术社区包括企业资源、政府资源、个人和专业资源以及在线学习资源。

通过在线学习获得专业发展是 IT 工作者在其领域保持领先的一种方式。在线学习指通过互联网或内联网传递教育或培训内容。在线学习方便、经济、可定制，但缺点是缺乏面对面互动、界面受限以及不是每个人都能在这种类型的培训中良好工作。

关键词（Key Terms）

高级搜索　高级搜索包括在返回的结果中搜索的选项，或在互联网等特定领域进行搜索的功能。

聚合器　为了便于查看，将博客、播客和 RSS 订阅等联合网络内容聚合在单个位置的客户端软件或网络应用。也称为订阅阅读器或 RSS 阅读器。

与　“与”运算符通过要求全部操作都为真来减少查询结果。

美国计算机协会（ACM）　计算机领域专业协会，赞助研讨会和培训并拥有一个网站，成员可在网站上追踪当前问题、趋势及机遇。

布尔逻辑　以英国数学家乔治·布尔命名的系统，指的是基于逻辑运算符的搜索项之间的关系，如“与”“或”“非”。

浏览器　一种软件程序，可让用户访问并显示由网络服务器传送的网页。

频道　在线会议场所，用户可以进行互动并实时交谈。也称为聊天室。

聊天室　参见频道。

爬虫　搜索引擎使用被称为蜘蛛或爬虫的专用计算机程序，基于关键词在网站中索引或编目网页内容。也称为蜘蛛。

深度网络　隐形网络、隐藏网络或深度网络这些术语都用于描述有价值的信息源，包括储存在搜索引擎无法访问的集合中的大量文本、图形和数据文件。

文摘 在线邮件列表的格式。

电子学习 指通过公共互联网或内联网传递教育或培训内容。也称为在线学习。

常见问题(FAQs) 为用户可能会问的问题提供指导的常见方法。

订阅阅读器 参见聚合器。

隐藏网络 参见深度网络。

搜索结果 搜索引擎的结果。

隐式布尔逻辑 在隐式布尔逻辑中,符号用于表示布尔运算符,如加号(+)表示“与”,减号(—)表示“非”。

索引型搜索引擎 索引型搜索引擎可以组织并排列搜索结果。

索引 搜索引擎使用被称为蜘蛛或爬虫的专用计算机程序,基于关键词在网站之间对页面内容进行索引或编目。

美国信息技术协会(ITAA) 赞助研讨会和培训的专业组织。

信息技术社区 分享专业知识和资源的志同道合的IT专业人群。

即时通信(IM) 允许在线用户快速交换消息,即使他们在另一个程序或应用中工作。

互联网 整合了数以千计的其他网络的全球性网络,从而连接了全球数百万政府、商业、教育和个人用户。

互联网中继交谈(IRC) 聊天室的概念起源于互联网中继交谈(IRC)。IRC是由服务器支持的多渠道系统,可在全球范围内进行群组和个人对话。

隐形网络 参见深度网络。

关键词 蜘蛛爬虫用来编目和索引网站页面的词语。

列表服务器 将电子邮件发送给订阅或加入特定邮件列表的用户的计算机。可简写为listserv。

listserv 参见列表服务器。

逻辑运算符 逻辑运算符“或”、“与”和“非”用于创建搜索词组合,从而大大提高搜索成功率。

邮件列表 与新闻组类似,邮件列表为想要交换有关特定主题信息的人们提供了一个论坛。

元搜索引擎 可以同时使用多个搜索引擎的工具。

时事通讯 许多商业和非营利组织提供的出版物,向对特定主题感兴趣的用户提供会员订阅。

非 “非”运算符可用于排除搜索中的某些记录。

在线学习 参见电子学习。

或 “或”运算符可用于包含多个查询的搜索结果。

按效果付费 搜索引擎企业和商业网站之间的协议,可以提高搜索结果中的网站排名并收取费用。

短语 短语检索比“与”运算符更具体,因为它指定了词语的确切顺序。

播客 一种网络广播,允许用户使用iTunes等音乐软件接收音频和多媒体文件,在电脑上收听或将其下载到手机或便携MP3。

门户 多功能网站的入口。进入门户之后,用户可以使用门户设计者提供的多样化工具和功能导航连接到目标页面。

专有数据库 通过付费或订阅访问的数据库,如ProQuest或IEEE的Xplore。

简易信息聚合(RSS) 用于向订阅RSS下载的用户发布经常更新的内容的形式。也称为订阅、RSS订阅或网络订阅。

RSS订阅 为用户提供频繁更新的各种主题的网络内容的数据形式,可通过订阅获得。也称为订阅或网络订阅。

RSS 阅读器　参见聚合器。

搜索引擎　利用关键词和短语在互联网上查找信息并列出搜索结果的应用。

社交网络　使用脸书、推特和领英等在线通信渠道连接到个人、专业联系人和群组。

蜘蛛爬虫　参见爬虫。

赞助商链接　企业或个人支付的补贴链接，使链接在网站上更突出。

主题目录　在层次结构中构建的主题网站，它从总标题开始，然后进入具体的主题。也称为话题目录。

子查询　包含在返回结果中查询，以及在新闻组等特定范围内进行更聚焦查询的选项。

短信　通过手机发送短信。也称为发短信。

发短信　参见短信。

话题目录　参见主题目录。

维恩图　使用圆形符号说明布尔逻辑的图。维恩图以约翰·维恩命名，这位 19 世纪的学者设计了一个可视化逻辑关系的方案。

可见网络　按照主要搜索引擎索引并可公开访问的网站。

网络　用户可通过互联网访问万维网。万维网通常称为网络，包含被称为网页的数十亿文本和多媒体文件。

网络浏览器　使用户能够浏览互联网并在本地计算机上显示网页的应用。

网络订阅　参见 RSS 订阅。

网络服务器　用于存储网站的计算机。

网页　网络上的文本和多媒体文件。

网站　相关网页的集合。

万维网　参见网络。

工具包练习

问题

1. 互联网和万维网是一样的吗？为什么？
2. 搜索引擎和主题目录有什么区别？哪种更好用？为什么？
3. 什么是隐形网络，它有多大？
4. 如何规划互联网研究战略？
5. 如何评估互联网研究结果的质量？
6. 什么是赞助商链接？它们会影响搜索结果的质量吗？如何影响？
7. 什么是布尔逻辑？提供三个使用日常术语的例子。
8. 维恩图显示哪些内容？为什么这些信息有价值？
9. 描述社交网络、论坛、时事通讯、博客、播客、RSS 订阅、网络研讨、邮件列表、聊天室和即时通信。这些工具如何在互联网研究中使用？
10. 什么是信息技术社区？它提供了哪些资源？

讨论话题

1. 本书中指出一些企业付费以在显示搜索结果时获得更高的排名。这是好的、坏的，还是对用户没有影响？解释你的观点。

2. 一些人严重依赖社交网络、即时通信及短信与朋友和业务同事沟通。其他人认为这些方法会分散注意力。你使用社交网络、即时通信或短信吗？为什么？

3. 布尔逻辑和维恩图在日常生活中有用吗？如何使用它们？

4. 互联网已经影响了社会的许多方面。互联网最重要的好处是什么？它导致了什么问题？

5. 隐形网络可用于犯罪活动，因为用户及其在此环境中的行为信息很难被执法人员发现。可以将隐形网络定义为违法来解决这个问题吗？为什么？

项目

1. 使用搜索引擎并输入短语 presidential candidates in 2016，搜索并注意显示多少结果。现在，给短语加上引号并再次搜索。解释结果的区别。

2. 搜索短语 commercial television，会返回与 television commercial 相同的结果吗？在搜索引擎中试验并解释你获得的结果。

3. 使用领英了解有关系统分析兴趣组的更多信息。如果你所在的地区有一个当地团体，考虑参加一次他们的会议并就此经历写一份报告。

4. 在网上进行研究以了解有关 RSS 订阅的更多信息。为想设置个人 RSS 订阅的用户撰写实用的分步操作指南。

5. 设置你自己的脸书页面，记录你作为系统分析师的专业活动。记住这是一个面向企业的网络展示，它应该描述你的职业生涯而不是你的个人生活。

词汇表

1∶1：一种实体关系类型，一对一关系的缩写。这种实体关系存在的条件是第一实体的每个实例都恰好有一个第二实体对应发生。

1∶M：一种实体关系类型，一对多关系的缩写。这种实体关系存在的条件是第一实体的每个实例可与第二实体的多个实例关联，但第二实体的每个实例仅能与第一实体的一个实例关联。

6 乘 6 规则（6 by 6 rule）：一种演示方法，每页幻灯片上放置不超过 6 个小标题，并且每个小标题不超过 6 个字。

7 乘 7 规则（7 by 7 rule）：一种演示方法，每页幻灯片上放置不超过 7 个小标题，并且每个小标题不超过 7 个字。

802.11：由 IEEE 开发的一系列无线网络规范。

802.11ac：2014 年批准的 IEEE 无线网络规范，使用扩展的多输入/输出（MIMO）技术实现接近 7 Gbps 的理论速度，同时增加无线范围，并与 802.11a、802.11b、802.11g 和 802.11n 向后兼容。

802.11b：1999 年引入的 IEEE 无线网络规范，基于 2.4GHZ 频率，最大带宽为 11Mbps，后被 802.11g 代替。

802.11g：2003 年引入的 IEEE 无线网络规范，基于 2.4GHZ 频率，最大带宽为 54Mbps，兼容并替代了 802.11b，已被 802.11n 标准取代。

802.11n：2009 年采用的 IEEE 无线网络规范，使用扩展的多输入/输出（MIMO）技术实现 200＋Mbps 的速度，同时增加无线范围，并与 802.11a、802.11b 和 802.11g 向后兼容。

802.16：IEEE 针对 MAN（城域网）宽带无线通信开发的规范。参见 Wi-Max。

缩写代码（abbreviation code）：字母缩写。例如，标准的州代码包括：NY 代表纽约州、ME 代表缅因州、MN 代表明尼苏达州。

绝对日期（absolute date）：从特定基准日起的总天数。要计算两个特定绝对日期之间的天数间隔，只需用一个日期减去另一个日期。例如，以 1900 年 1 月 1 日为基准日，2012 年 9 月 27 日的绝对日期值为 41 179，2011 年 7 月 13 日的绝对日期值为 40 737，用较晚的日期减去较早的日期，得到的结果是 442 天。

接受（acceptance）：四种风险管控策略之一。在接受的情况下，风险被接受并且不做任何改变。通常情况下，只有当防范风险带来的收益小于成本时，才选择接受风险。

验收测试（acceptance test）：测试涉及整个信息系统，包括所有可能的处理情况。在验收测试过程中，用户输入包括实际样本与实时数据在内的数据，执行查询，生成报告来模拟实际操作条件。所有的处理选项和输出均由用户和 IT 项目开发团队验证，以确保系统正常运行。有时也被称作系统测试。

接入点（access point）：为无线客户端提供网络服务的中央无线设备。

行动代码（action code）：指示对相关数据项采取的行动。例如，学生记录程序可能会提示用户输入或点击动作代码，如 D（显示记录）、A（添加记录）和 X（退出系统）。

主动语态（active voice）：指主体充当主语的句子。例如，“汤姆设计了系统”是主动语态，书面语中优先使用主动语态。

活动（activity）：任何具有开始和结束且需要使用人力、时间、金钱等企业资源的工作。例如，进行一系列访谈、设计报告、选择软件、等待设备交付或培训用户等。参见任务。

活动图（activity diagram）：与能够描述行动或事件发生的水平流程图相似的图表。活动图能够显示行动发生顺序并确定结果。

执行者（actor）：具有特定作用的外部实体。在用例模型中，执行者用于对系统交互建模。

适应性维护（adaptive maintenance）：为现有系统添加新功能和增强功能。

自适应方法（adaptive method）：一种系统开发方法，通常使用螺旋开发模型，其以一系列迭代为基础，使全部利益相关者更容易适应变化。

管理员账户（administrator account）：允许无限制访问应用的账户。

高级搜索（advanced search）：高级搜索包括在返回的结果中搜索的选项，或在互联网等特定领域进行搜索的功能。

聚合器（aggregator）：为了便于查看，将博客、播客和 RSS 订阅等联合网络内容聚合在单个位置的客户端软件或网络应用。也称为订阅阅读器或 RSS 阅读器。

敏捷方法（agile method）：通过构建一系列原型并不断根据用户需求调整它们来逐步开发系统的方法。与自适应方法相关。

别名（alias）：在不同的数据字典中使用的术语，用于指代描述相同数据元素的替代名称或标准数据元素名称之外的名称。

指派基准（allocated baseline）：在设计阶段结束时记录系统，并记录功能基准之后的所有更改。指派基准包括对全部系统需求和功能的测试和验证。

字母代码（alphabetic code）：基于类别、缩写或易于记忆的值，使用字母将不同数据项区别开。

与（AND）：“与”运算符通过要求全部操作都为真来减少查询结果。

应用程序（app）：在智能手机或平板电脑等移动设备上运行的软件应用。

应用（application）：信息系统的一部分，负责处理输入、管理处理逻辑并提供所需的输出。

应用开发（application development）：构建作为信息系统重要组成部分的程序和代码模块的过程。应用开发过程由传统 IT 部门内的应用开发团队实施，其主要由进行信息系统设计、开发和实施的系统分析师和程序员组成。

应用生成器（application generator）：通过将逻辑模型直接转换成代码来快速开发计算机程序的工具，也称为代码生成器。

应用生命周期管理（application life cycle management，ALM）：使用专业软件，从头到尾规划、设计、开发、部署、管理并维护信息系统的方法。

应用逻辑（application logic）：应用程序的基本业务规则或逻辑。

应用服务器（application server）：在客户和组织数据库与应用之间扮演“中间人”角色的计算机。通常用于简化复杂的业务交易。

应用服务提供商（application service provider，ASP）：通过收取使用费或订阅费提供软件应用或软件使用许可的企业。

应用软件（application software）：员工在办公场景中使用的软件程序，如电子邮件、文字处理程序、电子表格和图形包。

应用程序员（applications programmer）：进行新系统开发及维护的人员。

存档（archived）：安装新版本时，对前一版本的系统进行储存。

ASCII：代表美国信息交换标准码，是在大多数个人电脑和工作站中使用的数据存储编码方法。

资产（asset）：为组织提供有形或无形利益的硬件、软件、数据、网络、人员或程序。

美国计算机协会（Association for Computing Machinery，ACM）：计算机领域专业协会，赞助研讨会和培训并拥有一个网站，成员可在网站上追踪当前问题、趋势及机遇。

关联实体（associative entity）：拥有自身属性和特征的实体。关联实体常用于连接多对多关系（M：N）。

攻击（attack）：针对信息系统或企业的敌对行为。

属性（attribute）：实体的单个特征或事实。属性或字段是信息系统中有含义的最小单元。例如，社会保障编号或者企业名称是属性的一个例子。在面向对象的分析过程中，属性在类图中描述类型的对象。也称作数据元素或数据项。

审计字段（audit fields）：数据记录中提供额外控制或安全信息的特殊字段，典型的审计字段包括创建或修改记录的日期、执行操作的用户名称以及记录被访问的次数等。

审计日志文件（audit log files）：记录文件或数据库的所有访问或更改的详细信息，可用于恢复自上次备份以来所做的更改。

审计追踪（audit trail）：每个数据项来源及进入系统时间的记录。除记录初始来源外，审计追踪还必须显示数据在何时被何人以何种方式访问和更改。所有这些操作都必须记录在审计追踪中并被仔细监控。

授权区域（authorization zone）：包含任何所需签名的表单部分。

自动传真（automated fax）：允许客户使用电子邮件、企业网站或电话等方式请求传真的系统，响应将在几秒钟内传输到用户的传真机。

自动更新服务（automatic update service）：允许应用连接供应商服务器并获取所需补丁。

可用性（availability）：系统安全的三大要素（保密性、完整性、可用性）之一。可用性确保授权用户能够及时可靠地访问必要信息。

规避（avoidance）：四种风险控制策略之一。在规避中，添加保护措施以消除风险。

B2B（business-to-business）：企业间的商业交易（如产品或服务），通常通过互联网或电子途径完成。

B2C（business-to-consumer）：企业和消费者之间的商业交易（如产品或服务），由消费者通过网络完成。

备份（backup）：将一系列文件或数据副本保留一段时间的过程，数据可以连续备份或按规定的间隔进行备份。

备份介质（backup media）：数据存储选项，包括磁带、硬盘、光盘和在线储存。

备份策略（backup policy）：全部备份的详细说明和步骤。

平衡（balancing）：用于在包括输入和输出数据流、数据定义和过程描述的整个系列图表中保持一致性的过程。

带宽（bandwidth）：系统在固定时间段内能够处理的数据量，带宽要求以每秒字节数（bps）表示。

基准（baseline）：在特定时间衡量系统特性的正式参考点。在系统开发阶段，系统分析师将基准作为记录功能和性能的准绳。

基本服务集（Basic Service Set，BSS）：一种无线网络配置，被称为接入点的中央无线设备用于服务全部无线客户端。也称为基础设施模式。

批次（batch）：同时输入信息系统的一组数据。

批量控制（batch control）：用于检验批量输入的总和。批量控制会检查记录数量和数字字段总数等数据项。例如，在批量输入订单之前，用户可能会计算订单总数以及订购数量总计，在批量订单输入后，订单系统依旧计算两个相同的总数，如果系统总数与输入总数不匹配，则说明发生了数据输入错误。

批量输入（batch input）：按特定时间计划，如每天、每周、每月或更长时间，执行数据输入的过程。例如，当工资部门在每周末收取计时卡片并将按批次录入数据时，会发生批量输入。

基准（benchmark）：软件包处理一定数量事务所需时间的衡量指标。

基准测试（benchmark testing）：企业测量系统性能而进行的一种测试。

最优估计（best-case estimate）：最乐观的结果。

二进制存储格式（binary storage format）：数字数据的高效存储格式。例如，使用微软 Access 指定数字数据格式时，可使用整数、长整数或其他的数值格式作为存储格式。

生物识别设备（biometric device）：通过视网膜扫描或面部映射唯一识别人员身份的机制。

生物识别扫描系统（biometric scanning systems）：为识别身份而验证一个人的面部、指纹或眼部特征。

BIOS 级密码（BIOS-level password）：启动计算机前必须输入的密码，能够防止未授权的人员使用 USB 设备或光盘启动计算机。也称为开机密码或启动级密码。

比特（bit）：二进制数字，数据的最小单位。

黑箱（black box）：比喻以不透明或不可观察的方式产生结果的过程或行为。在数据流图中，过程显示为黑箱，过程的输入、输出以及基本功能已知，但底层细节未显示。

黑洞（black hole）：没有输出的过程。

区块序列代码（block sequence code）：使用数字区块进行不同分类的代码。

博客（blog）：一种在线杂志，是“web log”的简写。

蓝牙（Bluetooth）：在短距离无线通信中非常受欢迎的一种无线传输形式，不需要大功率。

布尔逻辑（Boolean logic）：以英国数学家乔治·布尔命名的系统，指的是基于逻辑运算符的搜索项之间的关系，如“与”、“或”和“非”。

启动级密码（boot-level password）：参见 BIOS 级密码。

自下而上的技术（bottom-up technique）：将大型复杂项目分解为一系列被称为项目任务的单独任务的方法。

头脑风暴（brainstorming）：通过对具体问题、机会或事项进行小组讨论以获取信息的实情调查技术。

自带设备（bring your own device，BYOD）：由员工而不是 IT 部门负责电脑、平板电脑、智能手机等工作设备的设备管理模型，包括设备选择与设置、程序安装与更新以及网络连接（包括安全）。

Brooks 定律（Brooks' Law）：IBM 工程师小弗雷德里克·布鲁克斯发现，为延长的软件项目增加人力只会使之更晚。

浏览器（browser）：一种软件程序，可让用户访问并显示由网络服务器传送的网页。

错误跟踪软件（bug tracking software）：系统开发人员使用缺陷跟踪软件（有时也称为错误跟踪软件）来记录并跟踪程序缺陷、代码更改以及被称为补丁的代码替换。

建立还是购买（build or buy）：在开发内部软件与购买外部软件之间的选择，常被称为制造或购买决策、建立或购买决策。

总线型网络（bus network）：单个通信路径连接主机、服务器、工作站和外围设备的计算机网络。信息可在任意方向从任何工作站传输到另一工作站，并且任意消息都可被传输到特定设备。

商务分析（business analytics）：使用软件衡量过去业绩，帮助管理者了解业务趋势并监控当前业务。

项目提案（business case）：提出提案的原因或理由。

业务连续性计划（business continuity plan，BCP）：定义在出现严重中断的情况下，关键业务功能如何继续的计划。

业务逻辑（business logic）：决定系统如何处理数据、产生有用信息的规则，能够反映企业的业务需求。例如在发票中增加一定数量的营业税、计算客户余额和财务费用、判断客户是否有资格享受优惠等。也称为业务规则。

业务建模（business model）：对销售、会计和采购等业务流程的图形表示。

业务流程（business process）：对具体事件、任务和所需结果的描述。

业务流程模型（business process model，BPM）：一个或多个业务流程的图形表示。

业务流程建模符号（business process modeling notation，BPMN）：计算机建模工具中用于表示时间、过程和工作流的一系列标准形状和符号。

业务流程外包（business process outsourcing，BPO）：将基本业务流程外包，参见外包。

业务简介（business profile）：对企业的整体功能、流程、组织、产品、服务、客户、供应商、竞争对手、制约因素和未来发展方向等的定义。

业务规则（business rules）：系统处理数据、产生有用信息的方式。业务规则也称为业务逻辑，反映企业的业务需求。例如，在发票中添加适当的营业税、计算客户余额和财务费用、判断客户是否有资格享受优惠等。

业务支持系统（business support system）：向企业各个层面的用户提供与工作相关的信息支持。

字节（byte）：8 比特称为一个字节或一个字符。一组字节形成一个关于人、地点、事物或事件的字段。

日历控件（calendar control）：日历控件允许用户选择系统显示并存储为字段值的日期。

候选键（candidate key）：有时会选择字段或字段组合作为主键，可以作为主键的任何字段称为候选键。

能力成熟度模型（Capability Maturity Model，CMM）：SEI 开发的一个模型，将软件和系统开发集成到流程改进框架中。

能力成熟度模型集成（Capability Maturity Model Integration，CMMI）：SEI 为提高质量、减少开发时间并降低成本而开发的流程。CMM 使用从 1 级（相对不稳定的无效软件）到 5 级（精致、高效且可靠的软件）的五级成熟度级别来跟踪组织的软件开发目标和实践。

容量规划（capacity planning）：监控当前活动和性能水平、预测未来活动并预测提供预期服务水平所需资源的过程。

基数（cardinality）：描述一个类中的实例如何与另一个类中的实例相关联的概念，在实体关系图中用表示一对一、一对多、多对多关系的符号来描述基数。

基数符号（cardinality notation）：显示实体间关系的符号。

CASE 环境（CASE environment）：不仅仅包括 CASE 工具，还包括软件开发过程中使用的任何基于计算机的支持。

行动方案（case for action）：向管理层提交的初步调查报告的一部分，总结项目请求并做出具体建议。

CASE 工具（CASE tool）：计算机辅助系统工程（CASE）中使用的强大软件，可帮助系统分析人员开发并维护信息系统。

类别代码（category codes）：确定一组相关数据项的代码。例如，当地百货公司可能使用两个字符的类别代码来确定产品销售的部门。

认证（certification）：个人通过在标准化测试中展现出一定水平的知识和技能而获得的证书。

变更控制（change control，CC）：控制软件开发过程中系统需求变化的过程，也是系统开始运营后管理系统更改和系统成本的重要工具。

频道（channel）：在线会议场所，用户可以进行互动并实时交谈。也称为聊天室。

字符（character）：8 比特称为一个字符或一个字节。一组字节形成一个关于人、地点、事物或事件的字段。

文字报告（character-based report）：使用带有固定间距字符集建立的报告。

费用回收方法（chargeback method）：使用会计分录来分配运营 IT 部门的间接成本的方法。大部分组织使用四种费用回收方法：不计费、固定费用、基于资源使用情况的变动计费．基于数量情况的变动计费。

聊天室（chat room）：参见频道。

复选框（check box）：用来从一组选项中选择一个或多个，使用复选标记或X代表选择的选项。

子对象（child）：子对象在继承中从父对象获得一个或多个属性。

子图（child diagram）：分解的数据流图中较低层级的图形。

CIA三角形（CIA triangle）：系统安全的三大主要因素：保密性、完整性和可用性。

加密代码（cipher code）：使用关键词对数字进行编码。例如，零售商店可能使用包含10个字母的单词，如CAMPGROUND对批发价格进行编码，用C代表1，A代表2，依此类推。代码GRAND代表该商店为该物品支付了562.90美元。

类（class）：面向对象建模中使用的术语，表示相似对象的集合。

类图（class diagram）：单个用例的详细视图，显示参与用例的类并记录类之间的关系。

关闭点击数（clicks to close）：完成购买或获取所需信息的平均网页浏览量。

点击流储存（clickstream storage）：记录网页访问行为和流量趋势供以后的数据挖掘使用。

客户端（client）：在客户端/服务器设计中用户进行交互的工作站。这些工作站或计算机从其他被称为服务器的计算机处获取数据、处理服务或其他支持。

客户端/服务器架构（client/server architecture）：通常指在一个或多个联网客户端和中央服务器之间进行划分处理的系统。在典型的客户端/服务器系统中，客户端处理整个用户界面，包括数据输入、数据查询和屏幕显示逻辑。服务器存储数据并提供数据访问和数据库管理功能。应用逻辑在服务器和客户端之间以某种方式划分。

封闭式问题（closed-ended questions）：限制或约束答案范围的问题，当访谈需要具体信息或事实验证时使用。

云计算（cloud computing）：在线软件和数据环境，通过网络连接而不是本地计算机访问并使用应用和服务。指互联网的云标志。

代码（code）：用于表示数据项的一组字母或数字。代码可用于简化输出、输入和数据格式。

代码生成器（code generator）：参见应用生成器。

代码审查（code review）：由项目团队成员审查其他成员的工作以发现逻辑错误。一般来说，作为同行评审的一种形式，系统分析师审查其他系统分析师的工作，程序员审查其他程序员的工作。结构化走查应在整个SDLC中进行，并根据发生的阶段称为需求审查、设计审查、代码审查、测试审查等。也称为结构化走查。

程序编码（coding）：将程序逻辑转换为计算机系统可执行的具体指令的过程。

内聚性（cohesion）：衡量模块的范围和处理特性。执行单个功能或任务的模块具有很高的内聚性，这是我们期望的。

组合检验（combination check）：在两个或多个字段上进行的一种数据有效性检验类型，确保字段在共同考虑时是一致或合理的。即使组合检查中涉及的所有字段都通过其各自的有效性检验，字段值的组合也可能不一致或不合理。

组合键（combination key）：主键有时需要由字段组合构成，在这种情况下，主键称为组合键、复合键、连接键或多值键。

命令按钮（command button）：启动打印表格或请求帮助等操作的屏幕按钮。

共同字段（common field）：在多个实体中出现的属性，共同字段可用于在不同类型的关系间连接实体。

复合键（composite key）：主键有时需要由字段组合构成，在这种情况下，主键称为组合键、复合键、连接键或多值键。

计算机微缩胶片输出（computer output to microfilm，COM）：扫描并储存纸质文档的图像，常被大型企业用来提供高质量的记录管理和归档。

计算机资源委员会（computer resources committee）：负责评估系统请求的关键管理者和用户团队。也称为系统审查委员会。

计算机辅助软件工程（computer-aided software engineering，CASE）：使用被称为 CASE 工具的强大程序，为系统开发提供整体框架的技术，该工具支持多种设计方法，包括结构化分析和面向对象分析。也称为计算机辅助系统工程。

计算机辅助系统工程（computer-aided systems engineering，CASE）：参见计算机辅助软件工程。

连接键（concatenated key）：参见复合键。

并发任务（concurrent task）：能够和另一任务同时并行启动的任务。

条件（condition）：结构图中表示控制模块根据特定条件来确定将调用哪个下属模块。

保密性（confidentiality）：系统安全三大要素（保密性、完整性和可用性）之一。保密性保护信息免受未授权的披露并保护隐私。

配置管理（configuration management，CM）：在 SDLC 开发阶段控制系统需求变化的过程。配置管理也是在系统开始运营后管理系统更改和成本的重要工具。

连接时间（connect time）：用户主动连接到远程服务器的总时间，一些网络服务提供商将其作为收费的基础。

约束（constraint）：系统必须满足的要求或条件，或是系统必须实现的结果。

构建阶段（construction phase）：这一阶段专注于与 SDLC 类似的程序和应用开发任务。

上下文图（context diagram）：显示信息系统边界和范围的顶层视图。

上下文相关（context-sensitive）：调用时对当前条件敏感的功能。例如，上下文相关为正在进行的任务提供辅助。

连续备份（continuous backup）：记录所有系统活动的实时流式备份方法。

控制中断（control break）：控制中断通常会引起特定操作，例如为一组记录打印小计。

控制中断报告（control break report）：控制中断的详细报告。

控制耦合（control couple）：在结构图中，控制耦合显示一个模块发送给另一个模块的消息，该消息也称为状态标志。

控制字段顺序（control field order）：在控制中断报告中，记录按照与控制字段相同的顺序排列或排序。

控制模块（control module）：在结构图中，控制模块是指向下属模块的高级模块。

控制结构（control structure）：用作过程的构建块，控制结构有一个出入点。控制结构可以是一个序列顺序，也可以是条件或测试的结果，还可以是一个重复的过程步骤。也称为逻辑结构。

企业文化（corporate culture）：定义企业并影响其经营方式的一系列信念、规则、传统、价值观和态度。

企业门户（corporate portal）：为企业的客户、员工、供应商和公众提供不同工具和功能的网站。

矫正性维护（corrective maintenance）：更改系统以修正错误。

成本中心（cost center）：产生不可抵消费用的部门。

成本规避收益（cost-avoidance benefits）：不安装新系统而需要的支出，如让现有员工处理工作或不替换现有硬件或软件。

成本收益分析（cost-benefit analysis）：将信息系统的预期成本与预期收益进行比较的过程。

耦合性（coupling）：描述模块之间的相互依赖程度，与内聚性相反。

爬虫（crawler）：搜索引擎使用被称为蜘蛛或爬虫的专用计算机程序，基于关键词在网站中索引或编目网页内容。也称为蜘蛛爬虫。

证书（credentials）：包括学位机构颁发的学位、文凭或证书，表明某一水平的教育已经完成。

关键路径（critical path）：没有松弛时间的一系列事件和活动，如果关键路径上的任何任务落后于计划，整个项目将被延迟。顾名思义，关键路径包括对项目进度至关重要的所有活动。

关键路径方法（Critical Path Method，CPM）：将项目显示为网络图。活动显示为向量，事件图形化显示为节点。虽然 CPM 与项目评审技术（PERT）分开开发，但两种方法基本相同。

关键风险（critical risk）：对风险进行分类和优先级排序时，关键风险（具有最高漏洞和影响评级的风险）被列在前面。

关键成功因素（critical success factor）：企业为了履行使命而必须实现的重要目标。

批判性思维能力（critical thinking skills）：比较、分类、评估、确定模式、分析因果关系以及应用逻辑的能力。这些技能在 IT 行业受到重视。

乌鸦脚符号（crow's foot notation）：一种基数符号，因其形状被称为乌鸦脚符号，包括圆圈、线以及能够表示多种可能性的符号，其中单线表示一个，双线表示有且仅有一个，圆圈表示零，乌鸦脚表示许多。

客户（customer）：系统、服务或产品的主要用户。

客户关系管理（customer relationship management，CRM）：许多企业实施系统以整合所有与客户相关的事件和交易，包括营销、销售和客户服务活动。

交割阶段（cutover phase）：这一阶段与 SDLC 实施阶段中的最终任务类似，包括数据转换、测试、向新系统转换以及用户培训。

数据（data）：信息系统使用的原材料或基本事实。

数据转换（data conversion）：将现有数据加载到新系统中并根据需要进行转换。根据系统的不同，数据转换可在操作环境完成之前、完成期间或完成之后进行。

数据耦合（data couple）：在结构图中，数据耦合显示从一个模块传递到另一个模块的数据。

数据字典（data dictionary）：系统数据的中央信息存储库。

数据元素（data element）：实体的单个特性或事实。数据元素、字段或属性是信息系统中具有含义的最小数据片段。例如，社会保障号码或企业名称是数据元素的示例。也称为数据项。

数据流（data flow）：数据从信息系统的一部分移动到另一部分的路径。

数据流图（data flow diagram，DFD）：系统的图形表示，显示其储存、处理并将数据转换为有用信息。

数据帧（data frames）：计算机网络上的流量。

数据项（data item）：参见数据元素。

数据操作语言（data manipulation language，DML）：数据操作语言控制数据库操作，包括储存、检索、更新和删除数据。大多数商业 DBMS，如甲骨文和 IBM 的 DB2，都使用 DML。

数据集市（data mart）：满足销售、营销或财务等特定部门需求的特殊数据库。每个数据库都只包含该部门工作所需的数据。

数据挖掘（data mining）：在数据中寻找有意义的模式和关系。例如，数据挖掘软件可以帮助快消品企业根据先前购买记录识别潜在客户。

数据处理中心（data processing center）：物理数据以某种方式传输并输入系统的中心位置。除由企业 IT 部门分发的打印报告之外，组织中的用户没有输入或输出能力。

数据复制（data replication）：在正常运营条件下，主系统上发生的任何事务必须自动传输到热场所。

数据存储库（data repository）：数据流图中使用的符号，用于代表系统必须保存的数据，因为一个或多个过程需要在之后使用该储存数据。可与数据存储这一术语互换使用。

数据安全（data security）：保护数据免受丢失或损坏，并在数据丢失或损坏时恢复数据。

数据存储（data store）：参见数据存储库。

数据结构（data structure）：包含在数据流中或保留在数据存储中的相关数据元素的有意义组合。组织并存储数据的框架。

数据类型检验（data type check）：确保数据项符合所需数据类型的数据有效性检验类型。例如，数字字段必须只包含数字或数字符号，而字符字段必须只包含字符 A 到 Z（或字符 a 到 z）。

数据校验规则（data validation rule）：通过测试数据并拒绝不符合特定条件的数据输入来提高数据输入质量的机制。

数据仓库（data warehouse）：集成的数据集合，能够支持管理分析和决策。

数据库管理员（database administrator，DBA）：管理数据库管理系统（DBMS）的人。DBA 评估整体需求，并为了整个组织而不是单个部门或用户的利益维护数据库。

数据库管理系统（database management system，DBMS）：让用户能在数据库中添加、更新、管理、访问并分析数据的工具、功能和接口的组合。

数据库程序员（database programmer）：创建并支持大型数据库系统的人员。

决策表（decision table）：显示逻辑结构的表，包含条件和操作结果的所有可能组合。

决策树（decision tree）：用图形表示决策表中的条件、操作和规则。

分解（decomposing）：表达过程或系统的另一种方式，将一般的顶层视图化解为更详细的细节。也可使用拆分或分割等术语。

深度网络（deep web）：隐形网络、隐藏网络或深度网络这些术语都用于描述有价值的信息源，包括储存在搜索引擎无法访问的集合中的大量文本、图形和数据文件。

默认值（default value）：系统自动显示的值。

缺陷跟踪软件（defect tracking software）：系统开发人员使用缺陷跟踪软件（有时也称为错误跟踪软件）来记录并跟踪程序缺陷、代码更改以及被称为补丁的代码替换。

可交付成果（deliverable）：经过润色后适合其预期用途的最终产品，最终产品或可交付成果往往与 SDLC 的各阶段成果一致。

拒绝服务（denial of service，DoS）：攻击者对某端口上运行的服务进行重复请求时发生的在线攻击。

依赖任务（dependent task）：必须以串行顺序完成的任务称为依赖任务。

派生代码（derivation code）：使用来自不同项目属性或特征的数据来构建代码，大多数杂志订阅代码都是派生代码。

设计原型设计（design prototyping）：创建用户需求的原型，之后丢弃原型并继续实施系统，也称为丢弃式原型设计。

设计审查（design review）：参见结构化走查。

设计走查（design walkthrough）：选取将使用新系统的有代表性的人员对界面进行审查的过程，这是系统开发早期开始的建模和原型开发工作的延续。

桌上检查（desk checking）：检查程序代码以发现将产生不正确结果的逻辑错误的过程。

详细报告（detail report）：详细报告为处理的每条记录生成一行或多行输出。

开发环境（development environment）：IT 团队用于创建信息系统的软件工具、方法和物理资源的组合。

开发成本（developmental costs）：开发或获取系统时只计算一次的费用，如参与系统开发的人员的工资或初始用户培训的购买。

0 图（diagram 0）：描述初始上下文图下面第一层细节的图。0（零）图将上下文图放大并显示主要过程、数据流和数据存储，并重复上下文图中显示的外部实体和数据流。

对话框（dialog box）：允许用户输入关于系统将执行的任务的信息。

差异备份（differential backup）：仅包含上次完全备份后更改的文件的备份。

文摘（digest）：在线邮件列表的格式。

直接成本（direct costs）：与开发特定系统相关的费用，如项目团队成员的工资和购买仅用于新系统的硬件。

直接切换（direct cutover）：直接切换方法在新系统可运行时立即将旧系统切换到新系统。

灾难恢复计划（disaster recovery plan）：由整体备份和恢复计划组成的文档规程。

可自由支配项目（discretionary project）：对于实施与否管理层有选择的项目。例如，为用户创建新报告是可自由支配项目的示例。

无盘工作站（diskless workstation）：一种网络终端，支持全功能用户接口，但限制可被监控和控制的网络资源之外的数据打印或复制。

分布式数据库管理系统（distributed database management system，DDBMS）：用于管理存储在多个位置的数据的系统。使用 DDBMS 有几个优点：存储在更靠近用户的位置，从而可以减少网络流量；系统可扩展，因此可添加新的数据站点，而无须重新设计系统；数据储存在不同位置，系统不太可能遭遇灾难性故障。分布式数据存储的潜在缺点涉及数据安全性，当数据存储在多个位置时，维护控制和标准可能更加困难。

分布式拒绝服务（distributed denial of service，DDoS）：包括多台攻击计算机的服务攻击，可对服务器进行同步 DoS 攻击。

分布式系统（distributed system）：由一个或多个 LAN 或 WAN 链接的企业范围系统，分布式系统的容量取决于底层数据通信网络的功率和容量。

分散数据流（diverging data flow）：同一数据传输到两个或多个不同位置的数据流。

文档审查（document review）：基准文件审查。一种有用的实情调查技术，帮助分析师了解当前系统应该如何工作。

文档（documentation）：解释系统并帮助人们与之交互的材料，包括程序文档、系统文档、操作文档和用户文档。

域（domain）：数据元素允许取的一组值。

垃圾搜寻（dumpster diving）：袭击桌面或回收站以获得有价值的信息。

持续时间（duration）：完成任务所需的时间。

EBCDIC：代表扩展二进制编码的十进制交换码，一种用于大型计算机和大容量服务器的编码方法。

电子商务（ecommerce，electronic commerce）：在互联网上完成的交易（如买卖商品和信息），包括 B2C 和 C2C。

经济可行性（economic feasibility）：如果提议的系统的预期收益超过获取、安装并运营它的预期成本，则系统是可实现的。

经济使用寿命（economically useful life）：系统开始运营到运营成本开始快速增长时点之间的时间段。

规模经济（economy of scale）：大型计算机在大批量处理方面的固有效率。数据库设计能够更好地利用硬件，如果企业要维护一个企业级数据库，使用强大的主机服务器而不是几个较小的服务器进行处理则成本更低。

电子学习（e-learning）：指通过公共互联网或内联网传递教育或培训内容。也称为在线学习。

电子数据交换（electronic data interchange，EDI）：在企业间进行计算机数据传输的过程。

电子健康记录（electronic health record，EHR）：患者在不同医疗健康护理提供者处就诊时产生，可在多个设施和机构间共享的患者健康信息电子记录。

电子产品代码（electronic product code，EPC）：使用 RFID 标签识别并监控每个产品从工厂车间到零售结账柜台间的活动的技术。

电子交货证明（electronic proof of delivery，EPOD）：供应商在每个箱子、包装或运输单元上使用 RFID 标签创建数字运输清单，在接收货物时进行验证。

赋权（empowerment）：在组织各个层面增加责任和问责的商业行为。

封装（encapsulation）：所有的数据和方法都是独立的，如同放在黑箱中。

加密（encryption）：将数据编码（转换为不可读字符）使得只有授权的用户才可以（通过解码软件）访问该数据的过程。

参与式倾听（engaged listening）：真正注意听某人所说的话，避免只听到期望的内容的能力。也包括注意非语言交流。

增强（enhancement）：新特性或功能。

企业级应用（enterprise application）：企业范围内的应用，如订单处理系统、工资系统和企业通信网络等。

企业计算（enterprise computing）：支持企业范围内数据管理需求的信息系统，例如航空公司预订系统或信用卡计费系统。

企业资源规划（enterprise resource planning，ERP）：建立企业 IT 资源战略的过程。ERP 定义了一种特定的架构，包括数据、处理、网络和用户界面设计的标准。

实体（entity）：收集并维护数据的人、地点、事物或事件。例如，在线销售系统可能包括名为“CUSTOMER”“ORDER”“PRODUCT”“SUPPLIER”的实体。

实体关系图（entity-relationship diagram，ERD）：描述系统实体间关系的信息系统图形模型。

评估和选择团队（evaluation and selection team）：参与选择硬件和软件的一组人，包括系统分析师和用户。团队方法确保没有忽视关键因素并做出正确选择。

评估模型（evaluation model）：使用通用标准衡量并比较供应商等级的方法。

事件（event）：标志重大事件的参考点，用于监控进度并管理项目，参见里程碑。

事件驱动编程语言（event-driven programming language）：程序员定义当某些事件发生时程序必须执行的操作，而不是编写一系列顺序指令。也称为非过程化编程语言。

异常报告（exception report）：仅显示满足特定条件记录的文档。当用户只想获取须采取行动的信息而不需要详细信息时，异常报告非常有用。

存在检验（existence check）：用于强制数据项的数据有效性检验类型。例如，如果员工记录需要社会保障号码，则存在检验会使得只有当用户在社会保障号码字段中输入合适值时才允许用户保存记录。

拆分（exploding）：如果一个图向下延伸到更详细或更广泛的视图，则称该图是拆分的。

漏洞利用（exploit）：利用系统漏洞的攻击，通常由一个或多个不正确配置的服务组合造成。

扩展服务集（Extended Service Set，ESS）：由两个或多个基本服务集网络组成的无线网络配置，允许无线客户端在 BSS 间漫游。

延展性（extensibility）：指系统易于扩展、更改或缩小以满足企业快速变化的需求的能力。又称为扩展性。

常见问题（frequently asked questions，FAQs）：为用户可能会问的问题提供指导的常见方法。

胖客户端（fat client）：将全部或大部分应用处理逻辑放置于客户端的网络设计。

故障管理（fault management）：及时发现并解决运营问题。故障管理包括监控系统故障迹象、记录所有系统故障、诊断故障，以及采取修正措施。

容错的（fault tolerant）：若一个组件的故障不会禁用系统或应用的其余部分，则认为该系统或应用是容错的。

传真回传（faxback）：允许客户使用电子邮件、企业网站或电话等方式请求传真的系统，响应将在几秒钟内传输到用户的传真机。

可行性分析（feasibility study）：明确商业机会问题的性质和范围的初步调查。也称为初步调查。

订阅阅读器（feed reader）：参见聚合器。

字段（field）：实体的单个特性或事实，字段或属性是信息系统中具有含义的最小数据片段。例如，社会保障号码或企业名称是字段的示例。数据元素、数据项、字段这些术语可以互换使用。

文件（file）：每个文件或表格都包含与信息系统交互的人、地点、事物或事件的数据。

面向文件的系统（file-oriented system）：面向文件的系统也称为文件处理系统，在一个或多个独立文件中储存并管理数据。

可填写表单（fill-in form）：用于在互联网或企业内部网上收集数据的模板。

完成日/时间（finish day/date）：任务计划完成的日子或日期。

防火墙（firewall）：本地网络或内联网与互联网之间的主要防线。

第一范式（first normal form，1NF）：如果记录设计不包含重复组（可在单个记录中出现任意次数的一组数据项），则称该记录设计属于第一范式（1NF）。

鱼骨图（fishbone diagram）：将问题的可能原因表示为图形轮廓的分析工具，也称为石川图。

固定费用方法（fixed charge method）：确定运营 IT 部门的间接成本的方法，IT 部门的间接成本以每月固定费用的形式分配给所有其他部门。

固定成本（fixed costs）：相对恒定且不依赖于活动水平的费用，许多固定成本定期产生，如工资和硬件租赁费。

固定费用模式（fixed fee model）：基于特定服务水平和用户支持收取固定费用的服务模式。

福莱士轻松阅读评分（Flesch Reading Ease score）：测量平均句长和单词的平均音节数，在 100 分度量上对文本进行评分，评分较高的更容易阅读。

福莱士-金凯等级评分（Flesch-Kincaid Grade Level score）：与福莱士轻松阅读评分使用相同的变量，但使用不同的公式，产生一个与美国中小学年级水平对应的等级评分。

流程图（flowchart）：用于描述程序逻辑的图，使用由箭头连接的一系列符号图形化地表示逻辑规则和交互关系。流程图可用于可视化模块程序设计。

焦点（focus）：在序列图中，焦点指示对象何时发送或接收消息，其由覆盖生命线的狭窄垂直矩形表示。

外键（foreign key）：必须与另一个表格中的主键值相匹配，以建立两个表格之间关系的表中字段。

表单填写（form filling）：一种非常有效的在线数据输入方法，在界面上完成对源文档的副本或空白表单的填写，用户输入数据后移动到下一字段。

表单布局（form layout）：数据在表单上的物理外观和位置。表单布局使表单易于填写并为用户提供足够的横向和纵向空间以输入数据。

表单绘制器（form painter）：参见屏幕生成器。

论坛（forum）：针对特定主题的在线讨论，人们在其上“见面”、提供支持并交流想法。

正向工程（forward engineering）：将业务流程和功能转换为应用。

四模型方法（four-model approach）：当前系统的物理模型、当前系统的逻辑模型、新系统的逻辑模型和新系统的物理模型均被开发。

第四代环境（fourth-generation environment）：用于描述在原型设计过程中使用强大的 CASE 工具、应用生成器、报告生成器、屏幕生成器和第四代语言（4GLs）创建的高效软件开发环境。

第四代语言（fourth-generation languages，4GLs）：非过程化编程语言，在实施面向对象的系统设计中特别有价值。

框架（framework）：组织并记录系统开发任务的概念结构。

完全备份（full backup）：系统中每个文件的完整备份。

功能基准（functional baseline）：项目开始时记录的系统配置，包括所有必要的系统需求和设计约束。

功能分解图（functional decomposition diagram，FDD）：业务功能或过程自上而下的表示，也称为结构图。

功能原语（functional primitive）：由无法进一步分解的单个功能构成的过程，功能原语的逻辑被记录在数据字典的过程描述中。

功能依赖（functionally dependent）：功能依赖是理解第二范式（2NF）的重要概念，如果字段 X 的值取决于字段 Y 的值，则称字段 X 功能依赖于字段 Y。例如，订单日期依赖于订单编号，对于特定的订单编号，订单日期仅有一个值。相反，产品描述不功能依赖于订单编号，对于特定的订单编号，可能会有多个产品描述，订购的每个产品对应一个。

Gane 和 Sarson（Gane and Sarson）：数据流图中使用的流行符号集，过程、数据流、数据存储及外部实体均有唯一的符号。

甘特图（Gantt chart）：说明时间进度的水平条形图，是多年前由亨利·L. 甘特开发的一种生产控制技术，如今仍然被使用。

垃圾进，垃圾出（garbage in，garbage out，GIGO）：输出的质量只能与输入的质量一样好。

关口或网关（gateway）：（1）在业务处理建模符号中，过程中出现分叉，允许流走其中任意一条路；（2）路由器或用于连接到更大的不同类型网络（如互联网）的其他网络设备。

千兆位每秒（gigabits per second，Gbps）：带宽或吞吐量测度，表示每秒十亿比特。

全球外包（global outsourcing）：将 IT 开发、支持和运营转移到其他国家或地区的行为。

胶合件（glueware）：连接不同应用并使其能够通信和交换数据的软件。例如，胶合件可将部门数据库连接到可由客户端计算机网络或企业内部网访问的网络服务器。也称为中间件。

语法检查器（grammar checker）：可检测语法问题并提供修改建议的软件程序。

图形用户界面（graphical user interface，GUI）：使用图形对象和技术，允许用户与系统通信。精心设计的 GUI 能够帮助用户快速学习新系统并使用系统高效工作。

灰洞（gray hole）：输入明显不足以生成所示输出的过程。

群组软件（groupware）：在云中或企业内部网上运行的软件，使用户能够共享数据、进行项目协作和团队合作，除了电子邮件功能，还可提供日历、任务列表、日程表、联系人列表和文档管理等其他功能。也称为工作组软件。

系统加固（hardening）：删除不必要的账户、服务和功能使系统更安全。

硬件（hardware）：信息系统的物理层，包括计算机、网络、通信设备和其他基于技术的基础设施。

哈希总计（hash totals）：本身没有意义但对于比较有用的数字，也称为批量控制总计。

霍桑效应（Hawthorne Effect）：员工在知道他们被观察时更有生产力的一种现象。

帮助台（help desk）：由 IT 专业人员组成的集中资源，为用户提供完成工作所需的支持。帮助台有三个主要目标：向人们展示如何更有效地使用系统资源；解答技术或操作问题；通过教授他们如何满足自己的信息需求让用户更有效率。也称为服务台或信息中心。

隐藏网络（hidden web）：参见深度网络。

层次型网络（hierarchical network）：计算机（通常是主机）控制整个网络的网络设计。从属计算机或服务器控制较低级别的处理和网络设备。

直方图（histogram）：显示问卷分布和抽样结果的常用工具，通常采取垂直条形图的形式。

搜索结果（hits）：搜索引擎的结果。

横向应用（horizontal application）：可被许多不同类型的组织使用的软件包。

横向系统（horizontal system）：基本系统，如企业常用的库存或工资单软件包。

热场所（hot site）：独立的 IT 位置，可能在另一个州甚至另一个国家，可在断电、系统崩溃或物理灾难发生的情况下支持关键业务系统。

HTTP/2：网络协议的第二个主要版本，于2015年作为标准发布。

集线器（hub）：星型网络的中心，现代网络中交换机已在很大程度上取代了集线器。

人机交互（human-computer interaction，HCI）：描述计算机与使用计算机工作的人之间的关系。人机交互概念适用于从PC桌面到全球网络主菜单的一切。

身份管理（identity management）：识别合法用户和系统组件的必要控制和程序。

身份盗窃（identity theft）：在线窃取个人身份信息。

IEEE 802.11i：使用WPA2协议的Wi-Fi无线网络安全标准，目前是Wi-Fi网络最安全的加密方法。

隐式布尔逻辑（implied Boolean logic）：在隐式布尔逻辑中，符号用于表示布尔运算符，如加号（+）表示“与”，减号（—）表示“非”。

增量备份（incremental backup）：仅备份从未通过任何方法备份的文件。

索引型搜索引擎（indexed search engine）：索引型搜索引擎可以组织并排列搜索结果。

索引（indexing）：搜索引擎使用被称为蜘蛛或爬虫的专用计算机程序，基于关键词在网站之间对页面内容进行索引或编目。

间接成本（indirect costs）：无法分配到特定信息系统开发过程的费用，如网络管理员的薪水和复印机租金，也称为间接费用。

推理规则（inference rule）：指导知识管理系统识别数据模式和关系的指南。

非正式结构（informal structure）：基于人际关系的组织，可从之前的工作任务、物理邻近、非正式程序或个人关系发展而来。

信息中心（information center，IC）：通过应用软件进行培训来支持用户的平台。平台有用户支持专家，他们可以回答用户问题、解决用户困难。也被称作服务台或帮助台。

信息（information）：已变成有用输出形式的数据。

信息系统（information system）：支持业务需求的信息技术、人员和数据的组合。五个关键组件是硬件、软件、数据、过程以及IT相关人员。

信息技术（information technology，IT）：硬件、软件和通信系统的组合，能够支持业务运营、提高生产力并帮助管理者做出决策。

美国信息技术协会（Information Technology Association of America，ITAA）：赞助研讨会和培训的专业组织。

信息技术社区（information technology community）：分享专业知识和资源的志同道合的IT专业人群。

基础设施模式（infrastructure mode）：一种无线网络配置，被称为接入点的中央无线设备用于服务全部无线客户端。也称为基本服务集（BBS）。

继承（inheritance）：一种对象关系类型，继承使对象能够从另一个对象处得到一个或多个属性。例如，“INSTRUCTOR”对象可以从“EMPLOYEE”对象继承雇用时间等许多特征。

内部软件（in-house software）：IT部门的信息中心或服务台，负责提供用户支持，并为需要技术帮助的用户提供热线帮助、培训和指导等服务。

输入（input）：以手动或自动方式进入系统的必要数据。

输入控制（input control）：确保输入数据正确、完整和安全的必要措施。从提高数据准确性和质量的源文档开始，系统分析师必须在输入设计的每个阶段都关注输入控制。

输入掩码（input mask）：让用户更易输入数据的模板或模式，常以自动模式使用来指导不熟悉的用户。

实例（instance）：类中特定的某个成员。

即时通信（instant messaging，IM）：允许在线用户快速交换消息，即使他们在另一个程序或应用中工作。

电气电子工程师学会（Institute of Electrical and Electronics Engineers，IEEE）：建立电信标准的专业组织。

无形收益（intangible benefit）：难以用金钱计量的收益，但无形收益在计算经济可行性方面可能非常重要，例如，提升企业形象的新网站是无形收益的一个例子。

无形成本（intangible cost）：难以用金钱计量的项目，如员工不满。

集成开发环境（integrated development environment，IDE）：使规划、构建并维护特定软件产品更容易的一系列集成工具，IDE 旨在使系统组件轻松集成，并花费更少的时间开发交互模块的代码。

集成测试（integration testing）：对两个或多个相互依赖的程序进行的测试。

完整性（integrity）：系统安全三大要素（保密性、完整性和可用性）之一。完整性可防止未经授权的用户创建、修改或删除信息。

国际标准化组织（International Organization for Standardization，ISO）：140 个国家或地区的标准机构网络，与国际组织、政府、工业、企业和消费者代表合作。ISO 是公共和私营部门之间的桥梁。

互联网（Internet）：整合了数以千计的其他网络的全球性网络，从而连接了全球数百万政府、商业、教育和个人用户。

互联网商业服务（Internet business services，IBS）：为订单处理、计费和客户关系管理等事务提供强大网络支持的服务。

互联网操作系统（Internet operating system）：Web 2.0 模型的一部分，由在线社区和服务创建的在线计算环境，以包含文本、声音字节、图像和视频剪辑的共享信息层为基础。

互联网中继交谈（Internet Relay Chat，IRC）：聊天室的概念起源于互联网中继交谈（IRC）。IRC 是由服务器支持的多渠道系统，可在全球范围内进行群组和个人对话。

访谈（interview）：可从其他人处获取信息的有计划的会面。

隐形网络（invisible web）：参见深度网络。

ISO 9000-3：2014：由国际标准化组织（ISO）制定并更新的一套准则，为开发和维护软件提供质量保证框架。

迭代（iteration）：在特定条件发生变化前不断重复的处理步骤。

迭代周期（iteration cycle）：敏捷开发周期，包括基于用户需求规划、设计、程序编码并测试一个或多个功能。

迭代计划会议（iteration planning meeting）：在敏捷开发中，每个迭代周期开始时召开一次会议，将用户需求分解为分配给团队成员的具体任务。

迭代开发（iterative）：一种自适应方法，通常使用基于一系列迭代的螺旋开发模型。

Java 数据库连接（Java database connectivity，JDBC）：使 Java 程序能够与任何使用 SQL 语言并符合 ODBC 标准的任何数据库交换数据的标准。

联合应用开发（joint application development，JAD）：一种流行的系统开发技术，利用用户、管理者和 IT 专业人员团队共同收集信息、讨论业务需求并定义新的系统需求。

即时（just-in-time，JIT）：在需要时交换或提供信息。例如，即时库存系统通过计算机数据交换将不必要的库存最小化。

千比特每秒（kilobits per second，Kbps）：每秒数千比特的带宽或吞吐量测量指标。

关键字段（key fields）：用于在系统设计阶段组织、访问并维护数据结构。关键字段的四种类型分别为主键、候选键、外键和次键。

击键记录器（keystroke logger）：可以插入键盘和计算机之间以记录击键的设备。

关键词（keywords）：蜘蛛爬虫用来编目和索引网站页面的词语。

曲线拐点（knee of the curve）：客户端/服务器计算环境的性能特征，客户端/服务器的响应时间趋于逐渐增加，然后随着系统接近其容量而急剧上升。指的是响应时间急剧增加的点。

知识库（knowledge base）：一种流行的系统开发技术，利用用户、管理者和IT专业人员构成的团队共同收集信息、讨论业务需求并定义新的系统需求。

引导性问题（leading questions）：建议或赞成特定回答的问题。

遗留数据（legacy data）：与技术不先进的老旧遗留系统相关联的数据。

遗留系统（legacy system）：比现有系统技术上差一些的旧系统。

分层（leveling）：绘制一系列越来越详细的图，直到所有功能原语都被确定的过程。

库模块（library module）：在结构图中，库模块是可重复使用的模块，可从图中的多个点调用。

生命线（lifeline）：在序列图中，使用生命线表示其上的对象能够与用例中的其他对象进行交互的时间，X表示生命线的结束。

限制检验（limit check）：当有效性检验只涉及最小值或最大值而非两者时发生。检查支付金额是否大于零但不指定最大值是限制检验的一个示例。

列表框（list box）：显示用户可选择的选项列表的输入机制。

列表服务器（list server）：将电子邮件发送给订阅或加入特定邮件列表的用户的计算机。可简写为listserv。

listserv：参见列表服务器。

局域网（local area network，LAN）：允许数据与打印机和扫描仪等硬件共享的网络设计，先进的数据通信技术使得创建使用卫星连接、高速光纤线路或网络共享数据的强大网络成为可能。

日志（log）：由运营的系统和程序保存的记录，记录包括日期、时间和其他特定信息在内的全部事件。日志对于理解过去的攻击并防止未来的入侵十分重要。

逻辑错误（logic error）：隐藏在潜在逻辑中的错误，可以导致错误结果的产生。

逻辑设计（logical design）：对信息系统的功能和特性及其组件间关系的定义。

逻辑模型（logical model）：显示系统必须做什么，而不管物理上如何实现。

逻辑运算符（logical operators）：逻辑运算符“或”、“与”和“非”用于创建搜索词组合，从而大大提高搜索成功率。

逻辑记录（logical record）：逻辑记录包含描述单个人、地点、事物或事件的字段值，应用将逻辑记录视为一组字段，而不管数据的物理存储方式或位置。

逻辑存储（logical storage）：指用户看到的信息，而不管信息如何以及在何处组织或存储。

逻辑结构（logical structure）：参见控制结构。

逻辑拓扑（logical topology）：描述组件交互方式而不是实际网络布线和连接的网络视图。

循环（loop）：在结构图中，循环表示重复一个或多个模块。

循环操作（looping）：在特定条件发生变化前不断重复的处理步骤。例如，持续打印工资单直到工资单文件结尾的过程是一个循环操作。也称为重复。

松散耦合（loosely coupled）：相对独立的模块。松散耦合的模块更易于维护和修改，因为一个模块中的逻辑不会影响其他模块。

M∶N：一种实体关系类型，多对多关系的缩写。存在的条件是第一实体的一个实例能与第二实体的多个实例关联，且第二实体的一个实例能与第一实体的多个实例关联。

邮件列表（mailing list）：与新闻组类似，邮件列表为想要交换有关特定主题信息的人们提供了一个论坛。

主机架构（mainframe architecture）：服务器执行全部处理的系统设计。

维护活动（maintenance activities）：更改程序、过程或文档以确保正确的系统性能，使系统适应不断变化的需求，并让系统更有效地运行。这些需求通过矫正性维护、适应性维护、改善性维护和预防性维护来满足。

维护协议（maintenance agreement）：对用户在遇到系统问题或疑问时与供应商联系以获得帮助的条件、费用和时间框架的说明。

维护费用（maintenance expenses）：在系统运行期间显著变化的成本，包括支持维护活动的支出。

维护版本（maintenance release）：正式发布一个包含大量更改的新系统版本。

维护版本方法（maintenance release methodology）：组织（尤其是软件供应商）使用的编号版本的系统，帮助组织维护更改和更新。

维护团队（maintenance team）：共同处理产品维护问题的一个或多个系统分析员和程序员。

制造还是购买（make or buy）：在开发内部软件和购买软件之间的选择，通常被称为制造或购买决策、建立还是购买决策。

恶意软件（malware）：可能会危及系统安全或隐私的恶性软件。

城域网（metropolitan area network，MAN）：使用宽带无线通信协议 802.16 标准的网络。

管理托管（managed hosting）：由外部企业（托管方）管理系统运行。互联网商业服务（IBS）的别称。

管理信息系统（management information system，MIS）：用于业务规划、控制、决策和解决问题的计算机信息系统。

多对多关系（many-to-many relationship）：参见 M：N。

购物篮分析（market basket analysis）：从大量数据中挖掘模式和趋势的分析类型。

兆位每秒（megabits per second，Mbps）：带宽或吞吐量测度，表示每秒百万比特。

菜单栏（menu bar）：一系列用户可选择的软件应用选项，通常位于界面顶部。

网型网络（mesh network）：每个节点均与其他各个节点连接的网络设计。虽然这种设计非常可靠，但安装和维护也很昂贵。

消息（message）：告诉对象执行某种方法的面向对象指令。

元搜索引擎（meta-search engine）：可以同时使用多个搜索引擎的工具。

方法（method）：定义对象必须执行的特定任务，描述对象做什么和如何做。

方法（methods）：在类图中，方法代表程序逻辑。

度量（metrics）：工作负载的度量方式也称为度量，包括打印的行数、访问的记录数和给定时间段内处理的事务数。

中间件（middleware）：连接不同应用，使其能够沟通和交换数据的软件。例如，中间件可将部门数据库与网络服务器连接，其可由客户端计算机通过互联网或企业内部网访问。

里程碑（milestone）：标志重大事件的参考点，用于监控进度并管理项目。参见事件。

使命宣言（mission statement）：为利益相关者描述企业，并简要说明企业总体目标、产品、服务和价值观的文档或声明。

关键任务系统（mission-critical system）：对企业运营至关重要的信息系统。

抑制（mitigation）：四个风险控制策略之一。抑制通过仔细的规划和准备来降低风险的影响。例如，企业可以制订灾难恢复计划，以减轻自然灾害的影响。

助记代码（mnemonic code）：使用易于记忆的特定字母组合的密码。许多三个字符的机场代码是助记代码，例如，LAX 代表洛杉矶。

移动设备（mobile device）：智能手机、平板电脑和其他非永久固定在桌面上的计算设备，通过无线连接接入网络。

实物模型（mock-up）：设计报告时，准备被称为实物模型或原型的样本报告供用户查看。样本报告应包含典型的字段值，并包含足够多的记录来显示所有的设计特征。

建模（modeling）：生成概念或过程的图形化表示的过程，系统开发人员能够对其进行分析、测试和修改。

模块化设计（modular design）：可分解成逻辑块的设计，也称为分区或自上而下的设计。

模块（module）：组织为易于理解和维护的小单元的相关程序代码。一个复杂程序可能有数百甚至数千个模块。

摩尔定律（Moore's Law）：计算能力由于电子部件小型化而每 18～24 个月增加一倍的预言。

多路径设计（multipath design）：使用 MIMO（多输入/多输出）技术，依赖多个数据路径来增加带宽和范围的网络设计。

多输入/多输出（multiple input/multiple output，MIMO）：结合 IEEE 802.11n 和 802.11ac 标准的一种无线网络技术，使用多个数据流和多个天线实现更高的传输速度，与早期标准相比大大增加了无线范围。

多值键（multivalued key）：主键有时需要由字段的组合构成，在这种情况下，主键称为组合键、复合键、连接键或多值键。

自然语言（natural language）：允许用户使用正常英语（或其他语言）短语输入命令或请求的软件功能。

净现值（net present value，NPV）：将成本和收益根据其发生的时间点调整后总收益减去总成本的值。

以网络为中心的计算（net-centric computing）：一种分布式环境，应用和数据从服务器下载，并按需通过网络相互交换。

网络礼节（netiquette）："网络"和"礼节"相结合形成的一个词语，包含协议和礼节的准则。在很多情况下，常见问题（FAQ）描述了给定新闻组或网站的网络礼节。

网络（network）：为了发送、接收和共享数据而连接的两个或多个设备。

网络图（network diagram）：PERT 图也称为网络图。

网络接口（network interface）：允许计算机与网络交互的硬件和软件的组合。

网络入侵检测系统（network intrusion detection system，NIDS）：监控网络流量以检测试图入侵或可疑的网络通信模式，并向网络管理员发送警报的软件，有助于记录攻击者行为并分析网络性能。

网络拓扑（network topology）：网络配置的方式，LAN 和 WAN 通常以五种常见模式布置，分别为层次型、总线型、环型、星型和网型。

新闻组（newsgroup）：针对特定主题的在线讨论，人们在其上"见面"、提供帮助并交流意见。电子形式的公告栏。也称为论坛。

时事通讯（newsletters）：许多商业和非营利组织提供的出版物，向对特定主题感兴趣的用户提供会员订阅。

不计费方法（no charge method）：一种衡量 IT 部门间接成本的方法，组织将信息系统部门的间接费用视为必要的经营成本。

节点（node）：可发送、接收或管理网络数据的有线或无线物理设备。

不可自由支配项目（nondiscretionary project）：对于实施与否管理层没有选择的项目。例如，添加联邦法律要求的新报告。

非键字段（nonkey field）：不是主键或候选键的字段称为非键字段。

非过程化编程语言（non-procedural programming language）：参见事件驱动编程语言。

规范化（normalization）：分析师识别并纠正设计中的固有问题和复杂性的过程。

非（NOT）："非"运算符可用于排除搜索中的某些记录。

n 层设计（n-tier design）：多层设计或架构。例如，三层设计也称为 n 层设计，以表明一些设计用多个中间层。

对象（object）：在面向对象分析或编程中，对象代表真实的人、地点、事件或事务。

对象模型（object model）：描述结合数据和过程的对象。对象模型是面向对象分析的结果。

面向对象（O-O）分析［object-oriented（O-O）analysis］：通过识别被称为对象的事物来理解信息系统的行为。对象代表一个真实的人、地点、事件或事务。面向对象分析是一种流行的方法，其在对象活动并与系统交互时从对象本身的角度看待系统。

面向对象的分析与设计（object-oriented analysis and design，OOAD）：用于创建被称为执行者的对象的技术，执行者是指将与系统交互的人类用户。

面向对象开发（object-oriented development，OOD）：将对象模型直接转换为面向对象编程语言的过程。

面向对象的编程语言（object-oriented programming languages，OOPL）：在实施面向对象的系统设计中尤为重要的非过程化编程语言。

观察（observation）：分析师查看系统实际运行的一种实情调查方法，观察允许验证在访谈中获取的陈述。

开放数据库连接（open database connectivity，ODBC）：使得来自不同供应商的软件能够交互并交换数据的行业标准协议。

离岸外包（offshore outsourcing）：将 IT 开发、支持和运营转移到其他国家或地区的行为。

界外（offsiting）：将备份介质存放在远离主要业务位置的做法，以降低洪水、火灾或地震等毁灭性灾难的风险。

一对多关系（one-to-many relationship）：参见 1∶M。

一对一关系（one-to-one relationship）：参见 1∶1。

在线数据输入（online data entry）：对大部分业务活动使用的数据输入方法。在线输入的方法提供了诸多优势，包括即时验证和数据可用性。

在线文档（online documentation）：在用户有问题或遇到麻烦时提供即时帮助。

在线学习（online learning）：参见电子学习。

在线演示（online presentation）：通常通过浏览器，或思科公司的 WebEx 和思杰公司的 GoToMeeting 等第三方应用，向在线观众发送演示文稿。

在线系统（online system）：在事务发生时进行处理并直接向用户提供输出。由于在线处理是交互式的，因此它避免了延迟且允许用户与系统之间持续对话。

开源（open source）：由大量用户以及开发者提供支持的软件。源代码可免费获得。

开放式问题（open-ended questions）：允许出现多种答案的问题，鼓励自发和非结构化的回答，有助于理解更大型的过程。

运营成本（operational costs）：系统实施后产生的费用，在系统使用时持续产生。如包括系统维护成本、支持成本、设备租金和年度软件许可费。

操作环境（operational environment）：系统实际运营的环境，包括硬件和软件配置、系统工具以及通信资源。操作环境也称为生产环境。

运营可行性（operational feasibility）：开发后将被有效利用的系统。

运营安全（operational security）：确保安全运营的管理政策和控制。也称为规程安全。

操作文档（operations documentation）：包含处理并分发在线和打印输出所需的全部信息。

选项按钮（option button）：代表选项组的单选按钮。用户一次只能选择一个选项，选定的选项包含一个黑点。参见单选按钮。

或 (OR):"或"运算符可用于包含多个查询的搜索结果。

口头演示 (oral presentation):口头进行的演示,在初步调查结束时需要,在系统分析阶段结束时也需要。

孤儿现象 (orphan):无关联或未连接的记录或字段。如果在订单表中输入客户订单,而这一客户不在现有客户表中,孤儿现象就会出现。引用完整性将会避免孤儿现象出现。

OSI (开放系统互连) 模型 [OSI (Open Systems Interconnection) model]:描述数据如何从一台计算机上的应用传输到另一台联网计算机上的应用程序。OSI 由七个层组成,每一层都执行特定的功能。

输出 (output):信息系统生成的电子或打印信息。

输出控制 (output control):维护输出完整性和安全性的方法。例如,每份报告应包含一个合适的标题、报告编号或代码、打印日期以及涉及的时间段。报告应有连续编号的页码,标记为第×页共×页,并明确注明报告结束。

输出安全 (output security):输出安全保护隐私权,并保护组织自有数据不被盗用或未经授权访问。

外包 (outsourcing):将信息系统开发、运营和维护转交给提供相应服务的企业,并因此在较短时间或较长时间内支付相应费用。

间接费用 (overhead expenses):参见间接成本。

页脚 (page footer):在页面底部出现,用来表明报告的标题和页码。

页头 (page header):在页面顶部出现,包含标识数据的列标题。

结对编程 (pair programming):是极限编程中的一种做法,通常两个程序员在同一台计算机上处理相同的任务,一个人编写程序代码,而另一个人辅助检查。

并行运营 (parallel operation):并行运营切换方法要求旧信息系统和新信息系统在特定期间内完全运行。数据同时输入两个系统,且将新系统产生的输出与旧系统的等价输出进行比较。

父对象 (parent):在继承中,父对象的一个或多个属性被子对象继承。

父图 (parent diagram):分解的数据流图中较高层级的图形。

帕累托图 (Pareto chart):以 19 世纪一位经济学家命名的垂直条形图。每个条表示问题的不同原因并按优先级降序排列,因此团队可专注于最重要的原因。

分割 (partitioning):将总体对象分解成子系统和模块。

被动语态 (passive voice):主体充当直接宾语的句子。例如,"系统是由汤姆设计的"这句话是被动语态。在书面交流中,主动语态比被动语态更常用。

补丁 (patch):用于修补软件中的错误或安全漏洞的替换代码。

按效果付费 (pay for performance):搜索引擎企业和商业网站之间的协议,可以提高搜索结果中的网站排名并收取费用。

回收分析 (payback analysis):确定信息系统通过降低成本以及增加收益而收回自身成本所需的时间。

回收期 (payback period):信息系统收回成本所需的时间。

改善性维护 (perfective maintenance):提高信息系统效率的改善。

性能 (performance):系统特性,如速度、容量、能力、可用性和可靠性。

许可 (permissions):特定用户的特权,决定用户对数据库、文件或目录的访问类型。也称为用户权限。

个人信息管理器 (personal information manager, PIM):帮助管理任务和进度的工具。许多手持设备也包含此功能。

人-天 (person-day):一个人工作一天可完成的任务量。

项目评审技术及关键路径法 (PERT/CPM):项目评审技术 (PERT) 由美国海军开发,用于管理建造核潜艇等非常复杂的项目。在同一时期,关键路径法 (CPM) 由一家私人企业开发以满足类似的项目管理需求。这两种方法的重要差别随时间推移而逐渐消失，今天，这项技术被称作 PERT、CPM 或 PERT/CPM。

分阶段运营（phased operation）：分阶段运营允许新系统分阶段或分模块实施。

短语（phrase）：短语检索比“与”运算符更具体，因为它指定了词语的确切顺序。

物理设计（physical design）：系统实际实施的计划。

物理模型（physical model）：描述系统如何构建的模型。

物理存储（physical storage）：与硬件相关的信息储存机制，因为其涉及将二进制数据读取并写入硬盘驱动器、闪盘驱动器以及 DVD 等物理介质的过程。

物理拓扑（physical topology）：实际网络布线的连接结构。

试点运营（pilot operation）：试点运营切换方法包括在企业选定的地点实施完整的新系统。

试点（pilot site）：在试点运营中，首先使用新系统的组织称为试点。

纯文本（plain text）：未加密的数据。

平台（platform）：支持硬件连接和未来应用集成等 IT 业务目标的特定硬件和软件配置，也称为环境。

播客（podcast）：一种网络广播，允许用户使用 iTunes 等音乐软件接收音频和多媒体文件，在电脑上收听或将其下载到手机或便携 MP3。

销售终端（point-of-sale，POS）：处理日常销售交易并维护在线库存文件的信息系统的一部分。

多态性（polymorphism）：表示同一信息对于不同对象而言有不同含义的概念。例如，根据收到信息的是孩子还是宠物狗，“GOOD NIGHT”可能产生不同的结果。

池（pool）：业务流程建模符号（BPMN）中的整体图。

端口（port）：一个正整数，用于将输入通信发送到计算机上的正确应用。

端口保护器（port protector）：控制工作站界面访问的网络安全应用。

端口扫描（port scan）：通过与不同的端口连接并记录接收连接的端口尝试检测在计算机上运行的服务。

门户（portal）：多功能网站的入口。进入门户之后，用户可以使用门户设计者提供的多样化工具和功能导航连接到目标页面。

积极收益（positive benefits）：新信息系统的直接结果，增加收益、改善服务或对组织的其他直接贡献。如改进的信息可用性、更快的顾客服务速度和更高的员工士气。

实施后评估（post-implementation evaluation）：对信息系统整体质量的评估。评估验证新系统是否满足特定需求、符合用户目标并产生预期效益。此外，通过向开发团队提供反馈，评估还有助于改进未来项目的 IT 开发实践。

开机密码（power-on password）：参见 BIOS 级密码。

前导任务（predecessor task）：两个或多个并发任务依赖的先前任务。

初步调查（preliminary investigation）：明确商业机会或问题的性质和范围的初步分析。也称为可行性分析。

现值（present value）：以特定利率进行投资，在将来某一时刻增长到 1 美元所对应的当前价值。

现值分析（present value analysis）：允许分析师根据现值来计划未来增长目标的技术。

现值表（present value tables）：用来帮助分析师进行价值分析的第三方表格。

演示软件（presentation software）：用于创建带有声音、动画和图标的幻灯片的应用。

假托（pretexting）：以虚假借口取得个人资料。

预防性维护（preventive maintenance）：降低未来系统故障可能性的系统更改。

主键（primary key）：唯一且最小限度地确定实体特定成员的字段或字段组合。例如，在客户表中，客户编号是唯一的主键，因为没有两个客户拥有相同的编号。该键也是最小的，因为它不包含识别客户所需信息之外的任何信息。

私钥加密（private key encryption）：一种常见的加密技术，称为公钥加密（PKE）。私钥是成对密钥中的一个，它对已被成对密钥的另一部分（公钥）加密的信息解密。

专用网络（private network）：类似于电话专线的专用网络连接。

特权升级攻击（privilege escalation attack）：未经授权的提升权限级别的尝试。

可能情况估计（probable-case estimate）：最可能发生的结果称为可能情况估计。

过程化编程语言（procedural programming language）：需要程序员为每个处理步骤创建代码的编程语言。

规程安全（procedural security）：确保安全运营的管理政策和控制。也称为运营安全。

过程（process）：用户、管理者和 IT 人员执行的过程或任务。也表示用于将数据转换为有意义信息的系统逻辑规则。在数据流图中，过程接收输入数据并生成具有不同内容、形式或两者都不同的输出。

0 过程（process 0）：在数据流图中，0（零）过程代表整个信息系统，但不显示内部工作。

过程描述（process description）：功能原语细节的记录文档，表示一组特定的处理步骤和业务逻辑。

流程改进（process improvement）：通过新的 SEI 模型，即能力成熟度模型集成（CMMI），用于集成软件和系统开发的框架。

产品基准（product baseline）：描述系统运营开始时的系统。产品基准包含指派基准后做出的更改，并包含运行系统的性能和验收测试结果。

产品生命周期管理（product life cycle management，PLM）：大型企业环境中，在 SDLC 各个阶段整合产品各个方面、产品数据和产品用户的系统。

生产环境（production environment）：系统实际运营的环境，包括硬件和软件配置、系统工具以及通信资源。也称作操作环境。

办公软件（productivity software）：文字处理、电子表格、数据库管理、演示图形程序等应用。

产品导向型（product-oriented）：制造计算机、路由器或微芯片的企业。

利润中心（profit center）：预期能达到收支平衡甚至盈利的部门。

程序文档（program documentation）：程序文档的编制从系统分析阶段开始并在系统实施期间持续进行。系统分析师在 SDLC 早期编制过程描述和报告布局等整体文档。这些文档指导程序员，使其构建由内外部评论和描述支持的程序模块。

项目评审技术（Program Evaluation Review Technique，PERT）：参见 PERT/CPM。

程序员/分析师（programmer/analyst）：结合系统分析和编程技能的岗位名称。

项目协调员（project coordinator）：负责开发团队中行政管理事务，并与可能有冲突需求或有需要花费额外时间或费用更改需求的用户进行协商。

项目渐变（project creep）：在没有具体授权的情况下，范围定义宽泛的项目逐渐扩大的过程。

项目负责人（project leader）：在技术上负责整个项目的人。

项目管理（project management）：规划、安排、监控、控制并报告信息系统开发的过程。

项目经理（project manager）：在行政管理上负责整个项目的人。

项目监控（project monitoring）：指导、监督并协调项目团队的工作量。

项目规划（project planning）：确认项目任务并估计完成时间和成本。

项目报告（project reporting）：定期向管理层、用户和项目团队提供进度报告。

项目进度安排（project scheduling）：制定具体任务的时间表以便完成项目，还包括选择并配置项目团队，以及向团队成员分配具体任务。

项目范围（project scope）：对项目的边界和范围的具体定义。

项目三角形（project triangle）：项目的三个主要组成部分，即成本、范围和时间。项目经理试图找出这些因素的最优平衡。

属性（properties）：在面向对象的分析中，对象从类中继承到或本身拥有的特征。

专有数据库（proprietary database）：通过付费或订阅访问的数据库，如 ProQuest 或 IEEE 的 Xplore。

原型（prototype）：提议的系统的早期、快速构建的工作版本。

原型设计（prototyping）：开发原型的方法，包括一系列重复的分析、设计、建模和测试，是一种常用技术，可用来设计从房屋到计算机网络的任何事物。

代理服务器（proxy server）：为内部 LAN 用户提供互联网连接的网络设备。

伪代码（pseudocode）：一种表示程序逻辑的技术。

公钥加密（public key encryption，PKE）：一种常用的加密技术。网络上的每个用户都有自己的一对密钥：公钥和私钥。公钥加密的数据可以被私钥解密。

定性风险分析（qualitative risk analysis）：通过估计风险发生的概率及其影响程度来评估风险。

质量保证（quality assurance，QA）：用于最小化错误并保证产品质量的过程或程序。较低的质量可能源于不准确的需求、设计问题、程序编码错误、文档错误以及无效的测试。质量保证（QA）团队审查并测试所有的应用和系统更改，以验证规范和软件质量标准。

定量风险分析（quantitative risk analysis）：以对金钱、时间、项目范围或质量的实际影响来衡量风险。

示例查询（query by example，QBE）：允许用户提供所需数据示例的查询语言。

查询语言（query language）：允许用户指定任务而无须说明任务如何执行。一些查询语言使用类似于日常英文语句的自然语言命令。

问卷（questionnaire）：一份包含许多标准问题的文档，可发送给许多个体。也称为调查。

单选按钮（radio button）：参见选项按钮。

无线射频识别（radio frequency identification，RFID）：使用高频无线电波追踪物理对象的技术。

独立磁盘冗余阵列（redundant array of independent disks，RAID）：RAID 系统可能是组织备份与恢复计划的一部分。在处理进行时，RAID 系统将数据进行镜像处理。RAID 系统称为容错系统，因为任何一个磁盘的故障都不会使系统无法使用。

随机抽样（random sample）：以随机、无计划的方式进行的抽样。例如，随机抽样可能选择任意的 20 个客户。

范围检验（range check）：一种数据有效性检验类型，测试数据项以验证其是否落在指定的最大值和最小值之间。例如，员工每日工作时数必须落在 0～24 的范围内。

限定范围问题（range-of-response questions）：要求个人通过给出具体回答的有限答案或数字量表来对事物进行评价的封闭式问题。

快速应用开发（rapid application development，RAD）：一种基于团队的做法，可加快信息系统开发并形成功能信息系统。RAD 在概念上与联合应用开发（JAD）类似，但其包含系统开发生命周期（SDLC）的所有阶段。

可读性（readability）：通过分析音节、单词和句子的具体特征来衡量理解的难易程度。

合理性检验（reasonableness check）：一种数据有效性检验类型，识别有问题但不一定错误的数值。例如，输入 0.05 美元和 5 000 000 美元的付款金额都能通过支付金额大于 0 的简单限制检验，但两个数据可能都是错误的。

记录（record）：描述客户、订单、产品等实例或实体组成成员的一系列相关字段。根据需要的信息，记录可能有一个或几十个字段。也称为元组。

记录保留政策（records retention policy）：满足记录保存全部法律要求和业务需求的规则。

恢复过程（recovery procedure）：在中断后恢复数据并重启系统的过程。使用恢复过程可将文件或数据库恢复到上次备份时的状态。

恢复 (recovery)：在中断后恢复数据并重启系统的过程。

引用完整性 (referential integrity)：一种有效性检验类型。引用完整性是避免数据不一致和质量问题的一系列规则。

关系数据库 (relational database)：由共同字段将表格关联起来的数据库，创建统一的数据结构，可以改进数据质量和数据访问。

关系模型 (relational model)：关系数据库中使用的模型。关系模型在 20 世纪 70 年代被引入，并因灵活和强大而逐渐流行。

关系 (relationships)：使对象在执行系统需要的业务功能或事务时能沟通并交互。关系描述对象需要彼此了解哪些内容、对象如何响应其他对象的变化，以及类、超类和子类中成员的影响。

发布计划 (release plan)：敏捷开发中指定用户需求的实施时间和发布时间的计划。发布相对频繁，每个系统版本都像一个可以根据需要进行测试和修改的系统原型。

远程控制软件 (remote control software)：允许 IT 人员接管用户工作站并提供支持和故障排除的应用。

重复组 (repeating group)：可在单个记录中出现任意次数，每次出现的值都不同的一个或多个字段的集合。

报告尾 (report footer)：在报告末尾显示，可能包含数值字段总计和其他报告结束信息。

报告生成器 (report generator)：快速设计格式化报告的工具。也称为报告书写器。

报告头 (report header)：在报告开始出现，标识报告并包含报告标题、日期和其他必要信息。

报告书写器 (report writer)：参见报告生成器。

知识库 (repository)：用作正在开发系统全部信息的中央储存区域的数据库。

提案请求 (request for proposal，RFP)：在选择具体产品或软件包前，提供给潜在供应商的功能和说明列表。

报价请求 (request for quotation，RFQ)：用于获取特定产品或软件包的报价或出价。

需求建模 (requirements modeling)：在 SDLC 的系统分析阶段使用，包括使用访谈、调查、观察和抽样等多种实情调查方法描述当前系统并确定新系统需求。

需求规划阶段 (requirements planning phase)：结合 SDLC 系统规划和系统分析阶段要素的阶段。

研究 (research)：一种重要的实情调查技术，包括通过互联网、IT 杂志和书籍，以获取背景信息、技术资料以及有关行业趋势和发展的新闻。

资源分配 (resource allocation)：确定 IT 部门间接成本的方法，间接成本基于信息系统使用的资源而收费。

响应时间 (response time)：系统活动请求和响应之间的总时间。在常见的在线环境中，响应时间从用户按下回车键或单机鼠标按钮的瞬间开始测量，直到所请求的屏幕信息显示或打印输出就绪。

保留期 (retention period)：备份在特定的保留期内被储存，之后会销毁备份或重新使用备份介质。

投资回报率 (return on investment，ROI)：通过比较项目总净收益（回报）和项目总成本（投资）来衡量盈利能力的百分比。ROI=（总收益－总成本）/总成本。

逆向工程 (reverse engineering)：分析师检查现有应用，并将其分解成一系列图表、结构图和源代码的过程。

RFID 标签 (RFID tag)：源数据自动化中使用的输入设备。

环型网络 (ring network)：类似于彼此通信的计算机圆环的网络。当在本地站点而不是中央位置执行处理时，通常使用环型网络。

风险 (risk)：可能对项目产生负面影响的事件。

风险评估 (risk assessment)：测量风险的可能性和影响力。

风险控制（risk control）：制定降低风险可能性和影响的保障措施。

风险识别（risk identification）：列举每一项风险并评估其影响项目的可能性。

风险管理（risk management）：识别、评估、跟踪并控制风险，以降低其影响的过程。

风险管理计划（risk management plan）：包括对项目范围、利益相关者、预算、进度及其他任何可能影响项目的内外部因素的审查。该计划应界定项目角色和职责、风险管理方法和程序、风险类别以及应急计划。

风险响应计划（risk response plan）：预测风险并描述处理风险的行动计划的主动行为。有效的风险响应计划可通过及时触发和恰当的行动来降低总体影响。

漫游（roaming）：允许无线客户端从一个接入点移动到另一个接入点、自动与更强的接入点连接并允许不间断的服务的过程。

路由器（router）：连接网段、确定最高效的数据路径并引导数据流的设备。

简易信息聚合（Really Simple Syndication，RSS）：用于向订阅 RSS 下载的用户发布经常更新的内容的形式。也称为订阅、RSS 订阅或网络订阅。

RSS 订阅（RSS feed）：为用户提供频繁更新的各种主题的网络内容的数据形式，可通过订阅获得。也称为订阅或网络订阅。

RSS 阅读器（RSS reader）：参见聚合器。

抽样（sampling）：分析师收集实际文档样本的过程。样本可能包括记录、报告和其他各种形式。

扩展性（scalability）：系统的一种特征，意味着系统易于扩展、更改或缩小以满足企业快速变化的需求。

可扩展（scalable）：系统扩展以满足新业务需求和容量的能力。

按需扩展（scaling on demand）：在任意时间将网络资源与需求进行匹配的能力；云计算的一个特征。例如，在高峰负载期间，额外的云服务器自动上线以支持增加的工作负载。

散点图（scatter diagram）：系统分析师用于图形化表示两个变量间相关性的工具。也称为 XY 图。

进度可行性（schedule feasibility）：项目能够在可接受的时间范围内实施。

模式（schema）：数据库的完整定义，包括对全部字段、记录和关系的描述。

屏幕生成器（screen generator）：有助于设计自定义界面、创建屏幕表单并控制数据输入格式和过程的交互式工具。也称为表单绘制器。

滚动条（scroll bar）：用户界面设计中，滚动条允许用户在可选项间移动。

Scrum：一种较流行的敏捷项目管理技术。从英式橄榄球项目中衍生出来。在 Scrum 中，团队成员各自扮演特定角色，且在激烈的交互中进行互动。

搜索引擎（search engine）：利用关键词和短语在互联网上查找信息并列出搜索结果的应用。

第二范式（second normal form，2NF）：如果记录设计属于 1NF，且不是主键的所有字段都功能依赖于整个主键，则记录设计属于第二范式（2NF）。如果 1NF 表中的任何字段仅依赖于组合主键中的一个字段，那么记录设计不属于 2NF。带有单个字段主键的 1NF 记录自动成为 2NF。

次键（secondary key）：可用于访问或检索记录的字段或字段组合。次键的值不是唯一的。例如，为了访问带有特定邮编的客户记录，邮编字段将用作次键。

安全（security）：用于保护系统及其数据免受内外部威胁的硬件、软件和程序控制。

安全漏洞（security hole）：由一个或者多个不正确配置的服务器组合生成。

安全政策（security policy）：处理系统安全三个主要部分保密性、完整性和可用性的计划。

安全令牌（security token）：验证合法用户的物理设备，如智能卡片或钥匙串设备。

选择（selection）：模块化设计中的控制结构，基于测试结果或条件完成多个过程步骤中的一个。

语义网（semantic web）：一种网络演进，互联网上共享的文档具有语义（含义），而不仅仅是语法

(HTML标记)。有时称为Web 3.0。

序列(sequence):按照序列顺序一个接一个完成的步骤。

序列检验(sequence check):一种数据必须按预先设定的顺序出现的数据有效性检验。例如,如果用户必须按照数字顺序输入工作订单,则无序的订单表示错误。如果用户必须按时间顺序输入事务,则带有无序日期的事务表示错误。

序列代码(sequence code):以特定顺序分配的数字或字母。除指示输入系统的顺序信息之外,序列代码不包含额外的信息。

序列图(sequence diagram):显示系统运行期间对象间交互时间的UML图。

服务器(server):在客户端/服务器设计中为客户端工作站提供数据、处理和服务的计算机。

服务器群(server farm):大量集中联网的计算机一起工作。

服务器处理时间(server processing time):服务器响应客户需求所需的实际处理时间。

服务(service):监控或侦听特定端口的应用。

服务台(service desk):IT专业人员组成的集中资源,为用户提供工作所需支持。也称为帮助台。

服务包(service pack):商业软件供应商提供的维护版本。

服务提供商(service provider):提供外包解决方案的企业。两个较为流行的外包选项是应用服务提供商和提供互联网商业服务的企业。

服务导向型(service-oriented):主要提供信息或服务,或出售由他人生产的商品的企业。

面向服务架构(service-oriented architecture,SOA):一种系统构建方法,通过良好定义的接口服务提供可重复使用的业务功能。从技术上讲,不是软件架构而是架构风格。

有效数字代码(significant digit code):使用一系列数字组合区分不同数据项的代码。例如,美国邮编是有效数字代码。

模拟(simulation):对用户和IT支持人员的演练。组织应在模拟中包括全部程序,如仅在月末、季度末或年末执行的程序。

接收点(sink):从信息系统中接收数据的外部实体。

现场考察(site visit):在物理位置观察在另一地点使用的系统。

松弛时间(slack time):任务可以延迟且不会推迟整个项目完成日期的时间。是最迟完成时间和最早完成时间之间的差值。

社交工程(social engineering):入侵者使用社交互动得以访问计算机系统。

社交网络(social networking):使用脸书、推特和领英等在线通信渠道连接到个人、专业联系人和群组。

软技能(soft skills):沟通能力、人际关系能力、感知能力和批判性思维能力都是软技能。IT专家必须要有软技能和技术能力。

软件(software):计算机为特定功能或任务而运行的程序。

软件即服务(Software as a Service,SaaS):一种软件交付模式,以网络可访问形式按需提供服务,而不是下载并安装在客户计算机上的传统软件应用。

软件工程(software engineering):强调可靠设计、有效结构、准确记录和仔细测试的软件开发过程。

软件许可(software license):使用户有权在某些条款和条件下使用软件的法律协议。

软件包(software package):从其他企业处购买或租赁的软件。是商业化生产的软件产品或产品系列。

软件再造(software reengineering):用分析技术识别信息系统中潜在的质量和性能提升。

软件需求说明书(software requirements specification):包含新系统需求、描述考虑的备选方案并向管理层提出具体建议的文档,是系统分析阶段的最终成果。有时也称为系统需求文档。

软件供应商(software vendor):开发用于出售的软件的企业。

源（source）：为信息系统提供数据支持的外部实体。

源数据自动化（source data automation）：一种流行的在线输入方法，使用磁性数据条或刷卡扫描仪等输入设备将在线数据输入和自动数据采集结合。

源文档（source document）：用于请求或收集输入数据、触发或授权输入操作并提供原始事务记录的表单。在输入设计阶段，开发易于完成和廉价的源文档。

拼写检查器（spell checker）：大多数文字处理程序的一个组件，拼写检查器识别文档中未出现在程序字典里的单词。

蜘蛛（spider）：参见爬虫。

螺旋模型（spiral model）：基于用户反馈进行一系列迭代或修订的开发模型。

赞助商链接（sponsored link）：企业或个人支付的补贴链接，使链接在网站上更突出。

自发生成（spontaneous generation）：无法解释的数据或信息的生成。对数据流图而言，过程无法自发生成数据流，它们必须具有输入以及输出数据。

结构化查询语言（Structured Query Language，SQL）：允许 PC 用户与服务器和大型主机通信的查询语言。

利益相关者（stakeholder）：受企业业绩影响的任何人，如客户、员工、供应商、股东和社区成员。

单机（stand-alone）：当个人计算机在 20 世纪 90 年代首次出现时，用户发现他们能以被称为单机计算的模式运行自己的文字处理、电子表格和数据库应用，而无须 IT 组织的帮助。

标准符号格式（standard notation format）：使表设计更容易的表示，因为它清楚地显示了表格结构、字段和主键。

星型网络（star network）：具有中央设备和一个或多个工作站的网络设计，工作站以星型方式接入网络。

开始日/时间（start day/date）：任务计划开始的日子或日期。

状态（state）：描述对象当前状态的形容词。例如，一个学生可以是现在的学生、将来的学生或者过去的学生。

状态转移图（state transition diagram）：展示了对象如何根据影响该对象的事件从一种状态转变为另一种状态。

状态标志（status flag）：在结构化应用开发中，一个模块向另外一个模块发送的消息。

故事板（storyboard）：在原型设计中用来展示整体界面布局和设计的草图。

战略规划（strategic plan）：定义企业使命和目标的长远计划。通常由高层管理人员制定，并具有来自各级的输入。

战略规划（strategic planning）：确定组织长期目标、战略和资源的过程。

分层抽样（stratified sample）：跨功能区域的分层抽样。例如，在每个工作班次的事务中抽取一定的百分比，或者每隔三个邮编区域抽取五名顾客，这就是分层抽样。

结构图（structure chart）：一个自上而下的商业功能和流程的代表。也被称作功能分解图。

结构化分析（structured analysis）：传统的系统开发方法，使用不同阶段来计划、分析、设计、实施并支持信息系统。过程和数据被视为单独组件。

结构化头脑风暴（structured brainstorming）：一种小组讨论，每个参与者在轮到其或其他人弃权时发言。

结构化英语（structured English）：标准英语的子集，能够清晰准确地描述逻辑过程。

结构化走查（structured walk-through）：项目团队成员对其他成员的工作进行审查。通常来说，作为同行评审的一种形式，系统分析师对其他系统分析师的工作进行审查，程序员对其他程序员的工作进行审查。结构化走查应在整个 SDLC 中进行，根据审查发生的阶段不同，被称为需求审查、设计审查、代码审查和测试审查。

桩测试（stub testing）：一种测试形式，程序员模拟每个程序的结果，并显示指示程序是否成功执行的信息。每一个桩代表将连接到另一个程序或数据文件的进入点或退出点。

子类（subclass）：对类中对象的进一步划分。子类是类中更具体的类别。

主题目录（subject directory）：在层次结构中构建的主题网站，它从总标题开始，然后进入具体的主题。也称为话题目录。

下属模块（subordinate module）：在结构图中处于较低层级的模块。

子模式（subschema）：一个或多个系统或用户使用的数据库视图。子模式只定义了特定系统或用户需要或被允许访问的数据库部分。

订阅模式（subscription model）：根据访问应用软件的用户和工作站数量收取变动费用的服务模式。

子查询（subsearch）：包含在返回结果中查询，以及在新闻组等特定范围内进行更聚焦查询的选项。

后续任务（successor task）：前导任务后的每一个并发任务。

总结报告（summary report）：组织中较高级别的人员使用的报告，含有比低级别员工使用的报告更少的细节。

超类（superclass）：对象可能属于的一个更宽泛类别。例如，“NOVEL”类可能属于“BOOK”这一超类。

超级用户账户（superuser account）：基本允许无限制访问应用的登录账户。

供应链（supply chain）：向客户提供材料、服务和功能的全部企业。

供应链管理（supply chain management，SCM）：当材料、信息、资产从供应商转移到客户时，在企业内部或企业之间对其进行协调、整合、管理。在完全整合的供应链中，一个客户订单可能引发生产计划系统做出工作规划时间表，从而触发一个或多个供应商对某些零件的需求响应。

调查（survey）：一份包含许多标准问题的文档，可发送给许多个体。也称为问卷。

泳道（swim lanes）：在业务流程图中，整体图被称为池，特定的客户区域被称为泳道。

交换机（switch）：星型网络中的中央网络设备，用于管理网络并作为全部网络流量的通道。

总览界面（switchboard）：在用户界面中应用命令按钮操控，使用户能够进行系统导航并在相关任务组中进行选择。

SWOT分析（SWOT analysis）：对企业优势（S）、劣势（W）、机会（O）、威胁（T）四个方面的分析。

语法错误（syntax error）：编程语言的语法错误。

系统（system）：一组能够产生特定结果的相关组件。

系统管理员（system administrator）：负责组织内计算机网络配置管理和维护组织的人员。

系统架构（system architecture）：将信息系统的逻辑设计转换为包含硬件、软件、网络支持和处理方法的物理结构的过程。

系统边界（system boundary）：展示系统包含和排除的内容。在用例图中可用带有阴影的矩形描述。

系统切换（system changeover）：将新信息系统上线并将旧系统下线的过程。取决于方法不同，系统转换可快可慢。

系统设计规范（system design specification）：说明新系统完整设计的文件，带有详细成本、人员配置和计划以及下一SDLC阶段的实施日程。也称为技术设计规范或详细设计规范。

系统文档（system documentation）：描述系统功能及其实现方式。分析师在系统分析和系统设计阶段准备了大部分的系统文档。系统文档包括数据字典条目、数据流图、对象模型、界面布局、源文档和启动项目的系统请求。

系统原型设计（system prototyping）：生成正在开发的信息系统的全功能工作模型。

系统需求（system requirement）：信息系统为满足业务需求并被用户接受而必须具备的特性或特征。

系统需求文档（system requirements document）：包含新系统的需求、描述可行的替代方案并对管理层提出具体建议的文档，是系统分析阶段的最终产物。

系统软件（system software）：控制计算机的程序，包括操作系统、与硬件通信的设备驱动以及低级实用程序。

系统测试（system testing）：一种涉及整个信息系统的测试形式，包括所有可能的处理情况。在系统测试期间，用户输入实际数据样本、执行查询并生成报告来模仿实际操作条件。所有的处理选项和输出均由用户和IT项目开发团队验证，以确保系统正常运行。

系统抽样（systematic sample）：以预先确定的周期产生样本。例如，可选择每十条客户记录作为一个系统样本进行审查。

系统分析与设计（systems analysis and design）：开发有效利用硬件、软件、数据、过程和人员的信息系统以支持企业业务目标的过程。

系统分析阶段（systems analysis phase）：SDLC的第二个阶段。这一阶段的目的是构建新系统的逻辑模型。

系统分析师（systems analyst）：计划、分析并实施信息系统的人员。其可在企业IT部门工作，或作为独立顾问由企业聘用。

系统设计（systems design）：系统设计的目标是构建一个有效、可靠、可维护的系统。

系统设计阶段（systems design phase）：SDLC的第三个阶段。系统设计的目的是为新系统创建满足全部需求的蓝图，不论系统是内部开发还是以打包形式购买。

系统开发生命周期（systems development life cycle，SDLC）：系统开发人员通常执行的活动和功能，不管这些活动和功能如何适应特定方法。SDLC模型包含五个阶段。（1）系统规划；（2）系统分析；（3）系统设计；（4）系统实施；（5）系统支持和安全。

系统实施阶段（systems implementation phase）：SDLC的第四个阶段。在这一阶段构建新系统，编写、测试并记录程序，并安装系统。

系统规划阶段（systems planning phase）：SDLC的第一个阶段。在这一阶段，系统项目正式开始，评估项目申请书的可行性，在CASE工具的帮助下制订项目管理计划。

系统程序员（systems programmer）：专注于操作系统软件和使用程序的人。

系统请求（systems request）：向IT部门提出的一个正式请求，描述信息系统或业务流程中的问题或期望做出的改变。它可能会建议改进现有系统、纠正问题或开发一个全新系统。

系统审查委员会（systems review committee）：负责评估系统请求的关键管理者和用户团队。也称为计算机资源委员会。

系统支持和安全阶段（systems support and security phase）：在SDLC的系统支持和安全阶段中，IT员工维护、增强并保护系统。

表（table）：每个文件或表都包含与信息系统交互的人、地点、事物或事件的数据。

表设计（table design）：指定字段并识别特定文件或表格中的主键。

防篡改机箱（tamper-evident case）：被设计为显示任何打开或解锁的企图的机箱。

有形收益（tangible benefit）：能够以金钱计量的收益，可能源于费用减少、收入增加或两者皆有。

有形成本（tangible cost）：有特定金钱价值的费用。如员工工资和硬件购买。

任务（task）：任何有开始和结束，且需要使用人员、时间、金钱等企业资源的工作。例如，进行一系列访谈、设计报告、选择软件、等待设备交付或培训用户。另见活动。

任务框（task box）：PERT/CPM图的组成部分，包含有关任务的重要进度和持续时间信息。项目中的每个任务都由PERT/CPM图中自身的任务框表示。

任务组（task group）：代表若干活动的任务。

任务 ID（task ID）：唯一标记任务的数字或代码。

任务名称（task name）：应简短且为描述性的，在项目中不必唯一。例如，名为“访谈”的任务可能在项目的几个阶段中均出现。

任务模式（task pattern）：工作分解结构中的任务逻辑顺序。可能包括依赖任务、多个后续任务和多个前导任务。

技术可行性（technical feasibility）：组织开发、购买、安装并运营系统所需的技术资源。

技术支持（technical support）：技术支持对支持不同 IT 系统和用户是必要的。它包含 7 个主要功能，分别为应用开发、系统支持和安全、用户支持、数据库管理、网络管理、网络支持和质量保证。这些功能在很大程度上重叠，且在不同企业中经常有不同的名称。

模板（template）：文档、演示文稿和其他输出的标准格式，具有一定的布局、字体、边距和其他格式设置。使用模板可使文件具有一致的外观。

终结符（terminator）：表明数据来源或最终目的地的数据流图符号。也称为外部实体。

测试数据（test data）：单元测试中使用的数据。测试数据应包含正确的数据和错误的数据，并测试所有可能发生的情况。

测试环境（test environment）：分析师和程序员用于开发和维护程序的环境。

测试计划（test plan）：分析师设计的一个计划，包括用于集成测试和系统测试的测试步骤和测试数据。

测试驱动的开发（test-driven development，TDD）：极限编程（XP）概念，在写代码前设计好单元测试，注重最终结果并防止程序员偏离目标。

测试审查（testing review）：参见结构化走查。

发短信（text messaging）：通过手机发送短信。也称为短信。

短信（texting）：参见发短信。

厚客户端（thick client）：将大部分或全部应用处理放置在客户端的系统设计。也称为胖客户端。

瘦客户端（thin client）：将大部分或全部应用处理都放置在服务器的系统设计。

第三范式（third normal form，3NF）：如果记录设计是 2NF 且没有任何非键字段依赖于其他非键字段，则该纪录设计属于第三范式（3NF）。非键字段是指不是候选键的字段。

第三方软件（third-party software）：不是内部开发的应用。

威胁（threat）：在风险管理中，可能危及资产的内部或者外部实体。

三层设计（three-tier design）：在三层设计中，用户界面在客户端运行，数据存储在服务器上，这与双层设计相同。三层设计在客户端和服务器之间还有一个中间层，用于处理客户端请求并将其转换为服务器可理解和执行的数据访问命令。

吞吐量（throughput）：在特定情况下对实际系统的测量，受到网络负载和硬件效率的影响。和带宽一样，吞吐量用 Kbps、Mbps 或 Gbps 等数据传送速率表示。

丢弃式原型设计（throwaway prototyping）：参见设计原型设计。

紧密耦合（tightly coupled）：如果模块是紧密耦合的，则一个模块链接到包含在另一个模块中的内部逻辑。

货币的时间价值（time value of money）：识别特定金额的货币随着时间的推移在价值上增长的概念。

开关按钮（toggle button）：用于表示开启或关闭状态的 GUI 元素。点击开关按钮可切换到另一状态。

工具栏（toolbar）：GUI 元素，包含执行常用命令的快捷方式的图标或按钮。

自上而下的方法（top-down approach）：一种设计方法，也称为模块化设计，系统分析师定义系统的总体对象，然后将其分解成子系统或模块。该分解过程也称为分割。

话题目录（topic directory）：参见主题目录。

总体拥有成本（total cost of ownership，TCO）：用于评估成本的数字，包括持续的支持和维护成本以及采购成本。

总计区域（totals zone）：如果表单中有总计数据，则其会出现在表单的此部分。

培训计划（training plan）：成功的信息系统需要对用户、管理层和 IT 人员进行培训。整个系统开发工作成功与否可能取决于人们是否理解系统并知道如何有效地使用它。培训计划是详细说明这些要求的文件。

企业培训师（train-the-trainer）：培训一组用户并让其指导他人的策略。用户通常从共享相同经验和工作职责的同事处学得更快。

事务模式（transaction model）：根据应用软件处理的事务或操作数量为应用软件收取变动费用的服务模式。也被称作用量模型。

事务处理（TP）系统［transaction processing（TP）system］：用于处理客户结算等日常重复业务交易的操作系统。

转移（transference）：四个风险控制策略之一。在转移中，风险被转移到另一资产或保险公司等第三方。

透明的（transparent）：如果用户看到的数据就像存储在自己的工作站上一样，那么该网络就是透明的。

透明界面（transparent interface）：用户可能不会真正注意到的界面。不会分散用户注意力，也不会引起用户对界面自身注意的用户友好界面。

隧道（tunnel）：在客户端和本地内联网接入点之间建立的安全网络连接。

元组（tuple）：元组或记录，是描述客户、订单或产品等实例或实体组成部分的一系列相关字段。元组可能有一个或者多个字段，取决于需要哪些信息。

周转文件（turnaround document）：之后将输入相同或另一个信息系统的输出文件。例如，电话或者公用设施账单可能是企业计账系统中的周转文件，当一定比例的账单付款返回后，账单被扫描到企业应收账款系统内以准确记录付款。

周转时间（turnaround time）：应用于客户结算或信用卡账单等集中批量处理操作的方法。周转时间衡量提交信息请求与请求完成之间的时间。通过测量从用户请求帮助到解决问题的时间，周转时间也可用于衡量 IT 支持或服务的质量。

教程（tutorial）：展示材料并提供用户对话的一系列在线互动课程。

双层设计（two-tier design）：用户界面位于客户端，所有数据存储在服务器上，应用逻辑可在客户端或服务器上运行，也可在客户端和服务器之间分配。

未加密的（unencrypted）：没有被加密的数据。

Unicode：将字符表示为整数的一种相对较新的编码方法。与每个字符使用 8 比特的 EBCDIC 和 ASCII 不同，Unicode 中每个字符需要 16 比特，从而能够表示超过 65 000 个独特字符。

统一建模语言（Unified Modeling Language，UML）：一种广泛使用的可视化并记录软件系统设计的方法。UML 使用面向对象的设计概念，但其独立于任何特定的编程语言，可以用于描述业务流程和需求。

不间断电源（uninterruptible power supply，UPS）：电池供电备用电源，使运营在短期断电和电流不稳时能够继续运行。

单元测试（unit testing）：单个程序或模块的测试。目的是识别并消除可能导致程序异常终止的执行错误，以及在桌上检查中可能遗漏的逻辑错误。

通用安全插槽（Universal Security Slot，USS）：可以固定在电缆锁或笔记本电脑报警器上。

非规范化（unnormalized）：包含重复组的记录，意味着单个记录有特定字段多次出现，每次出现具有不同的值。

非结构化头脑风暴（unstructured brainstorming）：成员可以随时发言的小组讨论。

易用性（usability）：用户界面设计包括用户满意、业务功能支持以及系统有效性。

易用性度量（usability metrics）：界面设计师可获取的数据，通过使用能够记录并衡量用户与系统间交互的软件收集得到。

用量模式（usage model）：参见事务模式。

用例（use case）：表示UML中特定业务功能或过程中的步骤。

用例说明（use case description）：UML中的一种描述，记录用例名称、执行者、对用例的描述、成功实施所需的分步任务和行动列表，以及其他关键描述和假设。

用例图（use case diagram）：表示UML中用户和信息系统间交互的可视化表达。

用户（user）：与系统交互的内外部利益相关者。

用户应用（user application）：使用微软Office等标准商业软件，以特定方式配置来提高用户生产力的程序。

用户设计阶段（user design phase）：在此阶段，系统分析师与用户进行交互，并开发出包括全部系统过程、输出和输入的模型和原型。

用户文档（user documentation）：包含对与系统交互的用户的说明和信息，包括用户手册、帮助栏和在线教程。

用户界面（user interface）：包含使用户与系统高效交互的显示、命令、控制以及其他功能。参考图形用户界面。

用户生产力系统（user productivity system）：为各级员工提供不同工具以提升工作效率的应用程序，如电子邮件、文字处理、图形工具和企业内部网等。

用户权限（user rights）：确定用户对数据库、文件或目录的访问类型的特定用户权限。也称为许可。

用户需求（user story）：在敏捷开发中，用户提供的简短的需求定义。程序员审查用户需求以确定项目需求、优先级和范围。

用户培训包（user training package）：用户培训包的主要目的是向用户展示系统如何帮助他们开展工作。

以用户为中心（user-centered）：表明主要关注点是用户的一个术语。在以用户为中心的系统中，输入、输出和界面本身之间的区别很模糊。

有效性检验（validity check）：用于必须具有某些值的数据项的数据有效性检验类型。例如，如果库存系统有20个有效的物品类别，则与任一有效类别都不匹配的输入项将无法通过有效性检验。

有效性规则（validity rules）：在数据被输入时确保其有效性的数据检验。例如，有效性规则可能要求雇员的工资金额必须在雇主预先设定的范围内。

增值零售商（value-added reseller，VAR）：通过添加自定义功能并为特定行业配置增强商业软件包功能的企业。

基于资源使用情况的变动计费方法（variable charge method based on resource usage）：基于资源分配，如连接时间、服务器处理时间、所需网络资源、打印机使用量或类似因素的组合来确定运营IT部门的间接成本的方法。

基于数量情况的变动计费方法（variable charge method based on volume）：确定运营IT部门的间接成本的方法，基于交易数量或打印量等面向用户的活动将信息系统间接成本分配给其他部门。

可变成本（variable costs）：根据活动水平变化的成本。例如，打印纸和电话费成本是可变成本。

维恩图（Venn diagram）：使用圆形符号说明布尔逻辑的图。维恩图以约翰·维恩命名，这位19世纪的学者设计了一个可视化逻辑关系的方案。

版本控制（version control）：跟踪系统版本的过程。

纵向应用（vertical application）：开发用于处理特定类型业务信息需求的软件包。

纵向系统（vertical system）：旨在满足网络零售商或自动供应商店等特定业务或行业独特需求的系统。

虚拟专用网络（virtual private network，VPN）：使用公共网络安全连接远程用户。允许远程客户端使用必须由 VPN 进行身份验证的特殊密钥交换。

可见网络（visible web）：按照主要搜索引擎索引并可公开访问的网站。

视觉辅助（visual aids）：利用白板、海报、投影片、幻灯片、电影、录像等工具增强展示效果。

漏洞（vulnerability）：安全隐患或弱点。

瀑布模型（waterfall model）：传统的软件开发模型，描述 SDLC 中每个阶段流向下一个阶段的结果的图表。

Web 2.0：第二代互联网，基于持续有效的用户应用而非静态的 HTML 网页，使人们能够更加动态地合作、交互以及分享信息。互动体验是 Web 2.0 的特点。

网络浏览器（web browser）：使用户能够浏览互联网并在本地计算机上显示网页的应用。

网络订阅（web feed）：参见 RSS 订阅。

网络服务器（web server）：用于存储并安装网站的计算机。

网络（web）：用户可通过互联网访问万维网。万维网通常称为网络，包含被称为网页的数十亿文本和多媒体文件。

网络讨论组（web-based discussion group）：将邮件列表和新闻组结合的在线社区。

网络广播（webcast）：可按需或在特定时间段内向在线参与者提供信息或培训材料的单向传输，如网络研讨。

面向网络（web-centric）：强调与其他基于网络的组成部分高度集成的策略或方法。面向网络的架构遵循互联网设计协议，使企业能将新的应用集成到其电子商务策略中。

网络研讨（webinar）：提供互动体验的互联网培训课程，是“网络”和“研讨”两个词的组合。

网页（webpage）：网络上的文本和多媒体文件。

网站（website）：相关网页的集合。

权重（weight）：管理者纳入估计值的重要乘数，以便对其进行分析。

假设分析法（what-if analysis）：业务支持系统的功能，允许分析师定义并解释各种问题（包括未完全定义的问题）。

为什么、谁、什么、何时以及如何沟通（why，who，what，when，and how of communications）：好的沟通必须解决这些基本问题——为什么沟通？谁是听众？预期是什么？何时需要细节？如何有效沟通？

广域网（wide area network，WAN）：可跨越长距离，将分布在不同位置的用户连接起来的网络。

无线保真（wireless fidelity，Wi-Fi）：一系列流行的局域网无线网络标准，也称为 802.11，包括 802.11a、802.11b、802.11g 和 802.11n。802.11n 是最新的标准。802.11ac 和 802.11ad 是提议的新标准。

Wi-Fi 联盟（Wi-Fi Alliance）：1999 年成立的非营利性国际协会，证明基于 IEEE 802.11 规范的无线网络产品的互通性。

Wi-Fi 保护访问（Wi-Fi Protected Access，WPA）：保护无线网络安全的常用方法。这种方法要求每个无线客户端使用特殊的预共享密钥而不是密钥对进行手动配置。最新的和更安全的版本是 WPA2。

维基（wiki）：任何人都可访问、贡献或修改的基于网络的信息存储库。

Wi-Max：IEEE 802.16 标准，预计能够实现高达 30 英里范围的无线多媒体应用。参见 802.16。

有线等效加密（Wired Equivalent Privacy，WEP）：确保无线安全的最早方法之一，被 WPA 和 WPA2 取代。

无线接入点（wireless access point，WAP）：为无线客户端提供网络服务的中央无线设备。也称为接入点。

无线局域网（wireless local area network，WLAN）：一种安装成本相对较低的无线网络，适用于不固定在具体位置的用户。

工作分解结构（work breakdown structure，WBS）：一个项目分解成一系列较小的任务。参见甘特图、PERT/CPM 图。

工作组软件（workgroup software）：参见群组软件。

万维网（World Wide Web）：参见网络。

最坏估计（worst-case estimate）：最消极的结果。

WPA2：基于 802.11i 协议的无线安全标准，能够显著提高对 WEP 和 WPA 的保护。

XY 图（XY chart）：系统分析师用于图形化表示两个变量间相关性的工具。也称为散点图。

Y2K 问题（Y2K issue）：许多用两个数字表示年份的企业在 2000 年面临的问题，因为其计算机系统只使用两位数字表示年份；现在大多使用四位数字表示年份。

Yourdon：在数据流图中使用的一类符号集。过程、数据流、数据存储和外部实体在 Yourdon 符号集中均有唯一的符号。

企业架构的 Zachman 框架（Zachman Framework for Enterprise Architecture）：在系统开发环境中提出传统实情调查问题的模型。

Systems Analysis and Design, 11e
Scott Tilley, Harry Rosenblatt

Cengage Learning Asia Pte. Ltd.
151 Lorong Chuan, #02-08 New Tech Park, Singapore 556741

北京市版权局著作权合同登记号 图字：01-2017-0441

图书在版编目（CIP）数据

系统分析与设计：第 11 版/（ ）斯科特·蒂利，（ ）哈里·罗森布拉特著；张瑾，王黎烨译. --北京：中国人民大学出版社，2020.7
（信息管理与信息系统经典译丛）
ISBN 978-7-300-28355-5

Ⅰ. ①系… Ⅱ. ①斯… ②哈… ③张… ④王… Ⅲ. ①信息系统-系统分析 ②信息系统-系统设计 Ⅳ. ①G202

中国版本图书馆 CIP 数据核字（2020）第 121985 号

信息管理与信息系统经典译丛
系统分析与设计（第 11 版）
斯科特·蒂利
哈里·罗森布拉特 著
张 瑾 王黎烨 译
Xitong Fenxi yu Sheji

出版发行	中国人民大学出版社		
社　　址	北京中关村大街 31 号	**邮政编码**	100080
电　　话	010－62511242（总编室）		010－62511770（质管部）
	010－82501766（邮购部）		010－62514148（门市部）
	010－62515195（发行公司）		010－62515275（盗版举报）
网　　址	http://www.crup.com.cn		
经　　销	新华书店		
印　　刷	三河市恒彩印务有限公司		
规　　格	215 mm×275 mm　16 开本	**版　　次**	2020 年 7 月第 1 版
印　　张	34 插页 1	**印　　次**	2020 年 7 月第 1 次印刷
字　　数	1 034 000	**定　　价**	78.00 元

CENGAGE Learning

Supplements Request Form（教辅材料申请表）

Lecturer's Details(教师信息)			
Name： （姓名）		Title： （职务）	
Department： （系科）		Sc School/University： （学院/大学）	
Official E-mail： （学校邮箱）		Lecturer's Address/Post Code： （教师通讯地址/邮编）	
Tel： （电话）			
Mobile： （手机）			

Adoption Details(教材信息）　原版□　翻译版□　影印版 □			
Title：（英文书名） Edition：（版次） Author：（作者）			
Local Publisher： （中国出版社）			
Enrolment： （学生人数）		Semester： （学期起止日期时间）	

Contact Person & Phone/E-Mail/Subject：
（系科/学院教学负责人电话/邮件/研究方向）
（我公司要求在此处标明系科/学院教学负责人电话/传真及电话和传真号码并在此加盖公章.）

教材购买由 我□　我作为委员会的一部份□　其他人□[姓名：　　　] 决定。

Please fax or post the complete form to(请将此表格传真至)：

CENGAGE LEARNING BEIJING
ATTN：Higher Education Division
TEL：(86) 10-83435000
FAX：(86) 10 82862089
EMAIL：asia. infochina@cengage. com
www. cengageasia. com
ADD：北京市海淀区科学院南路 2 号
融科资讯中心 C 座南楼 707 室　100190

Note：Thomson Learning has changed its name to CENGAGE Learning

VERIFICATION FORM / CENGAGE LEARNING